L'ŒUVRE

DE

COROT

TOME QUATRIEME

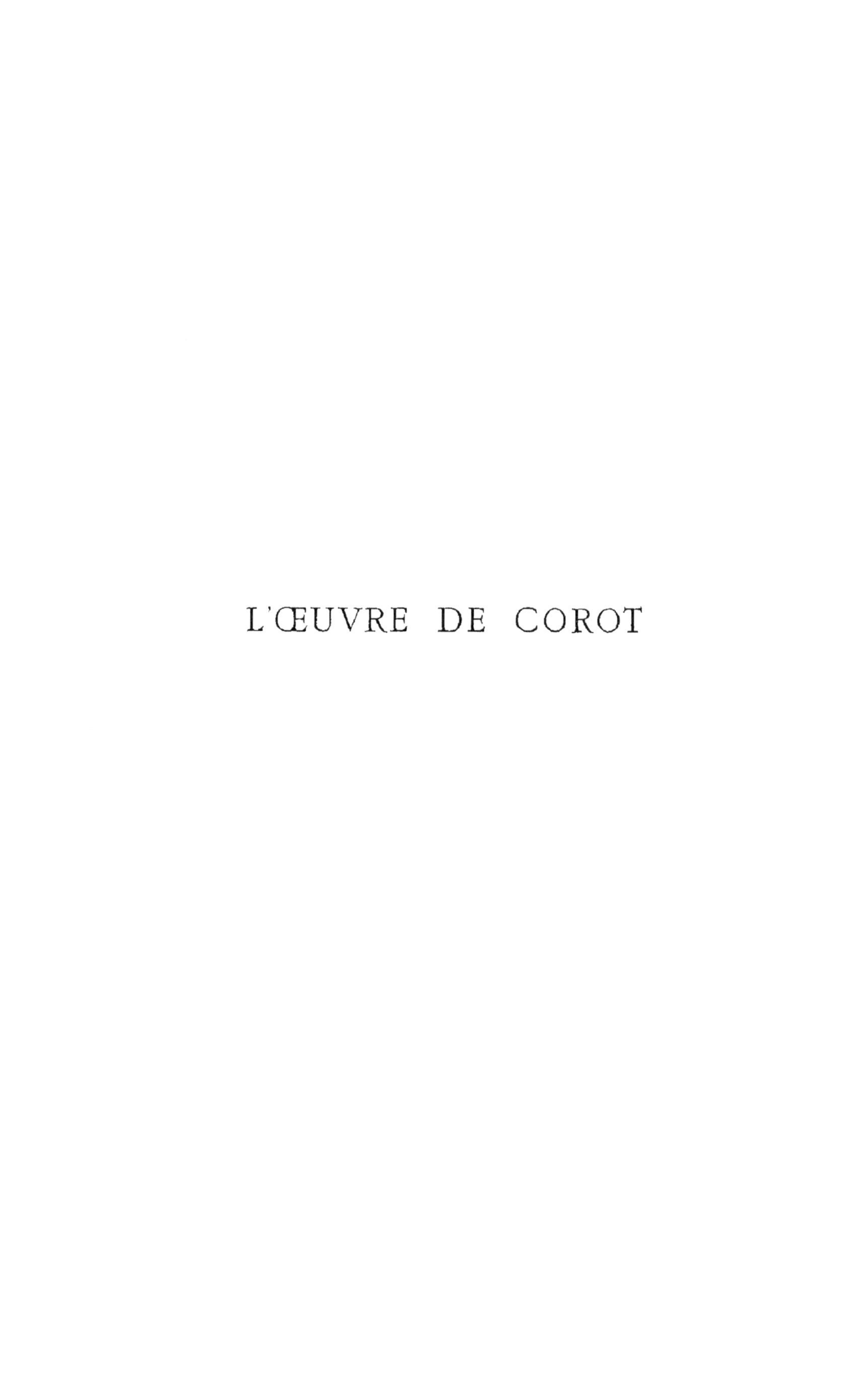

L'ŒUVRE DE COROT

JUSTIFICATION DU TIRAGE

QUATRE CENTS EXEMPLAIRES NUMÉROTÉS

5 exemplaires sur Japon ancien (Nos 1 à 5)
25 » Japon Shizuoka (Nos 6 à 30)
370 » vélin à la cuve (Nos 31 à 400)

No 240

L'ŒUVRE

DE

COROT

par

ALFRED ROBAUT

Catalogue raisonné et illustré

précédé de

L'HISTOIRE DE COROT ET DE SES ŒUVRES

par

ÉTIENNE MOREAU-NÉLATON

ornée de dessins et croquis originaux du maître

TOME QUATRIÈME

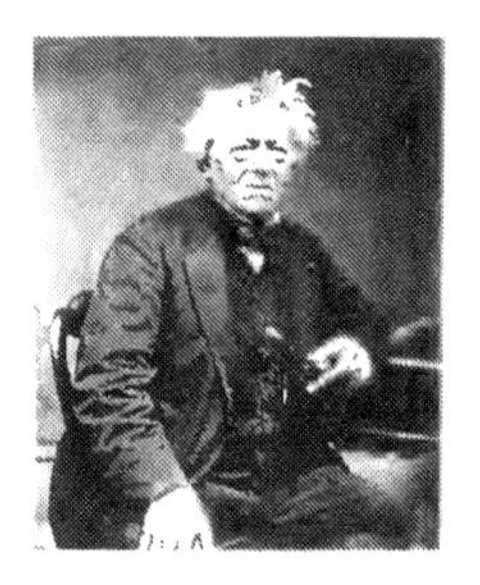

PARIS

H. FLOURY, ÉDITEUR

1, boulevard des Capucines

1905

CATALOGUE

DES

DESSINS

ET DES

ESTAMPES ORIGINALES

(EAUX-FORTES,

LITHOGRAPHIES ET AUTOGRAPHIES,

PROCÉDÉS SUR VERRE)

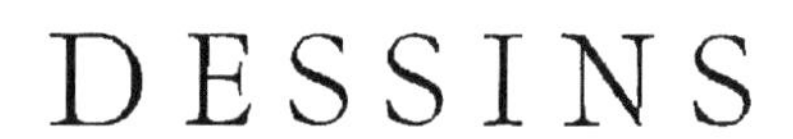

DESSINS

DESSINS

*(1) N° 2461

Vers 1822-23 — ÉTUDE D'UNE PLANTE A LARGES FEUILLES

Mine de plomb 0,14 × 0,26 Cachet vente Corot (2)

Non reproduit (3)

* N° 2461 bis

1822-23 — UN ARBRE AUPRÈS DE L'ARCHE D'UN PONT

Mine de plomb 0,29 × 0,22 Cachet vente Corot

Non reproduit

* N° 2462

Vers 1822-23 — UN ARBRE AVEC AUPRÈS, UNE CHARRETTE PASSANT SUR UN CHEMIN

Mine de plomb 0,25 × 0,28 Cachet vente Corot

Non reproduit

* N° 2462 bis

Vers 1822-23 — GROUPE DE MAISONS PERCÉES D'OUVERTURES MULTIPLES (LA POINTE D'UN CLOCHER ÉMERGEANT AU-DESSUS)

Mine de plomb 0,19 × 0,24 Cachet vente Corot

Non reproduit

* N° 2463

Vers 1823-24 — LES RIVES DE LA SEINE A SEINE-PORT

Mine de plomb 0,15 × 0,31
Vente posthume Corot (Cachet omis)

On lit en bas S^t port (sic)

Non reproduit

* N° 2464

Vers 1824-25 — UN BOURG AU BORD D'UNE RIVIÈRE (L'ÉGLISE ET LE PONT)

Mine de plomb 0,20 × 0,27 Cachet vente Corot

Non reproduit

* N° 2465

Vers 1825 — UNE ROUTE DANS UN VILLAGE, AVEC DES CHAUMIÈRES A DROITE ET A GAUCHE

Mine de plomb 0,21 × 0,25 Cachet vente Corot

Non reproduit

* N° 2466

Vers 1825 — BOULEAUX DANS LES ROCHERS (FONTAINEBLEAU)

Mine de plomb 0,27 1/2 × 0,39 1/2 Cachet vente Corot

Non reproduit

N° 2467

Vers 1824-25 — LES PETITS MARAUDEURS

Mine de plomb Cachet vente Corot

Collection Thiollier

Non reproduit

* N° 2468

Vers 1825 — LISIÈRE DE BOIS AUX ENVIRONS DE PARIS (PARIS AU FOND)

Mine de plomb 0,21 × 0,29 Cachet vente Corot

Non reproduit

N° 2469

Vers 1824-25 — ROUEN VU DE LA CAMPAGNE

Mine de plomb Cachet vente Corot

Collection Thiollier

Non reproduit

* N° 2470

1825 — LAUSANNE — VUE DE LA VILLE AVEC LE LAC DE GENÈVE ET LES MONTAGNES AU FOND

Mine de plomb 0,28 1/2 × 0,42 Cachet vente Corot

On lisait en bas à gauche, (l'inscription a été tronquée quand le dessin a été équarri) Lausanne, octobre 1825

Au verso de ce dessin, il y a un croquis probablement d'Italie représentant une vallée avec des rochers parmi la végétation

Non reproduit

---

(1) Tous les numéros précédés d'un astérisque font partie de la collection Moreau-Nélaton

(2) La majeure partie des dessins de Corot, conservés par lui jusqu'à sa mort, ont figuré à sa vente posthume. Ils y ont été vendus par lots. On trouvera plus loin le détail de ces lots (Voir *Catalogue de la vente posthume*)

(3) La raison de la ténuité du trait de la plupart de ces dessins, il a semblé préférable de n'en reproduire qu'une partie, afin de donner aux reproductions une plus grande échelle

* N° 2471

1825 — ROME — L'ARC DE CONSTANTIN ET LE TEMPLE DE VÉNUS ET DE ROME

Mine de plomb 0,20 × 0,37 Cachet vente Corot

On lit à droite Rome 1825

Collection Doria — Vente Doria, 8 mai 1899 (N° 360) 40 fr, à M Moreau-Nélaton

Non reproduit

Il existe un calque de ce dessin par le peintre Jouville portant le cachet de la vente posthume de cet artiste (Collection Moreau-Nélaton)

* N° 2472

1825-28 — LE FUMEUR

Mine de plomb sur papier à peindre 0,20 × 0,19 Cachet vente Corot

Ce dessin qui n'est sans doute que la préparation d'une peinture, paraît avoir eu pour modèle Corot lui-même

Reproduit tome I, page 29

N° 2473

1825 — ROME — TEMPLE DE VÉNUS ET DE ROME

Mine de plomb 0,17×0,35

On lit en bas ces mots Temple de Vénus et de Rome Rome, décembre 1825

Fac-simile Ch Desavary (5e série) (1)

Non reproduit

N° 2474

1826 — ROME — VUE PRISE DU HAUT DE LA COLONNE TRAJANE

Mine de plomb 0,25×0,41

On lit en bas, à droite Vue de Rome prise du haut de la colonne Trajane avril 1826

Fac-simile Ch Desavary (2e série)

Non reproduit

* N° 2475

1826-28 — VIEIL ITALIEN ASSIS (FOND DE PAYSAGE)

Mine de plomb 0,29×0,22 Cachet vente Corot

Non reproduit

* N° 2476

1825-28 — FABRIQUES ITALIENNES

Mine de plomb 0,19 1/2×0,36 1/2
Cachet vente Corot

Vente Giroux (1904)

Non reproduit

* N° 2477

1825-28 — ROME — LA TRINITÉ DES MONTS, VUE PRISE DU PINCIO

Mine de plomb 0,27×0,46 Cachet vente Corot

On lit en bas, vers la gauche Pincio

Non reproduit

* N° 2478

1825-28 — ROME VUE DE LA CAMPAGNE

Mine de plomb 0,27×0,41 Cachet vente Corot

Vente Giroux (1904)

Reproduit ci-contre

* N° 2479

1825-28 — ROME — VUE PANORAMIQUE LE CHATEAU SAINT ANGE SE DÉTACHANT SUR LES MONTAGNES

Plume sur calque 0,24 1/2×0,40 Cachet vente Corot

Vente Giroux (1904)

Reproduit ci-contre

* N° 2480

1826 — ROME — RUINES DES TEMPLES DE LA CONCORDE ET DE JUPITER STATOR

Mine de plomb 0,27×0,36 Cachet vente Corot

On lit en bas, à droite juin 1826, et à gauche, sur trois lignes ces mots se référant à un numérotage des différentes parties du dessin 1, Septime Sévère, 2, Temple de la Concorde 3, Jupiter Stator

Non reproduit

* N° 2481

1825-28 — BORDS DU TIBRE DANS LA CAMPAGNE ROMAINE

Plume et crayon 0,28 1/2×0,45 Cachet vente Corot

Vente Giroux (1904)

Reproduit ci-contre

* N° 2482

1825-28 — CHEVAUX HARNACHÉS — (CAMPAGNE ROMAINE)

Mine de plomb 0,19×0,30 Cachet vente Corot

On lit en bas à droite Dans la campagne romaine Au verso il y a un dessin de paysage

Reproduit ci-contre

* N° 2483

1826 — ROME — VUE PRISE DES JARDINS FARNÈSE

Plume et crayon 0,26×0,40 Cachet vente Corot

On lit en bas, à droite Farnèse mars 1826 Au verso, un croquis très sommaire

Reproduit tome I, page 32

N° 2484

Avril 1827 — ROME — LE COLISÉE, VUE PRISE DES JARDINS FARNÈSE

Mine de plomb Daté Jardins Farnèse avril 1827
Cachet vente Corot

Collection Thiollier

Non reproduit

* N° 2485

1826 — CAMPAGNE DE ROME PRÈS LE TOMBEAU DE NÉRON

Mine de plomb 0,15×0,36 Vente Corot (cachet omis)

Au verso de ce dessin, il y en a un autre représentant une montagne

Non reproduit

---

(1) Un certain nombre des plus beaux dessins de Corot ont été reproduits par les soins de Ch Desavary sous le titre *Album de fac-similé, d'après les dessins de Corot Arras, 1873* — Ces reproductions sont divisées en 5 séries comprenant chacune environ douze dessins

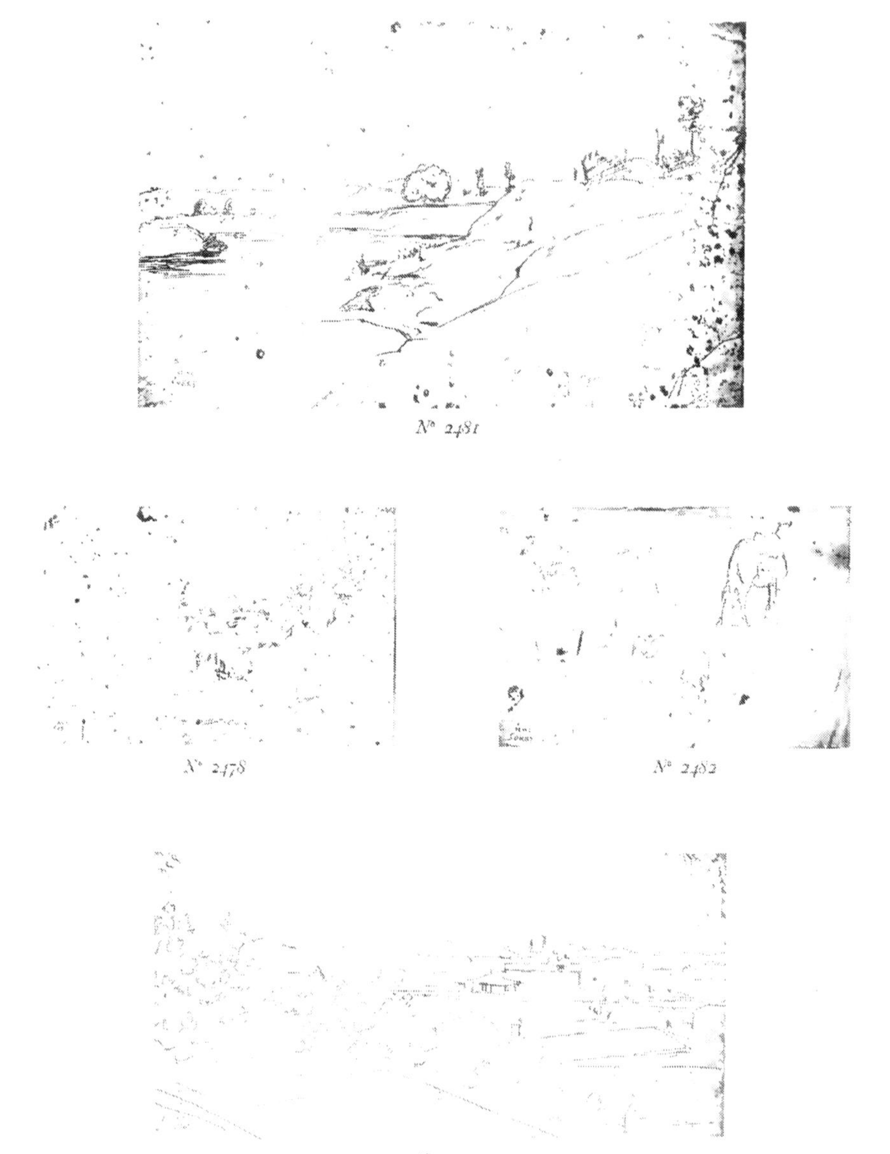

Nº 2481

Nº 2478

Nº 2482

Nº 2479

* N° 2486

1826-28 — ROME — LE CHATEAU SAINT-ANGE SE DÉTACHANT SUR LES MONTAGNES

Plume 0,21×0,36 Cachet vente Corot

Au verso, deux croquis d'Italiennes tenant entre les mains de grandes mannes

Vente Giroux (1904)

Non reproduit

N° 2487

1826 — ROME — LE CAMPO VACCINO ET L'ARC D'ANTONIN

Mine de plomb 0,23×0,36

On lit en bas, à droite février 1826

Fac-similé Ch Desavary (3° série)

Non reproduit

Il existe un calque de ce dessin par le peintre Joinville portant le cachet de la vente de cet artiste (Collection Moreau-Nelaton)

N° 2488

1826 — NARNI — UNE ROUTE DANS LA VALLÉE

Plume et crayon avec rehauts de blanc 0,28×0,42

On lit en bas, à droite Narni septembre 1826

Fac-similé Ch Desavary (5° série)

Non reproduit

* N° 2489

1826 — PAPIGNO — CHAINE DE MONTAGNES

Plume 0,29×0,44 Vente posthume Corot (cachet omis)

On lit en bas, à droite Papigno septembre 1826

Au verso, un autre croquis à la plume de la même région

Non reproduit

* N° 2490

1826 — PAPIGNO — GRANDS ARBRES DOMINÉS PAR UNE RUINE AVEC UNE ITALIENNE SUR UN CHEMIN

Plume et crayon léger 0,30×0,21
Vente posthume Corot (cachet omis)

On lit en bas, à droite Papigno, septembre 1826

Non reproduit

* N° 2491

1826 — NARNI — VUE PANORAMIQUE

Plume 0,24×0,39 On lit au bas à droite Narni 1826 Vente posthume Corot (cachet omis)

Au verso de ce dessin, il y a un autre croquis léger au crayon

Non reproduit

* N° 2492

1826 — CIVITA CASTELLANA — CRÊTE ROCHEUSE COUVERTE DE VÉGÉTATION

Plume et crayon 0,27×0,4[illegible] Cachet vente Corot

On lit en bas à droite Civita-Castellana, 1826

Léger croquis au verso

Reproduit tome I, page 34

N° 2493

Août 1826 — PAPIGNO

Mine de plomb sur papier bleuté 0,40×0,55
Au bas, ces mots Papigno, août 1826

Grand versant boisé sur la droite Au centre, grand cône rocheux légèrement incliné à gauche A l'extrémité du côté gauche les rochers sont dominés par les coteaux lointains

Donné au Musée de Nice par M I[illegible]sch

Non reproduit

* N° 2494

1826 — PAPIGNO — FOND DE VALLÉE ROCHEUSE ET BOISÉE UN ARTISTE EST ASSIS, DESSINANT UNE ITALIENNE PASSE AU PREMIER PLAN

Plume 0,31×0,39 Cachet vente Corot

Au verso de ce dessin, un croquis très sommaire porte la mention Castel Saint-E[illegible]a

Fac-similé Ch Desavary (3° série)

Reproduit, d'après l'original, tome I, page 36

* N° 2495

1826 — FRASCATI — UN GROS ARBRE AVEC, AU PIED, UNE JUMENT ET SON POULAIN

Plume et mine de plomb 0,25×0,33 1/2
Cachet vente Corot

On lit en bas, au milieu Frascati novembre 1826

Au verso, un autre croquis représente un cheval assis

Non reproduit

* N° 2496

1826 — TIVOLI — FABRIQUES DOMINANT LA VALLÉE

Mine de plomb 0,21×0,31 Vente posthume Corot (cachet omis)

On lit en bas à droite Tivoli

Au verso, un autre dessin représentant un coin de la villa d'Este avec cette mention Villa d'Este, décembre 1826

Non reproduit

* N° 2497

1826 — UNE VALLÉE DE LA SABINE

Plume 0,32 1/2×0,45 Cachet vente Corot

Reproduit ci-contre

* N° 2498

1827 — CIVITA CASTELLANA — CRÊTES ROCHEUSES

Mine de plomb 0,31×0,43 Cachet vente Corot

On lit en bas, à gauche Civita Castellana, septembre 1827

Au verso de ce dessin il y en a un autre, représentant des rochers, avec cette légende Civita Castellana, septembre 1827

Reproduit ci-contre

N° 2499

1825-28 — VALLÉE BOISÉE (ITALIE)

Mine de plomb sur papier bleuté Cachet vente Corot

Collection Thiollier

Non reproduit

N° 2500

1802-28 — ÉTUDE DE TERRAINS (ITALIE)

Mine de plomb Cachet vente Corot

Collection Thiollier

Non reproduit

Nº 2497

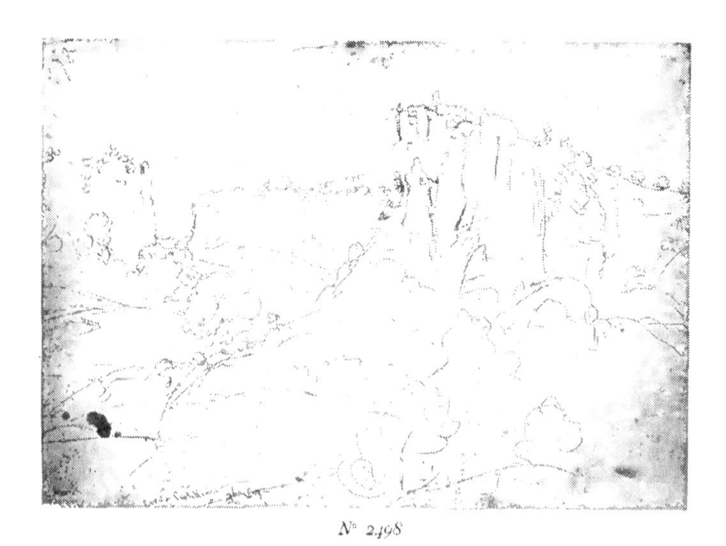

Nº 2498

N° 2501

1825-27 — UN CHARRETIER ROMAIN

Mine de plomb 0,37×0,23

Le personnage est assis sur une malle (probablement celle de Corot qui, on le sait, faisait poser, quand il en avait l'occasion, ses modèles dans sa chambre. On lit, sur la malle, ces mots « Charretier romain ».

Fac-simile Ch. Desavary (3ᵉ série)

Reproduit ci-contre d'après ce fac-simile

N° 2502

1826-27 — ANGELICA

Mine de plomb 0,30×0,20

On lit, en bas de ce dessin en même temps que le nom du modèle *Angelica*, cette autre indication *chez Norblin*. Cela signifie que le dessin a été exécuté dans l'atelier de ce peintre pensionnaire de l'Académie à Rome en 1826

Appartient à M. Dezermaux

Fac-simile Ch. Desavary (4ᵉ série)

Reproduit ci-contre d'après ce fac-simile

N° 2503

1826 — ROME — VUE PRISE DES JARDINS FARNESE, LE COLISÉE A GAUCHE

Plume et crayon 0,22×0,40

On lit en bas, à droite Farnese mars 1826

Fac-simile Ch. Desavary (4ᵉ série)

Reproduit ci-contre d'après ce fac-simile

N° 2504

1826 — NEPI

Mine de plomb 0,22×0,35

On lit en bas à droite Nepi juin 1826

Fac-simile Ch. Desavary (4ᵉ série)

Non reproduit

N° 2505

1826 — CIVITA CASTELLANA — TORRENT ABRITÉ PAR LES ARBRES

Mine de plomb [illegible]×0,39

Fac-simile Ch. Desavary (2ᵉ série)

Reproduit ci-contre d'après ce fac-simile

N° 2506

1826 — CIVITA CASTELLANA — UNE ÉGLISE SUR LA HAUTEUR

Mine de plomb 0,22×0,32

Au bas à gauche on lit Civita Castellana mai 1826

Fac-simile Ch. Desavary (1ʳᵉ série)

Non reproduit

N° 2507

1826 — CIVITA CASTELLANA — UN PONT SUR UN TORRENT

Mine de plomb 0,22×0,43

En bas à gauche, on lisait (le premier mot a été coupé) Civita Castellana mai 1826

Fac-simile Ch. Desavary (4ᵉ série)

Reproduit ci-contre d'après ce fac-simile

N° 2508

1826 — LA CASCADE DE PAPIGNO

Mine de plomb rehaussée de crayon blanc 0,35×0,26

On lit en bas, à gauche Papigno, septembre 1826

Fac-simile Ch. Desavary (2ᵉ série)

Non reproduit

N° 2509

1826 — PAPIGNO — UN MASSIF D'ARBRES DANS UN TERRAIN ROCHEUX

Mine de plomb 0,32×0,27

Fac-simile Ch. Desavary (2ᵉ série)

Non reproduit

N° 2510

1826 — UN TORRENT A PAPIGNO

Plume et mine de plomb 0,31×0,34

On lit en bas à gauche Papigno, juillet 1826

Fac-simile Ch. Desavary (5ᵉ série)

Reproduit ci-contre d'après ce fac-simile

N° 2511

1827 — CIVITELLA — ÉTUDE D'ARBRES

Plume 0,22×0,29 Cachet vente Corot

Collection Alfred Robaut — Exposition Durand-Ruel 1878 (N° 1,1) — Exposition des Dessins Modernes à l'École des Beaux-Arts, 1884 — Exposition centennale 1889 (N° 1 9)

Fac-simile par Ch. Desavary (3ᵉ série)

Non reproduit

N° 2512

1827 — CIVITELLA — ÉTUDE D'ARBRES AVEC DEUX ITALIENS SE REPOSANT PARMI LES ROCHERS

Mine de plomb 0,29×0,24

On lit en bas, à droite Civitella

Appartenait en 1898 à M. Vuillermet, de Lausanne

Fac-simile Ch. Desavary (1ʳᵉ série)

Reproduit ci-contre d'après ce fac-simile

N° 2513

1827 — CARRIÈRES A CIVITA CASTELLANA

Plume et crayon 0,21×0,37

On lit en bas, à gauche Civita, octobre 1827

Fac-simile Ch. Desavary (5ᵉ série)

Non reproduit

N° 2514

1827 — CIVITA CASTELLANA — FABRIQUES AVEC UN PONT ET UN FOND DE MONTAGNES

Mine de plomb 0,27×0,43

Fac-simile Ch. Desavary (2ᵉ série)

Non reproduit

N° 2515

1826-27 — CIVITA CASTELLANA — UN RUISSEAU

Plume 0,21×0,32

Fac-simile Ch. Desavary (4ᵉ série)

Non reproduit

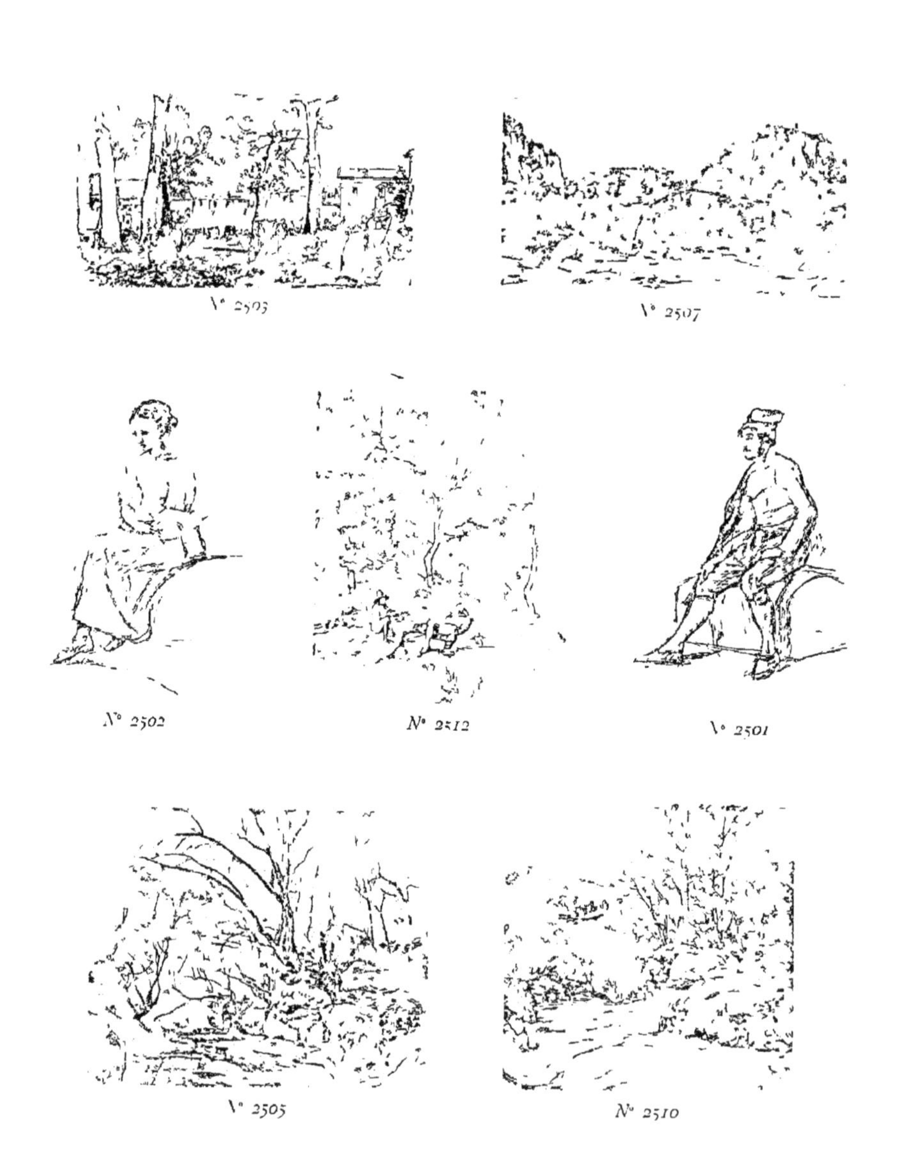

N° 2503

N° 2507

N° 2502

N° 2512

N° 2501

N° 2505

N° 2510

* N° 2516

1826 — VITERBE — MONTAGNE DOMINANT LA CAMPAGNE (PIN ET CYPRÈS AU SECOND PLAN)

Mine de plomb et plume 0,16×0,2?
Cachet vente Corot

On lit en bas, à droite Viterbe juin 1826
Non reproduit

* N° 2517

1826 — VITERBE — SILHOUETTE DES MONUMENTS DE LA VILLE

Mine de plomb 0,21×0,32 Cachet vente Corot

On lit en bas, à droite Viterbe, juin 1826
Non reproduit

* N° 2518

1826 — SOUS BOIS (ITALIE)

Mine de plomb et plume 0,37×0,50
Cachet vente Corot

On lit en bas, vers la droite Juillet 1826 (le nom de la localité (Civita Castellana?) a été coupé quand le dessin a été équarri
Non reproduit

* N° 2519

1826 — NEMI — GROUPE D'ARBRES DOMINANT LA VALLÉE

Mine de plomb 0,40×0,51 Cachet vente Corot

On lit en bas, vers la gauche Nemi novembre 1826
Non reproduit

* N° 2520

1826 — CIVITA CASTELLANA — VUE D'ENSEMBLE AVEC UN AQUEDUC AU PREMIER PLAN

Mine de plomb 0,31×0,45 Cachet vente Corot

On lit en bas vers la droite Civita Castellana, juin 1826
Non reproduit

* N° 2521

1826 — CASTEL SAINT-ELIA — ROCHERS DOMINÉS PAR UNE MAISONNETTE

Mine de plomb 0,2?×0,36
Cachet vente Corot au verso

On lit en bas à gauche Castel Saint-Elia
Au verso, un autre dessin (rochers), avec la mention Castel Saint-Elia
Non reproduit

* N° 2522

1826 — CASTEL SAINT-ELIA — CRÊTE ROCHEUSE ET BOISÉE DOMINANT LA VALLÉE ET FABRIQUE AU FOND

Mine de plomb 0,22 1/2×0,33 Cachet vente Corot

On lit en bas, à droite Castello St Elia, juin 1826
Non reproduit

* N° 2523

1826 — PAPIGNO — SOUS BOIS UN JEUNE GARÇON COUCHÉ AU PREMIER PLAN

Mine de plomb 0,35×0,46 Cachet vente Corot
Fac-simile Ch Desavary (5ᵉ série)
Reproduit ci-contre d'après l'original

* N° 2524

1826-27 — VALLONNEMENT ROCHEUX AVEC QUELQUES ARBRES (ITALIE)

Mine de plomb 0,22×0,36 Cachet vente Corot
Non reproduit

N° 2525

1826-27 — FABRIQUES DOMINANT UNE VALLÉE BOISÉE (ITALIE)

Croquis sommaire, mine de plomb 0,27×0,38
Vente posthume Corot (cachet omis)

Au verso, un autre croquis sommaire
Non reproduit

N° 2526

1826-27 — ARBRES DANS LES ROCHERS (ITALIE) — UNE ITALIENNE ET DEUX ENFANTS PASSENT VERS LE BAS, À GAUCHE

Plume et mine de plomb Grand in-4°
Cachet vente Corot

Collection Henri Rouart
Reproduit ci-contre

N° 2527

1827 — CIVITA CASTELLANA — ROCHERS ÉMERGEANT DE LA VERDURE

Plume et mine de plomb Grand in-4°
Cachet vente Corot

On lit en bas à gauche Civita Castellana, septembre 1827
Collection Cheramy
Reproduit ci-contre

N° 2528

1826-27 — ENVIRONS DU LAC D'ALBANO — ROCHERS DANS UNE CAMPAGNE BOISÉE

Plume et crayon 0,25×0,37

Fac-simile Ch Desavary (4ᵉ série)
Non reproduit

N° 2529

1827 — ROME — VUE PRISE DES JARDINS FARNÈSE

Mine de plomb 0,20×0,39

On lit en bas à gauche Jardin Farnese, mars 1827
Fac-simile Ch Desavary (5ᵉ série)
Non reproduit

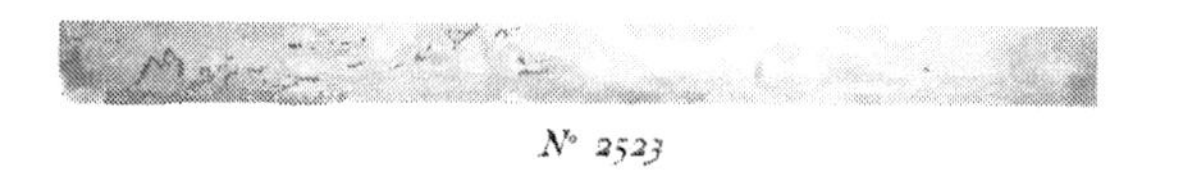

N° 2523

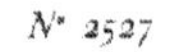

N° 2527

N° 2526

* N° 2530

1826 — ROCCA DI PAPA — UN CHEMIN DOMINÉ PAR LES MONTAGNES LOINTAINES

Mine de plomb 0,21×0,26 1/2 Cachet vente Corot

On lit en bas, à droite Rocca di Papa

Au verso, un autre dessin représentant des maisons dans les arbres, avec cette mention Rocca di Papa, novembre 1826

Non reproduit

* N° 2531

1826 — ARICCIA — ÉTUDE DE BRANCHES D'ARBRES

Mine de plomb 0,34×0,23 Cachet vente Corot

On lit en bas, à droite l'Ariccia, novembre 1826

Au verso un croquis de rocher avec des taches de sepia et cette mention l'Ariccia, novembre 1826

Non reproduit

* N° 2532

1826-27 — ROME — VUE PANORAMIQUE (LE CHATEAU SAINT-ANGE AU MILIEU, SE DÉTACHANT SUR UN FOND DE MONTAGNES)

Mine de plomb 0,20×0,37 Cachet vente Corot

Reproduit tome I, page 30

Au verso, un autre dessin représente le Tibre avec le Château Saint-Ange précédé d'un groupe de fabriques Des notes couvrent les différentes parties de ce dessin, ainsi conçues « Voûte très vigoureuse, eau blonde fabriques dans l'ombre, etc »

N° 2533

1826-27 — ARBRES DANS LES ROCHERS

Mine de plomb Grand in-4° Cachet vente Corot

Collection Henri Rouart

Non reproduit

* N° 2534

1826-27 — ÉTUDE D'ARBRES AVEC UN PERSONNAGE EN COSTUME ORIENTAL (ITALIE)

Plume et mine de plomb 0,17 1/2×0, [illegible]
Cachet vente Corot

Non reproduit

N° 2535

1827 — ARICCIA — CALVAIRE DOMINANT LA VALLÉE

Mine de plomb 0,20×0,27 environ

On lit au bas à gauche l'Ariccia, juillet 1827

Ce dessin a été copié très fidèlement par Lavieille Il ne nous est connu que par cette copie (*)

Non reproduit

N° 2536

1827 — CIVITA CASTELLANA — JEUNES ARBRES ÉMERGEANT DU FLANC D'UN ROCHER

Plume in-4° Cachet vente Corot

On lit en bas à gauche Civita Castellana, octobre 1827

Collection Henri Rouart

Non reproduit

* N° 2537

1827 — CIVITA CASTELLANA — GORGE BOISÉE

Plume et mine de plomb 0,26 1/2×0,45
Vente posthume Corot (cachet omis)

Au verso croquis sommaire

Non reproduit

* N° 2538

1826-27 — CIVITA CASTELLANA — FOND D'UNE VALLÉE ROCHEUSE ET BOISÉE

Plume et mine de plomb 0,30×0,37
Cachet vente Corot

Fac-simile Ch Desavary (4ᵉ série)

Reproduit ci-contre d'après l'original

* N° 2539

1827 — CIVITA CASTELLANA — VALLÉE ROCHEUSE ET BOISÉE

Mine de plomb et plume 0,31×0,38
Cachet vente Corot

On lit en bas, à droite Septembre 1827

Fac-simile Ch Desavary (-ᵉ série)

Reproduit ci-contre d'après l'original

* N° 2540

1827 — CIVITA CASTELLANA — VALLÉE BOISÉE

Plume et crayon 0,27 1/2×0,43 Cachet vente Corot

On lit en bas, à gauche Civita Castellana septembre 1827

Au verso, croquis sommaire avec annotations

Reproduit ci-contre

* N° 2541

1826-28 — CHEVAUX DE SELLE HARNACHÉS — (CROQUIS)

Mine de plomb 0,1[illegible]×0,27 Cachet vente Corot

Au verso de ce croquis, un autre représente un attelage de bœufs

Non reproduit

* N° 2542

1826-28 — CROQUIS D'ARBRES (ITALIE)

Plume et mine de plomb 0,33×0,22
Cachet vente Corot

Au verso, croquis sommaire à la plume

Non reproduit

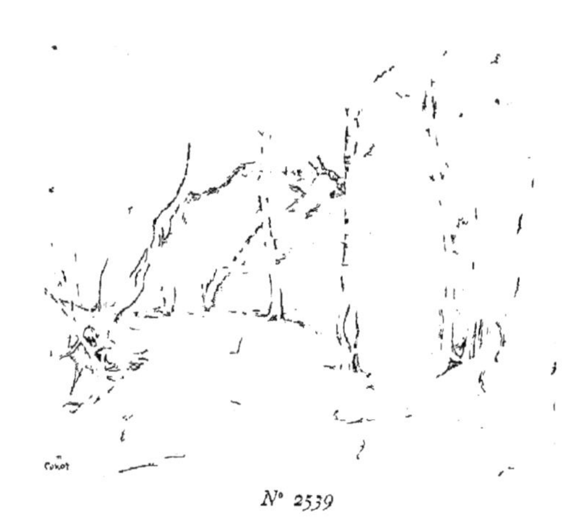

N° 2539

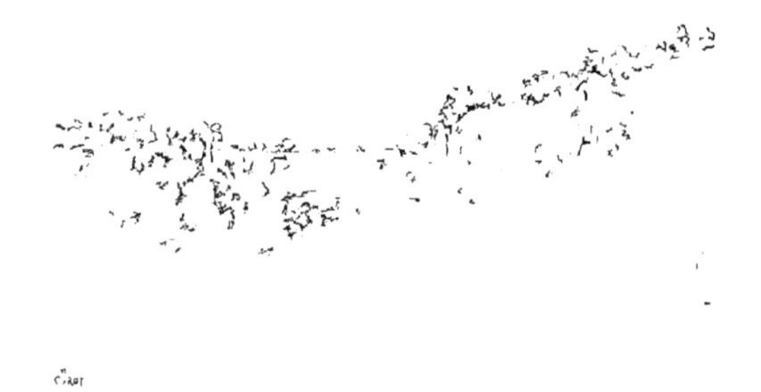

N° 2540

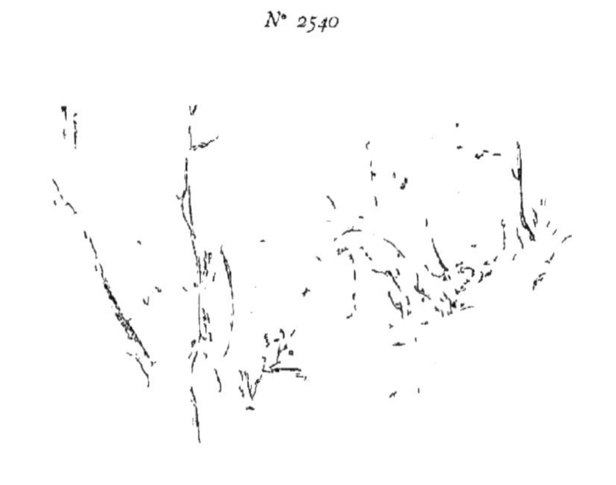

* N° 2543

1826-27 — ARICCIA — LE PALAIS CHIGI

Mine de plomb 0,16 1/2×0,26
Cachet vente Corot

Reproduit ci-contre

* N° 2544

1826-27 — ARICCIA — LE PALAIS ÉMERGEANT DES ARBRES

Mine de plomb 0,19×0,31 Cachet vente Corot

Reproduit ci-contre

* N° 2545

1827 — CIVITELLA — MAMELON DOMINANT UNE VALLÉE BOISÉE

Mine de plomb 0,27×0,37
Vente posthume Corot (cachet omis)

On lit en bas à droite Civitella, juillet 1827

Reproduit ci-contre

* N° 2546

1826-28 — VALLONNEMENTS BOISÉS (ITALIE)

Mine de plomb 0,27×0,36 Cachet vente Corot

Croquis au verso, représentant des fabriques sur le versant d'une colline

Reproduit ci-contre

* N° 2547

1826-28 — UNE CASCADE (ITALIE)

Mine de plomb rehaussée de blanc sur papier crème 0,36 1/2×0,52 Cachet vente Corot

Reproduit ci-contre

* N° 2548

1827 — PAPA GIULIO — CRÊTE ROCHEUSE

Mine de plomb 0,22×0,36 1/2
Cachet vente Corot

On lit en bas à droite Papa Giulio, février 1827

Au verso, il y a un croquis de Rome

Non reproduit

Il existe un calque de ce dessin par le peintre Joinville portant le cachet de la vente posthume de cet artiste (*)

* N° 2549

1827 — MARINO — VERSANT BOISÉ

Plume et mine de plomb 0,23×0,38
Vente posthume Corot (cachet omis)

On lit, en bas Marino mai 1827

Au verso, un autre dessin représente une campagne accidentée

Non reproduit

* N° 2550

1827 — GENZANO — LE VILLAGE DOMINANT LA VALLÉE

Mine de plomb 0,20 1/2×0,31
Vente posthume Corot (cachet omis)

On lit en bas, vers la gauche Genezano (sic) avril 1827

Au verso, un autre croquis portant également la mention Genezano avril 1827

Non reproduit

* N° 2551

1826-28 — ÉTUDE DE PLANTES ET FEUILLAGES (ITALIE)

Plume et crayon 0,20 1/2×0,31
Cachet vente Corot

On lit sur le dessin Au casino de Rafaelle

Au verso, croquis d'arbres

Vente Giroux (1904)

Non reproduit

* N° 2552

1826-28 — ROCHERS BOISÉS

Plume sur calque 0,18 1/2×0,33
Cachet vente Corot

Vente Giroux (1904)

Non reproduit

* N° 2553

1826-28 — ROME — VUE PANORAMIQUE

Croquis sommaire
Mine de plomb sur papier à peindre 0,22×0,41
Cachet vente Corot

Au verso, un autre croquis d'Italie

Non reproduit

* N° 2554

1826-28 — ITALIENNE JOUANT DU TAMBOURIN

Plume et crayon 0,31×0,18 Cachet vente Corot

Au verso croquis sommaire, qui paraît être une vue de Naples ou des environs

Reproduit tome I, page 31

N° 2555

1826-28 — ALBANO — ENTRÉE DU BOURG

Mine de plomb 0,27×0,38

La haute tour carrée de la cité émerge des habitations et domine les monts voisins Plus près du spectateur, sur un chemin ensoleillé, passe un moine A gauche, au premier plan des terrains rocheux descendent vers la droite

Ce dessin a été copié avec beaucoup de précision par M Larocque, qui a offert sa copie à M Robaut L'original n'était plus dans les cartons de Corot lorsque M Robaut les parcourut pour la première fois en 1872

Non reproduit

N° 2545 N° 2546

N° 2547

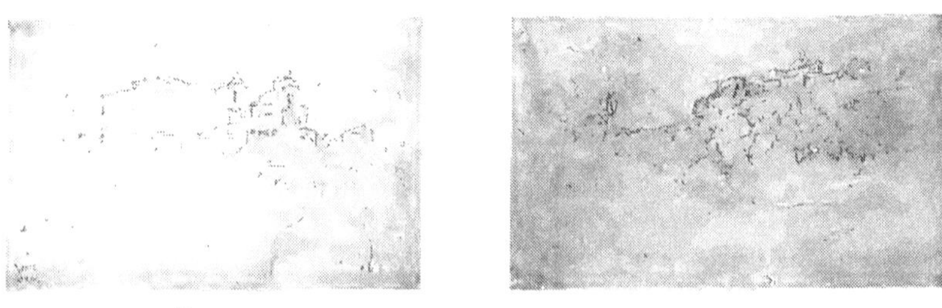

N° 2543 N° 2544

* N° 2556

1826-27 — PLATEAU ROCHEUX DOMINANT UNE VALLÉE (ITALIE)

Plume et crayon 0,31×0,47 Cachet vente Corot

Reproduit ci-contre

* N° 2557

1826-27 — ARICCIA — PALAIS ET FABRIQUES DOMINANT LA VALLÉE

Mine de plomb 0,18 1/2×0,29 Cachet vente Corot

Au verso, un croquis représentant le dôme de l'Ariccia

Non reproduit

* N° 2558

1826-28 — VALLÉES ET MONTAGNES (ITALIE)

Mine de plomb 0,25×0,38

Non reproduit

* N° 2559

1826-28 — VALLÉE BOISÉE AU PIED D'UNE CASCADE

Mine de plomb rehaussée de blanc sur papier bleuté 0,38×0,31 1/2 Cachet vente Corot

Au verso, un croquis représentant un village italien et des montagnes au fond

Non reproduit

* N° 2560

1826-28 — ROME — LA VASQUE DE L'ACADÉMIE DE FRANCE

Mine de plomb sur papier à peindre 0,14 × 0,25 Cachet vente Corot

Au verso, croquis d'un pon

Vente Giroux (1904)

Non reproduit

* N° 2561

1826-28 — ROME — VUE PRISE DES CAMPANILES DE LA VILLA MEDICIS

Mine de plomb et plume 0,22×0,39 Cachet vente Corot

On lit en bas, vers la droite Des Campanille (sic) de la villa Medicis

Au verso, un croquis sommaire

Non reproduit

* N° 2562

1826-28 — CAMPAGNE DE ROME — HORIZON DE MONTAGNES

Mine de plomb 0,15×0,35 Vente posthume Corot (cachet omis)

Au verso, un autre croquis (Villas avec un grand pin)

Non reproduit

* N° 2563

1826-28 — ÉTUDE D'ARBRES A L'ARICCIA

Mine de plomb, rehaussé de crayon blanc 0,36×0,46 Cachet vente Corot

Fac-simile Ch Desavary (1re série)

Reproduit ci contre d'après l'original

* N° 2564

1826-28 — MAISONS SUR UNE TERRASSE (ITALIE)

Mine de plomb 0,24×0,36 Cachet vente Corot

Au verso un autre croquis sommaire

Non reproduit

N° 2565

1826-28 — ETUDE D'ARBRES DANS UN TERRAIN ROCHEUX — (ITALIE)

Plume 0,29×0,23

Il existe un fac-similé lithographique (assez libre) par A Ltex pour un cours élémentaire de dessin

Non reproduit

* N° 2566

1826-28 — CAMPAGNE BOISÉE, MONTAGNES AU FOND — (ITALIE)

Mine de plomb 0,25×0,35 Cachet vente Corot

Non reproduit

* N° 2567

1827-28 — OLEVANO — VUE PANORAMIQUE

Mine de plomb 0,22 × 0,36 1/2 Cachet vente Corot, au verso

On lit en bas à droite « Olevano De la casa Petiosa L'auberge »

Au verso sur un croquis à la mine de plomb qui portait à droite l'indication « Campagne de Rome », on voit, charbonnés à grands traits de fusain, des personnages qui ressemblent à ceux de l'*Incendie de Sodome*

Non reproduit

* N° 2568

1827-28 — OLEVANO — ROCHERS ET FOND DE MONTAGNES

Plume sur calque 0,21×0,33 Cachet vente Corot

On lit en bas à droite Olevano

Vente Giroux (1904)

Non reproduit

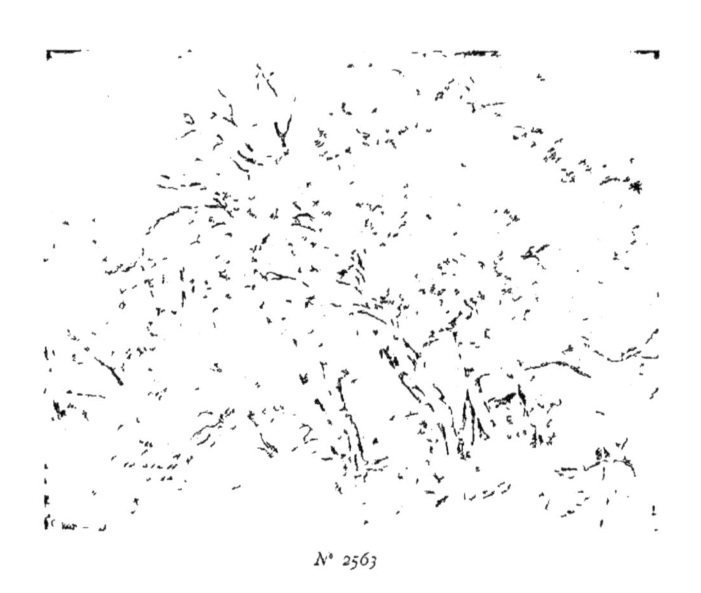

N° 2563

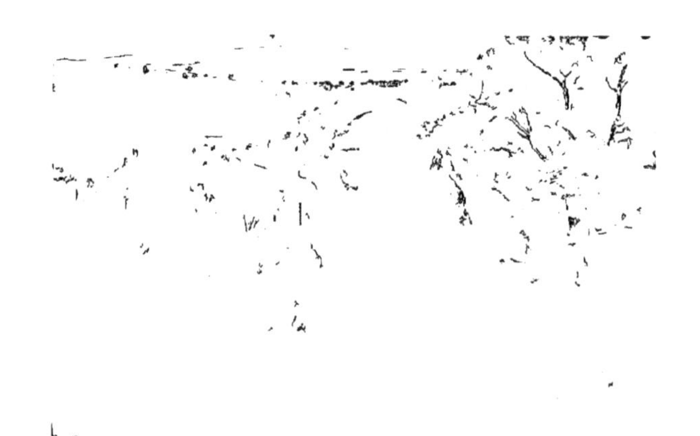

N° 2556

* Nº 2569

1827 — MARINO — MAISONS AU BORD D'UN CHEMIN (UN CAVALIER AU PREMIER PLAN)

Mine de plomb 0,21×0,34 Cachet vente Corot

On lit en bas, à gauche Marino mai 827

Fac-simile Ch Desavary (2ᵉ série)

Reproduit ci-contre d'après l'original

Nº 2570

Mai 1827 — MARINO — ARBRES PARMI LES ROCHERS

Mine de plomb Daté Marino mai 1827
Cachet vente Corot

Collection Thiollier

Non reproduit

* Nº 2571

1827 — MARINO — ROCHERS DANS LA VERDURE

Mine de plomb 0,20×0,30 Cachet vente Corot

On lit en bas à gauche Marino, mai 1827

Reproduit ci-contre

* Nº 2572

1826-27 — CHAPELLE DE MARINO

Plume et mine de plomb 0,21×0,32
Vente posthume Corot (cachet omis)

On lit en bas, à droite Chapelle de Marino

Au verso, un autre dessin, plume et mine de plomb, portant la mention Marino

Non reproduit

* Nº 2573

1826-27 — ENVIRONS DU LAC NEMI — ÉTUDE D'ARBRES

Plume et crayon 0,38×0,48 Cachet vente Corot

Fac-simile Ch Desavary (4ᵉ série)

Reproduit, d'après l'original tome I, page 39

* Nº 2574

1826-27 — SALVATORE MARIOTTI ET FILIPPO ESCLAVES DE FLEURY ET DE COROT, A L'ARICCIA

Plume et mine de plomb 0,11 1/2×0,18
Cachet vente Corot

C'est une page d'album provenant du carnet 24 Les deux personnages dont Corot a fait un croquis sont accompagnés de l'indication de leur nom

Vente Hotel Drouot mars 1884

Reproduit tome I page 40

* Nº 2575

1826-27 — UN JEUNE ITALIEN DORMANT ET DES ITALIENNES PORTANT DES FARDEAUX SUR LEUR TÊTE (CIVITELLA ET LA CERVARA)

Mine de plomb 0,11 1/2×0,18
Cachet vente Corot

C'est, comme le Nº précédent une feuille extraite d'un album Les indications de localités sont inscrites en regard des croquis

Vente Hotel Drouot mars 1883

Non reproduit

* Nº 2576

1826-27 — VALLÉE BOISÉE, MONTAGNES AU FOND (ITALIE)

Mine de plomb 0,40×0,37
Vente posthume Corot (cachet omis)

Au verso, un croquis très sommaire avec cette indication Civita Castellana

Non reproduit

* Nº 2577

1826-28 — DÉTAIL D'ARBRES ET DE RACINES DANS UNE VALLÉE ROCHEUSE (ITALIE)

Mine de plomb 0,19×0,27 Cachet vente Corot

Reproduit ci-contre

* Nº 2578

1828 — ISCHIA

Plume et mine de plomb 0,25×0,36
Cachet vente Corot

On lit en bas Ischia

Au verso de ce dessin, un autre de la même contrée

Non reproduit

* Nº 2579

1828 — CAPRI

Plume et mine de plomb 0,26×0,37
Vente posthume Corot (cachet omis)

Au verso, un autre croquis de la même contrée

Non reproduit

* Nº 2580

1828 — ROME — VUE PANORAMIQUE, AVEC L'ARC DE CONSTANTIN AU PREMIER PLAN ET LA TOUR DE NÉRON AU FOND

Plume et crayon 0,26×0,44 1/2
Cachet vente Corot

On lit en bas, à droite S Jean et Paul le 20 mai 1828

Reproduit tome I page 46

Au verso, une composition à la plume représentant une rivière avec une barque au premier plan

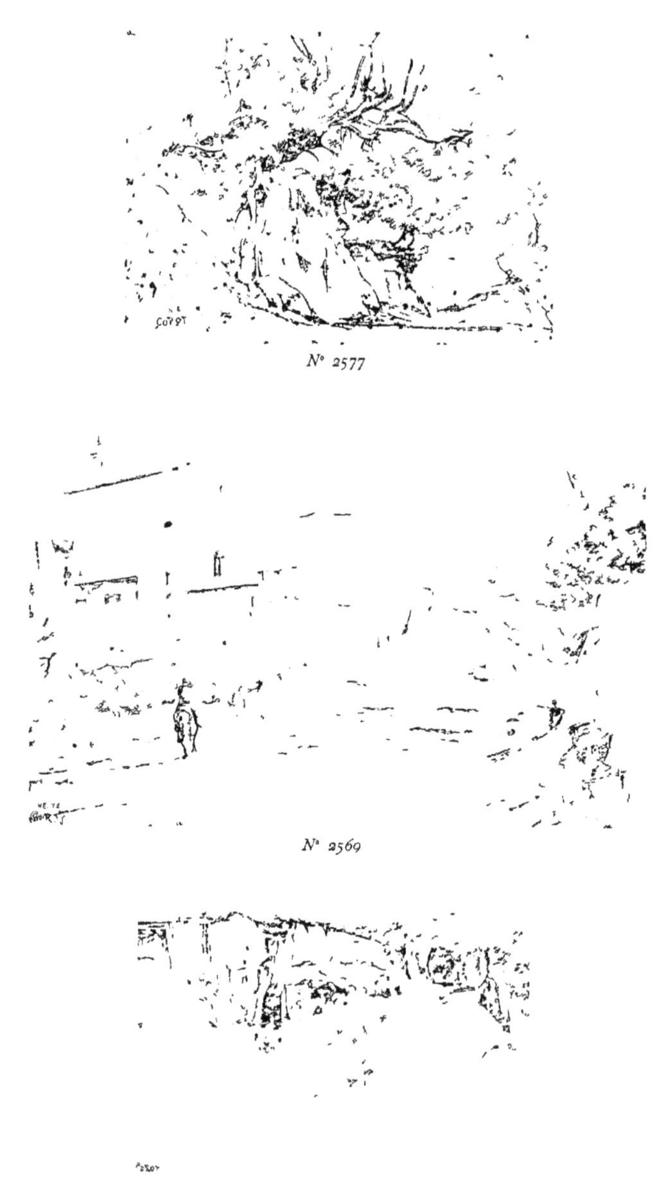

N° 2577

N° 2569

N° 2571

N° 2581

1827 — CASTEL SAINT-ELIA — VUE PANORAMIQUE

Plume 0,27×0,41 Cachet vente Corot

On lit en bas, à droite : Castel Saint-Elia, octobre 1827

Collection Henri Rouart

Fac-simile Ch Desavary (1re serie)

Reproduit ci-contre d'après l original

N° 2582

1827 — MARINO — VALLEE AVEC UN CAVALIER ET UNE ITALIENNE

Mine de plomb 0,28×0,4? Cachet vente Corot

On lit en bas, vers le milieu Marino, mai 1827, et à droite Les fonds et le second plan dans la demi teinte

Collection Henri Rouart

Fac-simile Ch Desavary (2e serie)

Reproduit ci contre d'après l original

Il existe un calque à la plume (*) de ce dessin par Corot Cachet vente Corot

N° 2583

Octobre 1827 — ROME — LE LONG DE LA VILLA MEDICIS

Plume et sepia 0,36×0,27 Cachet vente Corot

En bas, à droite Rome octobre 1827

Collection Doria — Vente Doria, 5 mai 1899 (N° 359), 140 fr à M Henri Rouart — Exposition centennale 1900 (N° 830)

Reproduit ci contre

N° 2584

1826-27 — ENVIRONS D'ALBANO — VERSANT ROCHEUX COUVERT DE RACINES D ARBRES

Plume 0,30×0,?2 Cachet vente Corot

Collection Henri Rouart

Fac-simile Ch Desavary (3e serie)

Reproduit ci-contre d'après l original

* N° 2585

1826-27 — CASTEL SAINT-ELIA — FABRIQUES AU SOMMET DES ROCHERS

Mine de plomb 0,20×0,29 1/2
Cachet vente Corot

Au verso, croquis sommaire d une crete rocheuse

Non reproduit

* N° 2586

1826-27 — CIVITELLA — PANORAMA DE MONTAGNES

Mine de plomb et plume 0,26×0,37 1/2
Cachet vente Corot

Non reproduit

* N° 2587

1826-27 — TORRE DI QUINTO

Croquis sommaire Mine de plomb 0,25×0,32
Cachet vente Corot

On lit en bas, à droite « Rochers de Quinto, effet du soir Tout dans l ombre Ciel d orage »

Non reproduit

* N° 2588

1826-27 — ARBRES EMERGEANT DES ROCHERS (ITALIE)

Plume et mine de plomb 0,25×0,19
Cachet vente Corot

Non reproduit

* N° 2589

1826-27 — UN VILLAGE ITALIEN SUR UNE EMINENCE

Mine de plomb 0,26 1/2×0,41
Cachet vente Corot

Non reproduit

* N° 2590

1826-27 — ETUDE D ARBRES (ITALIE)

Croquis sommaire Plume 0,34×0,31
Cachet vente Corot

Non reproduit

* N° 2591

1828 — ENVIRONS DE NAPLES (CAPRI AU FOND)

Mine de plomb 0,21×0,25 Cachet vente Corot

Non reproduit

* N° 2592

1828 — BAIE DE NAPLES

Mine de plomb 0,21×0,34 Cachet vente Corot

Au verso, un autre dessin representant le Cap Misene avec cette indication sur deux lignes « Cap Misene, temps orageux, entre Casamicia et le cap »

Non reproduit

* N° 2593

1828 — POUZZOLES

Mine de plomb 0,18 1/2×0,26
Cachet vente Corot

Non reproduit

* N° 2594

1828 — VUE PRISE DU HAUT DU VESUVE

Mine de plomb 0,18×0,34 Cachet vente Corot

On lit en bas Pris du haut du Vesuve

Au verso croquis sommaire

Non reproduit

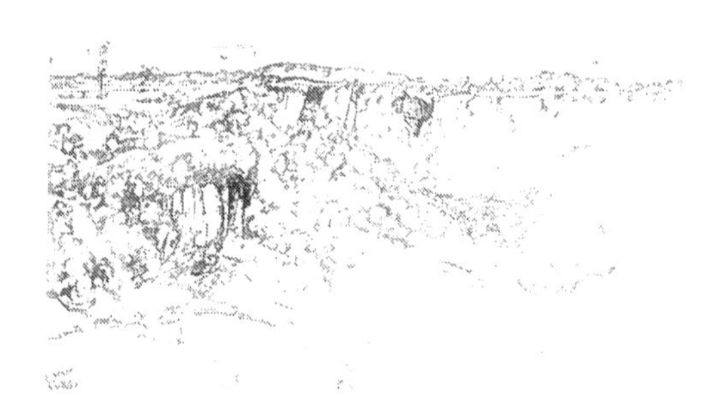

N° 2581

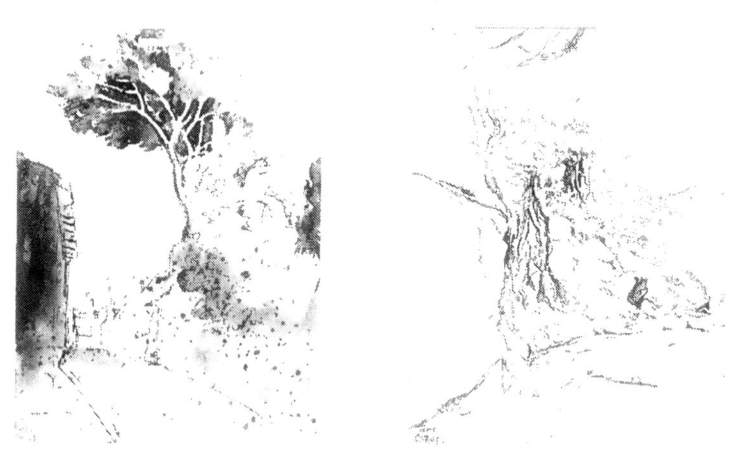

N° 2583

N° 2584

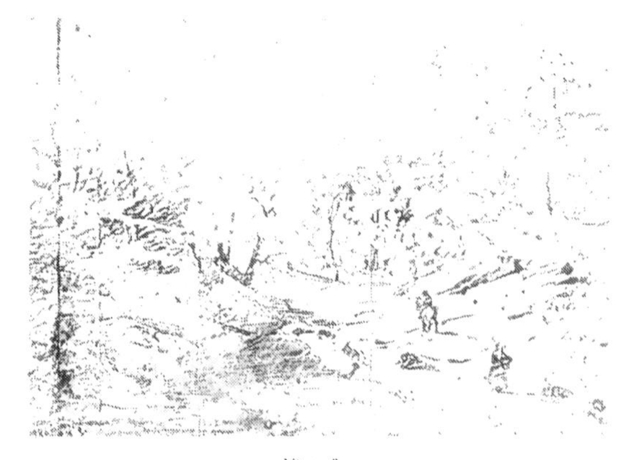

N° 2582

* N° 2595

1827 — VUE DE NEMI

Plume 0,10×0,30 Cachet vente Corot

Reproduit ci-contre

* N° 2596

1826-27 — TORRE DI QUINTO

Mine de plomb 0,25×0,36 1/2 Cachet vente Corot

Reproduit ci contre

* N° 2597

1826-27 — UNE ROUTE DANS LA MONTAGNE (ITALIE)

Mine de plomb 0,28×0,38 Cachet vente Corot

Reproduit ci contre

* N° 2598

1826-27 — UN ARBRE DANS UNE ANFRACTUOSITÉ DE ROCHER (ITALIE)

Plume et mine de plomb 0,27×0,20
Cachet vente Corot

Au verso, croquis sommaire

Non reproduit

* N° 2599

1826-28 — SILHOUETTES DE MONTAGNES (ITALIE)

Croquis sommaire mine de plomb 0,11×0,34 1/2
Vente posthume Corot (cachet omis)

Non reproduit

* N° 2600

1826-28 — ROME — UN TEMPLE

Mine de plomb 0,29×0,43 Vente Corot (cachet omis)

Au verso croquis sommaire du Colisée

Non reproduit

* N° 2601

1826-27 — PAPA GIULIO

Croquis sommaire mine de plomb et plume
0,25×0,38 Vente posthume Corot (cachet omis)

On lit en bas, vers la gauche Papa Giulio

Au verso croquis de buffles

Non reproduit

N° 2602

1826-28 — ROME — PORTA PIA

Mine de plomb 0,1.×0,21 1/2
Vente posthume Corot (cachet omis)

On lit en bas, à droite Porta Pia

Non reproduit

* N° 2603

1826-28 — INTÉRIEUR DE LA CHAPELLE DE TRAN

Mine de plomb 0,22×0,17 Cachet vente Corot

Non reproduit

N° 2604

1826-28 — UN CHÊNE VERT

Croquis mine de plomb in-4°

Sous le gros arbre, un cavalier est arrêté tourné vers la gauche On lit en bas ces mots « Chêne vert »

Vente Larochenoire décembre 1899 (N° 170), 20 fr

Non reproduit

* N° 2605

1828 — ISCHIA — ROCHERS AU BORD DE LA MER

Plume et mine de plomb 0,11×0,18
Cachet vente Corot

On lit en bas, à gauche Ischia

Au verso, croquis sommaire de figure

Non reproduit

* N° 2606

1828 — ISCHIA OU CAPRI — CRÊTE ROCHEUSE

Plume 0,21 1/2×0,37 Vente posthume Corot (cachet omis)

Au verso un autre croquis de la même contrée

Non reproduit

* N° 2607

1828 — ISCHIA

Deux croquis sur la même feuille
Mine de plomb 0,18×0,25 Cachet vente Corot

Au verso, un autre croquis, également d'Ischia

Non reproduit

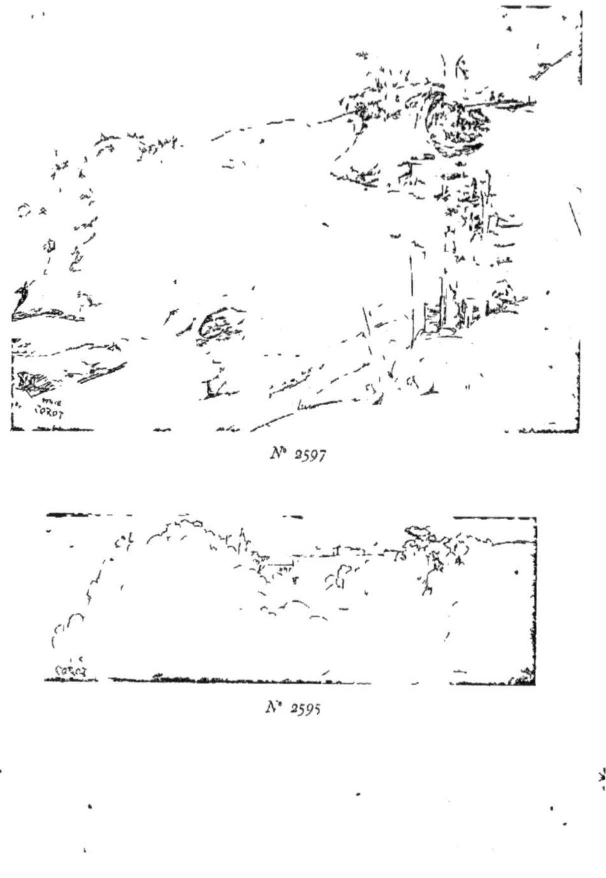

N° 2597

N° 2595

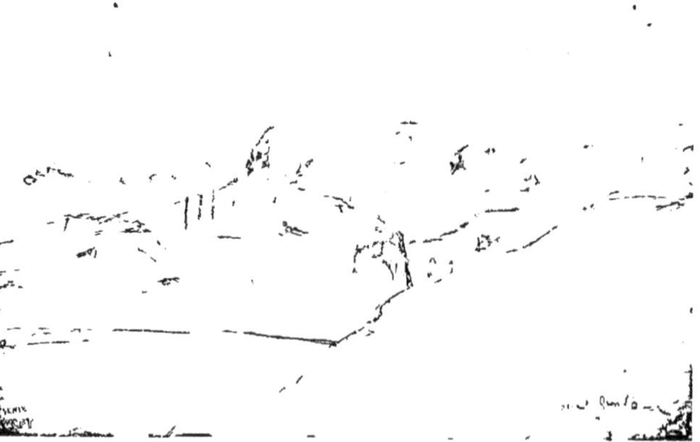

N° 2596

* Nº 2608

1827 — AU LAC D'ALBANO

Mine de plomb 0,29×0,41
Vente posthume Corot (cachet omis)

On lit en bas lac d'Albano juillet 1827

Reproduit tome I, page 43

* Nº 2609

1827 — OLEVANO — VALLÉE DOMINÉE PAR DEUX MAMELONS ÉLEVÉS

Mine de plomb 0,23×0,38
Vente posthume Corot (cachet omis)

On lit en bas, à droite Olevano avril 1827

Au verso de ce dessin il y a un croquis très léger représentant une silhouette de Rome

Reproduit tome I, page 43

* Nº 2610

1826-27 — ARICCIA — LE DÔME ÉMERGEANT DES ARBRES

Plume et crayon 0,19×0,27 1/2
Cachet vente Corot

On lit en bas, à gauche l Ariccia (sic)

Reproduit tome I, page 41

Au verso croquis sommaire

* Nº 2611

1826-27 — ARICCIA — LE PALAIS CHIGI AU FOND UN MOINE ET UN PAYSAN AU PREMIER PLAN

Mine de plomb 0,19×0,26 Cachet vente Corot

Non reproduit

* Nº 2612

1826-27 — ARICCIA — SILHOUETTE DU PALAIS

Plume 0,10×0,30 Cachet vente Corot

Non reproduit

* Nº 2613

1826-27 — CRÊTES ROCHEUSES DOMINANT UNE ROUTE (ITALIE)

Mine de plomb
0,21×0,32 Vente Corot (cachet omis)

Au verso de ce dessin, dont le motif doit avoir été pris à Castel Saint-Elia, il y a un autre croquis pris dans la même contrée

Non reproduit

* Nº 2614

1826-27 — ROCHER COUVERT DE VÉGÉTATION (ITALIE)

Plume et mine de plomb 0,23 1/2×0,35
Cachet vente Corot

Non reproduit

* Nº 2615

1827 — COUVENT DE SAN BENEDETTO PRÈS SUBIACO

Plume et mine de plomb 0,25×0,37
Cachet vente Corot

On lit en bas à droite Couvent de San Benedetto près Subiaco août 1827

Reproduit ci-contre

Nº 2616

Mai 1827 — UN CHEMIN A MARINO

Mine de plomb 0,20×0,32

Des rochers plats occupent la partie gauche A l'horizon, un peu vers la droite, un tertre couvert de feuillage au pied duquel passe dans l'ombre une femme, un panier sur la tête, et un enfant

Ce croquis fut offert par Corot à Christine Nilsson en mars 1873, un jour qu'elle était venue lui rendre visite à son atelier Il avait promis un souvenir à la cantatrice, mais ce jour-là contrairement à son ordinaire, il n'était pas en veine de grande générosité et il se borna à ajouter une figure de fantaisie sur le premier plan pour offrir ainsi accommodé ce crayonnage sans importance

Calque par M Alfred Robaut (avant l'addition de la figure)

Non reproduit

Nº 2617

1827 — OLEVANO — RIDEAU D'ARBRES SUR UNE COLLINE ROCHEUSE

Mine de plomb
0,18×0,28 Signé en bas, à droite Daté

A la suite d'un premier plan bouleversé, la vue est bornée à gauche par des groupes d'arbres sortant des rochers dont la ligne descend rapidement à droite Elle s'arrête aux trois quarts de la largeur pour découvrir au fond divers étages de montagnes précédés de quelques fabriques

Don de Corot à son ami Théodore Scribe

Non reproduit

* Nº 2618

1828 — OLEVANO — PAYSAGE ACCIDENTÉ

Plume et crayon 0,24×0,39 Cachet vente Corot

On lit en bas Serpentara Olevano 1828

Reproduit ci-contre

Au verso de ce dessin, un autre croquis sommaire

* Nº 2619

1827 — CIVITELLA — ROCHERS BOISÉS

Mine de plomb 0,22 1/2×0,38
Cachet vente Corot

On lit en bas Civitella, août 1827

Au verso, un autre croquis de la même région

Non reproduit

* Nº 2620

1827 — CIVITELLA — MAMELON DOMINANT UNE VALLÉE (VUE PRISE EN SENS INVERSE DE LA PRÉCÉDENTE)

Mine de plomb 0,27×0,40
Vente Corot (cachet omis)

Non reproduit

N° 2615

N° 2618

* Nº 2621

1826-27 — CIVITA CASTELLANA — ROCHERS DOMINANT LA VALLÉE

Plume 0,25×0,39 Vente posthume Corot (cachet omis)

On lit en bas, vers la gauche Civita Castellana

Reproduit ci-contre

* Nº 2622

1822-27 — CIVITA CASTELLANA — ARBRES AU FOND D'UNE VALLÉE ROCHEUSE

Plume et crayon 0,36×0,28 Cachet vente Corot

Reproduit tome I, page 35

* Nº 2623

1827 — UN RUISSEAU A CIVITA CASTELLANA

Plume 0,30×0,41 Cachet vente Corot

On lit en bas Civita Castellana, septembre 1827

Exposition des Dessins du Siècle à l'École des Beaux-Arts, 1884 — Exposition Centennale 1889 (Nº 121)

Fac-simile Cl. Desavary (3ᵉ série) — Cliché dans « Peintres et Sculpteurs contemporains » par Jules Claretie, Jouaust, éditeur, 1882

Reproduit d'après l'original, tome I, page 37

* Nº 2624

1827 — CIVITA CASTELLANA — BOUQUET D'ARBRES AU FOND D'UNE GORGE ROCHEUSE

Plume et mine de plomb 0,42×0,33 Cachet vente Corot

Fac-simile Ch. Desavary (5ᵉ série)

Reproduit d'après l'original, tome I, page 45

* Nº 2625

1826-27 — CIVITA CASTELLANA — ROCHERS BOISÉS

Mine de plomb 0,29×0,45 Cachet vente Corot

On lit en bas à droite Civita Castellana

Non reproduit

* Nº 2626

1826-27 — CIVITA CASTELLANA — (CROQUIS SOMMAIRE)

Plume et crayon 0,25×0,40 Vente posthume Corot (cachet omis)

Au verso, autre croquis sommaire

Non reproduit

* Nº 2627

1826-27 — CIVITA CASTELLANA — CRÊTE ROCHEUSE DOMINANT UNE VALLÉE

Plume 0,29×0,44 Cachet vente Corot

Non reproduit

* Nº 2628

1826-27 — CIVITA CASTELLANA — CRÊTE ROCHEUSE DOMINANT UNE VALLÉE

Plume et mine de plomb 0,31×0,44 Cachet vente Corot

Ce sujet est le même, à peu de chose près, que le précédent. Au verso, un autre croquis à la mine de plomb de la même contrée

Non reproduit

* Nº 2629

1826-27 — CIVITA CASTELLANA — ÉTUDE DE ROCHERS

Plume et mine de plomb 0,46×0,35 Cachet vente Corot

Au verso, un autre croquis de rocher

Non reproduit

* Nº 2630

1826-27 — CASTEL SAINT-ELIA — VUE PANORAMIQUE, UN PERSONNAGE ACCROUPI AU PREMIER PLAN

Plume et mine de plomb 0,26 1/2×0,41 Vente posthume Corot (cachet omis)

On lit en bas, à droite Castel Saint-Elia

Reproduit ci-contre

Au verso, un croquis de rochers boisés

Nº 2631

1827 — CASTEL SAINT-ELIA

Plume 0,27×0,44 Cachet vente Corot

En bas à gauche Castel Saint-Elia octobre 1827

Collection Henri Rouart — Exposition centennale 1900 (Nº 832)

Fac-simile par Ch. Desavary (3ᵉ série)

Reproduit d'après l'original, tome I, page 37

* Nº 2632

1826-27 — FABRIQUES DOMINANT UNE VALLÉE BOISÉE (ITALIE)

Plume 0,22×0,31 Cachet vente Corot

Reproduit ci-contre

* Nº 2633

1828 — NAPLES — LE CHATEAU DE L'ŒUF

Mine de plomb 0,21×0,31 1/2 Cachet vente Corot

Au verso un autre dessin à la plume avec l'indication Capri

Le dessin du verso est reproduit ci-contre

* Nº 2634

1828 — ISCHIA

Plume et mine de plomb 0,22 1/2×0,36 Cachet vente Corot On lit en bas, à gauche Ischia

Reproduit tome I, page 47

Au verso, un autre croquis très sommaire avec la même mention

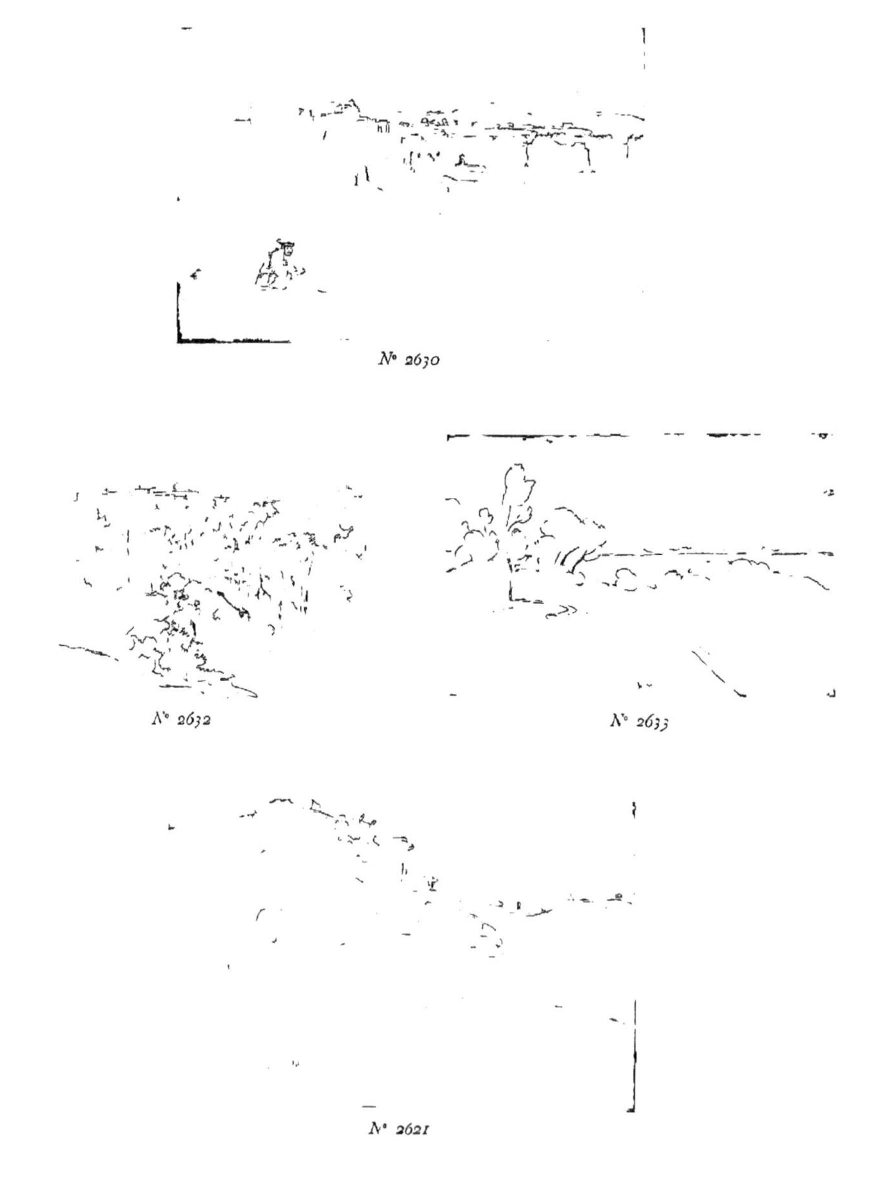

Nº 2630

Nº 2632

Nº 2633

Nº 2621

Nº 2635

Vers 1820-30 — MOISSON ROMAINE

Mine de plomb 0,14×0,21 Signé en bas à droite

Au premier plan d'une plaine sur la gauche passe une charrette chargée de foin dans laquelle ont pris place quatre Italiens Deux chevaux la traînent Au fond, on aperçoit les montagnes et, au second plan, une sorte de ruine

Vente Hôtel Drouot, 5 mai 1876, 35 fr

Non reproduit

* Nº 2636

Vers 1828-29 — JEUNE FEMME EN CHEMISE

Plume et crayon 0,32×0,21 1/2
Cachet vente Corot

Sur la même feuille, trois autres croquis une tête de femme, et deux souvenirs d'*Othello*

Au verso, un autre dessin représente le même modèle en chemise, assis Il est accompagné de deux croquis (souvenirs du théâtre)

Non reproduit

* Nº 2637

Vers 1828-30 — ÉTUDE D'ARBRES EN FORÊT

Mine de plomb 0,21×0,26 Cachet vente Corot
(au verso)

Fac-similé lithographique (pour un cours élémentaire de dessin par A Étex) — Fac-similé Ch Desavary (3e série)

Reproduit ci-contre d'après l'original

Au verso de ce dessin, il y en a un autre représentant une rue de village

* Nº 2638

Vers 1830 — JEUNE GARÇON ÉTENDU SUR L'HERBE

Mine de plomb 0,16×0,11 environ
Signé en bas à droite

Ce dessin, pour lequel Corot marquait une prédilection connue de M Robaut, fut encadré par les soins de celui-ci à côté en face dans le même passe par out, un dessin d'Eugène Delacroix qu'il offrit au maître Le cadre contenant ces deux objets fut placé par Corot dans sa chambre et y demeura jusqu'à sa mort

Il fut vendu tel quel à la vente posthume (Nº 570) 157 fr à M Marion

Reproduit tome I, page 03

* Nº 2639

Vers 1830 — PARIS — DEUX CROQUIS SUR LA MÊME FEUILLE 1º NOTRE-DAME 2º LES BORDS DE LA SEINE VUS DU PONT D'AUSTERLITZ

Mine de plomb 0,20×0,29 1/2
Cachet vente Corot

Non reproduit

* Nº 2640

Vers 1830 — BERGUES (NORD) — LE BEFFROI

Mine de plomb 0,22×0,33 1/2

On lit en bas, à droite « Bergues Les tourelles blanches la tour, brique d'un gris blanc »

Dessin offert par Corot à M Alfred Robaut en novembre 1871

Non reproduit

* Nº 2641

Vers 1830 — HAZEBROUCK (NORD) — UN CLOCHER ÉMERGEANT DE LA VERDURE

Mine de plomb 0,28×0,28 Cachet vente Corot

Non reproduit

* Nº 2642

Vers 1830 — UNE CATHÉDRALE GOTHIQUE

Mine de plomb 0,29×0,20 Cachet vente Corot

Ce dessin, exécuté au trait-ligne, paraît être le résultat d'un calque

Vente Doria, mai 1899 (Nº 368), 22 f

Non reproduit

* Nº 2643

Vers 1830 — ÉTUDES D'ARBRES

Mine de plomb et plume 0,20 1/2×0,17
Cachet vente Corot

Non reproduit

* Nº 2644

Vers 1830-40 — UN PORT SUR UNE RIVIÈRE

Mine de plomb 0,25 1/2×0,41
Cachet vente Corot

Reproduit ci-contre

* Nº 2645

Vers 1830-35 — SOUS BOIS EN FORÊT

Mine de plomb 0,30×0,43 Cachet vente Corot

Reproduit ci-contre

* Nº 2646

Vers 1830-35 — L'ABSIDE D'UNE ÉGLISE DE CAEN

Mine de plomb 0,29×0,22 Cachet vente Corot

On lit en haut, à droite Caen

Collection Doria — Vente Doria, 8 mai 1899 (Nº 360), 200 fr

Fac-similé Ch Desavary (5e série)

Reproduit d'après l'original, tome I, page 54

Au verso de ce dessin il y en a un autre très postérieur, représentant une jeune femme levant les bras en l'air, rappelant une des figures du *Souvenir de Mortefontaine*

* Nº 2647

Vers 1830 — POULES ET CANARDS

Mine de plomb 0,20×0,30 Cachet vente Corot

Vente posthume Corot — Vente Doria mai 1899 (Nº 354), 20 fr

Non reproduit

COROT

N° 2645

N° 2637

COROT

N° 2644

* N° 2648

1830 — DUNKERQUE — VUE PRISE DES DUNES

Mine de plomb 0,22×0,37 Cachet vente Corot

On lit en haut, à droite Dunkerque, juin 1830
Fac-similé Charles Desavary (3e série)
Reproduit d'après l'original, tome 1, page 57

N° 2649

1830 — CHANTIER DE BATEAUX, A L'ENTRÉE D'UN PORT

Mine de plomb 0,20×0,32

Ce dessin aurait été fait à Trouville
Fac-similé Charles Desavary (1re série)
Reproduit ci-contre d'après ce fac-similé

N° 2650

1830 — UN FAUBOURG DE DUNKERQUE

Mine de plomb 0,20×0,33

On lit en bas, à droite Dunkerque
Fac-similé Charles Desavary (3e série)
Reproduit ci-contre d'après ce fac-similé

N° 2651

1830 — UN MOULIN A VENT A DUNKERQUE

Mine de plomb 0,22×0,14

On lit en bas, à droite Dunkerque, juin 1830
Fac-similé Charles Desavary (2e série)
Reproduit ci-contre d'après ce fac-similé

* N° 2652

Vers 1830 — « MON AGAR »

Mine de plomb 0,18×0,14

Ce portrait fut dessiné par Corot d'après une jeune ouvrière de sa mère Interrogé au sujet de son modèle, il dit un jour « C'est mon Agar »
Exposition Durand-Ruel 1878 (N° 13-) — Exposition des dessins modernes à l'École des Beaux-Arts, 1884 — Exposition centennale 1889 (N° 118)
Fac-similé Charles Desavary (1re série) Sur le fac-similé, on lit, en haut, à droite « Agar, vers 1830 » C'est une addition du copiste
Reproduit d'après l'original, tome 1, page 55

N° 2653

Vers 1830 — M SENNEGON, ANCIEN CORRESPONDANT DE COROT A ROUEN

Mine de plomb 0,12×0,11 Non signé

Appartient à M Chamouillet
Reproduit tome 1, page 21

N° 2654

Mai 1831 — LE BOIS DE VILLE-D'AVRAY AVEC UNE FEMME ASSISE DANS LE FOURRÉ

Plume 0,37×0,33 Daté

Non reproduit

N° 2655

1832 — LE REPOS DU CHARRETIER

Mine de plomb 0,18×0,25 Signé en haut, à droite Daté

Appartenait en 1894 à M Gleizes
Calque par M Alfred Robaut
Non reproduit

* N° 2656

1832 — FONTAINEBLEAU, AU GROS FOUTEAU — UNE FEMME COUCHÉE, LA TÊTE DANS LA MAIN

Mine de plomb 0,24×0,31
Vente posthume Corot (cachet omis)

On lit en bas, à droite Gros fouteau, 1832
Au verso un autre dessin représente des arbres en forêt
Non reproduit

* N° 2657

1833 — LE PEINTRE GRANDJEAN A TABLE

Mine de plomb 0,29×0,43 Daté Coucy, juin 1833
Cachet vente Corot

Reproduit tome 1, page 65

N° 2658

Vers 1830-35 — JEUNE PATRE ASSIS

Plume et lavis 0,18 1/2×0,14

Vu à pied de trois quarts, la tête de profil et nue, avec des cheveux abondants, il regarde par terre Il est en manches de chemise, les mains sont posées sur le genou gauche Un large pantalon lui monte haut sur la poitrine et s'arrête aux mollets Les pieds sont croisés l'un sur l'autre
Ce dessin a quitté l'atelier vers 1874
Non reproduit

N° 2659

1834 — GÊNES — VUE PRISE DES HAUTEURS DE LA PORTE SAN-TOMASO

Mine de plomb 0,28×0,43

Le titre ci-dessus est écrit en bas du dessin, de la main de Corot, avec la date Juin 1834
Fac-similé Charles Desavary (4e série)
Reproduit ci-contre d'après ce fac-similé

N° 2660

1834 — SESTRI, PRÈS GÊNES — BARQUE SUR LA GRÈVE

Mine de plomb 0,19×0,30

On lit en bas, à gauche Sestri, juin 1834
Fac-similé Charles Desavary (4e série)
Reproduit ci-contre d'après ce fac-similé

* N° 2661

1834 — PISE — CROQUIS FAIT AU CAMPO SANTO D'APRÈS UNE FRESQUE DU GIOTTO

Plume et mine de plomb 0,16×0,25
Cachet vente Corot

On lit en bas « D'après une fresque du Giotto, Campo Santo, Pisa »
Au verso, croquis sommaire d'après une autre fresque
Reproduit tome 1, page 67

* N° 2662

Vers 1830-35 — UNE MODISTE

Mine de plomb 0,35×0,26 Cachet vente Corot

Sur la même feuille, deux autres croquis de figures
Reproduit tome 1, page 23

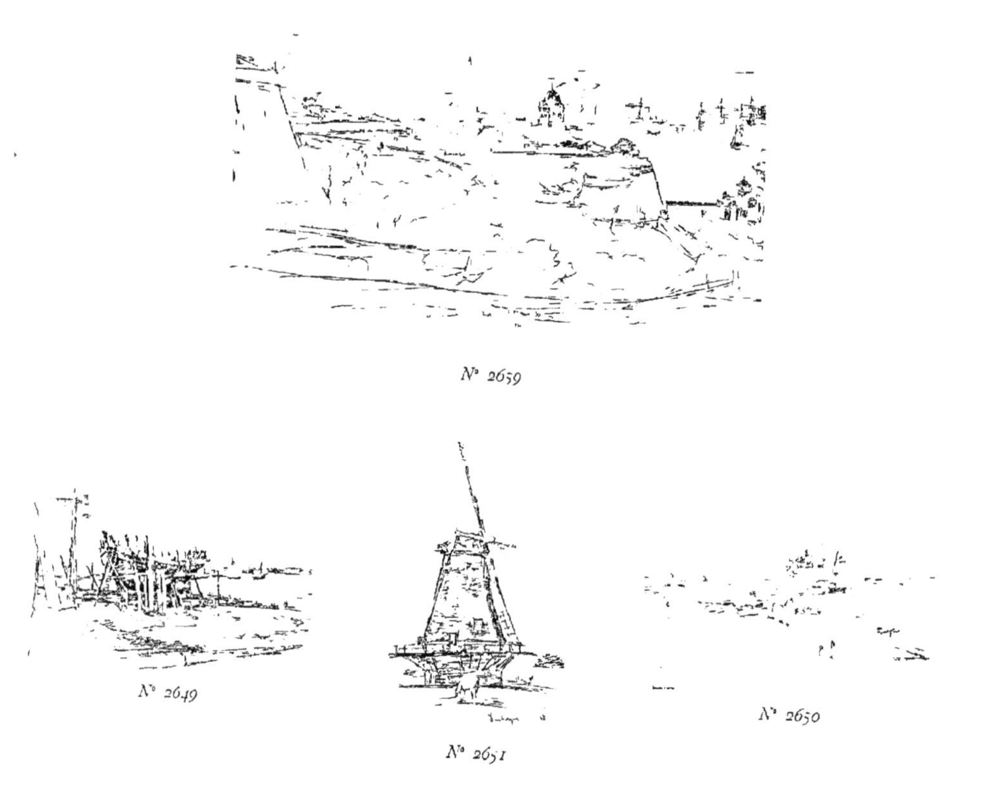

Nº 2659

Nº 2649

Nº 2651

Nº 2650

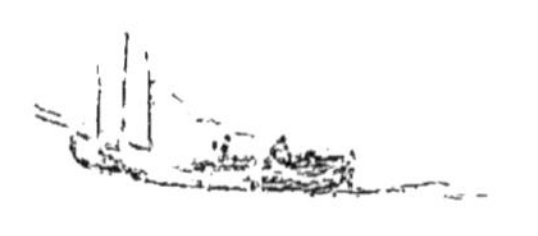

Nº 2660

* Nº 2663

1834 — ANTIBES

Mine de plomb 0,21 1/2×0,31
Vente posthume Corot (cachet omis)

On lit en bas à droite « Antibes, mai 1834 »

Au verso, un autre croquis également d'Antibes, avec ces mots (sur trois lignes) « Deux tons couleur du Capitole et fabriques blanches en général, couleur de Rome »

Non reproduit

* Nº 2664

1834 — FLORENCE — VUE PRISE DE FIESOLE

Mine de plomb 0,13 1/2×0,32
Cachet vente Corot

On lit en bas « Florence, vue prise de Fiesole »

Non reproduit

* Nº 2665

1834 — FLORENCE — CROQUIS D'APRÈS UNE FRESQUE DE SANTA MARIA NOVELLA

Mine de plomb 0,23×0,24 1/2
Cachet vente Corot

On lit en bas, à gauche « Florence, Santa Maria Novella, juillet 1834 dans la chapelle des Espagnols »

Reproduit ci-contre

* Nº 2666

1834 — FLORENCE — CROQUIS D'APRÈS UNE FRESQUE DU COUVENT DE SAN MINIATO

Mine de plomb 0,23×0,33 Cachet vente Corot

On lit en bas, vers la gauche « Au couvent de Sto Miniato, près Florence, juillet 1834 »

Non reproduit

* Nº 2667

1834 — VUE DE FIESOLE

Mine de plomb 0,11×0,21 Cachet vente Corot

Reproduit ci-contre

* Nº 2668

1834 — FIESOLE (CROQUIS)

Plume et crayon (crayon blanc et jaune dans le ciel) 0,25×0,35 Vente posthume Corot (cachet omis)

On lit en bas « Fiesole »

Au verso étude d'arbres avec ces mots en bas à droite « Végétation très vigoureuse et verte sur un ciel très pur et fort »

Non reproduit

* Nº 2669

1834 — CARRIÈRES DE FIESOLE

Plume 0,29×0,42 Cachet vente Corot

On lit en bas, à gauche « Carrieres de Fiezole (sic), juillet 1834 »

Non reproduit

* Nº 2670

1834 — PRÈS BOLOGNE

Croquis plume 0,30×0,42
Vente posthume Corot (cachet omis)

On lit en bas, à droite « Près Bologne »

Non reproduit

* Nº 2671

1834 — SUR LE LAC DE COME

Croquis plume 0,29×0,43
Vente posthume Corot (cachet omis)

On lit sur le dessin « Sur le lac de Come »

Au verso, un autre croquis également sur le lac de Côme

Non reproduit

* Nº 2672

1834 — ISOLA BELLA (LAC MAJEUR)

Mine de plomb 0,27×0,45 Cachet vente Corot

On lit en bas, à gauche « Isola Bella, lago maggiore, 5 octobre 1834 »

Fac-simile Ch. Desavary (5e série)

Reproduit ci-contre d'après l'original

Au verso de ce dessin, il y en a un autre représentant un bois au bord du lac de Come, avec ces mots, en bas, à gauche « Sur le bord du lac de Come 2 octobre 1834 »

Nº 2673

1834 — VENISE — LA PLACE SAINT-MARC

Mine de plomb 0,27×0,43 Cachet vente Corot

Vente Philippe Burty (Nº 19), 755 fr — Collection Chéramy

Fac-simile Ch. Desavary (1re série)

Reproduit d'après l'original, page 67

Nº 2674

Septembre 1834 — UN CHARIOT DE VENDANGES A DESENZANO

Mine de plomb in-4°

Don de Corot à M. Léon Fleury, de Versailles

Non reproduit

* Nº 2675

1834 — VILLE DE LA HAUTE ITALIE AU PIED DES MONTAGNES

Plume et crayon 0,22×0,36 Cachet vente Corot

Non reproduit

* Nº 2676

1834 — DOMO D'OSSOLA — UNE VIEILLE FEMME

Mine de plomb 0,30×0,20 1/2
Cachet vente Corot

On lit vers la droite, sur plusieurs lignes « Domo d'Ossola — Mouchoir brun avec fleurs blanches Redingote vert foncé Jupe blanche avec larges bandes rouges Dessus de la chemise rayé violet Corsage ouvert rouge foncé Bas bleu-vert clair avec des coins rouge-jaune »

Reproduit tome I, page 71

Au verso croquis de paysage très sommaire avec ces mots « Lac de Come »

Nº 2665

Nº 2672

* N° 2677

1834 — VILLE DE LA HAUTE ITALIE AU BORD D'UN LAC ET AU PIED DES MONTAGNES

Plume et crayon 0,15×0,52 Cachet vente Corot

Reproduit tome I, page 72

Au verso, un croquis représentant une barque pleine de monde

* N° 2678

1834 — RIVA — ETUDE DE TERRAINS

Croquis plume 0,30×0,45 Vente posthume Corot (cachet omis)

On lit en bas à droite « Riva, septembre 1834 herbes brulées sur des terrains glaises clairs »

Au verso un autre dessin de terrains

Non reproduit

N° 2679

Vers 1831 — JEUNE FILLE COIFFÉE D'UN BERET

Mine de plomb 0,27×0,21 environ

Le modèle de ce portrait doit être Mlle Sennegon (plus tard Mme Baudot)

Appartient au Musée de Lille — Exposition centennale de 1900 (N° 827)

Reproduit tome I page 53

Le numéro suivant est une réplique de ce dessin

* N° 2680

1831 — JEUNE FILLE COIFFÉE D'UN BERET

Mine de plomb 0,27×0,21 Signé en bas à droite Daté

Ce dessin, réplique du précédent semble avoir été exécuté par Corot pour conserver le souvenir de l'original qu'il aurait paraît-il offert à Aligny

Collections Mathey, Matheus et Moreau-Nélaton

Reproduit ci-contre

* N° 2681

Vers 1830-35 — FONTAINEBLEAU — ETUDE DE CHÊNES (UN ARTISTE ASSIS AU PIED D'UN GROS ARBRE EST EN TRAIN DE DESSINER ET UN AUTRE, DEBOUT AU PREMIER PLAN, PORTE SUR SON DOS SON BAGAGE)

Plume 0,33×0,42 Cachet vente Corot

Fac-simile Ch Desavary, 2e série (Dans ce fac-simile la figure du premier plan est supprimée)

Reproduit, d'après l'original tome I, page 59

* N° 2682

Vers 1830-35 — FONTAINEBLEAU — UN GROUPE DE CHÊNES

Plume 0,28×0,45 Cachet vente Corot

Reproduit d'après l'original, tome I, page 59

N° 2683

Vers 1830-35 — FONTAINEBLEAU — DEUX BUCHERONS SCIENT LE TRONC D'UN CHÊNE ABATTU

Plume 0,23×0,36 Cachet vente Corot

Collection Cheramy

Fac-simile Ch Desavary (3e série)

Reproduit d'après l'original tome I page 77

Au verso de ce dessin un autre qui représente également un gros arbre par terre

* N° 2684

Vers 1830-35 — UNE ROUTE EN PAYS PLAT AVEC COLLINES A L'HORIZON

Mine de plomb 0,18×0,25 Cachet vente Corot

Non reproduit

* N° 2685

Vers 1830-35 — DEUX ETUDES DE BATTEURS ARMES DU FLEAU ET UN ANE CHARGE D'UN BAT

Mine de plomb 0,25×0,21 Vente posthume Corot (cachet omis)

Non reproduit

* N° 2686

Vers 1830-40 — UN CHARIOT SUR LE QUAI D'UN PORT AVEC L'ESQUISSE D'UN BATEAU

Mine de plomb 0,18×0,27 1/2 Cachet vente Corot

Non reproduit

N° 2687

Vers 1835-40 — JEUNE FILLE ACCROUPIE PAR TERRE

Mine de plomb 0,26×0,30 Cachet vente Corot

Collection Cheramy

Fac-simile Ch Desavary (2e série)

Reproduit ci-contre d'après l'original

* N° 2688

Vers 1835-40 — CHEVAUX CHARGÉS D'UN BAT

Mine de plomb 0,19×0,25 Cachet vente Corot

Reproduit ci-contre

* N° 2689

Vers 1830-40 — ETUDE D'ARBRES

Crayon noir avec rehauts de crayon rouge 0,40×0,54 Cachet vente Corot

Non reproduit

* N° 2690

Vers 1830-40 — ACADÉMIE DE FEMME COUCHÉE VUE DE DOS (LA TÊTE A ÉTÉ COUPÉE)

Crayon noir 0,25 1/2×0,50 1/2 Cachet vente Corot

Au verso fragment d'une autre académie

Non reproduit

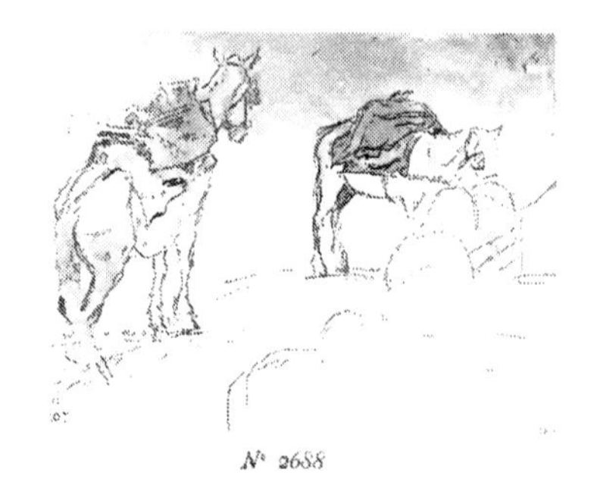

N° 2688

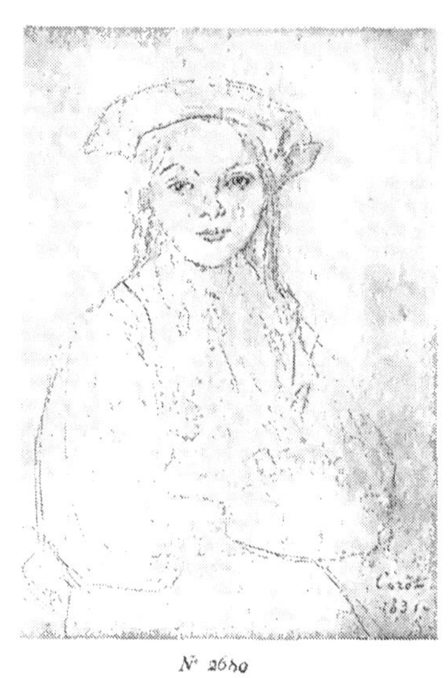

N° 2680

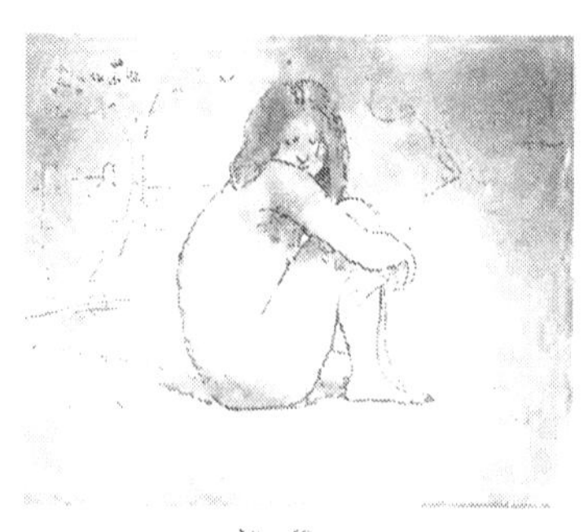

N° 2687

N° 2691

Vers 1835 — HENRI SENNEGON, NEVEU DE COROT, DORMANT

Mine de plomb 0,18×0,13 Non signé

Autographié par M. Alfred Robaut

Non reproduit

N° 2692

1835 — UN JEUNE ENFANT ASSIS DANS LA CAMPAGNE EN VUE DE L'ÉTANG DE VILLE-D'AVRAY

Mine de plomb 0,15×0,17
Signé en bas, à droite, daté

Calqué par M. Alfred Robaut

Non reproduit

N° 2693

Vers 1835 — UN PEINTRE TRAVAILLANT D'APRÈS NATURE À FONTAINEBLEAU

Mine de plomb 0,36×0,27 Non signé

Appartenait en 1882 à M. Alexandre Dumont

Calqué par M. Alfred Robaut

Non reproduit

N° 2694

Septembre 1835 — LE REPOS DES PEINTRES, À FONTAINEBLEAU

Mine de plomb et plume

In-folio, avec l'indication ci-dessus, en bas, à droite

Don de Corot à M. Léon Fleury, de Versailles

Non reproduit

* N° 2695

Vers 1835 — FONTAINEBLEAU — ROUTE D'ORLÉANS — UN DESSINATEUR

Mine de plomb 0,26×0,40 Cachet vente Corot

On lit en bas, à droite : « Fontainebleau route d'Orléans »

Reproduit tome I, page 75

* N° 2696

Vers 1835 — FONTAINEBLEAU — LE BORD D'UNE ROUTE — UN FARDIER À TROIS CHEVAUX DESCEND UNE CÔTE

Mine de plomb 0,23 1/2×0,30
Vente posthume Corot (cachet omis)

On lit en bas : « Fontainebleau, effet du soir, or dans l'ombre reflété », et en haut des notes relatives à des dépenses ménagères

Au verso, plusieurs croquis : un paysage et des figures couchées

Non reproduit

* N° 2697

Vers 1835 — UNE ROUTE EN FORÊT — (FONTAINEBLEAU)

Mine de plomb 0,20 1/2×0,27
Cachet vente Corot

Non reproduit

* N° 2698

Vers 1835 — TERRAINS VALONNÉS AVEC UNE TOUR GOTHIQUE ÉMERGEANT DE L'HORIZON

Mine de plomb 0,29 1/2×0,46
Cachet vente Corot au verso

Au verso, un croquis d'arbres et une tête ceinte de feuillage

Non reproduit

N° 2699

Vers 1836 — LAVALETTE (HÉRAULT) — BOIS DE CHÊNES VERTS

Mine de plomb 0,47×0,31

En bas, à droite, on lit : « Lavalette près Montpellier »
En haut, à droite : « Chênes verts »

Ce dessin a été copié par M. Larocque et la copie calquée par Eugène Desmarest

Reproduit, d'après ce calque, tome I, page 78

* N° 2700

Vers 1830-35 — UN BELVÉDÈRE CONTRE UNE MAISON

Mine de plomb 0,16 1/2×0,11
Cachet vente Corot

Non reproduit

* Nº 2701

Vers 1830-35 — LE PONT A L'ARCHE BRISÉE

Mine de plomb 0,09×0,1? Cachet vente Corot

Non reproduit

* Nº 2702

Vers 1830-35 — UNE CULÉE D'ARBRE

Mine de plomb 0,09 1/2×0,15 Cachet vente Corot

On lit en bas des indications de colorations « Tronc gris noir, écorce gris rougeâtre », etc.

Non reproduit

* Nº 2703

Vers 1830-35 — ÉTUDE DE POIRIER

Mine de plomb 0,10×0,14 Cachet vente Corot

On lit en bas, à droite « Poirier mousseux tronc gris, et lichen vert blanc et taches jaunes »

Au verso un autre croquis

Non reproduit

* Nº 2704

Vers 1830-35 — UNE CATHÉDRALE

Mine de plomb 0,08 1/2×0,13 Cachet vente Corot

Non reproduit

* Nº 2705

Vers 1830-35 — UN GROUPE DE MAISONS

Mine de plomb 0,09 1/2×0,10 Cachet vente Corot

Non reproduit

* Nº 2706

Vers 1830-35 — UNE RUE DE VILLAGE

Mine de plomb 0,08 1/2×0,14 Cachet vente Corot

Non reproduit

* Nº 2707

Vers 1830-35 — PARIS L'INSTITUT

Mine de plomb 0,10×0,15 1/2 Cachet vente Corot

Non reproduit

* Nº 2708

Vers 1830-35 — UNE RUE DE VILLAGE

Croquis mine de plomb 0,14×0,19 Cachet vente Corot

Non reproduit

* Nº 2709

Vers 1830-40 — UN QUAI A PARIS

Mine de plomb 0,09×0,15 Cachet vente Corot

Non reproduit

Nº 2710

Vers 1830-40 — LA MOISSON

Plume et lavis 0,14×0,23 Signé en bas, à droite

Une charrette attelée de deux chevaux, tournée à droite, occupe le premier plan Dans le lointain à gauche, deux femmes sont occupées aux travaux de la moisson

Vente Hôtel Drouot, 3 mai 1876 50 fr — Vente Hôtel Drouot, 11 février 1882

Non reproduit

N° 2711

23 Août 1837 — — LOUISE-LAURE BAUDOT, (Mme EMILE COROT)

Mine de plomb 0,11×0,11
Signé en bas à droite et daté

Appartient à M. Fernand Corot
Reproduit ci-contre

* N° 2712

1838 — ETUDE DE LIERRE GRIMPANT SUR DES TRONCS D'ARBRES (VERSAILLES)

Mine de plomb 0,26 1/2×0,36 Cachet vente Corot

On lit en bas, à gauche Versailles, mai 1838
Non reproduit

N° 2713

1839 — ROYAT — ETUDE D'ARBRES

Mine de plomb et plume 0,32×0,44 environ
Cachet vente Corot
On lit en bas Royat 2 aout 1839

Cette étude a servi pour le paysage de l'« Homère » du Salon de 1845
Collection Henri Rouart
Fac-simile Ch. Desavary (1re série)
Reproduit d'après l'original, tome I, page 77

N° 2714

17 mai 1839 — PAYSAGE COMPOSE

Signé et daté en haut à droite

A côté de la signature, l'artiste s'est amusé à mettre en manière de calembour un cor de chasse de haute dimension
Don de Corot à M. Léon Fleury, de Versailles
Non reproduit

* N° 2715

Vers 1830-40 — PAYSANNE COIFFEE D'UN GRAND BONNET

Mine de plomb 0,28 1/2×0,18 1/2
Cachet vente Corot

Reproduit ci-contre

* N° 2716

Vers 1830-40 — HONFLEUR — LE PORT

Mine de plomb 0,21×0,29 1/2 Cachet vente Corot

Au verso, un autre croquis également de Honfleur
Reproduit tome I, page 50

* N° 2717

Vers 1835-40 — PAYSAGE COMPOSE — UN PERSONNAGE NU, VU DE DOS, EST ASSIS AU MILIEU D'UN BOIS AVEC, AUPRES DE LUI, UN CHEVAL

Mine de plomb 0,44×0,57 Cachet vente Corot
Reproduit ci-contre
Au verso, croquis sommaire de la même composition

* N° 2718

Vers 1835-40 — STAMATI BULGARI EN FURFUR AVEC RAISON

Mine de plomb 0,14×0,19

On lit le titre ci-dessus, de la main de Corot, au bas du sujet
Reproduit tome I, page 57

N° 2719

Vers 1840 — ETUDE EN FORÊT DE COMPIEGNE

Crayon et plume 0,40×0,27 Cachet vente Corot

Collection Alfred Robaut — Exposition Durand-Ruel 1878 (N° 132) — Cédé par M. Alfred Robaut au Musée de Lille, vers 1880
Fac-simile Ch. Desavary (hors série)
Reproduit ci-contre d'après l'original

N° 2720

Vers 1840-50 — MADELEINE (SUISSESSE D'UNTERSEEN)

Mine de plomb 0,14×0,14 Signé en bas, à gauche
En haut ces mots « Madeleine, Unterseen »

Don de Corot à M. Roseleur Roussel
Reproduit ci-contre

* N° 2721

Vers 1835-45 — JEUNE FEMME LES BRAS CROISES

Mine de plomb 0,21×0,20

Exposition centennale, 1889 (N° 120)
Fac-simile Ch. Desavary (2e série) — Photoglyptie parue dans « l'Art Français » en 1895
Reproduit d'après l'original, tome I, page 107

* N° 2722

Vers 1840 — VIEILLARD NU, ASSIS, LA TETE APPUYEE SUR LA MAIN DROITE

Mine de plomb 0,25×0,21 Vente posthume Corot
(cachet omis)

Reproduit tome I, page 79

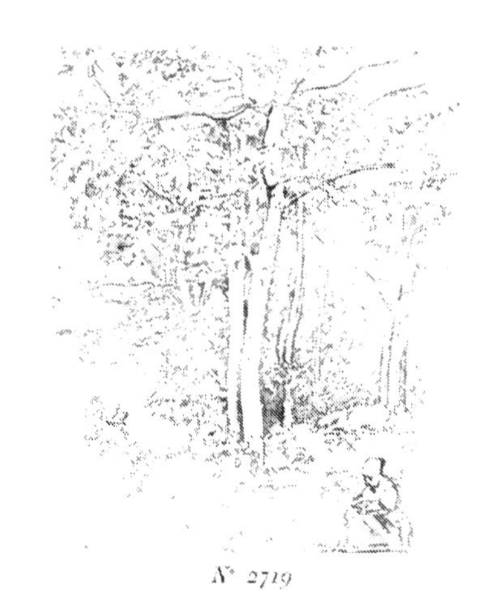

N° 2719

N° 2720

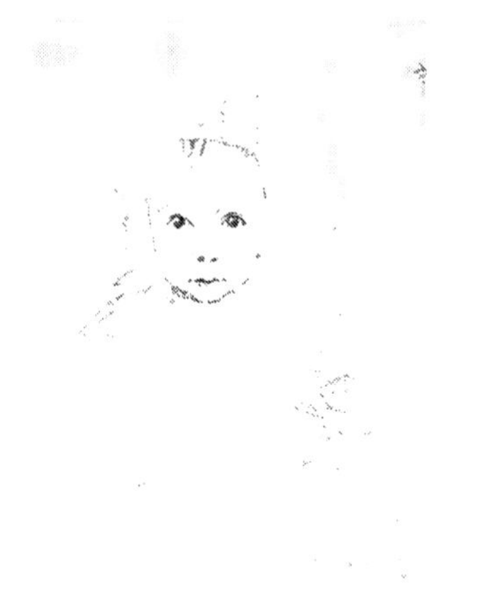

N° 2711

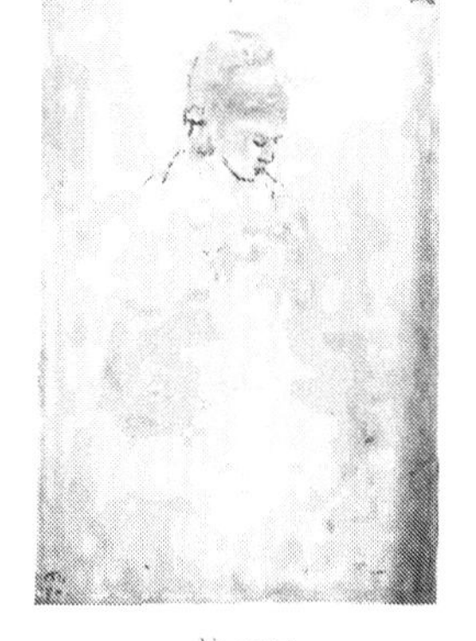

N° 2715

* N° 2723

Vers 1830-40 — ÉTUDE D'ARBRES (FONTAINEBLEAU)

Mine de plomb 0,26×0,38
Vente posthume Corot (cachet omis)

On lit en haut à droite Fontainebleau
Non reproduit

N° 2724

Vers 1830-40 — ÉTUDE D'ANIMAUX (DEUX VACHES ET UN CHEVAL)

Mine de plomb 0,41×0,27

Vente posthume Corot
Fac-simile Charles Desavary (1re série)
Non reproduit

* N° 2725

Vers 1830-40 — CABANES SUR DES TERRAINS VALLONNÉS ET BOISÉS, UNE RUINE AU FOND

Mine de plomb 0,21×0,31 Cachet vente Corot
Non reproduit

* N° 2726

Vers 1830-40 — ÉTUDE D'ARBRES

Mine de plomb 0,44×0,33 Cachet vente Corot

Au verso un autre dessin représentant au premier plan des arbres émergeant des rochers et des constructions sur un mamelon au fond à gauche
Non reproduit

* N° 2727

Vers 1835-40 — LE TOURNANT D'UN CHEMIN DOMINÉ PAR QUELQUES ARBRES EN RASE CAMPAGNE

Mine de plomb 0,30×0,48 Cachet vente Corot
Non reproduit

* N° 2728

Vers 1835-45 — PLAINE VALLONNÉE AVEC QUELQUES ARBRES

Mine de plomb très légère 0,21×0,37
Vente posthume Corot (cachet omis)

Au verso, un autre dessin très léger représentant des plaines vallonnées avec une laveuse au premier plan
Non reproduit

N° 2729

Vers 1835-45 — FABRIQUES SUR UNE COLLINE DERRIÈRE LES ARBRES

Mine de plomb sur pierre 0,10×0,06 environ
Signé en bas, à droite

Collection Groult
Non reproduit

* N° 2730

Vers 1835-45 — UNE CHAUMIÈRE

Mine de plomb 0,19×0,24 Cachet vente Corot

Au verso léger croquis d'arbres
Non reproduit

* N° 2731

Vers 1840 — LE PETIT BERGER

Mine de plomb 0,31×0,22
Vente posthume Corot (cachet omis)

C'est une esquisse ou une interprétation du tableau du Salon de 1840
Au verso, croquis de paysage, rehaussé de crayon bleu
Non reproduit

* N° 2732

Vers 1840 — UNE JEUNE FILLE DE LA FAMILLE SENNEGON ET SA GOUVERNANTE

Mine de plomb 0,16×0,22 environ

Non reproduit

N° 2733

Vers 1840 — ÉTUDE EN FORÊT DE FONTAINEBLEAU

Crayon in-folio Signé en bas, à droite

On lit en bas Donné 1er janvier 1843, à C. J. Guernier
Don de M. Guernier au Musée de Vire
Non reproduit

* N° 2734

Vers 1840 — Mlle CHARMOIS (Mme LEMARINIER), PETITE-NIÈCE DE COROT

Mine de plomb 0,17×0,14 Cachet vente Corot

Reproduit tome I, page 98

N° 2735

Vers 1840-43 — ETUDE POUR L'INCENDIE DE SODOME

Mine de plomb 0,31×0,23 Cachet vente Corot

Collection Henri Rouart

Reproduit tome I page 102

* *N° 2736*

1841 — VILLE-D'AVRAY — LAVANDIERES AU BORD DE L'ÉTANG DOMINE PAR DE GRANDS ARBRES

Croquis mine de plomb 0,25×0,34 1/2
Cachet vente Corot

On lit en haut a droite « Ville d'Avray 1841 »

Non reproduit

* *N° 2737*

1842 — MORNEX (HAUTE-SAVOIE)

Mine de plomb et plume 0,23×0,29
Cachet vente Corot

On lit en bas, a droite « Juin 1842, Mornex »

Fac-simile Ch Desavary (1re serie)

Reproduit d'apres l'original, tome I, page 94

Au verso de ce dessin, il y a deux croquis l'un representant la tête d'une fillette et l'autre, très sommaire ayant l'apparence d'une rangee de maisons A contre jour Corot a ecrit a cote de ce dernier dessin « Figure par des nuages »

* *N° 2738*

1842 — MONTREUX — UN CHALET AU BORD DE LA ROUTE

Mine de plomb 0,20 1/2×0,26
Cachet vente Corot au verso

On lit en bas a droite Montreux, juillet 1842

Au verso un dessin representant une Suissesse, dont le costume est annote quant aux couleurs et un croquis de deux hommes sur un banc Ce verso porte egalement la mention « Montreux, juillet 1842 »

Reproduit tome I, page 96 (Le verso est reproduit tome I, page 97)

* *N° 2739*

1842 — FRIBOURG — LA CATHEDRALE ET LA VILLE

Mine de plomb 0,29×0,46 Cachet vente Corot

On lit en haut vers la droite « Fribourg, juillet 1842 »

Reproduit tome I, page 100

* *N° 2740*

Vers 1842 — PRES LES ALINGES (HAUTE-SAVOIE) UNE COMPAGNIE SOUS LES ARBRES

Mine de plomb et plume 0,21 1/2×0,29 1/2
Cachet vente Corot

Reproduit d'apres l'original, tome I, page 95

* *N° 2741*

Vers 1842 — ENVIRONS DU LAC DE GENEVE — UN CHEMIN SUR LA HAUTEUR

Mine de plomb 0,27×0,43 Cachet vente Corot

Fac-simile Ch Desavary (5e serie)

Reproduit d'après l'original, tome I, page 100

* *N° 2742*

1842 — ETREMBIERES (HAUTE-SAVOIE) — LA VALLEE DE L'ARVE

Mine de plomb 0,14 1/2×0,43 Cachet vente Corot

On lit en bas, a droite « Etrembieres juin 1842 »

Reproduit tome I, page 94

* *N° 2743*

1842 — LE JURA — VUE PRISE DU GRAND SACONNEX, PRES GENEVE

Mine de plomb 0,14 1/2×0,43 Cachet vente Corot

On lit en haut, au milieu « Il Jura », en haut, a gauche « Le Jura pres Gex, juin 1842 », en bas, a droite « Du grand Saconnex, pres Genève »

Reproduit tome I page 95

* *N° 2744*

Vers 1840-45 — MODELE DRAPÉ ÉTENDU PAR TERRE, LA TÊTE REPOSANT SUR LA MAIN

Mine de plomb 0,20×0,40 Vente posthume Corot (cachet omis)

Fac-simile Ch Desavary (1re serie)

Reproduit d'apres l'original tome I page 105

Au verso de ce dessin, il y en a un autre representant un homme nu couche sur le dos

* *N° 2745*

Vers 1840-45 — LE JARDINIER — PORTRAIT

Mine de plomb 0,24 1/2×0,18 1/2
Cachet vente Corot

Reproduit tome I, page 99

N° 2746

Vers 1840-45 — UNE FEMME AFFLIGEE

Mine de plomb in-folio

Collection Henri Rouart

Reproduit tome I, page 73

* N° 2747

1841 — SAINT-ANDRÉ EN MORVAN — TAILLIS DANS LES ROCHERS

Mine de plomb 0,29 1/2×0,24 1/2
Cachet vente Corot

On lit en bas, à droite : « Saint-André en Morvan, août 1841 » et se référant à la partie la plus lumineuse du dessin, ces mots : « Percée brillante »

Reproduit tome I, page 91

* N° 2748

Vers 1841-42 — LE LABOURAGE (PRÈS LORMES, MORVAN)

Plume et crayon 0,27 1/2×0,42 1/2
Cachet vente Corot

On lit en haut, à droite : « Morvan, près Lormes »

Reproduit tome I, page 93

* N° 2749

1841 — PRÈS LORMES — BOUQUET DE BOIS À FLANC DE COTEAU

Mine de plomb et plume 0,25 1/2×0,42
Cachet vente Corot

On lit en bas, à droite : « Près Lormes, septembre 1841 »

Au verso, il y a un autre dessin analogue avec cette indication : « Lormes, septembre 1841, Morvan »

Le dessin du verso est reproduit tome I, page 92

N° 2750

1841 — VÉZELAY — LE PORTAIL DE L'ÉGLISE

Plume et crayon 0,40×0,54

Fac-simile Charles Desavary (4ᵉ série)

Non reproduit

* N° 2751

Vers 1841-42 — PRÈS LE MOULINEAU (NIÈVRE) — CHAMPS BORDÉS D'ARBRES

Mine de plomb 0,27 1/2×0,43 Cachet vente Corot

Reproduit ci-contre

* N° 2752

1841 — VÉZELAY — VUE GÉNÉRALE

Mine de plomb 0,22×0,45 Cachet vente Corot

On lit en bas, à gauche : « Vezelay, juillet 1841 »

Reproduit ci-contre

* N° 2753

1841 — VÉZELAY — L'ÉGLISE AU SOMMET DU COTEAU

Mine de plomb 0,23×0,45 Cachet vente Corot

On lit en bas, à gauche : « Juillet 1841 »

Reproduit ci-contre

N° 2754

Vers 1844 — VIEILLARD EN PRIÈRE (ÉTUDE POUR LE BAPTÊME DU CHRIST)

Crayon 0,51×0,40 Cachet vente Corot

Collection Doria — Vente Doria, 8 mai 1899 (N° 358) 310 fr., à M. Georges Viau

Reproduit tome I, page 113

* N° 2755

1844 — SOUS BOIS (MORVAN)

Croquis mine de plomb 0,39×0,30
Cachet vente Corot

On lit en bas, à droite : « Le Cousin (Morvan), octobre 1844 »

Non reproduit

* N° 2756

Vers 1840-45 — MODÈLE D'ATELIER DANS LE MOUVEMENT D'UN HOMME QUI SCIE

Mine de plomb 0,26×0,20
Vente posthume Corot (cachet omis)

Au verso de ce dessin il y en a un autre représentant une académie de femme debout de profil vers la gauche

Cliché photitypographique paru dans les « Artistes Modernes » par Eugène Montrosier (Launette éditeur, 1882)

Reproduit d'après l'original tome I, page 60

N° 2757

Vers 1840-45 — JEUNE FEMME LES YEUX BAISSÉS, LA TÊTE ORNÉE D'UNE COURONNE DE FEUILLAGE

Mine de plomb 0,32×0,30

Collections A. Robaut et Roger Ballu

Fac-simile Charles Desavary (5ᵉ série)

Non reproduit

* N° 2758

Vers 1840-45 — LE CROISIC — VERSANT BOISÉ (ON APERÇOIT UN VILLAGE AU LOIN)

Mine de plomb 0,23 1/2×0,28 1/2
Cachet vente Corot

Au verso, un autre dessin représentant un chemin montant dans les bois avec un bonhomme arrivant au sommet. On lit en bas, à droite : « Orsay, août 1842 »

Non reproduit

* N° 2759

Vers 1840-45 — GROUPE D'ARBRES SUR UN TERRAIN VALLONNÉ PRÈS DE ROCHERS

Mine de plomb 0,29×0,26 1/2 Cachet vente Corot

Non reproduit

* N° 2760

Vers 1840-45 — ÉTUDE D'ARBRE DANS LES ROCHERS

Mine de plomb 0,29×0,22
Vente posthume Corot (cachet omis)

Non reproduit

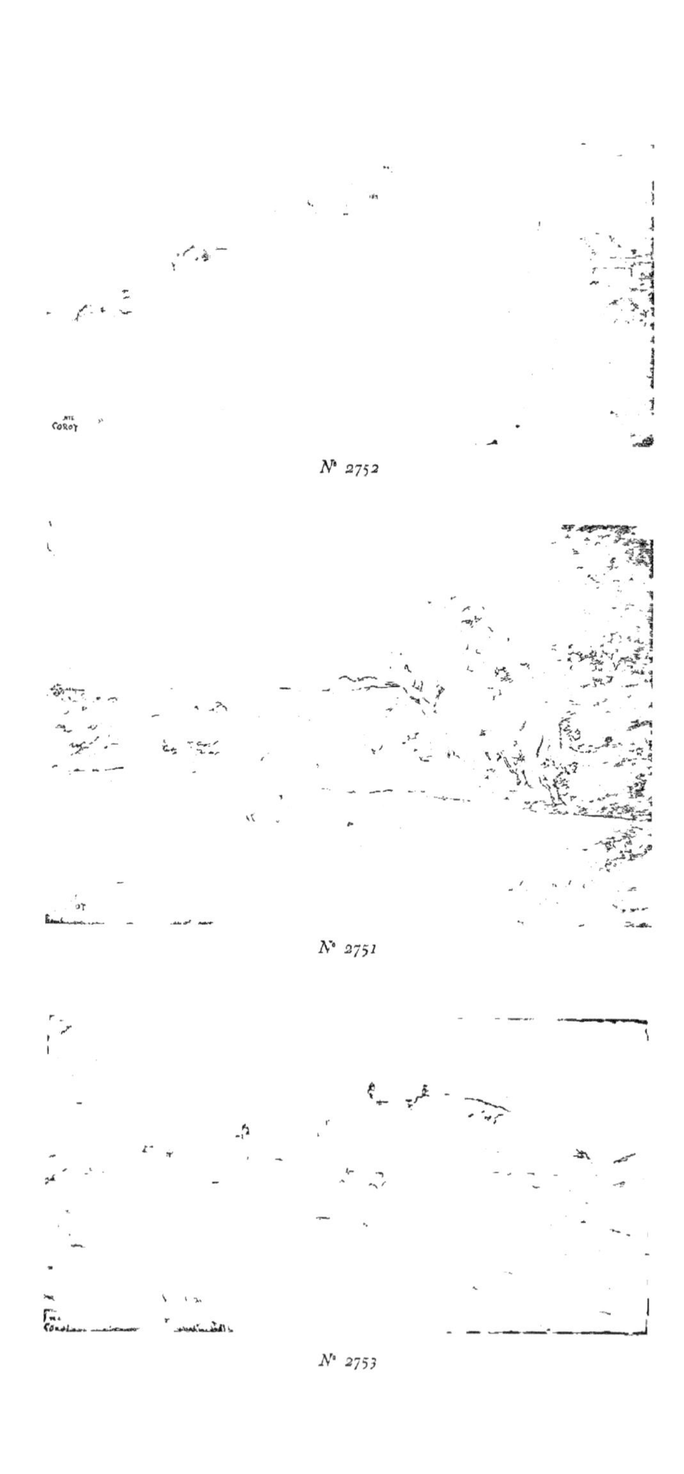

Nº 2752

Nº 2751

Nº 2753

* N° 2761

1843 — AU LAC DE NEMI — UN JEUNE GARÇON DORMANT AUPRÈS D'UNE EXCAVATION DANS LES ROCHERS

Mine de plomb 0,28 1/2×0,43 Cachet vente Corot

On lit en bas, à droite « Lac de Nemi, juillet 1843 »

Reproduit tome I, page 103

* N° 2762

1843 — ARICCIA — UNE PORTE AUPRÈS DU CALVAIRE

Mine de plomb 0,28×0,43 Cachet vente Corot

On lit en bas, à droite « Ariccia, 24 juillet 1843 »

Reproduit ci-contre

Au verso un croquis représente le dôme de l'Ariccia dominant la vallée

* N° 2763

1843 — UNE VILLA ITALIENNE

Mine de plomb 0,28×0,20 1/2 Cachet vente Corot

Non reproduit

N° 2764

1843 — UNE ITALIENNE PORTANT UNE CRUCHE SUR LA TÊTE

Mine de plomb 0,27×0,19 Vente Corot (cachet omis)

On lit en haut, à droite « Francesca Commerci de Tivoli, juin 1843 »

Reproduit tome I, page 104

* N° 2765

1843 — TIVOLI — UNE ANFRACTUOSITÉ DANS LES ROCHERS

Plume et mine de plomb 0,24×0,30 Cachet vente Corot

On lit en bas, au milieu « Q Varrus (sic), Tivoli, juin 1843 »

Non reproduit

* N° 2766

1843 — TIVOLI — VILLA D'ESTE

Mine de plomb 0,27×0,47 Vente posthume Corot (cachet omis)

On lit en bas, à droite « Villa d'Este, juin 1843 » Sur la même feuille à droite du présent dessin, il y a plusieurs croquis de personnages (une Italienne portant une cruche sur la tête, une femme embrassant son enfant, etc), les uns à la plume, les autres au crayon

Au verso, divers croquis dont un représente une grotte et porte l'indication « Q Varrus (sic), à Tivoli »

Non reproduit

* N° 2767

1843 — TIVOLI — MAISONS DU BOURG

Mine de plomb 0,28×0,45 Cachet vente Corot

Reproduit tome I, page 105

* N° 2768

1843 — ROME — VILLA ALBANI

Mine de plomb 0,20×0,28 Cachet vente Corot

On lit en bas, à droite « Villa Albani, 7 août 1843 »

Reproduit ci-contre

* N° 2769

1843 — ROME — VILLA ALBANI — L'ALLÉE AUX DEUX STÈLES

Mine de plomb 0,27×0,24 1/2 Cachet vente Corot au verso

On lit en bas, à gauche « 1843 » et à droite « Villa Albani, Rome, 7 août »

Au verso de ce dessin, il y en a un autre, représentant une terrasse de la même villa, qui a été coupé par le milieu et qui se continue au verso du N° suivant On lit sur cette moitié ci la date « Rome, août 1843 » et quelques indications de coloration telles que « bleu très fort et pur, chênes vert, reflet doré architecture très blanc »

Non reproduit

* N° 2770

1843 — ROME — VILLA ALBANI — SCULPTURES ET PORTIQUE

Mine de plomb 0,26 1/2×0,24 Cachet vente Corot

Au verso, il y a un dessin (terrasse de la villa) qui est la continuation du celui qui occupe le verso du N° précédent

Non reproduit

* N° 2771

1843 — NEMI — UN GROS ARBRE AUX BRANCHES TORDUES

Mine de plomb 0,29×0,44 Vente posthume Corot (cachet omis)

On lit en bas, à gauche « Nemi »

Au verso, deux croquis sommaires dont l'un paraît être un paysage composé

Non reproduit

* N° 2772

1843 — GENZANO — LE VILLAGE DOMINANT LA COLLINE

Mine de plomb 0,29×0,44 Vente posthume Corot (cachet omis)

Au verso, un croquis portant la mention « Genzano »

Non reproduit

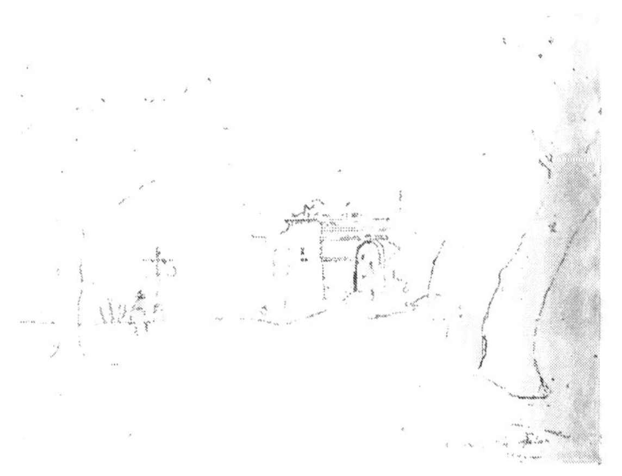

N° 2762

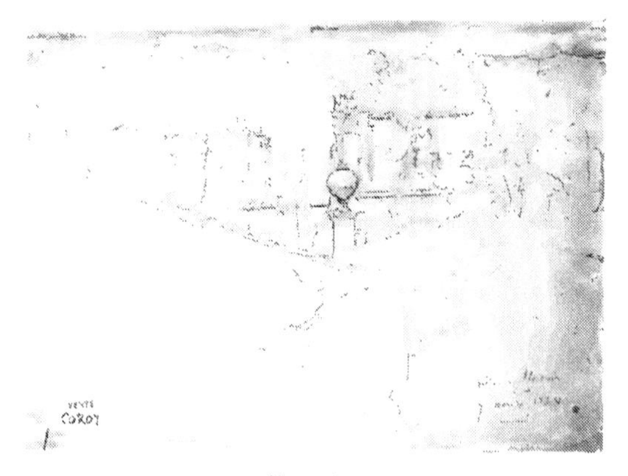

N° 2768

N° 2773

Vers 1840-45 — VIEILLARD NU COUCHÉ, DE DOS, LA TÊTE DE PROFIL

Mine de plomb grand in-4° Cachet vente Corot

Collection Henri Rouart
Reproduit tome I, page 85

* N° 2774

1844 — SAINT-ANDRÉ EN MORVAN — TAILLIS ET ROCHERS

Mine de plomb rehaussée légèrement de crayon rouge dans le ciel
0,28 1/2 × 0,38 1/2 Cachet vente Corot

On lit en bas, à gauche « Saint-André, 29 septembre 1844 »
Reproduit ci-contre
Au verso, croquis sommaire d'arbres

* N° 2775

Vers 1840-45 — ÉTUDE D'ARBRES DOMINANT UN RUISSEAU (MORVAN)

Mine de plomb 0,41 × 0,44 Cachet vente Corot

Reproduit ci-contre
Au verso un autre dessin représentant un troupeau de cochons auprès d'un groupe d'arbres

* N° 2776

Vers 1841-42 — PIERRE-PERTHUIS, PRÈS VÉZELAY — CHATEAU ET ÉGLISE SUR LA HAUTEUR

Plume 0,29 1/2 × 0,46
Vente posthume Corot (cachet omis)

On lit à droite Pierre Perthuis
Reproduit ci-contre

* N° 2777

Vers 1840-45 — SUR LA ROUTE DE LORMES A CLAMECY

Croquis mine de plomb 0,16 × 0,23
Vente posthume Corot (cachet omis)

On lit en bas « Château Duboucne, près Mont Sabon sur la route de Lormes à Clamecy » Dans le ciel quelques indications telles que « nuages vigoureux voûte très pure »
Au verso, un autre croquis sommaire de la même région
Non reproduit

* N° 2778

Vers 1840-50 — JEUNE FEMME PENSIVE ACCOUDÉE SUR SON GENOU

Mine de plomb 0,31 × 0,44
Vente posthume Corot (cachet omis)

Au verso de ce dessin il y en a un autre représentant une jeune femme assise de face le bras droit appuyé au dossier de sa chaise et les mains jointes
Le dessin du verso est reproduit tome I, page 81

* N° 2779

Vers 1840-45 — ÉTUDE D'ARBRES (LA SILHOUETTE D'UNE FILLETTE AU PREMIER PLAN)

Mine de plomb 0,39 × 0,30 Cachet vente Corot

Au verso, croquis sommaire au fusain représentant un paysage avec des personnages sur une route
Non reproduit

N° 2780

Vers 1840-45 — JEUNE FEMME COUCHÉE LA MAIN SUR LA POITRINE

Mine de plomb 0,24 × 0,37 Cachet vente Corot

Collection Henri Rouart
Reproduit tome I, page 74

* N° 2781

Vers 1845 — JEUNE FEMME DEBOUT VUE JUSQU'AUX GENOUX, UN LIVRE ENTRE LES MAINS

Mine de plomb grand in-4°

Collection Cheramy
Reproduit tome I, page 111

* N° 2782

Vers 1840-50 — SOUS BOIS

Mine de plomb sur papier torchon 0,43 × 0,52
Cachet vente Corot

Reproduit tome I page 127

* N° 2783

Vers 1840-50 — FIGURE DE GARÇONNET ET CROQUIS DE PAYSANNE

Mine de plomb 0,25 × 0,37 Cachet vente Corot

Au verso, une charrette traînée par deux chevaux
Non reproduit

* N° 2784

Vers 1840-50 — ÉTUDE D'ARBRES

Croquis mine de plomb 0,22 × 0,26

Non reproduit

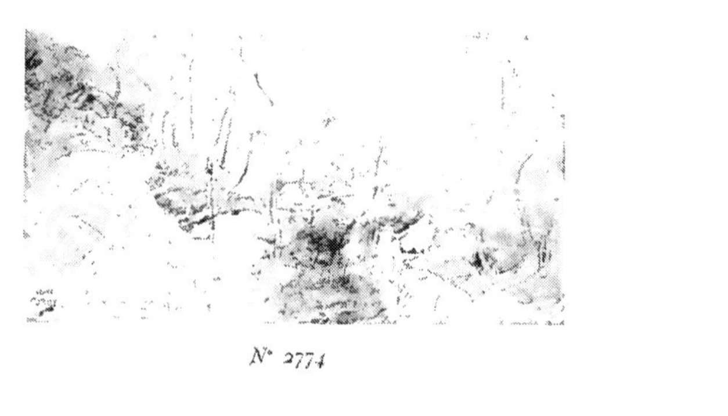

N° 2774

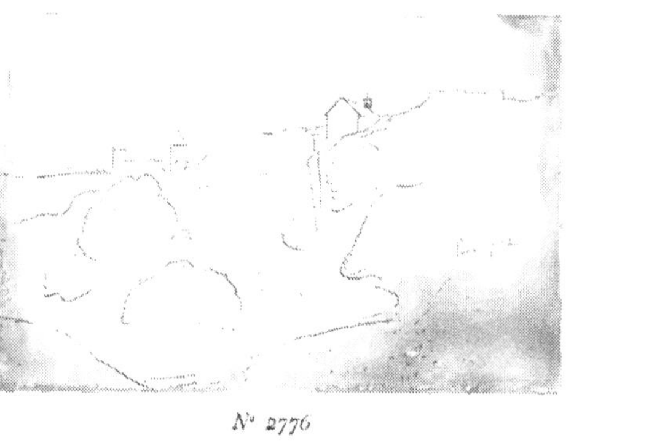

N° 2776

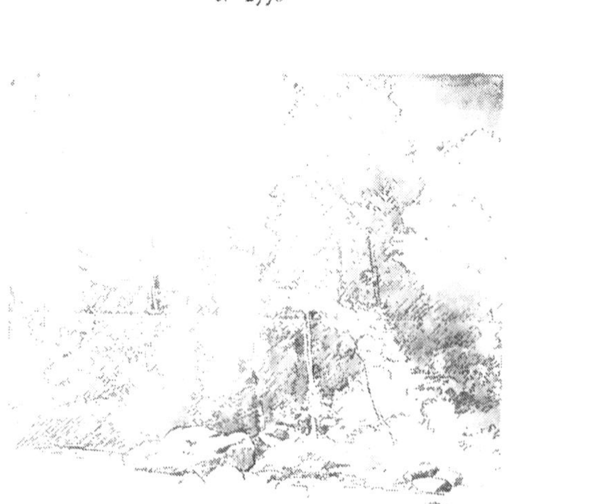

* N° 2785

1843 — GENZANO — L'EGLISE

Mine de plomb 0,19×0,24 Cachet vente Corot

On lit en bas à droite « Genzano, 26 juillet 1843 »

Non reproduit

* N° 2786

1843 — GENZANO — LE VILLAGE PRÉCÉDÉ PAR UNE COLLINE BOISÉE

Mine de plomb 0,20 1/2×0,27
Cachet vente Corot au verso

On lit en bas à droite « Genzano 1843 Temporale »

Au verso plusieurs croquis 1° L'escalier d'une terrasse avec la mention « Tivoli », 2° une Italienne et un Italien avec la mention « Genzano »

Non reproduit

* N° 2787

1843 — GENZANO — VILLAGE APERÇU SOUS LES ARBRES

Croquis sommaire mine de plomb 0,18 1/2×0,25 1/2
Cachet vente Corot

On lit en bas « Genzano, 27 juillet 1843 »

Non reproduit

* N° 2788

1843 — CIVITA LAVINIA ET MONTE GIOVE VUS DE GENZANO

Deux croquis mine de plomb 0,17×0,26
Cachet vente Corot

On lit en bas « De Genzano 25 juillet 1843 » et sur chacun des croquis le lieu qu'il représente « Civita Lavinia » et « Monte Giove »

Non reproduit

* N° 2789

1843 — ALBANO — AU TOMBEAU DE NÉRON

Mine de plomb 0,18 1/2×0,23 Cachet vente Corot

On lit en bas, à droite « Entre Albano et Ariccia tombeau de Néron »

Au verso, un autre dessin porte ces ces mots « Albano, entre Albano et Ariccia, tombeau de Néron »

Non reproduit

* N° 2790

1843 — UN ARTISTE EN TRAIN DE DESSINER EN VUE D'UNE EGLISE (ITALIE)

Mine de plomb 0,16×0,27 Cachet vente Corot

On lit en bas à gauche « Juin 1843 » (le nom du lieu a été coupé quand le dessin a été équarri)

Non reproduit

* N° 2791

1843 — TIVOLI — UN PORTIQUE

Mine de plomb 0,22 1/2×0,28 1/2
Cachet vente Corot

Au verso un croquis de rocher avec la mention « Ronciglione, mai 1843 »

Non reproduit

N° 2792

1844 — UNE FORTERESSE TOSCANE

Mine de plomb 0,16×0,27
Signé en bas, à droite Daté octobre 1844

En avant, un homme passe vers la gauche devant un grand talus en coulisse que couronnent vers le haut quelques branches. Un peu plus haut, à droite, sur des terrains qui s'élèvent doucement au-dessus des premiers plans, quelques bouquets d'arbres s'élèvent assez haut. Plus loin, au centre, des murs de forteresse dominent les collines et se profilent sur le ciel

Dessiné sur un album à M. Théodore Scribe

Appartenait à sa veuve en 1889

Non reproduit

N° 2793

Vers 1845 — ENVIRONS DE NAPLES

Mine de plomb 0,20×0,27 Signé en bas, à droite (en collaboration avec Léon Fleury qui a signé à gauche)

A second plan, à droite un homme passe à côté d'un autre monté sur un cheval chargé de paniers. Ils côtoient une corniche sinueuse bordée à droite d'un grand talus. Au fond, vers à droite les grandes murailles d'un château fort dominent des montagnes. A gauche, au fond on aperçoit le Vésuve émergeant de la baie de Naples

Ce dessin, commencé par Fleury et terminé par Corot a été offert par ses auteurs à leur ami Théodore Scribe

Non reproduit

* N° 2794

Vers 1840-50 — DEUX PAYSANNES DORMANT

Mine de plomb 0,20×0,26 Vente posthume Corot (cachet omis)

Non reproduit

* N° 2795

Vers 1840-50 — UN CLOCHER ÉMERGEANT D'UN GROUPE D'ARBRES, UNE PAYSANNE ET SON ENFANT AU PREMIER PLAN (BRETAGNE)

Mine de plomb 0,14 1/2×0,24 1/2
Cachet vente Corot

Non reproduit

* N° 2796

Vers 1840-50 — ETUDE DE TERRAINS MOUVEMENTES (BRETAGNE)

Mine de plomb 0,16 1/2×0,27 Cachet vente Corot

Au verso croquis sommaire représentant un clocher émergeant de groupes d'arbres

Non reproduit

* N° 2797

Vers 1840-50 — PARIS — LA SEINE ET LE PALAIS BOURBON

Mine de plomb 0,09×0,15 Cachet vente Corot

Non reproduit

* N° 2798

Vers 1840-50 — PARIS — LA SEINE, LE PONT DE LA CONCORDE ET LES TUILERIES

Mine de plomb 0,09×0,15 Cachet vente Corot

Non reproduit

* Nº 2799

Vers 1850 — ÉTUDE D'ARBRES SUR UN TERRAIN EN PENTE, AVEC DES ROCHERS AU FOND

Mine de plomb 0,40×0,30
Cachet vente Corot au verso

Reproduit tome I, page 83

Au verso, un dessin en largeur représentant également des arbres parmi les rochers

* Nº 2800

Vers 1840 — DEUX PÊCHEURS VIDANT LEUR FILET

Mine de plomb 0,30×0,44
Vente posthume Corot (cachet omis)

Reproduit tome I, page 86

Au verso, un autre pêcheur

Nº 2801

Vers 1840 — ACADÉMIE DE FEMME ASSISE

Mine de plomb 0,25×0,23 Cachet vente Corot

Collection Henri Rouart
Reproduit tome I, page 85

* Nº 2802

Vers 1840-45 — UNE MAISON DE PAYSANS DANS UNE VALLÉE ROCHEUSE DOMINÉE PAR LES ARBRES

Mine de plomb 0,35×0,29 Cachet vente Corot

Au verso, un croquis représentant un cavalier passant sur une route
Non reproduit

* Nº 2803

Vers 1845-50 — AU PIED DE LA CROIX

Mine de plomb 0,30×0,21 Cachet vente Corot

Vente Doria, mai 1899 (Nº 364), 50 fr
Reproduit tome I, page 119

* Nº 2804

Vers 1845-50 — LES BORDS D'UNE RIVIÈRE AVEC UN GROUPE DE PEUPLIERS

Mine de plomb 0,31×0,24 Cachet vente Corot

On lit en bas, à droite « Près Blanc Baoir (?) »
Croquis sommaire au verso
Non reproduit

* Nº 2805

Vers 1850 — UNE CHARRETTE PASSANT SUR LA ROUTE, ON APERÇOIT UN MOULIN AU FOND

Mine de plomb 0,30×0,29 1/2 Cachet vente Corot

Au verso croquis d'une composition
Non reproduit

* Nº 2806

Vers 1850 — FONTAINEBLEAU — LE CHARLEMAGNE

Mine de plomb 0,28×0,45 Cachet vente Corot
Fac-simile Ch. Desavary (1re série)
Reproduit d'après l'original tome I, page 152
Au verso de ce dessin, il y a un croquis simplement ébauché, avec ces mots « Fossé repose » (sic)

* Nº 2807

Vers 1850 — UNE PAYSANNE

Mine de plomb 0,40 1/2×0,26 Cachet vente Corot

Non reproduit

* Nº 2808

Vers 1852 — DEUX ÉTUDES D'APRÈS UNE PAYSANNE (DAUPHINÉ)

Mine de plomb 0,24×0,20 Cachet vente Corot

Non reproduit

* Nº 2809

1852 — MORESTEL (ISÈRE) — LE VERSANT D'UN COTEAU

Mine de plomb 0,22 1/2×0,27

On lit en bas « Morestel, juillet 1852 »
Non reproduit

* Nº 2810

1852 — CRÉMIEU (ISÈRE) — TROIS SILHOUETTES DE PAYSAGES AVEC DES RUINES

Mine de plomb 0,29 1/2×0,45 Cachet vente Corot

On lit en bas « Crémieu, juillet 1852 »
Au verso croquis sommaire avec ces mots « Rochers près Gruyères se réfléchissant dans un ruisseau »
Non reproduit

Nº 2811

Vers 1850-60 — GROUPE D'ARBRES DANS UNE VALLÉE (COMPOSITION)

Grand in-4º signé Vente Fantin-Latour, mars 1905
Non reproduit

* N° 2812

Vers 1845 — LISIÈRE DE BOIS (SOLEIL COUCHANT)

Mine de plomb rehaussée de crayon rouge dans le ciel 0,27×0,37 Cachet vente Corot

On lit en bas, à droite « Le soleil couché »

Au verso une étude d'arbres avec une figure de jeune garçon au premier plan

Non reproduit

* N° 2813

Vers 1845-50 — UN BRETON

Plume et lavis 0,26×0,21 Cachet vente Corot

Exposition Durand Ruel 1878 (N° 153) — Exposition des dessins modernes à l'École des Beaux-Arts, 1884

Fac-simile Ch Desavary (2e série)

Reproduit d'après l'original, tome I, page 129

N° 2814

Vers 1845-50 — FIGURE D'HOMME ENCAPUCHONNÉ

Mine de plomb 0,23×0,19

Appartenait en 1880 à M Savary

Calque par M Alfred Robaut

Non reproduit

* N° 2815

Vers 1845-50 — BOIS AU BORD D'UN ÉTANG

(Croquis sommaire avec annotations indiquant les objets et leur couleur)

Mine de plomb 0,27×0,36

Vente posthume Corot (cachet omis)

Non reproduit

* N° 2816

Vers 1845-50 — VACHES DANS UNE PRAIRIE BORDÉE D'ARBRES

Mine de plomb 0,17×0,31

Vente posthume Corot (cachet omis)

On lit en haut cette adresse « Avenue de Paris 57 Versailles »

Au verso, croquis représentant une jeune femme avec deux enfants

Non reproduit

* N° 2817

Vers 1845-50 — JEUNE FILLE ÉTENDUE SUR UN ROCHER PARMI LES ARBRES (SUISSE)

Mine de plomb 0,28 1/2×0,22

Cachet vente Corot

On lit en bas, à droite « Suisse »

Non reproduit

* N° 2818

Vers 1845-50 — PAYSANNE A LA FONTAINE (SUISSE)

Mine de plomb 0,25×0,30 Cachet vente Corot

On lit en bas à droite « Suisse »

Non reproduit

N° 2819

28 Novembre 1847 — JACQUES-LOUIS COROT, PÈRE DE L'ARTISTE SUR SON LIT DE MORT

Mine de plomb 0,16×0,23 Non signé

Appartient à M Léon Chamouillet

Reproduit tome I, page 117

* N° 2820

1848 — CAMPAGNES VALLONNÉES

Mine de plomb 0,20×0,30

Vente posthume Corot (cachet omis)

On lit en bas « Fd Mitidja septembre 1848 »

Non reproduit

N° 2821

Vers 1849 — LE CHRIST AU JARDIN DES OLIVIERS

Fusain 0,37×0,24 cintré du haut

C'est l'interprétation du tableau du Salon de 1849

Offert par Corot à M J B Laurens et passé des mains de celui-ci en celles de M Viguier, son petit fils

Non reproduit

N° 2822

Vers 1849 — LE CHRIST AU JARDIN DES OLIVIERS

Croquis mine de plomb 0,44×0,29 cintré du haut

Non signé

C'est un simple croquis destiné à expliquer l'ordonnance du tableau Les valeurs les plus fortes sont indiquées par des croix les plus claires par des cercles

Appartenait à M J Bonaventure Laurens et après sa mort, est passé entre les mains de son petit fils, M Viguier

Non reproduit

* N° 2823

Vers 1840-50 — DEUX PERSONNAGES ASSIS AU DÉBOUCHÉ D'UNE VALLÉE

Mine de plomb 0,21 1/2×0,30

Cachet vente Corot

Reproduit ci-contre

Au verso trois croquis de figures jouant de la lyre

* N° 2824

Vers 1845-50 — ACADÉMIE D'HOMME ÉTUDE D'ATELIER

Mine de plomb 0,23×0,20 1/2

Vente posthume Corot (cachet omis)

Reproduit ci-contre

* N° 2825

Vers 1845-50 — FONTAINEBLEAU — ÉTUDE DE ROCHERS

Mine de plomb 0,30×0,22 Cachet vente Corot

Fac-simile Ch Desavary (3e série)

Reproduit ci-contre d'après l'original

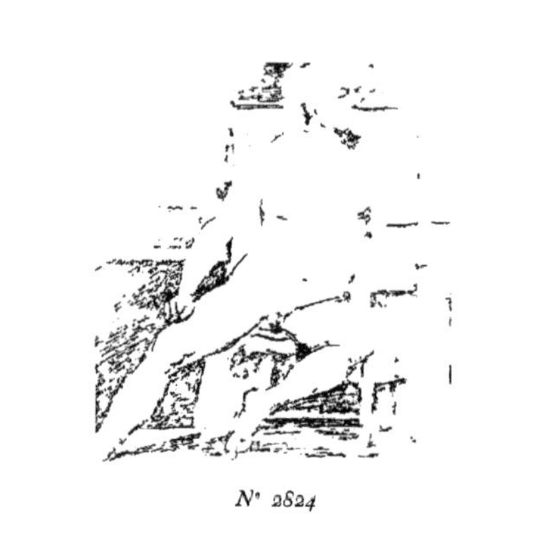

N° 2824

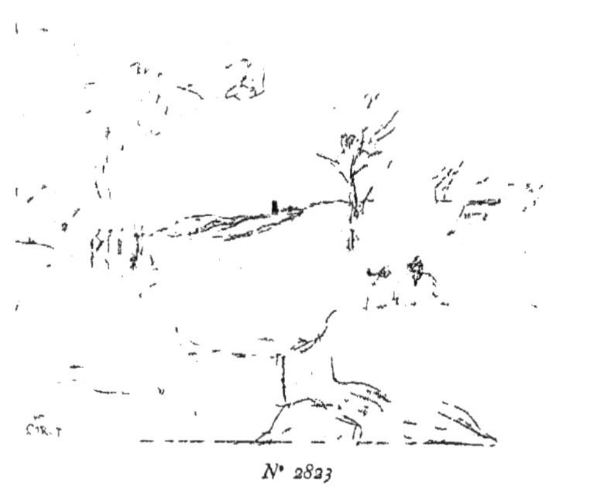

N° 2823

N° 2825

* N° 2826

Vers 1840-45 — GROUPE D'ARBRES DANS LE FOND D'UNE VALLÉE (UNE FIGURE DE FEMME AU SECOND PLAN)

Mine de plomb 0,46×0,30 Cachet vente Corot

Reproduit ci-contre

* N° 2827

1852 — OPTEVOZ (ISÈRE) — COLLINES BOISÉES DOMINANT UNE ROUTE SUR LAQUELLE PASSE UN CHARIOT

Mine de plomb 0,25×0,40 Cachet vente Corot

On lit en bas à gauche « Optovoz (sic), juin 1852 »

Au verso, un croquis sommaire

Non reproduit

* N° 2828

1852 — OPTEVOZ (ISÈRE) — UNE VALLÉE AVEC DES PEUPLIERS

Mine de plomb 0,23×0,30 Cachet vente Corot

On lit en bas, à droite « Optovoz (sic), (Isère) juin 1852 »

Au verso, un autre dessin représente une grande masse d'arbres à droite et une plaine à gauche, au-dessus de laquelle, en travers du ciel, on lit « Rayonnement rosé »

Non reproduit

* N° 2829

1852 — MORESTEL (ISÈRE) — RIVIÈRE COULANT DANS LA PRAIRIE

Mine de plomb 0,27×0,42 1/2 Cachet vente Corot

On lit en bas, à droite « Morestel, juillet 852 »

Divers croquis sommaires au verso, dont un paraît avoir trait à quelque plaisanterie Il représente une pipe avec au-dessus en caractères grecs, ce mot « Arkimède » (sic)

Reproduit tome I page 138

* N° 2830

Vers 1852 — CROQUIS SOMMAIRE DE PAYSAGE (DAUPHINÉ)

Mine de plomb 0,22×0,32 Cachet vente Corot

Non reproduit

* N° 2831

Vers 1852 — DAUPHINÉ — SILHOUETTES DE MAISONS SE DÉTACHANT SUR LE CIEL AVEC DE GRANDS TERRAINS AU PREMIER PLAN

Mine de plomb rehaussée de blanc sur papier gris foncé 0,21×0,31 Cachet vente Corot

Non reproduit

* N° 2832

Vers 1852 — CROQUIS SOMMAIRE DE PAYSAGE (DAUPHINÉ)

Mine de plomb 0,25×0,32 Cachet vente Corot

Non reproduit

* N° 2833

1852 — GROS ARBRE DOMINANT UN DÔME ITALIEN

Croquis plume 0,20 1/2×0,16 1/2 Cachet vente Corot

Ce croquis est fait au verso d'une invitation au bout de l'an de Mme Corot

Reproduit tome I, page 125

* N° 2834

1852 — UN RÊVEUR AU BORD D'UN ÉTANG

Plume 0,12 1/2×0,20 Cachet vente Corot

Ce croquis est fait, comme le précédent, au verso d'une invitation au bout de l'an de Mme Corot

Non reproduit

* N° 2835

1852 — DEUX COLONNES ANTIQUES

Croquis plume 0,12 1/2×0,20 Cachet vente Corot

Non reproduit

* N° 2836

1852-53 — SAINT-SÉBASTIEN (ÉTUDE DE FIGURE POUR LE GRAND TABLEAU)

Mine de plomb 0,30×0,45 Vente posthume Corot (cachet omis)

On lit vers la droite sur trois lignes ces mots « On m'a recommandé de ne pas trop les monter M. Cibot, peintre d'histoire »

Reproduit tome I, page 134

N° 2837

1852 — UN VILLAGE À FLANC DE COTEAU

Mine de plomb 0,23×0,30 Signé en bas à gauche daté

Appartenait à M. Diot en 1880

Calque par M. Alfred Robaut

Non reproduit

* N° 2838

Vers 1850-65 — UN JEUNE FAUNE JOUANT AVEC UNE CHÈVRE UNE NYMPHE COUCHÉE UN COUPLE ENLACÉ ET DIVERS AUTRES CROQUIS

Mine de plomb 0,22×0,28 Cachet vente Corot

Reproduit ci-contre

* N° 2839

Vers 1855-65 — UN GROUPE D'ARBRES AVEC UNE FEMME ACCROUPIE AU PIED

Mine de plomb 0,42 1/2×0,30 Cachet vente Corot

Reproduit ci-contre

Au verso un vague croquis

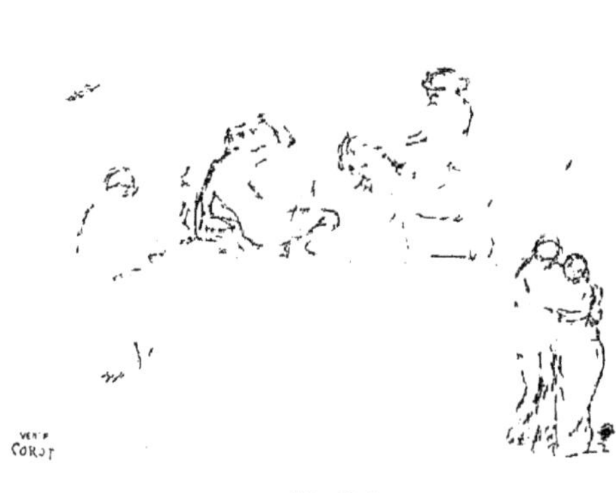

N° 2838

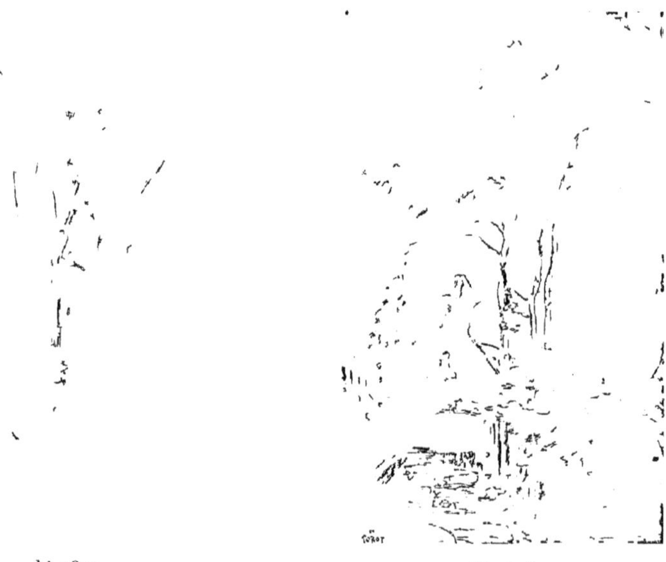

N° 2839

N° 2826

N° 2840

Vers 1856 — LA MAISON DU PAYSAN

Mine de plomb in-8°

Croquis tracé par Corot sur l'album de son jeune ami M. Flor.s Osmond, pendant un séjour à Rosny. M. Osmond qui conserve précieusement ce souvenir, se rappelle les explications de l'artiste, heureux d'amuser un enfant. Il lui disait : « Tu vois, c'est le père *Un Tel* qui rentre chez lui, un fagot sous le bras. Son petit garçon arrive au devant de lui en ouvrant les bras et, ici, voici la maman qui cueille une salade de pissenlits pour leur déjeuner. » La composition terminée, Corot ajouta plaisamment un cadre à son tableau, voire un cartel portant son nom.

Appartient à M. Osmond.

Non reproduit.

* N° 2841

Vers 1858 — ÉTUDE POUR « LA TOILETTE »

Mine de plomb 0,29×0,15

Reproduit tome I, page 237.

* N° 2842

1857 — MARCOUSSIS — AU FOND DE LA VALLÉE

Mine de plomb 0,28×0,44. Cachet vente Corot.

On lit en bas, à gauche : « Marcoussis, 14 aout 1857. »

Reproduit tome I, page 175.

N° 2843

Vers 1859 — MACBETH ET LES SORCIÈRES

Fusain 0,15×0,21. Signé en bas, à droite.

C'est l'interprétation du tableau du Salon de 1859.

Collection Doria. — Vente Doria, mai 1899 (N° 344), 760 fr. à M. Georges Viau. — Exposition Centennale 1900 (N° 81,)

Reproduit tome I, page 196.

* N° 2844

5 Avril 1859 — DANTE ET VIRGILE

Fusain 0,22×0,15. Signé en bas, à gauche.

C'est l'interprétation du tableau du Salon de 1859, faite à Arras pour Dutilleux.

Reproduit tome I, page 195.

* N° 2845

Vers 1859 — DANTE ET VIRGILE

Croquis mine de plomb 0,21 1/2×0,17
Cachet vente Corot.

Au verso, un autre croquis à la plume du même sujet.

Non reproduit.

* N° 2846

Vers 1859 — DANTE — (ÉTUDE POUR « DANTE ET VIRGILE »)

Mine de plomb 0,36 1/2×0,23 1/2
Cachet vente Corot.

Reproduit tome I, page 194.

Au verso, un croquis sommaire avec le mot « Bouberouge ».

* N° 2847

Vers 1859 — DANTE ET VIRGILE — ÉTUDES DE TYPES

Mine de plomb 0,11×0,21. Vente posthume Corot (cachet omis).

Ces études se poursuivent au verso.

Reproduit tome I, page 262.

* N° 2848

Vers 1850 — DANTE ET VIRGILE — ÉTUDES DE TYPES

Mine de plomb 0,16×0,24 1/2
Vente posthume Corot (cachet omis).

Au verso, un léger croquis représentant une ronde d'amours.

Non reproduit.

* N° 2849

Vers 1859 — DANTE — TROIS CROQUIS SOMMAIRES DU PERSONNAGE

Mine de plomb 0,16×0,24. Vente posthume Corot (cachet omis).

Au verso, divers croquis sommaires.

Non reproduit.

* N° 2850

Vers 1857 — FEUILLE DE CROQUIS PLIÉE EN HUIT. MOUVEMENTS DIVERS DE FIGURES : UNE MÈRE ET SON ENFANT, UNE DANSEUSE, UNE FEMME EN PRIÈRE

Mine de plomb 0,27×0,36

Au verso, un loup (pour le tableau « Dante et Virgile »).

Non reproduit.

* N° 2851

1860 — SAINT-MALO — UNE FONTAINE

Mine de plomb 0,21×0,30. Cachet vente Corot.

On lit en bas, à droite : « Saint-Malo, aout 1860. »

Reproduit ci-contre.

* N° 2852

Vers 1860-65 — UN VILLAGE ET SON CLOCHER DOMINANT UNE VALLÉE (BRETAGNE OU NORMANDIE)

Mine de plomb 0,20 1/2×0,26. Cachet vente Corot.

Reproduit ci-contre.

Au verso, un autre croquis représente une ville au bord d'une rivière.

* N° 2853

Vers 1860-65 — VILLE-D'AVRAY — LE BATEAU SUR L'ÉTANG (SOIR)

Mine de plomb 0,23×0,31. Cachet vente Corot.

On lit en bas, à droite : « Soir ».

Au verso, il y a un dessin, également de Ville-d'Avray : des arbres au bord de l'étang avec la silhouette d'une femme tendant les bras vers un arbre de la rive.

Reproduit ci-contre (recto et verso).

Nº 2852

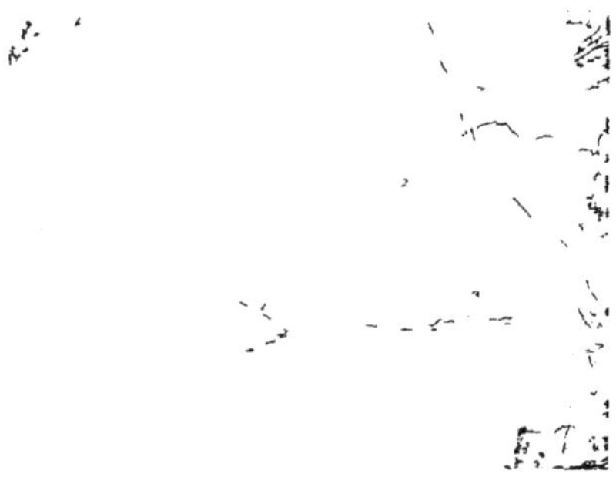

Nº 2853

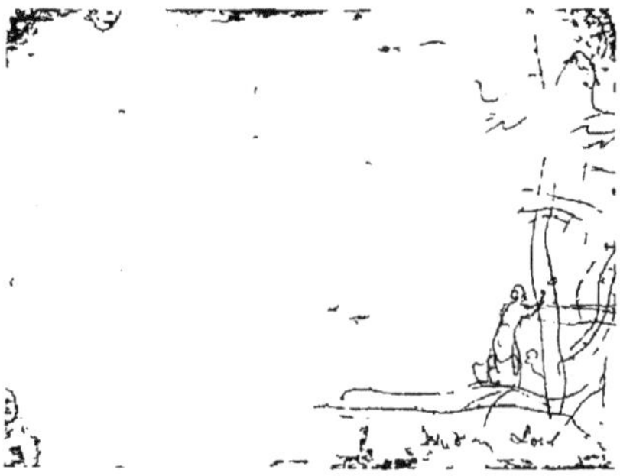

Nº 2853

Nº 2851

N° 2854

Vers 1850-55 — PAYSAGE DU LIMOUSIN — MOULINS ET HABITATIONS AU BORD D'UNE RIVIÈRE

Crayon noir rehaussé de crayon de couleur
0,31×0,45

Collection Alfred Robaut
Reproduit tome I, page 131

* N° 2855

1854 — SOIR PRÈS ROTTERDAM, SUR LA ROTTE A CROOSWYCK

Mine de plomb 0,32×0,26 Cachet vente Corot

On lit en haut « Soir près Rotterdam, septembre 1854 (avec) Dutilleux, Crooswisck Crooswyck, sur la Rotte »
Reproduit tome I, page 157

Au verso, un croquis très sommaire avec le mot « Arras »

* N° 2856

1854 — ROTTERDAM — UN CANAL ENTRE LES ARBRES

Mine de plomb 0,30×0,46 1/2
Cachet vente Corot

On lit en bas, à droite « Rotterdam, septembre 1854 » et dans le ciel au-dessus des maisons « Très doré » Les clairs et les foncés sont indiqués respectivement par des carrés des cercles et des croix

Au verso quelques croquis sommaires également de Hollande
Non reproduit

* N° 2857

1854 — ENVIRONS DE LA HAYE — BOIS DE JEUNES CHÊNES

Plume et crayon 0,30×0,44 Cachet vente Corot

On lit en bas, à droite « Bois de jeunes chênes », et se référant à la partie centrale du dessin ces mots « Petite percée, toit des bois »
Non reproduit

* N° 2858

1854 — MAISONS PRÈS DE GOUDA (HOLLANDE)

Mine de plomb 0,15×0,22 1/2 Cachet vente Corot

L'indication de la localité où ce dessin a été fait se trouve au verso
Non reproduit

* N° 2859

1854 — DUNES AUX ENVIRONS DE LA HAYE

Mine de plomb 0,25 1/2×0,30 Cachet vente Corot

Au verso, un croquis très sommaire avec ces mots « Dutilleux, La Haye »
Non reproduit

* N° 2860

1854 — UN CANAL EN HOLLANDE

Croquis sommaire mine de plomb 0,28×0,41 1/2
Vente posthume Corot (cachet omis)

Non reproduit

N° 2861

1852 — LE CHARIOT D'ARRAS

Fusain 0,30×0,48 Signé en bas à droite

Collections Dutilleux et Robaut
Non reproduit

Il existe trois croquis mine de plomb in-folio de la même composition, exécutés à la même époque (collection Robaut)

N° 2862

30 avril 1852 — L'ESTAFETTE

Mine de plomb 0,05×0,04 Signé en bas à gauche

Fait à Arras et donné à Mlle Cornélie Robaut (Mme Brégeault) On lit en bas « Corot à Cornaline »
Non reproduit

N° 2863

Vers 1853 — SOUVENIR D'UN TABLEAU DE DAUBIGNY EXPOSÉ EN 1853

Croquis au fusain 0,23×0,31 1/2

On lit, en haut, à gauche, le titre ci-dessus, de la main de Dutilleux
Collections Dutilleux et Robaut
Non reproduit

N° 2864

Septembre 1853 — SOUVENIR D'UN TABLEAU DE JEAN BELIN ET DU TITIEN

Fusain 0,29 1/2×0,23 Signé en bas, à gauche

Le titre ci-dessus est écrit au verso du dessin, de la main de Constant Dutilleux, qui avait vu exécuter l'œuvre par Corot dans son atelier, à l'appui d'une conversation artistique
Collections Dutilleux et Robaut
Non reproduit

N° 2865

1853-55 — ARIANE ABANDONNÉE

Fusain 0,20×0,16 Signé en bas, à gauche

Don de Corot à M. C. Legentil
Calque par M. Alfred Robaut
Non reproduit

N° 2866

Vers 1853 — SAINT-SÉBASTIEN SECOURU PAR LES SAINTES FEMMES

Fusain 0,36×0,26 Cachet vente Corot

Collection Alfred Robaut
Reproduit tome I, page 310

Nº 2867

Vers 1845-50 — ACADÉMIE DE FEMME, LES BRAS CROISÉS AU-DESSUS DES SEINS

Mine de plomb 0,47×0,24 Cachet vente Corot

Collection Henri Rouart — Exposition centennale 1889 (Nº 122) — Exposition centennale 1900 (Nº 851)

Reproduit tome I, page 114

* Nº 2868

Vers 1845-50 — ACADÉMIE DE FEMME, LES BRAS CROISÉS SOUS LES SEINS

Mine de plomb 0,41×0,25
Vente posthume Corot (cachet omis)

Reproduit tome I, page 115

* Nº 2869

Vers 1850-55 — CHEMIN AUX ABORDS D'UN VILLAGE

Croquis mine de plomb 0,30×0,43
Vente posthume Corot (cachet omis)

On lit en bas, à droite le mot « Moisson »

Au verso, un croquis très sommaire représente un cavalier arrêté auprès d'un groupe de femmes et un clocher au loin

Non reproduit

* Nº 2870

Vers 1850-55 — MASSE D'ARBRES AU BORD D'UN COURS D'EAU

Mine de plomb 0,22×0,17 Cachet vente Corot

Non reproduit

* Nº 2871

Vers 1850-60 — LE PONT A L'ARCHE BRISÉE

Plume 0,34 1/2×0,48 Cachet vente Corot

Reproduit tome I page 153

Au verso, vague croquis au fusain

Nº 2872

Vers 1850-60 — BORDS DE LA LOIRE

Mine de plomb rehaussée de blanc 0,14×0,21

Calque par M Alfred Robaut

Non reproduit

Nº 2873

Vers 1855 — GORGE SAUVAGE

Fusain 0,24×0,32

Collection L. Cuvelier

Copie par Dutilleux et M Alfred Robaut

Non reproduit

Nº 2874

Vers 1855 — LES BORDS D'UN ÉTANG

Fusain 0,23×0,31

A appartenu à M Alfred Robaut — Cédé par celui-ci à Mme Arthur Gentil (de Lille) en 1875

Non reproduit

Nº 2875

Vers 1855 — LE TEMPLE AU BORD DE LA FORÊT

Fusain 0,21×0,24, cintré du haut Non signé

Appartenait en 1887 à M Diot

Calque par M Alfred Robaut

Non reproduit

Nº 2876

1855 — LA COMPAGNIE DE DIANE

Fusain 0,27×0,43

Ce fusain est une interprétation du tableau exposé en 1855 (aujourd'hui au Musée de Bordeaux) Corot l'a fait à Arras pour donner à Dutilleux une idée de son tableau

A appartenu à Dutilleux puis à M Robaut Cédé par ce dernier à Mme Arthur Gentil de Lille

Non reproduit

Nº 2877

1855 — TROIS PERSONNAGES ASSIS AU PIED D'UN COTEAU SOUS LES ARBRES

Fusain 0,25×0,33 Cachet vente Corot

Collection Alfred Robaut

Non reproduit

Nº 2878

Vers 1855 — GRAND BOUQUET D'ARBRES DOMINANT LA PLAINE

Fusain 0,30×0,46 Signé en bas à droite

Collections Dutilleux et Robaut

Non reproduit

* Nº 2879

Vers 1855 — GORGE RESSERRÉE ENTRE DEUX TALUS AVEC DES ARBRES LÉGERS ET DE L'EAU AU PREMIER PLAN

Fusain 0,22×0,20 Signé en bas à gauche

Fait à Arras

Collections Dutilleux et Robaut

Non reproduit

N° 2880

1853-55 — PERCÉE LUMINEUSE DANS UN PAYSAGE ROCHEUX ET BOISÉ, AVEC UNE TOUR LOINTAINE

Fusain 0,30×0,22 Signé en bas à droite

Appartenait en 189[illegible] à M. Gérard

Non reproduit

N° 2881

1852 — BERGER LUTTANT AVEC SA CHÈVRE

Fusain et mine de plomb 0,31×0,24 Signé en bas à gauche

Collections Dutilleux et Robaut

Reproduit ci-contre

N° 2882

1852 — LES PETITS DÉNICHEURS

Fusain 0,32×0,25 Signé en bas, à droite

Fait à Arras et offert à M. Alfred Robaut, en 18[illegible]

Reproduit ci-contre

N° 2883

1853 — SOUVENIR DE LA GRÈVE DE CAYEUX

Fusain 0,24×0,43 Signé et daté

Corot fit ce dessin à Douai pour expliquer la désolation d'un pays qu'on lui avait vanté, si justement selon lui, et qui lui avait si peu agréé qu'il jura de n'y plus retourner « Voici, disait-il tout en dessinant, un échantillon de la végétation qu'on y trouve » En traçant les maisons, il ajoutait « Ces pauvres chaumières tombent en ruines elles servent d'abri aux arbres qui à leur tour, quand elles ne seront plus là disparaîtront, soyez en certains, car il est impossible de résister dans ce pays-là »

Offert par Corot à Mme d'Herbomez, sœur de M. Alfred Robaut — Vente Louis d'Herbomez, 9 novembre 1897, 70 fr à M. Joseph Dutilleux

Copie par M. Alfred Robaut

Reproduit ci-contre d'après l'original

N° 2884

1855 — LES DEUX DANSEURS LEVANT LEUR COUPE

Fusain 0,31 1/2×0,23 Signé en bas, à gauche

Collections Dutilleux et Robaut

Reproduit ci-contre

N° 2885

Vers 1857 — NYMPHE DÉSARMANT L'AMOUR

Fusain 0,38×0,26 Signé en bas, à gauche

Fait à Arras pour Dutilleux

Collections Dutilleux et Robaut

Reproduit ci-contre

N° 2886

Vers 1858-59 — « SOUVENIR DE LA BACCHANTE »

Fusain 0,32×0,24 Signé en bas à gauche

Collection Alfred Robaut

Reproduit ci-contre

N° 2887

1862 — CLAIR DE LUNE — SOUVENIR DES REMPARTS DE DOUAI

Fusain 0,47×0,33 Signé en bas, à droite, daté à gauche « 1862, 1er août »

Collection Alfred Robaut

Reproduit ci-contre

* N° 2888

Vers 1850-60 — UN PATURAGE EN SOLOGNE

Croquis mine de plomb 0,26 1/2×0,38 1/2 Cachet vente Corot

On lit en bas, vers la gauche « Sologne, matin »

Non reproduit

* N° 2889

Vers 1855-65 — DEUX CROQUIS FAITS DANS UNE PRAIRIE ENTRE DEUX VERSANTS BOISÉS — DANS L'UN, ON VOIT UN CHEVAL ET DEUX FIGURES ASSISES

Mine de plomb 0,46×0,30 Vente posthume Corot (cachet omis)

Au verso, un autre croquis sommaire

Non reproduit

N° 2890

Vers 1860-65 — JEUNE FEMME TAILLANT UNE ÉTOFFE

Crayon noir 0,29×0,21 Signé en bas à gauche

A appartenu vers 1891 à MM. Heymann et Félix Gérard

Calqué par M. Alfred Robaut

Non reproduit

* N° 2891

Vers 1860-70 — MUSIQUE ET RÊVERIE

Mine de plomb 0,28 1/2×0,29 1/2 Cachet vente Corot

Reproduit tome I, page 245

Au verso un autre dessin représentant un homme, la poitrine et les jambes nues, baissé, tendant les mains en avant

* N° 2892

Vers 1870 — CAVALIER DANS UN CHEMIN CREUX

Mine de plomb 0,42×0,29 Cachet vente Corot

Reproduit tome I, page 271

* N° 2893

Vers 1870 — LE PETIT CAVALIER

Mine de plomb 0,42 1/2×0,30 Cachet vente Corot

Reproduit tome I, page 279

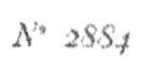

N° 2884

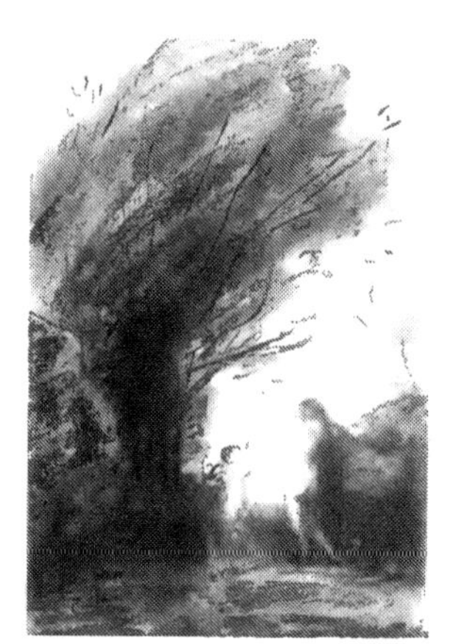

N° 2885

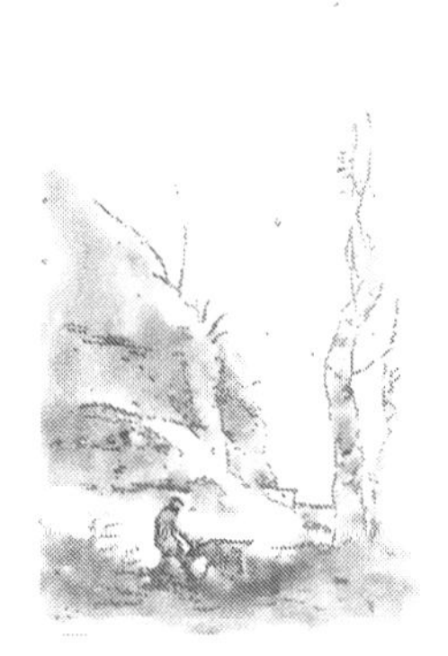

N° 2881

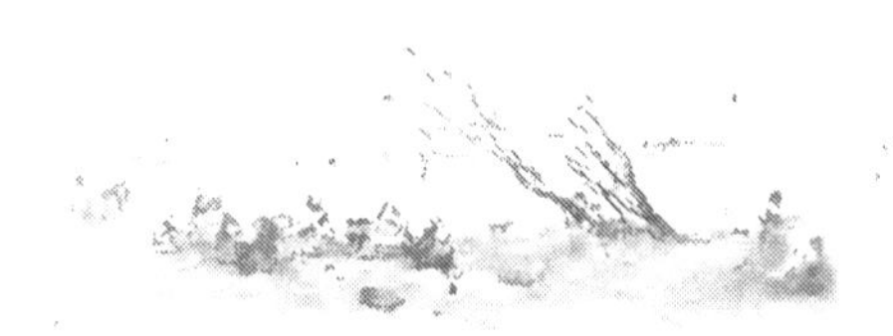

N° 2883

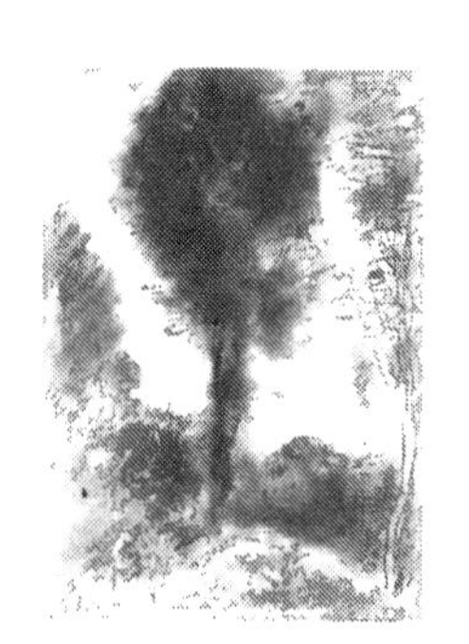

N° 2887

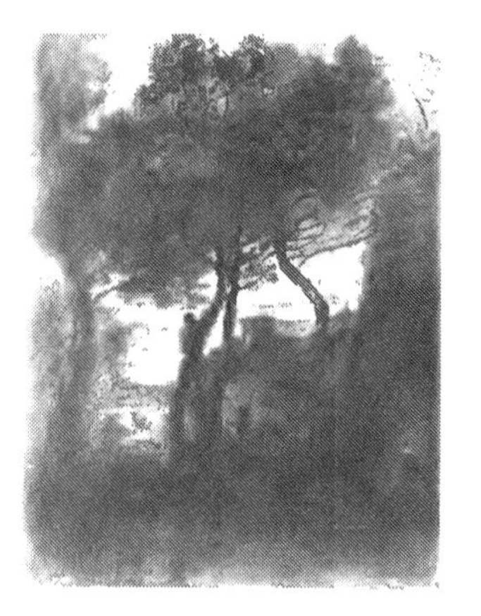

N° 2882

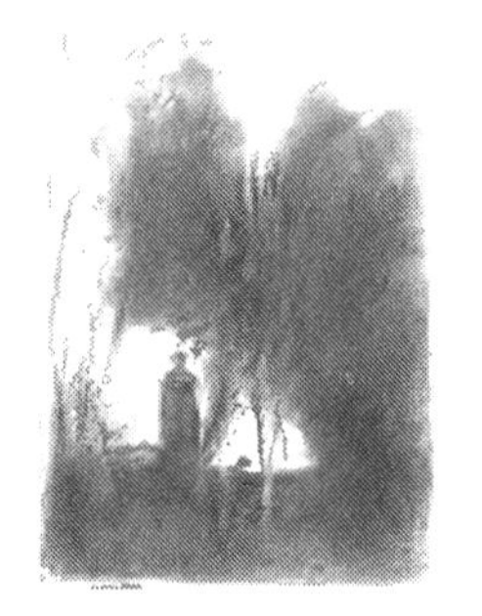

N° 2886

* Nº 2894

1856 — LA NYMPHE COUCHÉE DANS LE VALLON

Fusain 0,27×0,3? Signé en bas à droite

Offert par Corot à la loterie de la Société des Amis des Arts d'Arras. Gagné par M. Grandguillaume. — A appartenu ensuite à MM. Desavary et Alfred Robaut.

Exposition centennale 1895 (N° 117)

Reproduit ci-contre

Nº 2895

Mars 1858 — LE PHILOSOPHE SOLITAIRE

Fusain in-4° Signé en bas, à droite

Exécuté à Arras et offert par Corot au musée de Lille

Exposition centennale 1900 (N° 829)

Photographie par L. Sauvaige et Ch. Desavary

Reproduit ci-contre

Nº 2896

1864 — LA FÊTE DU DIEU TERME

Fusain 0,24×0,31 Signé en bas à droite

Collections Dutilleux et Robaut

Reproduit ci-contre

* Nº 2897

1855-65 — UNE ÉGLISE DE VILLAGE DOMINANT UNE VALLÉE

Mine de plomb 0,19×0,32 1/2
Vente posthume Corot (cachet omis)

Non reproduit

* Nº 2898

1855-65 — CROQUIS DE MOUVEMENTS PRIS AU THÉÂTRE

Mine de plomb 0,27×0,17 1/2
Vente posthume Corot (cachet omis)

Non reproduit

* Nº 2899

Vers 1855-65 — UNE CHANTEUSE ET PLUSIEURS TÊTES ESQUISSÉES AU THÉÂTRE

Mine de plomb (double feuillet détaché d'album) 0,09 1/2×0,32 Vente posthume Corot (cachet omis)

Plusieurs autres croquis au verso

Non reproduit

* Nº 2900

1855-65 — CROQUIS DE MOUVEMENTS PRIS AU THÉÂTRE

Mine de plomb, esquisses sommaires 0,27×0,19
Vente posthume Corot (cachet omis)

Non reproduit

* Nº 2901

Vers 1865-70 — CROQUIS DE FEMMES ASSISES ET COUCHÉES

Mine de plomb 0,2?×0,33 Cachet vente Corot

Non reproduit

* Nº 2902

Vers 1860-70 — GUITARISTE

Croquis sommaire mine de plomb 0,21×0,17
Cachet vente Corot

Non reproduit

* Nº 2903

Vers 1860-70 — FEUILLE DE CROQUIS PLIÉE EN HUIT (COMPOSITIONS DIVERSES, PAYSAGES ET FIGURES, NOMBREUSES ESQUISSES DE TÊTES DE FEMMES)

Mine de plomb 0,32 1/2×0,49

Non reproduit

* Nº 2904

Vers 1860-70 — FEUILLE COMPRENANT DEUX CROQUIS SOMMAIRES : 1° UN GROUPE DE PERSONNAGES AU PIED D'UN ARBRE ; 2° UN PAYSAGE AVEC UN ARBRE A DROITE ET UNE TOUR A GAUCHE

Mine de plomb 0,31×0,47 Vente posthume Corot (cachet omis)

Non reproduit

* Nº 2905

1860-70 — CROQUIS DE PAYSAGE TRÈS SOMMAIRE, AVEC, SUR LA MÊME FEUILLE, DEUX CROQUIS DE FIGURES NUES COURANT ET UNE TÊTE DE CHEVAL

Mine de plomb 0,25 1/2×0,31

Au verso un croquis sommaire représentant un groupe de personnages

Non reproduit

* Nº 2906

Vers 1870 — MOUVEMENT DE DANSE (LE MÊME MOUVEMENT EST REPRIS AU VERSO)

Mine de plomb 0,27×0,19 Vente posthume Corot (cachet omis)

Reproduit tome I, page 25?

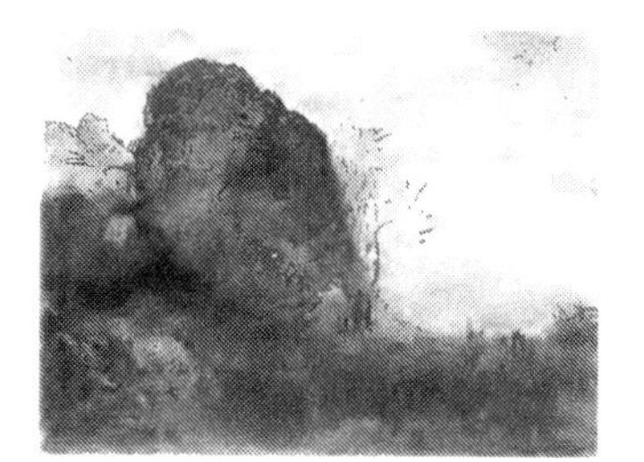

Nº 2896

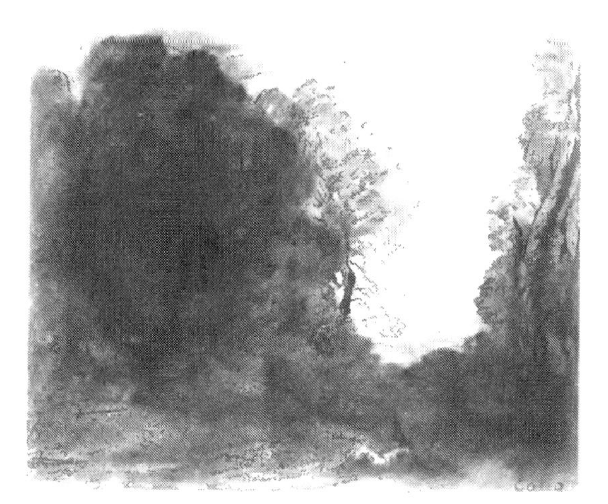

Nº 2894

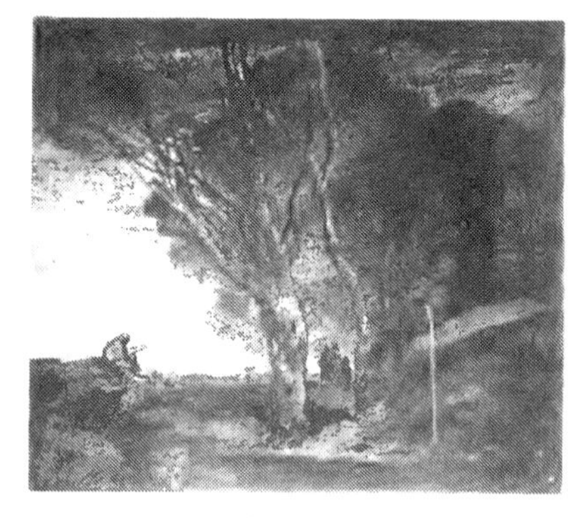

Nº 2895

N° 2907

Vers 1855 — SOUVENIR DE LA CAMPAGNE DE ROUEN

Fusain 0,17×0 26 1/2 Signe en bas, a gauche

Fait a Arras

Collections Dutilleux et Robaut

Non reproduit

N° 2908

Vers 1855 — VERSANT AVEC UNE TOUR AU BORD D UN LAC

Fusain 0 23 1/2×0 37 Signe en bas, a droite

Fait a Arras

Collections Dutilleux et Robaut

Non reproduit

N° 2909

Vers 1856-57 — L INCENDIE DE SODOME

Fusain 0,23 1/2×0 40 1/2 Signe en bas à droite

C est un souvenir du tableau du Salon de 1857

Ce fusain a ete execute chez Dutilleux, à Arras

Collections Dutilleux et Robaut

Non reproduit

N° 2910

Vers 1855-60 — LA CLAIRIÈRE

Fusain 0 21×0 38 Ovale

Appartient au Musee de Grenoble

Non reproduit

N° 2911

Vers 1857 — NYMPHE DESARMANT L'AMOUR

Mine de plomb sur toile 0 80×0,60
Cachet vente Corot

Vente posthume Corot (N° 502), 150 fr, à M Fauche — Vente Hôtel Drouot, 4 fevrier 1876, 20 fr (retire)

Appartient au musée de Grenoble

Reproduit ci contre

N° 2912

1858 — LE CHATEAU VU ENTRE LES ARBRES

Fusain 0 15×0 2?

Offert par Corot à Mlle Cornélie Robaut (Mme Bregeault) avec cette dedicace de sa main « Donne par l auteur a Mlle Cornelie Robaut, ce 28 mars 1858, C C »

Autographie par M Alfred Robaut

Non reproduit

N° 2913

Vers 1859 — LA TOILETTE

Fusain in folio Signe en bas, a gauche

C est un souvenir du tableau du Salon de 1859

Collections Dutilleux, Robaut et Cheramy

Reproduit tome I, page 197

N° 2914

6 avril 1859 — ECHAPPEE EN LISIERE DE BOIS ENTRE UN SAULE ET UN BOULEAU, AVEC UN PATRE ADOSSE AU SAULE

Fusain 0 31×0,23 Signe en bas à gauche

Don de Corot a M Alfred Robaut — Exposition Centennale 1889 (N° 161) — Cede en 1890 a MM Hollender et Cremetti, de Londres

Cliche typographique dans les « Artistes Modernes » par Eugene Montrosier (Launette editeur, 1882), page 109

Non reproduit

N° 2915

1857-60 — SOUVENIR DES BORDS DE LA MEUSE

Fusain 0,30 1/2×0 26 1/2 Signe en bas, a droite

Collections Dutilleux et Robaut

Non reproduit

N° 2916

Vers 1860 — DANSE DE NYMPHES DANS UNE PRAIRIE AU PIED D'UN GROS ARBRE

Fusain 0 24×0 32 Signe en bas à droite

Fait a Arras

Collections Dutilleux et Robaut

Reproduit ci-contre

N° 2917

Vers 1855-65 — CAVALIER CAUSANT AVEC DES CHEVRIERS, SOUS UN GROUPE D ARBRES DANS UN VALLON EN VUE DE GRANDS PINS ET D'UNE VILLA LOINTAINE

Mine de plomb 0 27×0 27 Cachet vente Corot

Collection Alfred Robaut

Reproduit ci-contre

N° 2918

Vers 1860-70 — UNE BACCHANALE

Crayon noir In-folio
Cachet vente Corot

Collection Thiollier

Reproduit ci-contre

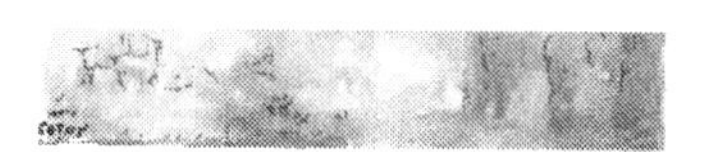

N° 2917

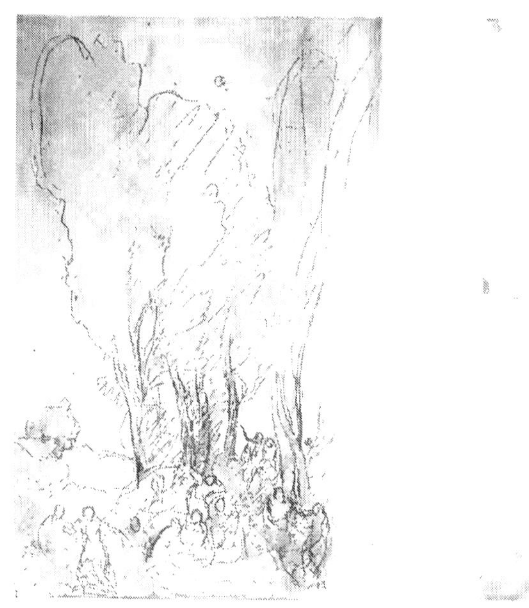

N° 2918

N° 2911

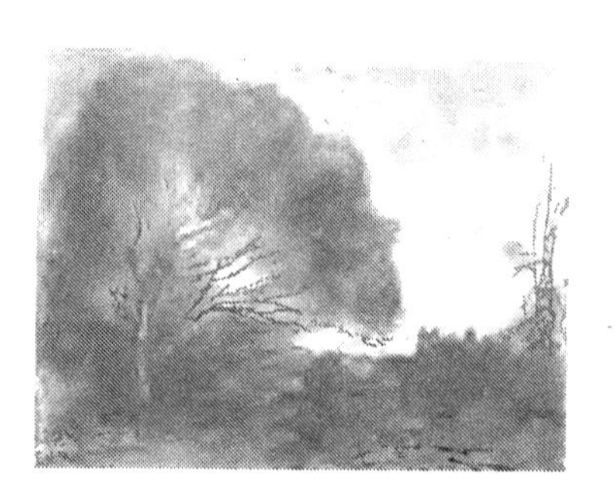

N° 2919

Vers 1855 — L'OISEAU DU SOIR

Fusain 0,25 1/2×0,31 1/2 Signé en bas à gauche

Collections Dutilleux et Alfred Robaut

Reproduit ci-contre

N° 2920

Vers 1855 — ÉCHAPPÉE SOUS BOIS SUR UN LAC AVEC DES BAIGNEUSES EN SORTANT

Fusain 0,47 1/2×0,30 Signé en bas à gauche

Collection Dutilleux et Alfred Robaut

Reproduit ci-contre

N° 2921

Décembre 1859 — VOYAGEUR PASSANT SOUS LES ARBRES DANS UNE TROUÉE LUMINEUSE

Fusain 0,47×0,29 1/2 Signé en bas, à gauche

Fait à Douai en décembre 1859

Collection Alfred Robaut

Reproduit ci-contre

N° 2922

Vers 1855-60 — DEUX BUCHERONS SCIANT UN ARBRE AU PIED D'UNE COLLINE BOISÉE

Fusain 0,24×0,31 Signé en bas à gauche

Collections Dutilleux et Alfred Robaut

Non reproduit

N° 2923

1855-60 — LISIÈRE DE FORÊT

Fusain 0,31×0,25 1/2 Signé en bas à droite

Collections Dutilleux et Alfred Robaut

Non reproduit

N° 2924

Vers 1855-60 — UNE VACHE ET TROIS PERSONNAGES SOUS LES ARBRES, EN VUE D'UNE COLLINE ITALIENNE

Fusain et Mine de plomb 0,25 1/2×0,16
Signé en bas à gauche

Collection Alfred Robaut

Non reproduit

N° 2925

1855-60 — SOURCE AU PIED DES BOIS

Fusain 0,30×0,23 Signé en bas, à gauche

Fait à Arras

Collections Dutilleux et Alfred Robaut

Non reproduit

N° 2926

Vers 1855-60 — UN CHEMIN SOUS LES ARBRES DÉBOUCHANT EN PLAINE

Fusain 0,26 1/2×0,21 1/2 Signé en bas à gauche

Collection Alfred Robaut

Non reproduit

N° 2927

Vers 1855-60 — MASSIF DE GRANDS ARBRES DOMINANT UN ÉTANG

Fusain 0,32×0,24

Collections Dutilleux et Alfred Robaut

Non reproduit

N° 2928

Vers 1855-60 — LE PROMENEUR DANS LE VALLON

Fusain 0,45×0,35

A gauche, au premier plan, le personnage passe au pied d'un arbre qui se perd en haut dans le cadre. A droite le terrain se relève et l'on aperçoit à l'horizon une crête dominée par des bâtiments

Vente Larochenoire, décembre 1899 (N° 171), 250 fr

Non reproduit

N° 2929

Vers 1855-60 — LISIÈRE DE BOIS AVEC UNE FEMME SOUS LES ARBRES

Fusain 0,31×0,23 Signé en bas à gauche

Collection Dutilleux et Alfred Robaut

Non reproduit

N° 2930

1855-65 — PRAIRIES PRÈS D'ARRAS

Fusain 0,26×0,20 Signé en bas, à droite

Collections Dutilleux et Alfred Robaut

Non reproduit

N° 2931

Vers 1865-70 — TROIS PAYSANS ARRÊTÉS DANS UNE CLAIRIÈRE AU PIED DES ARBRES

Fusain 0,25×0,36, ovale Cachet vente Corot

Collection Alfred Robaut

Reproduit ci-contre

N° 2932

Vers 1855-60 — UN ARBRE DANS LA DUNE AVEC UNE CHAUMIÈRE LOINTAINE

Fusain 0,24×0,23 Cachet vente Corot

Collection Alfred Robaut

Non reproduit

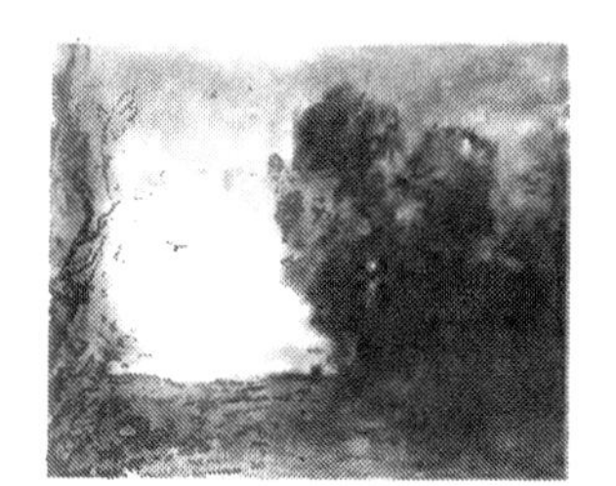

N° 2919

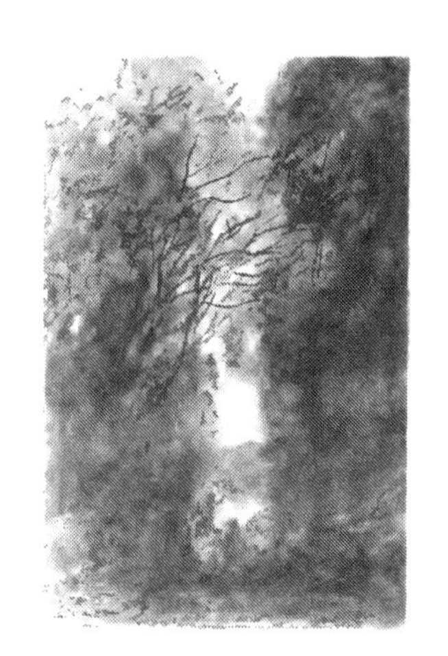

N° 2920

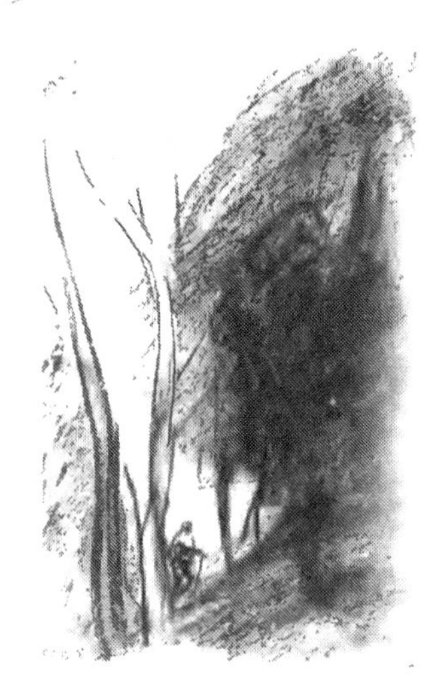

N° 2921

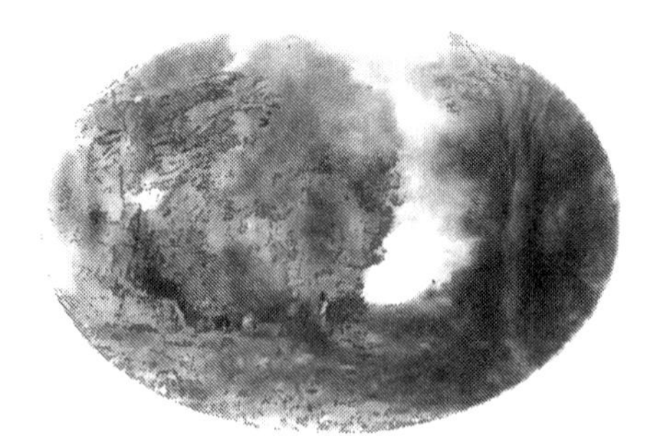

N° 2931

Nº 2933

Vers 1855 — CAVALIER CAUSANT AVEC DES PAYSANS

Fusain 0,31×0,25 Signé en bas, à droite

Collection Alfred Robaut

Reproduit ci-contre

Nº 2934

Vers 1855 — CAVALIER PASSANT DANS UN CHEMIN CREUX AU PIED D'UN ARBRE

Fusain 0,31 1/2×0,26

Signé en bas, à gauche des initiales C C

Collections Dutilleux et Rouart

Reproduit ci-contre

Nº 2935

Vers 1858 — UN VALLON BOISÉ

Fusain 0,31×0,25 Signé en bas, à gauche

Ce fusain fut exécuté à Arras chez Dutilleux

Don de Corot au Musée de Lille, en 1858 — Exposition centennale 1900 (Nº 8251), au Musée de Lille

Copie par Charles Desavary — Photographie par L Sauvage, Ch Desavary et Braun

Reproduit ci-contre d'après la photographie de Ch Desavary

Nº 2936

Vers 1855-60 — LA CLAIRIERE AUX BOULEAUX AVEC UNE TOUR LOINTAINE

Fusain in-8 Signé en bas à droite

Don de Corot à M Delaporte

Reproduit ci-contre

Nº 2937

1870 — SOUVENIR DES BORDS DE LA MEDITERRANEE

Dessin 0,20×0,30 Signé en bas, à droite Daté

Don de Corot à M de Nevers

Calque par M Alfred Robaut

Non reproduit

Nº 2938

Vers 1870 — SOUVENIR DE DOMO D'OSSOLA

Aquarelle ébauche 0,23×0,34

Signé en bas, à gauche

A appartenu successivement à MM Weyl et Diot

Non reproduit

Nº 2939

Vers 1870 — GORGE BOISÉE AVEC UN PERSONNAGE ASSIS

Fusain 0,46×0,31 Signé en bas, à gauche

Vente Hôtel Drouot, 12 mai 1896 (Nº 91), 100 fr à M Brame

Non reproduit

* Nº 2940

Vers 1870 — VENUS COUPE LES AILES A L'AMOUR

Mine de plomb 0,19×0,13 Vente posthume Corot (cachet omis)

Reproduit tome I, page 261

Nº 2941

Vers 1870 — GORGE BOISÉE

Fusain signé

Appartenait à M Boussaton qui l'a fait reproduire en phototypie dans un album intitulé « Galerie Boussaton »

Non reproduit

Nº 2942

Vers 1870-74 — UN GROUPE DE PERSONNAGES ARRÊTÉ DANS UNE VALLÉE AU PIED DES ARBRES

Croquis mine de plomb et fusain 0,31×0,48

Non signé

Fait par Corot chez M Alfred Robaut à Douai et offert par lui à son hôte

Non reproduit

Nº 2943

24 mai 1871 — DEUX PAYSANS SOUS LES ARBRES

Fusain 0,23×0,27

On lit en bas sur une ligne « Corot à son ami Pierre Dutilleux, à Arras, 24 mai 1871 »

Non reproduit

Nº 2944

Vers 1871 — LISIÈRE DE BOIS

Fusain 0,18×0,26 environ

Vente Adolphe Leleux, 27 novembre 1891

Collection Gaston Joliet

Non reproduit

Nº 2945

1870-71 — SAINTE-GENEVIÈVE

Mine de plomb 0,11×0,08 Non signé

Ce dessin aurait été fait par Corot à la demande de son ami M Edouard Delalain pour servir d'illustration dans un de ses ouvrages Il ne fut pas utilisé

Appartenait en 1886 à M Delorière

Calque par M Alfred Robaut

Non reproduit

Nº 2946

1871 — ARBRE SOLITAIRE A FLANC DE COTEAU

Fusain 0,16×0,25 Signé en bas, à droite

Ce fusain a été fait par Corot, à Arras

A appartenu à Mme Georges Lefilleul-Desavary

Croquis par M Alfred Robaut

Non reproduit

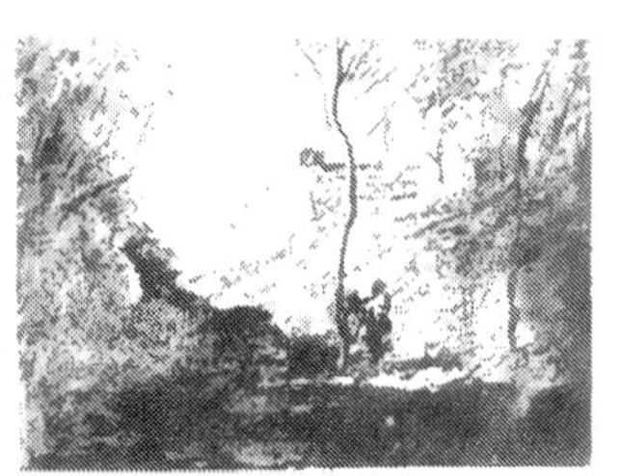

N° 2936

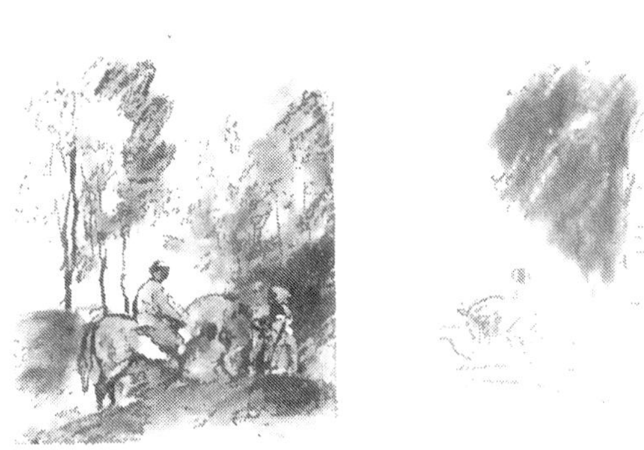

N° 2933

N° 2934

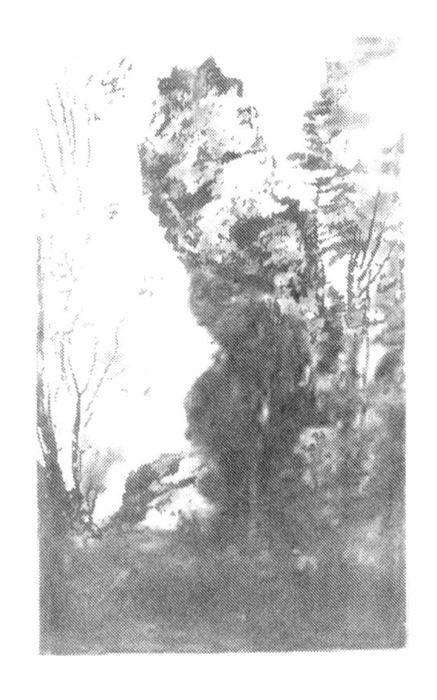

N° 2947

Vers 1855 — LE FOND D'UN VALLON BOISÉ

Fusain 0,31×0,22 Signé en bas à gauche

Collections Robaut et Dutilleux
Non reproduit

N° 2948

Vers 1855 — LES ARTISTES EN ROUTE A TRAVERS LA CAMPAGNE

Fusain 0,21×0,28 Signé en bas à droite

Offert par Corot à Dutilleux
Collection Alfred Robaut
Reproduit ci-contre

N° 2949

1855-60 — SOUVENIR DE L'ETANG DE FAMPOUX

Fusain 0,23×0,31 1/2 Signé en bas à droite

Don de Corot à Dutilleux
Collection Alfred Robaut
Reproduit ci-contre

* N° 2950

Vers 1860 — ETUDE D'ARBRE

Fusain sur papier rosâtre 0,15×0,28
Cachet vente Corot

Au verso de ce dessin un croquis représentant un pâturage avec des vaches, avec le mot « Sologne »
Non reproduit

N° 2951

1860 — VILLE-D'AVRAY — UNE EGLOGUE

Mine de plomb 0,29×0,22

On lit en bas à gauche « Ville-d'Avray 1860 »
Appartient à M. Léon Chamouillet
Fac-simile Ch. Desavary (4ᵉ série)
Non reproduit

N° 2952

Vers 1860 — ECHAPPÉE SUR LA MER ENTRE LES ARBRES

Fusain grand in-folio Signé en bas à gauche

Don de Corot à son ami Dumax
Collection Bobin
Photographie par Sauvanaud — Copie par M. Alfred Robaut
Non reproduit

N° 2953

Vers 1860 — LES MAISONS DERRIÈRE LA COLLINE

Fusain 0,15×0,21

Collection Roseleur
Non reproduit

N° 2954

Vers 1860 — LES GRANDS ARBRES ET LA MAISON LOINTAINE

Fusain 0,20 1/2×0,15 1/2 Signé en bas à gauche

Collection Roseleur
Non reproduit

N° 2955

Vers 1860 — CAVALIER CHEVAUCHANT AU BORD D'UNE RIVE BOISÉE

Fusain 0,19×0,27 Signé en bas, à gauche

Collection Roseleur
Non reproduit

\+ N° 2956

Vers 1860 — JEUNE FEMME LA TÊTE PENCHÉE ET LES BRAS CROISÉS

Fusain et mine de plomb
(croquis extrait d'un ancien livre de comptes)
0,29×0,16 1/2 Cachet vente Corot

Non reproduit

* N° 2957

Vers 1861 — MAINS D'ORPHÉE ET D'EURYDICE (ÉTUDE POUR LE TABLEAU DU SALON DE 1861)

Mine de plomb 0,10×0,14
Vente posthume Corot (cachet omis)

Reproduit tome I, page 204

N° 2958

1864 — SOUVENIR DES ENVIRONS DU LAC DE NEMI

Fusain grand in-4° Signé en bas à gauche

C'est l'interprétation faite à Arras, du tableau du Salon de 1865, en voie d'exécution
Collections Dutilleux, Robaut et Chéramy
Reproduit tome I, page 236

N° 2959

1864 — DEUX VOYAGEURS PASSANT SOUS UN GROUPE D'ARBRES PENCHÉS

Crayon noir 0,14×0,23

On lit au bas en cursive sur trois lignes « Noisy-le-Grand ce 2 mai 1864 à Millet, C. Corot »
Vente Aimé Millet juin 1891
Non reproduit

N° 2960

1864 — DOME LOINTAIN APERÇU A TRAVERS LES ARBRES

Crayon noir 0,23×0,14

On lit en bas en cursive sur trois lignes « Noisy-le-Grand ce 2 mai 1864 à Millet C. Corot »
Vente Aimé Millet juin 1891
Non reproduit

N° 2961

1871 — LE MOULIN DANS LA DUNE

Fusain sur papier bleuté rehaussé de crayon noir et de crayon rouge 0,22×0,31 Signé en bas à gauche

Fait à Douai en juin 1871
Collection Alfred Robaut
Reproduit ci-contre

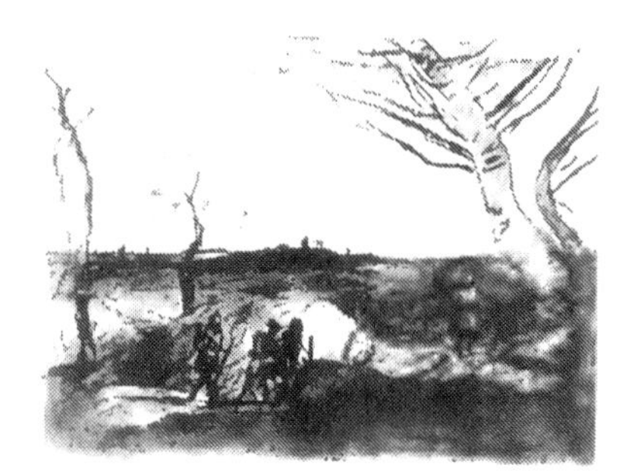

N° 2948

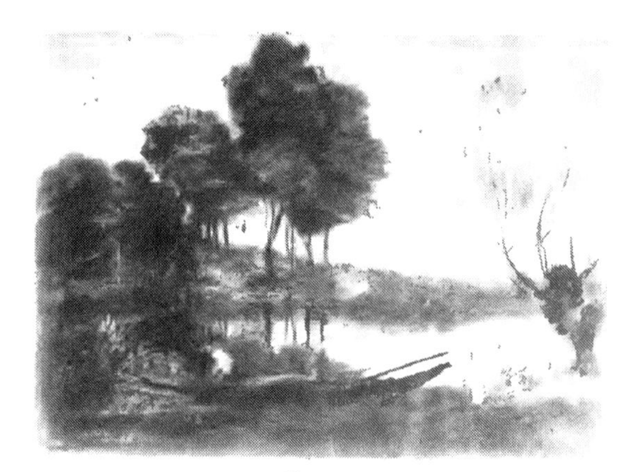

N° 2949

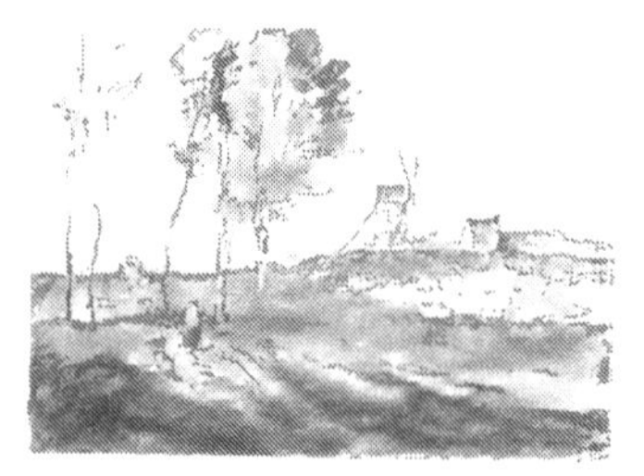

N° 2961

* N° 2962

Vers 1855-65 — ROSINE ET LE COMTE

Mine de plomb 0,14×0,08
Vente posthume Corot (cachet omis)

Au dessus de chacun des personnages, on lit son nom « Rosine » « il con... »

Reproduit tome I, page 184

* N° 2963

Vers 1860-65 — TROIS CROQUIS D'APRÈS UNE JEUNE FEMME

Mine de plomb 0,19×0,29 Cachet vente Corot

Au verso, croquis d'un paysage composé avec un château-fort

Reproduit tome I, page 217

* N° 2964

Vers 1860-65 — UNE NOURRICE

Mine de plomb 0,15×0,09 1/2 Cachet vente Corot

Vente Doria, mai 1899 (partie du N° 353) 65 fr (avec les deux Nos suivants)

Non reproduit

* N° 2965

Vers 1860-65 — TÊTE DE JEUNE FILLE

Mine de plomb 0,11×0,11 Cachet vente Corot

Vente Doria, mai 1899 (partie du N° 353) 65 fr (avec le N° précédent et le suivant)

Non reproduit

* N° 2966

Vers 1860-65 — JEUNE FEMME TENANT DES FLEURS A LA MAIN

Mine de plomb 0,15×0,10 Cachet vente Corot

Vente Doria mai 1899 (partie du N° 353) 65 fr (avec les deux Nos précédents)

Non reproduit

* N° 2967

Vers 1860-65 — PARIS — VU DE LOIN A TRAVERS LES ARBRES

Mine de plomb 0,15 1/2×0,23 1/2
Cachet vente Corot

Au verso, il y a un dessin en hauteur représentant une scène de chasse antique

Non reproduit

* N° 2968

Vers 1860-65 LA LECTURE SOUS LES GRANDS ARBRES

Croquis mine de plomb 0,36 1/2×0,24
Vente posthume Corot (cachet omis)

Non reproduit

* N° 2969

Vers 1855-65 — JEUNE FEMME, LA TÊTE FLEURIE TENANT UNE CORBEILLE

Mine de plomb 0,14×0,09 Cachet vente Corot

Reproduit tome I, page 180

* N° 2970

Vers 1855-65 — JEUNE FEMME AU GRAND VOILE

Mine de plomb 0,14 × 0,09 Cachet vente Corot

Sur la même feuille deux autres croquis un enfant et une tête de femme

Reproduit tome I, page 181

* N° 2971

Vers 1855-65 — JEUNE FEMME DE DOS SE RETOURNANT

Mine de plomb 0,14×0,09 Cachet vente Corot

Reproduit tome I, page 180

* N° 2972

Vers 1860-65 — BORDS DE RIVIÈRE AVEC UN PONT AU LOIN

Croquis mine de plomb 0,23×0,37 1/2
Vente posthume Corot (cachet omis)

Au verso, un autre croquis représentant une vallée avec d'assez hautes collines au fond

Non reproduit

N° 2973

Vers 1860-65 — UNE BARQUE SUR UN ÉTANG, SOUS DE GRANDS ARBRES PENCHÉS

Fusain 0,18×0,26 Cachet vente Corot

Collection Alfred Robaut

Non reproduit

* N° 2974

Vers 1865-70 — FEMME A LA MANDOLINE

Mine de plomb 0,37×0,26 Cachet vente Corot

Non reproduit

* N° 2975

Vers 1865-70 — JEUNE HOMME LA TÊTE CASQUÉE (THÉATRE)

Mine de plomb 0,15×0,09 Cachet vente Corot

Ce croquis est accompagné d'un autre également fait au théâtre

Non reproduit

N° 2976

1864 — LE VALLON — SOUVENIR D'ITALIE

Fusain 0,16×0,24 Signe en bas, a gauche

Don de Corot à Mme Rizet

Appartient a M R Cox

Non reproduit

N° 2977

1864 — BOUQUET D'ARBRES AVEC UN DOME LOINTAIN

Mine de plomb 0,10×0,1[illegible] Signe en bas a droite, date en bas a gauche (par Dutilleux) 22 decembre 64

Ce dessin fut trace par Corot chez son ami, qui eut la surprise de le trouver sur son album en rentrant chez lui un soir

Collections Dutilleux et Robaut

Non reproduit

N° 2978

1865 — ORPHEE SALUE LA LUMIERE

Fusain 0,46×0,30 Signe en bas a gauche

C'est une interpretation du panneau decoratif execute pour le Comte Demidoff

Don de Corot à M Alfred Robaut — Cede par celui-ci a M Chéramy

Reproduit tome I, page 224

N° 2979

186[illegible] — LE SOMMEIL DE DIANE

Fusain in folio Signe en bas, a gauche

C'est une interpretation du panneau decoratif execute pour le Comte Demidoff

Don de Corot a M Alfred Robaut — Cede par celui-ci à M Cheramy

Reproduit tome I, page 225

N° 2980

1865 — SOUVENIR DES ENVIRONS DU LAC DE NEMI

Plume 0,20×0,27

C'est l'interpretation du tableau du Salon de 1865 Ce dessin a paru dans l'*Autographe au Salon de 1865*

Non reproduit

N° 2981

Vers 1865 — LA BACCHANTE AUX AMOURS

Fusain in folio Signe en bas, a gauche

Appartenait en 1892 a M Charles Lecot, de Saint-Quentin

Non reproduit

N° 2982

Vers 1865 — LA BACCHANTE RETENANT L'AMOUR

Dessin in folio

C'est une interpretation du tableau du Salon de 1865

Collection Marmontel

Non reproduit

N° 2983

8 avril 1871 — SOUVENIR DE LA COTE NORMANDE

Croquis plume 0,12×0,20

On lit en bas, sur deux lignes « A mon ami Pierre Dutilleux C Corot ce 8 avril 1871 »

Non reproduit

N° 2984

1871 — LE RAVIN AUX BOULEAUX

Fusain 0,[illegible]1×0,2[illegible]

Don de Corot a M Ch Desavary — Collection Alfred Robaut — Exposition centennale 1889 (N° 11[illegible]) — Cede, en 189[illegible], par M Alfred Robaut a M Biame et par celui-ci a M Hulbath

Copie par M Alfred Robaut

Non reproduit

N° 2985

1871-72 — ARBRES EMERGEANT D'UN TALUS

Fusain

Collection Beurdeley

Exposition centennale 1900 (N° 834)

Non reproduit

* N° 2986

1872 — UN CAVALIER DANS LA CAMPAGNE

Fusain additionne de mine de plomb et de crayon blanc sur papier bleu 0,21×0,32

C'est une composition ebauchee par M Alfred Robaut a Arras, le 9 juillet 1872, que Corot s'est amuse a retoucher et a terminer

Non reproduit

N° 2987

Vers 1872 — LE PHILOSOPHE AU PIED DU GROS ARBRE

Fusain 0,36×0,2[illegible] Signe en bas, à gauche

Appartenait a M Cleophas

Non reproduit

N° 2988

Decembre 1872 — LE PHILOSOPHE EN VUE DE LA MER

Fusain 0,32×0,25 Signe

Un personnage assis sur des rochers, vers la gauche, est domine par un groupe d'arbres En face de lui, un autre bouquet d'arbres occupe la droite de la composition Au milieu un vallon, et, dans le fond la mer, sur laquelle on apercoit un bateau

Don de Corot a M Robaut

Cede par celui-ci à M Paul Tesse

Copie au fusain par M Alfred Robaut

Non reproduit

N° 2989

10 mars 1860 — LES OISEAUX DE NOTRE-DAME

Fusain 0,27×0,17 1/2 Signé en bas, à droite Daté

Cette composition fut inspirée à Corot par une romance portant le titre ci-dessus qu'il avait entendu chanter par Mlle Robaut (Mme d'Herbomez)

Calqué par M. Alfred Robaut

Non reproduit

N° 2990

1867 — SAINT-SÉBASTIEN SECOURU PAR LES SAINTES FEMMES

Plume 0,26×0,16 Signé en bas, à droite

C'est une interprétation du tableau du Salon de 1853, réexposé à l'Exposition Universelle de 1867

Ce dessin a été fait pour l'album autographique paru en 1867

Reproduit tome I, page 309

* N° 2991

Vers 1860-70 — LE PONT DE MANTES

Mine de plomb sur toile grise, 0,11×0,25
Cachet vente Corot

C'est l'esquisse d'une étude abandonnée

Reproduit tome I, page 205

* N° 2992

Vers 1860-70 — FEMME ÉPLORÉE, CROQUIS DE MOUVEMENT

Mine de plomb 0,07×0,13
Vente posthume Corot (cachet omis)

Non reproduit

* N° 2993

Vers 1860-70 — JEUNE FEMME SORTANT DU BAIN

Croquis fusain 0,49×0,31 1/2
Signé en bas, à gauche des initiales C C

Non reproduit

N° 2994

Vers 1860-70 — TALUS PLANTÉ D'ARBRES AVEC UNE TOUR LOINTAINE

Crayon noir légèrement rehaussé de blanc,
0,29×0,21 1/2 Cachet vente Corot

Collection Alfred Robaut

Non reproduit

* N° 2995

Vers 1860-70 — FILLETTES DANS UNE PRAIRIE AUPRÈS DE SAULES ET DE POMMIERS

Mine de plomb 0,24×0,30

Reproduit tome I, page 217

Au verso, un autre dessin représente une vache paissant près d'une saulaie et sa gardienne appuyée à un saule

N° 2996

Vers 1865-70 — CAVALIER CAUSANT AVEC DEUX PAYSANNES PRÈS D'UN BOUQUET D'ARBRE PENCHÉ

Fusain in-folio Signé en bas, à droite

Vente Hôtel Drouot, 16 février 1862, 260 fr

Non reproduit

N° 2997

Vers 1868-70 — LA CLAIRIÈRE AUX ARBRES PENCHÉS

Aquarelle 0,14×0,21 Signé en bas, à gauche

Don de Corot à M. Alfred Robaut, en 1872

Reproduit tome I, page 263

* N° 2998

1871-72 — LE GROS BOULEAU — SOUVENIR DE L'ARICCIA

Fusain in-4° Signé en bas, à droite

Ancienne collection Ch. Desavary

Reproduit tome I, page 265

* N° 2999

1871-72 — L'ARBRE AU BORD DE L'ÉTANG AVEC UN CHATEAU LOINTAIN

Fusain in-4° Signé en bas, à gauche

Ancienne collection Ch. Desavary

Reproduit ci-contre

N° 3000

1871-72 — LES GRISARDS DANS LA VALLÉE AVEC DEUX PAYSANNES ET UNE TOUR LOINTAINE

Fusain in-4° Signé en bas, à droite

Ancienne collection Ch. Desavary

Ce dessin est annexé à l'exemplaire N° 1, de l'Œuvre de Corot »

Reproduit ci-contre

* N° 3001

1871-72 — CAVALIER POURSUIVI PAR L'ORAGE

Fusain in-folio Signé en bas, à droite

Ancienne collection Ch. Desavary

Reproduit ci-contre

* N° 3001 bis

1871-72 — SOUS BOIS

Fusain in-4° Signé en bas

Ancienne collection Ch. Desavary

Reproduit ci-contre

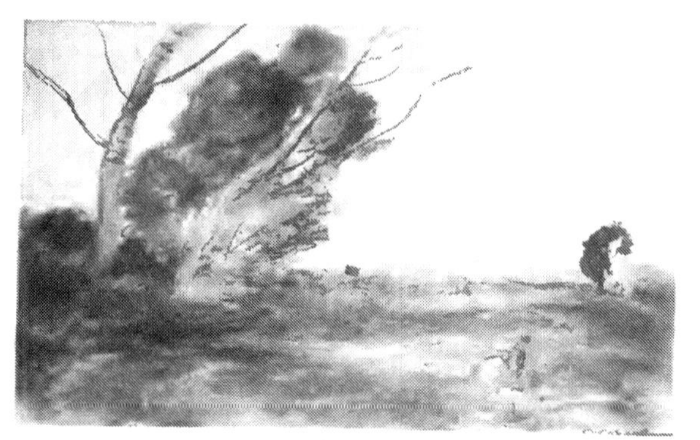

N° 3001

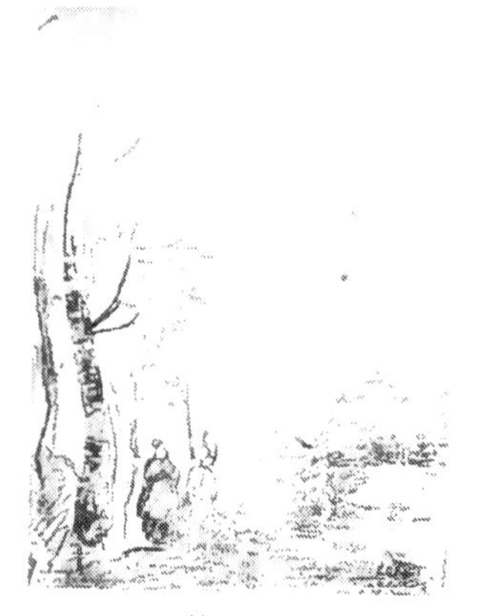

N° 3000

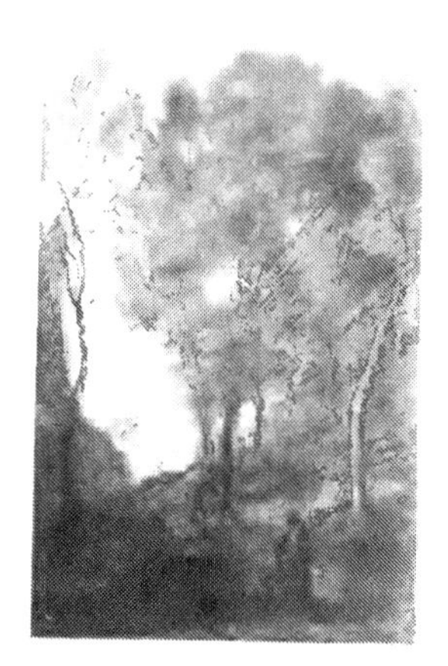

N° 3001 bis

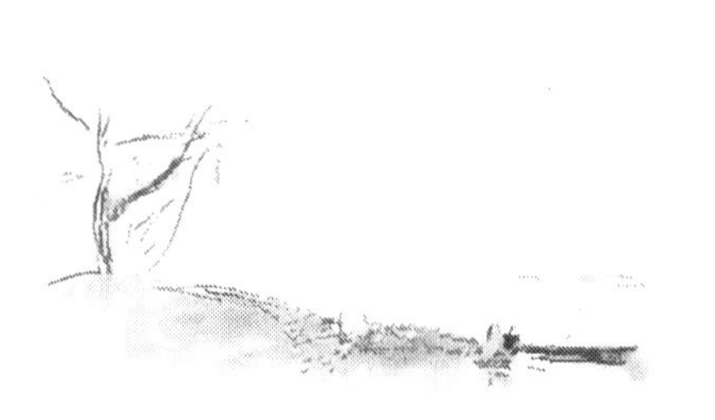

* N° 3001 bis

Vers 1865-70 — DEUX PERSONNAGES CHEMINANT L'UN CONTRE L'AUTRE AU BORD D'UNE ROUTE

Mine de plomb 0,10×0,15 Cachet vente Corot

Non reproduit

* N° 3002

Vers 1865-70 — JEUNE FEMME A GENOUX AVEC UNE GUITARE AUPRES D'ELLE (CROQUIS)

Mine de plomb 0,13 1/2×0,09 Cachet vente Corot

Non reproduit

* N° 3003

Vers 1865-70 — CROQUIS D'UNE TÊTE DE FEMME

Mine de plomb 0,09×0,08 Cachet vente Corot

Non reproduit

* N° 3004

Vers 1865-70 — UNE MAGICIENNE

Mine de plomb 0,1 ,×0,09 Cachet vente Corot

Non reproduit

N° 3005

Vers 1865-70 — SOUVENIR DE GOUVIEUX

Fusain Dimensions inconnues Signé en bas, à gauche

A appartenu, vers 1890, à M Georges Petit et à MM Hollender et Cremetti

Vente Post (de la Haye), Amsterdam 14 avril 1891 (N° 26) 3 900 fr

Non reproduit

N° 3006

Vers 1865-70 — ARBRE MORT DOMINANT UN RAVIN

Fusain in-4° Signé en bas à droite

Don de Corot à M Louis Sauvage — A appartenu ensuite à M Herbin

Reproduit tome I, page 241

N° 3007

Vers 1865-70 — SOUVENIR DE TOSCANE

Aquarelle (ébauche) 0 17×0,14 Non signé

Vente Champfleury

Calque par M Alfred Robaut

Non reproduit

N° 3008

Vers 1865-70 — RAVIN SOLITAIRE

Fusain 0,30×0 25 environ Signé en bas à gauche

Appartenait à M Beugniet en 1889

Non reproduit

* N° 3009

Vers 1865-70 — FEMME ASSISE DE PROFIL, LA TÊTE RETOURNÉE DE FACE (ESQUISSE)

Mine de plomb 0,30×0 25 Cachet vente Corot

Non reproduit

* N° 3010

Vers 1865-74 — JEUNE FEMME RÊVEUSE, LA TÊTE CEINTE DE FEUILLAGE

Mine de plomb 0 39 1/2×0,26 1/2 Cachet vente Corot

Reproduit tome I, page 295

* N° 3011

1871-72 — LE BOUQUET D'ARBRES AU CHEVRIER

Fusain in-4° Signé en bas à gauche

Ancienne collection Ch Desavary

Reproduit ci-contre

N° 3012

1871-72 — LES ADIEUX

Fusain in-4° Signé en bas à droite

Ancienne collection Ch Desavary

Reproduit ci-contre

N° 3013

Vers 1865-74 — DANSE SOUS LES ARBRES

Fusain grand in-folio 0,52×0 69 Non signé

Collection Alfred Robaut

Reproduit ci-contre

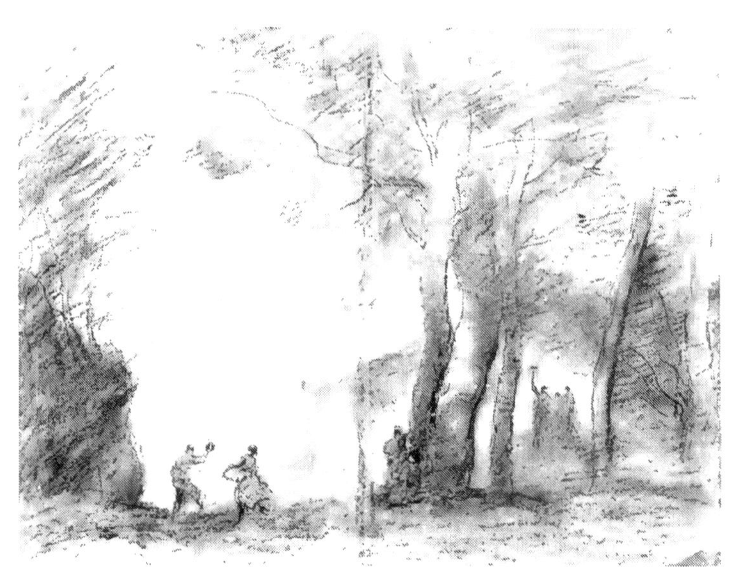

Nº 3013

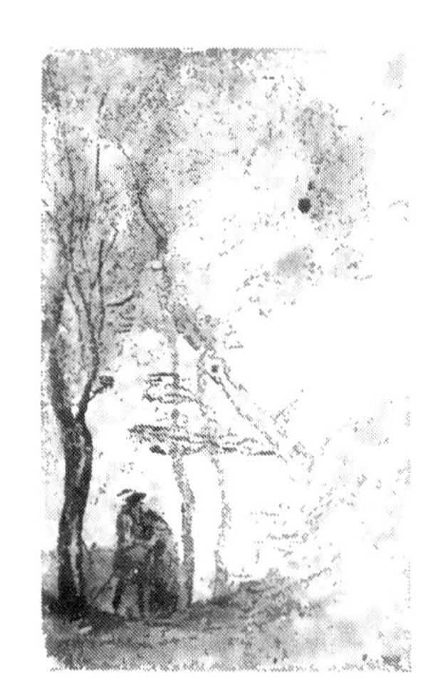

Nº 3012

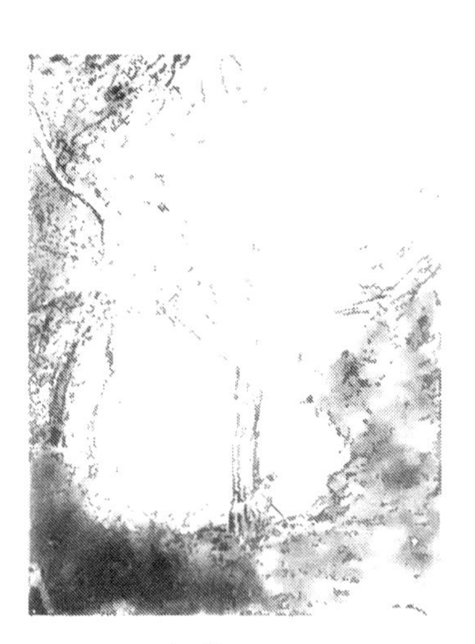

Nº 3011

N° 3014

Vers 1865-74 — UN GROUPE D'ARBRES AGITÉ PAR LE VENT

Croquis sommaire au crayon noir 0,31×0,18
Non signé

Collection Alfred Robaut
Non reproduit

N° 3015

Vers 1865-74 — UN PERSONNAGE ASSIS DANS UNE VALLÉE DOMINÉE PAR LES ARBRES

Croquis sommaire au fusain 0,49×0,64
Non signé

Collection Alfred Robaut
Non reproduit

N° 3016

Vers 1865-72 — UNE SAULAIE DANS LA PLAINE

Fusain avec un léger rehaut de crayon blanc
0,27 1/2×0,44 1/2 Cachet vente Corot

Collection Alfred Robaut
Non reproduit

N° 3017

Octobre 1872 — IRUN, FRONTIÈRE D'ESPAGNE

Dessin in-folio Non signé

Non reproduit

N° 3018

1872-73 — GROUPE D'ARBRES DOMINANT UN LAC

Fusain 0,22×0,14 Signé en bas à droite

Ce fusain fut exécuté, ainsi que le suivant, par Corot pour être reproduit par Oudinot dans l'atelier de Daubigny, à Auvers, comme complément de la décoration précédemment cataloguée (Vos *1644 à 1648*)

Il appartenait, ainsi que le N° suivant, à Oudinot

Il en existe un calque sommaire par M Alfred Robaut

Non reproduit

N° 3019

1872-73 — VERSANT DE COTEAU DOMINÉ PAR LES ARBRES

Fusain 0,22×0,14 Signé en bas, à droite

Voir les observations accompagnant le N° précédent
Calque sommaire par M Alfred Robaut
Non reproduit

N° 3020

1873 — DUNES BOISÉES

Fusain 0,24×0,34 Signé en bas, à droite

Dessiné par Corot sur l'album des frères Tedesco
Croquis par M Alfred Robaut
Non reproduit

N° 3021

1873 — CAVALIER DANS UN CHEMIN CREUX

Fusain 0,31×0,48 Signé en bas, à droite

Ce dessin a été fait à Douai en 1873
Don de Corot à M Émile Seiter-Dutilleux
Dessin par M Alfred Robaut
Non reproduit

N° 3022

1873 VIEILLARD PASSANT DANS UN VALLON BOISÉ

Fusain 0,48×0,31 Signé en bas, à droite

A été fait à Douai
Don de Corot à M Émile Seiter-Dutilleux
Dessin par M Alfred Robaut
Non reproduit

N° 3023

1873 — CAVALIER ARRÊTÉ CAUSANT SOUS UN ARBRE PENCHÉ

Mine de plomb Petit in-4°
On lit en bas sur une seule ligne
«Corot A mon ami Fernand Dubuisson, 29 mai 1873»
Croquis par M Alfred Robaut
Non reproduit

N° 3024

Vers 1873-74 — LE CAVALIER À LA SORTIE DU BOIS

Mine de plomb et craie sur toile 0,97×0,78
Cachet vente Corot

Cette composition est la répétition du *N° 2386* Corot, sollicité par son ami M Marcotte de faire pour lui une réplique de cette dernière composition, l'a ait ébauchée Elle demeura inachevée Ce morceau est instructif, car il montre la manière dont l'artiste commençait ses œuvres à la craie d'abord, puis à la mine de plomb, avant de se mettre à peindre

Vente posthume Corot (N° 503), 100 fr
Collection Alfred Robaut
Non reproduit

N° 3025

Vers 1870-74 — CLAIRIÈRE SOUS DE GRANDS ARBRES AVEC UNE VACHE ET QUATRE PERSONNAGES

Fusain Grand in-folio 0,70×0,53 Non signé

Au verso, un autre fusain représentant un rond-point en forêt avec deux personnages sous les arbres
Collection Alfred Robaut
Reproduit ci-contre

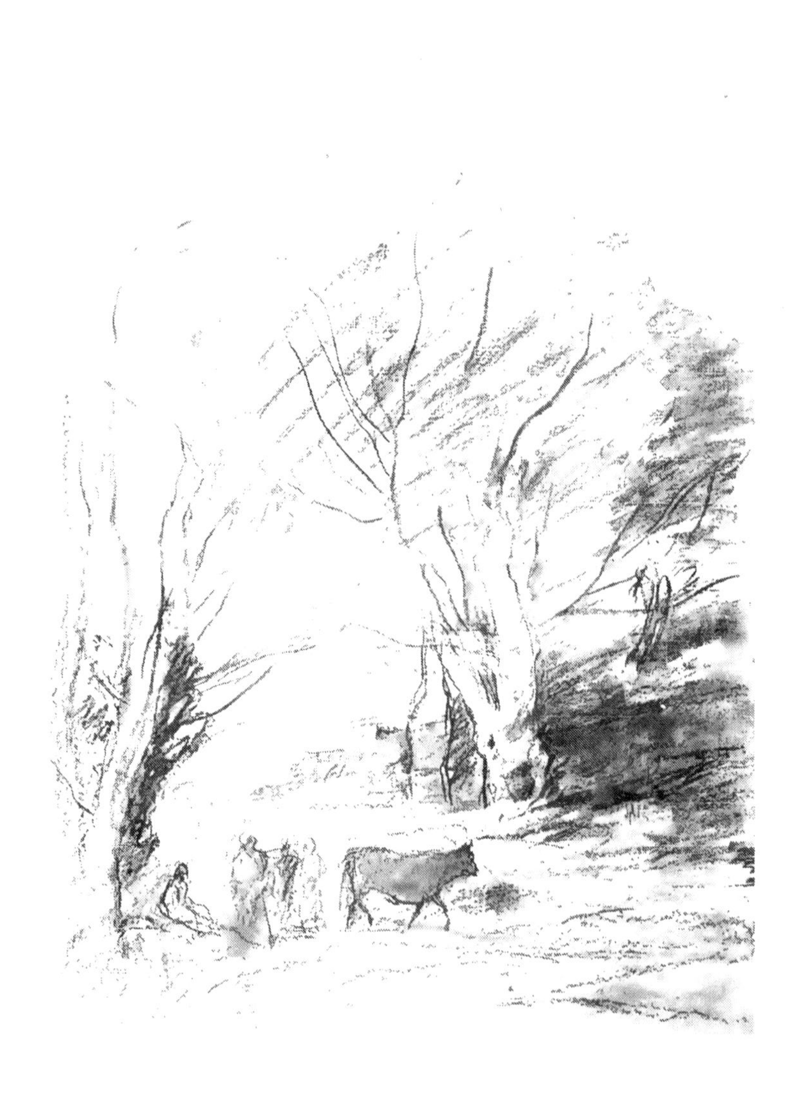

N° 3026

Vers 1865 — JEUNE FEMME EPLOREE SOUS BOIS

Plume et mine de plomb 0,42×0,30 1/2
Vente posthume Corot (cachet omis)

Collection Robaut

Reproduit ci contre

N° 3027

Vers 1855-65 — LE MIROIR DE DIANE — SOUVENIR DU LAC NEMI

Fusain 0,26×0,26 Signe en bas a droite

Collections Dutilleux e Robaut

Non reprodu t

N° 3028

Vers 1860-65 — UN ARBRE PENCHE AU FOND D'UNE VALLÉE UN PERSONNAGE ASSIS A GAUCHE

Croquis plume sur papier réglé 0,15 1/2×0,29 1/2
Cachet vente Corot au verso

Au verso, un autre croqu s au fusain Ce dessin provient d un des albums de Corot (Carnet N° 72)

Collection Alfred Robaut

Non reprodu t

N° 3029

Vers 1860-65 — UNE VALLEE AVEC UN GROUPE D ARBRES A GAUCHE ET UN TEMPLE ANTIQUE SUR LA DROITE DES PERSONNAGES ARRÊTÉS AU PREMIER PLAN

Plume sur papier regle 0,18×0,29 1/2
Cachet vente Corot

Ce dessin provient d un des albums de Corot (Carne N° 72)

Collection Alfred Robaut

Non reproduit

N° 3030

Vers 1860-74 — GROUPE D'ARBRES EN LISIERE DE BOIS

Fusain 0,52×0,68 Non signe

Au verso un autre fusain representant les bords d'un lac avec des arbres au premier plan et des maisons au bord de l eau au second plan

Collection Alfred Robaut

Non reproduit

N° 3031

14 octobre 1874 — Mme SENNEGON, SŒUR DE COROT, SUR SON LIT DE MORT

Mine de plomb 0,15×0,11 Signe et date

Autograph e par M Alfred Robaut — Photographie par Ch Desavary

Reproduit, d'apres cette photographie, tome I, page 311

N° 3032

27 mars 1874 — LE BERGER AU PIED DE L'ARBRE TORDU

Mine de plomb 0,17×0,29 Signé en bas, à droite, date

Ce croquis fut execute par Corot chez Gustave Noel, le ceramiste C est le croquis de la composition (N° 2457) peinte sur une plaque de faience

Donne par son auteur a Gustave Noel, il a ete offert par celui ci à M Alfred Robaut

Non reproduit

N° 3033

3 juillet 1874 — SOUVENIR DU MIDI

Plume 0,09 1/2×0,13 Signe en bas, a droite, date a gauche

Don de Corot a Mme Sulpice Nau

Collection Paul Perin

Non reproduit

N° 3034

1875 — SAINTE-CECILE

Croquis mine de plomb 0,26×16
Signe en bas, a gauche et date

Ce croquis aurait ete fait, a en croire son possesseur Cleophas, pour guider un peintre qui avait a peindre ce sujet dans une eglise des environs de Paris

Calque par M Alfred Robaut

Non reproduit

* N° 3035

25 janvier 1875 — M L'ABBÉ JOUVEAU, CURE DE COUBRON

Mine de plomb 0,31×0,25 Signe en bas, a droite

On lit en bas « Le 25 janvier 1875, offert a M Jouveau, cure de Coubron »

Ce dessin doit etre le dernier qu ait trace la main de Corot sa maladie l ayant obl ge a s aliter des le lendemain

Reproduit tome I, page 319

N° 3036

1874 — LES BOULEAUX DANS LA PLAINE

Fusain 0,27 1/2×0,42 Signe en bas, a droite

Offert par Corot a M l abbe Jouveau, cure de Coubron

Appartient a M Crombac

Reproduit ci contre

N° 3037

1874 — SOUVENIR DE ROME

Fusain 0,28 1/2×0,45 Signe en bas, a droite

On lit en bas, a gauche « Rome, 1874 »

Offert par Corot a M l abbe Jouveau

Appartient a M Crombac

Reproduit ci-contre

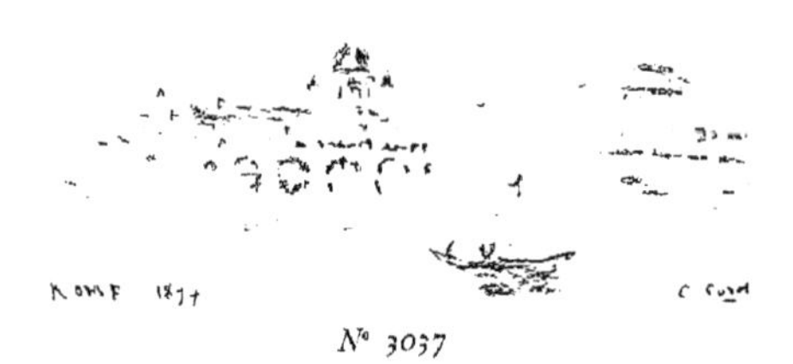

N° 3037

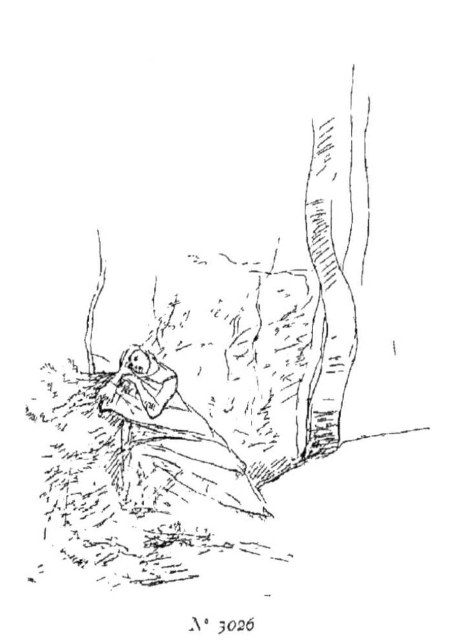

N° 3026

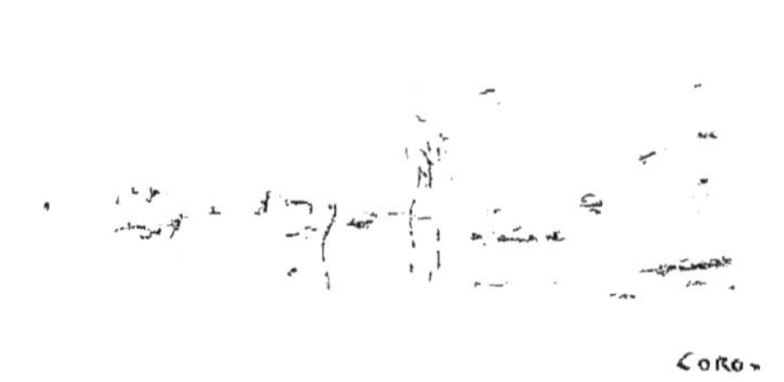

N° 3036

CARNETS ET ALBUMS

Autorisé par Corot à examiner et à cataloguer tous les carnets et albums conservés par lui, M. Robaut a fait, en 1872, un dépouillement méthodique de leur contenu, en attribuant au fur et à mesure à chacun un numéro d'ordre. En même temps qu'il calquait les croquis les plus importants (1), il en dressa un inventaire auquel il ajouta celui de toutes les notes capables d'éclairer la biographie de l'artiste. C'est ce résumé documentaire que nous publions.

Les carnets qui firent l'objet de cette étude étaient au nombre de soixante-dix-neuf. Soixante-douze sont inscrits au catalogue de la vente posthume sous le N° 571. En réalité, cinquante-trois seulement sont passés en vente. Ils ont formé 9 lots, vendus pour le prix total de 1 085 fr. (Voir plus loin le détail.) Les héritiers de Corot les ont rachetés en bloc et se les sont partagés ensuite ainsi que ceux qui avaient été distraits de la vente (2).

En outre de ces carnets, nous en cataloguons 5 autres, que Corot avait offerts à M. Robaut. Ils sont classés à la suite et, tandis que les précédents sont numérotés de 1 à 79, à chacun de ceux-ci est attribuée une lettre de A à E.

Enfin, un dernier (F), donné par Corot à l'architecte Quantinet, est passé des mains de celui-ci entre celles de M. H. Rouart, son neveu, qui l'a obligeamment communiqué à M. Robaut.

---

(1) Ces calques, actuellement entre nos mains, sont destinés à prendre place un jour dans les collections publiques, avec l'ensemble des documents qui ont servi à la confection de notre livre.

(2) Grâce à l'obligeance des détenteurs actuels d'un certain nombre de ces carnets, nous avons pu donner, dans le tome I, des reproductions de nombreux croquis d'après les originaux. Qu'il nous soit permis d'adresser nos plus chaleureux remerciements à MM. Fernand Corot et Léon Chamouillet ainsi qu'à Mme Lemarinier qui se sont associés par cette communication à l'hommage rendu à leur illustre parent.

N° 3038

CARNET 1 — 72 feuillets (vers 1850)

Croquis figures animaux, compositions, scenes de theatre (Il Trovatore), etc

Notes diverses (passim) Noms et adresses Scheffer, quai de l Horloge 73 Castaigne, Daubigny, Remy Auguin Fleury, Dieterle, etc

N° 3039

CARNET 2 — 50 feuillets (vers 1825-28)

Croquis Dessin fait au musee de Naples d apres un Titien avec une tache de couleur a l huile, mise du bout du doigt, pour indiquer le ton du collet de l habit du personnage — Figures ou paysages avec ces indications de localites Ischia, Terracine Marais Pontins, Mola di Gaeto Casamicia Trinité (des Monts), Naples, Vesuve, Cap Misene, entre Saint-Pierre et San Onofrio, le Cervara Rome (pont Saint-Ange), pres les Ecoles de Virgile

Notes diverses (passim) « Nous avons rencontré a Casamicia un garçon qui remet de l argent trouve » — « Le tremblement de terre a Ischia est lieu le 2 fevrier 1828 vers 10 heures du matin (1 minute) » — Noms et adresses Pigal rue Furstenberg 2 Aligny rue Grand Chantier 2 Auvray Odeon 31, Coignet, rue Martel 12, Poirot, quai de la Megisserie 66, maison du naturaliste Girard et Bouche rue de Crébillon et de Conde, etc

Ce carnet appartient a M Moreau-Nélaton

N° 3040

CARNET 3 — 42 feuillets (vers 1858)

Croquis Paysage pres Beaune (projet de tableau pour M Fourmer) — Paysage a Trappes — Mouvements pris au theatre — Compositions etc

Notes diverses (passim) Noms et adresses Bodichon, hotel de Saxe rue Jacob 22 Gruyer 10 Mont-Thabor Bouillon, rue Chabrol 35, Briand, Bison Brandon, Grignon Robert Osmond l Eveque le cure de Mantes, Brizard Lapito, Desmary Setter, Al Robaut, L Fleury, etc

Ce carnet appartient a M L Chamouillet

N° 3041

CARNET 4 — 56 feuillets (vers 1850-55)

Croquis Theatre (la Favorite, etc) — Figures diverses — Esquisse de Dante et Virgile — Compositions diverses — Rochers pres Soligna — Paysages pres Alençon (a Saint-Germain etc) — Paysages divers

Notes diverses (passim) Noms et adresses Delalain, quai Bourbon Javier (A^{ie}) rue Louis-le-Grand 22 Appian fils, rue des Pretres 16, a Lyon etc

N° 3042

CARNET 5 (1) — 21 feuillets (Vers 1825)

Croquis Cheval de charrette au repos — Ours — Lion — Danseuse — Portrait de Mme Delalain — Modele a grande barbe — La Malibran (rôle de Desdemone) avec les vers par elle chantes « Toi que j inonde [illegible] sans cesse etc »

Notes diverses (passim) Noms et adresses Brun faubourg Saint-Denis 105 Fleury, Poissonniere 13 Pigal, rue de Vaugirard 54, etc

Griffonnages d enfants

Ce carnet appartient a M L Chamouillet

N° 3043

CARNET 6 — 33 feuillets (1855-65)

Croquis Paysages (compositions et nature) — Figures, theatre — Jardin de M Carrier

Notes diverses (passim) Noms et adresses Brizard Fontaine Saint Honoré n° 12 Maison, rue Bochard de Saron 9, de Balleroy, avenue des Champs-Elysees 107 de Boulogne, rue de la Bienfaisance 48, Poisson, Morier Pauquet, Haman, etc — Liste (peut-etre pour le jury) comprenant ces noms Robert-Fleury, Cabanel, Gerome, Pils Gleyre, Français, Fromentin, Bida — Noms d artistes (probablement remarqués au Salon) Devedeux, Flahaut Lanard, Daubigny fils, de Cock Letortier, Leroy Michel, Merino, Giacomotti, Moreau Servin, Ribot Patrois, Oudinot Perrault Harpignies Maisiat Faure A Gautier Fichel, Laboucre, Meiche, Gabe Signiard

N° 3044

CARNET 7 (2) — 39 feuillets (vers 1822-23)

Croquis Chevaux, moutons anes, bœufs vaches, etc — La mère Lemoine (de Chailly) a son rouet — Maison Lemoine a Chailly — Etudes d arbres — Chevaux au bain, pecheurs, dessinateur avec une dame aupres de lui, etc

Ce carnet appartient a M F Corot

Plusieurs croquis en ont ete detaches et portent l empreinte d un timbre sec (COROT dans un cartouche ovale)

N° 3045

CARNET 8 — 39 feuillets (vers 1840-50)

Croquis En Limousin (chez M Lacroix) paysages paysannes — Plaine avec champs d orge, seigle et labours — Route de Paris a Saint-Germain — Chaville — Mantes — Villers-Bocage — Entre Caen et Vire — Fauves — Compositions diverses — Theâtre — Sujets militaires — Une religieuse — Esquisse du Bapteme du Christ, etc

Notes diverses (passim) « Que la France succombe,

---

(1) Des croquis empruntes a ce carnet sont reproduits tome I pages 24, 25, 27 et 30

(2) Un croquis emprunte à ce carnet est reproduit tome I page 28

elle aura la gloire de s etre sacrifiée en cherchant le bonheur de l humanité ! » — Adresses Jardin, rue St-Germain 1, Ferdinand Soie, rue de Chabrol 37, Desmarest, grande rue 37, Robert, rue Royale 206, Mantes, Pascal, quai d Anjou, hotel Pimodan, etc — Noms d'amis Harduin, Teleux, Magimel, Badin, Buttura, Cibot, Desbrochers, etc

N° 3046

CARNET 9 (1) — 66 feuillets (vers 1855-65)

Croquis Une mere avec deux enfants — Paysan travaillant dans les champs — Pecheuses au bord de la mer — Charrette de foin — Chevaux en liberte — Une paysanne gardant sa vache — Silhouette de decor (Hamlet) — Vache — Liseuse — Figures et compositions diverses

Notes diverses (passim) Considerations sur l art « Que votre sentiment seul vous guide etc » (Voir tome I, page 165)

Deux itineraires 1° Rodrigues, 9 septembre Argenteuil 25 septembre, Coulommiers, le 12, Osny Auvers Un dimanche a Mantes — 2° 10, Marly, 12, Coulommiers, 19, Paris, 20, Mantes, 25 Argenteuil

Ce carnet fait partie de la collection A Robaut

N° 3047

CARNET 10 — 51 feuillets (1854)

Croquis Une vache (Nontron) — Vieille paysanne avec un porc (Nontron) — Costume hollandais — Figures de théâtre — Jeune paysanne gardant des porcs (Nontron) — Anvers (la tete de Flandre et l Escaut) — Paysages divers

Notes diverses (passim) Noms de restaurants (en Belgique) « a Bruxelles, restaurant le Miroir, a Anvers, le Petit Paris », etc

N° 3048

CARNET 11 — 68 feuillets (vers 1870)

Croquis Etudes de ciels et divers

Notes diverses (passim) Listes d elections artistiques — Noms d artistes, de marchands et d amis Jeanne Sanson (eleve de M Fichel), Stumpf, Bazile, Gerome, Beugniet, Hanoteau, Brion, Pecqueur, Bonnat, Manet, Lefebvre, Dumax, etc

Itinéraire Coubron, 10 au 12 juillet — 7 juillet, Argenteuil — 12 juillet, Saintry — 20, Ville d'Avray — 6 août, Dumax — 15, Coulommiers — 22, Luzancy (Remy) — 3 septembre, " — 14, Yport — 24, Mantes — 4 octobre, Lacroix

N° 3049

CARNET 12 (2) — 61 feuillets (vers 1855)

Croquis Têtes d'expression — Compositions, théâtre, etc — Venus coupant les ailes a l Amour, l Amour sur une panthere, Diane chasseresse, etc

Notes diverses (passim) Noms d artistes et d amis Brizard Lapito, Fournier Hilaire, Larrieu, Remy, Estienne Ymer

Ce carnet appartient a M L Corot

(Même observation que pour le carnet 7)

N° 3050

CARNET 13 — 34 feuillets (1845-50)

Croquis En Limousin (pres St Martin) — Fontainebleau (octobre 1846) — Versailles — Etude d âne, qui a servi pour le Bapteme du Christ, etc

Notes diverses (passim) Adresses de modèles — Phrases entrecoupees (conversations avec l'architecte Poirot qui etait sourd) — Adresse Benouville, Montaigne 38 — Noms d artistes et d'amis Cave, Lecot, Gateaux, Harduin Theodore Faulte, Laemlein, Rousseau, Esbrat, Bertin, Boilly Lessieux, etc

N° 3051

CARNET 14 — 60 feuillets (1851)

Croquis Vues de La Rochelle (août 1851), d Angouleme, d'Arras — La Gabie pres Verneuil (Haute-Vienne) — La Roche (Haute-Vienne) — Portrait de Comairas a la Repentie (juillet 1851) — Une vache, etc

Notes diverses (passim) Noms et adresses Flahaut, rue Rivoli 4, Gourlier, Valentin, Vinet, etc

N° 3052

CARNET 15 — 80 feuillets (vers 1858)

Croquis Theatre (Orphée au Lyrique, etc) — Compositions (Ariane, etc)

Notes diverses (passim) Noms d amis Laurens, Belly, etc

N° 3053

CARNET 16 (3) — 63 feuillets (vers 1860)

Croquis A Saint Denis, a Ville-d'Avray (Jardies) à Samois, au Pere-Lachaise, a Fontainebleau — Théâtre (les Troyens) — Compositions, divers

Notes diverses (passim) Adresses de Billancourt, rue de Bourgogne, 28, Thurwanger, 18 rue de l Odeon, etc — Noms de marchands M Moureaux (2 etudes une grande et une novenne), M Gredelue (2 etudes), M Beugniet (2 etudes) Montrouge (1 étude), Latouche (2), etc — Deux listes d artistes (probablement remarquees au Salon) 1° Puvis de Chavannes, Bernier, Busson, Delaunay, Vollon, Chaplin, Daubigny, Gerome, Fromentin, Brion, Comte, Isabey, Pils, Français, Harpignies — 2° Cabanel, Hébert, Pottet, Boudin, Regnault C Giraud, Jacquemard, Busson, C Duran, Wollon (sic) Daubigny, Le Polonais, Courbet, Vibert

(1) Des croquis empruntés à ce carnet sont reproduits tome I, pages 181 et 189

(2) Un croquis emprunté à ce carnet est reproduit tome I page 123

(3) Un croquis emprunté à ce carnet est reproduit tome I, page 201

Dépenses Envoyé à Paris en deux fois 200 fr
Coubron, Gratiot (pauvres) 100 »
Emile Corot (4 juillet) 1 100 »
M le curé 100 »
1 600 »

Itinéraire 1er mai, Ville-d'Avray — 24, Versailles — 30 Marion — Juin, Coubron, jusqu'au 12 juil et — 14 juillet, Fontainebleau — 20 Argenteuil — 26, Ville-d'Avray — 9 août, Marcoussis — 17, Arras — 23, Luzancy — Septembre Mantes, Saintry — 27 septembre, Baron — 8 octobre, Soissons

Ce carnet appartient à M Chamouillet

N° 3054

CARNET 17 (1) — 42 feuillets (vers 1860)

Croquis Paysages (Voisinlieu, etc) — Figures, theatre, etc

Notes diverses (passim) Considerations sur l'art « Il n'a paru tres serieux de preparer une etude ou un tableau etc » (Voir tome I, page 199) Ces reflexions sont precedées de cette autre phrase « Il est de la plus grande importance d'etudier les ciels Tout dépend de cette etude »

Adresses Gazette des Beaux-Arts, rue Vivienne 55 (Galichon, directeur), Dunesnil rue de Berlin 31, Loiez, avenue d'Antin 35 Litolff boulevard Clichy 40, Oudinot, rue du Marche 4, Neuilly baudry, rue Boissy-d'Anglas 5, etc — Liste d'artistes et de critiques Castagnary, Courbet, Daubigny Glaize Gleyre, Isabey, Jacque (Charles), Ribot, Rochefort, de Rudder Yvon

Prix de tableaux Fete au Temple, 7 000 Macbeth, 6 000, Ville-d'Avray, 1 200 Id, 1 200, Gournay, 500, Ermenonville 500, un Matin, 500

Itineraire La Ferte, 2 au 10 juillet — Argenteuil, 11 au 17 — Normandie, 19 au 28 — Ville-d'Avray — Château (Thierry), 9 au 6 aout — Marcoussis, 18 au 25 — Saintry, 26 aout au 7 septembre — Coulommiers, 4 au 11 septembre

Ce carnet appartient a M Chamouillet

N° 3055

CARNET 18 — 94 feuillets (diverses epoques)

Trois ou quatre *croquis* seulement Paysages (Fecamp) et figures

N° 3056

CARNET 19 — 80 feuillets (vers 1855-60)

Croquis Etang de Ville-d'Avray (esquisse de l'eau forte publiee dans le volume de Rochet) — Paysages a Vimoutiers, Saint-Lo Falaise — Theatre, figures — Compositions — Animaux

Notes diverses (passim) Noms et adresses de Vergennes, Journaux Berard, Dien Vaillant rue Saint Merri 42, etc

N° 3057

CARNET 20 — 35 feuillets (vers 1860-65)

Croquis à Saint-Leu, a Mantes — Compositions, sujets antiques — Figures, divers

Notes diverses (passim) Quelques noms Leudez, Daumier etc

N° 3058

CARNET 21 — 12 feuillets (vers 1845-50)

Quelques *croquis* seulement et des *notes* — Noms de convives de reunions intimes Henri, Theodore, Gonsse, Lemaistre, Marion, Chaimois, Duverney, Octavie, Estelle Estienne, Camille, Chamouillet, Sennegond Ferdinand, Grandhomme, Victor, Pauline, Dutilleux, etc

N° 3059

CARNET 22 — 62 feuillets (vers 1855-60)

Croquis à la Celle Saint-Cloud, au Pere-Lachaise, a Arras à Creil, dans Paris a Villeneuve Saint-Georges — Theâtre (Lucie, etc) — Figures et divers

Notes diverses (passim) Noms d'amis et de clients Comairas, Grandjean, Decamps, Brandon, Marc lle Vincent, Flandrin Becthum Delaporte, Cuvelier etc — Recettes de cuisine

N° 3060

CARNET 23 — 64 feuillets (vers 1860-65)

Croquis a Epernon aux Celliers pres Ste-Reine, à Ste Reine, au Mas-Bilier près Limoges — Portrait de Comairas assis, avec son chien — Compositions diverses

Notes diverses (passim) Noms de peintres et d'amis Barbey, Salleron, Crespel le Robaut, etc

N° 3061

CARNET 24 — 13 feuillets (1825-26)

Croquis a Rome (San-Stefano), a Ariccia, a Civitella, entre Genzano et l'Ariccia — Figures a l'atelier, a Rome et en campagne

Cet album a ete morcele Une de ses feuilles, détachée, est reproduite tome I, page 40 *(Les escIines de Corot et de Fleury à l'Ariccia)*

N° 3062

CARNET 25 — 52 feuillets (vers 1855-60)

Croquis paysages a Rosny, Marcoussis, Asnieres — Theatre — Compositions divers

(1) Des croquis empruntés à ce carnet sont reproduits tome I, pages 244 et 246

Notes diverses (passim) Noms et adresses de Gallard, Penoyer, homœopathe place Louvois, 8, Stumpf Dallemagne Chambault, Roussel, Menetrier, Castaignet avoue, etc

Itineraire Ville-d Avray, 18 avril au 15 mai — Marcoussis, 15 mai au 15 juin — Sologne et la Ferté — Magny, Mortain Bretagne, 26 juin au 26 juillet — Geneve, 5 aout au 5 septembre — Rosny — Ville-d Avray 15 septembre

N° 3063

CARNET 26 — 80 feuillets (vers 1822-23)

Croquis Mme Pasin dans Tarcede — Les quais de Paris — Figures de marins (a Dieppe) et de paysans — Bancs de promenades publiques — Chevaux, voitures, chariots — Moulin — La tour Philippe-Auguste a Rouen — Vue generale de Rouen — Marines a Dieppe — Types de mendiants — Statues d apres l'antique — Statue de Louis XIV, place des Victoires — Le Pantheon, le Palais-Bourbon — Paysage a Ville-d Avray — Figure d apres le modele — Composition d histoire sainte (Cain et Abel) — Compositions diverses — Académie — Ciels

Notes diverses (passim) Renseignements accompagnant les ciels — Sujets pris dans le « Voyage du jeune Anacharsis » avec indication de pages — Liste de couleurs jaune de Naples, blanc, ocre jaune, terre de Sienne naturelle, laque rouge terre de Cassel, noir d'ivoire, cinabre — Griffonnages d'enfants

Considerations sur la peinture « La methode pour les objets dans l ombre me parait d accord avec la nature Pour la vegetation je prefererais que l on employat de suite dans l ebauche le bitume au lieu de n employer que le noir d ivoire l baucher le plus pres du on possible et revenir en glacant avec de l huile d œillette clarifiée Dessus ce glacis, peindre dans la pâte apres avoir dessine toutes les masses » — Pensée détachee « Le sage est heureux dans la persecution et meme dans l oubli »

N° 3064

CARNET 27 (1) — 37 feuillets (1857)

Croquis Un chandelier à l auberge de la Chaloupe Nationale (Dunkerque) — Des bateaux, des cheminees des maisons dans les dunes (Dunkerque) — Dunes avec des moulins — Le port de Dunkerque — Zuydcoote pres Dunkerque (Eglise et village ensevelis sous les sables) — Motifs divers entre Zuydcoote e Dunkerque — Figures mere et enfants, danseuses — Theâtre jeune femme lisant, personnage casque tenant une lance — Eglise et tour a Senlis — Effet de soir a Luzancy — Bords de la Marne a Nanteuil (le matin) — Clocher dans les arbres a Mothois, pres Gournay — Silhouette de village (Rosny) — Buste de jeune femme, etc

Notes diverses (passim) Adresses Mme Duquesne, hotel de la chaloupe *royale, nationale, imperiale* Dunkerque auberge Louis Vendame a Zuydcooте, pres Dunkerque Bousse-Lebel rue St-Sulpice n° 29 gravures — Menu (a la Chaloupe Nationale) œufs sur le plat jambon tourte a la volaille, veau a la chicoree, un pâte, volaille au riz, une dinde aux marrons, un brochet, une creme au chocolat, meringues, fromage a la creme, franchipane (sic), petits fours massepains — Souvenirs et curiosites « Le 29 septembre 1857, Mantes la Seine sans rides » — « Une poire Catillard, 594 grammes »

Ce carnet appartient a Mme Lemarinier

N° 3065

CARNET 28 (2) — 147 feuillets (1857-58)

On lit sur la premiere page, de la main de Corot « Donne a Brest le 11 mai 1857 par Madᵉ Camille Bernier » A la suite de cette indication, la donatrice a ecrit « Souvenir d amitie Lucie Bernier »

Croquis a Brest (un bateau) — Des moutons — Une femme et des enfants en vue de la mer — Paysage avec clocher (Granville) — Un lecteur sous les arbres — Des tetes de Bretonnes — Des chaumieres dans les arbres — Un village pres St-Brieuc — Un couple sous les arbres — Une femme avec un grand voile — Une echappee sous les arbres (route de St-Lo) — Paysage a Troisgots — Un pont sous les arbres (Caen) — L Eglise St-Pierre a Caen — Bords de riviere a la porte de Caen — Village pres Beaumont — Un pont — La cathedrale de Mantes vue de loin — Extremite de l ile de Limay, pres Mantes — Ile de Limetz (sic) avec des vaches — Vachere (pres Mantes) — Parc des Celestins (Mantes) — Theâtre acteurs — La Marne a Charenton — Sous bois a Beauvais — Coup de soleil et ciel d orage pres Clermont (30 juin 1857) — Paysage a Isseure (Cote-d Or) — Paysanne a genoux (Id) — Paysage a Longecourt, pres Aizerey — Bord de riviere (Troyes) — St-Sebastien debout — Arbres et chaumieres (Nangis) — Moutons, moissonneurs — La bergere de Luzancy — Une panthere — Un elephant — Nymphe embrassant un enfant — Faune luttant avec une nymphe — Berger dans un vallon — Paysage a Savigny — Paysage a Auvers — etc

Notes diverses (passim)

Chanson

> Fumer une pipe,
> Prendre du tabac,
> Une fille
> Dos sur un sac,
> Fait du bien à la fille
> Et point de mal au sac

Noms et adresses M Pomard M Garreau, Mme Chanouillet de Versailles, Vᵉ Corot, Bovy, Daumier, Oudinot, 18 rue Basse, Passy, Mme Sirot, place St-Georges au-dessus de M Quentin etc

Souvenirs et curiosites « A Dijon, nes Jean sans peur Philippe le Bon Charles le Temeraire » — « Frison coiffeur a Troyes » — « Commune de Troisgoz (sic)

Habitants,	633
id	316
Fumeurs	2, »

(1) Des croquis empruntés à ce carnet sont reproduits tome I pages 176 177 et 178

(2) Des croquis empruntes a ce carnet sont reproduits tome I pages 170 171 172 184 190 et 191

« Caen, rue St-Etienne n° 126 Ici naquit Malherbe en 1855 » — « Laversines 1 h 1/2 de Beauvais, moulin à eau »

Dépenses

Paris à Aizerey	40 »
»	30 »
Domestique	20 »
Blouse	9 »
Comestibles	5 »
Aizerey	13 35
Troyes	14 50
	131 85

Ce carnet appartient à M Moreau-Nélaton

N° 3066

CARNET 29 — 53 feuillets dont 1 volant (1823-24)

Croquis Ciels — Compositions, paysages — Théâtre un spectateur — Normandie pêcheuses, un pont sur une rivière — Chevaux et voitures — Mme Lemoine, aubergiste — Portrait de Grandjean, etc

Quelques couplets de la chanson « le Hollandais »

N° 3067

CARNET 30 — 41 feuillets (vers 1860-65)

Croquis à Montlhery à Marcoussis, près Boulogne-sur Seine Cimetière — Barques — Théâtre — Compositions — Divers

Noms et adresses (passim)

N° 3068

CARNET 31 — 26 feuillets (vers 1854)

Croquis à l'église St-Laurent, Paris (28 décembre 1854), à Mantes — Théâtre — Compositions

Notes diverses (passim) Noms et adresses Eugène Allgret, 102, rue St-Lazare, Lionnet, Chasles, etc

N° 3069

CARNET 32 — 39 feuillets (vers 1840-55)

Croquis près Montbard, à Montlhery, à Marcoussis, à Dardagny (3 septembre), à Genève (28 août), à La Faucille, à Tonnerre, etc

N° 3070

CARNET 33 — 37 feuillets (vers 1853)

Croquis Paysage (de Dieppe à Rouen) — Vache et moutons — Pêcheuse — Paysage (St-Cloud, oct 1853) — Costumes normands bateaux — Paysage, église (Tréport) — Le Père Lachaise — Danseuses — Cheval avec une musette — Amphitrite — Paysage à St-Cenery — Paysage à St-Germain (Alençon, août 1853) — Paysage à Ville-d'Avray — Ciels à notes — Tête de jeune femme — Attelage de bœufs à Dardagny (3 sept)

Notes diverses (passim) Noms et adresses M Decamps, au Veyrier par Monflanquin (Lot-et-Garonne), Vernet, rue St-Etienne à Toulouse, Marcille, Flandrin, Dutilleux, Mesnard, Mercey Faulte, Lecerf, Ferdinand, Baccuet, Charles Blanc 44, rue N-D-des-Victoires (le matin jusqu'à midi) — Motifs dans la « vallée d'Orse » (sic probablement Orsay, car on lit après le nom « Magny ») « Les châtaigniers, la marre (sic), le chemin de Villeneuve (?), la vieille tour, le moulin, au dessous de Rochefort, plusieurs, St Lambert, plusieurs »

Dépenses de voyage

Paris à Dieppe	17 75
Dieppe à Eu	2 50
Eu au Tréport	0 50
Tabac	1 60
Tronc	0 50
Déjeuner Rouen	1 »
Dîner Eu	6 »
Tréport, auberge	35 »
Tréport à Paris	21 75
Fontainebleau	57 40
	144 »

Ce carnet appartient à Mme Lemarnier

N° 3071

CARNET 34 — 39 feuillets (vers 1850-60)

Croquis Compositions, théâtre

Notes diverses (passim) Noms d'amis Scribe, Wahast, etc

Itinéraire Mai, Aizerey — Juin, Ville d'Avray Normandie, Luzancy — Juillet, la Rochelle — Août, Ville-d'Avray Marcoussis — Août 22, Arras — Septembre 15, Brest

N° 3072

CARNET 35 — 48 feuillets (1822-23)

Croquis Église et château d'Arques — Cheval avec une musette — Marin en prière au pied d'un calvaire — Chaumières à Quincampoix, près Rouen — Normande avec son enfant — Remy se rasant — Les souliers de Corot vus de son lit — Une paysanne portant son enfant (la Courblade)

N° 3073

CARNET 36 — (Vers 1850-55)

Croquis à Arras, à Abbeville, à Cayeux, à Saint-Valery, près Montreuil — Vaches — Paysannes d'Achicourt — Port de mer — Théâtre (Huguenots), etc

Notes diverses (passim) Noms et adresses Lasso, rue de l'Ouest 56, Bovy, quai de grève 26 Richomme — Dépenses de voyage à Abbeville, Saint-Valery, Montreuil, etc

Ce carnet appartient à M Moreau-Nélaton

N° 3074

CARNET 37 (1) — 44 feuillets (1834)

Ce carnet porte la marque de Ange Ottoz, marchand de couleurs, élève de M Belot, rue de la Michodière n° 2 (à la fontaine Gaillon) — Il contient exclusivement des souvenirs du voyage de Corot en Toscane et en Lombardie

Croquis Paysannes de Clamecy — L'étang Voyer — Garde-champêtre de Lormes (mai 1834) — Un voilier (Nice) — Paysage sur le Rhône, après Valence — Un prêtre, un bateau à voiles — Vue d'Eza, « petit village sur un rocher au milieu des montagnes » — Esquisse d'une église à San Remo — Un clocher (S Giuloj à San Remo — Clocher et voilier à Oneglia (30 mai 1834) — Voilier à l'entrée du port de Gênes (mole nuovo) — Femme en prière (Desenzano) — Horizon de montagnes (Volterra) — Palais à Gênes — Bateaux la Spezzia (juin 1834) — Anges d'après Orcagna (Campo Santo de Pise) — Figure de femme et personnage couché (Volterra) — Place Saint-Marc à Venise (août 1834) — Saint Georges Majeur (Venise) — Femme tenant un enfant (Desenzano) — Jeune femme avec un voile sur la tête et un éventail (Desenzano) — Une lavandière (Riva) — Paysage (Desenzano) — Le lac de Garde avec montagnes « dans la vapeur » — Petit paysan de Riva — Une Suissesse (Sion, Valais) — Un moine causant (sur le lac de Garde) — Jeune Italienne (lac de Garde sur le vapeur) — Milanaises à l'église — Petits gamins (Domo d'Ossola) — Une paysanne (Domo d'Ossola) — Le mont Blanc pris du haut du Jura — Un village entre le lac Majeur et Domo d'Ossola — Costumes (Domo d'Ossola) — Arbres au bord du lac de Côme — Femme assise, vue de dos (Lac de Côme, sur le bateau à vapeur) — Femme vue de dos (Simplon) — Le Simplon — Étude de terrains (Dôle) — Simplon (La vallée avec des châtaigniers) — Statue trouvée à Brescia — Esquisses d'après des maîtres anciens L'une porte cette indication Vittore Carpaccio, Milano Une autre est faite d'après le Saint Jérôme de Titien, à Milan — En outre des croquis de Corot ce carnet contient deux ou trois croquis de l'Anglais Harding, rencontré sans doute par Corot au cours de son voyage

Notes relatives au voyage d'Italie Indication d'objets à emporter souliers, gomme élastique, carte des lacs — Itinéraire du voyage et impressions sommaires « Beaune (hôtel du Chevreuil) — Lyon (hôtel du Cheval blanc) — Avignon (hôtel du Palais-Royal) — Marseille (hôtel du Midi) Ville très belle et très animée — Toulon (hôtel de la Croix d'or) Bel arsenal, ville très propre — Antibes — Nizza Seulement un fond de montagnes — Eza Bien mais nud (sic) — Turbia, dove c'è una torre antica — Monaco, assez joli seulement — Rocca Bruna — Menton Couché — Vintimiglia La façade de l'église et une fabrique — San Remo — Taggia — Porto San Maurizio (hôtel de France) Un bon ami et l'hôtel magnifique Effet le plus remarquable la masse des fabriques est blanche, après grisâtre, s'enlevant très en clair sur la mer et le ciel — Oneglia (hôtel du jardin) Peu de chose — Arrivés à Gênes le 1er juin 1834, à 4 h 1/2 du soir (hôtel du petit Paris) — Arrivés à Pise 19 juin (Albergo della pace ou à la trattoria de l'Europa) — Volterra, du 22 juin (Albergo della corona di Luigi Cherici o di Malta) Pays magnifique — Firenze le 21 juillet (Albergo della fontaine, derrière les Offices) — Bologne le 12 août — Venezia le 15 août et partis le 8 septembre (della S Catarineo S Fantino) — Desenzano, sur le lac de Garde, le 10 septembre (albergo imperiale de Giuseppe Mayer) — Riva sur le lac de Garde, le 16 septembre (delle due torre) — Desenzano, le 22 septembre — Milan, 27 septembre (gran Paris on croce di Malta) — Como, 28 septembre (del Angiolo) — Sur le lac de Côme, Tremezzo, auberge bonne beau pays, beaux terrains, beaux arbres — Baveno, 3 octobre (Hôtel de la poste) — Domo d'Ossola, 6 octobre (Hôtel d'Espagne) Beaux pays rochers, torrents — Genève, 8 octobre (Hôtel de la Balance) »

Ce carnet appartient à M Moreau-Nelaton

N° 3075

CARNET 38 — 66 feuillets (1850-57)

Croquis Théâtre — Compositions — Paysages « chemin de fer d'Orléans 25 avril », « Melun », etc — Chevaux

Notes diverses (passim) — Noms et adresses Desmaisons, rue Mazarine 64, Rousseau place Pigalle 1, Crosnier, rue St-Thomas à St-Lô, etc

Conversation avec Poirot « Sois tranquille, je viderai quelques flacons 1+2+2+1 Total 6 » (croquis accompagnant cette déclaration)

Itinéraire « Domfront, Saint-Lô, Brest, Mantes, mai — Ville d'Avray, juin — Genève, juillet — Auvergne, août — Dunkerque, septembre — Ville-d'Avray, Fleury, Dumax, octobre — De Gallard novembre »

Autre itinéraire « Genève, Crémieu Arras, Rouen, Rosny Beaumont Coudray Dreux Ablon »

N° 3076

CARNET 39 (2) — 33 feuillets (vers 1825-29)

Croquis à Caen, Torigny, Granville — Animaux, figures costumes (Normandie) — Théâtre (Robert le Diable)

Notes diverses (passim) — Noms et adresses Fumeron, fg St-Martin 162 Smargassi, etc — Liste de couleurs « Blanc, Naples, ocre laque garance, laque jaune, sienne naturelle, sienne brûlée, noir d'ivoire, cobalt, cinabre »

Ce carnet appartient à M Chamouillet

N° 3077

CARNET 40 — 32 feuillets (1830)

Croquis Figures diverses — Chevaux à la forge — Cheval traînant un arbre — Bateaux à Dunkerque — Petit gardien de vaches (Ville-d'Avray) — Le Palais de Justice (Paris) — Paysages à Nanterre, Bergues, St-Omer

Notes diverses Adresse de M Faulte du Puyparlier, rue Descartes 19

---

(1) Des croquis empruntés à ce carnet sont reproduits tome I, pages 66, 68, 69 et 70

(2) Des croquis empruntés à ce carnet sont reproduits tome I, pages 49 et 60

Nº 3078

CARNET 41 (1) — 70 feuillets (vers 1800)

Ce carnet porte la marque Papeterie More, rue St-Louis (au Marais) 67, Paris

Croquis Compositions — Figures — Theatre — Paysages

Notes diverses (passim) Noms d'amis H Monnier, Briand Lenormant, Duverney, Farochon Robert Hebert, Mesnard Grandjean Brizard, Journault Lapito, de Vergennes Fleury, Remy, etc

Souvenirs « 6 decembre jol repas » — « Leduc, 20 janvier dimanche, soiree » — « 4 janvier hotel de Bade Boudet »

Ce carnet appartient a M Fernand Corot (Même observation que pour le carnet 7)

Nº 3079

CARNET 42 — 65 feuillets (vers 1857-59)

Croquis Figures — Paysages, nature et compositions — Theatre et cirque — Croquis pour « la Toilette » et pour « la Madeleine »

Quelques dessins faits par Fleury a Fontainebleau

Nº 3080

CARNET 43 — 46 feuillets (1825-26)

Croquis a Rome (Ste Marie Majeure) — Borgo Santo — St Andrea du Bramante (Ariccia) — Pres de l'arc de Constantin — a San Teodoro (figures) — Sur le pont St Ange — Porta del popolo — Pres la porte majeure — Pres la villa Corsini — Murs de Rome bordant la villa Medicis — Pincio — Academie de France — Capitole — Barque sur le Po (Turin) — Figures diverses — Buffles

Nº 3081

CARNET 44 — 59 feuillets (1850-65)

Croquis Compositions (l'une porte l'indication « Serpentara ») — Theatre — Paysages (Rochemont moulin de Jarsy, Marolles etc)

Notes diverses (passim) Noms et adresses Dr Pons, boulevard Morland 6, Yan d'Argent, Chaplin Chabal, Gendron, Jules Castagnary boulevard Rochechouart 50, etc

Itineraire Luzancy, 22 juin — Brizard 30 juin — Ville d'Avray, 1er juillet — Arras et Lille, 2 juillet — Semur, 18 juillet — Ville-d'Avray 24 juillet — Rochefort, 6 aout — Limoges 12 aout — Limoutiers, 1er septembre — Saint Lo 5 septembre — Marcoussis, 16 septembre — Mantes, 24 septembre — Ville-d'Avray 5 octobre — Fontainebleau, 15 octobre

Liste de tableaux remarques a Londres, dans la galerie du duc de Westminster « 2 Claude Lorrain (2 soleils), 1 Raphael (grand tableau Vierge enfant-Jesus et Saint Jean-Baptiste, admirable) 1 Rembrandt paysage, 1 Salvator (10 a 12 pieds) 1 Hobbéma (tres beau) » — A cette liste est joint un croquis d'apres le paysage de Rembrandt

Nº 3082

CARNET 45 — 46 feuillets (vers 1862)

Croquis Figures, theâtre, compositions, paysages

Une adresse M Plestow, rue Caroline, Batignolles

Nº 3083

CARNET 46 — 44 feuillets (vers 1855)

Croquis Figures, types portraits — Theatre — Paysages — Compositions diverses

Noms et adresses Perrin rue d'Aumale 28, Gosset, Lavaud, etc

Nº 3084

CARNET 47 — 67 feuillets (vers 1858)

Croquis Paysages a Corbigny a Chiens — Figures — Theatre — Compositions — Divers

Notes diverses (passim) Noms et adresses M Beau quai Voltaire 23, M Degand, rue Neuve 4, Amiens M Schwabe faubourg Poissonniere 12, etc — Adresse et recette (pour un jambon) « Joret, rue du Marche Saint-Honore — Faire dessaler un jour et une nuit (dans l') eau froide et, le jour meme, le cuire à grande eau comme un pot-au-feu Servir chaud Si on le laisse bouillir trop fort (il) durcit »

Ce carnet appartient a M Fernand Corot (Même observation que pour le carnet 7)

Nº 3085

CARNET 48 — 19 feuillets (vers 1860)

Croquis Figures, types — Animaux — Paysages Fontainebleau et environs — Herbages a Isigny etc

Nº 3086

CARNET 49 — (Vers 1855)

Croquis Figures theatre types animaux — Paysage a Sauldre (Sologne) — Charrette a La Motte-Beuvron — Locminé — Nantes — Entre Ponthon et Vannes, etc

Notes diverses Chanson copiee — Numeros de tableaux remarques a l'Exposition Universelle

Nº 3087

CARNET 50 — 38 feuillets (vers 1857)

Croquis Berger luttant avec une chevre — Danse — Figures diverses — Pecheuses (Boulogne-sur-Mer) — Paysages a Seyssel, entre Seyssel et Macon, à Saint-Martin, à Creil

Notes diverses (passim) Noms et adresses Sagnier faubourg Saint-Jacques 75 G Castan, hotel et rue Laffitte, H Monnier, Bovy Millet, Achard, etc

---

(1) Un croquis emprunte a ce carnet est reproduit tome I page 257

N° 3088

CARNET 51 — 36 feuillets (mai et juin 1843)

Croquis A Potenziana, Genzano, Boboli, Tivoli, Ariccia, Gênes, Vatican, Saint-Jean de Latran, Menton, La Pietra, Pont du Var (1er mai 1843), etc

Sur les gardes du carnet et sur quelques-unes des pages, des phrases italiennes (exercices de conversation) Quelques-unes sont ecrites par une main etrangere

L'adresse de « M Aug Ravier rue Poulaillerie 18, Lyon »

N° 3089

CARNET 52 — 62 feuillets (vers 1855)

Croquis Théâtre — Paysages compositions, types (Epernon, avant Ambrines Moulin Gali, etc)

Notes diverses (passim) — Noms et adresses de Bériot, Claudon, Henriet, Moinzot, Caron, architecte, rue du Luxembourg, 31, etc

Itineraire Mantes 4 mai — Plestow, 1, — Pierrefonds, 21 (Brizard) — Ernest, 1er juin — Chateau Thierry et Luzancy 10 — Ville-d Avray, 20 — Arras, 1er juillet — Dumax, 15 — Ville-d Avray, 24 — Dardagny, 3 aout — Joseph Chamouillet 16 — Daubigny, 18 — Larochon, 1er septembre — Gournay, 11 — Semur, 22 — Mantes, Ville-d Avray, Arras Auvers, octobre

N° 3090

CARNET 53 — 69 feuillets (1866)

Croquis Figures diverses — Theatre, decors (Ballo in Maschera, Freyschutz, etc) — Orphée pleurant Eurydice — Compositions — Paysages (Voisinlieu, Marissel, Ville-d Avray vues de Paris, bord de la mer)

Notes diverses (passim) — Noms et adresses Larrieu, chateau Haut-Brion, commune de Pessac (Gironde), M Maison, fg Saint Honore, 54, Cornu, Versailles, Dubuisson, avenue Champs Elysées, 50, etc

Liste d exposants du Salon de 1866 (remarqués ou recommandes) Corot eine, Pointelin, Nazon Roybet, Laroche, Pissarro, Grillet, Claude, Levy, Breton, Bischop Anker Vautier, Saintin Besson Steph Baron, Blin, Serres Hue, Girardon Vibert

N° 3091

CARNET 54 — (Vers 1857-58)

Livre d adresses, *sans croquis* — On y lit, entre autres Dahousset, capitaine au 66e, Versailles — Delaberge, cité Gaillard, n° 1, rue Blanche — Lambinet rue des Martyrs — Reverchon et Lafage — De Curzon — Grosclaude — Auguin — Pujol, rue de la Harpe — Duras, rue de Trevise — Chardin, rue Pigalle, 15 — Henri Tardif — Lavaze, amateur, etc , etc

N° 3092

CARNET 55 (1) — 45 feuillets (1850-65)

Croquis Theatre compositions paysages

Itineraire Ville d'Avray — Chatelain — Mantes — Ermenonville — Marcoussis — Londres — Dardagny — Civeri — Chantilly — Soissons — Vimoutiers

Ce carnet appartient a M Chamouillet

N° 3093

CARNET 56 — 61 feuillets (vers 1850-65)

Croquis Theatre (la Flute Enchantee, etc) — Animaux, (vaches, moutons) — Paysages a Ville d Avray, Saintry Essoyes, Laval, Domfront, Boulogne-sur-Mer — Esquisse de l Incendie de Sodome transformé — Caricature de M Faulte du Puyparlier — Un chasseur avec un enfant

Notes diverses (passim) — Noms et adresses Crosnier, rue St-Thomas, à St-Lô, Aligny, Lapito Comairas Baccuet, Larrieu, Brame etc — Une chanson ecrite par une main etrangere — Souvenirs divers « Bac, rue du Petit-Pont, 1 1/2, 6 octobre 1849 » — « La miniere, 6 ou 7 etudes, 2 1 2 »

Itineraire Dumax, 17 aout — Rency, 26 aout — Mantes, 4 septembre — Essoyes, 22 septembre — Fontainebleau 10 octobre

Ce carnet appartient à M F Corot (Meme observation que pour le carnet 7)

N° 3094

CARNET 57 — 86 feuillets

Il a ete fait une confusion entre ce carnet et le carnet 70 C'est a ce dernier que sont empruntes plusieurs croquis reproduits dans le tome I et indiques comme provenant du carnet 57

L un et l autre sont d anciens livres de comptes des parents de Corot sur lesquels il a fait quelques croquis a une epoque postérieure

N° 3095

CARNET 58 (2) — 58 feuillets (vers 1855)

Ce carnet porte la marque A L'hurier, 38, rue Vivienne pres le boulevart (fournitures de peinture et dessins)

Croquis Theatre (Faust, ballets, etc) — Compositions Venus et l amour, jeune berger jouant avec une chevre, Venus sortant de l eau, etc — Paysages a St-Cloud (24 oct, matin) à Montlhery, etc

Notes diverses (passim) — Adresses de modeles Mlle Berthe rue Vieille-du Temple 99, Rosine, rue des Ecouffes 15 — Noms d amis Daumier, Scheffer Preschez, Castagnet — Liste de rendez vous

Ce carnet appartient a M Moreau-Nelaton

---

(1) Un croquis emprunté a ce carnet est reproduit tome I page 180

(2) Des croquis empruntés à ce carnet sont reproduits tome I, pages 142 173, 182 et 183

N° 3096

CARNET 59 — 44 feuillets, la plupart blancs (1854)

Croquis près Neufchatel (Pas-de-Calais) près de Boulogne, à Anvers, à Gouda, à Picquigny, à Etaples — Academie

Notes diverses Indications de localités et d'hotels Bruxelles (Miroir) — Anvers (Petit Paris) — Rotterdam — La Haye (Lion d'or) — Amsterdam (Montaie) — Etaples, petit port de pêcheurs près Boulogne — Picquigny près Amiens

Ce carnet appartient à M F Corot (Même observation que pour le carnet 7)

N° 3097

CARNET 60 — 64 feuillets (vers 1833)

Croquis à Rouen (maisons sur le quai) — Rouen (bateaux et charrettes sur le port) — Ciels sur la mer — Lion — Cerfs — Chat — Theatre — Chevaux à la forge (Rouen, 1833) — Maquignon Normand à cheval — Etude de nu — Première pensée de « l'Agar »

Notes diverses Noms et adresses Lauzet, Deligny, Ernest, rue des Charrettes, café Peulvey, à Rouen, Farrel, à Louviers

N° 3098

CARNET 61 (1) — 18 feuillets (1854-60)

Croquis à Anvers — Dutilleux en Hollande écrivant à sa femme — Plusieurs têtes de femmes — Figures (compositions et nature) — Theatre (la douleur d'Orphée etc)

Notes diverses Liste d'amis, adresses

Ce carnet appartenait à M F Corot (Même observation que pour le carnet 7)

N° 3099

CARNET 62 (2) — 65 feuillets (vers 1865)

Croquis Paysages à Breteuil, Auvers, Fismes près Reims, Douai — Animaux chien, chat — Figures, compositions — Theatre

Notes diverses Longue liste de noms d'amis et autres Souvenir « 20 sept 1865, beau temps inexorable »

Ce carnet appartient à M F Corot (Même observation que pour le carnet 7)

N° 3100

CARNET 63 — 22 feuillets (1848-52)

Croquis au Croisic, Bourg de Batz, — à Mur, — bords de l'Erdre, — rochers et dolmens, — Vannes, Guerande, — Locminé — St-Gilles (Côtes-du-Nord) — St Nazaire — Noms et adresses Cottier, rue des Petites-Ecuries — Lamber, hotel des Princes, rue Richelieu, etc,

N° 3101

CARNET 64 — (1828-29, Italie et Paris au retour)

Croquis Figures et paysages à Spolete, Civita, Narni, Rome Lac de Trasimene, Bologne, Florence, Padoue Ferrare, Venise etc — Ciels — Quais de Paris Caricature de Corot par lui-même

Ce carnet contient ces lignes « Je pars le lundi 8 juin 1829 pour aller faire des etudes en Normandie et Bretagne Je reviendrai je l'espere, vers la fin d'aout pour me precipiter dans les bras d'une famille que j'adore C Corot »

Ce carnet appartient à M Moreau-Nelaton

N° 3102

CARNET 65 — 72 feuillets (1845-55)

Croquis Compositions — Figures — Esquisses de paysages à Poissy, St-Leu, Meudon, etc

Reflexions sur l'art « Un homme ne doit embrasser la profession d'artiste » (voir tome I, page 115)

Ce carnet appartient à Mme Lemarinier

N° 3103

CARNET 66 — 49 feuillets (vers 1825)

Corot dit à M Robaut (25 decembre 1872) à propos de ce carnet « C'est un vieil album que je tenais de Fleury, dont j'ai repasse pas mal de croquis au trait par la suite, tout en causant avec un jeune homme, pour lui montrer par où pechaient ces dessins »

Croquis Etudes de figures et types — Blanche Sennegon à l'age de 8 ans — Ciels, etc

Notes diverses Noms d'amis et de relations Simeon Fort, Justin Ouvrie, Orsel, Perrin, Roger, Léon Fleury, Marilhat, Buttura, Chatillon, Armand Leleux, Rouillet, Lapito, Bouquet, Desbarolles, Legentil, etc

Liste d'etudes pretees à un grand nombre d'artistes dont les noms suivent Berthoud, Danier, Poirot, Revel, Français, Desbrosses, Scheffer, Marchand Journault, Aligny, Boischevalier, Roche fils, Cognard, Etex, Popleton, Buttura, Laveille, Leon Fleury, Armand Leleux, Esbrat, Corton Rhoen, Billotte, Desbrochers, Plestow, Remy Bracony Imer, Dieterle fils, Hedouin, Anastasi, Badin, Leconte Vinet, Marilhat, Cerf, Gerard, Chevandier de Valdrome, Bataille, Guibert Chintreuil, Valentin, Malary, Frere Baudot, Sagnier, Henri Faure (de Lille), Prevost, Lambert,

---

(1) Des croquis empruntés à ce carnet ont reproduits tome I, pages 126, 134, 155 et 164

(2) Des croquis empruntés à ce carnet sont reproduits tome I, pages 162 et 227

Ordinot, Devilleis Camus, Doullans, Dutilleux, Legentil Lepollart, Desavary, Lewis Robaut, Damoye, Audry, Mention

Liste d'etrennes — Vingt lignes copiees par Fleury dans un ouvrage de Quatremere de Quincy, sur Raphael — Considerations sur la peinture « Je reconnais d'apres l'épreuve » (voir tome I page 49) — Autres réflexions touchant le metier « Le ciel au couchant est tres chaud Les nuages environnants sont d'un ton doré La voûte a quelque distance est d'un bleu rompu Les nuages sont de même bleus et violets Les lumieres paraissent faites avec du jaune de Naples presque pur lorsque les nuages sont éloignés, ceux qui sont pres du soleil sont rougeâtres — Dessiner tous les soirs — Petites figures modernes — Calques d'animaux de Berghem, Paul Potter — Fabriques d'Italie — Arbres de différentes sortes — Quelques compositions d'apres mes études — Me donner des sujets de figures historiques — Faire des calques dans les Annales — Avoir une suite de costumes de differents siecles — Dessiner des chevaux et des chiens d'apres Van der Meulen — Si je pouvais trouver des eaux fortes bien dessinees, des chevres, des plantes — Tacher d'avoir a copier des figures de Le Prince »

N° 3104

CARNET 67 (1) — 45 feuillets (vers 1845-50)

Ce carnet porte la marque de Vve Dubos et fils, papeterie rue Sainte-Marguerite St Gn 18, Paris

Croquis Bateaux a Caen — Pommiers et eglise a Saint-Gelven — Bretons — Bretonne allumant une pipe avec ces mots « Une inconnue, Mur, chez Mme Gaillet » — Prairie avec animaux (Caen) — Tete de Baccnus — Carrieres de la Villeneuve pres Mûr — Paysages pres Saint Martin — Croquis pour « l'Homere » — Composition avec un dessinateur sous les arbres — Deux figures de garçonnet (Bretagne) — Trois amis causant — Silhouettes de terrains avec ces mots « Vallee de Josaphat », « Nazareth », une autre avec « Fontenebleau » (sic) — Barques de pecheurs (Caen) — Normandes etc

Sur ce meme carnet, divers dessins par une main etrangere L'un porte la date 1845

Notes diverses (passim) Noms et adresses M Warin, conservateur a la bibliotheque de l'Arsenal, M Duguillet a Quimperle

Depenses de voyage

Chemin de fer	0 75
Diner et cafe	4 75
Lisieux dejeuner, cigare	0 90
Caen, solde de la voiture	15 »
Arrhes pour Mortain	5 »
Brochures et pauvre	0 75
Vaise a la diligence	1 20
Diner a Caen	3 10
Caffe (sic), id	0 15
Tabac et pauvre	0 75

Souvenirs « Parti de Saint Andre a 1 h 10 Arrive a la borne a 1 h 59 ce qui fait 49 minutes de marche Parti de la borne a 1 h 59 Arrive a l'etang a 2 h 58, ce qui fait, entre la borne et l'etang, 59 »

Ce carnet appartient à M Moreau-Nélaton

N° 3105

CARNET 68 (2) — 48 feuillets (vers 1840-45) Taches d'huile

Croquis Portrait de « Mlle Clémence » — Chats — Paysages

Conversations avec un ami sourd (Poirot) « Je peins jusqu'a ce que je m'aperçoive que j'ai ce que j'ai fait Je ne suis jamais presse d'arriver au detail, les masses et le caractere du tableau m'interessent avant tout — Je reste couché quand je n'ai pas de pantalon — Je suis tres heureux parce que je n'ai pas besoin, je n'esperais pas arriver a ce degre — Il ne faut pas chercher il faut attendre J'ai toujours attendu sans me tourmenter et je ne suis pas malheureux — Il m'est impossible de chercher à la fois la couleur et les autres qualites — Je puis me soucier peu de la couleur que j'emploie, pourvu que ce soit solide, quand c'est bien vu alors je cherche les finesses de forme et de couleur Je retrempe sans cesse, sans etre arrete par rien et sans système — La nature est une eternelle beaute C'est souvent peu flatteur mais avec le temps, ca attache — J'ai vendu le Moine au Havre, 300 fr » — A la suite de ces phrases, l'interlocuteur a ecrit celle-ci « Consciencieux dans les explications simple dans ses actions » C'est ainsi qu'il avait entendu faire l'eloge de Corot

Chanson Adieu mon fils, bonne esperance!
Ta mere et moi, pour toi, pour notre France
Nous prierons Dieu, bonne esperance!

A propos de cette chanson Corot disait a M Robaut (25 decembre 1872) « Me voyez-vous, il y a 35 ans, chantant *Bonne Esperance* quand tout le monde m'abreuvait de mauvais compliments? »

N° 3106

CARNET 69 — 68 feuillets in-4° (vers 1850-55)

Carnet de jardinage, datant de 1820 environ, sur lequel il y a une dizaine de feuillets environ de crayonnages a la mine de plomb ou au fusain assez effacés

Croquis Orphee, — Adam et Eve, — Bacchanales, — Mere et enfant, etc

N° 3107

CARNET 70 (3) — 48 feuillets (vers 1855-58)

Ancien livre de creances de Mme Corot avec noms et adresses de ses clientes de la main de son mari Petit in-4° Porte la marque « Auguste Albert rue du Bacq n° 843, au coin de celle Verneuil »

Croquis Compositions diverses Ariane, enfant avec une chevre, sacrifice d'Abraham etc — Fusains effaces — Esquisse pour un portrait ovale — Figure pour la « Compagnie de Diane » etc

Ce carnet appartient a Mme Lemarinier

(1) Des croquis empruntes a ce carnet sont reproduits tome I, pages 87, 108 109 et 110

(2) Des croquis empruntes a ce carnet sont reproduits tome I pages 18, 19 143 159 160 et 222

(3) Des croquis empruntes a ce carnet sont reproduits tome I, pages 18 19 143 159 160 et 222

N° 3108

CARNET 71 — 48 feuillets, grand in-8° (1850-55)

Croquis Paysages à Poitiers, Nanteuil-les-Meaux etc — Un taureau (Beauvais) — Compositions berger luttant avec une chèvre etc

Notes diverses Lieux cités Alençon, Le Mans, Tours, Poitiers

N° 3109

CARNET 72 — 36 feuillets (vers 1850-55)

Ancien registre de recettes et dépenses, petit in-folio

Croquis Compositions diverses, paysages et figures (plume, crayon fusain)

N° 3110

CARNET 73 — Registre d'affaires petit in-4°, incomplet Il en restait 42 feuillets (Vers 1845-50)

Croquis (crayon plume ou fusains presque effacés) Paysages, figures, théâtre — Compositions Orphée, Ariane, Madeleine Silène etc

N° 3111

CARNET 74 — Livre de cuisine avec restes de comptes Petit in-4° Une dizaine de feuillets (vers 1850-55)

Croquis Compositions diverses

N° 3112

CARNET 75 — Brochure pour locataires, petit in-folio

Quelques feuillets seulement avec des fusains sans importance

N° 3113

CARNET 76 — Brochure pour locataires (vers 1850)

Un seul feuillet avec indication au fusain d'un portrait qui semble être celui de l'auteur

N° 3114

CARNET 77 — 66 feuillets

Livre d'adresses sans croquis

Notes diverses — Prix de tableaux (pour Limoges) La Toilette, 4 000, Figure, 500, Orphée, 3 000, Mortefontaine, 600 — Prix pour Bordeaux Concert, 4 000, Orphée, 4 000, Tambour de basque, 800

N° 3115

CARNET 78 (1) — 48 feuillets (vers 1856)

Croquis pour les décorations de l'église de Ville d'Avray Théâtre, danse — Compositions Figures

Noms d'artistes et d'amis Harpignies Briand Lambinet, Troyon, Vinet Preschez, Bourges, Gérome, Clérambault etc

Ce carnet appartient à M Chamouillet

N° 3116

CARNET 79 — 84 feuillets, la plupart blancs, (vers 1860-70)

Quelques croquis très succincts faits au théâtre

Ce carnet appartient à M F Corot

N° 3117

CARNET A (2) — 45 feuillets (vers 1872-74)

Croquis Théâtre, danse — Paysages — Compositions Petit chien de Mme Sennegon

Notes diverses — Adresses Stanislas Baron Casa di don Pedro Ferrandi, Strada Sta Lucia 31 M Larrey, rue de Lille, 91, etc

— Chanson Arlequin tient sa boutique
Sur les marches du palais
Il enseigne sa musique
A tous les petits valets
à M Po, à M li,
à M chi à M nelle,
à M Polichinelle,
à M qui chie dans son pot,
dans son lit,
à M Polichinelle

Remarques et souvenirs 27 octobre, obligé d'ouvrir à cause de la chaleur — 6 novembre transpiré comme en juin

Ce carnet fait partie de la collection Robaut

---

(1) Des croquis empruntés à ce carnet sont reproduits tome I, pages 164 100 e 167

(2) Des croquis empruntés à ce carnet sont reproduits tome I, pages 247 250 et 308

N° 3118

CARNET B (1) — 84 feuillets (vers 1865-70)

Croquis — Théâtre, danse — Compositions Vénus et l'Amour, berger jouant avec sa chèvre, etc., etc. — Paysages, nature et compositions

Notes diverses — Itinéraire Mai, Ville-d'Avray — Juin, Coubron — Juillet, Douai — Août, Tréport, Méry — Septembre, Mantes — Octobre (?) — Novembre, Coubron

Liste de rendez-vous (probablement des dîners) 15, Dubuisson 16, Boulard, 18, Baron, 19, Scribe, 20 Jacquette, 24, Hermann 25 Boudet, 26, Scribe, 28, Fleurus, 29, Garnier, 30 Maison

Ce carnet fait partie de la collection Robaut

N° 3119

CARNET C (2) — 85 feuillets (1871-72)

Croquis au parc des Lions (Port-Marly), à Étretat, à Bordeaux, à Biarritz, à St-Jean de Luz, (sardinières), etc. — Figures

Notes diverses Adresse de Gustave Colin à Ciboure (de sa main) — Deux noms accolés Teodoro Picabea et Stanislas Baron, avec la date « Irun, 20 oct. 1872 », etc.

Ce carnet fait partie de la collection Robaut

N° 3120

CARNET D — 31 feuillets (vers 1870-73)

Croquis Compositions et théâtre (Esquisses de musiciens, danseuses) — Esquisse d'une tapisserie — Groupe de deux fillettes, etc., etc.

Ce carnet fait partie de la collection Robaut

N° 3121

CARNET E (3) — 39 feuillets (vers 1823-25)

Il porte la marque « Au Coq honoré, rue du Coq St-Honoré n° 7, Paris, chez Alph. Giroux »

Croquis Personnages copiste au Louvre, spectateurs au musée, deux vieillards sur un banc, etc. — Étude d'après l'antique — Paysages historiques — Études de plantes d'après nature — Id. de paysage — Renseignements pris dans un livre sur l'antiquité — Esquisses de tableaux — Une tête de jeune homme coiffé d'un bonnet, etc.

Quelques adresses et ces mots significatifs « *Avril, vent !* »

Ce carnet fait partie de la collection Robaut

N° 3122

CARNET F — (vers 1830-33)

Donné par Corot à l'architecte Quantinet (4)

Croquis À Paris, aux environs et à Rouen — Types nombreux — Animaux chevaux, chiens, etc. — Voitures — Quais de Rouen — Vues de la campagne rouennaise — Vue près Corbeil — Portrait de M. Corot père — Une jeune fille au piano, avec à côté d'elle un personnage qui ressemble à Corot lui-même, etc., etc.

Notes diverses Quelques couplets de chansons — Phrases détachées « Je ne demande à Jupiter que ce qu'il donne et ôte à son gré la vie et les richesses ! Le reste me regarde » — « Il n'y a personne qui n'ait ses défauts et le meilleur de nous est celui qui en a le moins » — « Dis moi, l'homme vertueux ici-bas est-il heureux ? Ris de sa folie » — « Laissons les sots et les fous

Du sort craindre le courroux

Moi, je le défie » —

— « Carnaval de 1832 merde et foire à l'infini »

Ce carnet appartient à M. H. Rouart

(1) Un autographe emprunté à ce carnet est reproduit tome I, page 199

(2) Des croquis empruntés à ce carnet sont reproduits tome I, page 271 272 et 273

(3) Un croquis emprunté à ce carnet est reproduit tome I page 25

(4) Des croquis empruntés à ce carnet sont reproduits tome I, pages 21 60 et 61

EAUX-FORTES

EAUX-FORTES

N° 3123

Vers 1845 — SOUVENIR DE TOSCANE

Eau-forte trait carré 0,123×0,178 Signé en bas, à gauche, sur la planche C C

1er état (RRR) Simple trait avec l'indication des masses essentielles

2e état (RR) L'ensemble de la composition reprise est mis à l'effet Dans cet état, les nouveaux travaux ont fait disparaître presque complètement l'horizon de mer qui était très nettement indiqué vers la gauche dans l'état précédent

3e état Tirage de la « Gazette des Beaux-Arts », 1er avril 1875 Il n'y a pas de travaux nouveaux, mais la planche est salie dans différentes parties

Une épreuve de 1er état, qui a appartenu à Mouilleron, fait partie de la collection Alfred Robaut Cette épreuve a figuré à l'Exposition Universelle de 1889 (N° 101 du catalogue) Une épreuve du 3e état y a figuré en même temps (N° 102 du catalogue)

Reproduit ci-contre A 1er état (Épreuve de la collection Alfred Robaut)
B 2e état (Épreuve de la collection Alfred Robaut)

N° 3124

Vers 1857-58 — VILLE-D'AVRAY — LE BATEAU SOUS LES SAULES

Eau-forte trait carré 0,073×0,121 Signé en bas, à gauche

1er état (RRR) Eau-forte pure, très blonde

2e état (R) Retouches à la pointe et effet très vigoureux

Cette eau-forte fut exécutée par Corot pour illustrer les poèmes d'Edmond Roche, mais elle est demeurée inédite

Vente Lessore, 15 février 1889 (2e état), 10 fr

Une épreuve du 1er état (il n'en existe que 2) fait partie de la collection Alfred Robaut
Une épreuve du 2e état provenant de la collection Jules Michelin et une autre provenant de la collection Albert de La Fizelière font partie également de la collection Robaut

Une épreuve du 2e état appartenant à M Alfred Robaut a figuré à l'Exposition Universelle de 1889 (N° 101 du catalogue)

Reproduit ci-contre 2e état (Épreuve de la collection Alfred Robaut)

N° 3125

1862 — VILLE-D'AVRAY — L'ÉTANG AVEC UN BATELIER ET UNE VACHE

Eau-forte, trait carré 0,071×0,120 Signé en bas, à droite

1er état (RRR) Avant la signature

2e état (R) La planche légèrement remordue et signée (Une trentaine d'épreuves seulement ont été tirées par Jules Michelin, qui avait fait mordre la planche)

3e état Tirage pour le volume intitulé Poésies posthumes d'Edmond Roche, Paris 1863

Vente Chambry 1881 une épreuve du 1er état et une du second, ensemble 51 fr — Vente Tissier, janvier 1883, l'épreuve 1er état de la vente Chambry seule 16 fr, à M Alfred Robaut — Vente Lessore, 15 février 1889, 2e état, 20 fr — Vente Bouvenne, 26 novembre 1894, 2e état, 17 fr

L'épreuve du 2e état appartenant à M Alfred Robaut a figuré à l'Exposition Universelle de 1889 (N° 101 du catalogue)

Reproduit ci-contre 1er état (Épreuve de la collection Alfred Robaut)

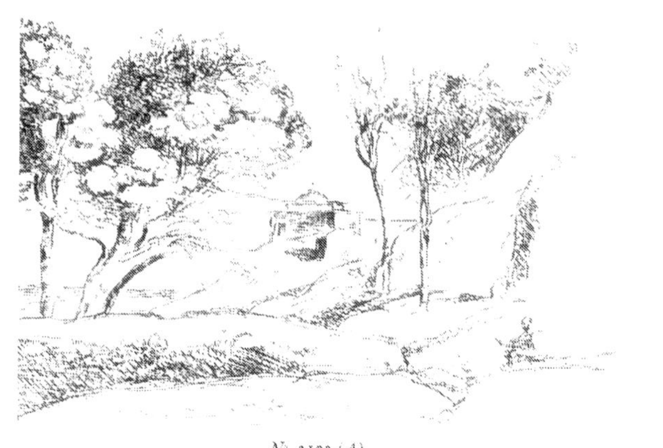

N° 3123 (A)

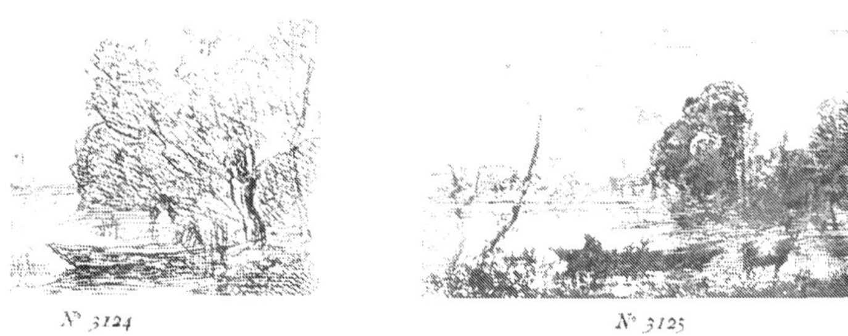

N° 3124

N° 3125

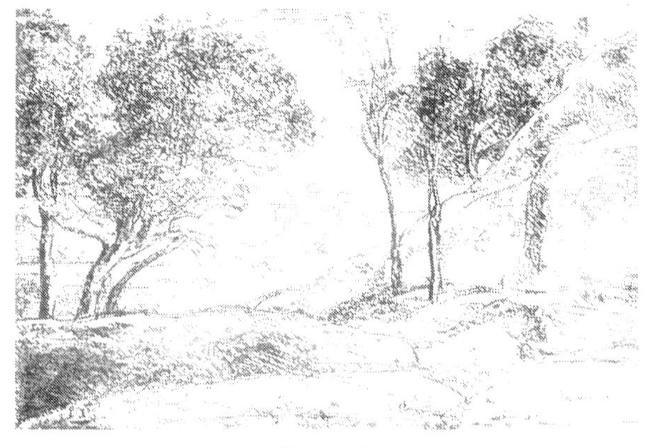

N° 3123 (B)

N° 3126

Vers 1862-63 — UN LAC DU TYROL

Eau-forte sans trait carré 0,112×0,172 Signé en bas, à gauche sur la planche

1er état (RR) Avant toute lettre

2e état Avec la lettre On lit en bas, à gauche « Le Monde des Arts » A droite « Paris, imp Houiste, rue Mignon, 5 » Tirage en rouge à 200 exemplaires environ, vers 1868

3e état La lettre dissimulée (une vingtaine d'épreuves sur papiers divers)

Vente Lessore, février 1889 2e état, 7 fr

Une épreuve appartenant à M Alfred Robaut a figuré à l'Exposition Universelle de 1889 (N° 101 du catalogue)

Reproduit ci-contre 1er état (Épreuve de la collection Alfred Robaut)

N° 3127

1865 — SOUVENIR D'ITALIE

Eau-forte trait carré 0,293×0,220 Non signé

Cette eau-forte a été mordue par Bracquemond Elle a figuré (1er état) au Salon de 1865

1er état Avant lettre et numéro

2e état On lit en bas au milieu « Souvenir d'Italie », et, en-dessous « Paris publié par A Cadart et Luquet, éditeurs, 79, rue de Richelieu » A gauche « Corot, sculp », à droite « Imp Delâtre, rue Saint-Jacques, 303, Paris » En haut, à droite « 38 »

3e état Même lettre, mais le nom de F Chevalier est substitué à celui de Luquet

4e état Changement du nom d'imprimeur en Imp A Cadart, Paris

L'épreuve qui a figuré au Salon de 1865 a fait partie de la vente posthume de Corot, elle a été adjugée (20 fr encadrée) à M Alfred Robaut Elle a figuré à l'Exposition Durand-Ruel 1878 et à l'Exposition Universelle de 1889 (N° 101 du catalogue)

Vente Lessore, 15 février 1889, 1er état 30 fr

Reproduit ci-contre 1er état (Épreuve de la collection Alfred Robaut)

N° 3128

1866 — ENVIRONS DE ROME

Eau-forte trait carré 0,286×0,162 Signé en bas, à gauche

1er état Avant lettre et numéro

2e état Avec le titre « Environs de Rome », en bas au milieu et, sur les diverses parties de la planche les mêmes indications que sur la planche précédente, avec cette différence que le numéro ici est 211

3e état Changement de nom d'éditeur, comme sur la planche précédente

4e état Changement de nom d'imprimeur, comme sur la planche précédente

Cette eau-forte, mordue par Bracquemond a figuré en 2e état au Salon de 1866

L'épreuve exposée au Salon a fait partie de la vente posthume Corot et a été adjugée, 20 fr, à M Alfred Robaut Elle a figuré à l'Exposition Universelle de 1889 (N° 101 du catalogue)

Vente Lessore, 15 février 1889, 1er état, 5 fr 50

Reproduit ci-contre 2e état (Épreuve de la collection Alfred Robaut)

N° 3129

Vers 1865 — PAYSAGE D'ITALIE

Eau-forte trait carré 0,149×0,230

1er état (RR) Avant lettre et numéro

2e état Avec le titre en bas, au milieu et ces mots « Paris, Cadart et Luquet, éditeurs » A gauche « Corot, sculp », à droite « Imp Delâtre, rue Saint-Jacques, Paris » en haut à droite « N° 246 »

3e état Le nom de Chevalier remplace celui de Luquet

4e état On lit en bas, à gauche « Le Musée des Deux Mondes » A droite « Librairie Bachelin-Deflorenne imp Delâtre, rue Saint-Jacques »

5e état Nom d'imprimeur changé en « Imp A Cadart, Paris »

Cette planche a été mordue par Bracquemond

Vente posthume Corot 1er état 20 fr — Vente Lessore 15 février 1889, 2e état, 5 fr 50

Une épreuve du 1er état appartenant à M Alfred Robaut a figuré à l'Exposition Universelle de 1889 (N° 101 du catalogue)

Reproduit ci-contre 1er état (Épreuve de la collection Alfred Robaut)

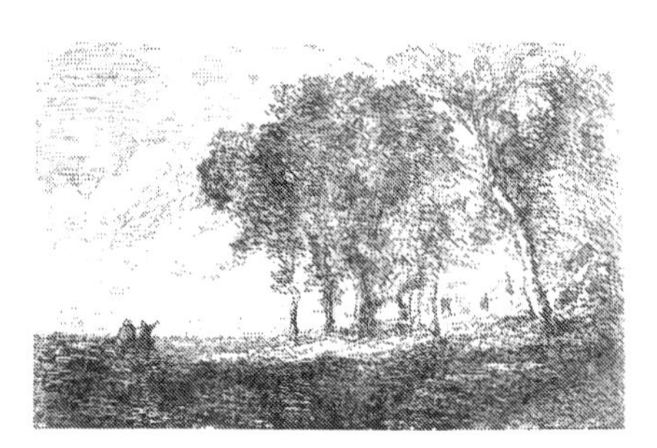

Nº 3129

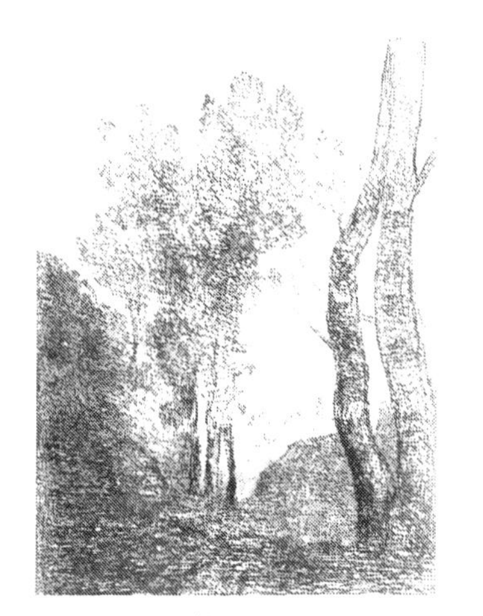

Nº 3127

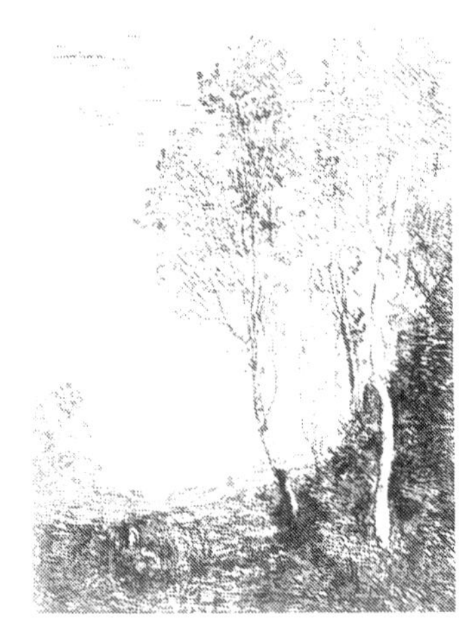

Nº 3128

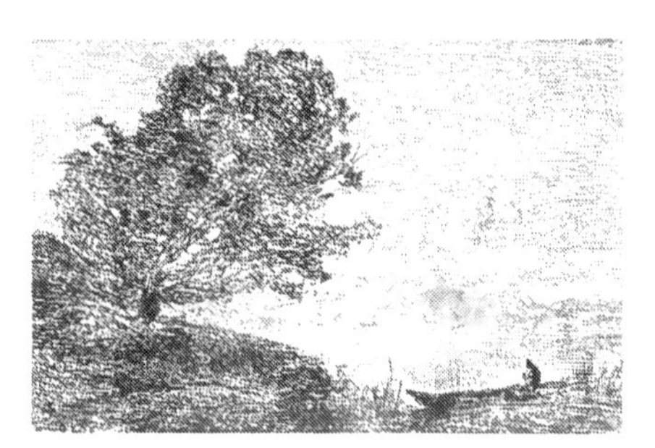

Nº 3126

N° 3130

1866 — CAMPAGNE BOISÉE

Eau-forte, trait carré 0,100×0,151 Signé en bas à gauche

1ᵉʳ état (RR) Avant la signature, dont la place a été ultérieurement éclaircie au brunissoir

2ᵉ état Avec la signature

3ᵉ état Avec la lettre En bas à gauche « Corot inv et sc », à droite « Imp Delâtre, Paris »

Cette planche a été gravée pour le « Paysagiste aux champs » de Frédéric Henriet (Achille Faure éditeur, 1866, rééditée vers 1878 par Levy)

Reproduit ci-contre (Épreuve de la collection Alfred Robaut)

N° 3131

Vers 1869 — DANS LES DUNES — SOUVENIR DU BOIS DE LA HAYE

Eau-forte trait carré 0,119×0,192 Signé en bas, à droite très légèrement hors cadre

1ᵉʳ état (RR) Épreuves d'essai

2ᵉ état Tirage pour le volume intitulé « Sonnets et eaux-fortes » par André Lemoyne Paris, Lemerre éditeur, 1869 (100 exemplaires)

Vente Lesoire, 15 février 1889 (1ᵉʳ état), 19 fr — Vente Hotel Drouot, 4 avril 1884 (1ᵉʳ état), 20 fr

Une épreuve appartenant à M Alfred Robaut a figuré à l'Exposition Universelle de 1889 (N° 101 du catalogue)

Reproduit ci-contre (Épreuve de la collection Alfred Robaut)

N° 3132

Vers 1869-70 — VÉNUS COUPE LES AILES A L'AMOUR

Eau-forte sans trait carré 0,227×0,148 Non signé

(RRR) Quelques épreuves d'essai seulement

La planche appartient à M Alfred Robaut, à qui Corot l'a donnée en 1871

Reproduit ci-contre (Épreuve de la collection Alfred Robaut)

N° 3133

Vers 1869-70 — VÉNUS COUPE LES AILES A L'AMOUR (Variante de la planche précédente)

Eau-forte sans trait carré 0,204×0,150 Non signé

(RRR) Quelques épreuves d'essai seulement

La planche appartient à M Alfred Robaut à qui Corot l'a donnée en 1871

Reproduit ci-contre (Épreuve de la collection Alfred Robaut)

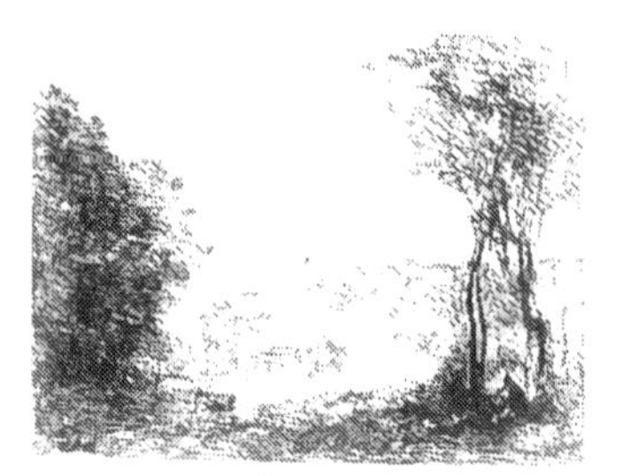

Nº 3130

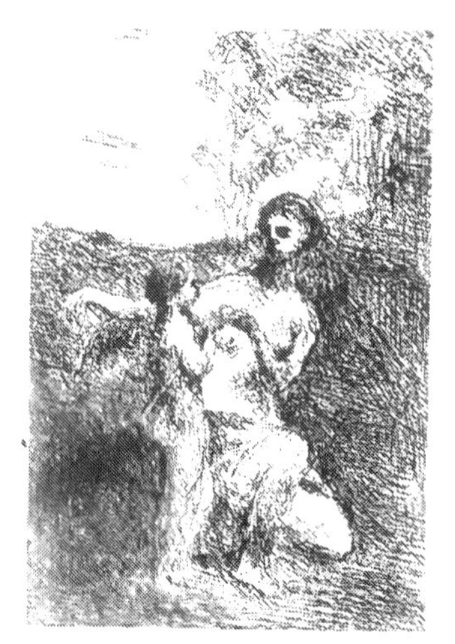

Nº 3132

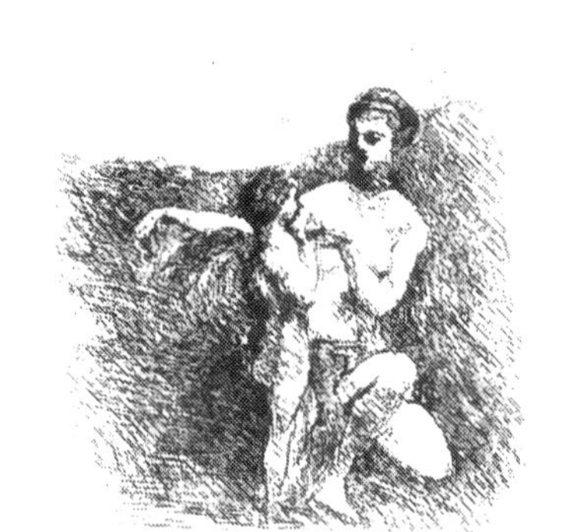

Nº 3133

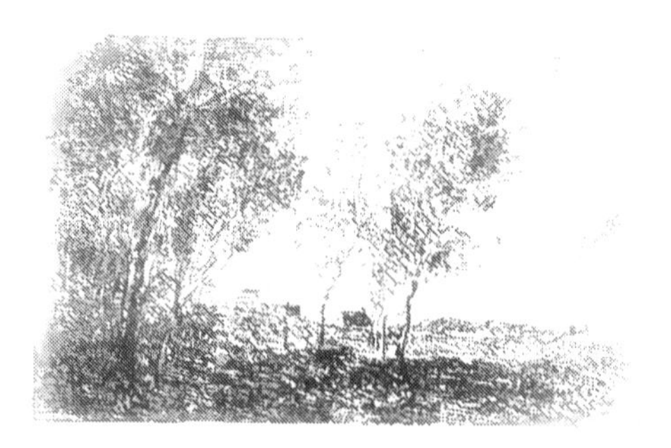

N° 3134

Vers 1869-70 — SOUVENIR DES FORTIFICATIONS DE DOUAI

Eau-forte sans trait carre 0,150×0,230 Non signe

(RRR) Quelques epreuves d'essai seulement

La planche appartient a M Alfred Robaut a qui Corot l'a donnee en 1871

Reproduit ci-contre (Épreuve de la collection Alfred Robaut)

N° 3135

Vers 1869-70 — LE DOME FLORENTIN

Eau-forte, sans trait carre 0 252×0,152 Non signe

(RRR) Quelques epreuves d essai seulement

La planche appartient a M Alfred Robaut, a qui Corot l a donnee en 1871

Reproduit ci-contre (Épreuve de la collection Alfred Robaut)

N° 3136

Vers 1865 — LE BAIN

Pointe seche, sans trait carre 0,152×0,196 Signe en bas a droite

Cette planche, nettoyée par l'imprimeur avant qu elle ait ete mordue est demeuree a l'etat de croquis inacheve et il n en a pas ete fait de tirage une ou deux epreuves d'essai seulement

(RRRR) Une épreuve appartenait a Philippe Burty — Vente Burty (N° 131), 40 fr , a M Alfred Robaut

Reproduit ci contre (Épreuve de la collection Alfred Robaut)

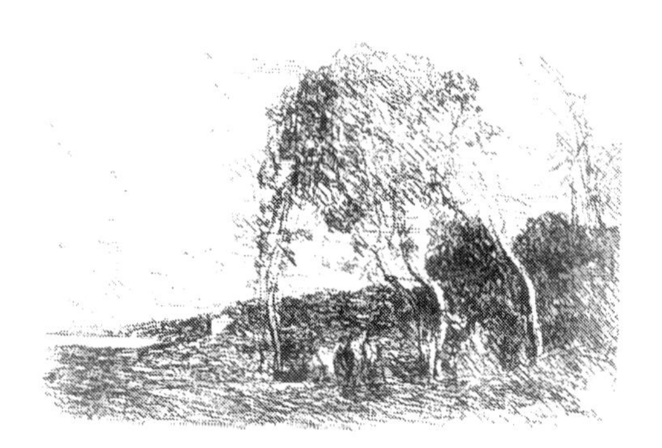

N° 3134

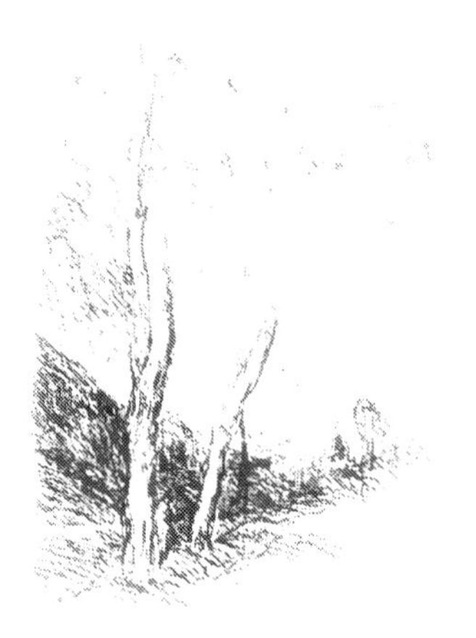

N° 3135

LITHOGRAPHIES
& AUTOGRAPHIES

LITHOGRAPHIES

L'œuvre lithographique de Corot est très peu considérable. Nous ne connaissons absolument qu'une lithographie de sa main (N° 3137). Il paraît que, dans sa jeunesse, il en avait exécuté plusieurs autres, mais M. Alfred Robaut, malgré de patientes recherches, n'a pu les retrouver. Il faut nous borner à publier sur ces pièces (Nos 3138, 3139 et *3140), les indications orales ou graphiques qu'il a recueillies de leur auteur lui-même.*

N° 3137

Vers 1836. — Mlle ROSALIE, ROLE DE « MERE BOISSEAU » DANS LA « CAISSE D'EPARGNE » (AU THÉATRE COMTE)

Lithographie sans trait carré. Dimensions de la figure : 0 100×0 066. Non signé.

On lit au-dessus du personnage : *Théâtre Comte*. Au-dessous : *« C'est l'obelis de Lousquesor qui me tombe sur la tête » — Mlle Rosalie, rôle de Mère Boisseau dans la « Caisse d'Epargne »*.

Ce dessin a été fait par Corot pour illustrer une petite brochure in-18, « la Caisse d'Epargne », vaudeville par M. Edouard Delalain, musique de M. G. Saint-Yves (Henri Delalain). Ce vaudeville, qui était le produit de la collaboration des deux fils de l'ancien patron de Corot, fut représenté, pour la première fois, le 1er octobre 1836.

Deux épreuves de cette lithographie, aujourd'hui très rare, font partie de la collection Alfred Robaut. L'une lui a été offerte par M. Edouard Delalain, l'autre par M. Charles Asselineau.

Reproduit ci-dessous d'après une de ces épreuves.

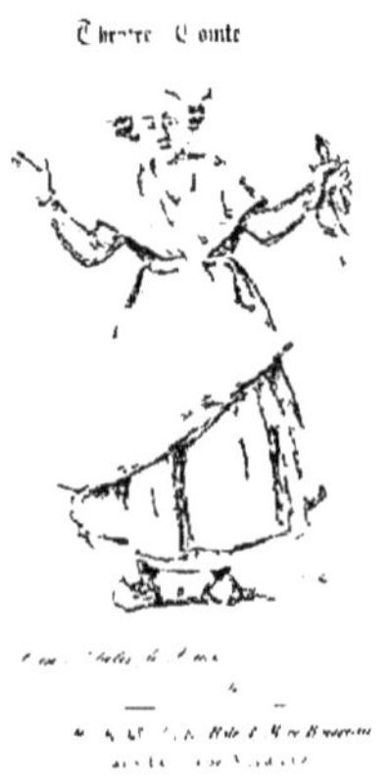

N° 3137

N° 3138

Vers 1822 — LA PESTE DE BARCELONE

Lithographie in-4° environ

Cette piece nous est absolument inconnue. Cependant, nous possedons sur son compte des indications de Corot lui-même, fournies par lui à M. Alfred Robaut pendant leur sejour commun à Brunoy, en mai 1873. Le maître, répondant à la demande de son ami, traça le croquis ci-contre, en haut duquel on lit de sa main : " Souvenir de la peste de Barcelone. " Tout en dessinant, il disait : « Ah ! que cela devait être maladroit et mauvais ! Car, vous savez, j'ignorais absolument tout de mon metier et je n'avais pas le loisir de m'y attarder. J'etais encore chez M. Delalain et je m'echappais clandestinement pour porter mes pierres chez Engelmann. »

N° 3139

Vers 1822 — LA GARDE MEURT ET NE SE REND PAS

Lithographie in-4° environ

Inconnue, comme la piece precedente, et, comme elle, revélée, dans ses grandes lignes, par Corot lui-même à M. Alfred Robaut.

Tandis que son crayon courait sur le papier (26 mai 1873), le maître disait : « Je me rappelle que j'avais adossé le grenadier contre un arbre. Dans ses bras, il tenait son drapeau, décidé à ne l'abandonner qu'en mourant. Je le revois avec sa grande redingote, ses guêtres. Devant lui trois contre un : des Anglais le menaçaient de leur baïonnette. » — Le souvenir des malheurs recents de la France lui fit ajouter : « Aujourd'hui, on pourrait faire une triste contre-partie du titre de ce dessin ; mais n'insistons pas là-dessus et consolons-nous avec la nature. »

N° 3140

Vers 1822 — UNE FÊTE DE VILLAGE, GENRE DES KERMESSES FLAMANDES

Lithographie in-4° au moins

De cette lithographie, dont l'existence a ete affirmée par Corot, nous n'avons aucune indication, même sommaire comme les precedentes. A plus de 50 ans de distance, la memoire de Corot lui faisait defaut sur ce sujet. Il se rappelait seulement que la scene comprenait une grande quantité de figures.

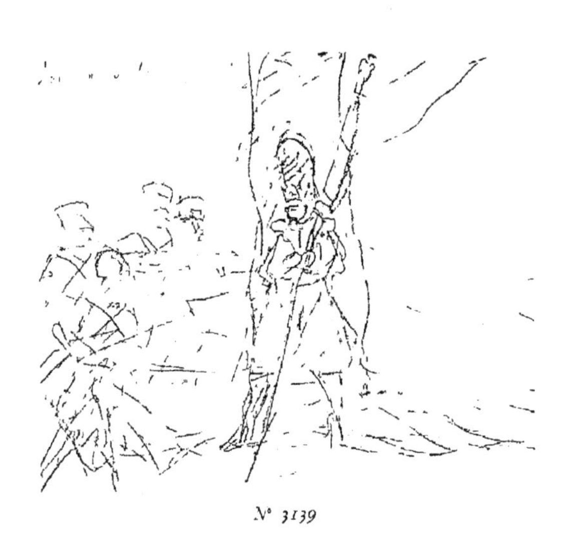

Nº 3139

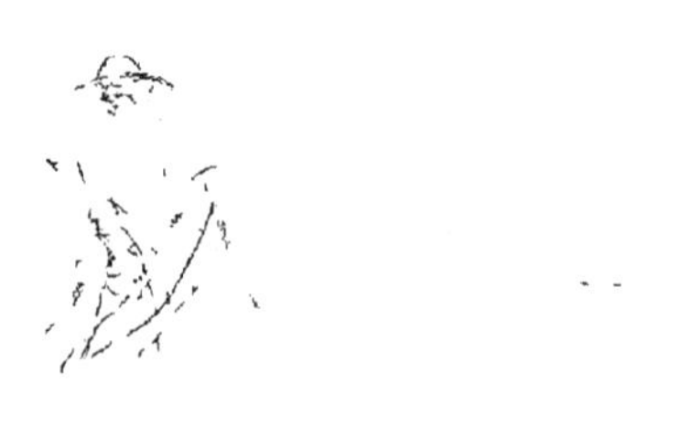

Nº 3138

AUTOGRAPHIES

Indépendemment des lithographies précédemment citées, Corot a fait, vers la fin de sa carrière, un certain nombre de compositions au crayon ou à la plume sur papier autographique, reportées sur pierre et imprimées par les soins de M. Alfred Robaut. Ces œuvres sont au nombre de 15, dont 12 ont été réunies et publiées en 1872 sous le titre « Douze croquis et dessins originaux sur papier autographique par Corot, tirés à 50 exemplaires, Paris, rue Lafayette, 113 et rue Bonaparte, 18 ». Cette publication comprend les Nos 3141 à 3152.

N° 3141

Douai, 1871. — LE REPOS DES PHILOSOPHES

Dessin au crayon sur papier autographique, sans trait carré. 0,215×0,135. Signé en bas, à droite.

N° 1 (non numéroté) de la série des 12 dessins publiés en 1872.

Une dizaine d'épreuves d'essai (RR) en tons différents, bistre ou noir sur papiers blanc, Chine et bleuté. Ces épreuves ne sont pas signées. — Le tirage définitif de la publication est en bistre.

Reproduit ci-contre, d'après une épreuve de la collection Alfred Robaut.

N° 3142

Arras, 1871. — LE CLOCHER DE SAINT-NICOLAS-LEZ-ARRAS

Dessin au crayon sur papier autographique, sans trait carré. 0,278×0,220. Non signé.
(Quelques épreuves seulement signées à la plume, à gauche.)

N° 2 (non numéroté) de la série des 12 dessins publiés en 1872.

Quatre ou cinq épreuves d'essai (RR) tirées sur papier gris clair. — Le tirage de la publication est en noir sur papier bulle. — Il existe une épreuve légèrement teintée d'un lavis clair par Corot lui-même.

Reproduit ci-contre, d'après une épreuve de la collection Alfred Robaut.

N° 3143

Arras, 1871. — LA TOUR ISOLÉE

Croquis à la plume sur papier autographique, sans trait carré. 0,220×0,280. Signé en bas, à gauche.

N° 3 (non numéroté) de la série des 12 dessins publiés en 1872.

Tous les exemplaires sont tirés en noir sur papier de Chine. — Une épreuve a été légèrement teintée d'un lavis clair par Corot lui-même.

Reproduit ci-contre, d'après une épreuve de la collection Alfred Robaut.

N° 3144

Arras, 1871. — LA RENCONTRE AU BOSQUET

Dessin au crayon sur papier autographique, sans trait carré. 0,280×0,222. Non signé.

N° 4 (non numéroté) de la série des 12 dessins publiés en 1872.

Le tirage a été fait en noir sur papier bulle. — Il existe une épreuve légèrement teintée d'un ton violacé.

Reproduit ci-contre, d'après une épreuve de la collection Alfred Robaut.

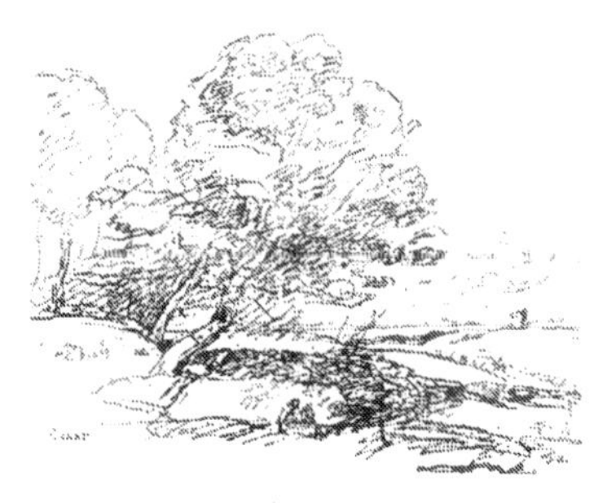

N° 3143

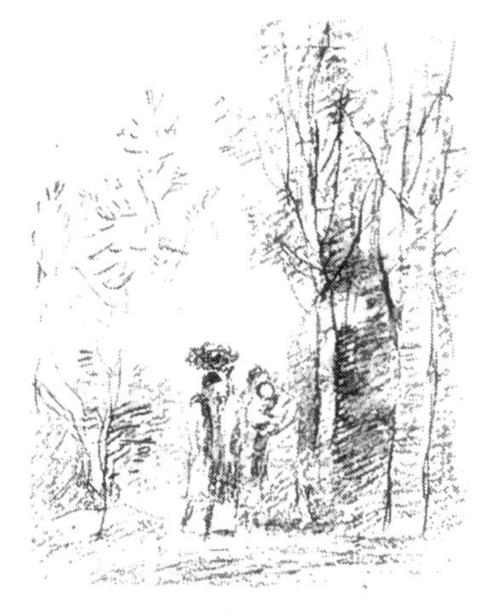

N° 3144

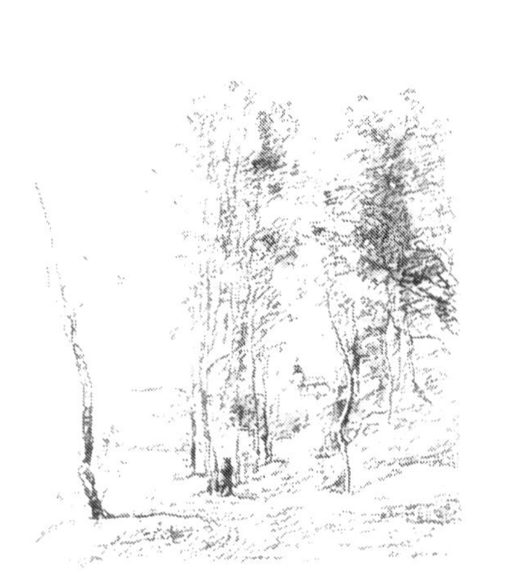

N° 3142

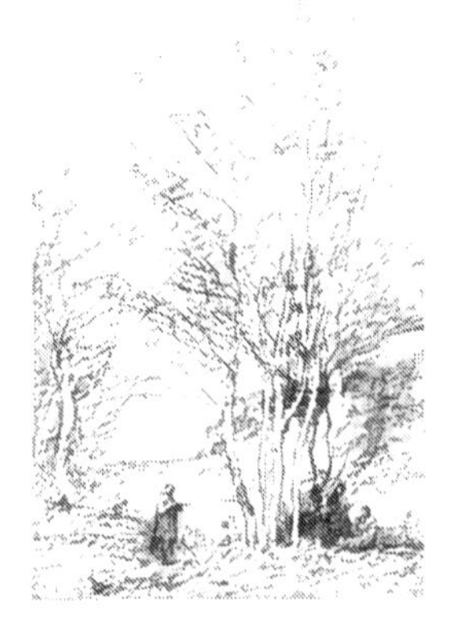

N° 3145

Arras, 1871 — LE CAVALIER DANS LES ROSEAUX

Dessin au crayon sur papier autographique, sans trait carré 0,215×0,275 Non signé
(Quelques épreuves seulement signées en bas, à droite)

N° 5 (non numéroté) de la série des 12 dessins publiés en 1872

3 ou 4 épreuves d'essai (RRR) tirées en noir sur papier violacé Le reste du tirage, également en noir sur papier violacé est plus lourd et plus dépouillé à la fois que ces épreuves d'essai

Reproduit ci-contre d'après une épreuve de la collection Alfred Robaut

N° 3146

Arras, 1871 — LE COUP DE VENT

Dessin au crayon sur papier autographique sans trait carré 0,221×0,277 Signé en bas, à droite

N° 6 (non numéroté) de la série des 12 dessins publiés en 1872

Il existe 4 épreuves d'essai non signées tirées en noir sur papier bulle Corot en a retouché une au lavis sur laquelle le ciel, à sa base est légèrement teinté de rose et de jaune — Le tirage de la publication est en bistre sur papier bulle

Reproduit ci-contre d'après une épreuve de la collection Alfred Robaut

N° 3147

Douai, 1871 — LE DORMOIR DES VACHES

Dessin au crayon sur papier autographique sans trait carré 0,156×0,133 Non signé
(Quelques épreuves signées en bas à droite)

N° 7 (non numéroté) de la série des 12 dessins publiés en 1872

Il existe 3 exemplaires d'essai (RRR) imprimés en noir ou bistre fort sur papier jaunâtre, 5 autres épreuves (RR) sur Chine et teintes diverses Le reste du tirage est sur Chine d'un ton bistré roux

Reproduit ci-contre d'après une épreuve de la collection Alfred Robaut

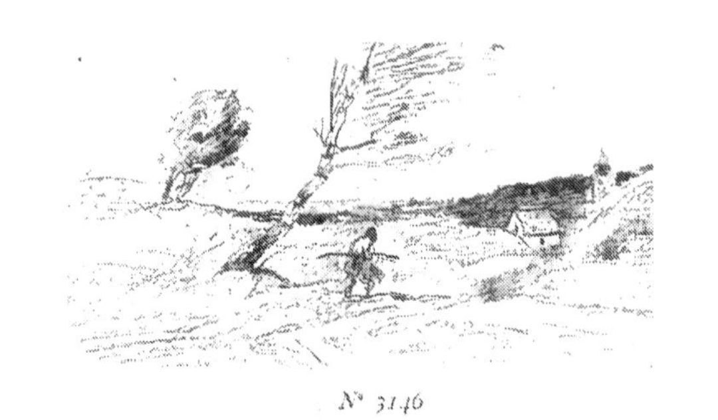

N° 3146

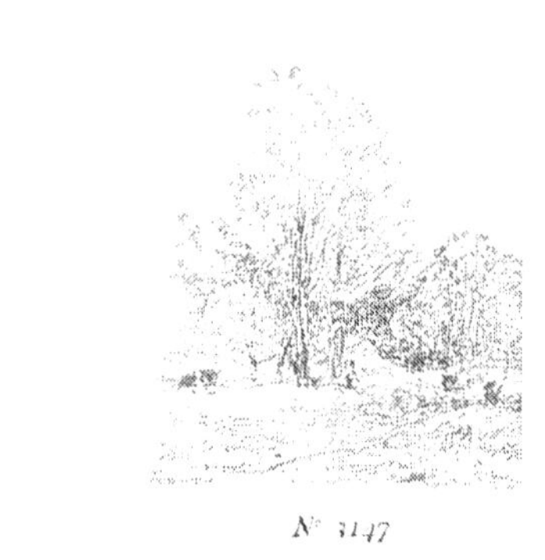

N° 3147

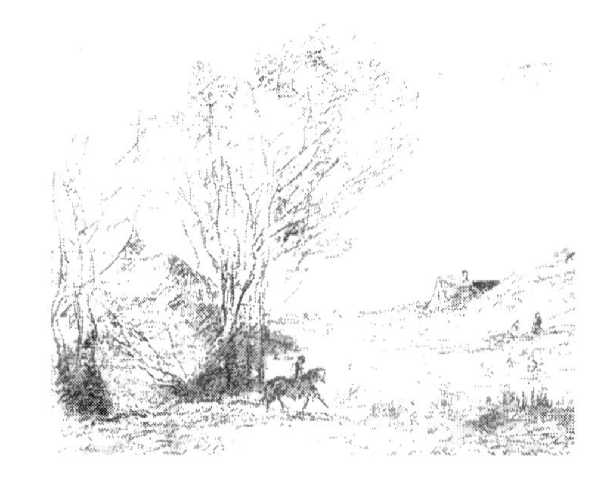

N° 3148

Douai, 1871 — SOUVENIR D'ITALIE

Dessin au crayon sur papier autographique sans trait carré 0,130×0,180 Signé en bas, à droite

N° 8 (non numéroté) de la série des 12 dessins publiés en 1872

2 ou 3 épreuves d'essai (RRR) en noir et bistre foncé sur papier de Chine ou ordinaire

Le tirage de la publication est en bistre sur Chine

Reproduit ci-contre d'après une épreuve de la collection Alfred Robaut

N° 3149

Douai, 1871 — SAULES ET PEUPLIERS BLANCS

Dessin au crayon sur papier autographique sans trait carré 0,260×0,400 Signé en bas, à gauche

N° 9 (non numéroté) de la série des 12 dessins publiés en 1872

2 épreuves d'essai (RRR) tirées en noir — Le reste du tirage est en bistre sur Chine

Reproduit ci-contre d'après une épreuve de la collection Alfred Robaut

N° 3150

Douai, 1871 — LE MOULIN DE CUINCY, PRÈS DOUAI

Dessin au crayon sur papier autographique, sans trait carré 0,210×0,260 Signé en bas, à gauche

N° 10 (non numéroté) de la série des 12 dessins publiés en 1872

Une épreuve d'essai (RRR) en noir Le tirage est en bistre sur Chine

Reproduit ci-contre d'après une épreuve de la collection Alfred Robaut

Nº 3149

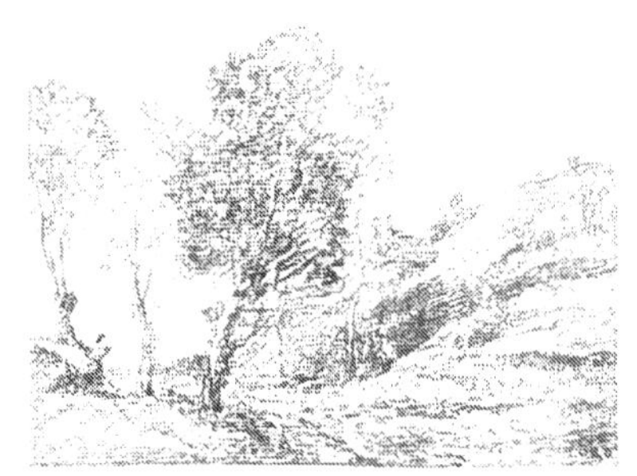

Nº 3148

Nº 3150

N° 3151

Arras, 1871 — SAPHO

Dessin au crayon sur papier autographique, sans trait carré 0,220×0,278 Non signé
(Quelques épreuves portent la signature à gauche)

N° 11 (non numéroté) de la série des 12 dessins publiés en 1872
Quelques épreuves d'essai (RR) en noir sur papier violacé
Le tirage est en bistre orangé sur papier bulle

Reproduit ci-contre, d'après une épreuve de la collection Alfred Robaut

N° 3152

Douai, 1871 — UNE FAMILLE A TERRACINE

Dessin au crayon sur papier autographique sans trait carré 0,262×0,240 Signé en bas, à droite

N° 12 (non numéroté) de la série des 12 dessins publiés en 1872
Une épreuve en noir sur papier blanc (RRR)
Une dizaine d'épreuves (RR) en bistre foncé sur papiers de diverses nuances
Le reste du tirage sur Chine

Reproduit ci-contre, d'après une épreuve de la collection Alfred Robaut

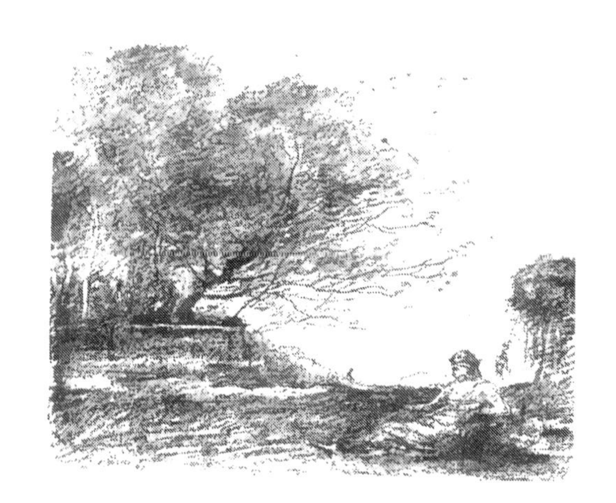

Nº 3151

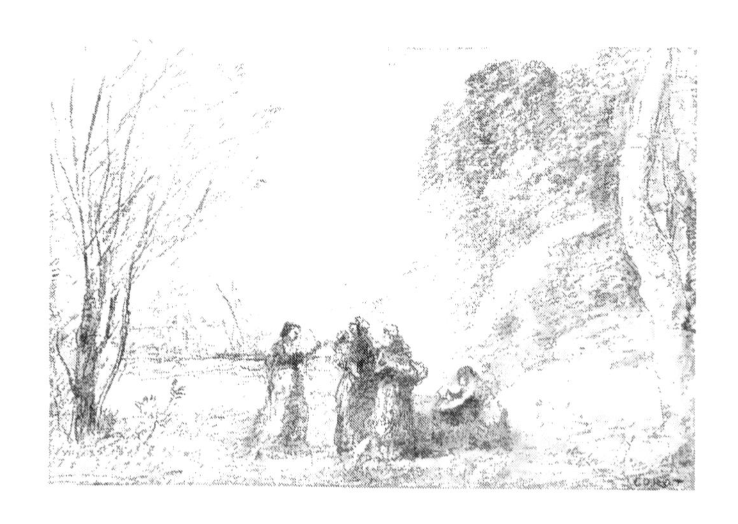

N° 3153

Arras, 1871 — SOUS BOIS

Croquis au crayon sur papier autographique, sans trait carré 0,220×0,270 Non signé

C'est le premier essai fait par Corot avant l'exécution de la série précédente

2 ou 3 épreuves en noir (RRR) Le reste du tirage ton sanguine, le tout sur papier bulle, quelques épreuves seulement sur Chine

Reproduit ci-contre d'après une épreuve de la collection Alfred Robaut

N° 3154

Arras, juillet 1874 — LE FORT DÉTACHÉ

Dessin au crayon sur papier autographique, sans trait carré 0,192×0,260 Signé en bas à gauche

Tirage à 100 exemplaires en noir sur Chine jaune et gris et sur bulle volant

Reproduit ci-contre, d'après une épreuve de la collection Alfred Robaut

N° 3155

Arras, juillet 1874 — LA LECTURE SOUS LES ARBRES

Dessin au crayon sur papier autographique, sans trait carré 0,265×0,180 Signé en bas, à gauche

Tirage à 100 exemplaires en noir, sur Chine jaune et gris et sur bulle volant

Reproduit ci-contre d'après une épreuve de la collection Alfred Robaut

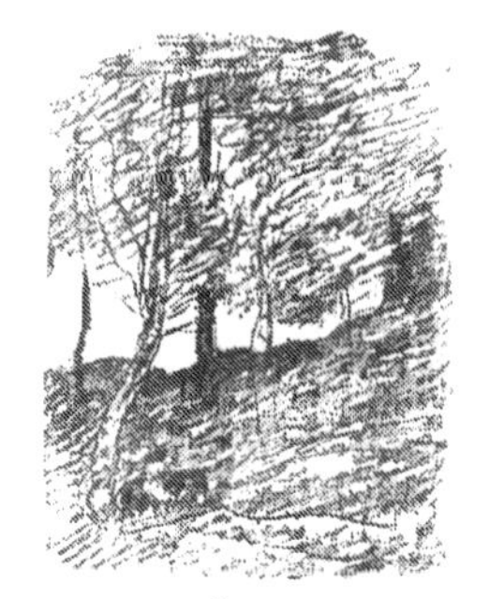

Nº 3153

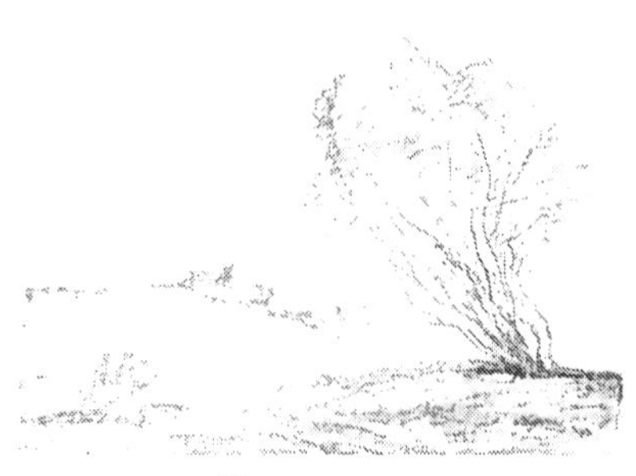

Nº 3154

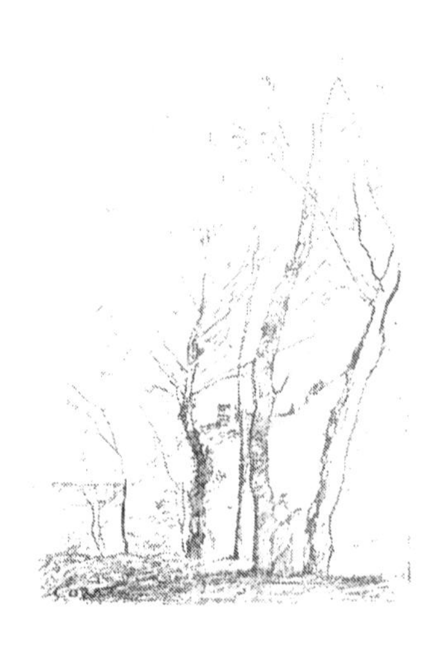

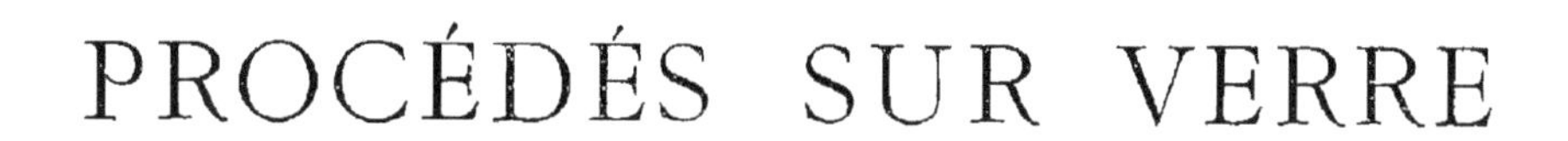

PROCÉDÉS SUR VERRE

PROCÉDÉS SUR VERRE

Les « procédés sur verre » sont des sortes d'estampes photographiques, qui ont eu un moment de faveur parmi nos meilleurs artistes vers 1855-60. Daubigny, Millet et Rousseau y ont exercé leurs talents divers en même temps que Corot.

Celui-ci fut initié à cette pratique nouvelle par les photographes d'Arras, MM. Grandguillaume et Cuvelier, en même temps que par son ami Dutilleux, un des premiers adeptes de cette invention.

Ces « procédés sur verre » ont fait récemment l'objet d'une étude particulière et approfondie dont l'auteur, M. Germain Hédiard, en même temps qu'il cataloguait ces œuvres d'un genre à part, s'est attaché à en expliquer la technique (Gazette des Beaux-Arts, 1er Novembre 1903).

Elle consiste à prendre une plaque de verre et à produire sur cette plaque, au moyen d'opacités et de transparences, un dessin analogue à un négatif photogra-

phique, que l'on tire ensuite sur papier sensible, exactement comme un cliché ordinaire.

Ces négatifs artificiels sont obtenus par des moyens différents. Le plus élémentaire consiste à enduire la plaque de verre d'une couche opaque, que l'on raye ensuite avec une pointe comme on attaque le vernis dans l'eau-forte, de manière à mettre le verre à nu. On fait en sorte que la coloration de cette couche opaque soit blanche ou tout au moins claire, afin que, le verre étant posé sur une étoffe noire pendant le travail, les traits produits par la pointe apparaissent en noir, comme ensuite sur l'épreuve. Le travail de la pointe peut être additionné d'un tamponnage consistant à entamer la couche opaque au moyen d'une petite brosse de métal tenue perpendiculairement au verre. Les petits trous irréguliers ainsi obtenus forment une teinte plus ou moins vigoureuse selon que le tamponnage est plus ou moins répété. La couche opaque en question était primitivement obtenue par du collodion sensibilisé, exposé à la lumière, puis développé au sulfate de fer, mais le collodion avait le défaut de se déchirer parfois sous l'action de la pointe. Aussi fut-il remplacé dans la suite par une couche d'encre d'imprimerie étendue au rouleau et saupoudrée de céruse après légère dessiccation.

Un autre procédé consiste à peindre sur la plaque de verre nue ou couverte d'un vernis transparent avec de la couleur à l'huile d'un ton clair, formant opacité sur le verre. On place toujours sous la plaque quelque chose de noir, pour juger du travail. On complète la peinture en traçant au besoin dans la pâte, avec un morceau de bois taillé ad hoc, des traits plus ou moins vigoureux.

Le tirage de l'épreuve se fait en appliquant le papier sensible face à la couche opaque du cliché. On obtient ainsi toute la finesse du dessin. Toutefois, les épreuves ainsi produites sont en général un peu maigres et sèches. On en tire de plus enveloppées et plus grasses en retournant le cliché et en appliquant le papier contre le côté nu du verre, ce qui permet à la lumière d'irradier entre les tailles. Mais l'image, *dans ce cas, est inversée. On peut atteindre un résultat analogue sans inverser l'image en séparant le papier sensible de la face opaque et travaillée de la plaque par une autre plaque de verre transparente, d'épaisseur appropriée au résultat souhaité.*

Nous distinguerons, dans le catalogue de ces estampes photographiques, trois séries *comprenant* : la 1re, *les dessins exécutés exclusivement à la pointe,* la 2e, *les dessins à la pointe additionnés de tamponnage,* la 3e, *les peintures sur verre avec grattage dans la pâte.*

Toutes les épreuves reproduites en regard du catalogue ci-après font partie de la collection Alfred Robaut.

N° 3156

Mai 1853 — LA CARTE DE VISITE AU CAVALIER

Trait carré 0,032×0,075 Non signé — 1re série

Tiré pour la première fois par L. Grandguillaume

N° 3157

Mai 1853 — LA SOURCE FRAICHE

Trait carré 0,140×0,100 Signé en bas, à droite — 1re série

Tiré pour la première fois par L. Grandguillaume

Sur la monture d'une épreuve ayant appartenu à Dutilleux, on lit de sa main « Corot, mai 1853, 3e essai de dessin sur verre pour photographie »

N° 3158

Mai 1853 — LE BUCHERON DE REMBRANDT

Sans trait carré 0,102×0,063 Signé en bas à gauche — 1re série

Tiré pour la première fois par L. Grandguillaume

Sur la monture d'une épreuve ayant appartenu à Dutilleux, on lit, de la main de celui-ci « C. Corot 1er essai de dessin sur verre pour photographie, mai 1853 »

N° 3159

Mai 1853 — SOUVENIR DU PAYSAGE ITALIEN DU MUSÉE DE DOUAI (COMPOSITION RETOURNÉE)

0,110×0,155 Non signé — 1re série

Tiré pour la première fois par L. Grandguillaume

N° 3160

Janvier 1854 — SOUVENIR DE FAMPOUX (PAS-DE-CALAIS)

Trait carré 0,090×0,065 Signé à droite C. C. — 1re série

Tiré pour la première fois par L. Grandguillaume

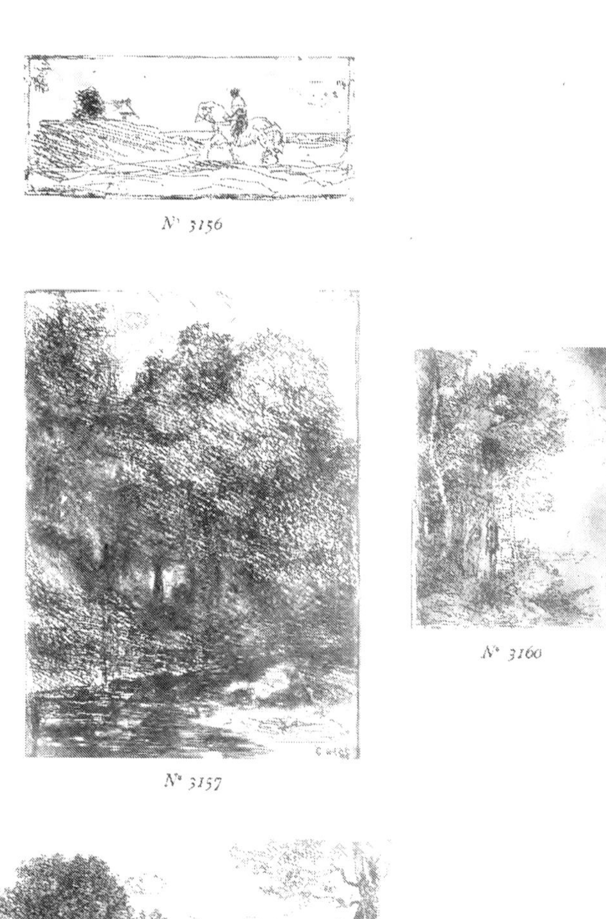

N° 3156

N° 3158

N° 3157

N° 3160

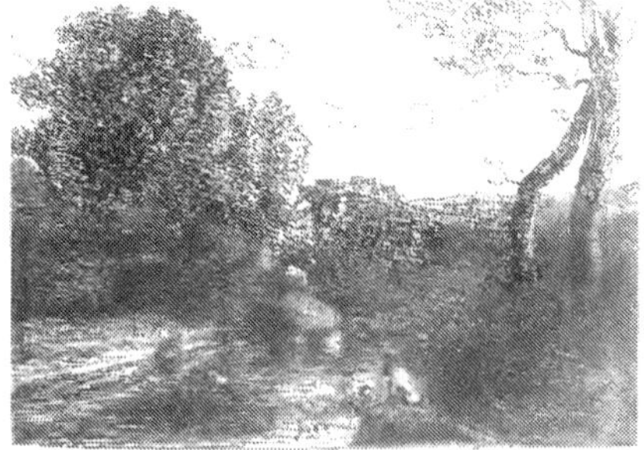

N° 3159

N° 3161

Mai 1853 — LES ENFANTS DE LA FERME

Sans trait carré 0,086×0,112 Non signé — 2e série

On lit sur la monture d'une épreuve ayant appartenu à Dutilleux « C Corot, 2 essai de dessin sur verre pour photographie mai 1853 »

Le cliché, cassé après un petit nombre d'épreuves, a tiré très peu On en a fait une reproduction, qui donne un effet plus sourd

Il existe aussi une reproduction photolithographique par Charles Desavary

N° 3162

Janvier 1854 — LA PETITE SŒUR

Trait carré 0,151×0 187 Signé en bas, à gauche (signature retournée) — 2e série

La première épreuve a été tirée par A Cuvelier

N° 3163

Janvier 1854 — LE PETIT CAVALIER SOUS BOIS

Trait carré 0,188×0,149 Signé en bas à droite — 2e série

Le première épreuve a été tirée par A Cuvelier

Le cliché a été cassé après un très petit tirage On en a fait une reproduction.

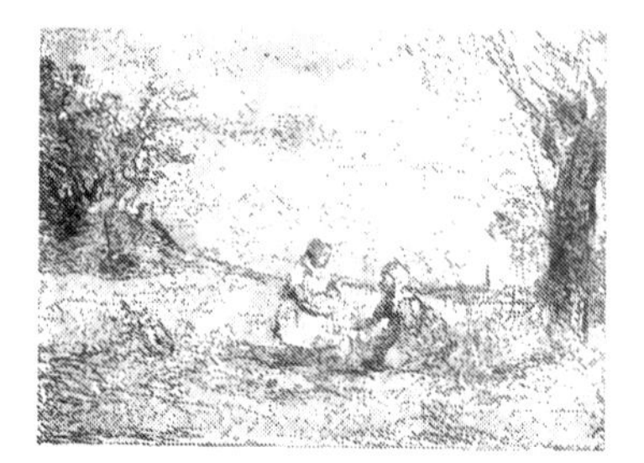

N° 3101

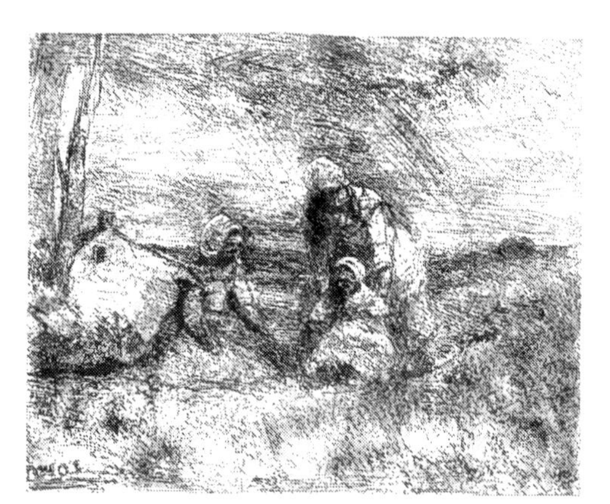

N° 3162

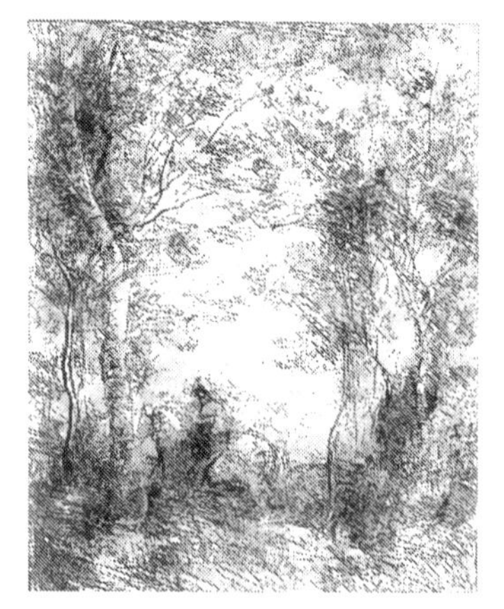

N° 3163

N° 3164

Janvier 1854 — LE SONGEUR

Sans trait carré 0,148×0,193 Signé en bas à gauche — 3e série

La première épreuve a été tirée par A. Cuvelier

Il existe une réduction par Charles Desavary (0,099×0,130)

N° 3165

Janvier 1854 — SOUVENIR DES FORTIFICATIONS D'ARRAS — EFFET DU SOIR

Sans trait carré 0,183×0,142 Non signé — 3e série

La première épreuve a été tirée par A. Cuvelier

N° 3166

Mars 1854 — LA JEUNE FILLE ET LA MORT

Trait carré 0,185×0,130 Signé en bas à droite — 3e série

La première épreuve a été tirée par A. Cuvelier

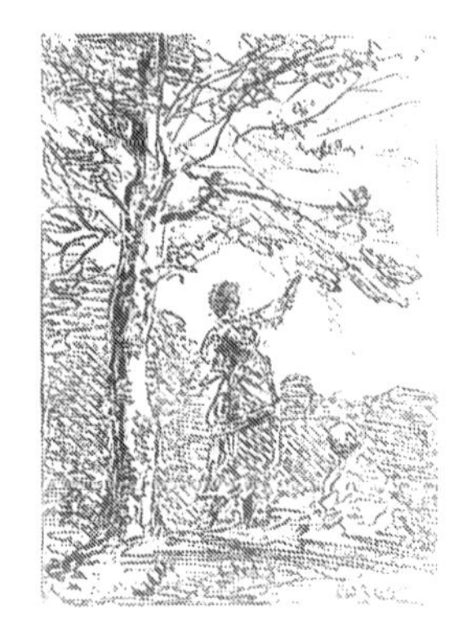

N° 3160

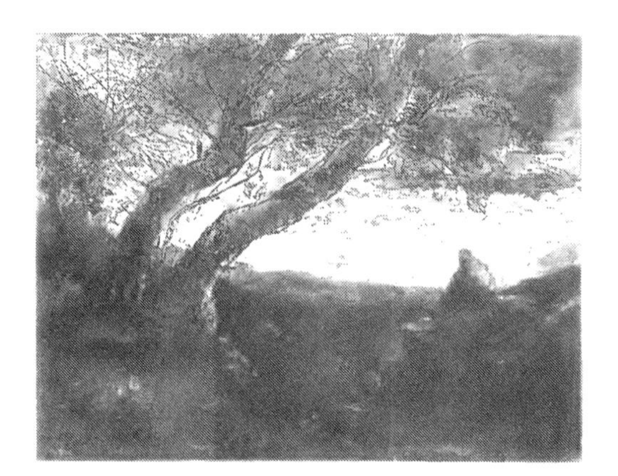

N° 3164

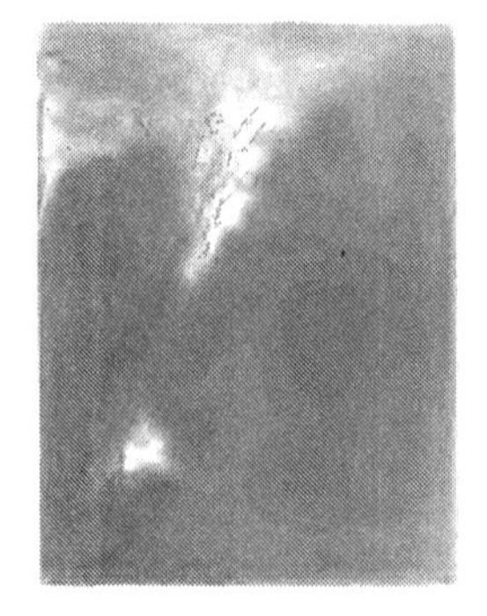

N° 3167

Vers 1854 — LE GRAND CAVALIER SOUS BOIS

Trait carré 0,285×0,224 Signé en bas à gauche (signature retournée) — 2ᵉ série

Il existe une reproduction de format réduit

N° 3168

Janvier 1854 — LE TOMBEAU DE SÉMIRAMIS

Sans trait carré 0,135×0,166 Signé en bas, à gauche — 2ᵉ série

Le verre a été cassé après quelques épreuves On en a fait une reproduction

N° 3169

Janvier 1854 — LE CAVALIER EN FORET VU DE DOS ET CAUSANT AVEC UN PIÉTON

Trait carré 0,150×0,186 Signé en bas, à gauche (signature renversée) — 2ᵉ série

Il existe deux états de ce verre dont le premier beaucoup moins travaillé que le second, présente de vives oppositions d'ombre et de lumière Le second est un effet très sombre

Il existe une réduction du 2ᵉ état

N° 3170

1855 — LE PETIT BERGER

Trait carré 0,325×0,245 Non signé — 2ᵉ série

C f même sujet (*Nᵒˢ 3172* et *3183*)

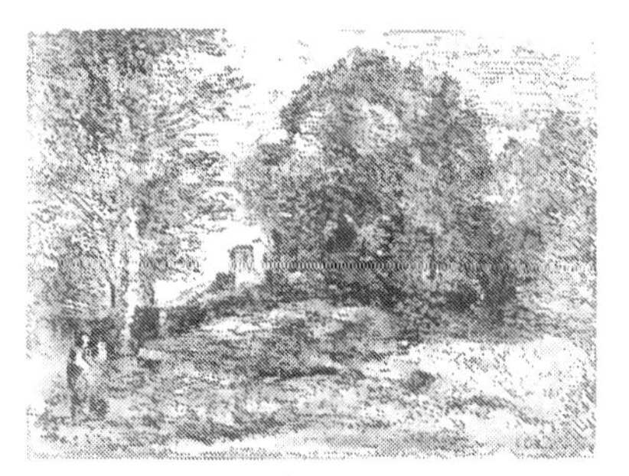

N° 3168

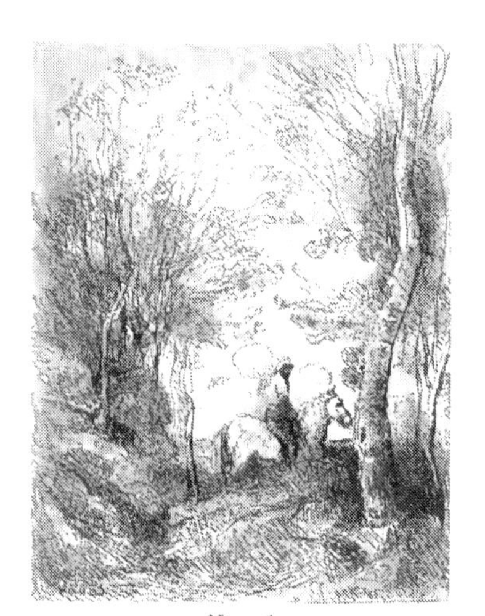

N° 3167

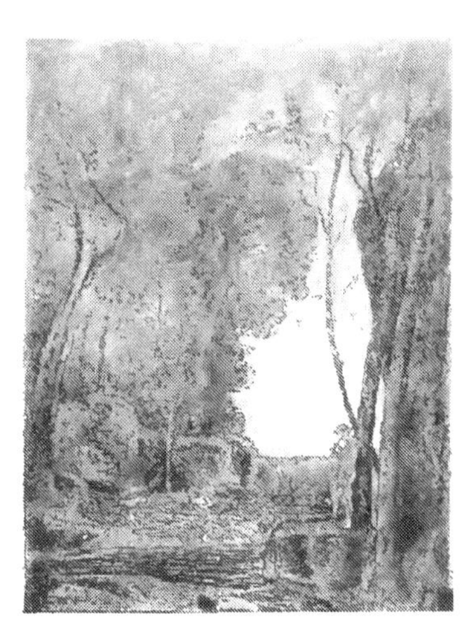

N° 3170

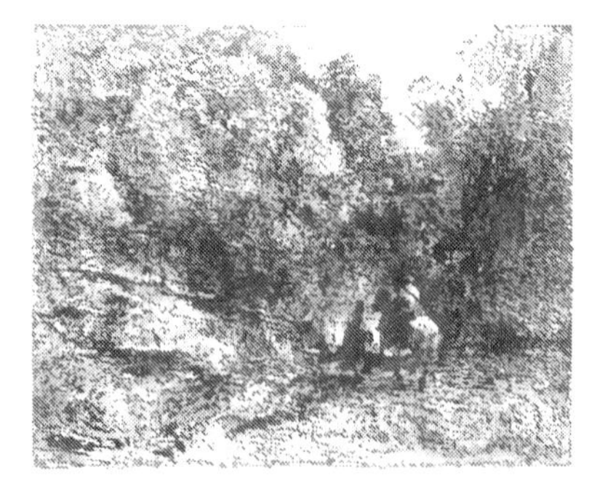

N° 3171

1854 — LE RUISSEAU SOUS BOIS

0,184×0,150 Signé en bas à droite (signature retournée) — 1re série

N° 3172

1854 — LE PETIT BERGER

Trait carré 0,355×0,255 Non signé 1re série

Cf deux autres planches représentant le même motif (Nos *3170* et *3183*

N° 3173

1856 — LE JARDIN DE PERICLÈS

Trait carré 0,149×0,158 Non signé — 1re série

Ce dessin a été tracé sur le même verre que les 4 sujets suivants (Nos *3174*, *3175*, *3176* et *3177*)

Une épreuve des quatre sujets réunis a passé à la vente de Mme Ve Millet, avril 1894 (N° 310) Elle s'est vendue 17 fr

N° 3174

1856 — L'ALLÉE DES PEINTRES

Trait carré 0,120×0,173 Non signé — 1re série

Ce dessin a été tracé sur le même verre que les Nos *3173*, *3175*, *3176* et *3177*

N° 3175

1856 — GRIFFONNAGE

Trait carré 0,147×0,101 Non signé — 1re série

Ce dessin a été tracé sur le même verre que les Nos *3173*, *3174*, *3176* et *3177*

N° 3176

1856 — LE GRAND BUCHERON

Trait carré 0,148×0,184 Non signé — 1re série

Ce dessin a été tracé sur le même verre que les Nos *3173*, *3174*, *3175* et *3177*

N° 3177

1856 — LA TOUR D'HENRI VIII

0,118×0,160 Non signé — 1re série

Ce dessin a été tracé sur le même verre que les Nos *3173*, *3174*, *3175* et *3176*

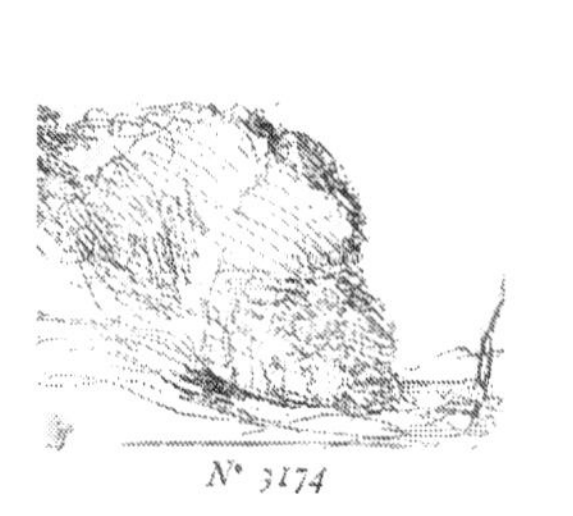
N° 3174

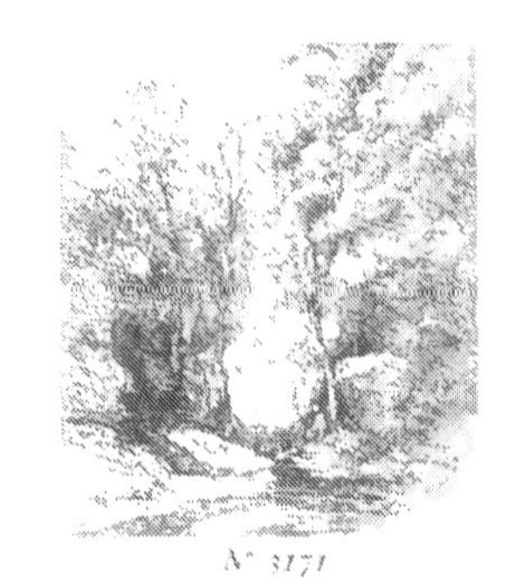
N° 3171

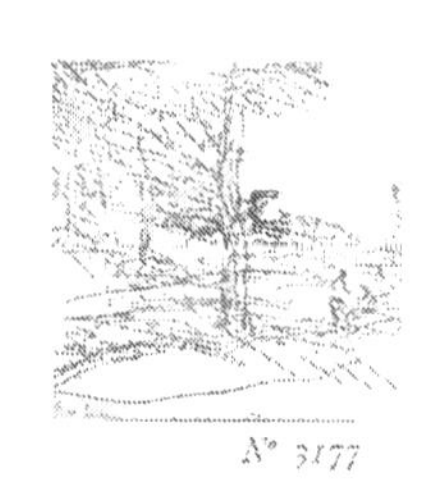
N° 3177

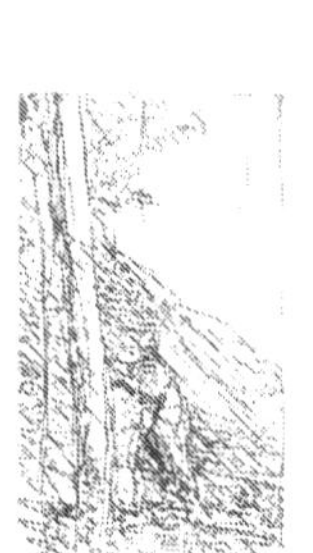
N° 3176

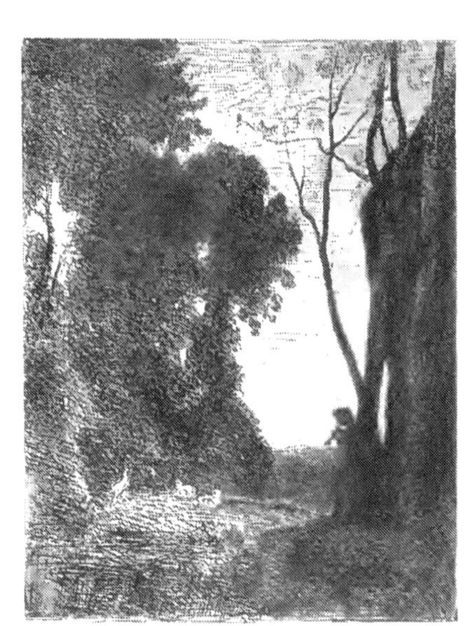
N° 3172

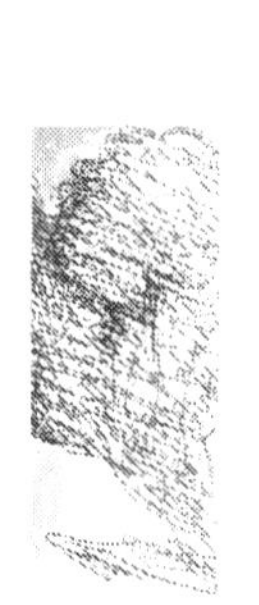
N° 31

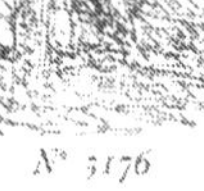

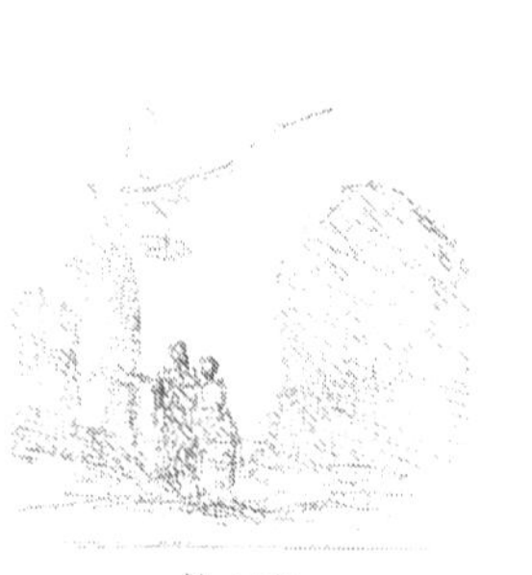
N° 3173

N° 3178

1855 — SOUVENIR D'OSTIE

Trait carré 0,270×0,343 Non signé — 2e série

Des épreuves, de tirage postérieur, portent une signature inversée à gauche
Il existe une réduction par Ch Desavary (0,134×0,167)

N° 3179

1855 — LES JARDINS D'HORACE

Sans trait carré 0,356×0,275 Signé en bas, à gauche (signature retournée) — 2e série

Il existe une réduction par Ch Desavary (0,174×0,134)

N° 3180

1856 — JEUNE MÈRE A L'ENTRÉE D'UN BOIS

Trait carré 0,340×0,262 Signé en bas à gauche — 2e série

Il existe une réduction par Ch Desavary (0,164×0,129)

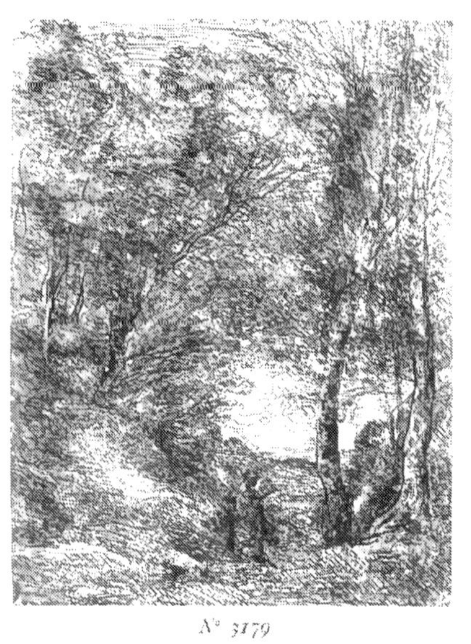
N° 3179

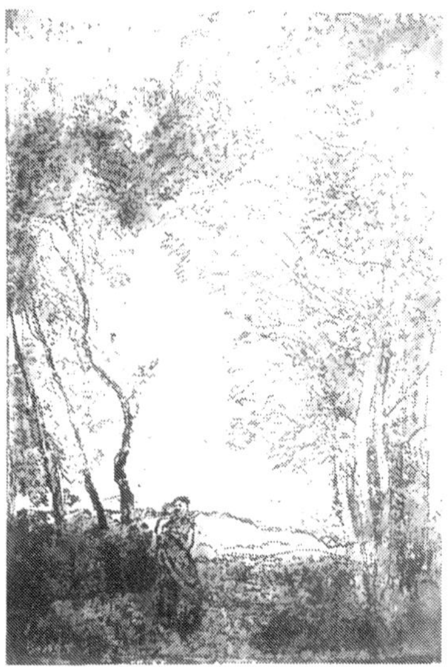
N° 3180

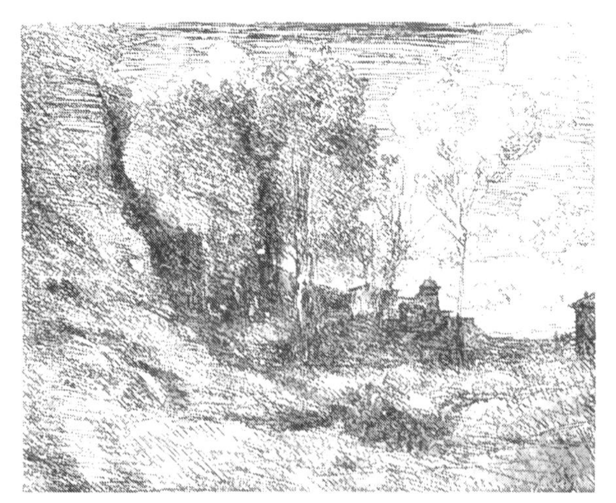
N° 3178

N° 3181

1856 — LES ARBRES DANS LA MONTAGNE

Trait carré 0,187×0,153 Non signé — 2e série

N° 3182

Vers 1855-60 — UN PHILOSOPHE

Sans trait carré Environ 0,10×0,12 Signé en bas à droite — 2e série

Sur un tertre à gauche et dans l'ombre, on voit un homme assis Du côté opposé, un grand bouquet d'arbres

Cette pièce, *dont il n'existe pas d'épreuve dans la collection Alfred Robaut*, a figuré dans un lot à la vente posthume Karl Daubigny

Non reproduit ci-contre

N° 3183

Vers 1856 — LE PETIT BERGER

Sans trait carré 0,345×0,270 Non signé — 3e série

C f pour le sujet, les Nos *3170* et *3172*

N° 3184

1858 — L'EMBUSCADE

Trait carré 0,122×0,160 Signé en bas, à droite — 3e série

Le cliché a fourni très peu de bonnes épreuves La première a été tirée par Grandguillaume

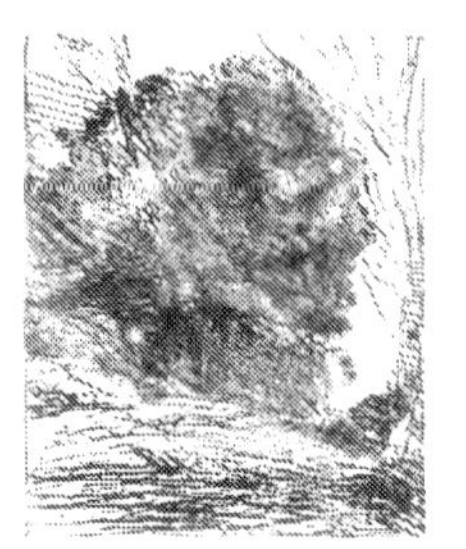

N° 3181

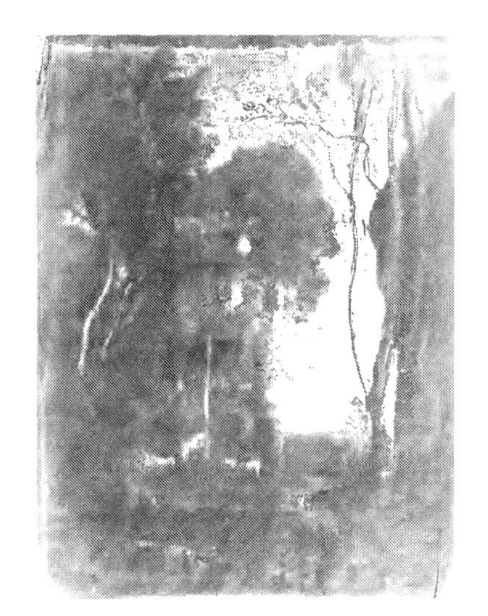

N° 3183

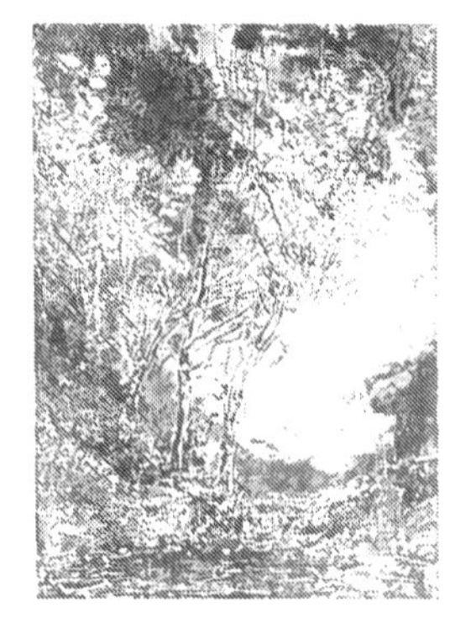

N° 3185

1857 — UN DEJEUNER DANS LA CLAIRIERE

Trait carre 0,144×185 Signé vers le bas, a droite (signature renversee) et date 1857 — 1re serie
Une autre signature avec la date est en bas à gauche, hors du trait carre

Il existe une reproduction sans trait carré, (0 096×0 135) executée par Ch Desavary
Il en existe aussi une autre faite en Hollande (0,078×0,101)

N° 3186

1857 — LA RONDE GAULOISE

Sans trait carre 0,183×0,142 Signe en bas, a droite (signature retournee) - 1re serie

Il existe une réduction par Ch Desavary (0,121×0,194)

N° 3187

1858 — MADELEINE A GENOUX, LES BRAS LEVÉS ET LES MAINS JOINTES

Trait carre 0 170×0 122 Non signé — 1re série

Ce dessin est fait sur le même verre que le numero suivant
La premiere épreuve a ete tirée par Ch Desavary

N° 3188

1858 — MADELEINE ACCROUPIE LES MAINS SUR SES GENOUX

Trait carre 0 107×0,170 Non signe — 1re série

Ce dessin est execute sur le même verre que le precedent
La premiere épreuve a éte tirée par Ch Desavary

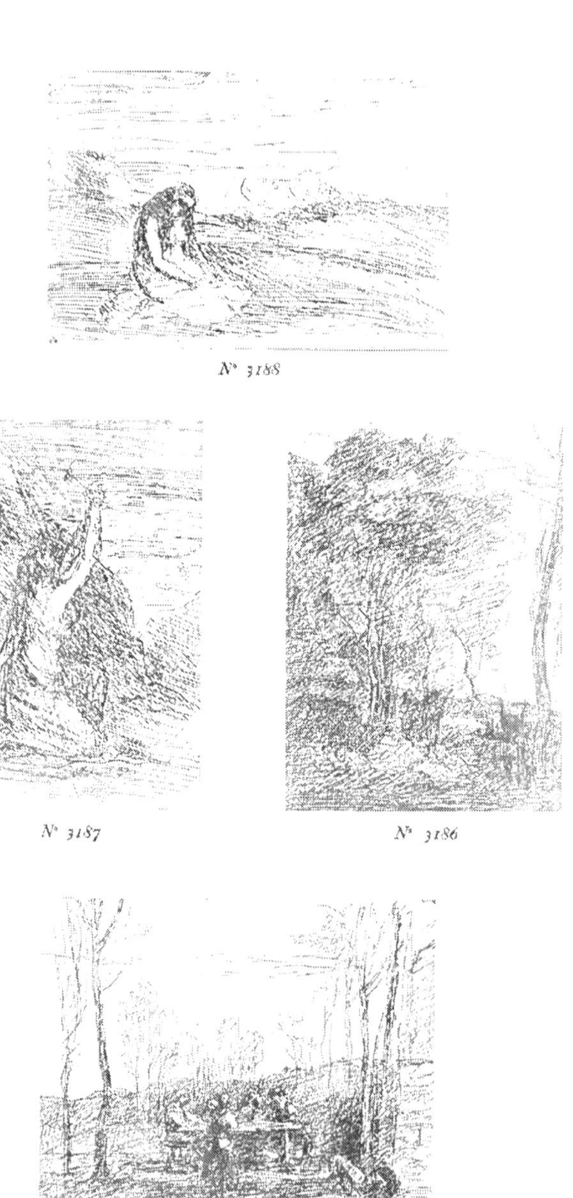

Nº 3188

Nº 3187

Nº 3186

Nº 3185

N° 3189

1858 — PORIRAIT DE COROI PAR LUI-MÊME

Sans trait carre o 217×0,158 Non signe — 1re série

La premiere epreuve a ete tirée par Ch Desavary

N° 3190

1858 — CACHE-CACHE

Sans trait carre 0,230×0,167 Signe en bas, à droite — 1re serie

La première epreuve a ete tiree par Ch Desavary

N° 3191

1858 — LE BOUQUET DE BELLE FORIERE

Sans trait carre o 155×0,232 Signe en bas a droite — 1re serie

La premiere epreuve a été tiree par Ch Desavary

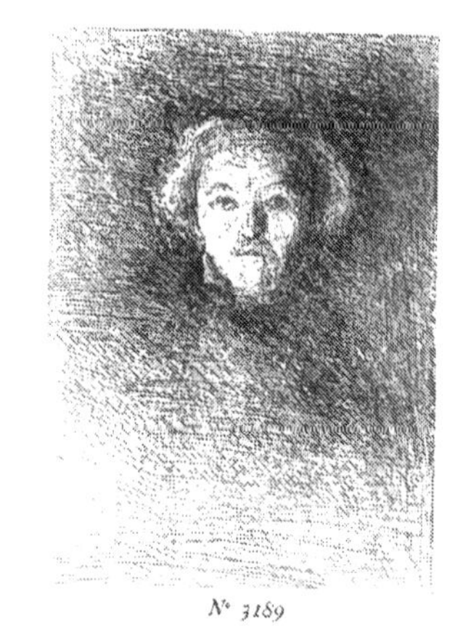

Nº 3189

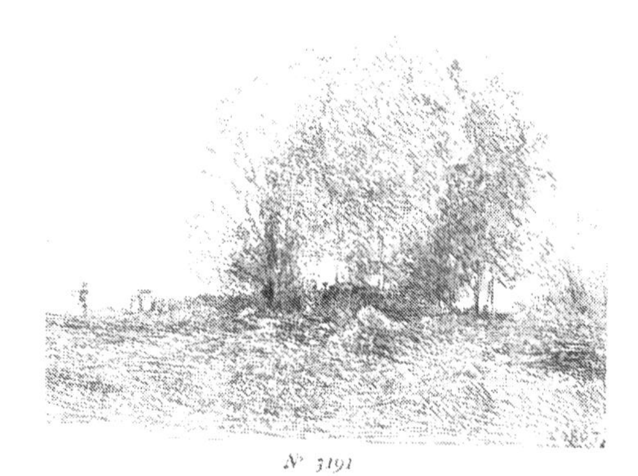

Nº 3191

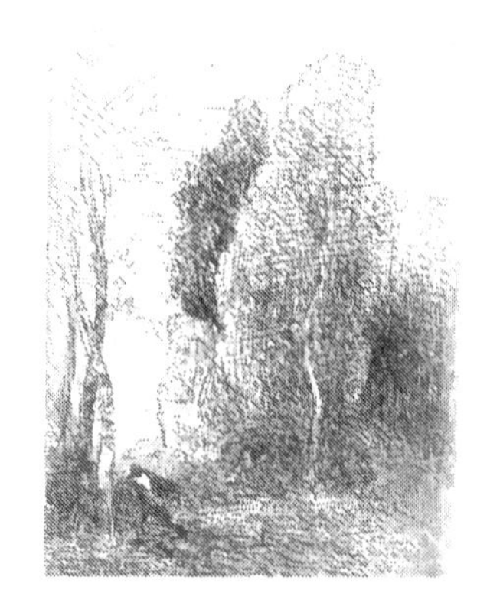

N° 3192

1858 — LE BOIS DE L'ERMITE

Sans trait carré 0,163×0,2[illegible]0 Signé en bas, à gauche — 1re série

La première épreuve a été tirée par Ch Desavary

N° 3193

1858 — LES RIVES DU PO

Sans trait carré 0,164×0,223 Signé en bas au milieu, vers la gauche — 1re série

Il existe une reproduction en photolithographie par Ch Desavary tirée à petit nombre sur bulle

N° 3194

1858 — SALTARELLE

0,227×0,167 Signé en bas à droite — 1re série

La première épreuve a été tirée par Ch Desavary

N° 3195

1858 — DANTE ET VIRGILE

Sans trait carré 0,22[illegible]×0,16[illegible] Signé en bas, à droite — 1re série

La première épreuve a été tirée par Ch Desavary

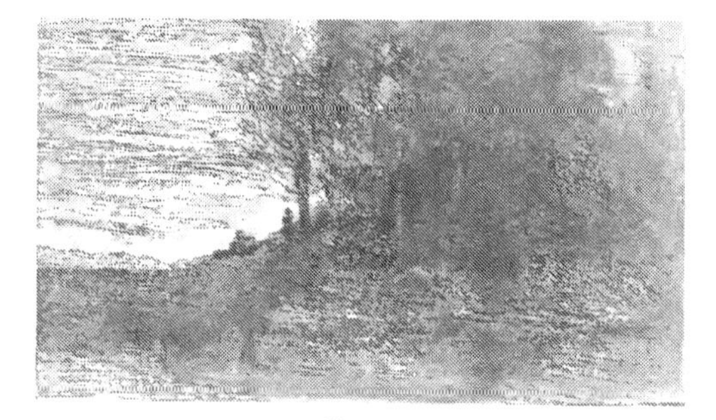

N° 3192

N° 3194

N° 3195

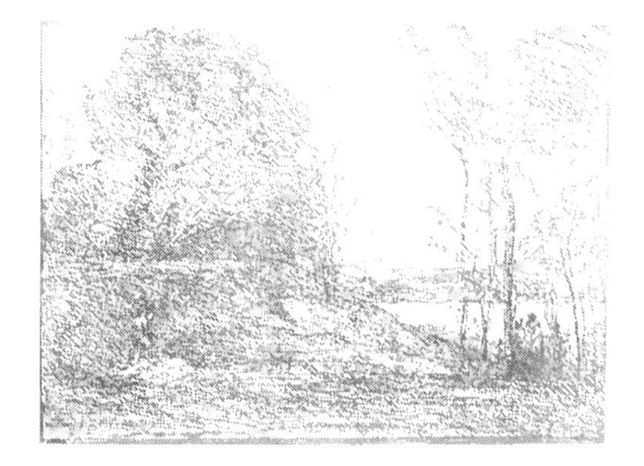

N° 3193

N° 3196

1858 — SOUVENIR DU BAS-BRÉAU

o 187×o 155 Signe en bas, a droite — 1re serie

N° 3197

1860 — ORPHEE ENTRAINANT EURYDICE

o 105×o 150 Signé en bas a droite — 1re série

La premiere epreuve a ete tiree par Ch Desavary

N° 3198

1860 — ORPHEE CHARMANT LES FAUNES

Trait carre o 135×o,102 Signe en bas, a droite (signature renversée) — 1re serie

La premiere epreuve a ete tiree par Ch Desavary

N° 3199

1860 — LA TÊTE DE PAN

o,110×o,160 Non signe — 1re serie

La premiere epreuve a été tirée par Ch Desavary

N° 3200

1860 — ENVIRONS DE GÊNES

Trait carré o,250×o,160 Signé en bas à droite (signature renversée) — 1re serie

La premiere epreuve a ete tiree par Ch Desavary
Le cliche a beaucoup souffert depuis les premieres épreuves

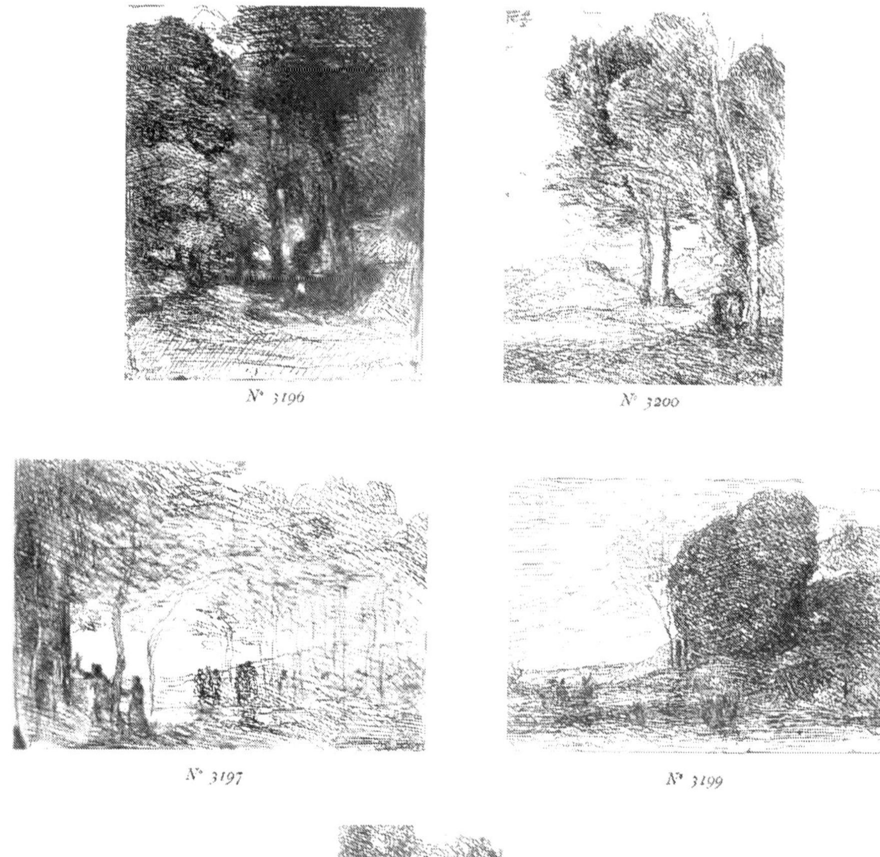

N° 3196

N° 3200

N° 3197

N° 3199

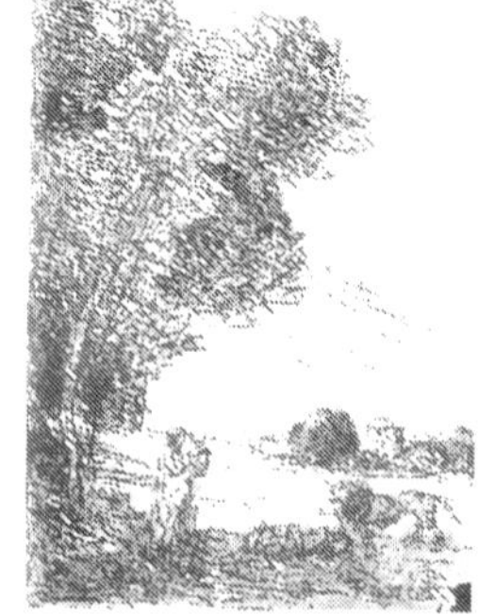

N° 3198

N° 3201

Vers 1858-60 — LE PAYSAGE A LA TOUR (PROJET)

0 170×0,215 Non signe — 1re serie

Cette planche, a peine indiquée a eté compromise par une application défectueuse de la couche opaque de couleur Le sujet est reste a l'etat d'esquisse

N° 3202

1860 — SOUVENIR DES ENVIRONS DE MONACO

Trait carre 0,097×0,160 Signe en bas, a droite (signature retournee) — 1re serie

La première epreuve a ete tiree par Ch Desavary

N° 3203

1860 — LE CHARIOT ALLANT A LA VILLE

0,105×0,155 Non signe — 1re serie

Il existe une reproduction photolithographique par Ch Desavary, sur les epreuves de laquelle on lit en bas a droite « C Corot »

N° 3204

1871 — SOUVENIR DE LA VILLA PAMPHILI

Sans trait carré 0 152×0 123 Non signé — 1re série

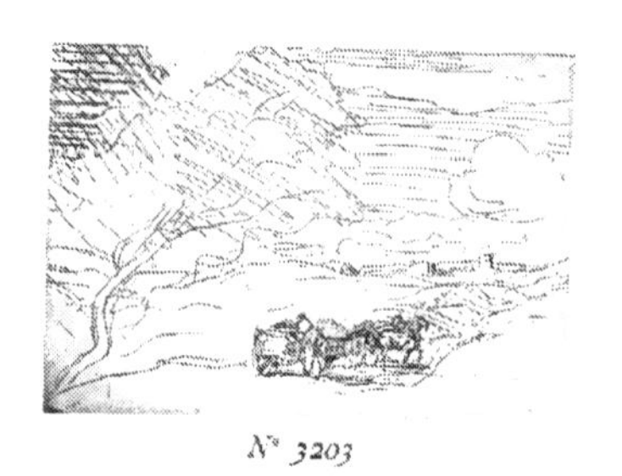

N° 3203

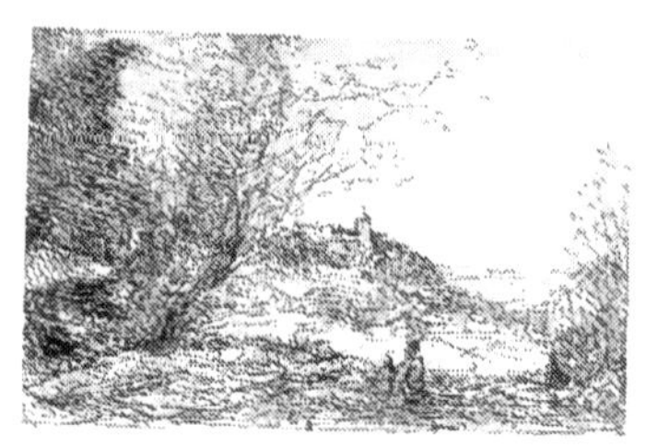

N° 3202

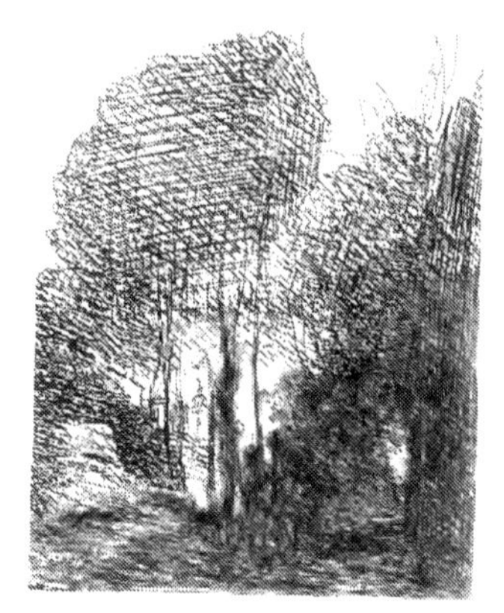

N° 3204

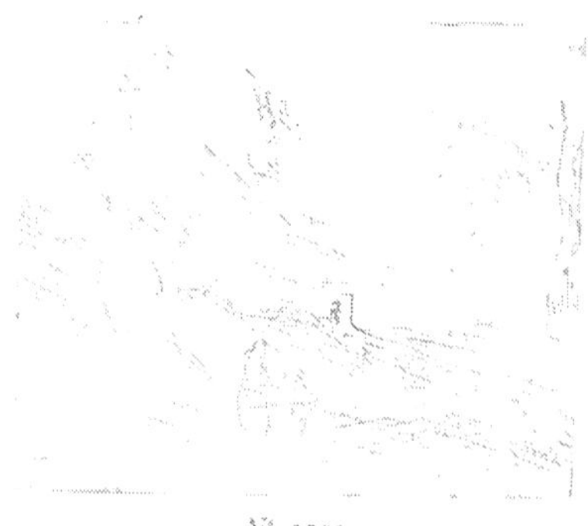

N° 3201

N° 3205

1857 — L'ARIISTE EN ITALIE

Trait carre 0,185×0,147 Signé en bas, a gauche, et daté à l'envers — 1re série

Quelques épreuves sont avant la signature

M Germain Hediard a lu (a tort selon nous), la date 1865, au lieu de 185

N° 3206

1860 — LA VACHE ET SA GARDIENNE.

Sans trait carre 0,105×0,136 Non signe — 1re serie

La première epreuve a ete tiree par Ch Desavary

N° 3207

1871 — AGAR

Sans trait ca e 0,172×0,130 Non signe — 1 serie

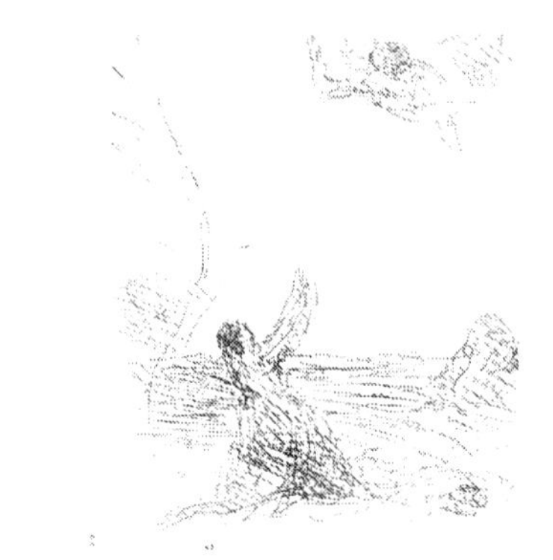

Nº 3207

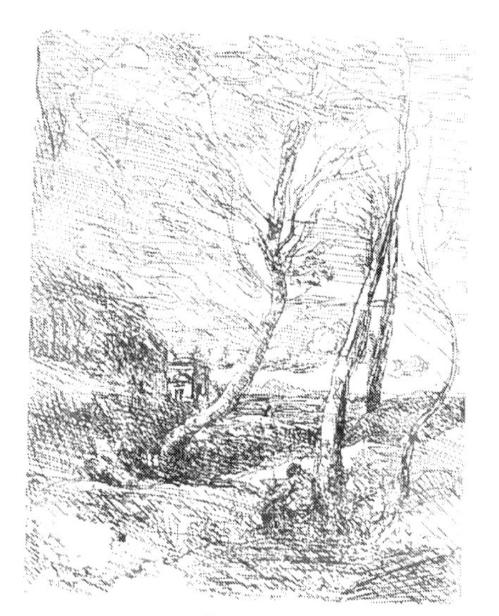

Nº 3205

Nº 3206

N° 3208

1871 — SOUVENIR DU LAC MAJEUR

Sans trait carré 0,174×0,225 Non signé — 1re série

N° 3209

1871 — SOUVENIR DE SALERNE

Sans trait carré 0,166×0,125 Non signé — 1re série

N° 3210

1871 — SOUVENIR DU LAC DE NEMI

Trait carré 0,125×0,166 Non signé — 1re série

N° 3211

1871 — LA DEMEURE DU POÈTE

Sans trait carré 0,127×0,167 Non signé — 1re série

N° 3212

1871 — SOUVENIR DE LA VALLÉE DE LA SOLE

Trait carré 0,165×0,118 Non signé — 1re série

Ce dessin est fait sur le même verre que le N° suivant

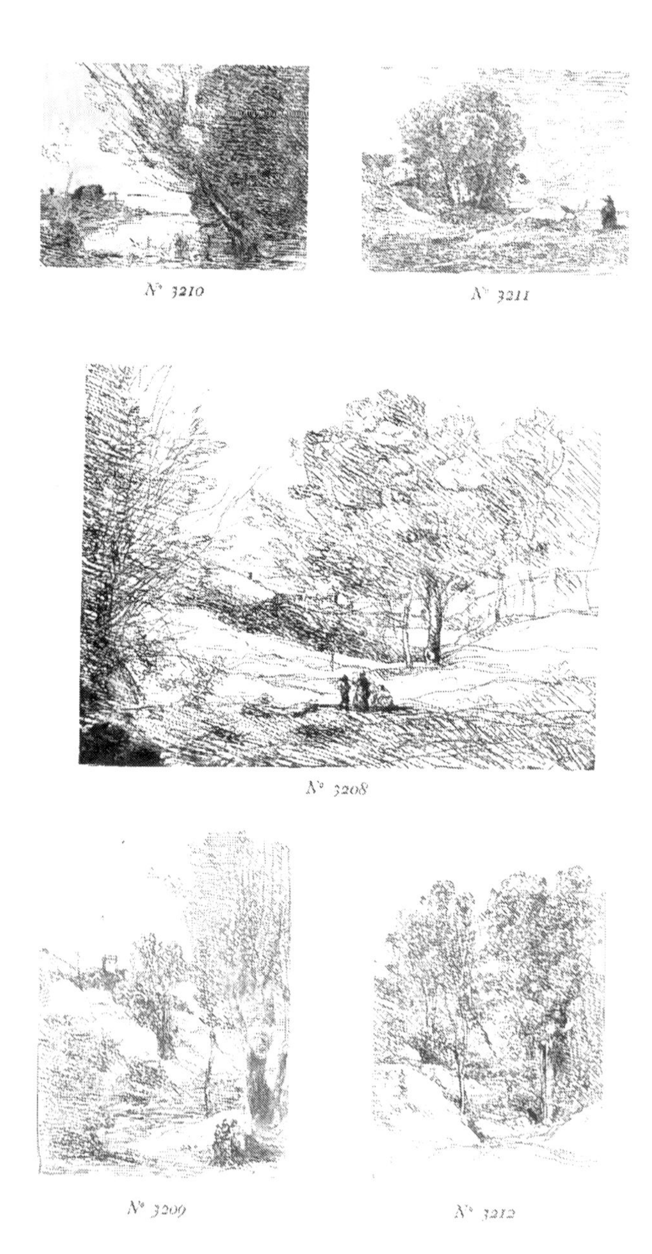

N° 3210

N° 3211

N° 3208

N° 3209

N° 3212

N° 3213

1871 — LES PALADINS

Sans trait carre 0,110×0,166 Non signe — 1re série

Ce dessin est fait sur le meme verre que le N° precedent

N° 3214

1871 — TOUR A L'HORIZON D'UN LAC AVEC UN GROS ARBRE

0,115×0,162 Non signe — 1re série

Il existe une reproduction photolithographique de ce dessin par Ch Desavary

N° 3215

1871 — LE POETE ET LA MUSE

Sans trait carre 0,185×0,152
Signé en bas, au milieu (signature renversee)
1re serie

Ce dessin a d'abord été commencé en largeur on retrouve en le tournant la trace de l'ancienne disposition

N° 3216

Juillet 1874 — BERGER LUTTANT AVEC SA CHÈVRE

Sans trait carre 0,178×0,132 Signe en bas a droite
1re serie

N° 3217

1874 — LE RÊVEUR SOUS LES GRANDS ARBRES

Sans trait carre 0,176×0,132 Non signe — 1re serie

N° 3218

1874 — SOUVENIR D'EZA

Sans trait carre 0,125×0,175 Signe en bas, a droite
1re serie

N° 3219

1874 — SOUVENIR D'ANTIBES

Sans trait carre 0,120×0,145 Signe en bas, a droite
1re série

N° 3220

1874 — CAVALIER ARRÊTÉ DANS LA CAMPAGNE (SOUVENIR DU NORD)

Sans trait carre 0,123×0,179 Signe en bas, a gauche
1re série

N° 3221

1874 — LE BATELIER — SOUVENIR D'ARLEUX DU NORD

Sans trait carre 0,120×0,173 Signe en bas, a droite
1re serie

N° 3222

Vers 1873 — SOUVENIR DE SOLOGNE

Dessin sur verre reproduit par la lithographie
Trait carre 0,137×0,234 Signe en bas, a gauche

Un groupe de jeunes arbres inclinés par le vent émergent d'un terrain pierreux et baigné d'eau Sur la droite passe un cavalier

Voir reproduit ci-contre

Cette composition, tracee sur verre par Corot a ete reportee sur pierre lithographique Elle figure dans une publication portant le titre suivant « Album Contemporain, collection des dessins et croquis des meilleurs artistes de notre époque — ouvrage publie sous le patronage des principaux maitres contemporains — premiere serie de 25 planches Prix 15 fr en vente au siege de la Société photographique boulevard S-Michel 25 » (tire a petit nombre vers 1873)

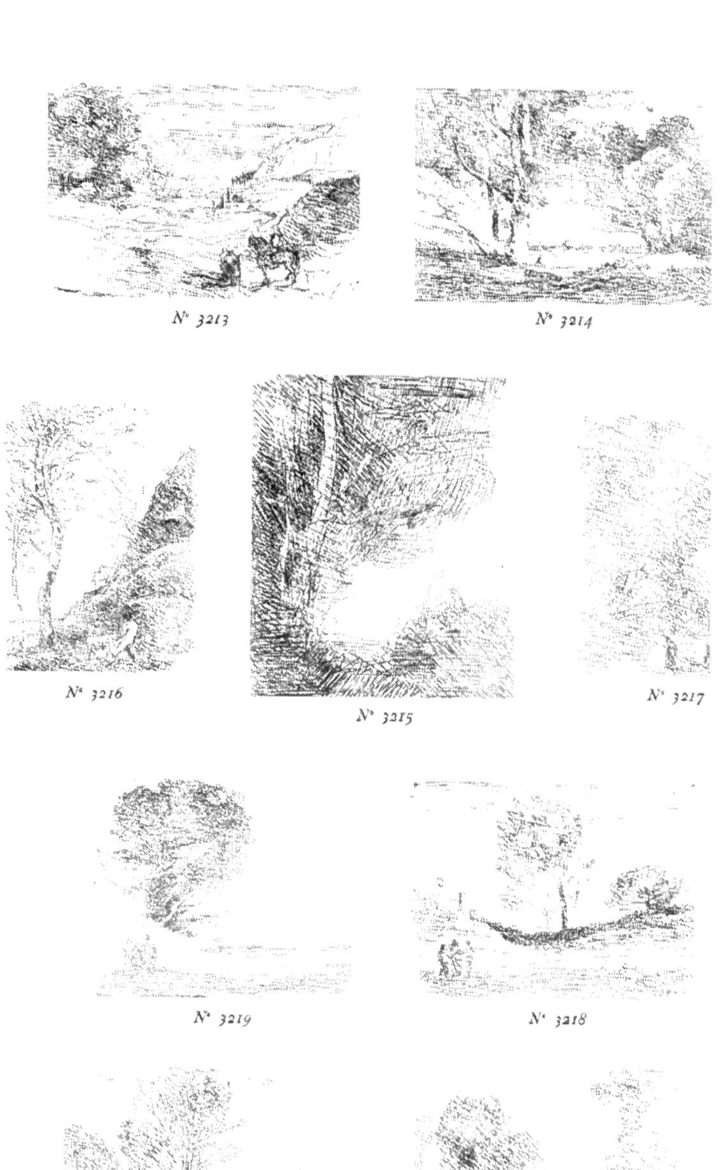

N° 3213

N° 3214

N° 3216

N° 3215

N° 3217

N° 3219

N° 3218

N° 3220

N° 3221

EXPOSITIONS

ET

VENTES DE COROT

EXPOSITIONS PUBLIQUES

A PARIS, EN PROVINCE

ET A L'ETRANGER

DU VIVANT DE COROT

I — EXPOSITIONS DE PARIS

SALONS (1)

1827

N° 221 — Vue prise à Narni (*Œuvre N° 199*)
N° 222 — Campagne de Rome (*Œuvre détruite*)

1831

N° 397 — Vue de Furia (île d'Ischia, royaume de Naples)
N° 398 — Couvent sur les bords de l'Adriatique (*Œuvre N° 201*)
N° 399 — La Cervara, campagne de Rome (*Œuvre N° 200*)
N° 400 — Vue prise dans la forêt de Fontainebleau (*Œuvre N° 255*)

1833

N° 468 — Vue de la forêt de Fontainebleau (*Œuvre N° 257*)

Corot obtient, en 1833, une médaille de 2e classe

1834

N° 371 — Une forêt
N° 372 — Une marine (*Œuvre N° 256*)
N° 373 — Site d'Italie (*Œuvre N° 361*)

1835

N° 440 — Agar dans le désert, paysage (*Œuvre N° 362*)
N° 441 — Vue prise à Riva, Tyrol italien (*Œuvre N° 357*)

1836

N° 403 — Diane surprise au bain (*Œuvre N° 363*)
N° 404 — Campagne de Rome en hiver

1837

N° 388 — Saint Jérôme, paysage (*Œuvre N° 366*)
N° 389 — Vue prise dans l'île d'Ischia, royaume de Naples
N° 390 — Paysage, soleil couchant

1838

N° 341 — Silène (*Œuvre N° 368*)
N° 342 — Vue prise à Volterra, Toscane

1839

N° 403 — Site d'Italie (*Œuvre N° 371*)
N° 404 — Un soir, paysage (*Œuvre N° 372*)

---

(1) Les livrets du Salon nous fournissent les indications suivantes relativement aux domiciles successifs de Corot

De 1827 à 1834 inclusivement, il donne son adresse au domicile de ses parents, rue Neuve-des-Petits-Champs, 39

De 183[illegible] à 18[illegible]8 inclusivement, il indique son atelier quai Voltaire, 15

En 1849 on lit de nouveau au catalogue rue Neuve-des-Petits-Champs 39 Il avait quitté son atelier du quai Voltaire

De 1850 à 18[illegible] inclusivement il en occupe un nouveau rue des Beaux Arts 10

Enfin à partir de 18[illegible] jusqu'à sa mort, il a fixé sa résidence professionnelle rue Paradis-Poissonnière 58

(Tant que vécurent ses parents, Corot habita avec eux Depuis la mort de sa mère, après avoir occupé quelque temps un appartement rue Montholon, 18, Corot le quitta pour établir son domicile toujours séparé de son atelier faubourg Poissonnière, 56)

1840

N° 307 — Paysage : la fuite en Egypte (*Œuvre N° 369*)

N° 308 — Paysage, soleil couchant (*Œuvre N° 374*)

N° 309 — Un moine (*Œuvre N° 375*)

1841

N° 397 — Democrite et les Abderitains, paysage (La Fontaine, Fables) (*Œuvre N° 376*)

N° 398 — Site des environs de Naples (*Œuvre N° 377*)

1842

N° 423 — Site d'Italie (commande par le Ministere de l'Interieur) (*Œuvre N° 442*)

N° 424 — Paysage, effet du matin (*Œuvre N° 441*)

1843

N° 274 — Un soir (*Voir Œuvre N° 633*)

N° 275 — Jeunes filles au bain (*Œuvre N° 462*)

1844

N° 399 — Destruction de Sodome (*Œuvre N° 460*)

N° 400 — Paysage avec figures (*Œuvre N° 461*)

N° 401 — Vue de la campagne de Rome (*Œuvre N° 617*)

1845

N° 364 — Homère et les Bergers, paysage (Andre Chenier — L'Aveugle) (*Œuvre N° 464*)

N° 365 — Daphnis et Chloe, paysage (*Œuvre N° 463*)

N° 366 — Un paysage (*Œuvre N° 465*) (1)

1846

N° 422 — Vue prise dans la foret de Fontainebleau (*Œuvre N° 502*)

A l'issue de ce Salon, Corot est nomme chevalier de la Legion d'honneur

1847

N° 380 — Paysage (*Œuvre N° 504*)

N° 381 — Paysage : berger jouant avec sa chevre (*Œuvre N° 503*) (2)

1848

Le jury etant supprime, Corot fait partie de la Commission chargee de classer et placer les objets exposés. Elu le 9e par 353 voix

N° 979 — Site d'Italie (*Œuvre N° 609*)

N° 980 — Interieur de bois

N° 981 — Vue de Ville-d'Avray

N° 982 — Une matinee

N° 983 — Crepuscule

N° 984 — Un soir

N° 985 — Effet du matin

N° 986 — Un matin

N° 987 — Un soir

A l'exception du premier, ces tableaux n'ont pas pu etre exactement identifies. Mais nous savons que dans ce nombre etaient compris les N° *606*, *620*, *621* et probablement aussi les *N° 614* et *618*

Corot obtient, en 1848, une medaille de 1re classe

1849

Le jury, retabli, etant nomme a l'election, Corot est élu le 10e par 217 voix

N° 438 — Le Christ au jardin des oliviers (*Œuvre N° 610*)

N° 439 — Vue prise a Volterra (Toscane)

N° 440 — Site du Limousin

N° 441 — Vue prise a Ville-d'Avray

N° 442 — Etude du Colysee a Rome (*Œuvre N° 66*)

Trois de ces tableaux n'ont pu etre exactement identifies. Toutefois il est probable que la « vue prise a Ville-d'Avray » est le N° 525

1850-51

Corot fait partie du jury. Il est elu le 6e par 330 voix

N° 642 — Lever de soleil

N° 643 — Une matinee (*Œuvre N° 1061*)

N° 644 — Soleil couchant, site du Tyrol italien (*Œuvre N° 359*)

N° 645 — Etudes (sic) à Ville-d'Avray

Le N° 642 et le N° 645 n'ont pu etre identifies

1852

N° 281 — Soleil couchant, paysage

N° 282 — Le repos, paysage

N° 283 — Vue du port de La Rochelle (*Œuvre N° 669*)

Les N° 281 et 282 n'ont pu etre identifies

---

(1) C'est par erreur que nous avons indique dans le catalogue de l'*Œuvre*, ce tableau comme expose au Salon de 1844

(2) C'est par erreur que nous avons donne 403 et 404 comme numéros du livret, au lieu de 380 et 381

1853

Corot est 3ᵉ juré supplémentaire (Le jury ne comprend que titulaires élus). Il s'excuse pour raison de santé

N° 287 — St-Sébastien, paysage (*Œuvre N° 1063*)
N° 288 — Coucher de soleil (*Œuvre N° 1064*)
N° 289 — Matinée

Le N° 289 n'a pu être identifié

1855

L'Exposition Universelle remplace le Salon

N° 2791 — Effet de matin (*Œuvre N° 1065*)
N° 2792 — Souvenir de Marcoussis près Montlhéry (*Œuvre N° 1101*)
N° 2793 — Printemps (*Œuvre N° 1062*)
N° 2794 — Soir (*Œuvre N° 1070*)
N° 2795 — Souvenir d'Italie
N° 2796 — Une soirée (*Œuvre N° 1066*)

Le N° 2795 n'a pu être identifié
Corot obtient, en 1855, une médaille de 1ʳᵉ classe

1857

N° 593 — L'incendie de Sodome (*Œuvre N° 1097*)
N° 594 — Une nymphe jouant avec un amour (*Œuvre N° 1100*)
N° 595 — Le concert (*Œuvre N° 1098*)
N° 596 — Soleil couchant (*Œuvre N° 1069*)
N° 597 — Un soir
N° 598 — Souvenir de Ville-d'Avray
N° 599 — Une matinée, souvenir de Ville-d'Avray

Ces trois derniers tableaux n'ont pu être identifiés. Cependant, il est à peu près certain que le N° 599 est le N° *1072* de l'Œuvre

1859

N° 688 — Dante et Virgile, paysage (*Œuvre N° 1099*)
N° 689 — Macbeth, paysage (*Œuvre N° 1109*)
N° 690 — Idylle (*Œuvre N° 1110*)
N° 691 — Paysage avec figures (*Œuvre N° 1108*).
N° 692 — Souvenir du Limousin
N° 693 — Tyrol italien
N° 694 — Etude à Ville-d'Avray

Les trois derniers numéros n'ont pu être identifiés

1861

N° 693 — Danse de Nymphes (*Œuvre N° 1619*)
N° 694 — Soleil levant (*Œuvre N° 1620*)
N° 695 — Orphée (*Œuvre N° 1622*)
N° 696 — Le lac (*Œuvre N° 1621*)
N° 697 — Souvenir d'Italie
N° 698 — Le repos

Les deux derniers numéros n'ont pu être identifiés

1863

N° 459 — Soleil levant
N° 460 — Etude à Ville-d'Avray
N° 461 — Etude à Méry, près la Ferté-sous-Jouarre (*Œuvre N° 1286*)

Les deux premiers numéros n'ont pu être identifiés

1864

Le jury étant composé, pour une portion, de membres élus par les artistes, Corot en fait partie. Il est nommé le 8ᵉ par 77 voix

N° 442 — Souvenir de Mortefontaine (*Œuvre N° 1625*)
N° 443 — Coup de vent (*Œuvre N° 1683*)

1865

Corot fait partie du jury, nommé le 3ᵉ par 119 voix

N° 506 — Le matin (*Œuvre N° 1635*)
N° 507 — Souvenir des environs du lac de Nemi (*Œuvre N° 1636*)
N° 3265 — Souvenir d'Italie (eau-forte) (*Œuvre N° 3127*)

1866

Corot fait partie du jury, nommé le 9ᵉ par 128 voix

N° 452 — Le soir (*Œuvre N° 1637*)
N° 453 — La solitude, souvenir de Vigen (Limousin) (*Œuvre N° 1638*)
N° 3116 — Environs de Rome (eau-forte) (*Œuvre N° 3128*)

1867

N° 378 — Vue de Marissel près Beauvais (*Œuvre N° 1570*)
N° 379 — Coup de vent

Ce dernier tableau n'a pu être identifié exactement
En même temps qu'il exposait au Salon les tableaux ci-dessus, Corot envoyait à l'Exposition Universelle les suivants

N° 161 — St-Sébastien, paysage (*Œuvre N° 1063*)
N° 162 — La toilette, paysage avec figures (*Œuvre N° 1108*)
N° 163 — Macbeth, les sorcières (*Œuvre N° 1109*)
N° 164 — Souvenir des environs du lac de Nemi (appartenant à M. L.) (*Œuvre N° 1636*)
N° 165 — Un matin (appartenant à M. H.) (*Œuvre N° 1639*)
N° 166 — Un soir (appartenant à M. H.) (*Œuvre N° 1640*)
N° 167 — Les ruines du château de Pierrefonds (*Œuvre N° 475*)

1868

N° 587 — Un matin à Ville-d'Avray (*Œuvre N° 1641*)

N° 588 — Le soir (*Œuvre N° 1642*)

1869

N° 549 — Souvenir de Ville-d'Avray (*Œuvre N° 1643*)

N° 550 — Une liseuse (*Œuvre N° 1563*)

1870

N° 648 — Paysage avec figures (*Œuvre N° 2002*)

N° 749 — Ville-d'Avray (*Œuvre N° 2003*)

1872

N° 389 — Souvenir de Ville-d'Avray (appartenant à M Breysse) (*Œuvre N° 2058*)

N° 390 — Près Arras (appartenant à M Szarvady) (*Œuvre N° 2059*)

1873

N° 359 — Pastorale (appartenant à M Cléophas) (*Œuvre N° 2107*)

N° 360 — Le passeur (appartenant à M Herman) (*Œuvre N° 2106*)

1874

N° 458 — Souvenir d'Arleux-du-Nord (appartenant à M Alfred Robaut) (*Œuvre N° 2189*)

N° 459 — Le soir (*Œuvre N° 2191*)

N° 460 — Clair de lune (*Œuvre N° 2190*)

1875

(Salon posthume)

N° 519 — Les bûcherons (*Œuvre N° 2196*)

N° 520 — Les plaisirs du soir, danse antique (*Œuvre N° 2195*)

N° 521 — Biblis (*Œuvre N° 2197*)

EXPOSITIONS PARTICULIÈRES

1829

Exposition au profit de la caisse ouverte pour l'extinction de la mendicité (Galerie Lebrun)

N° 278 — Vue du Château Saint-Ange

N° 278 *bis* — Vue de la place Saint-Marc à Venise

1845

Exposition au foyer de l'Odéon (Association des Artistes)

Corot expose un tableau

1846

Exposition au foyer de l'Odéon (Association des Artistes)

Homère et les bergers

1850

Exposition au foyer de l'Odéon (Association des Artistes)

N° 29 — Solitude (paysage)

1860 (21 janvier)

1re Exposition organisée au boulevard des Italiens, par M L Martinet sous le titre « Société Nationale des Beaux-Arts (Tableaux de l'École moderne tirés de collections d'amateurs) »

N° 120 — Un paysage, 0,34×0,60, à M Barre

N° 121 — Paysage italien, soir 0,32×0,45, à M Leydeau

N° 122 — Crépuscule, 0,32×0,52, à M Diaz

N° 123 — Danse de nymphes, 0,44×0,54, à M Binder

1861

Exposition Martinet (15 août)

Le chevrier, effet de crépuscule

1862

EXPOSITION MARTINET (1er MARS)

Paysage

1862

EXPOSITION MARTINET (15 JUIN) (1)

Agar dans le desert
Paysage soleil levant
Paysanne pres d un puits
Jeune femme (interieur)
Moine
Deux etudes de femmes

1872

EXPOSITION DES LOTS DE LA LOTERIE POUR LES ORPHELINS DES VICTIMES DE LA GUERRE, A L'OPÉRA

1° Saint-Sébastien (tableau expose au Salon de 1853)
2° Une guerite aux remparts (toile de 2)

(1) Les expositions de la galerie Martinet étaient renouvelées tous les mois Le catalogue portant le N° 4 (non daté) contient les œuvres suivantes de Corot

N° 45 — Agar dans le désert
N° 46 — Vaches dans la prairie effet du matin (appartenant a M le vicomte Doria)
N° 47 — Le chevrier effet du soir (appartenant à M le vicomte Doria)
N° 48 — Chevrier au bord d un lac

II — EXPOSITIONS DE PROVINCE [1]

1849

VERSAILLES

Deux paysages (appartenant à M. Fleury, de Versailles)

1851

BORDEAUX

Paysage (appartenant à M. de Ferol)

1852

BORDEAUX

N° 117 — Paysage (appartenant à Mme la duchesse d'Orléans)

1853

BORDEAUX

Le matin, vue prise sur les hauteurs de Ville-d'Avray — Prix 350 fr

1853

MARSEILLE

Un paysage — Prix 1 500 fr *Vendu 1 000 fr* (2)

1854

MARSEILLE

Un paysage — Prix 350 fr

1854

BORDEAUX

N° 138 — Vue de la Rochelle — Prix 1 200 fr

1855

TOULOUSE

Un paysage — Prix 450 fr

1855

BORDEAUX

N° 143 — Souvenir d'Italie — Prix 600 fr
N° 144 — Sologne — Prix [illegible]00 fr
N° 145 — Fontainebleau — Prix 300 fr

1855

VERSAILLES

Le chariot d'Arras

---

(1) La plupart des renseignements touchant ces expositions ont été puisées dans les archives de MM. Binant père et fils qui se sont chargés pendant vingt ans, entre 1850 et 1870, de l'organisation des principales expositions de province. Ces archives, qui sont aujourd'hui la propriété de M. Hadrot, gendre et successeur de M. A. Binant, nous ont été très obligeamment communiquées par leur possesseur.

(2) Au sujet de cette vente les archives Binant contiennent une intéressante correspondance de M. F. Marcotte, président de la Société Artistique des Beaux-Arts du Rhône.

« J'ai proposé, hier, l'achat du tableau de Corot ; j'ai trouvé une forte opposition à cause du haut prix du tableau qui paraissait inaccessible aux ressources de la Société. Enfin j'ai obtenu ceci : que si M. Corot consentait à livrer son tableau pour 1 000 fr., la Société l'achèterait et *en ferait hommage au musée de Marseille*. J'espère que, si considérable que soit la réduction, M. Corot y consentira vu l'intention de la Société et la destination du tableau. J'écrirai à M. Corot. Croyez-vous qu'il consente ? » (Lettre de M. Marcotte à M. Binant du [illegible] octobre 1853.)

« Nous avons reçu l'assentiment de M. Corot. Voilà une bonne affaire de faite. J'écrirai de nouveau à M. Corot pour le remercier. » (Lettre de M. Marcotte à M. Binant du [illegible] novembre 1853.)

1856

MARSEILLE

N° 110 — Un soir souvenir d'Italie — Prix 600 fr *Vendu 500 fr* (1)

N° 111 — Le gue, effet du matin — Prix 400 fr *Vendu 350 fr*

1856

ROUEN

N° 67 — Vue du port de La Rochelle

1857

MARSEILLE

N° 92 — Enfants dans un verger — Prix 2 500 fr

N° 93 — Nymphe jouant avec l'Amour — Prix 2 000 fr

1857

BORDEAUX

N° 130 — Un verger — Prix 2 000 fr

N° 131 — Souvenir de Ville-d'Avray — Prix 400 fr *Vendu*

N° 132 — Paysage (appartenant a M Baroilhet)

1858

BORDEAUX

N° 122 — Les baigneuses — Prix [illegible] 000 fr

N° 123 — Le lac — Prix [illegible] 000 fr — *Vendu pour la loterie Gagne par M Pereira*

N° 124 — Souvenir d'Auvergne — Prix 400 fr

1858

MARSEILLE

N° 98 — Le concert — Prix 2 000 fr (2)

N° 99 — Vue a Ville-d'Avray — Prix 500 fr

N° 100 — Souvenir d'Italie — Prix 400 fr — *Vendu 300 fr*

1858

DIJON (3)

Le verger

Forêt de Fontainebleau — Prix 600 fr

1859

VERSAILLES

Vue de Bretagne

Souvenir d'Italie

1859

LYON

N° 125 — Paysage

1859

STRASBOURG

N° 321 — Ville-d'Avray, effet du soir — Prix 500 fr

1859

SAINT-LO

N° 23 — Souvenir du Limousin — Prix 500 fr

N° 24 — Ville-d'Avray — Prix 500 fr

---

(1) Au sujet de cette vente les archives Binant contiennent d'interessants documents

Dans une lettre en date du 15 novembre 1856, M Marcotte president de la Societe artistique des Bouches-du-Rhone ecrit a M Binant « J'ai proposé Corot mais je rencontre une vive opposition. La manière de ce grand artiste n'est pas assez serrée pour nos demi-amateurs J'y reviendrai » L'insistance de M Marcotte finit par porter fruit et on se decide à offrir 500 francs du tableau dont Corot demandait 600 M Binant charge de lui faire cette proposition reçoit cette reponse « Monsieur j'accorde tres volontiers le tableau au prix de 500 Recevez mes salutations, C Corot »

(2) La Commission de la Société Artistique des Bouches-du-Rhone fit demander par l'intermédiaire de son secrétaire (lettre de M Maccabelly a M Binant, du 18 septembre 1858) si Corot serait dispose à faire une diminution sur le prix demande pour ce tableau Les archives Binant ne contiennent pas la reponse de Corot, mais sur une liste où en regard des demandes de plusieurs artistes pour leurs tableaux M Binant a écrit la reduction consentie en faveur de la Société de Marseille, le prix de 2 000 fr pour le Corot a été maintenu, sans la mention d'aucun rabais

(3) Au sujet de la participation de Corot à cette exposition les archives Binant contiennent la lettre que voici

« Aiserey, ce 19 mai 1858

« Mon cher Monsieur Binant

« L'un des tableaux que vous m'indiquez dans votre lettre est a Nantes l'autre a Semur les enfants qui cueillent des pommes Je n'ai « plus a l'atelier qu'un tableau qui est sans bordure suspendu en l'air C'est Daphnis et Chloe (soir), 1 000 fr et un autre (foret de Fontainebleau) « rue Montholon (600 fr) Je vous autorise a penetrer dans mon atelier et mon logement avec cette lettre Tout ce que vous ferez sera bien fait S'il « y a moyen j'enverrai celui qui est a Semur (Cote d'Or)

« Tout a vous C Corot »

« Mes amities a Mmes Binant et Chamouillet Vous direz que ma niece va bien tres bien »

(Corot était à Aizerey chez sa nièce Mme Emile Corot nouvellement mariée)

Sur la lettre ci-dessus le premier des tableaux en question « Daphnis et Chloe » est raye au crayon rouge Le second « Fontainebleau » figura à Dijon en même temps que « le Verger » envoyé de Semur

1859

MARSEILLE

N° 114 — Paysage avec figures — Prix 6 000 fr (1)
N° 115 — Un soir — Prix 600 fr
N° 116 — Environs de Mantes — Prix 600 fr

1859

BORDEAUX

N° 130 — Daphnis et Chloe, paysage effet du soir — Prix 1 500 fr
N° 131 — Etude en Bretagne — Prix 500 fr
N° 132 — Jeune fille — Prix 600 fr (*Vendu*)

1860

AMIENS

N° 259 — Souvenir de Fontainebleau — Prix 500 fr

1860

BESANÇON

Foret de Fontainebleau — Prix 2 000 fr

1860

VERSAILLES

Cabane a Aizerey (Cote-d Or)

1860

BORDEAUX

N° 147 — Idylle — Prix 3 000 fr
N° 148 — Retour du marche d'Arras — Prix 1 000 fr
N° 149 — Coup de vent — Prix 700 fr

1860

STRASBOURG (2)

N° 89 — Bords de la Charente — Prix 800 fr
N° 90 — Petit cabaret (Cote-d Or) — Prix 500 fr

1860

MARSEILLE

N° 110 — Bords de la Loire (appartenant a M Bourges) — Prix 450 fr (*Vendu 300*) (3)

1861

BORDEAUX

N° 147 — Environs de Mantes (Seine-et Oise) — Prix 500 fr
N° 148 — Jeune femme costume meridional — Prix 500 fr

1861

MARSEILLE

N° 97 — Enfants au bord d'un lac — Prix 800 fr

1861

STRASBOURG

N° 506 — Souvenir d Italie — Prix 650 fr

1862

STRASBOURG

N° 452 — Souvenir d'Italie — Prix 700 fr

1862

MARSEILLE

N° 88 — Crepuscule (appartenant a M Bourges) — Prix 1 000 fr (*Vendu 600*)
N° 89 — Effet du soir (appartenant a M Surville) — Prix 500 fr (*Vendu 400*) (4)

---

(1) Les archives Binant contiennent une lettre de M Maccabelly secrétaire de la Societe Artistique des Bouches du Rhone, en date du 7 octobre 1859, qui debute ainsi « Cette lettre a pour but de vous prier de voir M Corot, afin de savoir de lui quelle serait sa dernière limite de son grand tableau avec figures coté 6 000 fr Je crois, et ceci sans engagement qu on trouverait ici une offre d amateur de 2 500 à 3 000 f » Nous ignorons la reponse de Corot Mais la vente n eut pas lieu et « la Toilette » (c est le tableau en question) resta longtemps encore après cela la propriete de son auteur

(2) M E Marcotte, dont nous avons lu plus haut les lettres ecrites au nom de la Societe Artistique des Bouches-du-Rhone etait devenu en 1860, le president de celle de Strasbourg En cette qualite, il proposa a la Commission l achat d un tableau de Corot Mais sa proposition fut très mal accueillie (Archives Binant)

(3) Achete par la Societe Artistique pour la loterie et gagne par le numero 789 (M Marchand de Paris) — *Semaphore de Marseille 1er janvier 1861* (Archives Binant)

(4) MM Bourges et Surville les deux marchands parisiens a qui appartenaient les tableaux de Corot exposes en 1862 à Marseille etaient les pourvoyeurs habituels des expositions organisees par M Binant et le contingent des toiles fournies par eux formait un appoint important aux envois individuels des artistes — Les deux Corot en question furent achetes par des amateurs

1862

BORDEAUX

Paysage (soleil levant)

1862

BAYONNE

Le crépuscule

1862

LIMOGES

Orphée. — Prix 3 000 fr.
La toilette. — Prix 1 000 fr.
Vue de Mortefontaine. — Prix 600 fr.

1862

LYON

Le lac de Garde, souvenir d'Italie

1862

MOULINS

Crépuscule

1862

VERSAILLES

Quatre paysages

1863

STRASBOURG

Ville-d'Avray, soir. — Prix 900 fr. (*Vendu* 600) (1)

1863

MARSEILLE

N° 7. — Vue du lac de Garde (effet du jour). — Prix 850 fr.
N° 75. — Le bouleau. — Prix 600 fr. (appartenant à M. Surville) *Vendu*.

1863

BORDEAUX

Étang de Ville-d'Avray (appartenant à M. Étienne Baudry, de Rochemont près Saintes)
Vue prise à Mantes. — Prix 400 fr.
Le marais (appartenant à M. Auguin)
Souvenir d'Italie. — Prix 850 fr.
Bouleau. — Prix 625 fr.

1863

SAINTES

N° 66. — Étang de Ville-d'Avray (appartenant à M. Baudry)
N° 67. — Le marais (appartenant à M. Auguin)
N° 68. — Paysage, effet du soir
N° 69. — Paysage d'Italie (appartenant à M. Chef)
N° 70. — Les buveurs (appartenant à M. Gaudin)
N° 60. (Supplément du catalogue). — Vue de Mantes
N° 161. (id.) Port de La Rochelle
N° 162. (id.) Moulin de Courpignac (appartenant à M. Pradelles)
N° 163. (id.) Vieux pont, étude (appartenant à M. Fleury)

1864

STRASBOURG

Paysage. — Prix 1 500 fr.

1864

MARSEILLE

N° 86. — Souvenir de Ville-d'Avray. — Prix 850 fr.
N° 87. — Paysage. — Prix 400 fr.
N° 88. — Paysage

1864

BORDEAUX

Figure
Environs de Boulogne-sur-Mer
Environs de la Ferté-sous-Jouarre
Souvenir d'Italie (soleil couchant)

1865

MARSEILLE

N° 71. — Vue prise dans la forêt de Fontainebleau
N° 72. — Guitariste. — Prix 1 000 fr.

1865

STRASBOURG

Paysage (appartenant à M. Petit)

---

(1) Acheté par la Société des Amis des Arts de Strasbourg. Cette acquisition était due à l'insistance de M. Marcotte, ainsi qu'il appert d'un passage d'une de ses lettres à M. Binant (24 juillet 1863) : « Je considère l'achat du Corot comme une vraie victoire. Il y a trois ou quatre ans, quand je parlais d'acheter un Corot, on me répondait par des sourires et je restais seul avec ma voix. »

1865

BESANÇON

Deux paysages

1865

ALENÇON

Vue d'un port
Paysage en Suisse

1865

NIORT

Paysage

1865

BORDEAUX

Paysage (appartenant a M Bascle)
Concert à la campagne — Prix 4 000 fr
Orphee — Prix 4 000 fr

1865

TOULOUSE

Vue du port de La Rochelle
Forêt
Incendie de Sodome

1865

VERSAILLES

Palais de Fontainebleau, vue du jardin prive

1866

BORDEAUX

N° 142 — Forêt de Fontainebleau
N° 143 — Soleil couchant

1866

LA ROCHELLE

Paysage en Suisse (appartenant a M Admyrault)
Paysage
Port de La Rochelle (appartenant à M Monlun)

1866

BOULOGNE-SUR-MER

Vue du port de La Rochelle

1866

GRENOBLE

Entrée de village

1866

LILLE

N° 370 — Paysage, soir (appartenant a M Brame)
N° 371 — La femme peintre
N° 372 — Portrait de femme
N° 373 — Paysage cache cache

1866

PAU

Paysage

1867

STRASBOURG

N° 52 — Vue prise a l'Isle Adam — Prix 450 fr (*Vendu*)

1867

MARSEILLE

N° 87 — Vue de Mantes (appartenant à M Petit) — Prix 1 500 fr
N° 88 — Paysage italien (appartenant a M Petit) — Prix 350 fr (*Vendu 250*)

1867

BORDEAUX

Vue de Ville-d'Avray
Le lac
Vue de Ville-d'Avray

1868

STRASBOURG

N° 47 — Paysage italien — Prix 750 fr
N° 48 — Vue de Ville-d'Avray — Prix 400 fr

1868

MARSEILLE

N° 82 — Environs de Beauvais (appartenant a M Bourges) — Prix 400 fr

1869

STRASBOURG

N° 37. — La lisière d'un bois, environs de Château-Thierry (appartenant à M. Bourges). — Prix : 1 800 fr.

1869

MARSEILLE

N° 77. — Vue prise à la lisière du bois de Ville-d'Avray. — Prix : 900 fr.

N° 78. — L'étang de Ville-d'Avray. — Prix : 3 000 fr.

N° 79. — Paysage. — Prix : 1 600 fr.

1869

BORDEAUX

Une allée.
Route bordant une rivière.
Étang de Ville-d'Avray.

1869

ROUEN

Étang de Ville-d'Avray.

1869

REIMS

Lac, effet de nuit.
Vue de Mantes (à M. Warnier).
Le printemps.
Paysage.
Paysage (à M. Tedesco).
Paysage.
Paysage.

1870

NANCY

N° 84. — Paysage (appartenant à M. Martin). — Prix : 300 fr.

1870

BORDEAUX

Vue de Bretagne.
Vue prise à Coubron, près Montfermeil.
Jeune fille (appartenant à M. Amédée Larrieu).
Village aux environs de Paris.

1870

LYON

Pâturages, effet du matin.

1870

LIMOGES

Passage des vaches.
Soir, Normandie.
Site de paysage.

1872

BORDEAUX

Paysage.

1872

PAU

Torrent près Lormes (Morvan).
Une figure, étude.

1872

ROUEN

Le soir.

1872

VERSAILLES

N° 164. — Souvenir de Coubron (appartenant à M. Alfred Robaut).

N° 165. — Canteleu près Rouen (appartenant à M. Alfred Robaut).

N° 166. — Jeune femme lisant (appartenant à M. Alfred Robaut).

1873

DIEPPE

Trois tableaux, dont un appartenant à Alexandre Dumas.

1873

BORDEAUX

Bord d'un canal.
Vue de La Rochelle.
Environs de Saint-Ouen.
Paysage, étude.

1874

ROUEN

Paysage (à M. Tedesco).
Paysage (à M. Tedesco).
Canteleu (à M. Verdier).
Ville-d'Avray (à M. Alfred Robaut).

III. — EXPOSITIONS ÉTRANGÈRES

1860

BRUXELLES

Paysage, soleil couchant

1862

LONDRES

Corot est représenté par un tableau à l'Exposition Universelle

1864

ANVERS

Un soir, à Ville-d'Avray

Matinée à Luzancy (Seine-et-Marne)

1869

BRUXELLES

Une barque, paysage

Bords de l'Oise

Étang de Ville-d'Avray

Printemps

Vers 1869

MUNICH

Corot expose un tableau et à l'issue de l'exposition, il est décoré de *l'Ordre du Mérite*

1873

VIENNE

Corot est représenté à l'Exposition Universelle par un tableau ayant figuré au Salon de 1869 (Souvenir de Ville-d'Avray)

1874

GAND

Un moulin à Gisors

VENTE COROT

DU 14 AVRIL 1858

REPRODUCTION INTÉGRALE

DU CATALOGUE

CATALOGUE
de
TRENTE-HUIT TABLEAUX
par

M. C. COROT

PAYSAGISTE

Médaille de 2e classe en 1833 et de 1re classe en 1828 et 1855
Chevalier de la Légion d'honneur en 1846

DONT LA VENTE AURA LIEU
HOTEL DES COMMISSAIRES-PRISEURS, RUE DROUOT N° 5
SALLE N° 7,

le Mercredi 14 Avril 1858, à trois heures précises

par le ministère de Me BOUSSATON, Commissaire-Priseur
rue des Petites-Écuries, 43
assisté de M. THIRAULT, marchand de tableaux modernes
rue de Provence, 16

EXPOSITION PUBLIQUE
le Mardi 13 Avril 1858, de une heure à cinq

1 Soleil couchant (Salon 1857) — 1 050 fr. à M. Thirault (1)

2 Un soir (Salon 1857) — 1 150 fr., à M. Martin

3 Le concert (Salon 1857) — 1 300 fr. à M. Léon (*racheté*)

4 Le verger (1,35×1,10) — 1 125 fr., à M. Léon (*racheté*)

5 Soleil levant (1,35×1,10) — 1 390 fr., à M. Berthoud, 58, rue Saint-Georges

6 Moissonneuse (0,46×0,36) — 140 fr., à M. Gillois, 1, rue de Suresne

7 Souvenir du Limousin — 365 fr., à M. Cachardy

8 Environs de Naples — 250 fr., à M. Basset

9 Enfants dans la campagne — 285 fr. à M. Tassy, hôtel Taitbout

10 Environs de Mantes — 500 fr., à M. Bouzemont, 52, rue de la Victoire

11 Le Portel, près Boulogne — 165 fr., à M. Beugniet

12 Ville-d'Avray — 195 fr. à M. Bochet, 40, rue Blanche

13 Environs de Boulogne — 290 fr. à M. Baroilhet

14 Environs de Dunkerque — 152 fr., à M. Geoffroy Dechaume, 13 quai d'Anjou

15 Souvenir de Hollande — 300 fr., à M. Claudon, 27, quai de la Tournelle

16 Le Tréport — 200 fr. à M. Gillois

---

(1) Les prix d'adjudication et les noms des adjudicataires ont été relevés par M. Robaut sur le procès-verbal du commissaire-priseur.

17 Dardagny — 225 fr, à M Cale, faubourg Saint Antoine, 206

18 Rosny — 215 fr, à M Gillois

19 Dunkerque — 215 fr, à M Geoffroy-Dechaume

20 Saint-Martin, pres Boulogne — 400 fr, à M Tesse, rue de Chabrol, 34

21 Domfront (Orne) — 190 fr, à M Cachardy

22 Saint-Germain pres Neufchâtel — 190 fr à M Weyl

23 Saint-Martin pres Boulogne — 151 fr

24 Luzancy pres La Ferte-sous-Jouarre — 230 fr à M Demeuron, rue Duperré, 9

25 Nanteuil-lez-Meaux — 155 fr

26 Pres Mantes — 122 fr, à M Bouchaud, rue Neuve-des-Mathurins, 42

27 Marcoussis — 230 fr, à M Demeuron

28 Genève — 200 fr, à M A Moreau

29 Une forge à Domfront — 280 fr, à M Chamouillet, 22, rue de Clery

30 Moulin a Boulogne — 300 fr

31 Pres d'Arras — 205 fr, à M Cuvelier

32 Ville-d'Avray — 180 fr, à M Doryel, rue de Bruxelles, 29

33 Montmorency — 305 fr, à M Détrimont

34 Limousin — 405 fr à M Claudon

35 Crepuscule — 240 fr, à M Thirault

36 Paysage, Bretagne — 300 fr, à M Claudon

37 Pres Mortain (Normandie) — 163 fr, à M Détrimont

38 Rotterdam — 475 fr, à M Claudon

Total 14 233 fr

VENTE POSTHUME COROT

(1875)

I

CATALOGUE DES PEINTURES

FAC-SIMILÉ D'UN EXEMPLAIRE ANNOTÉ PAR M. ALFRED ROBAUT
ET ILLUSTRÉ PAR LUI DE CROQUIS MARGINAUX

CATALOGUE

DES

TABLEAUX

ÉTUDES, ESQUISSES, DESSINS

ET EAUX-FORTES

PAR

COROT

DRESSÉ PAR M. Alfred **ROBAUT**, ARTISTE LITHOGRAPHE

ET DES

TABLEAUX, DESSINS

CURIOSITÉS DIVERSES

COMPOSANT SA COLLECTION PARTICULIÈRE

VENTE PAR SUITE DU DÉCÈS DE COROT

HÔTEL DROUOT SALLES Nos 8 ET 9

Les Mercredi 26 Mai 1875 et jours suivants, à 2 heures 1/2

COMMISSAIRES PRISEURS

Me BOUSSATON	Me BAUBIGNY
Rue de la Victoire, 39	Rue de la Michodière, 90

EXPERTS

TABLEAUX	CURIOSITÉS
M. DURAND-RUEL	M. CH. MANNHEIM
Rue Laffitte, 16	Rue Saint-Georges, 7

CONDITIONS DE LA VENTE

Elle sera faite au comptant

Les acquéreurs payeront *cinq pour cent* en sus des enchères, applicables aux frais

NOTA

Chaque Tableau, Etude, Dessin, etc , porte, suivant sa dimension, la marque des Estampilles ci-dessous

VENTE COROT

VENTE COROT

ORDRE DES VACATIONS

PREMIERE PARTIE

DE 1 A 223

TABLEAUX ET ÉTUDES TERMINÉES

EXPOSITIONS

PARTICULIÈRE	PUBLIQUE
Le Lundi 24 Mai 1875	Le Mardi 25 Mai 1875

VENTE

Les Mercredi 26, Jeudi 27 et Vendredi 28 Mai 1875

DEUXIEME PARTIE

DE 224 A 602

TABLEAUX, ÉTUDES, ESQUISSES

DESSINS, ALBUMS ET CROQUIS

EXPOSITIONS

PARTICULIERE	PUBLIQUE
Le Samedi 29 Mai 1875	Le Dimanche 30 Mai 1875

VENTE

Les Lundi 31 Mai, Mardi 1er, Mercredi 2, Jeudi 3 et Vendredi 4 Juin

TROISIEME PARTIE

COLLECTION PARTICULIERE DE M. COROT

DE 603 A 934

TABLEAUX, DESSINS, GRAVURES

ET OBJETS D'ART

EXPOSITIONS

PARTICULIERE	PUBLIQUE
Le Samedi 5 Juin 1875	Le Dimanche 6 Juin 1875

VENTE

Les Lundi 7, Mardi 8 et Mercredi 9 Juin 1875

PREMIÈRE PARTIE

de 1 à 223

TABLEAUX

ET

ÉTUDES TERMINÉES

EXPOSITIONS

PARTICULIÈRE	PUBLIQUE
Le Lundi 24 Mai 1875	Le Mardi 25 Mai 1875

DE 1 HEURE A 5 HEURES

VENTE

Les Mercredi 26, Jeudi 27 et Vendredi 28 Mai 1875

A 2 HEURES 1/2 PRÉCISES

DÉSIGNATION

PREMIÈRE PARTIE

TABLEAUX ET ÉTUDES TERMINÉES

Années 1822 à 1824

810 f — M. Deschamps — 1 — A Dieppe du haut de la falaise

H., 0m,24 L., 0m,31

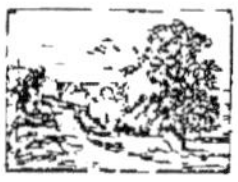

570 f — 2 — Au Petit Chaville près Ville-d'Avray

Grandes ombres portées par des arbres sur un chemin qui monte.

Au second plan à ~~droite~~ gauche, le village

H., 0m,25 L., 0m,33

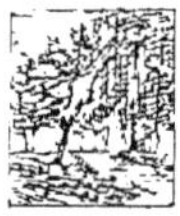

3 — Près Chaville

H., 0m,32 L., 0m,27

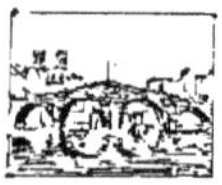

1520 — 4 — A Paris. Le Vieux Pont Saint-Michel

H., 0m,20 L., 0m,30

70 — 5 — A Fontainebleau

Signé au bas, à droite

H., 0m,29 L., 0m,41

Référence des numéros ci-dessus du catalogue à l'œuvre de l'Œuvre de Corot compris dans les tomes II et III
Œ No 3 — 2 Œ No 16 — 3 Œ No 34 — 4 Œ No 15 — 5 Non mentionné dans l'Œuvre

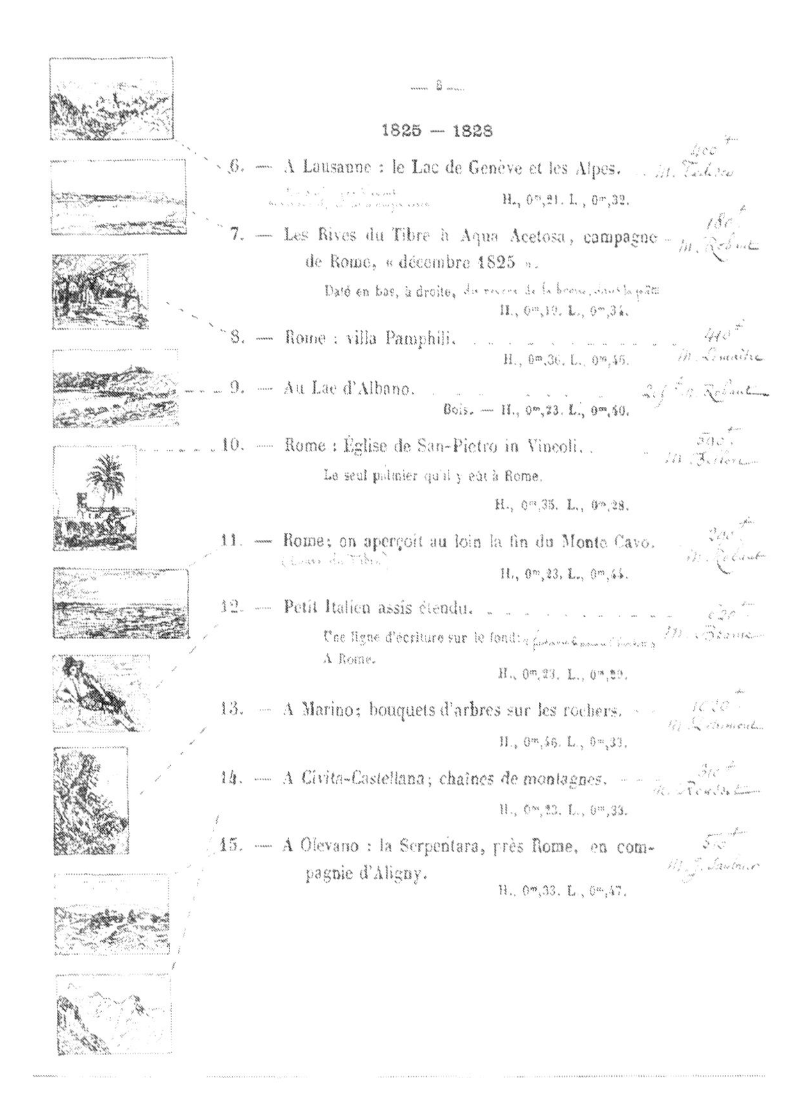

— 8 —

1825 — 1828

6. — A Lausanne : le Lac de Genève et les Alpes.

H., 0m,21. L., 0m,32.

7. — Les Rives du Tibre à Aqua Acetosa, campagne de Rome, « décembre 1825 ».

Daté en bas, à droite.

H., 0m,19. L., 0m,34.

8. — Rome : villa Pamphili.

H., 0m,36. L., 0m,46.

9. — Au Lac d'Albano.

Bois. — H., 0m,23. L., 0m,40.

10. — Rome : Église de San-Pietro in Vincoli.

Le seul palmier qu'il y eût à Rome.

H., 0m,35. L., 0m,28.

11. — Rome; on aperçoit au loin la fin du Monte Cavo.

H., 0m,23. L., 0m,44.

12. — Petit Italien assis étendu.

Une ligne d'écriture sur le fond.
A Rome.

H., 0m,23. L., 0m,29.

13. — A Marino; bouquets d'arbres sur les rochers.

H., 0m,46. L., 0m,33.

14. — A Civita-Castellana; chaînes de montagnes.

H., 0m,23. L., 0m,33.

15. — A Olevano : la Serpentara, près Rome, en compagnie d'Aligny.

H., 0m,33. L., 0m,47.

Référence des numéros ci-dessus du catalogue à ceux de l'Œuvre de *Corot* compris dans les tomes II et III : 6, *Œ. N° 42.* — 7, *Œ. N° 95.* — 8, *Œ. N° 98.* — 9, *Œ. N° 160.* — 10, *Œ. N° 81.* — 11, *Œ. N° 107.* — [illegible]

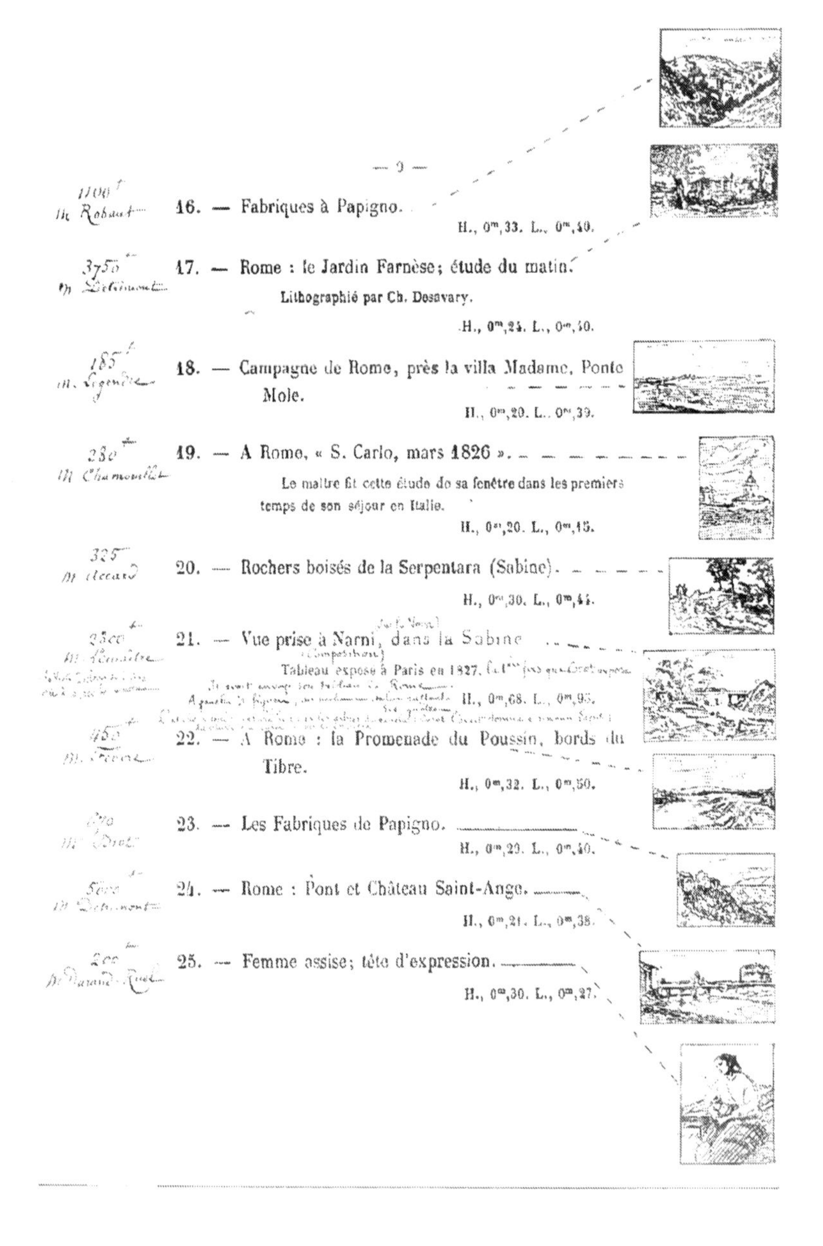

— 9 —

16. — Fabriques à Papigno.
H., 0m,33. L., 0m,40.

17. — Rome : le Jardin Farnèse; étude du matin.
Lithographié par Ch. Desavary.
H., 0m,24. L., 0m,40.

18. — Campagne de Rome, près la villa Madame, Ponte Mole.
H., 0m,20. L., 0m,39.

19. — A Rome, « S. Carlo, mars 1826 ».
Le maître fit cette étude de sa fenêtre dans les premiers temps de son séjour en Italie.
H., 0m,20. L., 0m,45.

20. — Rochers boisés de la Serpentara (Sabine).
H., 0m,30. L., 0m,44.

21. — Vue prise à Narni, dans la Sabine.
Tableau exposé à Paris en 1827.
H., 0m,68. L., 0m,95.

22. — A Rome : la Promenade du Poussin, bords du Tibre.
H., 0m,32. L., 0m,50.

23. — Les Fabriques de Papigno.
H., 0m,29. L., 0m,40.

24. — Rome : Pont et Château Saint-Ange.
H., 0m,21. L., 0m,38.

25. — Femme assise; tête d'expression.
H., 0m,30. L., 0m,27.

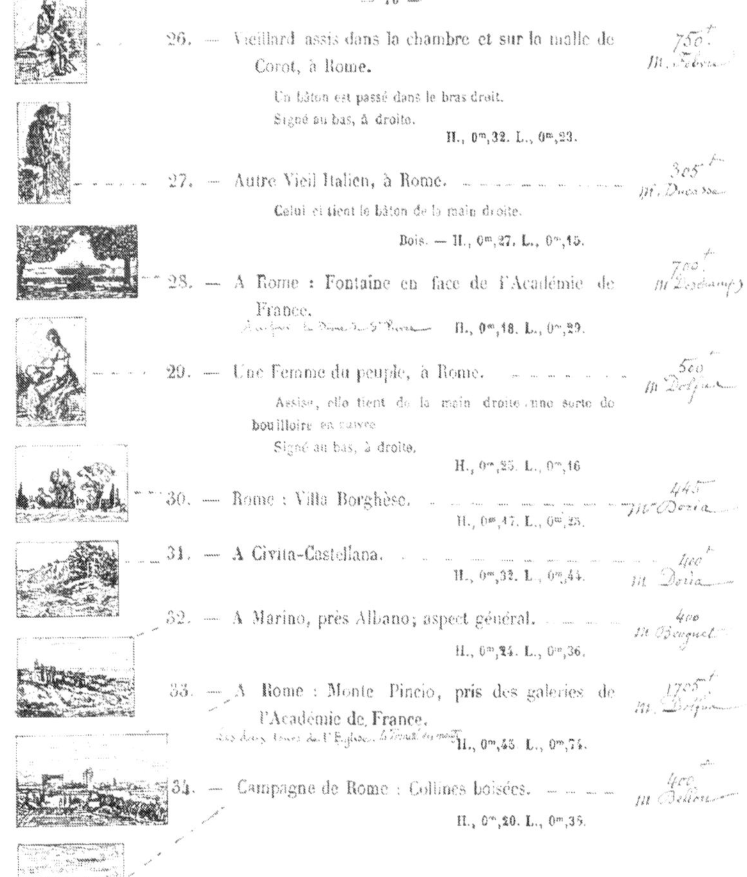

26. — Vieillard assis dans la chambre et sur la malle de Corot, à Rome.

Un bâton est passé dans le bras droit.

Signé au bas, à droite.

H., 0m,32. L., 0m,23.

27. — Autre Vieil Italien, à Rome.

Celui-ci tient le bâton de la main droite.

Bois. — H., 0m,27. L., 0m,15.

28. — A Rome : Fontaine en face de l'Académie de France.

H., 0m,18. L., 0m,29.

29. — Une Femme du peuple, à Rome.

Assise, elle tient de la main droite une sorte de bouilloire en cuivre.

Signé au bas, à droite.

H., 0m,25. L., 0m,16

30. — Rome : Villa Borghèse.

H., 0m,47. L., 0m,25.

31. — A Civita-Castellana.

H., 0m,32. L., 0m,44.

32. — A Marino, près Albano; aspect général.

H., 0m,24. L., 0m,36.

33. — A Rome : Monte Pincio, pris des galeries de l'Académie de France.

H., 0m,43. L., 0m,74.

34. — Campagne de Rome : Collines boisées.

H., 0m,20. L., 0m,35.

Référence des numéros ci-dessus du catalogue à ceux de l'*Œuvre de Corot* compris dans les tomes II et III : 26. *Œ. N° 89.* — 27. *Œ. N° 90.* — 28. *Œ. N° 79.* — 29. *Œ. N° 91.* — 30. *Œ. N° 150.* — 31. *Œ. N° 175.* — [illegible]

190 f. M. Hecht — **35. — Italienne à la fontaine.**

Elle détourne la tête, regarde en face, et tient un vase de cuivre à la main droite.

H., 0m,30. L., 0m,23.

720 f. M. Deschamps — **36. — Rome; on voit au loin le Vatican.**

H., 0m,25. L., 0m,43.

300 f. M. Willermoz — **37. — A Papigno : Jeune Italienne debout, appuyée contre un mur; elle tient une quenouille.**

H., 0m,30. L., 0m,20.

310 f. M. Chamouillet — **38. — Civita-Castellana; rochers.**

Bois. — H., 0m,22. L., 0m,25.

175 f. M. Edouard — **39. — Les Bords du Tibre.**

H., 0m,27. L., 0m,41.

410 f. M. Chamouillet — **40. — A Albano : Italienne debout.**

Bois. — H., 0m,30. L., 0m,16.

620 f. M. Gillet — **41. — A Rome : Monte Pincio; église de la Trinité.**

H., 0m,22. L., 0m,44.

1400 f. M. Robaut — **42. — Naples; à droite, le château de l'Œuf.**

H., 0m,24. L., 0m,41.

480 f. M. Robaut — **43. — A Ischia; on voit au fond l'île de Capri.** (vue prise au pied du mont Epomeo)

H., 0m,25. L., 0m,40.

1850 M. Chamouillet — **44. — Rivages de Normandie** (Le Havre, près de Ste Adresse)

H., 0m,23. L., 0m,40.

500 f. M. Durand-Ruel — **45. — Près Pouzzoles.**

H., 0m,13. L., 0m,32.

Référence des numéros ci-dessus du catalogue à ceux de l'*Œuvre de Corot* compris dans les tomes II et III : 35. Œ. N° 88. — 36. Œ. N° 77. — 37. Œ. N° 62. — 38. Œ. N° 138. — 39. Œ. N° 78. — 40. Œ. N° 61. — 41. Œ. N° 82. — 42. Œ. N° 185. — 43. Œ. N° 188. — 44. Œ. N° 237. — 45. Œ. N° 190.

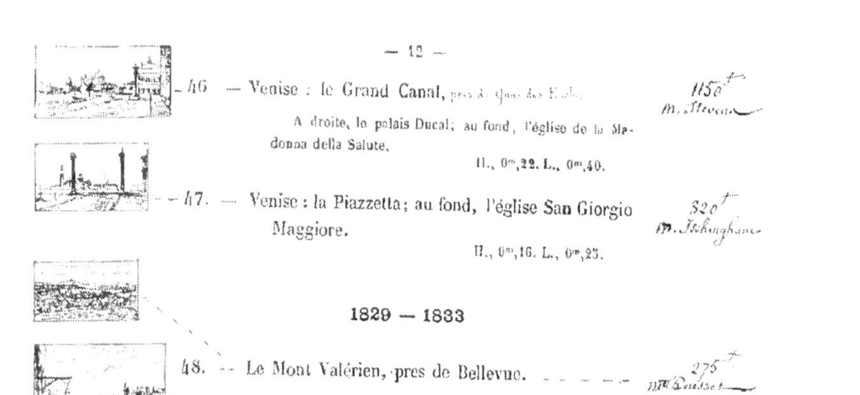

46. — Venise : le Grand Canal,

A droite, le palais Ducal; au fond, l'église de la Madonna della Salute.

H., 0m,22. L., 0m,40.

47. — Venise : la Piazzetta; au fond, l'église San Giorgio Maggiore.

H., 0m,16. L., 0m,25.

1829 — 1833

48. — Le Mont Valérien, près de Bellevue.

H., 0m,18. L., 0m,30.

49. — A Paris, juillet 1830 : Pont-au-Change.

H., 0m,50. L., 0m,73.

50. — Portique de la cathédrale de Chartres; août 1830.

Deux enfants, assis sur les marches, où l'on voit un étalage de fleurs.

H., 0m,61. L., 0m,45.

51. — A Honfleur : Maisons sur les quais.

H., 0m,38. L., 0m,55.

52. — Le Forum.

Répétition à plus grande dimension de l'étude sur nature, léguée au Louvre par Corot.

H., 0m,35. L., 0m,97.

53. — Le Pont et le Château Saint-Ange, à Rome.

Paysage composé d'après l'étude nº 21 de ce catalogue.

H., 0m,40. L., 0m,53.

Référence des numéros ci-dessus du catalogue à ceux de l'*Œuvre de Corot* compris dans les tomes II et III : 46. Œ. Nº 104. — 47. Œ. Nº 102. — 48. Œ. Nº 209. — 49. Œ. Nº 220. — 50. Œ. Nº 222. — 51. Œ. Nº 223. [illegible]

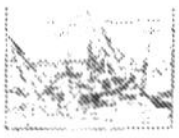

475 f — M. Durand-Ruel

54. — A Trouville; bateaux de pêche.

Signé au bas, à gauche.

H., 0m,21. L., 0m,35.

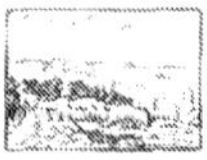

650 f — M. Durand-Ruel

55. — Au Havre, du haut des falaises.

H., 0m,20. L., 0m,28.

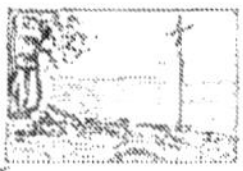

485 f — M. Durand-Ruel

56. — A Honfleur : Calvaire sur la côte de Grâce.

H., 0m,20. L., 0m,34.

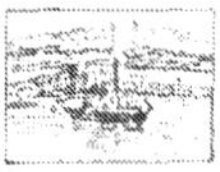

1505 f — M. Detrimont

57 — Bassin à Honfleur.

(mer verte)

H., 0m,25. L., 0m,32.

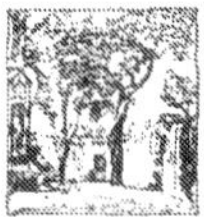

350 f — M. Chamouillet

58. — A Ville-d'Avray; entrée de la propriété Corot.

(vue de dedans)

H., 0m,30. L., 0m,28.

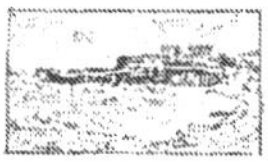

3000 f — M. Dolfus

59. — Une Jetée au Havre par gros temps.

H., 0m,22. L., 0m,40.

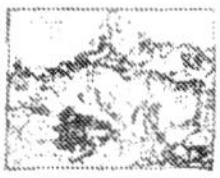

190 f — M. Ch. Arago

60. — Rochers de la forêt de Fontainebleau.

H., 0m,37. L., 0m,46.

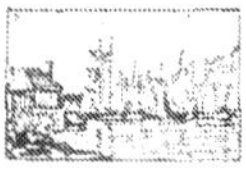

925 f — M. Durand-Ruel

61. — Au Havre : Bateaux de pêche aux voiles colorées.

H., 0m,17. L., 0m,28.

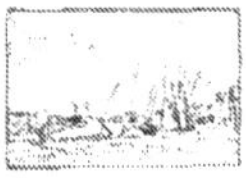

2020 f — M. Febvre

62. — Marine à Trouville; esquisse.

Bois. — H., 0m,27. L., 0m,40.

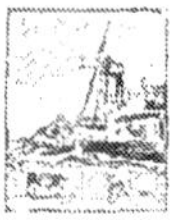

700 f — M. Dubuisson

63. — A Saint-Omer (Pas-de-Calais); vaches auprès d'un moulin à vent.

H., 0m,27. L., 0m,22.

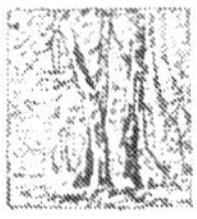

1030 f — M. Detrimont

64. — A Fontainebleau; étude de hêtres.

H., 0m,27. L., 0m,27.

Référence des numéros ci-dessus du catalogue à ceux de l'*Œuvre de Corot* compris dans les tomes II et III
54. *Œ. N° 231.* — 55. *Œ. N° 225.* — 56. *Œ. 224.* — 57. *Œ. N° 2[illegible].* — 58. *Œ. N° 28[illegible].* — 59. *Œ. N° 238.* — 60. *Œ. N° 263.* — 61. *Œ. N° 234.* — 62. *Œ. N° 237.* — 63. *Œ. N° [illegible].* — 64. *Œ. N° 264.*

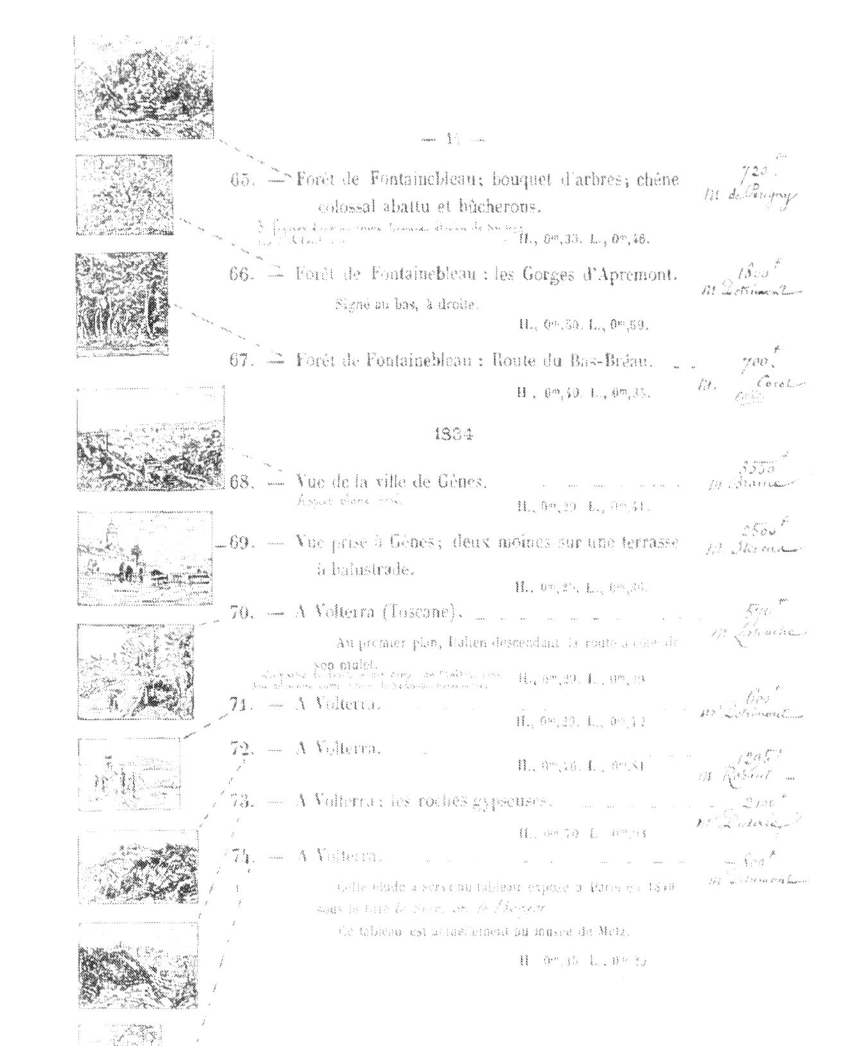

65. — Forêt de Fontainebleau; bouquet d'arbres; chêne colossal abattu et bûcherons.

H., 0m,33. L., 0m,46.

66. — Forêt de Fontainebleau : les Gorges d'Apremont.

Signé au bas, à droite.

H., 0m,50. L., 0m,59.

67. — Forêt de Fontainebleau : Route du Bas-Bréau.

H., 0m,40. L., 0m,35.

1834

68. — Vue de la ville de Gênes.

H., 0m,29. L., 0m,41.

69. — Vue prise à Gênes; deux moines sur une terrasse à balustrade.

H., 0m,25. L., 0m,36.

70. — A Volterra (Toscane).

Au premier plan, Italien descendant la route à côté de son mulet.

H., 0m,29. L., 0m,39.

71. — A Volterra.

H., 0m,29. L., 0m,42.

72. — A Volterra.

H., 0m,26. L., 0m,81.

73. — A Volterra : les roches gypseuses.

H., 0m,70. L., 0m,95.

74. — A Volterra.

Cette étude a servi au tableau exposé à Paris en 1838 sous le titre *le Soir*, ou *le Berger*.

Ce tableau est actuellement au musée de Metz.

H., 0m,35. L., 0m,39.

Référence des numéros ci-dessus du catalogue à ceux de l'*Œuvre de Corot* compris dans les tomes II et III : 65. *(L. N° 268.* — 66. *(L. N° 270.* — 67. *(L. N° 262.* — 68. *(L. N° 301.* — 69. *(L. N° 300.* — 70. *(L. N° 305.* — 71. *(L. N° 307.* — 72. *(L. N° 304.* — 73. *(L. N° 303.* — 74. *(L. N° 306.*

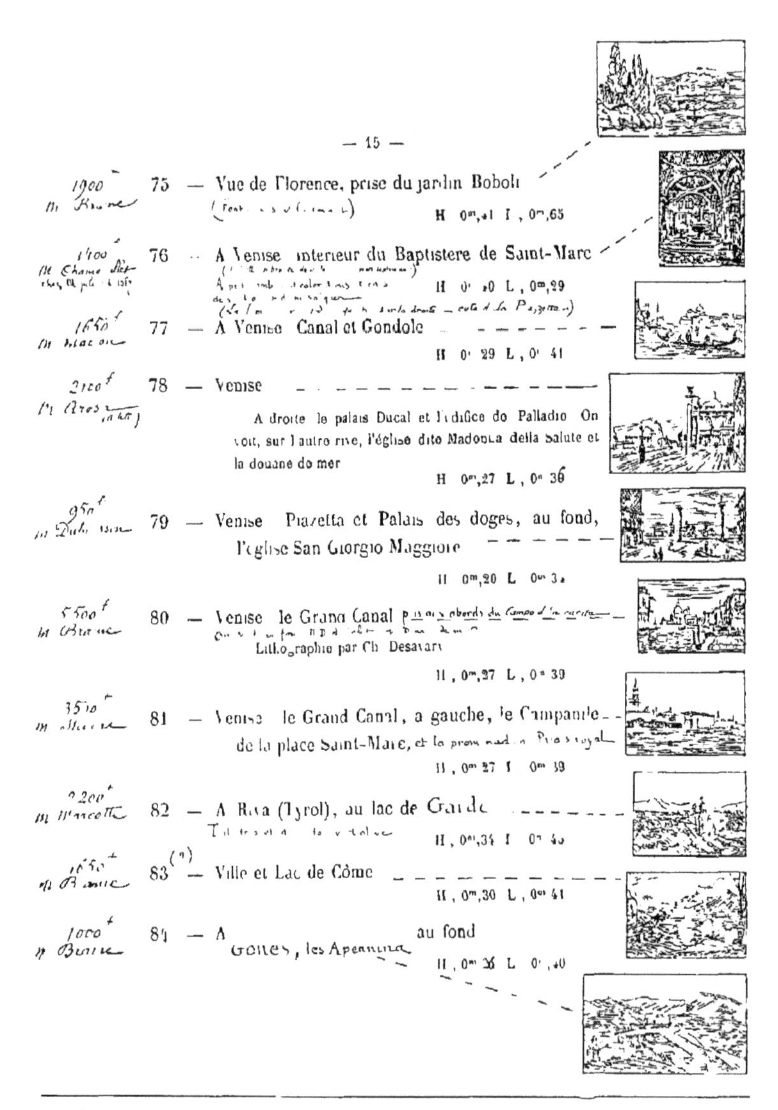

— 15 —

1900 — 75 — Vue de Florence, prise du jardin Boboli

H 0m,41 L, 0m,65

1400 — 76 — A Venise intérieur du Baptistère de Saint-Marc

H 0m,40 L, 0m,29

1650 — 77 — A Venise Canal et Gondole

H 0m,29 L, 0m,41

2100 — 78 — Venise

A droite le palais Ducal et l'édifice de Palladio On voit, sur l'autre rive, l'église dite Madonna della Salute et la douane de mer

H 0m,27 L, 0m,36

950 — 79 — Venise Piazetta et Palais des doges, au fond, l'église San Giorgio Maggiore

H 0m,20 L 0m,3.

5500 — 80 — Venise le Grand Canal

Lithographie par Ch Desavary

H, 0m,27 L, 0m,39

3500 — 81 — Venise le Grand Canal, à gauche, le Campanile de la place Saint-Marc

H, 0m,27 L 0m,39

2200 — 82 — A Riva (Tyrol), au lac de Garde

H, 0m,34 L 0m,40

1650 — 83 (?) — Ville et Lac de Côme

H, 0m,30 L, 0m,41

1000 — 84 — A Gênes, les Apennins au fond

H, 0m,26 L 0m,40

Référence des numéros ci-dessus du catalogue à ceux de l'Œuvre de Corot compris dans les tomes II et III

75 Œ N° 31 — 76 Œ N° 313 — 77 Œ N° 316 — 78 Œ N° 318 — 79 Œ N° 314 — 80 Œ N° 317 — 81 Œ N° 315 — 82 Œ N° 319 — 83 Œ N° 305 — 84 Œ N° 302

1835 — 1842

85. — Agar

Tableau exposé à Paris en 1835

Lithographié par C. Nanteuil

H. 1m,81 L. 2m,47

86. — A Formes (Morvan)

H. 0m,16 L. 0m,35

87. — A Orléans

Signé en bas à gauche

H. 0m,28 L. 0m,40

88. — A Mur près Saint-Brieuc

Cette étude a servi d'inspiration pour le tableau de *Sodome* exposé à Paris Salons de 1844 et 1857

H. 0m,15 L. 0m,48

89. — A Fontainebleau

H. 0m,33 L. 0m,41

90. — Près Chantilly

H. 0m,18 L. 0m,36

91. — A Genève

Avant la construction du pont du Mont-Blanc. A droite l'île Jean-Jacques-Rousseau ; au fond, les clochers Saint-Pierre.

Signé au bas à droite

H. 0m,26 L. 0m,35

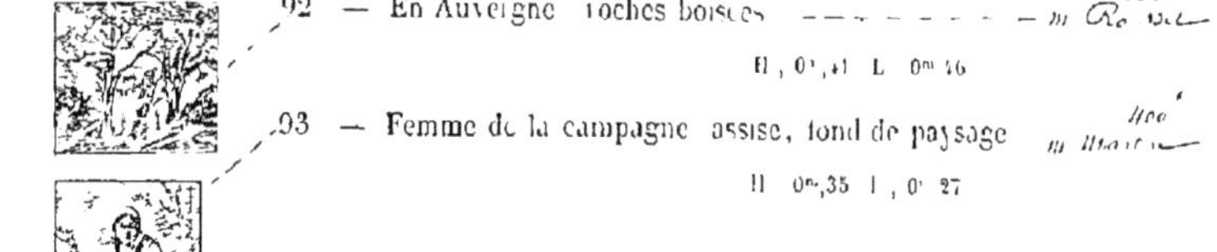

92. — En Auvergne, roches boisées

H. 0m,41 L. 0m,46

93. — Femme de la campagne assise, fond de paysage

H. 0m,35 L. 0m,27

Références des numéros ci-dessus du catalogue à ceux de l'*Œuvre de Corot* compris dans les tomes II et III : 85 Cf. N° 302 — 86 Cf. N° 121 — 87 Cf. N° 355 — 88 Cf. N° 476 — 89 Cf. N° 481 — 90 Cf. N° 358 — 91 Cf. N° 407 — 92 Cf. N° [illegible] — 93 Cf. N° [illegible]

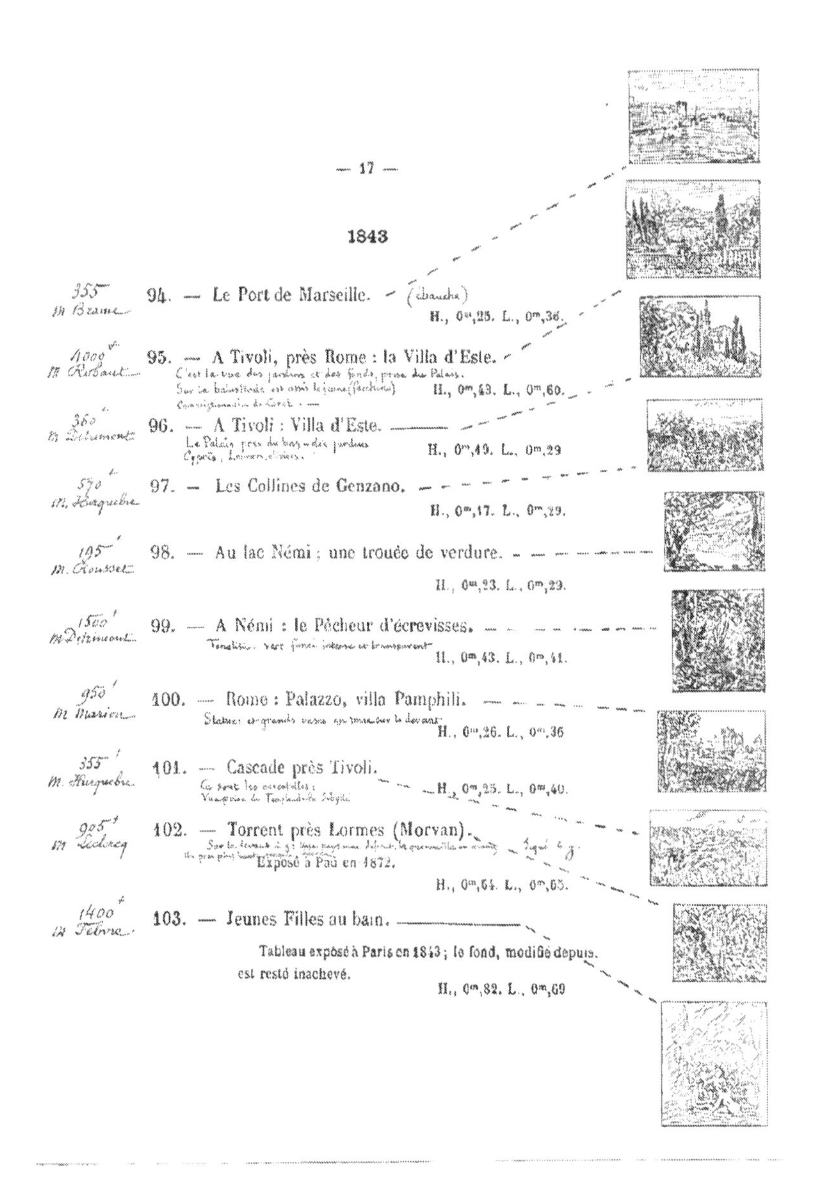

1843

94. — Le Port de Marseille. (ébauche)
H., 0m,25. L., 0m,36.

95. — A Tivoli, près Rome : la Villa d'Este.
H., 0m,43. L., 0m,60.

96. — A Tivoli : Villa d'Este.
H., 0m,49. L., 0m,29

97. — Les Collines de Genzano.
H., 0m,17. L., 0m,29.

98. — Au lac Némi ; une trouée de verdure.
H., 0m,23. L., 0m,29.

99. — A Némi : le Pêcheur d'écrevisses.
H., 0m,43. L., 0m,41.

100. — Rome : Palazzo, villa Pamphili.
H., 0m,26. L., 0m,36

101. — Cascade près Tivoli.
H., 0m,25. L., 0m,40.

102. — Torrent près Lormes (Morvan).
Exposé à Pau en 1872.
H., 0m,64. L., 0m,65.

103. — Jeunes Filles au bain.
Tableau exposé à Paris en 1843 ; le fond, modifié depuis, est resté inachevé.
H., 0m,82. L., 0m,69

Référence des numéros ci-dessus du catalogue à ceux de l'Œuvre de Corot compris dans les tomes II et III

1844 — 1850

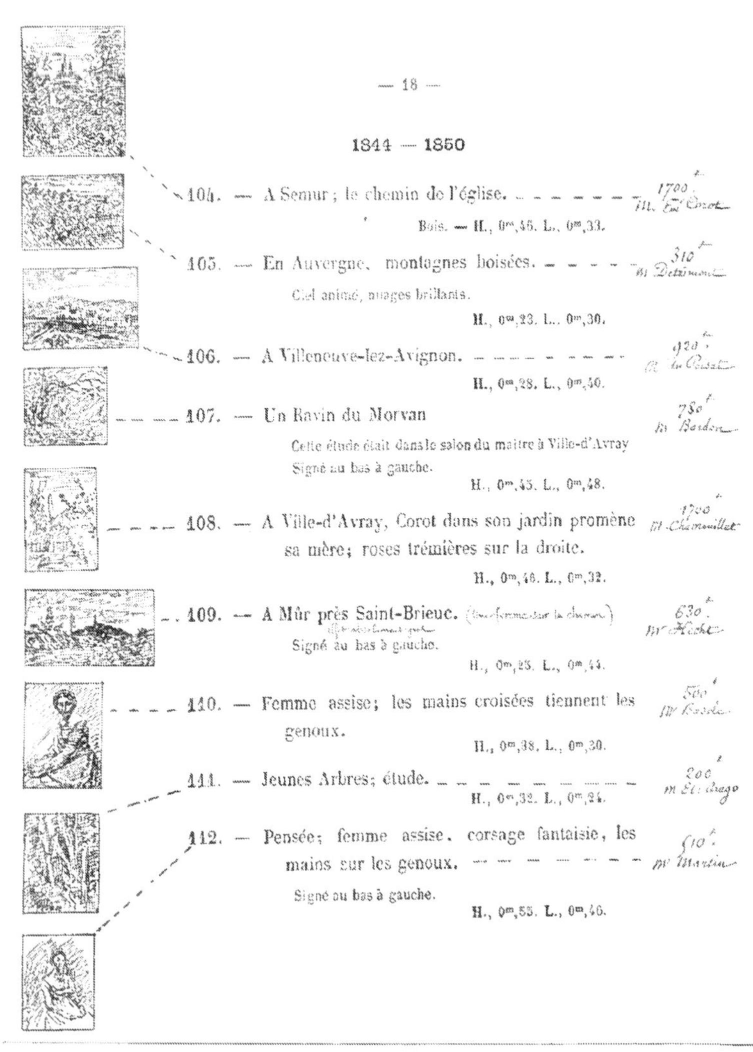

104. — A Semur ; le chemin de l'église.

Bois. — H., 0m,46. L., 0m,33.

105. — En Auvergne, montagnes boisées.

Ciel animé, nuages brillants.

H., 0m,23. L., 0m,30.

106. — A Villeneuve-lez-Avignon.

H., 0m,28. L., 0m,40.

107. — Un Ravin du Morvan

Cette étude était dans le salon du maître à Ville-d'Avray

Signé au bas à gauche.

H., 0m,45. L., 0m,48.

108. — A Ville-d'Avray, Corot dans son jardin promène sa mère ; roses trémières sur la droite.

H., 0m,46. L., 0m,32.

109. — A Mûr près Saint-Brieuc.

Signé au bas à gauche.

H., 0m,25. L., 0m,44.

110. — Femme assise ; les mains croisées tiennent les genoux.

H., 0m,38. L., 0m,30.

111. — Jeunes Arbres ; étude.

H., 0m,32. L., 0m,24.

112. — Pensée ; femme assise, corsage fantaisie, les mains sur les genoux.

Signé au bas à gauche.

H., 0m,55. L., 0m,46.

Référence des numéros ci-dessus du catalogue à ceux de l'*Œuvre de Corot* compris dans les tomes II et III : 104. Œ. N° 837. — 105. Œ. N° 552. — 106. Œ. N° 730. — 107. Œ. N° 427. — 108. Œ. N° 912. — 109. Œ. N° 478.

550 — M. Miron — 113 — La Belle Laitière de l'Oberland

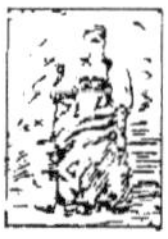

Signé au bas à gauche

H., 0m,31. L., 0m,23

215 — M. Michel — 114 — Étude de bois blancs

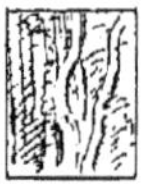

H., 0m,36. L., 0m,22

910 — M. J. Saulnier — 115 — A Granville, bateaux de pêche sur mer bleue

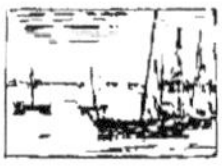

H., 0m,25. L., 0m,32

400 — M. Roy ... — 116 — Paysage composé

Sur le devant une femme et une chèvre, un petit village au fond d'une prairie bordée d'arbres.

H., 0m,24. L., 0m,32

1851 — 1855

1090 — M. Durand ... — 117 — Aux Mabilliers, près Limoges

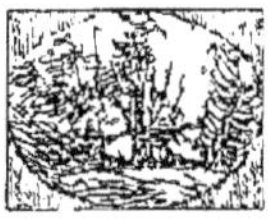

Étude pour le tableau *la Solitude*, exposé à Paris, Salon de 1866.

Intérieur ovale — H., 0m,41. L., 0m,55

2080 — M. Chaumont — 118 — Environs de Beauvais. Des maisons au bord d'un canal

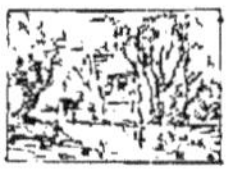

Bois parqueté — H., 0m,35. L., 0m,54

150 — M. Boyer — 119 — Moine capuchonné, debout, lisant; il est vu jusqu'aux genoux, fond de paysage

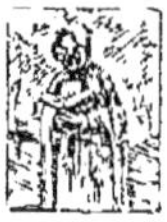

Bois. — H., 0m,60. L., 0m,45

retiré pour être rendu à son propriétaire M. Latouche — 120 — Aux environs de Saint-Lô. Terrains accidentés. Vaches en pâture

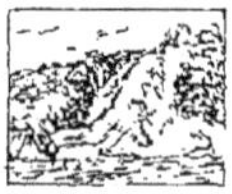

Signé au bas à droite

H., 0m,49. L., 0m,68

Référence des numéros ci-dessus du catalogue à ceux de l'*Œuvre de Corot* compris dans les tomes II et III : 113 *Œ. N° 490* — 114 *Non mentionné dans l'Œuvre* — 115 *Œ. N° 991* — 116 *Non mentionné dans l'Œuvre* — 117 *Œ. N° 814* — 118 *Œ. N° 1001* — 119 *Œ. N° 1045* — 120 *Œ. N° 723*

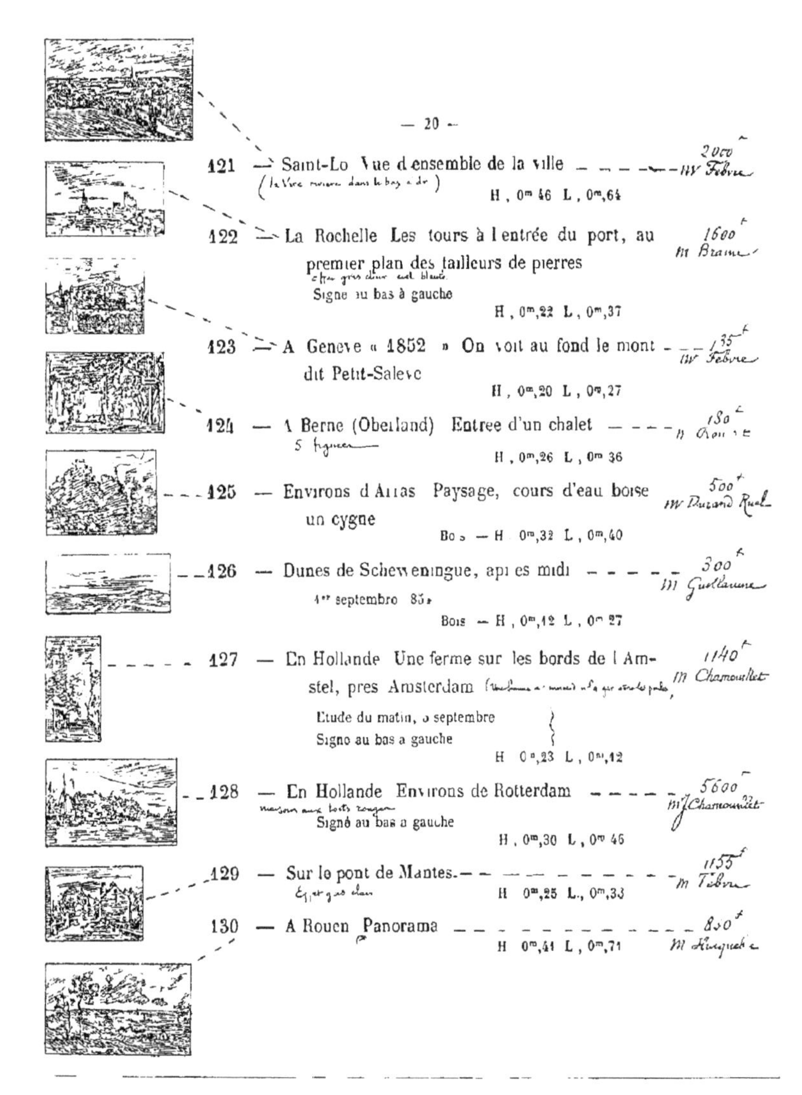

— 20 —

121 — Saint-Lo Vue d'ensemble de la ville — — — — — 2000 f M Febvre
(la Vire rivière dans le bas à dr.)
H., 0m,46 L., 0m,64

122 — La Rochelle Les tours à l'entrée du port, au premier plan des tailleurs de pierres — 1600 f M Brame
(effet gris clair ciel bleuté)
Signé au bas à gauche
H., 0m,22 L., 0m,37

123 — A Genève « 1852 » On voit au fond le mont dit Petit-Salève — — — 135 f M Febvre
H., 0m,20 L., 0m,27

124 — A Berne (Oberland) Entrée d'un chalet — — — — 180 f M Roux
5 figures
H., 0m,26 L., 0m,36

125 — Environs d'Arras Paysage, cours d'eau boisé un cygne — 500 f M Durand Ruel
Bois — H. 0m,32 L., 0m,40

126 — Dunes de Schevemingue, après midi — — — — — 300 f M Guillaume
1er septembre 85.
Bois — H., 0m,12 L., 0m,27

127 — En Hollande Une ferme sur les bords de l'Amstel, près Amsterdam — 1140 f M Chamouillet
Etude du matin, 5 septembre
Signé au bas à gauche
H. 0m,23 L., 0m,12

128 — En Hollande Environs de Rotterdam — — — — — 5600 f M Chamouillet
maison aux toits rouges
Signé au bas à gauche
H., 0m,30 L., 0m,46

129 — Sur le pont de Mantes — — — — — — — — — — 1155 f M Febvre
H. 0m,25 L., 0m,33

130 — A Rouen Panorama — — — — — — — — — — — — 850 f M Knyff
H. 0m,41 L., 0m,71

Référence des numéros ci-dessus du catalogue à ceux de l'*Œuvre de Corot* compris dans les tomes II et III
121 Œ. N° 756 — 122 Œ. N° 675 — 123 Œ. N° 720 — 124 Œ. N° 731 — 125 Œ. N° 1592 — 126 Œ. N° 735 — 127 Œ. N° 739 — 128 Œ. N° 744 — 129 Œ. N° 1575 — 130 Œ. N° 993

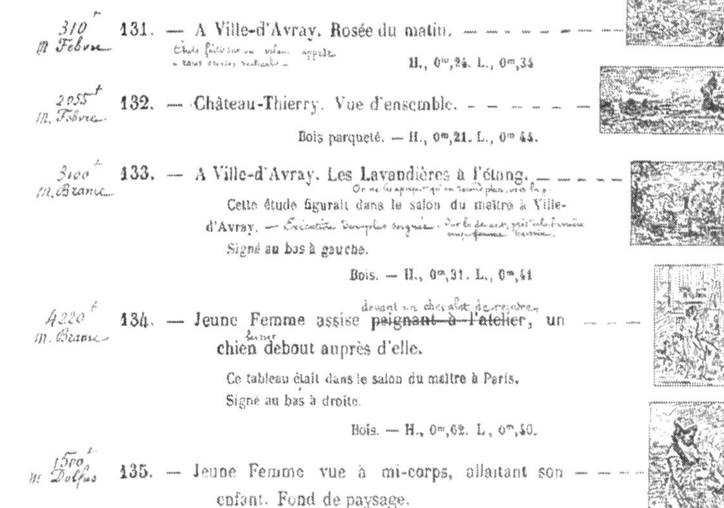

131. — A Ville-d'Avray. Rosée du matin.

H., 0m,24. L., 0m,34

132. — Château-Thierry. Vue d'ensemble.

Bois parqueté. — H., 0m,21. L., 0m,44.

133. — A Ville-d'Avray. Les Lavandières à l'étang.

Cette étude figurait dans le salon du maître à Ville-d'Avray.

Signé au bas à gauche.

Bois. — H., 0m,31. L., 0m,41

134. — Jeune Femme assise peignant à l'atelier, un chien debout auprès d'elle.

Ce tableau était dans le salon du maître à Paris.

Signé au bas à droite.

Bois. — H., 0m,62. L., 0m,40.

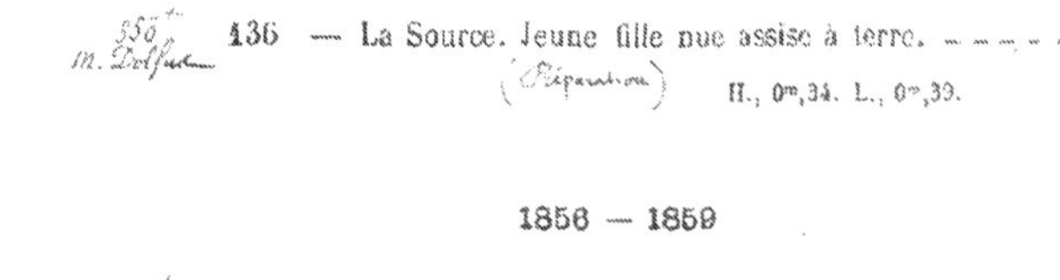

135. — Jeune Femme vue à mi-corps, allaitant son enfant. Fond de paysage.

H., 0m,46. L., 0m,38.

136 — La Source. Jeune fille nue assise à terre.

H., 0m,34. L., 0m,39.

1856 — 1859

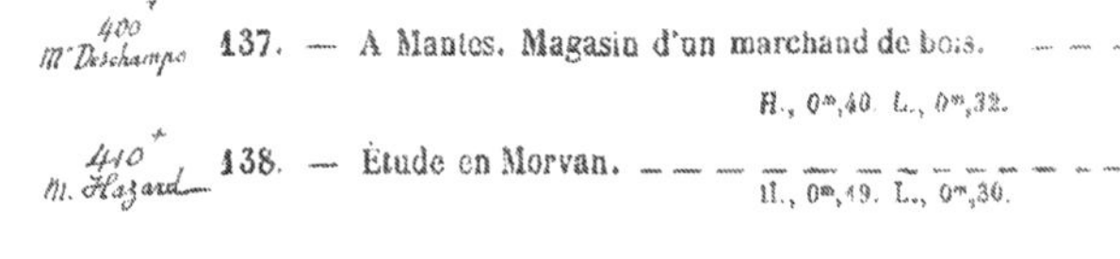

137. — A Mantes. Magasin d'un marchand de bois.

H., 0m,40. L., 0m,32.

138. — Étude en Morvan.

H., 0m,49. L., 0m,30.

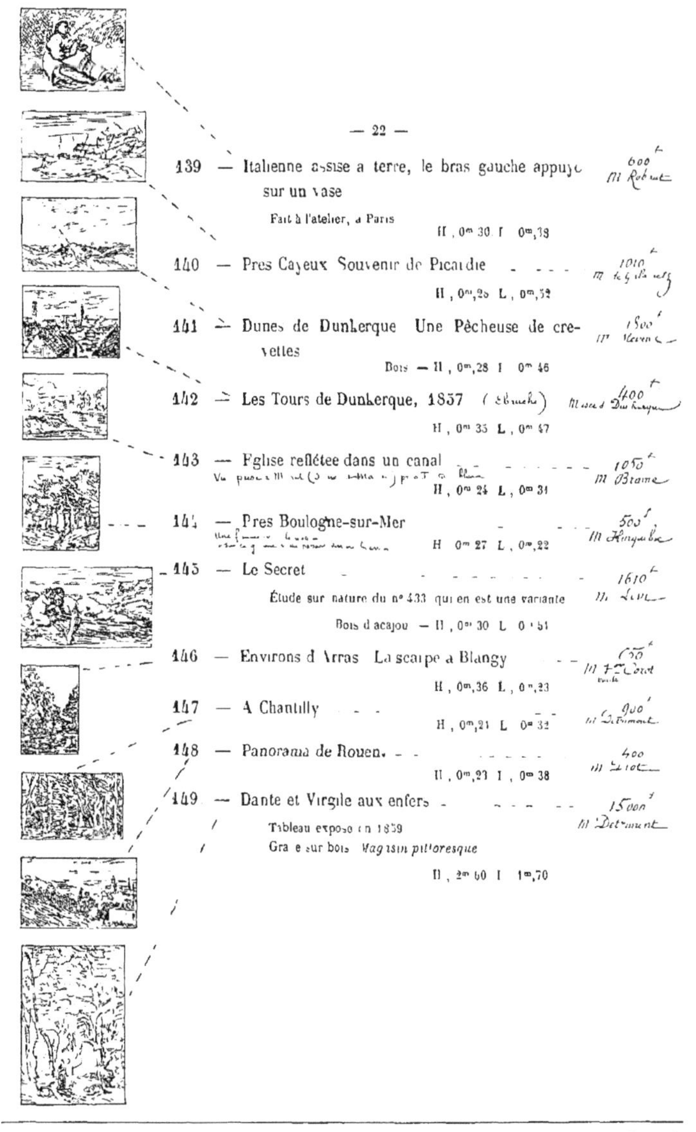

— 22 —

139 — Italienne assise à terre, le bras gauche appuyé sur un vase — 600 f M Robaut

Fait à l'atelier, à Paris

H., 0m,30 L., 0m,38

140 — Près Cayeux Souvenir de Picardie — 1010 f

H., 0m,25 L., 0m,32

141 — Dunes de Dunkerque Une Pêcheuse de crevettes — 1500 f

Bois — H., 0m,28 L., 0m,46

142 — Les Tours de Dunkerque, 1857 — 400 f Musée Dunkerque

H., 0m,35 L., 0m,47

143 — Église reflétée dans un canal — 1050 f M Brame

H., 0m,24 L., 0m,31

144 — Près Boulogne-sur-Mer — 500 f

H., 0m,27 L., 0m,22

145 — Le Secret — 1610 f

Étude sur nature du nº 433 qui en est une variante

Bois d'acajou — H., 0m,30 L., 0m,51

146 — Environs d'Arras La Scarpe à Blangy — 650 f

H., 0m,36 L., 0m,23

147 — A Chantilly — 900 f M Detrimont

H., 0m,21 L., 0m,32

148 — Panorama de Rouen — 400 f

H., 0m,23 L., 0m,38

149 — Dante et Virgile aux enfers — 15000 f M Detrimont

Tableau exposé en 1859

Gravé sur bois *Magasin pittoresque*

H., 2m,60 L., 1m,70

Référence des numéros ci-dessus du catalogue à ceux de l'*Œuvre de Corot* compris dans les tomes II et III
139 Œ Nº 1057 — 140 Œ Nº 1011 — 141 Œ Nº 762 — 142 Œ Nº 766 — 143 Œ Nº 657 — 144 Œ Nº 956 — 145 Œ Nº 1,33 — 146 Œ Nº 973 — 147 Œ Nº 833 — 148 Œ Nº 997 — 149 Œ Nº 1099

150. — A Beaune-la-Rollande. Entrée de château.

Bois. — H., 0m,46. L., 0m,37.

1860 — 1865

151. — Composition. Campagne boisée, collines au fond. Trois personnages.

H., 0m,31. L., 0m,37.

152. — Saint Sébastien au supplice ; il est vu jusqu'aux genoux.

H., 0m,52. L., 0m,34.

153. — A Mortefontaine. Allée d'arbres. Un homme s'y promène.

H., 0m,33. L., 0m,22.

154. — A Ville-d'Avray.

H., 0m,44. L., 0m,38.

155. — Au détour d'un chemin boisé à Ville-d'Avray.

H., 0m,26. L., 0m,38.

156. — Saint-Malo.

On aperçoit, sur l'autre rive, Saint-Servan.

H., 0m,24. L., 0m,34.

157. — Jeune Fille assise, les seins nus.

H., 0m,32. L., 0m,24.

158. — A Dinan (Bretagne).

Un coin de vieille ville.

H., 0m,32. L., 0m,20.

159. — Jeune Femme assise, allaitant son enfant ; fond d'appartement.

H., 0m,55. L., 0m,46.

Référence des numéros ci-dessus du catalogue à ceux de l'*Œuvre de Corot* compris dans les tomes II et III : 150. Œ. N° 747. — 151. Œ. N° 327. — 152. Œ. N° 1073. — 153. *Non mentionné dans l'Œuvre*. — 154. Œ. N° 929. — 155. Œ. N° [illegible]

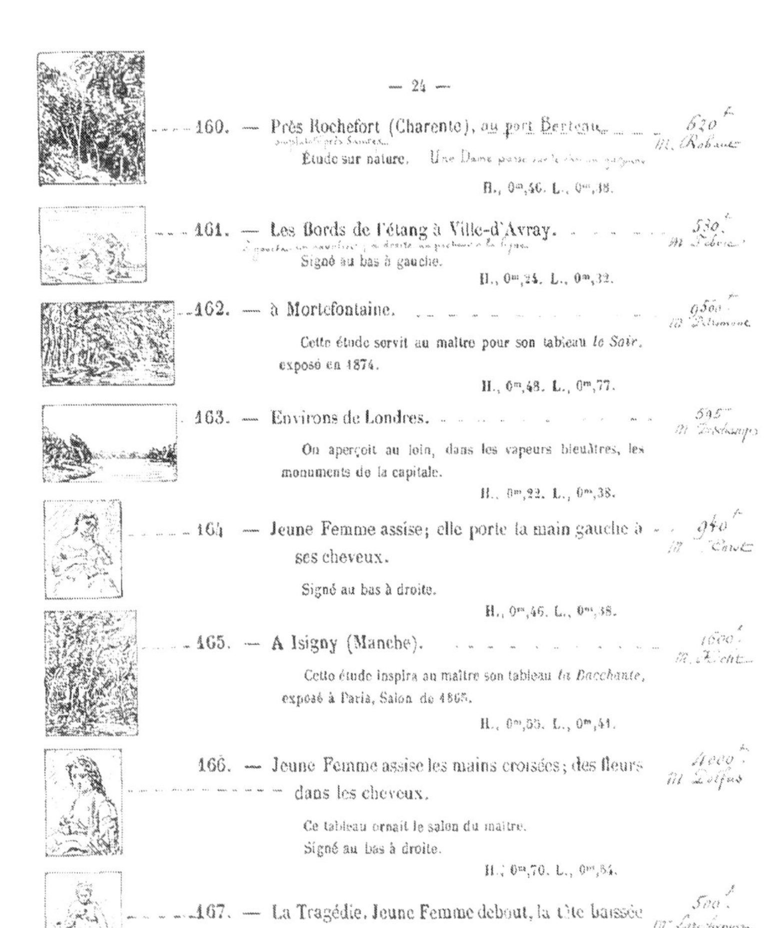

160. — Près Rochefort (Charente), au port Berteau.

Étude sur nature.

H., 0m,46. L., 0m,38.

161. — Les Bords de l'étang à Ville-d'Avray.

Signé au bas à gauche.

H., 0m,24. L., 0m,32.

162. — à Mortefontaine.

Cette étude servit au maître pour son tableau *le Soir*, exposé en 1874.

H., 0m,48. L., 0m,77.

163. — Environs de Londres.

On aperçoit au loin, dans les vapeurs bleuâtres, les monuments de la capitale.

H., 0m,22. L., 0m,38.

164. — Jeune Femme assise; elle porte la main gauche à ses cheveux.

Signé au bas à droite.

H., 0m,46. L., 0m,38.

165. — A Isigny (Manche).

Cette étude inspira au maître son tableau *la Bacchante*, exposé à Paris, Salon de 1865.

H., 0m,55. L., 0m,41.

166. — Jeune Femme assise les mains croisées; des fleurs dans les cheveux.

Ce tableau ornait le salon du maître.
Signé au bas à droite.

H., 0m,70. L., 0m,54.

167. — La Tragédie. Jeune Femme debout, la tête baissée

Référence des numéros ci-dessus du catalogue à ceux de l'*Œuvre de Corot* compris dans les tomes II et III : *160. Œ. N° 1280. — 161. Œ. N° 1605. — 162. Œ. N° 1284. — 163. Œ. N° 1327. — 164. Œ. N° 1421.* —

et couronnée de lauriers ; elle tient un papier dans la main gauche.

Signé en haut à gauche.

H., 0m,36. L., 0m,21.

455 M. Diot — **168.** — En forêt. Étude revue à l'atelier.

H., 0m,48. L., 0m,38.

805 f M. Fèvre — **169.** — Jeune Femme assise, accoudée sur le bras gauche.

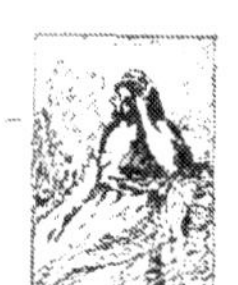

Fond de paysage.

A l'atelier.

H., 0m,46. L., 0m,32.

1866 — 1870

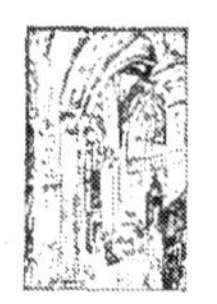

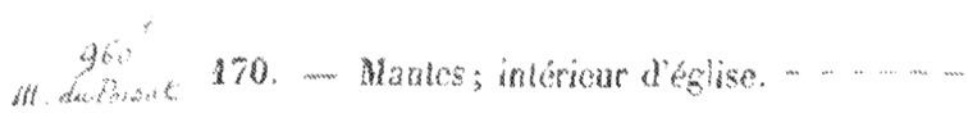

960 f M. du Bois — **170.** — Mantes; intérieur d'église.

H., 0m,35. L., 0m,22.

800 M. Masquelier — **171.** — A Mantes; un coin du pont; effet gris.

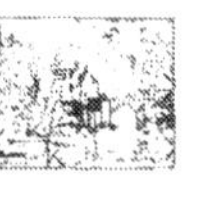

H., 0m,24. L., 0m,31.

470 f M. Guillaume — **172.** — Paysage composé; effet de nuit.

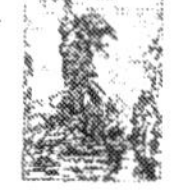

H., 0m,31. L., 0m,24.

450 f M. Bastle — **173.** — Jeune Fille à genoux priant, un livre en mains.

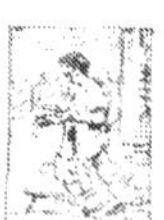

A l'atelier.

H., 0m,48. L., 0m,33.

2600 f M. Chaumontel — **174.** — Paysage composé. Un Canal en Picardie.

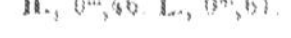

H., 0m,46. L., 0m,61.

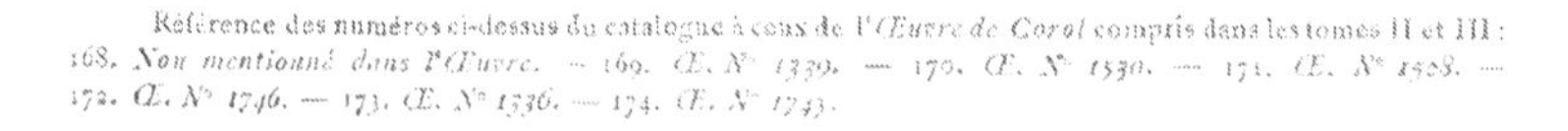

Référence des numéros ci-dessus du catalogue à ceux de l'*Œuvre de Corot* compris dans les tomes II et III : 168. *Non mentionné dans l'Œuvre.* — 169. *Œ. N° 1339.* — 170. *Œ. N° 1530.* — 171. *Œ. N° 1508.* — 172. *Œ. N° 1746.* — 173. *Œ. N° 1536.* — 174. *Œ. N° 1743.*

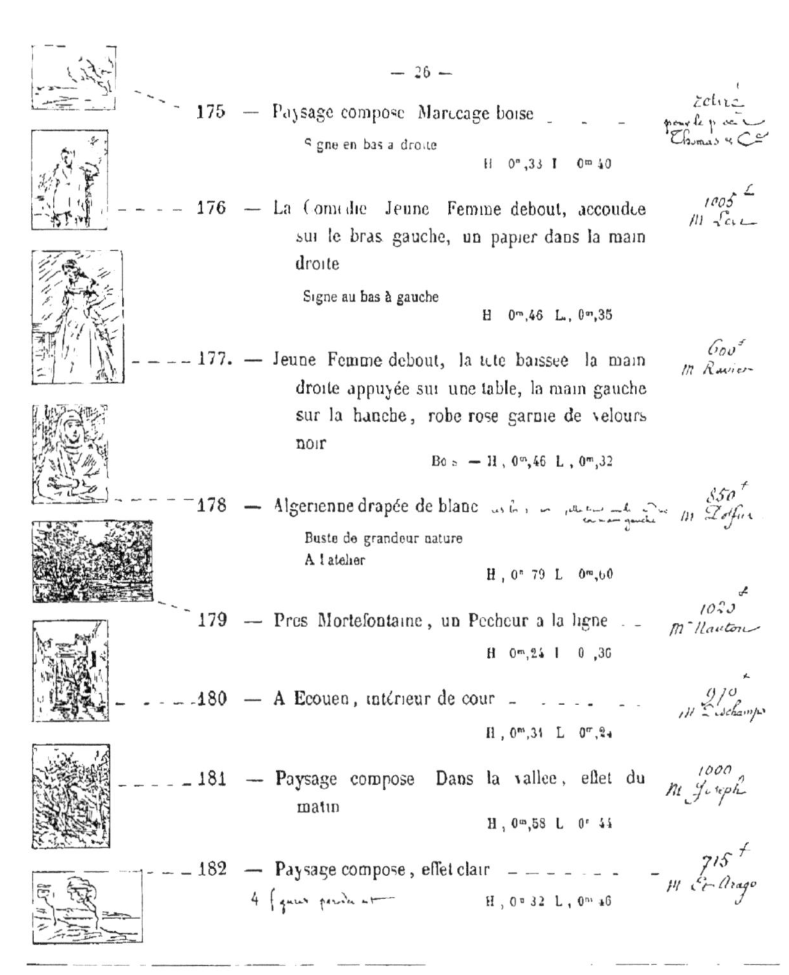

— 26 —

175 — Paysage composé. Marécage boisé

Signé en bas à droite

H. 0m,33. L. 0m,40

176 — La Comédie. Jeune Femme debout, accoudée sur le bras gauche, un papier dans la main droite

Signé au bas à gauche

H. 0m,46. L., 0m,35

177. — Jeune Femme debout, la tête baissée, la main droite appuyée sur une table, la main gauche sur la hanche, robe rose garnie de velours noir

Bois. — H., 0m,46. L., 0m,32

178 — Algérienne drapée de blanc

Buste de grandeur nature

A l'atelier

H., 0m,79. L. 0m,60

179 — Près Mortefontaine, un Pêcheur à la ligne

H. 0m,24. L. 0m,30

180 — A Ecouen, intérieur de cour

H., 0m,31. L. 0m,24

181 — Paysage composé. Dans la vallée, effet du matin

H., 0m,58. L. 0m,44

182 — Paysage composé, effet clair

H., 0m,32. L., 0m,46

Référence des numéros ci-dessus du catalogue à ceux de l'*Œuvre de Corot* compris dans les tomes II et III. 175 *Non mentionné dans l'Œuvre* — 176 *Œ. Nº 1388* — 177 *Œ. Nº 1430* — 178 *Œ. Nº 1576* — 179 *Œ. Nº 695* — 180 *Œ. Nº 1990* — 181 *Œ. Nº 1013* — 182 *Non mentionné dans l'Œuvre*

340 f
m Beyne

183 — Jeune Femme assise, elle tient un livre en mains. Fond de paysage

A l'atelier

H., 0m,45 L., 0m,37

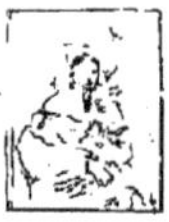

1000 f
m Koechlin

184 — Paysage composé. Terrain sablonneux planté, fabriques sur la gauche

H., 0m,40 L., 0m,28

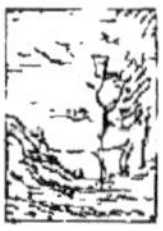

1870 — 1875

520 f
m Diot

185 — Jeune Femme assise, vue de trois quarts, le bras droit appuyé sur un socle

H., 0m,40 L., 0m,30

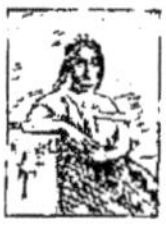

120 f
m Klotz

186 — Bohémienne debout jouant de la mandoline

H., 0m,60 L. 0m,33

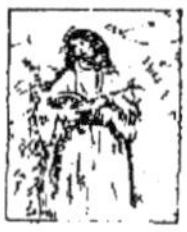

4100 f
m Lolley

187 — Paysage composé et Baigneuses (2 figures)

Variante du tableau lithographié par Em. Vernier

H., 0m,80 L. 0m,58

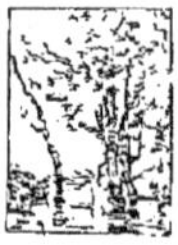

1900 f
m Vertier

188 — Jeune Femme appuyée sur une table, le corps incliné

A l'atelier

H., 0m,40 L., 0m,35

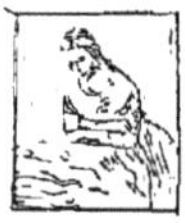

2150 f
m Detiment

189 — Jeune Bohémienne grandeur nature à mi-corps, la main gauche relevée, la main droite tient des fleurs

A l'atelier

H., 0m,83 L., 0m,60

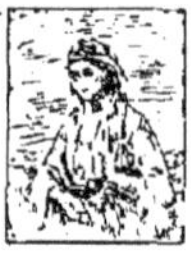

Référence des numéros ci-dessus du catalogue à ceux de l'*Œuvre de Corot* compris dans les tomes II et III
183 Œ N° 1767 — 184 Œ N° 1721 — 185 Œ N° 429 bis — 186 Œ N° 1756 — 187 Œ N° 1674 —
188 Œ N° 2132 — 189 Œ N° 2147

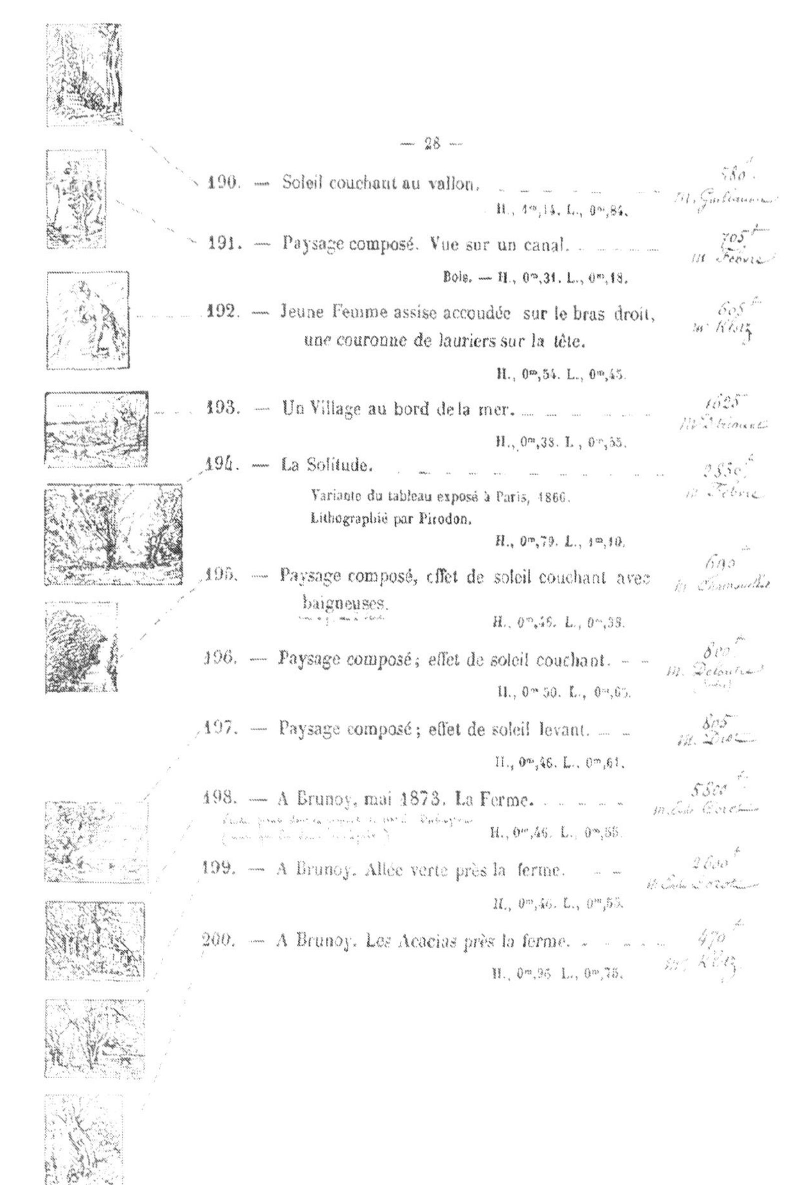

190. — Soleil couchant au vallon.

H., 1m,14. L., 0m,84.

191. — Paysage composé. Vue sur un canal.

Bois. — H., 0m,31. L., 0m,18.

192. — Jeune Femme assise accoudée sur le bras droit, une couronne de lauriers sur la tête.

H., 0m,54. L., 0m,45.

193. — Un Village au bord de la mer.

H., 0m,38. L., 0m,55.

194. — La Solitude.

Variante du tableau exposé à Paris, 1866.
Lithographié par Pirodon.

H., 0m,79. L., 1m,10.

195. — Paysage composé, effet de soleil couchant avec baigneuses.

H., 0m,46. L., 0m,38.

196. — Paysage composé; effet de soleil couchant.

H., 0m,50. L., 0m,65.

197. — Paysage composé; effet de soleil levant.

H., 0m,46. L., 0m,61.

198. — A Brunoy, mai 1873. La Ferme.

H., 0m,46. L., 0m,55.

199. — A Brunoy. Allée verte près la ferme.

H., 0m,46. L., 0m,55.

200. — A Brunoy. Les Acacias près la ferme.

H., 0m,95. L., 0m,75.

Référence des numéros ci-dessus du catalogue à ceux de l'*Œuvre de Corot* compris dans les tomes II et III : 190. *Œ. N° 2764.* — 191. *Œ. N° 2374.* — 192. *Œ. N° 1391.* — 193. *Œ. N° 2072.* — 194. *Œ. N° 1058 ter.* — 195. *Non mentionné dans l'Œuvre.* — 196. *Non mentionné dans l'Œuvre.* — 197. *Œ. N° 2319.* — 198. *Œ. N° 2111.* [illegible]

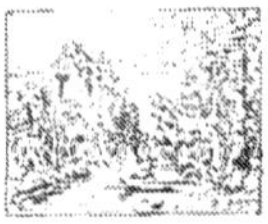

4550 f m Febvre — **201.** — A Saint-Nicolas, près Arras.

1873 Juillet.

H., 0m,65. L., 0m,81

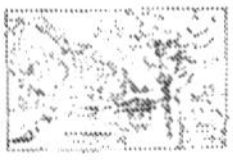

1250 f Jaugham — **202.** — Près Gisors ; saulaie et rivière ; effet du matin.

Signé au bas à gauche.

H., 0m,25. L., 0m,45.

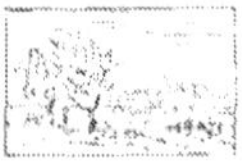

1600 f m Dieux — **203.** — A Limetz. (7bre 1872)

H., 0m,32. L., 0m,46

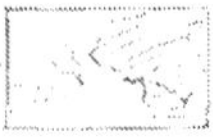

2300 f m Delrimont — **204.** (2) — Paysage composé, avec ruines et cours d'eau.

H., 0m,40. L., 0m,61

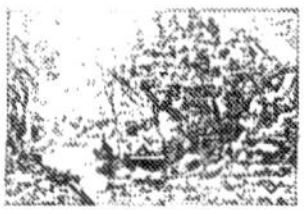

3505 f m J. Jaubert — **205.** (6) — Les Nautoniers ; soleil couchant.

Répétition du tableau gravé par Marvy.

Signé au bas à gauche.

H., 0m,90. L., 1m,32.

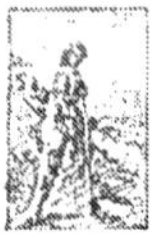

710 f m Janvelle — **206.** — Judith debout, méditant.

Au fond, à gauche, la forteresse de Béthulie.

H., 1m,05. L., 0m,62.

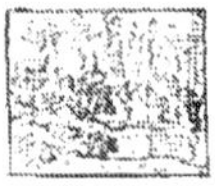

2295 f m Delrimont — **207.** — Paysage composé ; un tournant de rivière ; tonalité verte.

H., 0m,50. L., 0m,61.

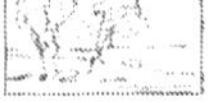

2000 f m Haguelie — **208.** — Paysage composé ; souvenir de la Meuse.

H., 0m,54. L., 0m,73.

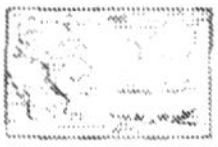

450 f m Clarard — **209.** — Paysage composé ; impression de gros temps dans les marais.

H., 0m,33. L., 0m,53

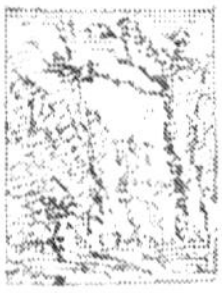

2250 f m Rosimont — **210.** — A Ville-d'Avray ; le vallon derrière la propriété du maître. Mai 1874.

H., 0m,93. L., 0m,73.

Référence des numéros ci-dessus du catalogue à ceux de l'*Œuvre de Corot* compris dans les tomes II et III : 201. *Œ. N° 2182.* — 202. *Œ. N° 1002.* — 203. *Non mentionné dans l'Œuvre.* — 204. *Œ. N° 2353.* — 205. *Œ. N° 618 bis.* — 206. *Œ. N° 2141.* — 207. *Œ. N° 2375.* — 208. *Non mentionné dans l'Œuvre.* — 209. *Non mentionné dans l'Œuvre.* — 210. *Non mentionné dans l'Œuvre.*

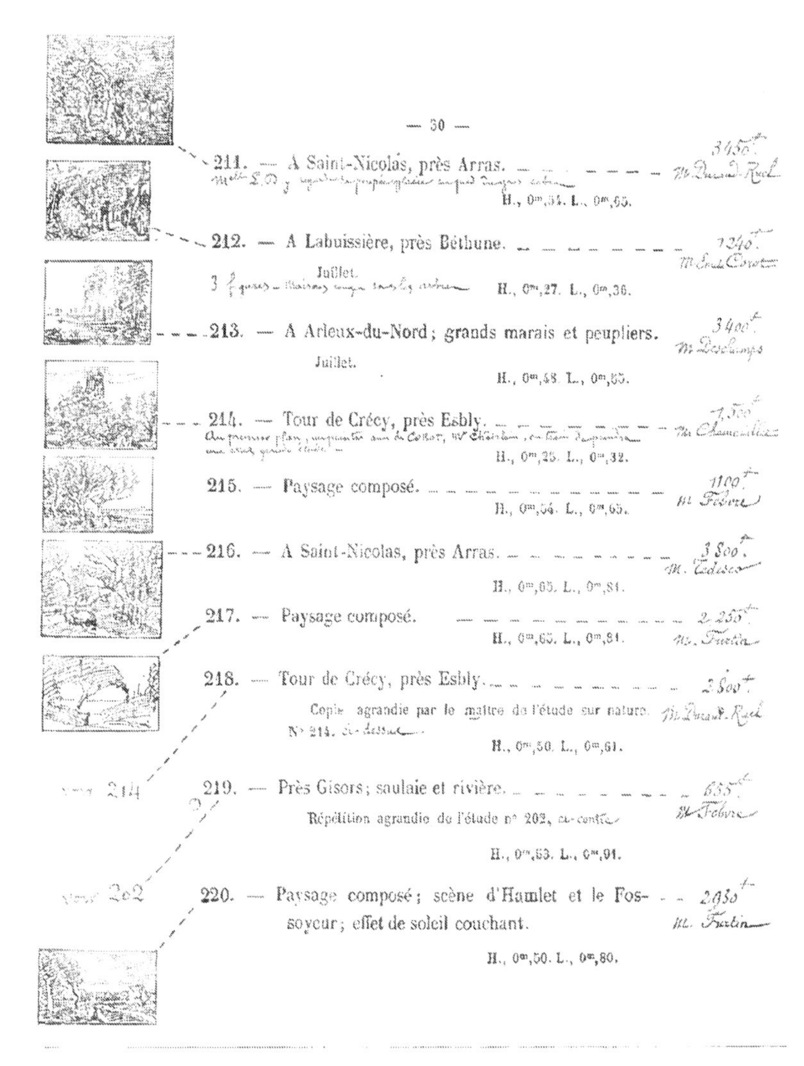

— 30 —

211. — A Saint-Nicolas, près Arras.

H., 0m,54. L., 0m,65.

212. — A Labuissière, près Béthune.

Juillet.

H., 0m,27. L., 0m,36.

213. — A Arleux-du-Nord ; grands marais et peupliers.

Juillet.

H., 0m,48. L., 0m,55.

214. — Tour de Crécy, près Esbly.

H., 0m,25. L., 0m,32.

215. — Paysage composé.

H., 0m,54. L., 0m,65.

216. — A Saint-Nicolas, près Arras.

H., 0m,65. L., 0m,81.

217. — Paysage composé.

H., 0m,65. L., 0m,81.

218. — Tour de Crécy, près Esbly.

Copie agrandie par le maître de l'étude sur nature. N° 214.

H., 0m,50. L., 0m,61.

219. — Près Gisors ; saulaie et rivière.

Répétition agrandie de l'étude n° 202.

H., 0m,53. L., 0m,91.

220. — Paysage composé ; scène d'Hamlet et le Fossoyeur ; effet de soleil couchant.

H., 0m,50. L., 0m,80.

Référence des numéros ci-dessus du catalogue à ceux de l'*Œuvre de Corot* compris dans les tomes II et III : 211. *Œ. N° 2185.* — 212. *Œ. N° 2187.* — 213. *Œ. N° 2186.* — 214. *Œ. N° 2197.* — 215. *Œ. N° 1911.* — 216. *Œ. N° 2030.* — 217. *Non mentionné dans l'Œuvre.* — 218. *Œ. N° 2193 bis.* — 219. *C. f. Œ. N° 1002.* — 220. *Œ. N°* [illegible]

6000 f. M Templaere 221. — Sens (Yonne); intérieur de l'église cathédrale.

H., 0m,60. L., 0m,40.

1800 f. M. Ravier 222. — Paysage composé.

Deux personnages au pied d'arbres; une jeune branche incline sur eux.

H., 0m,60. L., 0m,50.

2700 f. M Detrimont 223. — Paysage composé; cours d'eau sous quelques arbres; au fond, des fabriques.

H., 0m,61. L., 0m,50.

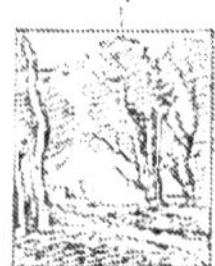

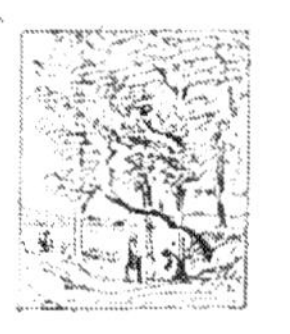

Référence des numéros ci-dessus du catalogue à ceux de l'*Œuvre de Corot* compris dans les tomes II et III : 221. *Œ. N° 2194.* — 222. *Œ. N° 2370.* — 223. *Œ. N° 2372.*

DEUXIÈME PARTIE

de 224 à 602

TABLEAUX

ÉTUDES, ESQUISSES

DESSINS, ALBUMS DE CROQUIS

REPRODUCTIONS DES ŒUVRES DE COROT

(GRAVURES, LITHOGRAPHIES, PHOTOGRAPHIES)

EXPOSITIONS

PARTICULIÈRE	PUBLIQUE
Le Samedi 29 Mai 1875	Le Dimanche 30 Mai 1875

VENTE

Les **Lundi, Mardi, Mercredi** Tableaux et Esquisses

Les **Jeudi** et **Vendredi** Dessins, Croquis et Reproductions.

DEUXIÈME PARTIE

TABLEAUX, ÉTUDES ET ESQUISSES

Année 1822

224 — A Montmartre

H., 0m,23 L., 0m,31

225 — Les Alpes au soleil

Copie par Corot, d'après Michallon

H., 0m,27 L., 0m,39

226 — Etude de toits et cheminees

H., 0m,23 L., 0m,15

227 — A Bois-Guillaume, pres Rouen

Le maitre a écrit derrière cette etude « Bois-Guillaume, août 1822, d'apres nature »

H., 0m,24 L., 0m,32

228 — Au bord d'un bois, etude d'ormes

H., 0m,30 L., 0m,30

229 — Academie, homme nu assis

H., 0m,75 L., 0m,50

230 — A Bois-Guillaume, pres Rouen, pris dans la propriété de M. S... pere.

H., 0m,2? L., 0m,32

Reference des numeros ci-dessus du catalogue à ceux de l'*Œuvre de Corot* compris dans les tomes II et III

224 *Non mentionne dans l'Œuvre.* — 225 *Non mentionné dans l'Œuvre.* — 226 Œ N° 27 — 227 Œ N° 1 228 *Non mentionné dans l'Œuvre.* — 229 *Non mentionné dans l'Œuvre.* — 230 Œ N° 2

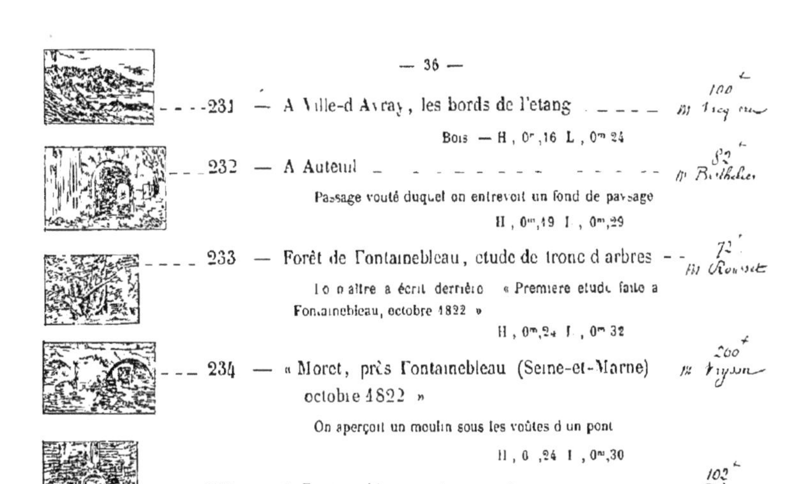

231 — A Ville-d'Avray, les bords de l'étang — 100 f M. Ricquer[?]

Bois — H., 0m,16 L., 0m,24

232 — A Auteuil — 82 f M. Bethelier[?]

Passage voûté duquel on entrevoit un fond de paysage

H., 0m,19 L., 0m,29

233 — Forêt de Fontainebleau, étude de tronc d'arbres — 72 f M. Rousset[?]

Le maître a écrit derrière « Première étude faite à Fontainebleau, octobre 1822 »

H., 0m,24 L., 0m,32

234 — « Moret, près Fontainebleau (Seine-et-Marne) octobre 1822 » — 200 f M. Tryson[?]

On aperçoit un moulin sous les voûtes d'un pont

H., 0m,24 L., 0m,30

235 — A Fontainebleau, nature morte — 102 f M. Thomas

H., 0m,16 L., 0m,22

236 — Près Fontainebleau, effet d'orage dans la plaine — 155 f M. Andrea[?]

H., 0m,20 L., 0m,33

237 — En forêt de Fontainebleau — 65 f M. Robert

Bois — H., 0m,17 L., 0m,24

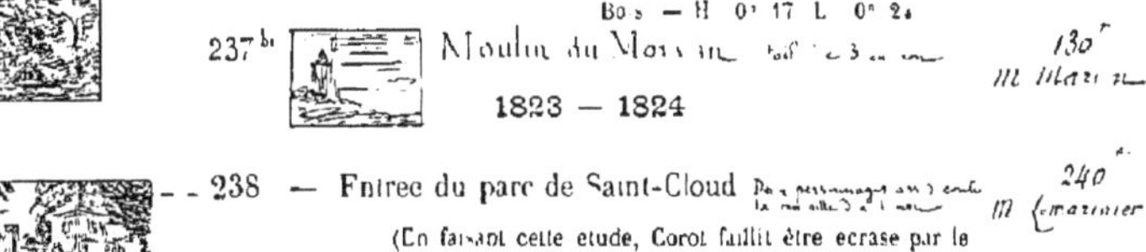

237 bis — Moulin du Morvan — 130 f M. Marin[?]

1823 — 1824

238 — Entrée du parc de Saint-Cloud — 240 f M. Lemarinier[?]

(En faisant cette étude, Corot faillit être écrasé par le carrosse de Louis XVIII.)

H., 0m,22 L., 0m,38

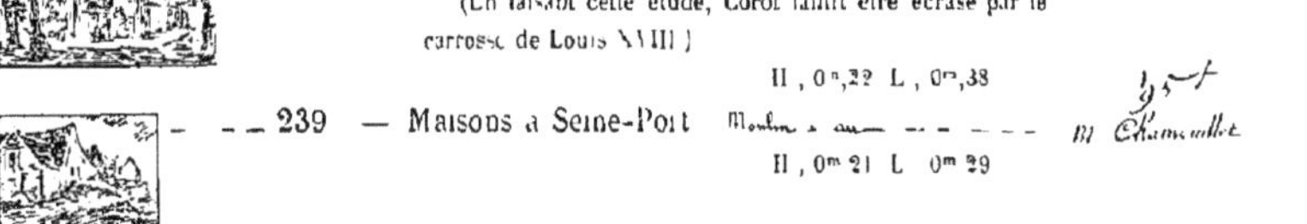

239 — Maisons à Seine-Port — 35 f M. Chamaillet[?]

H., 0m,21 L., 0m,29

Référence des numéros ci-dessus du catalogue à ceux de l'*Œuvre de Corot* compris dans les tomes II et III : 231 Œ. N° 4 — 232 Œ. N° 10 — 233 Œ. N° 5 — 234 Œ. N° 8 — 235 Œ. N° 6 — 236 Œ. N° 7 — 237 Œ. N° 20 — 237 *bis* Non mentionné dans l'Œuvre — 238 Œ. N° 14 — 239 Œ. N° 18

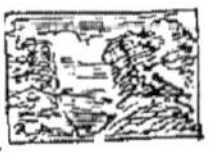

465 f. — M. Delmont — **240** — A Fontainebleau

62 f. — M. Viel... — **240** bis — id. Arbres et rochers et ... images lumineux toile de 4 — H., 0m,22 L., 0m,33

60 f. — M. Ziegler — **241** — En forêt de Fontainebleau — H., 0m,18 L., 0m,25

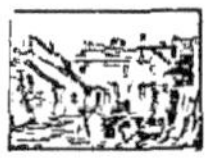

190 f. — M. Lemaire — **242** — A Fontainebleau, intérieur de cour — Jeune garçon vêtu d'une blouse ... — H., 0m,32 L., 0m,43

57 f. — M. A. Houssaye — **243.** — En forêt de Fontainebleau, étude de chênes — H., 0m,24 L., 0m,32

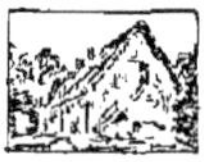

500 f. — M. Chamouillet — **244** — Aux environs de Rouen, chaumière — H., 0m,25 L., 0m,33

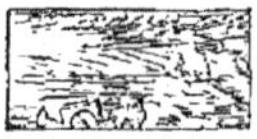

70 f. — M. Chamouillet — **245** — A l'Étang de Ville-d'Avray (Ébauche) — H., 0m,12 L., 0m,23

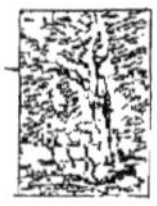

87 f. — M. Doria — **246** — Sous bois. — H., 0m,31 L., 0m,21

185 f. — M. A. Daubigny — **247** — Forêt de Fontainebleau — H., 0m,26 L., 0m,34

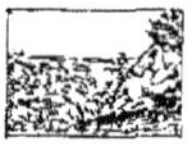

125 f. — M. X — **248** — A Fontainebleau. — H., 0m,26 L., 0m,32

58 f. — M. Doria — **249** — En forêt de Fontainebleau — H., 0m,21 L., 0m,29

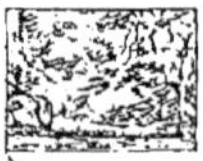

105 f. — M. Doria — **250** — A Ville-d'Avray, les bords de l'étang, près la propriété Corot — Bois — H., 0m,22 L., 0m,24

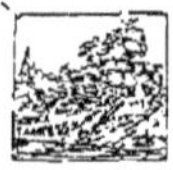

145 f. — M. Fantin Latour — **251** — A Dieppe, grand aspect — H., 0m,12 L., 0m,27

63 f. — M. Doria — **251 bis** — Terrains dans ... — H. 0,18 L. 0,29

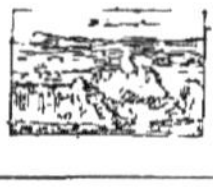

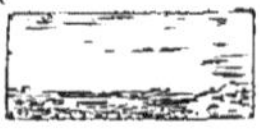

Référence des numéros ci-dessus du catalogue à ceux de l'*Œuvre de Corot* compris dans les tomes II et III

240 *Non mentionné dans l'Œuvre* — 240 *bis* *Non mentionné dans l'Œuvre* — 241 *Œ. N° 30* — 242 *Œ. N° 21*
243 *Non mentionné dans l'Œuvre* — 244 *Œ. N° 12* — 245 *Œ. N° 9* — 246 *Œ. N° 52* — 247 *Œ. N° 25* —
248 *Non mentionné dans l'Œuvre* — 249 *Œ. N° 31* — 250 *Œ. N° 19* — 251 *Œ. N° 11* — 251 *bis* *Œ. N° 39*

1825 — 1828

252 — Forêt de Fontainebleau, étude de hêtre - - - 51 M Doria

H 0m,24 L 0m 18

253 — A Dieppe, une femme de pecheur - - - - - 65f M Chanoillet

H, 0m,28 L, 0m,16

254 — Etude d'un pont de pierres - - - - - - - - - 100f M Clement

H 0m,46 L 0m 24

255 — Vue prise a Rome - - - - - - - - - 80f M Lenaramer

Au premier plan, des toits, au fond, le dôme Saint-Pierre

Bois date « Decembre 1825 »

H 0m 15 L, 0m,23

256 — Campagne de Rome fabrica del Poussino - - 300f M Berthelier

Date « Decembre 1825 »

H, 0m,22 L 0m,34

257 — Testaccio, vue génerale - - - - - 210f M Marion

Date « Decembre 1825 »

H, 0m,16 L, 0m 30

258 — A Rome - - - - - - - - - - - - - 180f M Diot

Vue du Colisée, prise d un des cotes lateraux de la basilique de Constantin

Bois date « Decembre 1825 »

H, 0m,23 L, 0m 34

259 — Bœufs d'Italie. - - - - - - - - - 75f M K Dubigny

Copie de Corot d après Leopold Robert.

A Rome

H, 0 20 L 0m 40

259 bis Le Vesuve vu d'Ischia (ou la cote vers Sorrente) Mr Rouart

Effet du matin 22 32

Reference des numeros ci-dessus du catalogue a ceux de l Œuvre de Corot compris dans les tomes II et III
252 Non mentionne dans l'Œuvre — 253 Œ N° 55 — 254 Non mentionne dans l Œuvre — 255 Œ N° 4, — 256 Œ N° 48 — 257 Œ N° 45 — 258 Œ N° 44 — 259 Œ N° 116 — 259 bis Œ N° 191

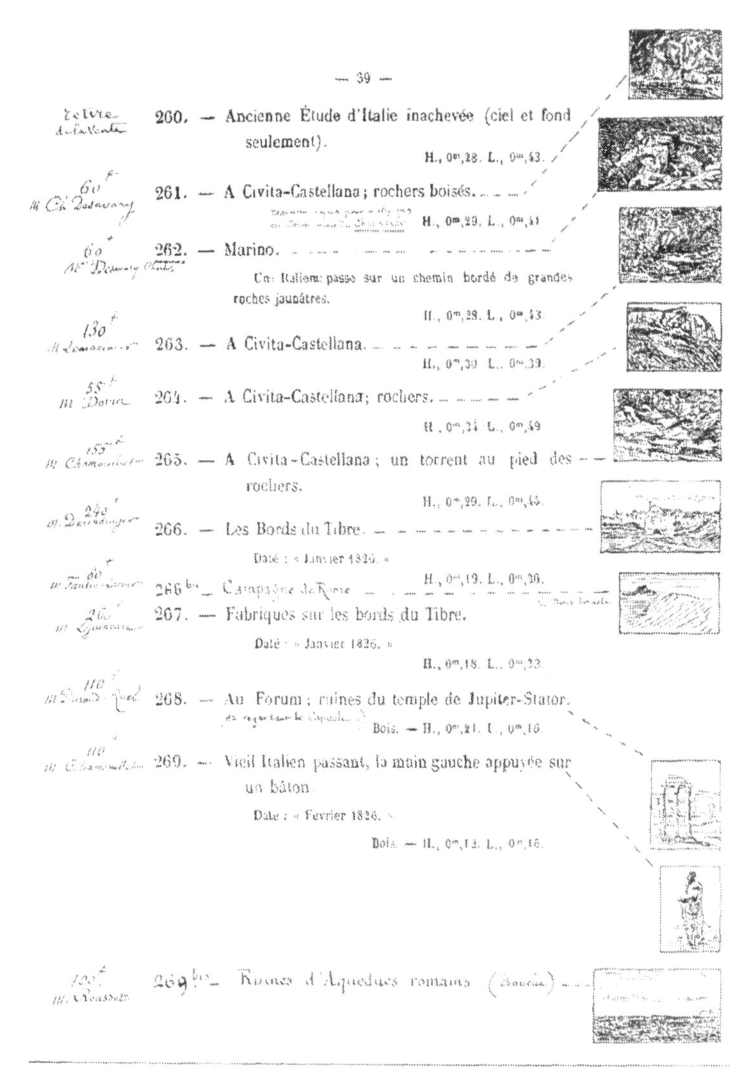

260. — Ancienne Étude d'Italie inachevée (ciel et fond seulement).

H., 0m,28. L., 0m,43.

261. — A Civita-Castellana; rochers boisés.

H., 0m,29. L., 0m,41

262. — Marino.

Un Italien passe sur un chemin bordé de grandes roches jaunâtres.

H., 0m,28. L., 0m,43.

263. — A Civita-Castellana.

H., 0m,30 L., 0m,39.

264. — A Civita-Castellana; rochers.

H., 0m,34 L., 0m,49

265. — A Civita-Castellana; un torrent au pied des rochers.

H., 0m,29. L., 0m,44.

266. — Les Bords du Tibre.

Daté : « Janvier 1826. »

H., 0m,19. L., 0m,36.

266 bis — Campagne de Rome

267. — Fabriques sur les bords du Tibre.

Daté : « Janvier 1826. »

H., 0m,18. L., 0m,33.

268. — Au Forum; ruines du temple de Jupiter-Stator.

Bois. — H., 0m,21. L., 0m,16.

269. — Vieil Italien passant, la main gauche appuyée sur un bâton.

Daté : « Février 1826. »

Bois. — H., 0m,13. L., 0m,16.

269 bis — Ruines d'Aqueducs romains (ébauche)

Référence des numéros ci-dessus du catalogue à ceux de l'*Œuvre de Corot* compris dans les tomes II et III : 260. *Non mentionné dans l'Œuvre.* — 261. *Non mentionné dans l'Œuvre.* — 262. Œ. N° 150. — 263. Œ. N° 131.

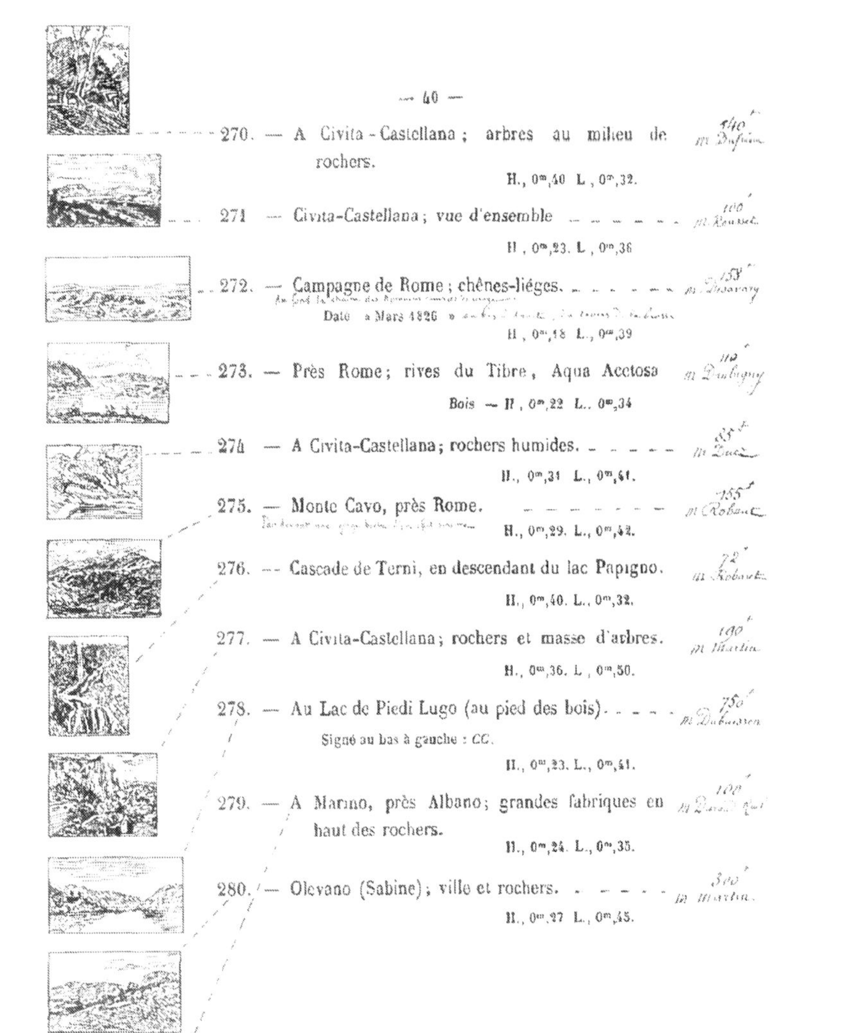

270. — A Civita-Castellana ; arbres au milieu de rochers.

H., 0m,40. L., 0m,32.

271. — Civita-Castellana ; vue d'ensemble.

H., 0m,23. L., 0m,36.

272. — Campagne de Rome ; chênes-liéges.

Daté : « Mars 1826 ».

H., 0m,18. L., 0m,39.

273. — Près Rome ; rives du Tibre, Aqua Acetosa.

Bois — H., 0m,22. L., 0m,34.

274. — A Civita-Castellana ; rochers humides.

H., 0m,31. L., 0m,41.

275. — Monte Cavo, près Rome.

H., 0m,29. L., 0m,42.

276. — Cascade de Terni, en descendant du lac Papigno.

H., 0m,40. L., 0m,32.

277. — A Civita-Castellana ; rochers et masse d'arbres.

H., 0m,36. L., 0m,50.

278. — Au Lac de Piedi Lugo (au pied des bois).

Signé au bas à gauche : CC.

H., 0m,23. L., 0m,41.

279. — A Marino, près Albano ; grandes fabriques en haut des rochers.

H., 0m,24. L., 0m,35.

280. — Olevano (Sabine) ; ville et rochers.

H., 0m,27. L., 0m,45.

Référence des numéros ci-dessus du catalogue à ceux de l'*Œuvre de Corot* compris dans les tomes II et III : 270. *Œ. N° 134.* — 271. *Œ. N° 142.* — 272. *Œ. N° 82.* — 273. *Œ. N° 70.* — 274. *Œ. N° 176.* — 275. *Œ. N° 104.* — 276. *Œ. N° 100.* — 277. *Œ. N° [illegible].* — 278. *Œ. N° 125.* — 279. *Œ. N° 154.* — 280. *Œ. N° 163.*

281. — A Civita-Castellana ; rochers.

H., 0m,28. L., 0m,50.

282. — A Rome ; basilique de Constantin.

Au fond, à gauche, la tour du Capitole, et, à droite, l'Ara Cœli.

H., 0m,24. L., 0m,34.

283. — Cascade à Terni.

Bois. — H., 0m,27. L., 0m,30.

284. — Campagne de Rome ; Ponte Salaro.

H., 0m,28. L., 0m,42.

285. — A Papigno ; les hauts rochers en plein soleil.

H., 0m,31. L., 0m,23.

286. — A Civita-Castellana ; rochers garnis d'arbres et d'eau.

H., 0m,36. L., 0m,51.

287. — Une fontaine publique.

H., 0m,26. L., 0m,30.

288. — A Papigno ; des collines bordent la plaine.

H., 0m,26. L., 0m,39.

289. — A Papigno ; Italien assis, le chapeau sur la tête, les jambes nues.

H., 0m,22. L., 0m,16.

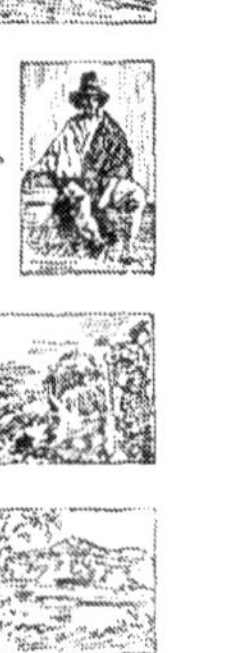

290. — A Marino, près Rome ; trois figures sur le haut des rochers.

H., 0m,23. L., 0m,33.

291. — Lac d'Albano ; au fond, le Monte Cavo.

H., 0m,27. L., 0m,38.

Référence des numéros ci-dessus du catalogue à ceux de l'*Œuvre de Corot* compris dans les tomes II et III : 281. *Œ. N°* 178. — 282. *Œ. N°* 80. — 283. *Œ. N°* 127. — 284. *Œ. N°* 72. — 285. *Œ. N°* 122. — 286. *Œ. N°* 157. — 287. *Œ. N°* 100. — 288. *Œ. N°* 119. — 289. *Œ. N°* 107. — 290. *Œ. N°* 155. — 291. *Œ. N°* 151.

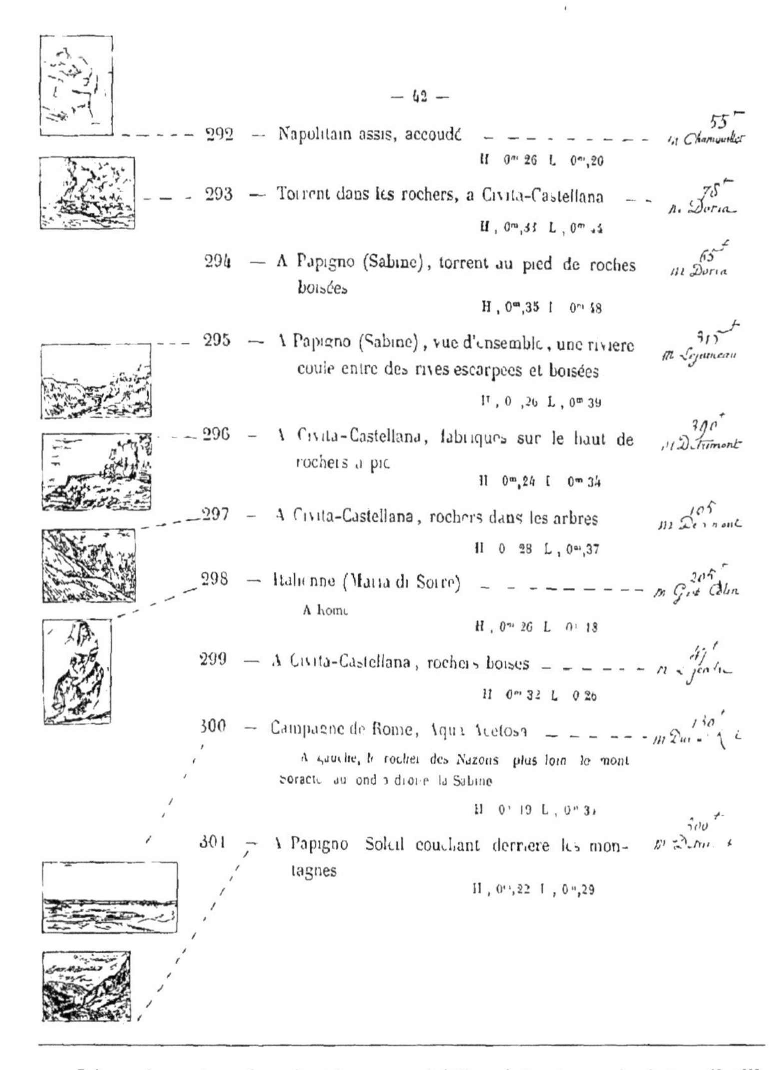

— 42 —

292 — Napolitain assis, accoudé

H. 0m,26 L. 0m,20

293 — Torrent dans les rochers, à Civita-Castellana

H. 0m,33 L. 0m,43

294 — A Papigno (Sabine), torrent au pied de roches boisées

H. 0m,35 L. 0m,48

295 — A Papigno (Sabine), vue d'ensemble, une rivière coule entre des rives escarpées et boisées

H. 0m,26 L. 0m,39

296 — A Civita-Castellana, fabriques sur le haut de rochers à pic

H. 0m,24 L. 0m,34

297 — A Civita-Castellana, rochers dans les arbres

H. 0m,28 L. 0m,37

298 — Italienne (Maria di Sorre)

A Rome

H. 0m,26 L. 0m,18

299 — A Civita-Castellana, rochers boisés

H. 0m,32 L. 0m,26

300 — Campagne de Rome, Aqua Acetosa

A gauche, le rocher des Nazons, plus loin le mont Soracte, au fond à droite la Sabine

H. 0m,19 L. 0m,3[illegible]

301 — A Papigno. Soleil couchant derrière les montagnes

H. 0m,22 L. 0m,29

Référence des numéros ci-dessus du catalogue à ceux de l'*Œuvre de Corot* compris dans les tomes II et III
292 *Œ. N° 168* — 293 *Œ. N° 177* — 294 *Non mentionné dans l'Œuvre* — 295 *Œ. N° 116* — 296 *Œ. N° 130* — 297 *Non mentionné dans l'Œuvre* — 298 *Œ. N° 64* — 299 *Non mentionné dans l'Œuvre* — 300 *Œ. N° 147* — 301 *Œ. N° 120*

141 f. — M. Martin — **302.** — Au lac d'Albano; rochers verdoyants.

H., 0m,28. L., 0m,40.

535 f. — M. Hecht — **303.** — Italienne vue de dos; elle porte un vase sur la tête.

A l'atelier, à Rome.

H., 0m,46. L., 0m,34.

240 f. — M. Robaut — **304.** — Campagne de Rome; rochers di Quinto, (une rive du Tibre en Sabine) ou rochers des Marons.

H., 0m,19. L., 0m,45.

160 f. — M. Dolfus — **305.** — A Papigno; montagnes.

H., 0m,26. L., 0m,43.

155 f. — M. Barthélemy — **306.** — Moine italien en prière.

A l'atelier, à Rome.

H., 0m,40. L., 0m,27.

51 f. — M. A. Houssaye — **307.** — Peupliers d'Italie, opposés au soleil couchant. ou plutôt Cyprès de la Villa d'Este

H., 0m,29. L., 0m,19.

290 f. — M. Dolfus — **308.** — A Marino; grande vallée boisée.

H., 0m,35. L., 0m,46.

220 f. — M. Doria — **309.** — Campagne de Rome; fond de montagnes au soleil levant.

H., 0m,19. L., 0m,44.

102 f. — M. Daubigny — **310.** — Campagne de Rome; fond de montagnes.

H., 0m,24. L., 0m,39.

3e Vente — **311.** — Campanile; campagne de Rome.

H., 0m,13. L., 0m,24.

135 f. — M. Et. Arago — **312.** — Rome; petite église du Bramante.

Bois. — H., 0m,14. L., 0m,29.

1300 f. — M. Bellon — **312 bis** Vallée de Papigno, Effet du matin

H. 0. 35c L. 0. 46c

Référence des numéros ci-dessus du catalogue à ceux de l'*Œuvre de Corot* compris dans les tomes II et III : 302. *Œ. N° 161.* — 303. *Œ. N° 87.* — 304. *Œ. N° 167.* — 305. *Œ. N° 117.* — 306. *Œ. N° 105.* — 307. *Non mentionné dans l'Œuvre.* — 308. *Œ. N° 158.* — 309. *Œ. N° 148.* — 310. *Œ. N° 143.* — 311. *Œ. N° 152.* — 312. *Œ. N° 184.* — 312 *bis. Œ. N° 115.*

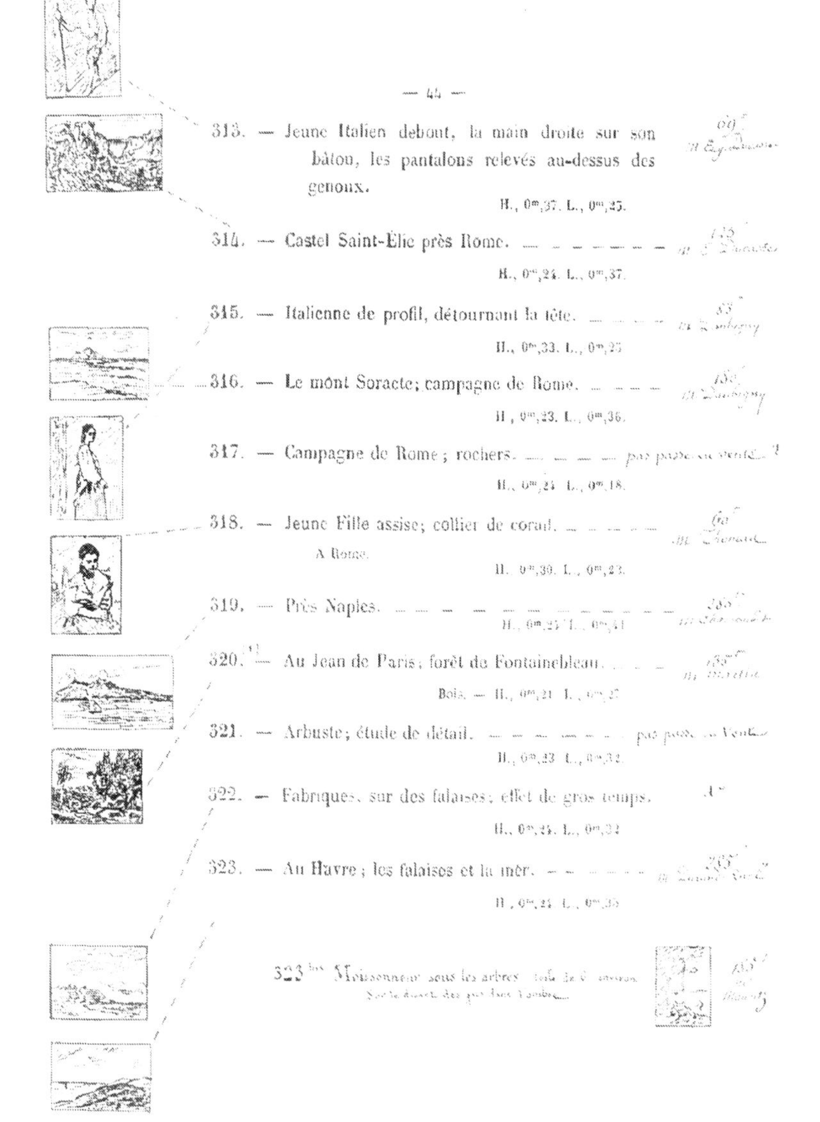

313. — Jeune Italien debout, la main droite sur son bâton, les pantalons relevés au-dessus des genoux.

H., 0m,37. L., 0m,25.

314. — Castel Saint-Élie près Rome.

H., 0m,24. L., 0m,37.

315. — Italienne de profil, détournant la tête.

H., 0m,33. L., 0m,25.

316. — Le mont Soracte; campagne de Rome.

H., 0m,23. L., 0m,36.

317. — Campagne de Rome; rochers.

H., 0m,24. L., 0m,18.

318. — Jeune Fille assise; collier de corail.

A Rome.

H., 0m,30. L., 0m,23.

319. — Près Naples.

H., 0m,25. L., 0m,41.

320.[1] — Au Jean de Paris; forêt de Fontainebleau.

Bois. — H., 0m,21. L., 0m,27.

321. — Arbuste; étude de détail.

H., 0m,23. L., 0m,32.

322. — Fabriques, sur des falaises; effet de gros temps.

H., 0m,25. L., 0m,32.

323. — Au Havre; les falaises et la mer.

H., 0m,24. L., 0m,35.

Référence des numéros ci-dessus au catalogue à ceux de l'*Œuvre de Corot* compris dans les tomes II et III.
313. Œ. N° 104. — 314. Œ. N° 140. — 315. Œ. N° 61. — 316. Œ. N° 125. — 317. *Non mentionné dans l'Œuvre.* — 318. Œ. N° 59. — 319. Œ. N° 180. — 320. Œ. N° 11. — 321. *Non mentionné dans l'Œuvre.* — 322. Œ. N° 218 b.

1829 — 1840

324. — A Fontainebleau; chênes et pierres sur le versant d'un coteau.

H., 0m,33. L., 0m,43.

325. — A Fontainebleau; gorges d'Apremont.

Bois. — H., 0m,32. L., 0m,44.

326. — A Fontainebleau; sables et chênes au soleil.

H., 0m,35. L., 0m,49.

327. — A Fontainebleau; étude de troncs d'arbres.

H., 0m,27. L., 0m,39.

328. — Le Lac noir, près du lac de Brientz; fond de hautes montagnes.

Bois. — H., 0m,22. L., 0m,35.

329. — Pierrefonds; au pied du château.

H., 0m,24. L., 0m,32.

330. — Panorama de Rouen.

H., 0m,21. L., 0m,35.

331. — A Trouville.

Arrière-port avec bateaux de pêche; au premier plan, quelques figures; au fond, des collines.

H., 0m,26. L., 0m,42.

332. — Forêt de Fontainebleau; bouquet de chênes.

H., 0m,29. L., 0m,40.

333. — Cheval bai-brun au râtelier.

H., 0m,18. L., 0m,24.

Référence des numéros ci-dessus du catalogue à ceux de l'*Œuvre de Corot* compris dans les tomes II et III : 324. *Œ. N° 273.* — 325. *Œ. N° 269.* — 326. *Non mentionné dans l'Œuvre.* — 327. *Non mentionné dans l'Œuvre.* — 328. *Œ. N° 308.* — 329. *Œ. N° 215.* — 330. *Œ. N° 337.* — 331. *Œ. N° 230.* — 332. *Œ. N° 267.* — 333. *Non*

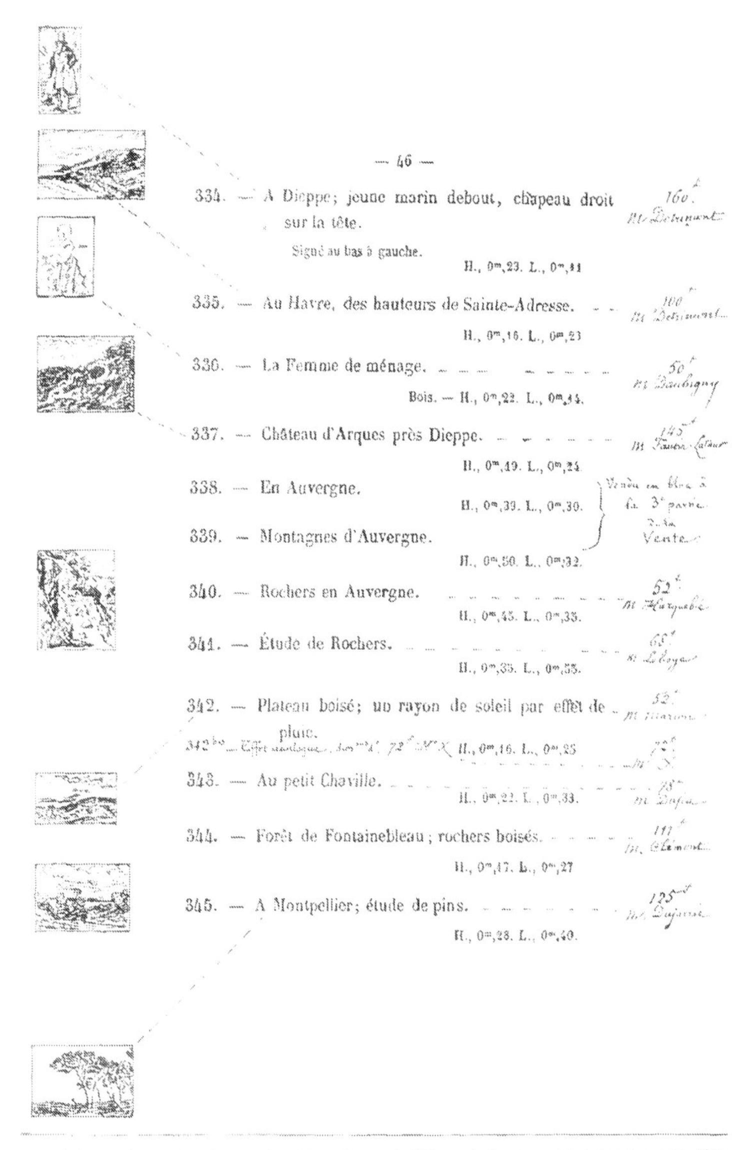

334. — A Dieppe; jeune marin debout, chapeau droit sur la tête. — 160f. M. Detrement

Signé au bas à gauche.

H., 0m,23. L., 0m,11

335. — Au Havre, des hauteurs de Sainte-Adresse. — 100f. M. Detrement

H., 0m,16. L., 0m,23

336. — La Femme de ménage. — 50f. M. Daubigny

Bois. — H., 0m,22. L., 0m,14.

337. — Château d'Arques près Dieppe. — 145f. M. Fantin-Latour

H., 0m,49. L., 0m,24.

338. — En Auvergne.

H., 0m,39. L., 0m,30.

339. — Montagnes d'Auvergne.

H., 0m,50. L., 0m,32.

(338-339 : Vendu en bloc à la 3e partie de la Vente)

340. — Rochers en Auvergne. — 52f. M. Hazquebé

H., 0m,45. L., 0m,33.

341. — Étude de Rochers. — 66f. M. Le Hoyau

H., 0m,35. L., 0m,55.

342. — Plateau boisé; un rayon de soleil par effet de pluie. — 55f. M. Marion

H., 0m,16. L., 0m,25

342bis — Effet analogue, dim. id. 72f M. X — 72f. M. X

343. — Au petit Chaville. — 78f. M. Dufeu

H., 0m,22. L., 0m,33.

344. — Forêt de Fontainebleau ; rochers boisés. — 111f. M. Clément

H., 0m,17. L., 0m,27

345. — A Montpellier; étude de pins. — 125f. M. Dujarrié

H., 0m,28. L., 0m,40.

Référence des numéros ci-dessus du catalogue à ceux de l'*Œuvre de Corot* compris dans les tomes II et III : 334. Œ. N° 778. — 335. Œ. N° 225. — 336. Œ. N° 385. — 337. Œ. N° 776. — 338. *Non mentionné dans l'Œuvre.* — 339. *Non mentionné dans l'Œuvre.* — 340. Œ. N° 299. — 341. *Non mentionné dans l'Œuvre.* — 342. Œ. N° 765.

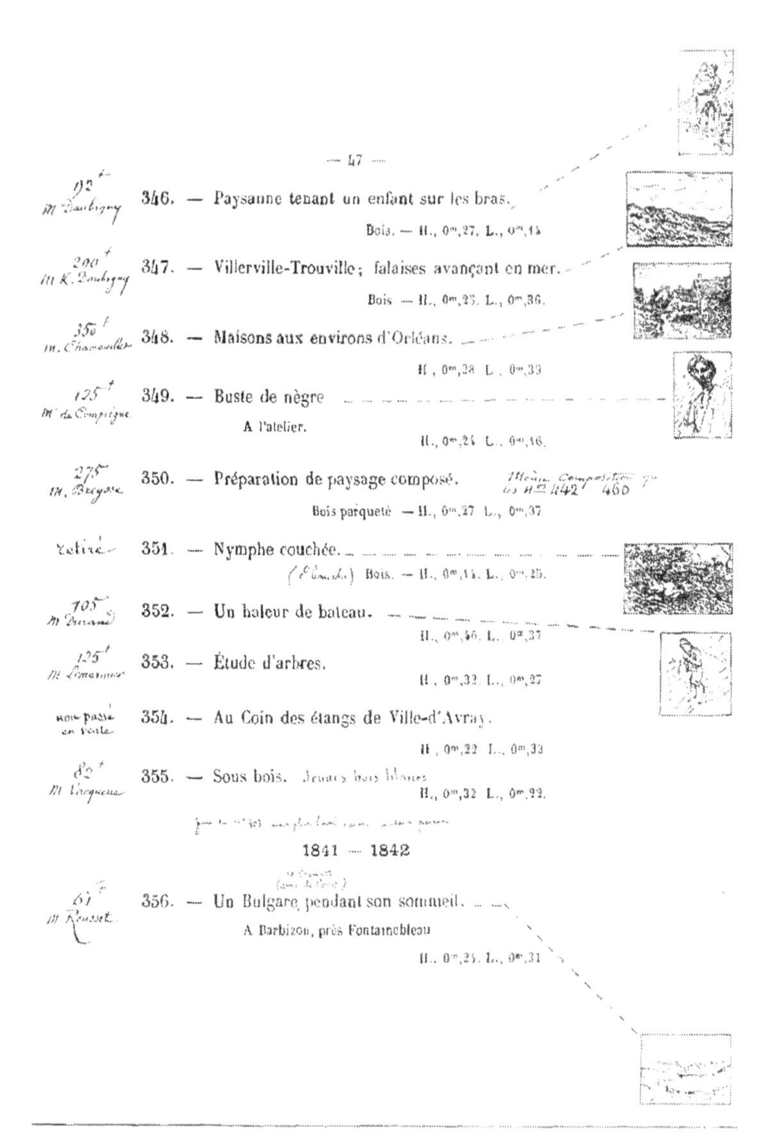

— 47 —

346. — Paysanne tenant un enfant sur les bras.

Bois. — H., 0m,27. L., 0m,14

347. — Villerville-Trouville ; falaises avançant en mer.

Bois — H., 0m,25. L., 0m,36.

348. — Maisons aux environs d'Orléans.

H., 0m,28 L., 0m,33

349. — Buste de nègre

A l'atelier.

H., 0m,24 L., 0m,16.

350. — Préparation de paysage composé.

Bois parqueté — H., 0m,27 L., 0m,37

351. — Nymphe couchée.

Bois. — H., 0m,14. L., 0m,25.

352. — Un haleur de bateau.

H., 0m,46. L., 0m,37

353. — Étude d'arbres.

H., 0m,32. L., 0m,27

354. — Au Coin des étangs de Ville-d'Avray.

H., 0m,22 L., 0m,33

355. — Sous bois.

H., 0m,32 L., 0m,22.

1841 — 1842

356. — Un Bulgare pendant son sommeil.

A Barbizon, près Fontainebleau

H., 0m,25. L., 0m,31

Référence des numéros ci-dessus du catalogue à ceux de l'*Œuvre de Corot* compris dans les tomes II et III : 346. *Œ. N° 415.* — 347. *Œ. N° 226.* — 348. *Œ. N° 342.* — 349. *Œ. N° 536.* — 350. *Non mentionné dans l'Œuvre.* — 351. *Œ. N° 1216.* — 352. *Œ. N° 384.* — 353. *Non mentionné dans l'Œuvre.* — 354. *Œ. N° 1453.* — 355. *Non mentionné dans l'Œuvre.* — 356. *Œ. N° 391.*

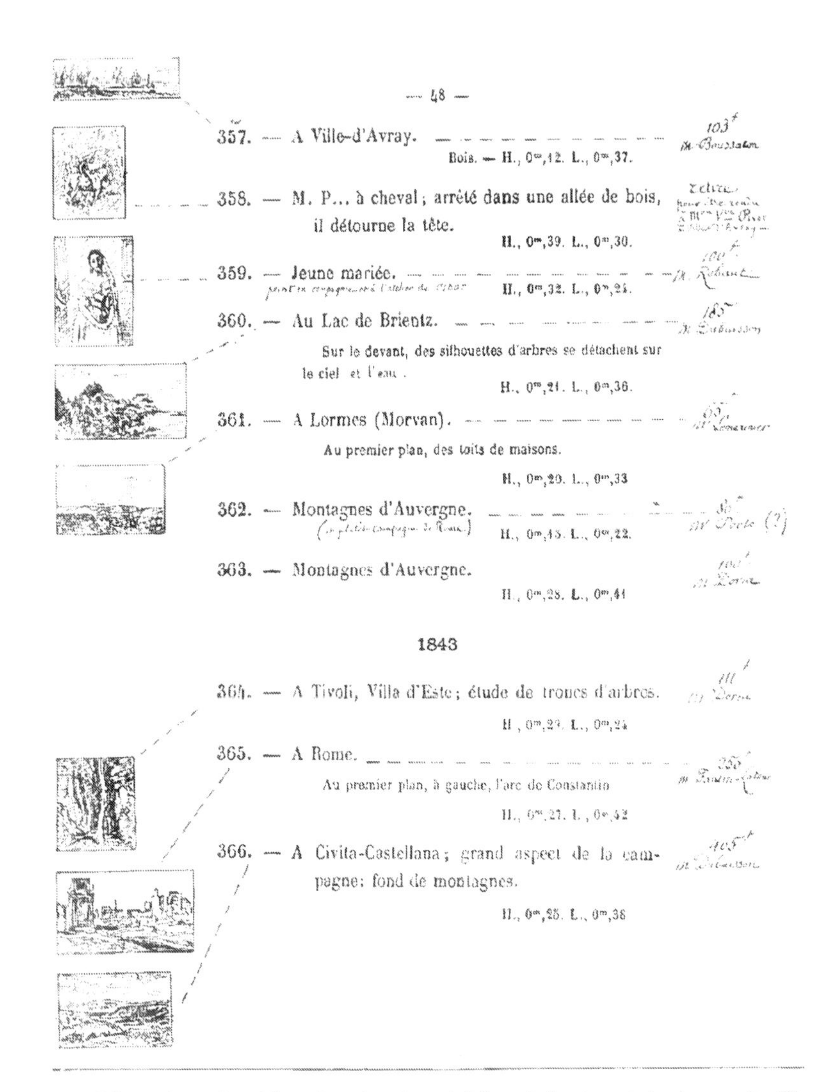

— 48 —

357. — A Ville-d'Avray.
Bois. — H., 0m,12. L., 0m,37.

358. — M. P... à cheval ; arrêté dans une allée de bois, il détourne la tête.
H., 0m,39. L., 0m,30.

359. — Jeune mariée.
H., 0m,32. L., 0m,24.

360. — Au Lac de Brientz.
Sur le devant, des silhouettes d'arbres se détachent sur le ciel et l'eau.
H., 0m,21. L., 0m,36.

361. — A Lormes (Morvan).
Au premier plan, des toits de maisons.
H., 0m,20. L., 0m,33

362. — Montagnes d'Auvergne.
H., 0m,15. L., 0m,22.

363. — Montagnes d'Auvergne.
H., 0m,28. L., 0m,41

1843

364. — A Tivoli, Villa d'Este ; étude de troncs d'arbres.
H., 0m,23. L., 0m,24

365. — A Rome.
Au premier plan, à gauche, l'arc de Constantin
H., 0m,27. L., 0m,42

366. — A Civita-Castellana ; grand aspect de la campagne ; fond de montagnes.
H., 0m,25. L., 0m,38

Référence des numéros ci-dessus du catalogue à ceux de l'*Œuvre de Corot* compris dans les tomes II et III : 357. *Œ. N° 288.* — 358. *Œ. N°* [illegible]. — 359. *Œ. N° 458 bis.* — 360. *Œ. N° 409.* — 361. *Œ. N° 422.* — 362. *Non mentionné dans l'Œuvre.* — 363. *Non mentionné dans l'Œuvre.* — 364. *Œ. N° 450.* — 365. *Œ. N° 445.* — 366. *Œ. N°* [illegible]

367. Campagne de Rome; fabriques en haut des monts.

Bois daté : « 26 juin 1843. »

H., 0m,16. L., 0m,28

368. — Villeneuve-lez-Avignon.

Signé au bas, à droite.

H., 0m,26. L., 0m,41.

ÉTUDES POUR LE BAPTÊME DU CHRIST

(Tableau dans l'église Saint-Nicolas-du-Chardonnet.)

369. — Homme à barbe, la main droite levée.

H., 0m,24. L., 0m,16.

370. — Homme implorant, la main levée; derrière lui une femme, la tête baissée, les mains jointes.

H., 0m,32. L., 0m,30.

371. — Un homme, la tête baissée; il tient un bâton dans la main gauche.

H., 0m,24. L., 0m,16.

372. — Homme nu à genoux, la tête relevée.

H., 0m,31 L., 0m,22

1844 — 1853

373. — La Vache noire. Etude.

H. 0m,20 L., 0m,27.

374. — A Rome, une Odalisque; étude de femme couchée.

Le maître a écrit au crayon sur cette toile : « Mariette à Rome. »

H., 0m,29. L., 0m,44.

Référence des numéros ci-dessus du catalogue à ceux de l'*Œuvre de Corot* compris dans les tomes II et III: 367. *Œ. N° 444.* — 368. *Œ. N° 529.* — 369. *Œ. N° 472.* — 370. *Œ. N° 471.* — 371. *Œ. N° 469.* — 372. *Œ. N° 470.* — 373. *Œ. N° 559.* — 374. *Œ. N° 458.*

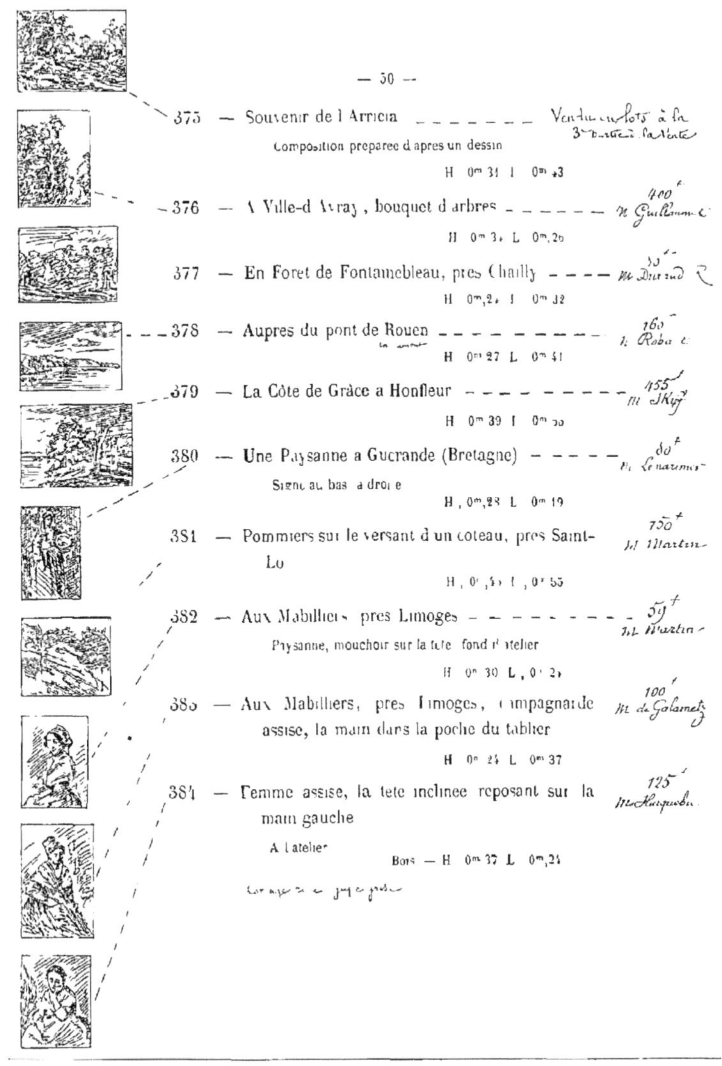

375 — Souvenir de l'Arricia

Composition préparée d'après un dessin

H 0m 31 L 0m 43

376 — A Ville-d'Avray, bouquet d'arbres — 400 f.

H 0m 34 L 0m,26

377 — En Forêt de Fontainebleau, près Chailly — 50 f.

H 0m,24 L 0m 32

378 — Auprès du pont de Rouen — 160 f.

H 0m 27 L 0m 41

379 — La Côte de Grâce à Honfleur — 455 f.

H 0m 39 L 0m 30

380 — Une Paysanne à Guérande (Bretagne) — 80 f.

Signé au bas à droite

H 0m,28 L 0m 19

381 — Pommiers sur le versant d'un coteau, près Saint-Lô — 750 f.

H 0m,45 L 0m 55

382 — Aux Mabilliers, près Limoges — 59 f.

Paysanne, mouchoir sur la tête fond d'atelier

H 0m 30 L 0m 24

383 — Aux Mabilliers, près Limoges, Campagnarde assise, la main dans la poche du tablier — 100 f.

H 0m 24 L 0m 37

384 — Femme assise, la tête inclinée reposant sur la main gauche — 125 f.

A l'atelier

Bois — H 0m 37 L 0m,24

Référence des numéros ci-dessus du catalogue à ceux de l'*Œuvre de Corot* compris dans les tomes II et III
375 Non mentionné dans l'Œuvre — 376 Œ Nº 291 — 377 Œ Nº 481 — 378 Œ Nº 560 — 379 Œ Nº 402 — 380 Œ Nº 390 — 381 Œ Nº 563 — 382 Œ Nº 1025 — 383 Œ Nº 1026 — 384 Œ Nº 1270

385. — Italienne assise, les mains posées sur les genoux.

A l'atelier.

H., 0m,26. L., 0m,22.

386. — Femme nue, étendue à terre, le bras gauche est replié sur la tête; fond de paysage.

A l'atelier.

H., 0m,18. L., 0m,32.

387. — En Auvergne.

H., 0m,18. L., 0m,29.

388. — Pommiers de Normandie.

H., 0m,43. L., 0m,56.

389. — Composition, paysage d'Italie.

Bois. — H., 0m,16. L., 0m,24.

390. — Pavé de Chailly, forêt de Fontainebleau.

H., 0m,30. L., 0m,33.

391. — Dans le Morvan, une tour d'église au fond sur la hauteur.

Au verso, un croquis de la composition *Homère et les bergers*.

H., 0m,25. L., 0m,23.

392. — Étude à Lormes (Morvan).

H., 0m,28. L., 0m,24.

393. — En Morvan, étude d'arbres.

Bois. — H., 0m,21. L., 0m,31.

394. — Montagnes de l'Auvergne, ciel clair.

H., 0m,19. L., 0,29.

395. — En Auvergne.

H., 0m,27. L., 0m,44.

Référence des numéros ci-dessus du catalogue à ceux de l'*Œuvre de Corot* compris dans les tomes II et III : 385. *Œ. N° 115*. — 386. *Œ. N° 540*. — 387. *Non mentionné dans l'Œuvre*. — 388. *Œ. N° 649*. — 389. *Œ. N° 644*. — 390. *Œ. N° 281*. — 391. *Œ. N° 434*. — 392. *Œ. N° 435*. — 393. *Non mentionné dans l'Œuvre*. — 394. *Œ. N° 647*. — 395. *Œ. N° 151*.

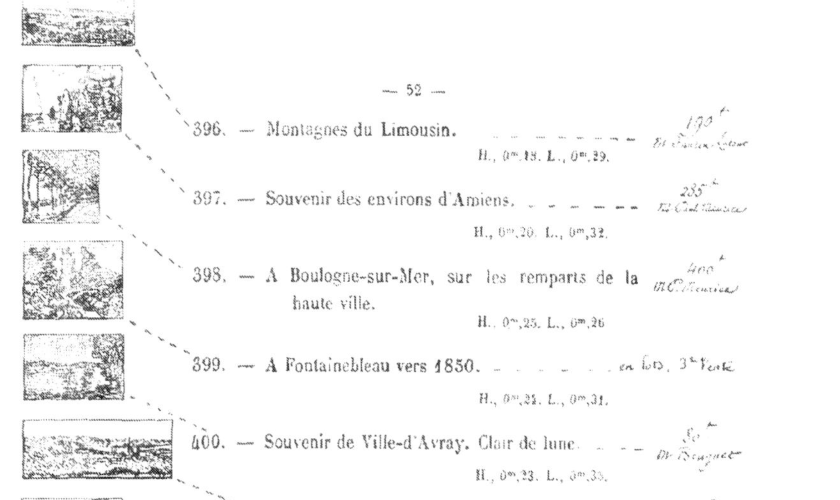

396. — Montagnes du Limousin. 190 f

H., 0m,18. L., 0m,39.

397. — Souvenir des environs d'Amiens. 235 f

H., 0m,20. L., 0m,32.

398. — A Boulogne-sur-Mer, sur les remparts de la haute ville. 400 f

H., 0m,25. L., 0m,26

399. — A Fontainebleau vers 1850. en lots, 3e Vente

H., 0m,22. L., 0m,31.

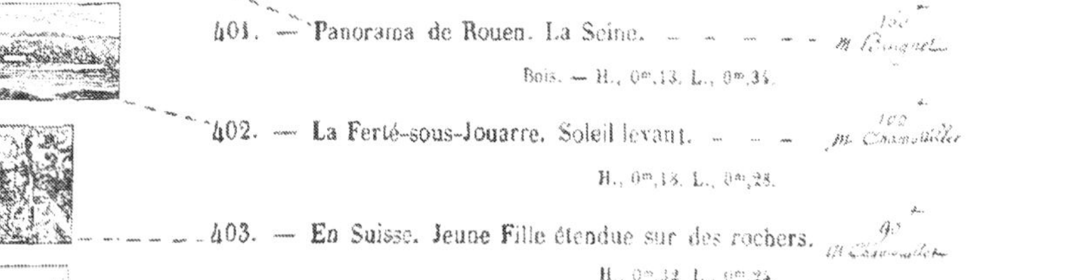

400. — Souvenir de Ville-d'Avray. Clair de lune. 80 f

H., 0m,23. L., 0m,35.

401. — Panorama de Rouen. La Seine. 100 f

Bois. — H., 0m,13. L., 0m,34.

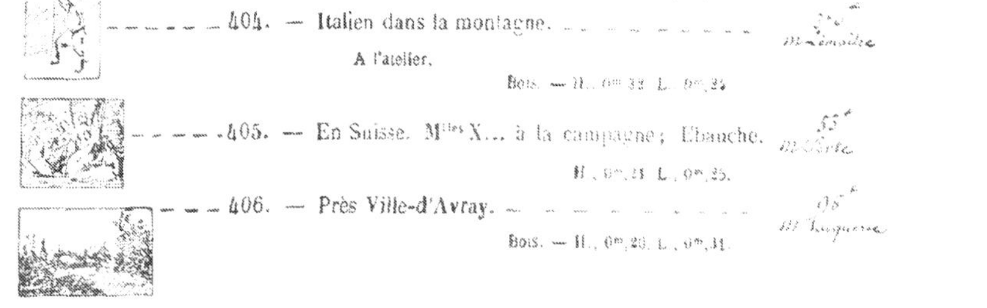

402. — La Ferté-sous-Jouarre. Soleil levant. 102 f

H., 0m,18. L., 0m,28.

403. — En Suisse. Jeune Fille étendue sur des rochers. 90 f

H., 0m,32. L., 0m,24.

404. — Italien dans la montagne.

A l'atelier.

Bois. — H., 0m,32. L., 0m,24.

405. — En Suisse. Mlles X... à la campagne; Ébauche. 55 f

H., 0m,21. L., 0m,25.

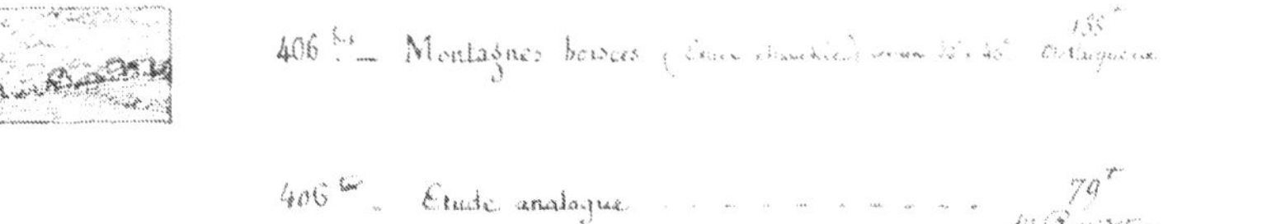

406. — Près Ville-d'Avray. 95 f

Bois. — H., 0m,20. L., 0m,31.

406 bis — Montagnes boisées (Étude ébauchée) 135 f

406 ter — Étude analogue 79 f

Référence des numéros ci-dessus du catalogue à ceux de l'*Œuvre de Corot* compris dans les tomes II et III : 396. Œ. N° 849. — 397. *Non mentionné dans l'Œuvre.* — 398. Œ. N° 648. — 399. Œ. N° 802. — 400. Œ. N° 910. — 401. Œ. N° 904. — 402. Œ. N° 827. — 403. Œ. N° 725. — 404. Œ. N° 652. — 405. Œ. N° 668. — 406. Œ. N° [illegible]

80 f
M. Vacquerie

407. — M. B... travesti.

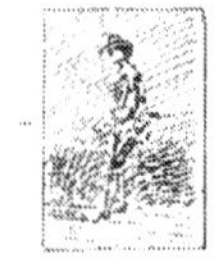

A l'atelier de C. Dutilleux, à Arras.

H., 0m,38. L., 0m,24.

1854 — 1860

265 f
M. Durand

408. — A Montgeron.

Château dans les arbres, au bout d'une prairie où se trouve une gardeuse de vaches.

H., 0m,22. L., 0m,36.

150 f
M. de Bellio

409. — Paysage composé. Plusieurs figures sous les aulnes.

H., 0m,24. L., 0m,37.

105 f
M. de Bellio

410. — Oberland. Femme debout.

Bois. — H., 0m,34. L., 0m,20.

75 f
M. Latouche

411. — Petites Filles à genoux, causant.

H., 0m,20. L., 0m,32.

600 f
M. Chamouillet

412. — Les bords de l'Amstel, près Amsterdam. Effet de pluie.

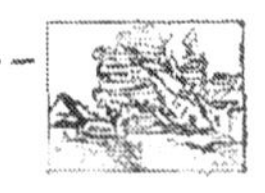

5 septembre 1854.

H., 0m,10. L., 0m,35.

165 f
M. Oeruedinger

413. — A Rotterdam.

6 septembre.

Bois. — H., 0m,15. L., 0m,35.

320 f
M. de Bellio

414. — Paysage composé. Souvenir du faubourg de Liselles, près Saint-Omer.

Bois. — H., 0m,22. L., 0m,27.

Référence des numéros ci-dessus du catalogue à ceux de l'*Œuvre de Corot* compris dans les tomes II et III : 407. *Œ. N° 1050.* — 408. *Œ. N° 411.* — 409. *Non mentionné dans l'Œuvre.* — 410. *Œ. N° 418.* — [illegible]

415 — Dans le Tyrol, au confluent d un lac — c'est par erreur (Chamouly que) l'on a placé ici cette date au dos de ce tableau, Corot était en Italie à cette époque — 1835 — 1450 f — M. Mauron

H, 0m,29 L, 0m,41

416 — Pres Arras, Cours d eau boisé, ebauche — — — — 165 f — M. Daubigny

H, 0m,27 L 0m,35

417 — M F O ami de Corot, couché, malade — — retiré
(Ferdinand Osmond)

H, 0m,16 L, 0m,35

418 — Ital enne vue de dos, passant sur un chemin — — 51 f — M. P Meurice

A l atelier

H, 0m,24 L, 0m,19

419 — La Chaine des Alpes, esquisse de souvenir — — 85 f — M. Houssaye

H, 0m,32 L, 0m,46

420 — Paysage compose inacheve — — — — — — 3e partie de la Vente

Tonalite verte et gaie, ciel bleu petites maisons à toits rouges dans le bas Plus loin de l'eau bordée par des collines à l horizon. Quelques mâts de bateaux derrière les maisons H, 0m,53 L 0m,65

421 — A Saint-Cuculat pres Saint-Germain — — — — 270 f — M. Desavary

Bois — H, 0m 25 L, 0m,38

422 — A Dunkerque, 1829 Bateaux de pêche amarrés, la ville au fond — 600 f — M. Dubuisson

H, 0m,23 L, 0m,36

423 — Paysage composé Souvenir de la forêt de Fontainebleau, vallee rocheuse — 180 f — M. Bergaut

H, 0m,35 L, 0m,50.

424 — Paysage composé — — — — — — — — — — — 350 f — M. Vacquerie

H, 0m,32 L, 0m,46

425 — Le Christ au jardin des Oliviers — — — — — — 101 f — M. Chamouillet

Bois — H, 0m,13 L, 0m,22

Reference des numeros ci-dessus du catalogue a ceux de l *Œuvre de Corot* compris dans les tomes II et III

415 *Œ. N° 378* — 416 *Œ. N° 953* — 417 *Œ. N° 395* — 418 *Non mentionné dans l Œuvre* — 419 *Non mentionné dans l Œuvre* — 420 *Non mentionné dans l Œuvre* — 421 *Œ. N° 830* — 422 *Œ. N° 213* — 423 *Œ. N° 2339* — 424 *Non mentionné dans l Œuvre* — 425 *Œ. N° 1077 bis*

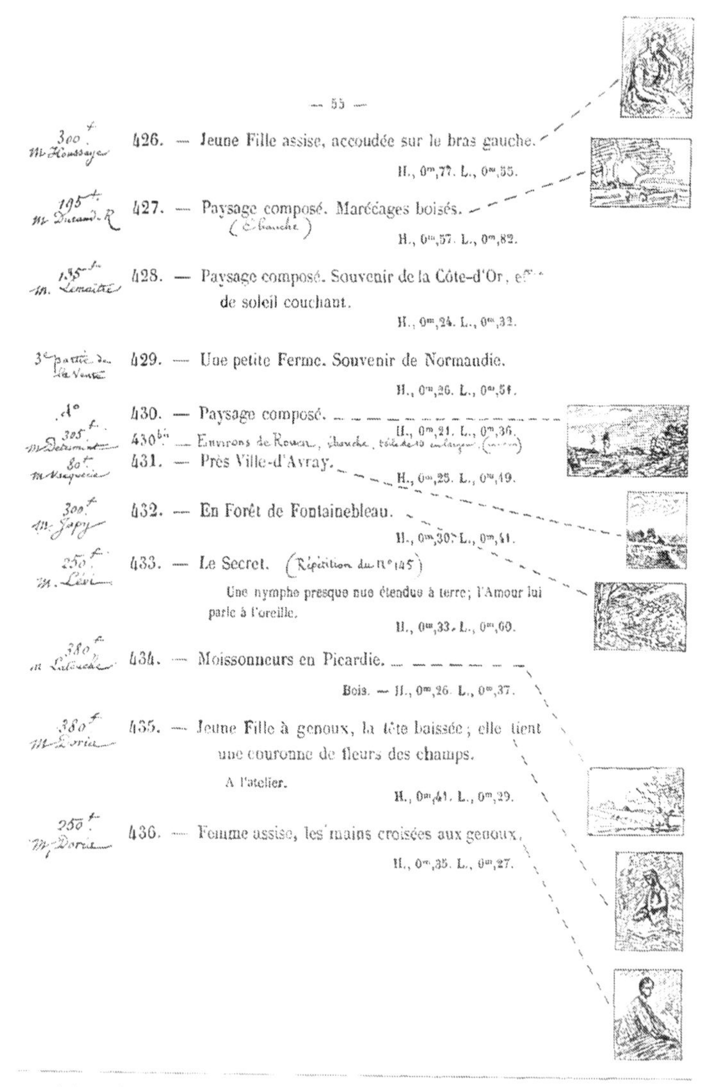

— 55 —

300 f. M. Houssaye — 426. — Jeune Fille assise, accoudée sur le bras gauche.

H., 0m,77. L., 0m,55.

195 f. M. Durand-R. — 427. — Paysage composé. Marécages boisés. (Ébauche)

H., 0m,57. L., 0m,82.

135 f. M. Lemaître — 428. — Paysage composé. Souvenir de la Côte-d'Or, effet de soleil couchant.

H., 0m,24. L., 0m,32.

3e partie de la Vente — 429. — Une petite Ferme. Souvenir de Normandie.

H., 0m,26. L., 0m,54.

Id° — 430. — Paysage composé.

H., 0m,21. L., 0m,36.

305 f. M. Detrimont — 430 bis. — Environs de Rouen, ébauche, toile de 10 en largeur (...)

80 f. M. Vasquerie — 431. — Près Ville-d'Avray.

H., 0m,25. L., 0m,19.

300 f. M. Japy — 432. — En Forêt de Fontainebleau.

H., 0m,30. L., 0m,41.

250 f. M. Lévi — 433. — Le Secret. (Répétition du n° 145)

Une nymphe presque nue étendue à terre; l'Amour lui parle à l'oreille.

H., 0m,33. L., 0m,60.

380 f. M. Lalouche — 434. — Moissonneurs en Picardie.

Bois. — H., 0m,26. L., 0m,37.

380 f. M. Doria — 435. — Jeune Fille à genoux, la tête baissée; elle tient une couronne de fleurs des champs.

A l'atelier.

H., 0m,41. L., 0m,29.

250 f. M. Doria — 436. — Femme assise, les mains croisées aux genoux.

H., 0m,35. L., 0m,27.

Référence des numéros ci-dessus du catalogue à ceux de l'*Œuvre de Corot* compris dans les tomes II et III : 426. Œ. N° 2135. — 427. *Non mentionné dans l'Œuvre.* — 428. *Non mentionné dans l'Œuvre.* — 429. *Non mentionné dans l'Œuvre.* — 430. Œ. N° 2402. — 430 *bis*. *Non mentionné dans l'Œuvre.* — 431. Œ. N° 208. — 432. Œ. N° 92. — 433. Œ. N° 1335. — 434. Œ. N° 1245. — 435. Œ. N° 1337. — 436. Œ. N° 1273.

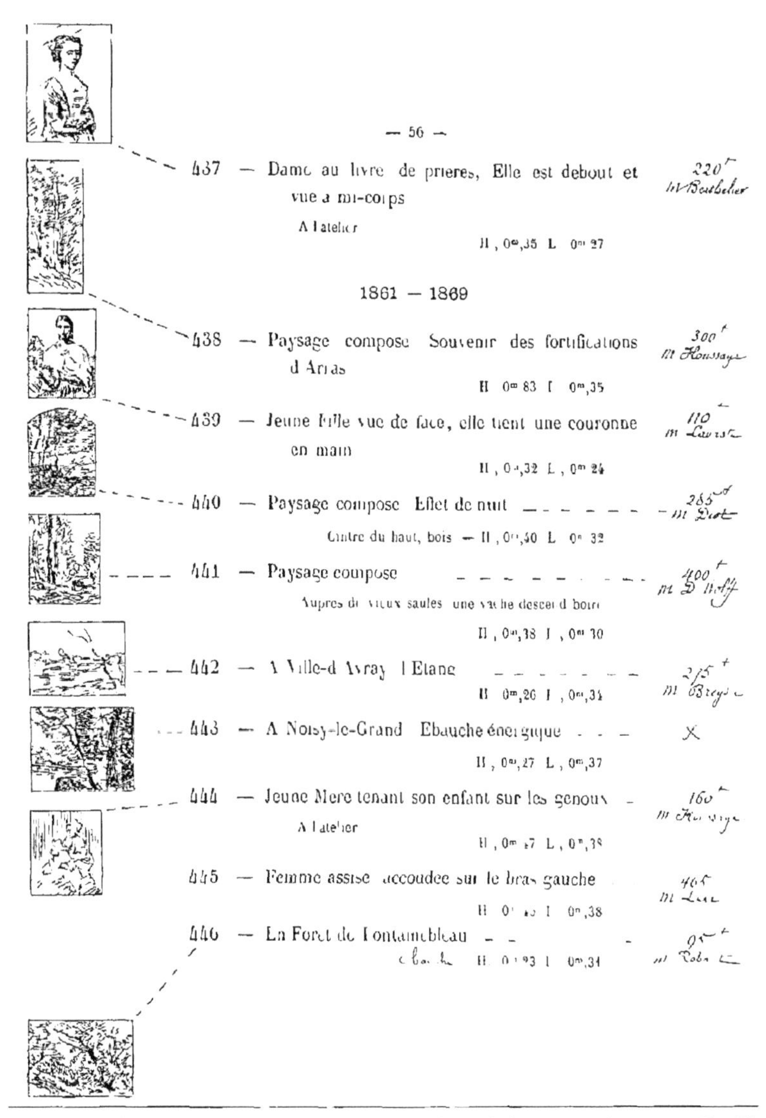

— 56 —

437 — Dame au livre de prieres, Elle est debout et vue a mi-corps — 220f M Barbelier

A l'atelier

H, 0m,35 L 0m 27

1861 — 1869

438 — Paysage compose Souvenir des fortifications d'Arras — 300f M Houssaye

H 0m 83 L 0m,35

439 — Jeune Fille vue de face, elle tient une couronne en main — 110f M Laurent

H, 0m,32 L, 0m 24

440 — Paysage compose Effet de nuit — 285f M Diot

Centre du haut, bois — H, 0m,40 L 0m 32

441 — Paysage compose — 400f M Dollfus

Aupres de vieux saules une vache descend boire

H, 0m,38 L, 0m 30

442 — A Ville-d'Avray l'Etang — 275f M Breysse

H 0m,26 L, 0m,34

443 — A Noisy-le-Grand Ebauche energique — X

H, 0m,27 L, 0m,37

444 — Jeune Mere tenant son enfant sur les genoux — 160f M Roussel

A l'atelier

H, 0m 47 L, 0m,39

445 — Femme assise accoudee sur le bras gauche — 405 M Lee

H 0m ... L 0m,38

446 — La Foret de Fontainebleau — 95f M Robin

H 0m 93 L 0m,34

Reference des numeros ci-dessus du catalogue a ceux de l'*Œuvre de Corot* compris dans les tomes II et III
437 *Œ N° 1272* — 438 *Œ N° 1926* — 439 *Œ N° 539* — 440 *Œ N° 1785* — 441 *Œ N° 1793* — 442 *Œ N° 1612* — 443 *Œ N° 1368* — 444 *Œ N° 1577* — 445 *Œ N° 1340* — 446 *Œ N° 1317*

447. — A Étretat.

Sur la falaise, une femme assise regarde la mer.

Bois. — H., 0m,20. L., 0m,26.

448. — Femme assise les mains croisées, longs cheveux pendant en désordre.

H., 0m,35. L., 0m,24.

449. — Mademoiselle X...

H., 0m,32. L., 0m,20.

450. — Femme assise accoudée sur le bras gauche, la main au menton.

H., 0m,24. L., 0m,19.

451. — A Noisy-le-Grand.

H., 0m,31. L., 0m,24.

452. — Arbres en panache, frottis bistré.

H., 0m,81. L., 0m,61.

453. — Femme nue étendue à terre.

Interprétation du n° 386.

H., 0m,32. L., 0m,74.

454. — Paysage composé, inachevé. Une prairie.

Signé au bas à droite.

H., 0m,33. L., 0m,46.

455. — Paysage composé. Une gorge boisée, saules et chênes.

Bois. — H., 0m,40. L., 0m,32.

456. — Torrent sur des roches sablonneuses.

H., 0m,25. L., 0m,36.

457. — Paysage composé, route boisée ; deux figures.

H., 0m,22. L., 0m,35.

Référence des numéros ci-dessus du catalogue à ceux de l'*Œuvre de Corot* compris dans les tomes II et III : 447. *Non mentionné dans l'Œuvre.* — 448. *Œ. N° 1578.* — 449. *Œ. N° 1579.* — 450. *Œ. N° 417.* — 451. *Non mentionné dans l'Œuvre.* — 452. *Non mentionné dans l'Œuvre.* — 453. *Œ. N° 540 bis.* — 454. *Œ. N° 1738.* — 455. *Non mentionné dans l'Œuvre.* — 456. *Non mentionné dans l'Œuvre.* — 457. *Œ. N° 1755.*

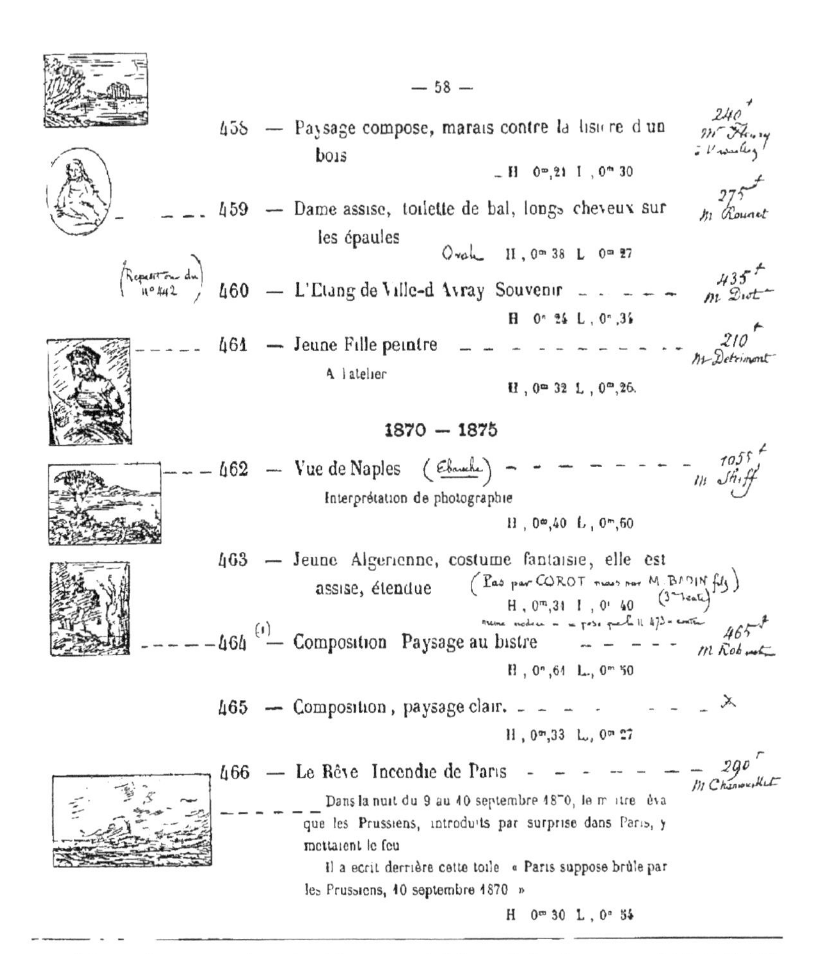

458 — Paysage composé, marais contre la lisière d'un bois

H 0m,21 L, 0m 30 — 240f M. Fleury à Ville-d'Avray

459 — Dame assise, toilette de bal, longs cheveux sur les épaules

Ovale H, 0m 38 L 0m 27 — 275f M. Rouart

(Répétition du n° 442) 460 — L'Étang de Ville-d'Avray Souvenir

H 0m 24 L, 0m,34 — 435f M. Diot

461 — Jeune Fille peintre

A l'atelier

H, 0m 32 L, 0m,26. — 210f M. Detrimont

1870 — 1875

462 — Vue de Naples (Ébauche)

Interprétation de photographie

H, 0m,40 L, 0m,60 — 1055f M. Stiff

463 — Jeune Algérienne, costume fantaisie, elle est assise, étendue (Pas par COROT mais par M. BADIN fils) (3e vente)

H, 0m,31 L, 0m 40

même modèle — a posé pour le n° 473 — contre

464 (1) — Composition Paysage au bistre

H, 0m,61 L., 0m 50 — 465f M. Robaut

465 — Composition, paysage clair. — X

H, 0m,33 L., 0m 27

466 — Le Rêve Incendie de Paris — 290f M. Chanouillet

Dans la nuit du 9 au 10 septembre 1870, le maître rêva que les Prussiens, introduits par surprise dans Paris, y mettaient le feu

Il a écrit derrière cette toile « Paris supposé brûlé par les Prussiens, 10 septembre 1870 »

H 0m 30 L, 0m 54

(1) Référence des numéros ci-dessus du catalogue à ceux de l'*Œuvre de Corot* compris dans les tomes II et III 458 *Non mentionné dans l'Œuvre* — 459 *Œ. N° 1381* — 460 *Non mentionné dans l'Œuvre* — 461 *Œ. N° 1552* — 462 *Non mentionné dans l'Œuvre* — 463 *Non mentionné dans l'Œuvre* — 464 *Œ. N° 2355* — 465 *Non mentionné dans l'Œuvre* — 466 *Œ. N° 2352*

480 + M. Japy

467\. — Jeune Femme vue de face, jouant de la guitare. Fond de paysage.

A l'atelier

H., 0m,54. 0m,30.

410 + M. Japy

468\. — Bohémienne assise jouant de la guitare.

Bois. — H., 0m,64. L., 0m,45.

440 + M. Durand

469\. — A Planque près Douai.

Mai 1871. H., 0m,38. L., 0m,55.

160 + M. Fantin-Latour

470\. — Marais d'Arleux-du-Nord, un matin temps gris.

Juillet 1871. (Impression) H., 0m,28. L., 0m,57.

3e partie de la Vente — 60 + M. Robaut

471\. — Composition, paysage au bistre.

H., 0m,89. L., 1m,46.

472\. — Paysage composé.

H., 0m,86. L., 1m,14.

310 + M. Breysse

473\. — Algérienne assise à terre.

A l'atelier. H., 0m,40. L., 0m,60.

160 + M. Verane

474\. — Jeune Femme assise, à l'écharpe rose, la main gauche portée au cou.

A l'atelier. H., 0m,67. L., 0m,55.

410 + M. Durand-R.

475\. — A Saint-Nicolas près Arras. Moulin à eau de M. G...

Ébauche.

Juillet 1872.

H., 0m,43. L., 0m,58

Référence des numéros ci-dessus du catalogue à ceux de l'*Œuvre de Corot* compris dans les tomes II et III : 467. *Œ. N° 1138.* — 468. *Œ. N° 1555.* — 469. *Œ. N° 2016.* — 470. *Non mentionné dans l'Œuvre.* — 471. *Non mentionné dans l'Œuvre.* — 472. *Non mentionné dans l'Œuvre.* — 473. *Œ. N° 2139.* — 474. *Œ. N° 1580.* — 475. *Œ. N° 2041.*

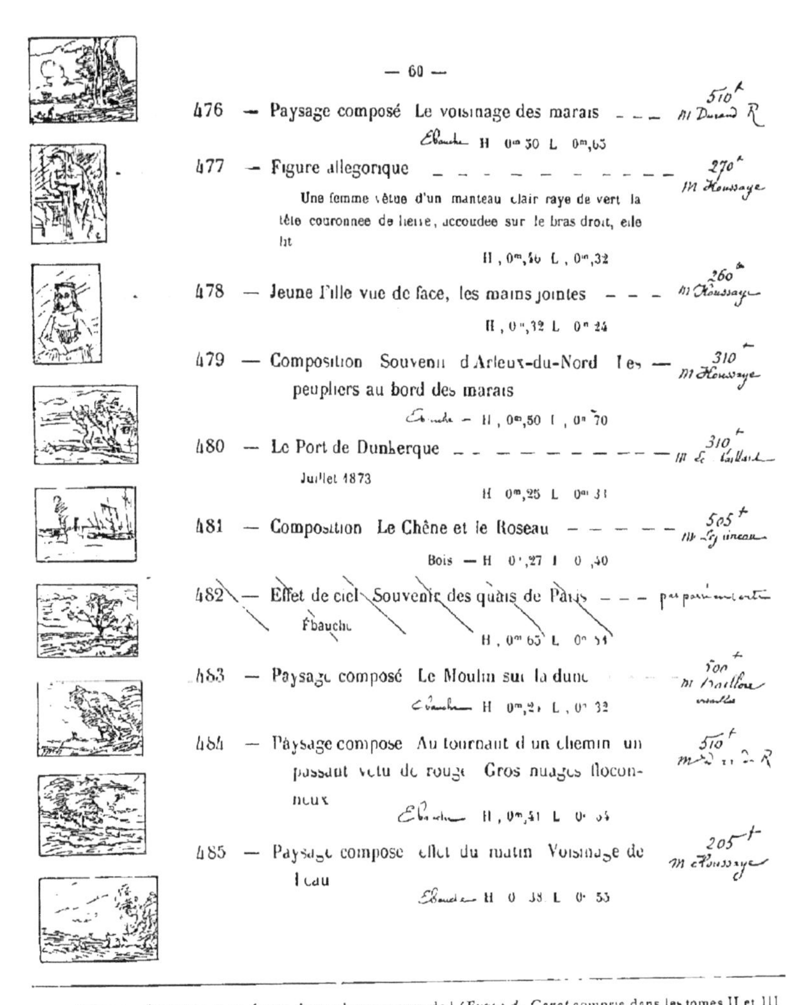

476 — Paysage composé Le voisinage des marais — — — 510 f M Durand R

Ébauche H 0m,50 L 0m,65

477 — Figure allegorique — — — — — — — — — — 270 f M Houssaye

Une femme vêtue d'un manteau clair rayé de vert la tête couronnée de lierre, accoudée sur le bras droit, elle lit

H , 0m,40 L , 0m,32

478 — Jeune Fille vue de face, les mains jointes — — — 260 f M Houssaye

H , 0m,32 L 0m 24

479 — Composition Souvenir d'Arleux-du-Nord Les — 310 f M Houssaye
peupliers au bord des marais

Ébauche — H , 0m,50 L , 0m 70

480 — Le Port de Dunkerque — — — — — — — — — — 310 f M É Vaillard

Juillet 1873

H 0m,25 L 0m 31

481 — Composition Le Chêne et le Roseau — — — — — — 505 f M Leguineau

Bois — H 0m,27 L 0 ,40

482 — Effet de ciel Souvenir des quais de Paris — — — pas paru en vente

Ébauche H , 0m 65 L 0m 54

483 — Paysage composé Le Moulin sur la dune 500 f M Bailloue versailles

Ébauche H 0m,2 L , 0m 32

484 — Paysage composé Au tournant d'un chemin un 510 f M Durand R
passant vêtu de rouge Gros nuages flocon-
neux

Ébauche H , 0m,41 L 0m 54

485 — Paysage composé effet du matin Voisinage de 205 f M Houssaye
l'eau

Ébauche H 0 38 L 0m 55

Référence des numéros ci-dessus du catalogue à ceux de l'*Œuvre de Corot* compris dans les tomes II et III
476 *Œ N° 1556* — 477 *Œ N° 1582* — 478 *Œ N° 1585* — 479 *Œ N° 2299* — 480 *Œ N° 2118* —
481 *Œ N° 2308* — 482 *Non mentionné dans l'Œuvre* — 483 *Œ N° 2357* — 484 *Œ N° 2361* — 485 *Œ N° 2300*

555 M Diot — 486. — Paysage composé. Au bord de la rivière, passe une femme qui tient une guitare.

H., 0m,46. L., 0m,38.

105 f M Houssaye — 487. — Jeune Fille. Elle est assise, accoudée sur le bras droit.

Bois. — H., 0m,46. L., 0m,22. (26)

1005 M Detrimont — 488. — Composition. Le Chemin des vaches.

(Ébauche) H., 0m,50. L., 0m,70.

305 f M Hazard — 489. — Paysage italien. Composition.

(Ébauche) H., 0m,54. L., 0m,73.

540 f M Detrimont — 490. — Le Gué. Paysage composé.

Des vaches traversent une rivière; une femme les regarde.

(Ébauche) H., 0m,56. L., 0m,80.

375 f M. Durand-R — 491. — Dans la vallée.

(Ébauche) H., 0m,50. L., 0m,79.

270 f M Vacquerie — 492. — Le Ravin boisé.

(Ébauche) H., 0m,50. L., 0m,61.

700 f M Mauritz — 493. — Composition. Marais boisé.

(Ébauche) H., 0m,53. L., 0m,65.

350 f Durand — 494. — Souvenir d'Auvergne.

En haut d'une colline, un château fort se profile sur le ciel; au premier plan, un cavalier va traverser la rivière.

H., 0m,60. L., 0m,81.

355 f M Lemaître — 495. — Paysage composé, effet gris. Souvenir d'Honfleur.

H., 0m,24. L., 0m,32.
0,32 × 0,24

Référence des numéros ci-dessus du catalogue à ceux de l'*Œuvre de Corot* compris dans les tomes II et III : 486. *Œ. N° 2351.* — 487. *Œ. N° 1586.* — 488. *Œ. N° 2362.* — 489. *Œ. N° 1763.* — 490. *Œ. N° 2363.* — 491. *Œ. N° 2365.* — 492. *Œ. N° 2366.* — 493. *Œ. N° 2367.* — 494. *Œ. N° 2368.* — 495. *Œ. N° 2371.*

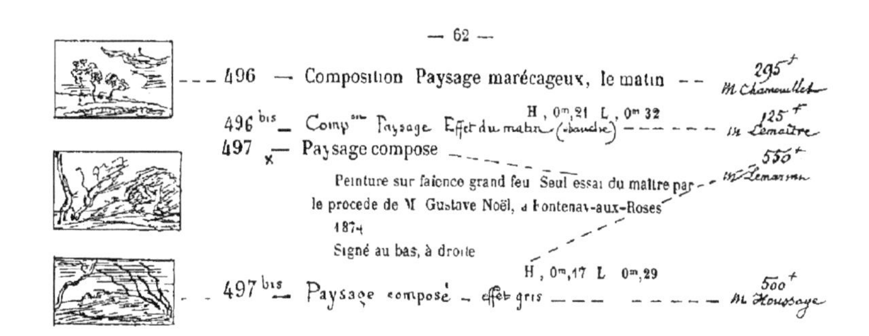

— 62 —

496 — Composition Paysage marécageux, le matin — 295f M. Chamouillet

H, 0m,21 L, 0m,32

496 bis — Compon Paysage Effet du matin (ébauche) — 125f M. Lemaître

497 × — Paysage composé — 550f M. Lemarinier

Peinture sur faïence grand feu Seul essai du maître par le procédé de M Gustave Noël, à Fontenay-aux-Roses

1874

Signé au bas, à droite

H, 0m,17 L 0m,29

497 bis — Paysage composé — effet gris — 500f M. Houssaye

Référence des numéros ci-dessus du catalogue à ceux de l'*Œuvre de Corot* compris dans les tomes II et III
496 *Œ N* 2469 — 496 *bis Non mentionné dans l'Œuvre* — 497 *Œ N°* 2457 — 497 *bis Non mentionné dans l'Œuvre*

VENTE POSTHUME COROT

(1875)

II

CATALOGUE DES DESSINS ET ESTAMPES

ET DE LA COLLECTION PARTICULIERE DE COROT

(REPRODUCTION INTEGRALE)

VENTE POSTHUME COROT

2e PARTIE (suite) et 3e PARTIE

Reproduction intégrale du Catalogue annoté par M. Robaut (1)

DEUXIÈME PARTIE (suite)

QUELQUES PASTELS ET DESSINS SUR TOILE

498 — Paysage composé
Pastel commencé sur toile, mauvais état (0,[illegible]0×0,46)
10 fr., à M. Durand-Ruel

499 — Tête d'étude
Pastel sur carton inachevé (0,41×0,32)
A M. Detrimont

500 — Paysage composé
Simple trait à la mine de plomb sur toile (0,28×0,36)
Vendu dans un lot

501 — Paysage composé
Croquis à la mine de plomb sur toile (0,27×0,35)
Vendu dans un lot

502 — Vénus jouant avec l'Amour
Dessin à la mine de plomb sur toile (0,80×0,60)
150 fr., à M. Fauche

503 — Souvenir du bois de Coubron. Le Cheval blanc sous les arbres
Dessin à la mine de plomb sur toile (0,95×0,77)
82 fr., à M. Robaut

504 — Homère et les Bergers
Simple croquis au fusain sur toile (1,02×1,55)
Vendu dans un lot à M. Robaut

DESSINS (suite)

Quoique la majeure partie de ces dessins mérite l'encadrement, on les a tous laissés en feuilles pour éviter l'encombrement.

Beaucoup d'entre eux portent la date ou des notes manuscrites intéressantes.

Un grand nombre est dessiné sur les deux côtés de la feuille.

(1822-24)

505 — D'après Michallon, études d'arbres, plantes et architecture (10 feuilles)

506 — Environs de Boulogne-sur-Mer, Dieppe, Arques (6 feuilles)
14 fr., à M. Legendre

(1825-28)

507 — Le Pont d'Austerlitz, composition, Lausanne, croquis d'après maîtres italiens, vue de Rome (6 feuilles)
13 fr., à M. Chamouillet

508 — Vues de Rome et environs (8 feuilles)
14 fr., à M. Chamouillet

509 — A Rome, Civita-Castellana, Civitella (8 feuilles)
40 fr., à M. Robaut

510 — A Rome, Civita-Castellana, Civitella, Olevano (10 feuilles)
[illegible]7 fr., à M. Lacaze, faubourg Saint-Martin

511 — Rome, Olevano (10 feuilles)
[illegible]8 fr., à M. Oudinot

512 — Rome, Nepi, Civita Castellana, Falleri (10 feuilles)
102 fr., à M. Fauche

513 — Castel S. Elia, Viterbe, Papigno, Ronciglione, Nepi, Rome (10 feuilles)
30 fr., à M. Chamouillet

514 — Papigno, Narni, Marino (au verso de l'un de ces dessins, il y a deux croquis datés 1872, voyage dans le midi) (10 feuilles)
55 fr., à M. Fauche

---

(1) L'absence de croquis marginaux nous a fait juger inutile la reproduction en *fac-simile* de cette partie du catalogue.

515 — Frascati, Lariccia (1), Nemi, Olevano, campagne de Rome (10 feuilles)
14 fr., à M. Robaut

516 — Papa Giulio, Terni, Campagne de Rome, Papigno (10 feuilles)
102 fr., à M. Robaut

517 — Rocca di Papa, Olevano, Valmontone (10 feuilles)
32 fr., à M. Doucet

518 — La Serpentara, Olevano, Civitella, Rome, Marino Genzano, Papigno (10 feuilles)
45 fr., à M. X.

519 — Marino, Civita-Castellana, Papigno (10 feuilles)
120 fr., à M. Martin

520 — Albano, Rome, Lariccia, Papigno, la Serpentara (10 feuilles)
70 fr. à M. Durand-Ruel

521 — Civita Cast., Rome, Lariccia, Subiaco, Castel Gandolfi (10 feuilles)
81 fr. à M. Robaut

522 — Rome Civita-Castellana Tor di quinto, Castel S. Elie (10 feuilles)
72 fr. à M. Martin

523 — Tusculum, Castel S. Elie, Lariccia, Civita-Castellana, Rome (10 feuilles)
20 fr., à M. Robaut

524 — Rocher des Nazons, Civita, campagne de Rome, la Serpentara (9 feuilles)
13 fr., à M. Robaut

525 — Naples, Ischia, Capri (6 feuilles)
11 fr., à M. Robaut

526 — Capri Furia, Ischia, Venise (5 feuilles)
11 fr., à M. Chamouillet

(1829-33)

527 — Dunkerque, Rouen, Trouville (5 feuilles)
28 fr., à M. Chamouillet

528 — Chartres, Fontainebleau (5 feuilles)
50 fr., à M. Bacquet

(1834)

(VOYAGE EN TOSCANE)

529 — Antibes, Porto S. Maurizio, Gênes, Pise (6 feuilles)
16 fr., à M. X.

530 — Sestri, Volterra, Florence, Fiesole (6 feuilles)
16 fr., à M. X.

531 — Florence, Isola bella, Fiesole (6 feuilles)
11 fr., à M. Robaut

531 *bis* — Florence, Isola bella Fiesole (10 feuilles)
31 fr., à M. Robaut

532 — Portrait d'ami, Isola bella, Venise, Riva Tyrol, Lac Majeur (7 feuilles)
40 fr., à M. Latouche

(1835-42)

533 — Caen, Orleans, Viviers, Montpellier, Puy-de-Dôme (7 feuilles)
36 fr., à MM. Martin et Paschal

534 — Magny-les-Hameaux, Rosny, Villers-Cotterets, Royat, Limoges, Vezelay (10 feuilles)
145 fr., à M. Paschal

535 — Vezelay, Saint-André-en-Morvan, Lormes Mainex, Etrombieres Geneve, Fribourg, Montreux (9 feuilles)
26 fr., à M. Robaut

(1843)

536 — Nemi, Lariccia, Tivoli, campagne de Rome (6 feuilles)
19 fr., à M. Robaut

537 — Lariccia, Nemi Albano (5 feuilles)
17 fr., à M. Robaut

538 — Lariccia, Tivoli, Ronciglione, Genzano, Civita Lavinia (7 feuilles)
11 fr., à M. Robaut

539 — Nemi, Villa Albani, Vatican, Villa Pamphili, Geneve, Ville-d'Avray (7 feuilles)
11 fr., à M. Robaut

540 — Croquis pour le *Baptême du Christ*, tableau de l'eglise Saint-Nicolas-du-Chardonnet (7 feuilles)
20 fr., à M. Durand-Ruel

541 — *Sodome*, croquis pour le tableau exposé en 1844 (4 feuilles)
Vendu dans un lot de la 3e partie

(1) La lettre du catalogue, même défectueuse, est toujours respectée

(1844-53)

542 — Saint-André, Fontainebleau, Compiègne, Sèvres, environs de Paris (6 feuilles)

105 fr, à M Robaut

543 — Ville-d'Avray, Le Moulineau (Nièvre), Étran, Saint-Brieuc, Genève, Fontainebleau (8 feuilles)

30 fr, à M Robaut

544 — Morestel, les Alinges (Suisse), Sologne, Normandie, Mantes (12 feuilles)

18 fr, à M Robaut

545 — Crémieu, Optovoz, Morestel (7 feuilles)

30 fr, à M Chamouillet

546 — La Villeneuve (Côtes-du-Nord), Saint-Lô, Bourberouge (7 feuilles)

11 fr, à M Durand-Ruel

(1854-65)

547 — Blanc-Badoir, Rotterdam, La Haye, Gouda, Ostrove, Mortefontaine (7 feuilles)

52 fr, à M Robaut

548 — Dardagny (Jura), Marcoussis, Ville-d'Avray, Fontainebleau, Saint-Malo (9 feuilles)

32 fr, à M Chamouillet

549 — Études d'arbres et plantes (7 feuilles)

11 fr, à M Robaut

550 — Études d'arbres, plantes et rochers à Fontainebleau (8 feuilles)

20 fr, à M Robaut

551 — Études de plantes et arbres à Fontainebleau (8 feuilles)

31 fr, à M Bureau

552 — Études d'arbres, plantes et rochers à Fontainebleau et Ville-d'Avray (8 feuilles)

20 fr, à M Robaut

ÉTUDES ACADÉMIQUES ET ANIMAUX

553 — Figures d'après l'antique (7 feuilles)

21 fr, à M X

554 à 556 — Figures diverses, hommes et femmes nus ou drapés (20 feuilles)

Ces numéros ont été divisés comme suit

N° 554 (6 feuilles) 101 fr, à M Robaut — N° 555 (6 feuilles) 155 fr, à M Martin — N° 556 (8 feuilles) 87 fr, à M Robaut

557 — Animaux, chevaux, vaches, etc (20 feuilles)

DESSINS, COMPOSITIONS, CROQUIS

558 à 563 — Divers (166 feuilles)

FUSAINS, COMPOSITIONS, CROQUIS DIVERS

564 à 568 — (12 feuilles)

Les numéros 557 à 568 ont été remaniés et adjugés comme suit

6 feuilles 0 fr, à M Durand-Ruel — 6 feuilles 4 fr, à M Chamouillet — 5 feuilles 9 fr, à M Chamouillet — 3 feuilles 4 fr, à M Chamouillet — 8 feuilles 18 fr, à M Robaut — 8 feuilles 10 fr, à M Durand-Ruel — 8 feuilles 25 fr, à M Durand-Ruel — 10 feuilles 11 fr, à M Durand-Ruel — 10 feuilles 27 fr, à M Chamouillet — 10 feuilles 30 fr, à M Chamouillet — 6 feuilles 12 fr, à M Robaut — 7 feuilles 12 fr, à M Robaut — 4 feuilles 55 fr, à M Paschal

PORTRAITS, MINE DE PLOMB

569 — Divers (3 feuilles)

12 fr, à M Robaut

570 — Deux dessins, l'un de Corot (signé), l'autre d'Eug Delacroix (daté, septembre 1862), réunis dans un même cadre

157 fr, à M Paschal qui le cède à M Marion

571 — Soixante-douze carnets de croquis et de notes pris en voyage, au théâtre, ou compositions diverses

Ces albums et carnets de croquis (cinquante trois seulement sont passés en vente) ont été rachetés aux prix suivants, par la famille

4 albums, 45 fr — 6 albums, 1[illegible]7 fr — 6 albums, 90 fr — 6 albums, 95 fr — 6 albums 100 fr — 6 albums, 260 fr — 6 albums, 179 fr — 6 albums, 199 fr — 7 albums, 180 fr

572 — Six carnets d'adresses (Le tout remontant à 1822 et se continuant jusqu'en 1875)

Retiré

DESSINS ORIGINAUX SUR VERRE

(TIRAGE PHOTOGRAPHIQUE)

573 — Quarante-deux épreuves

51 fr, à M Marion

EAUX-FORTES PAR COROT

574 — Le Bateau sous les saules, matin, trois épreuves sur chine et divers

40 fr, à M Fauché (avec le n° suivant)

575 — Grand Etang, soir, publié en 1862 dans les poésies posthumes d'Edm Roche

576 — Souvenir d'Italie, épreuve avant la lettre, exposée à Paris 1865 (encadrée)
25 fr, à M Robaut

577 — Environs de Rome épreuve avec la lettre, exposée à Paris 1866 (encadrée)
12 fr, à M Robaut

578 — Campagne boisée, épreuve avant la lettre, publiée dans *le Paysagiste aux Champs*, par Frédéric Henriet 1866
10 fr, à M Robaut

579 — Paysage d'Italie, avant la lettre (encadré)
15 fr, à M Robaut

580 — Vénus coupe les ailes à l'Amour, épreuve avant la lettre, tout à fait inédite, chine volant
20 fr, à M Clement

581 — Paysage d'Italie (en hauteur), avant la lettre, tout à fait inédit chine volant
20 fr, à M Clement

582 — Paysage d'Italie (en largeur), avant la lettre, tout à fait inédit, chine volant
20 fr, à M Clement

AUTOGRAPHIES

583 — Une livraison incomplète de dessins autographiés par Corot
Dix épreuves (Deux manquent)
25 fr à M Bellon

584 — Deux autres épreuves en double, soit 4 feuilles sur chine

GRAVURES ET LITHOGRAPHIES D'APRÈS COROT

LA PLUPART AVEC DÉDICACE

585 — Eaux-fortes d'après divers tableaux, tirés de la galerie Durand-Ruel (paysages et figures), par les meilleurs artistes du jour, vingt épreuves sur chine

586 — Gravures diverses par Marvy, Bracquemond, Lefman, Berthoud, Greux, onze épreuves

587 — Démocrite, lith par Français, épreuve avant le titre, encadrée

588 — Lithographies diverses par Français, Em Vernier Ch Desavary, Thurwanger, Pirodon, Anastasi, Alf Robaut 34 épreuves, la plupart sur chine

FAC-SIMILE DE DESSINS ORIGINAUX DE COROT

ÉDITÉS PAR CH DESAVARY, 1874

589 — Cinquante-cinq épreuves sur marge bleue et deux en double, en tout 57 feuilles

COPIES DESSINÉES D'APRÈS COROT

590 — Copie du tableau *Saint-Sébastien*, exposé en 1853, fusain par X

591 — Copie du tableau *le Concert* exposé en 1857 mine de plomb par Wacquez

592 — Interprétation du tableau *la Bacchante* exposé en 1865, fusain par X

593 — Dessins du maître, calques par divers Vingt-sept feuilles

PHOTOGRAPHIES D'APRÈS L'ŒUVRE DE COROT

594 — Photographie encadrée reproduisant un paysage

595 — Photographie encadrée reproduisant un tableau, *le Sommeil de Diane*

596 — Photographie encadrée reproduisant un tableau, *Orphée*

597 — Photographie encadrée reproduisant un tableau, *Souvenir de Mortefontaine*
15 fr à M Robaut (avec les deux numéros précédents)

598 — Cent-soixante photographies diverses

599 — Trente-huit photographies diverses (collection Durand-Ruel)

600 — Quatre cents photographies diverses, par Ch Desavary

602 — Portrait de Corot, planche de cuivre gravée par Dien (inachevée), tout à fait inédit Une épreuve y est jointe
32 fr à M X

TROISIÈME PARTIE

COLLECTION PARTICULIÈRE DE M COROT

TABLEAUX, DESSINS, EAUX-FORTES GRAVURES,
LITHOGRAPHIES, LIVRES, CURIOSITÉS DIVERSES

Expositions particulière le samedi 5 juin 1875 publique le dimanche 6 juin 1875
Vente le lundi 7 tableaux, le mardi 8, tableaux et dessins,
le mercredi 9, continuation des dessins gravures, curiosités livres

TABLEAUX ANCIENS

Nous avons cru devoir conserver les attributions données par Corot

CHAMPAIGNE (*attribué a* PHILIPPE DE)

Deux mains d'enfant tenant une truelle d'argent 0,23×0 25

ECOLE ESPAGNOLE

603 — La Vie au couvent 0,83×1,0,
20 fr, a M Ganduin

604 — Saint François 0,65×0 50

FALENS (VAN)

605 — L'Amazone 0,21×0,15
22 fr a M Durand-Ruel

GELLEE
(*attribué a* CLAUDE, *dit* LE LORRAIN)

606 — Marine 0 20×0,15
6 fr, a M Marion

GOYA Y LUCIENTES

607 — Allegorie politico-comique
Zinc - 0,21×0,25
43 fr, a M Bellon

LONGHI

608 — Portrait, en pied, d un senateur italien
2 25×1,50

PILLEMENT (*attribue a*)

609 — Cascade et Rochers Bois 0,12×0,25

POUSSIN (*attribué a*)

610 — Paysage d'Italie 0 40×0,50
41 fr, à M Ledelle

PRIMATRICE (*Ecole du*)

611 — Vulcain et Venus Bois 0 54×0 51
15 fr, a M Gandouin (avec le N 620)

REMBRANDT

612 — Portrait d'homme 0,60×0,47
305 fr, a M Detrimont

COPIES DE TABLEAUX ANCIENS

CORREGE (*d'après*)

613 — Deux Anges voltigent
Interieur ovale — 0,32×0 27
45 fr, a M Marion (avec le N° 619)

PIOMBO (*d'après* SEBASTIANI DEL)

614 — La Visitation de la Vierge 0,35×0,27
19 fr, a M le Dr Collin

INCONNU

615 — Princesse au Glaive Bois 0,29×0 21
11 fr, a M Perin

REMBRANDT (*d'après*)

616 — Le Christ au tombeau, du musee de Munich, par A COLIN 0,47×0,35

RIBERA (*d'après*)

617 — Ensevelissement du Christ, du musee de Londres, par A COLIN 0,50×0,38
32 fr, a M Ducasse

RUBENS (*d'après*)

618 — Saint Georges, du Musée de Madrid 0,34×0,27
80 fr., à M. Bardon

SUBLEYRAS (*d'après*)

619 — Vision de saint Joseph — Copie par COMAIRAS 0,40×0,28

TITIEN (*d'après*)

620 — Un saint visité dans sa retraite 0,35×0,46

621 — Homme à l'épée, du musée du Louvre 0,39×0,30
15 fr., à M. Détrimont (avec le N° 710)

DESSINS ANCIENS

Deux miniatures du XVI° siècle

622-23 — Sujets religieux, nombreuses figures 0,25×1,17
72 fr., à M. Chamouillet

LYVENS-CRUYL

624 — Vue de Naples, dessin à la plume

625 — Vue de Rome, dessin à la plume
Ces deux dessins proviennent du cabinet de M. Lebrun
59 fr., à M. Chamouillet (avec le N° 800)

626 — Six Feuilles attribuées au Guide, Poussin etc
8 fr., à M. Chamouillet (avec le n° 806)

TABLEAUX MODERNES

ALIGNY (CARUELLE D')

627 — Vue prise dans le parc Chigi, à l'Arricia 1,00×0,80
Étude pour son tableau de *la Pythonisse d'Andorre*
52 fr., à M. le Dr Porte

628 — Vue d'Italie 0,35×0,53
32 fr., à M. Durand-Ruel

629 — Capri les faraglione 0,70×0,48
16 fr. à M. Hurquebie

630 — Étude en Anjou 0,28×0,44
19 fr., à M. Gandouin (avec le N° 639)

631 — Vue prise à la Serpentara 0,47×0,55
30 fr., à M. A. Houssaye

632 — Sorrente, près Naples 0,50×0,67
78 fr., à M. Duchesne

633 — Le Wetterhorn (Oberland bernois) 0,50×0,68
42 fr., à M. Ziegler

634 — La Serpentara, aux environs de Rome 0,49×0,63
90 fr. à M. Boudet, maire de Riom

635 — Vue prise d'Olevano 0,38×0,48
24 fr., à M. Chamouillet

636 — Vue prise dans l'Oberland bernois 0,50×0,68
60 fr., à M. Ducasse

AUBRY (AUGUSTIN)

637 — Au bois de Sèvres 0,81×0,59
55 fr. à M. Mention

BACCUE

638 — Dans le Cantal, 1824
Daté au bas à gauche — 0,33×0,43
21 fr. à M. Durand-Ruel

BARBOT (1847)

639 — Sur l'Oise 0,33×0,46

BERIOT (C. DE)

640 — Le petit Pont 0,22×0,31
8 fr. à M. Ziegler

BERTHELEMY

641 — Un incendie en mer 0,31×0,52
Esquisse du tableau exposé à Paris en 1861
62 fr. à M. Duchesne

BERTIN (ÉCOLE DE VICTOR)

642 — Paysage, cours d'eau 0,41×0,55

643 — Même genre 0,41×0,53
Un jeune peintre au premier plan
76 fr., à M. Veirane, de Marseille

BERTIN (*attribué à* VICTOR)

644 — Paysage d'Italie 0,30×0,44
Au premier plan, un chevrier
27 fr., à M. Monteverde

BONVIN (1865)

645 — Nature morte 0,10×0,12
57 fr., à M. A. Pecqueur

BOULARD

646 — Une Tête de jeune femme 0,54×0,44
405 fr, à M Thomas

BRUN (1815)

647 — Le retour du Grenadier 0,36×0,44

648 — A la porte de l'Auberge 0,36×0,44
65 fr, à M Gandouin avec le precedent

BRUNIER (Ch)

649 — Souvenir du midi 0,89×1,29

C R

650 — Étude d'arbre 0,29×0,15

CHINTREUIL

651 — Au sortir du bois, une biche vient se désaltérer 0,69×0,55
580 fr, à M Hurquebie

652 — Des cerfs et des biches viennent boire a la mare, effet de soleil couchant 0,39×0 46
400 fr, a M Duchesne

CAMINADE

653 — Au lac Majeur, étude 0,24×0,32
20 fr, a M Durand Ruel

654 — Restes d aqueducs, campagne de Rome 0 24×0,45

655 — Etude a Rome 0,19×0,34
21 fr, a M Vaidame

CHEVALIER

656 — Moulin a eau a Royat, Auvergne, 1826 0,34×0,50
48 fr, a M Bailly

CICERI (E)

657 — Les bords de la Bievre 0,23×0,27
90 fr, a M Pecqueur

COIGNARD (L)

658 — Pâturage vaches 0,32×0,46
120 fr, a M Joseph

COIGNARD (1872)

659 — Vaches en pâture 0,32×0,46
115 fr a M Pille

DAMOYE

660 — Les vaches au pâturage Ville-d Avray 0,32×0 40

DAUBIGNY (Karl), 1874

661 — Marce basse a Cancale 0 64×0,76
405 fr, à M Hurquebie

DAUMIER (H)

662 — Les Curieux à l'étalage 0,32×0,25
1,500 fr a Chamouillet

663 — L Amateur d'Estampes 0,41×0,33
1,550 fr a M Jacquot

664 — Le Barreau 0,33×0,41
1,160 fr a M Geoffroy-Dechaume

665 — Conseils au jeune artiste 0,42×0,32
1,520 fr, a M Arthur Stevens

DELABERGE

666 — Un vieux Pont Vue prise à Grenoble 0,16×0,48
90 fr, a M Pecqueur

DELABERGE (*vers* 1825-1830)

667 — Etudes d'arbres 0,40×0,30
54 fr a M Latouche ou M Bureau

DESAVARY (Ch)

668 — Tentation, petits oiseaux devant un piège, effet de neige 0,73×0,92
45 fr, a M Robaut

669 — Martin-pêcheur dans les roseaux. 0,74×0,92
50 fr, a M Robaut

DESBAROLLES (Ad)

670 — Marine à Dunkerque, août 1829 0,29×0,22
27 fr a M Pecqueur

DESBROSSES (Jean)

671 — Derriere la ferme 0,80×1,30
600 fr, a M Chamouillet

DUPRE (J)

672 — Marine, gros temps 0,30×0,46
1,805 fr, à M Détrimont

673 — Étude de détail, coin de bois 0,42×0,63
405 fr, a M Detrimont

DURAND D'ESPAGNAC (HÉLÈNE)

674 — Femme nue assise, grandeur naturelle 0,87×0,87
Environ 100 fr, à M. de Montfumat.

DUTILLEUX (C.)

675 — Tournant de la Scarpe, près Arras 0,46×0,60
1,5 fr, à M. Robaut

676 — « Au repos des peintres », forêt de Fontainebleau, 1860 0,32×0,25
100 fr, à M. le Dr Porte

677 — Environs d'Amsterdam, sur les bords de l'Amstel, septembre 1854, vers le soir 0,16×0,34
100 fr, à M. Chanouillet

678 — Les vieux chênes du Bas-Breau, forêt de Fontainebleau 0,80×1,00
205 fr, à M. Robaut

679 — Étude au pré Larcher 0,28×0,45
90 fr, à M. Robaut

680 — Les horizons de la forêt de Fontainebleau. Bois — 0,38×0,60
110 fr, à M. Robaut

ETEX (A.) *Sculpteur*

681 — Jeune fille nue assise au bord de l'eau. Ébauche — 0,60×0,73

ETEX (J.)

682 — Persée et Andromède 0,73×0,58
57 fr, à M. Detrimont

ETIENNE

683 — Une Tête de chien. Étude 0,25×0,38
16 fr, à M. le Dr Collin

684 — Un Cheval au râtelier. Étude 0,25×0,34
11 fr, à M. Chanouillet

FLEURY (LÉON)

685 — Dans le Jura 0,27×0,40
10 fr, à M. Lacombe

686 — Étude d'arbres à Fontainebleau 0,37×0,31
23 fr, à M. Lacombe

687 — Prairies et vaches, en Morvan 0,32×0,40
21 fr, à M. le Dr Porte

688 — Rochers boisés 0,38×0,30
83 fr, à M. X.

689 — Du haut des falaises de Trouville 0,26×0,28
15 fr, à M. Durand-Ruel

690 — Villa d'Este (1843) 0,18×0,28
18 fr, à M. le Dr Porte

691 — Dans la Sabine 0,22×0,27
20 fr, à M. X.

692 — En Italie 0,20×0,28
21 fr, à M. Émile

693 — A Royat 0,21×0,30
20 fr, à M. X.

FRANÇAIS

694 — Les Bords de l'Oise 0,35×0,53
290 fr, à M. Pecqueur

695 — Un coin de Rouen, effet de nuit 0,43×0,33
215 fr, à M. Pecqueur

DE FRANCESCO

696 — Vue de la Place de l'Église à Vietri 0,41×0,27
22 fr, à M. Lemarinier

697 — Vue prise à Margellina, juillet 1835 0,26×0,42
21 fr, à M. Dujarric

DE FRANCESCO, 1834

698 — Vue de Torre del Greco 0,45×0,65
15 fr, à M. Durand-Ruel

699 — Étude de vieux Saule 0,23×0,34
11 fr, à M. Dumy

FRÈRE (ED.), 1861

700 — La Couseuse. Bois — 0,26×0,20
2 010 fr, à M. Tallon

GÉRÔME (J.-L.)

701 — Étude d'arbres 0,27×0,35
450 fr, à M. Paschal

Mlle DE GROISLILLIEZ

702 — Près Pontoise 0,42×0,64
170 fr, à M. Danloux

GUICHARD

703 — Une Vision 0,24×0,38
Tableau cintre ou haut

HARDUIN

704 — Intérieur breton 0,30×0,53
62 fr, à M Dubail

705 — Les Côtes du Nord 0,30×0,43
13 fr, à M Duchesne

HARPIGNIES

706 — Enfants assis dans la campagne
0,19×0,35
51 fr, à M Robaut

JULIEN (Charlette)

707 — Nature morte 0,32×0,41
13 fr, à M Lavaste

JONGKIND, 1870

708 — Canal en Hollande effet de nuit
0,30×0,44
710 fr, à M Robaut (cédé à M Pecqueur)

L M (*Ecole de* Watelet)

709 — Moulin à eau et Lessiveuse 0,27×0,39
21 fr, à M Lavaste

LA FLECHE (H) 1874

710 — Etude d'ecrevisses sur une feuille de chou 0,22×0,31

LAPITO (Ate)

711 — Vue d'Italie 0,32×0,44
24 fr à M de Foulgouet

712 — Vue de Suisse 0,32×0,44

LA ROCHENOIRE

712 *bis* — Cour de Ferme Toile de 12 basse
75 fr, à M Lavaste

LAVAUD

713 — Sous bois 0,24×0,31
31 fr, à M Hirquebie

LAVIFILLE (Eug)

714 — Bouleaux, foret de Fontainebleau 1871
Bois — 0,58×0,35
96 fr, à M Ducasse

715 — Effet d'orage a Bourey
Bois — 0,10×0,23
17 fr, à M le Dr Porte (avec le No 703)

716 — Entree de château 0,26×0,37
15 fr, à M X

717 — La pointe de l'Ile Saint-Ouen 1867
0,45×0,71
460 fr, à M Chamouillet

718 — Rochers au chemin de Baletrem 1867 (Foret de Fontainebleau)
Bois — 0,22×0,36
30 fr, à M Ziegler

LEVIS

719 — Rue des Cloys, à Montmartre

720 — Le Phare de Dunkerque, effet du matin 0,30×0,46
22 fr, à M le Dr Porte

LESSIEU

721 — Vue prise a Rome 0,35×0,48
40 fr, à M Durand-Ruel

722 — Étude d'arbre, ebauche 0,33×0,24
27 fr, à M Houssaye

LOUTREL (V)

723 — En Forêt Bois — 0,19×0,16

MAILLARD

724 — Montagnes du Morvan 0,24×0,32
20 fr, à M Durand-Ruel

MARQUET (A)

725 — Buste de femme nue couchee, d'apres la Danae du Titien 0,65×0,54

MENTION (Th), 1869

726 — Les Bords de l Oise 0 60×1,02
Tableau expose a Paris en 1869
80 fr, à M Durand-Ruel

MENTION (Th)

727 — Pave de Chailly, effet d hiver
0,22×0,32
25 fr, à M Pille

MICHALLON

728 — Une gorge et entrée de grotte, étude
0,27×0,21
80 fr, à M. le Dr Porte

MOZIN (C.)

729 — Du haut de la falaise — L'attente
Gros temps au soleil couchant 0,31×0,45
37 fr, à M. Rumpler

MORISOT (EDMA)

730 — Une trouée sur la mer 0,46×0,57
36 fr, à M. Darny

MORSELLI (G.)

731 — Artiste peignant une jeune femme
Bois cintré du haut — 0,47×0,36

NOEL (G.)

732 — Le vieux pont de pierres 0,22×0,36
28 fr, à M. Rousset

733 — Le Moulin à eau 0,48×0,39
30 fr, à M. X

OUDINOT (A.)

734 — Trois vaches viennent s'abreuver effet du soir 1,05×1,96
250 fr, à M. Allelix

PECQUEUR (Mlle)

735 — Chemin à Ville-d'Avray, la partie d'âne Bois — 0,32×0,40
165 fr, à M. Jones

PIGAL

736 — Un maréchal ferre un âne 0,13×0,18

737 — Les deux compères 0,12×0,10
15 fr, à M. Achille X (avec le précédent)

738 — Les occupations du village 0,54×0,72

739 — La favorite Bois — 0,19×0,12
65 fr, à M. Rumpler (avec le précédent)

740 — Comme ça sent bon 0,16×0,11

POIROT (A.) 1845

741 — Église d'Auteuil 0,24×0,33
25 fr, à M. Chamouillet

742 — Cascade en Italie 0,23×0,32
31 fr, à M. Souchet

PRADELLES (Hte)

743 — Soldats en corvée 0,46×0,38
7 fr, à M. Berthe

RAYMOND (*attribué à*)

744 — Le Moulin à eau 0,36×0,44
22 fr, à M. de Monteverde

REMY

745 — Des saules au bord de l'eau 0,30×0,38

RENAULT (EDMOND)

746 — La Rentrée du troupeau, soir
0,34×0,54
170 fr, à M. Colliot

RENAULT (EDMOND) ou FLEURY

747 — Trois copies des paysages de Corot peints à Magny-les-hameaux chez Fleury
0,27×0,21
15 fr

RENAULT (EDMOND)

748 — Paysage composé 0,72×0,48

749 — Au bord de l'Étang 0,55×0,33
21 fr, à M. Billou

SERVIN (P.)

750 — Étude d'âne au repos dans un bois
0,41×0,34
101 fr, à M. Detrimont

TEINTURIER (V.)

751 — Paysage composé, effet de soleil couchant 0,31×0,48
39 fr, à M. Dubail

THIENON (Ct)

752 — Vue de Monticelli, près de la terrasse de la Villa d'Este, 1802 0,31×0,43
9 fr, à M. de Monteverde

VERNIER (EM.)

753 — Bateau de pêche à Etretat, au pied des grandes falaises (marée basse)
0,37×0,54
125 fr, à M. Jumentier

VERON (A.)

754 — Un chemin dans les blés 0,30×0,54
155 fr, à M. Gaudernéau

VIGUIER

755 — A la réunion des canotiers 0,26×0,42
78 fr a M Pecqueur

VINET (H) 1857

756 — Paysage d'Afrique 0,27×0,41
26 fr, a M Lavoste

VINET (H)

757 — Au bord de la mer Bois — 0,12×0,22

758 — Un parc à moutons au bord de l'eau 0 7×0,34
80 fr, a M Bureau

WATELET (*École de*)

759 — L'Abreuvoir paysage classique 0,,6×0,44

WATELET

760 — La marechalerie 0,32×0,44

INCONNUS

761 — Portrait de Victor Bertin, peintre paysagiste, ne en 1775, mort en 1842 0,73×0,58
47 fr, a M A Houssaye

762 — Composition Paysage d'Italie Bois — 1,14×0 77
23 fr, à M Porte

763 — Un Negre, académie sur nature 0,16×0,21

764 — Étude de chenes 0,14×0 30
22 fr, à M Durand-Ruel

765 — Souvenir de Cayeux, ebauche 0,16×0,22

766 — Chemin vert 0,12×0,23
20 fr, à M Durand Ruel

767 — Sous bois 0,24×0 35
10 fr, a M Durand Ruel (avec les Nos 772 et 774)

768 — Vue de Paris, ebauche 0 35×0,27

769 — Une mendiante 0 49×0,30

770 — Un Mulâtre le verre en main 0,55×0,46
22 fr, a M Billou

771 — Tête d'expression, les yeux leves, pour vêtements, une blouse bleue 0,46×0,,7
6 fr a M \

772 — Une mare Bois Interieur ovale — 0,25×0,37

773 — Paysage 0,24×0,35

774 — Paysage 0,24×0,35

775 — Dans les Champs, effet gris 0 24×0,34
Ébauche

776 — Oiseaux, nature morte 0,43×0,,5

777 — Une cour de ferme, vaches et poules 0,37×0,52

778 — L'Ivresse du Silene, 0,3,×0,27
29 fr, a M Pecqueur

779 — Un porte-feuille contenant soixante-neuf études peintes par divers
Generalement sur papier — Presque tous paysages, quelques figures et morceaux d'architecture
41, 4,, 7, 18 et 35 fr, a M Detrimont

COPIES
D'ŒUVRES PEINTES PAR COROT

OU PREPARATIONS PAR DIVERS
D'APRES SES COMPOSITIONS

780 — La Bacchante Exposition de 1865 1,01×0,75
200 fr, a M Durand-Ruel

781 — Le Torrent, effet gris 0,81×1,00

782 — La Forêt 0,74×1,05
100 fr

783 — Paysage 0,32×0 24

784 — Une Riviere et quelgues figures 0,82×0,63

785 — Paysage 0,80×0,58
70 fr, a M Durand Ruel

786 — Maisons aux toits rouges sur les bords de l'Amstel, pres Amsterdam 0,46×0,61
200 fr, a M Durand Ruel

787 — Le Monte Pincio 0,28×0,44
52 fr, a M Bailly

788 — Paysage compose, effet du soir 0,25×0,35

789 — Pont de Mantes Bois — 0,21×0,44
Ebauche

790 — Un jeune Italien, assis etendu Bois — 0,27×0,33
26 fr a M Chamouillet

791 — Dans les montagnes 0,27×0,44
Ébauche
42 fr, à M. Houssaye

792 — A Dunkerque 0,19×0,28
20 fr, à M. Lacombe

DESSINS MODERNES

ALIGNY (CARUELLE D')

793 à 803 — Onze dessins et études, aquarelle, mine de plomb et plume

BELLEL

804 — Marche de chameaux en Orient, fusain
8 fr, à M. Chevalier (avec le N° 829)

BERCHÈRE

805 — Dessin mine de plomb

BERTIN (VICTOR)

806 — Aquarelle

BERTHOUD (LÉON)

807 — Dessin au crayon

BOMBLED (CH.)

808 — Chasse au cerf, aquarelle
7 fr, à M. Chevalier (avec le N° 828)

BORION

809 — Tête d'étude, dessin rehaussé
11 fr, à M. Goupil

BOUCHER (d'après)

810 — Le petit dénicheur, pastel
79 fr, à M. Lemarinier

BOUDIN

811-812 — Deux études de ciel, pastel

BOULARD

813-814 — Deux dessins à l'essence
11 fr, à M. Osmond

BRANDON

815 — D'après Raphael, mine de plomb
61 fr, à M. Doucet

BRÉMOND (JEAN)

816 — Études et compositions, douze pièces

CHABAL-DUSSURGEY

817 — Branche de pommier, dessin rehaussé de couleur

DAUBIGNY (CH.)

818 — Un dessin au crayon

DAUMIER

819 — Vieille femme assise jouant avec un enfant, plume

DELACROIX (EUGÈNE)

820 — Quatre feuilles croquis divers, lavis et crayon

DELAPLANCHE

821 — Deux vues de château. Aquarelle

DEVILLERS

822 — Paysage, fusain

DUTILLEUX (C.)

823 — Un paysage composé, fusain
35 fr, à M. Bellon

ETEX (J.)

824 — Jeune femme méditant, pastel

825 — Deux paysages, composition fusain

FLEURY

826 — Vue prise à Rome. Lavis

FORT (TH.)

827 — Six dessins, rehaut

FRANÇAIS

828 — Paysages d'après nature, deux pièces
92 fr, à M. Durand-Ruel

GIRARD (P.)

829 — Ruines d'aqueducs romains. Deux aquarelles
8 fr, à M. Pecqueur

HARPIGNIES

830 — Paysages divers. Trois aquarelles
44 fr, à M. de la Rochette

HIMLEY

831 — Aquarelle et crayon, deux pièces

JULIEN (CHARLETTE)

832 — Etude sur nature, aquarelle

MARILHAT

833 — Mosquée dans la Basse Egypte, croquis a la plume

MASSON (A)

834 — La Kermesse d'après Rubens, aquarelle

MASSON (BENEDICT)

835 — Tête de Christ, pastel

836 — Hercule au jardin des Hesperides, lavis et plume

MAUQUART

837 — Fleurs, aquarelle

MERY (E.)

838 — Oiseaux et fleurs, deux aquarelles, gouache

17 fr, à M Riviere

MONNIER (HENRI)

839 — Dessin au crayon

MICHALLON

840 — Dessin mine de plomb

MORIOT

841 — Paysages, deux pastels et un mine de plomb (trois pieces)

PETITOT

842 — Portrait d homme, pastel

ROSALBIN

843 — Paysage, fusain

SABATIER

844 — Les Tuileries, plume et lavis

80 fr à M Chamouillet

T D S

845 — Roses blanches et myosotis, pastel

TROYON

846 — Des vaches, croquis au crayon

VAHAST ET FLEURY

847 — Dessins et croquis divers, crayon et plume, quarante-trois feuilles

29 fr, a M Labitte (avec le N° precedent)

848 — Sous ce numéro ont ete vendu trois cent quatre feuilles croquis divers et compositions, calques, etc, par FLEURY, BUTIURA, MARTIN, etc

14 fr, a M Marion 11 et 11 fr, a M Durand-Ruel, 7 et 19 fr, à M Doucet, 25 fr, à M Fauche

849 — Port-Louis (Ile de France), aquarelle

850 — Trente - neuf aquarelles, dessins, études diverses

851 — Portrait de femme de profil (1817), crayon noir

37 fr (avec les deux N^{os} precédents)

852 — Jeune Femme, costume Louis XVI, pastel

21 fr, à M Michaud

853 — Paysage composé, fusain

854 — Une jetée a Dunkerque, aquarelle

5 fr, a M X

GRAVURES

ANCIENNES ET MODERNES

AU BURIN, MANIERE NOIRE, EN COULEURS,

A L'EAU FORTE

855 — Un album contenant trois cent soixante-dix-huit gravures anciennes, d'apres les maitres de diverses écoles, principalement des paysages

210 fr, à M Clement

856 — Seize grandes gravures publiees par la Societe française de gravure, dont Corot etait l'un des fondateurs Gravures d'apres Raphael, Luini, Corrège, Titien, Rembrandt, Ph de Champaigne, Memling, Lesueur, Prudhon, Robert Nanteuil, Ingres, Lehmann

75 fr, a M Clement

857 — Eaux-fortes par Caruelle d Aligny, 9, Anastasi, 1, Divers aqua-fortistes (publication Cadart), 127, Berard, 2, Berchere B, 1, Boulard, 3, Bracquemond, 1, Daubigny (pere), 16, de Bar, 2, de Daninche, 11, de Groiseilliez 3, Flmerich, 1, Hervier, 3, Herst, 3 Loubon, Fm 1, Masson, 1, Michelin et Grenaud, o, Seymour Haden, 1 Trimolet, 2, Veyrassat, 1, Wahast, 1

81 fr M Mirouin

858 — Cent sept gravures diverses lithographies, études, etc par et d'après Raphaël, Poussin, Cl Lorrain, Titien, G Lairesse, H Swanevelt, Seb Bourdon, etc

21 fr a M Garrau

859 — Mozart, Gluck, Paer, Kreutzer Quatre portraits gravés en manière noire par Quenedey, et encadrés

Ils ornaient la petite chambre bien modeste du maître à Ville-d'Avray

860 — Trente-huit planches au trait

Composition par Flex, sur les œuvres de Sophocle et d'Euripide

861 — Vingt et une gravure de la collection de *l'Artiste*, d'après les maîtres anciens et modernes

31 fr, a M Mazourin

862 — Portrait de Marc-Antoine, gravé par Richomme, d'après Raphaël

Épreuve avec dédicace, piquée d'humidité et encadrée

863 — Triomphe de Galathée, dessiné et gravé d'après la fresque de Raphaël par Richomme

L'épreuve est piquée d'humidité et encadrée

20 fr, a M Faucher

864 — 18 lithographies, animaux et divers 2 Géricault, 2 Terry et Berthould 2 Em Lassale (source d'Ingres) 1 Em Vernier, (Othello et Desd d'après Eug Delacroix), 1 Sirouy d'après Prudhon 1 Gravure anglaise d'après Troyon les vaches à l'abreuvoir Très mauvais état

4 fr, a M Mazourin

865 — Sept épreuves de dessins sur verre photographique par Brindel, Daubigny, Delacroix Jacque (Ch) Inédits

866 — Quarante-six portraits anciens et modernes, la plupart d'après des artistes

Gravures diverses lithographies et photographies

29 fr, a M Mazourin

867 — Portrait de M Gr ami de Corot

Photographie

868 — Beethoven Lithographie

GRAVURES, LITHOGRAPHIES

ET PHOTOGRAPHIES ENCADRÉES

869 — Mort du chevalier Bayard

Grande gravure anglaise, manière noire V Green, d'après West B West 0,62×0,50

870 — Epaminondas

Mêmes peintre et graveur

871 — Dogs Dancing La danse des chiens

Grande gravure en couleurs, par Levachez fils, d'après C Vernet

102 fr, a M Levi

872 — The citizens retreat

Gravure en couleurs par Thouvenin, d'après Ward

873 — Saturday morning going to market

Gravure en couleurs, par W R, d'après Bigg

874 — The happy family

875 — Rustic employement

Deux gravures en couleurs (encadrées) Thouvenin, graveur, d'après Wheatly

876 — Le Chat

Ancienne gravure « Cornel Wischer fecit »

877 — Jeune femme au petit chien

Gravure en couleurs, d'après Lancret

Ovale, tour doré

878 — Bataille de Darius 0,60×0,89

Gravure de la suite des batailles de Darius

Vieux cadre, bois sculpté

879 — Noces de Neptune 0,49×0,62

Gravure de Pesne, d'après Poussin

880 — The Temple of Apollo

Gravé par W Woolett d'après Claude Lorrain

881 — Roman edifices in ruins

Gravé par W Woolett, d'après Claude Lorrain

26 fr, a M Mazourin (avec le N° précédent)

882 — Portrait de Michallon

Léon Coignet, Rome, 1818

J Coiny, aqua-fortis, 1822

883 — Le Moulin à eau

Eau-forte, in-4° Signé Ant Waterloo

884 — La Promenade du jeudi

Peint et lithographié par Amand Gautier

PHOTOGRAPHIES DIVERSES

D'APRÈS NATURE, D'APRÈS TABLEAUX OU SCULPTURES

885 — Deux cents photographies d'après nature, par divers

886 — Deux photographies d'après nature, encadrées

in-folio en hauteur

887 — Cent-trente photographies d'après des sculptures et tableaux divers

ALBUMS

888 — 1° Diverses livraisons de lithographies exécutées par les élèves de Victor Orsel, d'après ses œuvres

Ensemble 65 planches, grand in-4°, sur chine

2° Vingt-et-une livraisons *Musée Universel*, Ed Lièvre

3° Les *Artistes au XIX° siècle*

4° Un Album broché *Merveilles de l'art et de l'industrie*

Salon de 1869, grand in-4°

5° Un Album de douze lithographies artistiques, par Hervier

Grand in-4°

889 — Un exemplaire cartonné, in-folio, *Ancien et nouveau Testament*

Nombreuses gravures d'après Raphaël

890 — *Sonnets et Eaux-fortes*

Alphonse Lemerre éditeur 1868, 1 exemplaire broché

891 — *Principes élémentaires de dessin et d'anatomie*, par Laffitte, gr in-f° broché

892 — Quatorze paysages Lithographies à la plume, d'après des tableaux originaux de différents maîtres de l'école française par Thurwanger frères, in-4° cartonné

893 — Gavarni *Œuvres choisies*

J Claye, imprimeur Broché 30 francs

894 — *Daphnis et Chloe*

Figures de Prud'hon et de F[illegible]

Exemplaire n° 8, papier de Hollande, à M Corot

(Autographe d'Arsène Houssaye)

895 — *Merveilles de l'art flamand* par Arsène Houssaye, in-folio, 10 gravures

896 — *Ascension de N-S Jésus-Christ*, d'après le tableau du musée de Lyon

Douze grandes feuilles lithographiées réunies en un exemplaire broché

Un autre exemplaire relié

22 fr, à M [illegible]uche

897 — *Etude sur Georges Michel*, par Alf Sensier

Paris, 1875 grand in-8°, nombreuses eaux-fortes

898 — Un *Cours de dessin, d'après les maîtres anciens et modernes*, par A Feyen, peintre

BRONZES, TERRES CUITES

PLATRES, ETC

BION (Eug)

899 — Un ange debout

Terre cuite

900 — Un ange debout

Terre cuite

BARYE

901 — Renard pris au piège

Bronze, patine antique — Long, environ 0,12

902 — Taureau

Bronze, patine antique — Long, 0,27

903 — Tigre en marche

Bronze, patine antique — Long 0,40

904 — Jaguar en marche

Bronze patine antique — Long, 0,2[illegible]

295 fr (avec les trois Nos précédents)

905 — Moulages en plâtre 1° une jeune lionne en marche, 2° un lion en marche, 3° un tigre en marche, 4° un léopard en marche, 5° un lion assis

50 fr, à M Detrimont

CONSTANCE DUBOIS

906 — Henry Littolf

Médaillon ovale

FREMIET

907 — Deux chevaux de halage

Groupe terre cuite

908 — Un chien de chasse assis

Plâtre

MENE

909 — Cheval debout arrêté

Bronze, patine florentine — Long, 0,22

910 — Un cheval à l'écurie, sujet demi-ronde bosse

Terre cuite 0,33×0 40

911 — Moulages en plâtre 1° un cheval de course 2° un cheval de course, 3° une chèvre broutant, 4° une poule

MILLET (Aimé)

912 — Buste de Mme Viardot

Plâtre stéariné

« A M Corot souvenir de son admirateur le plus dévoué Aimé Millet »

MICHEL (PASCAL)

913 — Deux religieux assis sur un banc en discussion théologique
Groupe plâtre

PREAULT (AUG.)

914 — Le Silence
Plâtre rond

INCONNU

915 — Un chien en arrêt
Plâtre

916 — Vénus de Milo, au tiers de l'original

OBJETS DE CURIOSITÉ

CHARLON

917 — Imitation de vieille tapisserie Grande figure de femme, XVIe siècle
1,94×1,05
Dans la bordure un cartouche *Cistit*

NOEL (G.)

918 — Jeune fille sortant de l'école
Faïence grand feu 0,12×0,27

919 — Grand et beau Plat ovale en ancienne faïence de Moustiers à décor dans le style de Berain en camaïeu bleu Belle qualité
550 fr., à M. Chamouillet

920 — Assiettes en anciennes faïences de Delft, de Merville et de Moustiers
59 fr., à M. Chamouillet

921 — Deux grands et beaux cache-pots de forme cylindrique à anses en ancienne porcelaine de Chine décors en fleurs, en émaux de la famille rose

922 — Deux petites jardinières en ancienne porcelaine de Chine décorées de fleurs et d'oiseaux, en émaux de la famille verte

923 — Tasse présentoir avec soucoupe en ancienne porcelaine du Japon à décor en fleurs rouge et or, et montée en argent
85 fr., à M. Delouis

924 — Deux flambeaux en vieux Chine décorés de fleurs en émaux de la famille rose
55 fr., à M. Chamouillet

925 — Deux jolis petits plats en vieux Chine, décorés de fleurs en émaux de la famille verte

926 — Grande coupe couverte en ancienne porcelaine du Japon
29 fr., à M. Lemaistre

927 — Deux saucières en vieux Chine, décorées de fleurs en émaux de la famille rose
81 fr., à M. Fournier

928 — Deux vases en bronze et dorure de la fin du règne de Louis XVI, à frise, représentant des jeux d'enfants
85 fr., à M. Lemarinier

929 — Quelques pièces en bronze du Japon
50 fr., à M. Lacombe

930 — Fauteuil à X, dans le style du XVIe siècle, en bois sculpté couvert en velours rouge

931 — Diverses tapisseries dites verdures et quelques autres à figures

EXPOSITIONS PUBLIQUES
A PARIS
1875-1905

EXPOSITION DE L'ŒUVRE DE COROT

A L'ÉCOLE NATIONALE DES BEAUX-ARTS

Mai 1875

Reproduction intégrale du Catalogue de cette Exposition (1), *accompagnée de références à notre Catalogue de l'Œuvre*

1 — LE PONT DE GREZ
0,70×0,68 (*Œ N° 895*)
Appartenant à M. Burty

2 — POINTE D'ILE
0,42×0,60 (*Œ N° 1618*)
Appartenant à Mme Steinheil

3 — LA FEMME AU TIGRE
0,54×0,97 (*Œ N° 1276*)
Appartenant à M. Daubigny

4 — LES FEMMES A LA FONTAINE
0,57×0,83 (*Œ N° 2415*)
Appartenant à M. Daubigny

5 — AU BORD D'UN LAC
0,61×0,46 (*Non identifié dans l'Œuvre*)
Appartenant à M. Daubigny

6 — LE CHEMIN DU VILLAGE
0,33×0,46 (*Non identifié dans l'Œuvre*)
Appartenant à M. Daubigny

7 — LA CAMPAGNE DE ROME
0,45×0,50 (*Œ N° 2207*)
Appartenant à M. Rodrigues

8 — LA FEMME A LA CHEVRE
0,61×0,43 (*Œ N° 1684*)
Appartenant à M. Rodrigues

9 — LE GROS CHÊNE DE FONTAINEBLEAU 0,55×0,65 (*Œ N° 2170*)
Appartenant à M. Brun

10 — LE PARC DES LIONS, A PORT-MARLY 0,81×0,65 (*Œ N° 2127*)
Appartenant à M. Rodrigues

11 — LE LAC DE VILLE-D'AVRAY (EFFET DU SOIR)
1,33×1,[illegible] (*Œ N° 1621*)
Appartenant à M. Brun

12 — NYMPHES JOUANT AVEC UN TIGRE 0,81×0,65 (*Œ N° 2201*)
Appartenant à M. Brun

13 — ORPHÉE
2,00×1,[illegible] (*Œ N° 1634*)
Appartenant à M. Petit

14 — DANSE DE NYMPHES AVEC AMOUR 0,80×1,16 (*Œ N° 2200*)
Appartenant à M. Petit

15 — SOUVENIR D'ITALIE (SOIR)
0,66×0,90 (*Œ N° 2199*)
Appartenant à M. Petit

16 — LA BAIGNEUSE
1,16×0,90 (*Œ N° 2179*)
Appartenant à M. Albert Wolff

17 — LE MATIN
0,60×0,80 (*Œ N° 2301*)
Appartenant à M. Albert Wolff

18 — UNE RUE DE VILLAGE (ÉTUDE)
0,34×0,24 (*Œ N° 718*)
Appartenant à M. Albert Wolff

(1) 2e édition, comprenant quelques numéros de plus que la 1re.

19 — LE LAC
0,81×0,61 (Œ. N° 1718)
Appartenant à M. Brudiand

20 — LE RAGEUR DE LA FORÊT DE FONTAINEBLEAU
0,90×0,60 (Œ. N° 266)
Appartenant à M. de Tournemine

21 — LE GROS ARBRE
0,50×0,60 (Œ. N° 2172)
Appartenant à M. [illegible]

22 — COUBRON (1)
0,46×0,62 (Œ. N° 1439)
Appartenant à M. Hecht

23 — LE LAC DE NÉMI
1,00×1,32 (Œ. N° 1636)
Appartenant à M. Hecht

24 — LE VERGER
0,33×0,24 (Œ. N° 531)
Appartenant à M. Hecht

25 — LES HAUTEURS DE SAINT-CLOUD 0,54×1,00 (Œ. N° 1500)
Appartenant à M. Hecht

26 — HOMME SUR UNE ROUTE
0,41×0,56 (Œ. N° 1819)
Appartenant à M. Hecht

27 — ENVIRONS DE VILLE-D'AVRAY
0,38×0,55 (Œ. N° 1822)
Appartenant à M. Hecht

28 — LA TANNERIE
0,60×0,43 (Œ. N° 2177)
Appartenant à M. Brame

29 — LE PÊCHEUR
0,65×0,50 (Œ. N° 1458)
Appartenant à M. Brame

30 — CLAIR DE LUNE
0,90×1,17 (Œ. N° 2190)
Appartenant à M. Brame

31 — PETITS ENFANTS
0,41×0,44 (Œ. N° 1022)
Appartenant à M. Tabourier

32 — LES GAULOIS
1,08×1,30 (Œ. N° 2510)
Appartenant à M. Faure

33 — MOINE LISANT
0,73×0,50 (Œ. N° 532)
Appartenant à M. Faure

34 — LE SOIR, JOUEUR DE FLUTE
1,00×0,81 (Œ. N° 1069)
Appartenant à M. Tabourier

35 — VUE D'ARICCIA
1,93×1,47 (Œ. N° 606)
Appartenant à la Manufacture Nationale des Tapisseries de Beauvais

36 — DANSE DE NYMPHES
0,55×0,46 (Œ. N° 2382)
Appartenant à M. Gaston Le Breton, de Rouen

37 — FÊTE ANTIQUE
1,30×1,62 (Œ. N° 1110)
Appartenant au Musée de Lille

38 — ÉTANGS DE VILLE-D'AVRAY
1,02×1,55 (Œ. N° 1641)
Appartenant au Musée de Rouen

39 — GRAND LAC ET FABRIQUES, VILLE-D'AVRAY
0,45×0,65 (Œ. N° 2062)
Appartenant au Musée de Rouen

40 — CHAUSSÉE DE L'ÉTANG DE VILLE-D'AVRAY
0,38×0,46 (Œ. N° 680)
Appartenant à M. François

41 — LA PETITE VANNE
0,48×0,68 (Œ. N° 1331)
Appartenant à M. Boucheron

42 — LES FOSSÉS DU CHATEAU
0,78×0,61 (Œ. N° 760)
Appartenant à M. Boucheron

43 — MARLY, SOLEIL COUCHANT
0,41×0,96 (Œ. N° 806)
Appartenant à M. Adolphe Moreau

44 — FEMME AVEC UNE CHÈVRE
0,66×0,[illegible] (Œ. N° 1720)
Appartenant au Musée de Lille

45 — BAIGNEUSES
0,80×0,54 (Œ. N° 1653)
Appartenant à M. Rouart

46 — LE PETIT CHEMIN BLANC
0,25×0,32 (Œ. N° 885)
Appartenant à M. Rouart

(1) Titre erroné

47 — UNE IDYLLE, RONDE D'ENFANTS
0,66×0,97 (Œ Nº 1062)
Appartenant à M. de Borderieux

48 — CANAL DE HARLEM
0,75×0,70 (Œ Nº 745)
Appartenant à M. de Borderieux

49 — BORD DE L'EAU
0,50×0,65 (Œ Nº 2413)
Appartenant à M. Alexandre Dumas

50 — LES GRANDS ARBRES (ÉTUDE)
0,49×0,65 (*Non identifié dans l'Œuvre*)
Appartenant à M. Alexandre Dumas

51 — LE SOMMEIL DE VÉNUS
2,00×1,47 (Œ Nº 1653)
Appartenant à M. Breysse

52 — ÉTUDE DE FEMME
1,27×0,97 (Œ Nº 1562)
Appartenant à M. Breysse

53 — SOUVENIR DU LAC DE NEMI
0,60×0,91 (Œ Nº 456)
Appartenant à M. Breysse

54 — AU BORD DE LA MER
0,77×0,67 (Œ Nº 2214)
Appartenant à M. Breysse

55 — UN RUISSEAU SOUS BOIS
0,61×0,75 (*Non identifié dans l'Œuvre*)
Appartenant à M. Breysse

56 — NYMPHES AU BAIN
0,75×0,61 (Œ Nº 1657)
Appartenant à M. Breysse

57 — MATIN DANS LA PRAIRIE
0,48×0,75 (*Non identifié dans l'Œuvre*)
Appartenant à M. Breysse

58 — FERME NORMANDE PRÈS D'ÉTRETAT 0,50×0,61 (Œ Nº 2055)
Appartenant à M. Breysse

59 — LE BAIN FROID
0,65×0,75 (Œ Nº 2137)
Appartenant à M. Breysse

60 — PRÈS VILLE-D'AVRAY
0,97×1,30 (Œ Nº 2038)
Appartenant à M. Breysse

61 — LE PONT DE MANTES, PANNEAU
0,25×0,38 (Œ Nº 1526)
Appartenant à M. Bourges

62 — CRÉPUSCULE DU SOIR
0,59×0,40 (Œ Nº 2406)
Appartenant à M. Bourges

63 — HOMÈRE
0,84×1,31 (Œ Nº 464)
Appartenant à M. Hte Sancy (1)

64 — OURAGAN
0,60×0,81 (Œ Nº 2459)
Appartenant à M. Marcotte

65 — LE SENTIER DU COTEAU
0,53×0,40 (Œ Nº 2084)
Appartenant à M. Marcotte

66 — PATURAGE
0,26×0,36 (Œ Nº 1175)
Appartenant à M. Marcotte

67 — LE FAUCHEUR SOUS LES SAULES 0,35×0,45 (Œ Nº 1001)
Appartenant à M. Lemaistre

68 — LA TOUR DU LAC
0,88×1,12 (Œ Nº 2416)
Appartenant à M. Martin Leroy

69 — LE COLISÉE (ÉTUDE)
0,20×0,29 (Œ Nº 46)
Appartenant à M. Picard

70 — LE CHEMIN DU VILLAGE (LA FERTÉ-SOUS-JOUARRE)
0,40×0,54 (Œ Nº 1286)
Appartenant à M. Briand

71 — UNE FIGURE (PANNEAU)
0,53×0,39 (Œ Nº 1428)
Appartenant à M. Briand

72 — L'ENFANT À LA CHÈVRE
0,68×0,48 (Œ Nº 1708)
Appartenant à M. Brullé

73 — LA DUNE (PANNEAU)
0,38×0,66 (Œ Nº 2121)
Appartenant à M. Martin Leroy

74 — FORÊT DE FONTAINEBLEAU
0,91×1,29 (Œ Nº 502)
Appartenant à M. Robaut

(1) Ce tableau était une copie de l'original appartenant au Musée de Saint-Lô

75 — LE MATIN
0,28×0,35 (Œ. N° 1166)
Appartenant à M. Paul Tesse

76 — PAYSAGE
0,45×0,60 (Œ. N° 619)
Appartenant à M. Paul Tesse

77 — LE CHATEAU SAINT-ANGE
0,34×0,48 (Œ. N° 71)
Appartenant à M. Paul Tesse

78 — SOLEIL COUCHANT, LAC DE NEMI 0,40×0,53 (Œ. N° 1239)
Appartenant à M. William T. Blodgett

79 — LE CHARIOT
0,81×1,00 (Œ. N° 2422)
Appartenant à M. le Dr Cambay

80 — LE PAYSAGE A LA TOUR CARREE 0,34×0,50 (Œ. N° 2384)
Appartenant à M. le Dr Cambay

81 — UNE VILLE AU MATIN
0,46×0,57 (Œ. N° 2109)
Appartenant à M. le Dr Cambay

82 — FEMME AU BORD D'UN RUISSEAU 0,57×0,38 (Œ. N° 1443)
Appartenant à M. le Dr Cambay

83 — LE DONJON MATINEE DE PRINTEMPS 0,38×0,56 (Œ. N° 2261)
Appartenant à M. le Dr Cambay

84 — LA RAMASSEUSE D'HERBES
0,50×0,40 (*Non identifie dans l'Œuvre*)
Appartenant à M. le Dr Cambay

85 — LA CHAUMIÈRE DANS LA DUNE
0,47×0,65 (Œ. N° 1825)
Appartenant à M. le Dr Cambay

86 — UNE CHAUMIERE SOUS BOIS
0,31×0,25 (Œ. N° 1413)
Appartenant à M. Verdier

87 — MAISON EN TUILE
0,31×0,33 (Œ. N° 1289)
Appartenant à M. Verdier

88 — LA MAISON BLANCHE
0,23×0,38 (*Non identifie dans l'Œuvre*)
Appartenant à M. Stevens

89 — LA RECOLTEUSE D'HERBES (PANNEAU) 0,28×0,48 (Œ. N° 1160)
Appartenant à M. Fouquet

90 — LA MADELEINE
0,47×0,57 (Œ. N° 1047)
Appartenant à M. J. de La Rochenoire

91 — ROUTE DANS LA FORÊT
0,39×0,51 (*Non identifie dans l'Œuvre*)
Appartenant à M. J. de La Rochenoire

92 — SOLITUDE (PAYSAGE)
0,80×1,10 (Œ. N° 1228)
Appartenant à M. J. de La Rochenoire

93 — FEMME ROMAINE
0,95×0,68 (Œ. N° 1431)
Appartenant à M. J. de La Rochenoire

94 — UN BATEAU, CLAIR DE LUNE
0,64×0,82 (Œ. N° 2265)
Appartenant à M. Verdier

95 — LE GUE
0,81×1,20 (Œ. N° 609)
Appartenant au Musee de Douai

96 — JÉSUS AU JARDIN DES OLIVIERS
2,45×1,57 (Œ. N° 610)
Appartenant au Musee de Langres

97 — LE PORT DE LA ROCHELLE
0,95×1,14 (Œ. N° 669)
Appartenant à M. Robaut

98 — MARAIS DE SIN, PRÈS DOUAI
0,81×1,12 (Œ. N° 2169)
Appartenant à M. Robaut

99 — BEFFROI DE DOUAI
0,73×0,81 (Œ. N° 2004)
Appartenant à M. Robaut

100 — FONTAINE AU CROISIC, BOURG DE BATZ 0,69×0,73 (Œ. N° 684)
Appartenant à M. Robaut

101 — MARISSEL, PRES BEAUVAIS
0,85×0,69 (Œ. N° 1006)
Appartenant à M. Robaut

102 — JEUNE FILLE LISANT
1,03×0,70 (Œ. N° 1554)
Appartenant à M. Robaut

103 — PAYSAGE AU FOND, LA MER, UNE FEMME, AU PREMIER PLAN, JOUE AVEC UNE CHEVRE
1,03×1,18 (Œ. N° 2224)
Appartenant à M. Desavary, Arras

104 — CAMPAGNE DE ROME
0,40×0,55 (Œ. N° 1123)
Appartenant à M. F. Lemire, Rouen

105 — ÉTANG DE VILLE-D'AVRAY
0,32×0,48 (*Œ Nº 914*)
Appartenant à M. Baudry

106 — PAYSAGE AVEC UN PONT (PANNEAU) 0,60×0,76 (*Œ Nº 1448*)
Appartenant à M. Surville

107 — UN LAC, DEUX JEUNES FILLES AU PREMIER PLAN
0,28×0,47 (*Œ Nº 1481*)
Appartenant à M. Surville

108 — FEMME DEBOUT, MAIN APPUYÉE SUR LA HANCHE
0,64×0,40 (*Œ Nº 1553*)
Appartenant à M. Surville

109 — PAYSAGE (EFFET DU SOIR)
0,37×0,46 (*Œ Nº 1682*)
Appartenant à M. Surville

110 — PAYSAGE, UNE FEMME A UNE MARE 0,55×0,80 (*Œ Nº 1490*)
Appartenant à M. Surville

111 — UNE JEUNE FILLE A MOITIÉ NUE SE COIFFANT (FOND DE PAYSAGE)
0,64×0,74 (*Œ Nº 1514*)
Appartenant à M. Surville

112 — PAYSAGE, QUATRE PERSONNAGES DONT UNE FEMME PENCHÉE
0,44×0,47 (*Œ Nº 1479*)
Appartenant à M. Surville

113 — LE JOUEUR DE FLUTE, DEVANT LUI UNE CHÈVRE
1,22×0,82 (*Œ Nº 1624*)
Appartenant à M. Surville

114 — LES DANSEUSES, A DROITE, UNE FEMME COUCHÉE
0,85×1,15 (*Œ Nº 2191*)
Appartenant à M. Surville

115 — LE MOULIN
0,42×0,57 (*Œ Nº 2026*)
Appartenant à M. Surville

116 — PAYSAGE, UN CHIEN AU PREMIER PLAN 0,42×0,51 (*Œ Nº 1181*)
Appartenant à M. Surville

117 — PAYSAGE, BORDS D'UNE RIVIÈRE, UN HOMME COIFFÉ D'UN BONNET ROUGE
0,47×0,62 (*Œ Nº 1612*)
Appartenant à M. Surville

118 — UN PONT, DEVANT, UNE JEUNE FILLE ASSISE 0,39×0,46 (*Œ Nº 819*)
Appartenant à M. Hubert Hartincourt

119 — UNE MARE SOUS BOIS AVEC ANIMAUX (PANNEAU)
0,42×0,34 (*Non identifié dans l'Œuvre*)
Appartenant à M. Albin Fraissinet, Marseille

120 — PAYSAGE, L'ABREUVOIR
0,50×0,72 (*Non identifié dans l'Œuvre*)
Appartenant à M. Léon Fraissinet

121 — UN MATIN A VILLE-D'AVRAY
0,46×0,75 (*Œ Nº 1502*)
Appartenant à M. Jules-Charles Roux, Marseille

122 — L'AMOUR (PANNEAU)
0,70×0,55 (*Œ Nº 1998*)
Appartenant à M. Arthur Stevens

123 — ENVIRONS D'AMIENS
0,40×0,60 (*Œ Nº 1903*)
Appartenant à M. Arthur Stevens

124 — LES CANARDS
0,46×0,61 (*Œ Nº 1394*)
Appartenant à M. Arthur Stevens

125 — DUNES EN BRETAGNE
0,33×0,55 (*Œ Nº 685*)
Appartenant à M. Arthur Stevens

126 — CAMPAGNE DE ROME, SOLEIL COUCHANT 0,66×0,82 (*Œ Nº 1685*)
Appartenant à M. Arthur Stevens

127 — VUE DE ROUEN
0,46×0,34 (*Œ Nº 2034*)
Appartenant à M. Arthur Stevens

128 — LES SAULES 0,33×0,47 (*Œ Nº 961*)
Appartenant à M. Arthur Stevens

129 — PAYSAGE, FEMME AGENOUILLÉE PRÈS D'UNE RIVIÈRE, A GAUCHE DES VACHES 0,50×0,40 (*Œ Nº 1984*)
Appartenant à M. Verdier

130 — VILLAGE DE NORMANDIE AU SOLEIL COUCHANT
0,43×0,68 (*Œ Nº 1624*)
Appartenant à M. Verdier

131 — CHEMIN SOUS BOIS A VILLE-D'AVRAY UN CAVALIER AU PREMIER PLAN 0,56×0,95 (*Œ N° 2156*)
Appartenant à M. Verdier

132 — PLATEAU DE FONTAINEBLEAU
0,48×0,67 (*Œ N° 1459*)
Appartenant à M. J. de La Rochenoire

133 — JEUNE GRECQUE
0,40×0,52 (*Œ N° 1569*)
Appartenant à M. J. de La Rochenoire

134 — CAMPAGNE DE ROME
0,23×0,39 (*Non identifié dans l'Œuvre*)
Appartenant à M. J. de La Rochenoire

135 — L'ETUDE (CARTON)
0,23×0,41 (*Œ N° 1570*)
Appartenant à M. J. de La Rochenoire

136 — PAYSAGE AU PREMIER PLAN UNE JEUNE FILLE CUEILLE DES FLEURS SUR LE BORD D'UN ETANG 0,51×0,62 (*Œ N° 2159*)
Appartenant à M. le Dr Cambay

137 — LE TREPORT
0,43×0,59 (*Œ N° 2053*)
Appartenant à M. le Dr Cambay

138 — JEUNE FILLE LISANT PRES D'UN COURS D'EAU ENTOURE DE ROCHERS 1,78×2,41 (*Œ N° 255*)
Appartenant à M. Binant

139 — PAYSAGE (SOIR) TROIS VACHES ALLANT BOIRE
0,65×0,94 (*Œ N° 1732*)
Appartenant à M. Guillaume

140 — JEUNE FILLE REGARDANT UN PAYSAGE ET TENANT UNE MANDOLINE 0,63×0,41 (*Œ N° 1559*)
Appartenant à M. Guillaume

141 — JEUNE FILLE AU BORD DE L'EAU
0,73×0,42 (*Œ N° 1515*)
Appartenant à M. Guillaume

142 — UN CHEVALIER TENANT SON EPEE 0,73×0,80 (*Œ N° 1509*)
Appartenant à M. le Chevalier de Knyff

143 — UNE COUR A FONTAINEBLEAU UNE FEMME, MONTÉE SUR UNE ÉCHELLE DOUBLE, CUEILLE DES FLEURS 0,55×0,46 (*Œ N° 1316*)
Appartenant à M. le Chevalier de Knyff

144 — UN CHEMIN BORDÉ D'ARBRES AU FOND, PANORAMA DE PARIS
0,68×0,63 (*Œ N° 1469*)
Appartenant à M. Faure

145 — FEMME TENANT UN ENFANT
Au second plan un moissonneur
0,40×0,55 (*Œ N° 1344*)
Appartenant à M. Faure

146 — PRES MANTES ROSÉE DU MATIN 0,42×0,61 (*Œ N° 2065*)
Appartenant à M. Faure

147 — ROUTE AU BORD D'UN ETANG
0,58×0,81 (*Œ N° 1487*)
Appartenant à M. Faure

148 — JEUNE FILLE AUX AMOURS
1,75×1,35 (*Œ N° 1635*)
Appartenant à M. Larrieu

149 — ETUDE FAITE A ROME EN 1825
0,16×0,31 (*Œ N° 47*)
Appartenant à Mlle Clérambault

150 — LES BAIGNEUSES (EFFET DE SOIR) 0,80×0,95 (*Œ N° 1181*)
Appartenant à M. Cuvelier

151 — ÉTUDE D'APRES NATURE
Deux figures au premier plan
0,33×0,47 (*Œ N° 1154*)
Appartenant à M. Cuvelier

152 — MADELEINE
0,46×0,33 (*Œ N° 1036*)
Appartenant à M. Cuvelier

153 — LE BORD D'UN LAC
0,44×0,63 (*Œ N° 1748*)
Appartenant à Mlle Duris

154 — ITALIENNE A LA FONTAINE
0,84×0,56 (*Œ N° 1433*)
Appartenant à M. Oudinot

155 — PAYSAGE AU BORD D'UN LAC, GROUPE D'ENFANTS ET DE CHEVRES 0,65×0,90 (*Œ N° 2309*)
Appartenant à M. le comte de Lavalette

156 — VACHE AU BORD D'UNE RIVIÈRE 0,65×0,48 (*Œ N° 285*)
Appartenant à M. Gariel

157 — BORD D'UN ETANG AVEC CHEVAUX A L'ABREUVOIR
0,50×0,70 (*Œ N° 1470*)
Appartenant à M. Lagarde

158 — LE REPOS AU BORD D'UNE RIVIERE 0,46×0,55 (Œ Nº 1461)
Appartenant à M. le Dr Labbé

159 — LA MAISON, PAYSAGE AVEC FIGURES 0,49×0,56 (Œ Nº 1312)
Appartenant à M. le D. Labbé

160 — DANTE ET VIRGILE (RÉDUCTION DU GRAND TABLEAU)
1,40×0,86 (Œ Nº 2315)
Appartenant à M. Rodrigues

161 — ORPHÉE ENTRAINANT EURYDICE 1,13×1,37 (Œ Nº 1622)
Appartenant à M. John Saulnier

162 — SOUVENIR D'ITALIE
0,32×0,46 (Œ Nº 1820)
Appartenant à Mlle Goldschmidt

163 — SAINT-JÉROME
1,82×2,50 (Œ Nº 766)
Appartenant à la commune de Ville-d'Avray

164 — LE HALLEBARDIER
1,15×0,65 (Œ Nº 1511)
Appartenant à M. le D. Dieulafoy

165 — LE ROCHER D'ÉTRETAT
0,86×0,61 (Œ Nº 2215)
Appartenant à M. le D. Dieulafoy

166 — LE PONT DE MANTES
0,55×0,65 (Œ Nº 2273)
Appartenant à M. le Dr Dieulafoy

167 — UNE ALLÉE A VILLE-D'AVRAY
0,55×0,80 (Œ Nº 1477)
Appartenant à M. Guibert

168 — LA CHAUMIÈRE
0,46×0,62 (Œ Nº 2059)
Appartenant à M. Guibert

169 — VUE PRISE A COUBRON
0,46×0,55 (Œ Nº 2092)
Appartenant à M. Guibert

170 — NYMPHES ET FAUNES
1,00×1,30 (Œ Nº 2002)
Appartenant à M. Defoer-Bey

171 — VUE DE LA PLAGE DE BIARRITZ
0,31×0,55 (Œ Nº 2408)
Appartenant à M. le Dr Seymour

172 — VUE D'UNE FERME, ENTRÉE DE VILLAGE 0,37×0,55 (Œ Nº 2192)
Appartenant à M. le Dr Seymour

173 — PAYSAGE AVEC FIGURES
0,55×0,39 (Œ Nº 1876)
Appartenant à M. le Dr Seymour

174 — BORD DE RIVIERE
0,38×0,63 (Œ Nº 1804)
Appartenant à M. le Dr Seymour

175 — VUE DE DUNKERQUE
0,41×0,59 (Œ Nº 767)
Appartenant à M. Geoffroy-Dechaume

176 — LES DUNES (ENVIRONS DE DUNKERQUE) 0,26×0,45 (Œ Nº 761)
Appartenant à M. Geoffroy-Dechaume

177 — ÉTUDE DE BRETAGNE AVEC FIGURES 0,65×0,49 (Œ Nº 477)
Appartenant à M. Michel Pascal

178 — NYMPHES AU BAIN
0,80×0,61 (Œ Nº 1113)
Appartenant à Mme Claudon

179 — BORD DE LA SEINE A CONFLANS
0,46×0,55 (Œ Nº 1460)
Appartenant à M. Ch. Lecesne

180 — UNE ENTRÉE DE VILLAGE
0,37×0,55 (Œ Nº 2019)
Appartenant à M. Rouvet

181 — LA MARE
0,38×0,46 (Œ Nº 1904)
Appartenant à M. Blancard, Marseille

182 — VUE PRISE DE LA FERTÉ-SOUS-JOUARRE 0,47×0,61 (Œ Nº 1827)
Appartenant de à M. Furtin

183 — LA CHAUMIÈRE
0,46×0,61 (Œ Nº 2020)
Appartenant à M. Hoschedé

184 — LES BRUYÈRES
0,32×0,48 (Œ Nº 948)
Appartenant à M. Hoschedé

185 — ROUTE DANS LA FORÊT
0,47×0,56 (Œ Nº 525)
Appartenant à M. Ravier, à Morestel (Isère)

186 — SOUVENIR DE BRETAGNE
0,46×0,55 (Œ Nº 1854)
Appartenant à M. Cornely

187 — BAPTÊME DE NOTRE-SEIGNEUR JÉSUS-CHRIST
2,00×1,80 (Œ Nº 466)
Appartenant à l'Église Saint-Nicolas-du-Chardonnet (ville de Paris)

188 — A DARDAGNY (SUISSE)
0,28×0,20 (*Œ. N° 722*)
Appartenant à M. Etienne Arago

189 — ETUDE A VILLE-D'AVRAY
0,27×0,29 (*Non identifié dans l'Œuvre*)
Appartenant à M. Thurwanger

190 — CHEMIN DANS LES ROCHES CONDUISANT A UN VILLAGE
0,33×0,54 (*Œ. N° 7..*)
Appartenant à M. Thurwanger

191 — LE PASSAGE DU GUÉ
1,79×2,44 (*Œ. N° 2.7*)
Appartenant à M. de Vassal

192 — RONDE DE NYMPHES
1,62×1,.1 (*Œ. N° 1619*)
Appartenant à M. de Cahuzac

193 — LE CHEMIN DU VILLAGE
0,90×1,15 (*Œ. N° 2417*)
Appartenant à M. Latouche

194 — ETUDE D'APRÈS NATURE A CRECY (SEINE-ET-MARNE)
0,.0×0,.6 (*Œ. N° 1993*)
Appartenant à M. Decan

195 — CHEMIN DE FER A CRECY
0,31×0,40 (*Œ. N° 1994*)
Appartenant à M. Decan

196 — MONT-USSY
0,40×0,.. (*Œ. N° 2385*)
Appartenant à M. Metzger

197 — LA PLATRIÈRE
0,41×0,56 (*Œ. N° 1826*)
Appartenant à M. Metzger

198 — EFFET DU SOIR
0,54×0,39 (*Œ. N° 1900*)
Appartenant à Mme Alfred Koechlin

199 — VACHES A L'ABREUVOIR
0,.8×0,78 (*Œ. N° 1907*)
Appartenant à Mme Alfred Koechlin

200 — PATRE AU BORD D'UN LAC
0,60×0,78 (*Œ. N° 1731*)
Appartenant à Mme Alfred Koechlin

201 — VUE D'AMSTERDAM
0,54×0,4. (*Œ. N° 716*)
Appartenant à M. Dugleré

202 — L'ARBRE PENCHÉ
0,30×0,62 (*N° 1121*)
Appartenant à M. Dupaic

203 — LE PRINTEMPS
1,07×0,80 (*Œ. N° 2156*)
Appartenant à M. Stumpf

204 — LES BOHÉMIENS
0,60×0,84 (*Œ. N° 2216*)
Appartenant à M. Stumpf

205 — LE MATIN, ENVIRONS DE COUBRON
0,58×0,82 (*Non identifié dans l'Œuvre*)
Appartenant à M. Stumpf

206 — LE SOIR
0,38×0,56 (*Non identifié dans l'Œuvre*)
Appartenant à M. Stumpf

207 — LE PIFFERARO
0,58×0,82 (*Non identifié dans l'Œuvre*)
Appartenant à M. Stumpf

208 — ENVIRONS DE COUBRON
0,30×0,60 (*Non identifié dans l'Œuvre*)
Appartenant à M. Stumpf

209 — SODOME
0,91×1,85 (*Œ. N° 1097*)
Appartenant à M. Camondo

210 — CONCERT CHAMPÊTRE
1,00×1,33 (*Œ. N° 1098*)
Appartenant à M. Jules Dupré

211 — VUE DE ROME
0,29×0,.0 (*Œ. N° 67*)
Légué au Musée du Louvre

212 — LE COLISÉE (ROME)
0,30×0,48 (*Œ. N° 66*)
Légué au Musée du Louvre

213 — ZINGARA
0,.7×0,41 (*Œ. N° 1387*)
Appartenant à M. Tarochon

214 — SOUVENIR D'ITALIE
0,65×0,6. (*Non identifié dans l'Œuvre*)
Appartenant à M. Lauren

215 — LE PASSEUR
0,21×0,25 (*Œ. N° 1623*)
Appartenant à Mlle Chamouillet

216 — VUE GÉNÉRALE DE CHATEAU-THIERRY 0,.6×0,.6 (*Œ. N° 1020*)
Appartenant à Mlle Chamouillet

217 — LA VENDANGE
0,47×0,79 (*Non identifié dans l'Œuvre*)
Appartenant à M. Guillaume

218 — LE GROUPE D'ARBRES A LA TOUR
0,35×0,27 (*Non identifié dans l'Œuvre*)
Appartenant à M. Alexandre Dumas

219 — PAYSAGE AVEC FIGURE SUR LA GAUCHE
0,36×0,53 (*Non identifié dans l'Œuvre*)
Appartenant à M. le Dr Seymour

220 — LA PETITE FILLE A LA PIE
0,40×0,27 (*Œ. N° 1369*)
Appartenant à M. A. Stevens

221 — LE PÊCHEUR A LA LIGNE
0,87×0,66 (*Œ. N° 759*)
Appartenant à M. Guillaume

222 — BORD DE RIVIÈRE, ABREUVOIR
0,[illegible]9×0,56 (*Œ. N° 1821*)
Appartenant à M. Breitmayer

223 — SOIRÉE D'ÉTÉ
0,48×0,34 (*Œ. N° 1855*)
Appartenant à M. Marion

224 — PAYSAGE. UNE JEUNE FILLE GARDE UNE CHÈVRE QUI BROUTE
0,52×0,46 (*Œ. N° 1127*)
Appartenant à M. Binant

225 — LE PONT DE MANTES
0,2[illegible]×0,3[illegible] (*Œ. N° 820*)
Appartenant à M. Keller

Œuvres non cataloguées

226 — AGAR DANS LE DÉSERT
(*Œ. N° 362*)
Appartenant à M. X.

227 — ÉTUDE DU TIBRE A ROME
Toile de [illegible], basse (*Œ. N° 131*)
Appartenant à M. Antoine F[illegible]

228 — MENDIANTS JEUNE ET VIEUX (ÉTUDE) 0,29×0,17 (*Œ. N° 1040*)
Appartenant à M. Alfred Robaut

EXPOSITION

D'OUVRAGES EXÉCUTÉS EN NOIR & BLANC

(Galeries Durand-Ruel, 1876)

Extrait du Catalogue
(avec références à notre catalogue de l'Œuvre de Corot)

137 — SOUVENIR D'ITALIE
Eau-forte (*Œ. N° 3127*)

138 — ENVIRONS DE ROME
Eau-forte (*Œ. N° 3128*)

139 — PAYSAGE D'ITALIE
Eau-forte (*Œ. N° 3129*)

140 — BORDS DE MARAIS
Eau-forte (*Œ. N° 3131*)

141 — FORTIFICATIONS DE DOUAI
Eau-forte (*Œ. N° 3134*)

142 — LE DÔME FLORENTIN
Eau-forte (*Œ. N° 3135*)

143 — VÉNUS ET L'AMOUR
Eau-forte (*Œ. N° 3132*)

144 — CINQ DESSINS ORIGINAUX SUR VERRE TIRÉS PHOTOGRAPHIQUEMENT

EXPOSITION UNIVERSELLE DE 1878

Extrait du Catalogue officiel
(avec références à notre catalogue de l'Œuvre de Corot)

200 — BIBLIS (SALON DE 1875)
(*Œ. Nº 2197.*)

201 — LES PLAISIRS DU SOIR, DANSE ANTIQUE (SALON DE 1875)
(*Œ. Nº 2195.*)

202 — SAINT SEBASTIEN SECOURU PAR LES SAINTES FEMMES
(*Œ. Nº 2316.*)
Appartenant à M. Gellinard

203 — LE LAC DE GARDE
(*Œ. Nº 1667.*)
Appartenant à M. de Knyff

204 — LA RIVE VERTE
(*Œ. Nº 1532.*)
Appartenant à M. de Knyff

205 — LE PARC DES LIONS A PORT MARLY (*Œ. Nº 2127.*)
Appartenant à M. G. Rodrigues

206 — UN BATEAU, CLAIR DE LUNE
(*Œ. Nº 2263.*)
Appartenant à M. Verdier

207 — A VILLE-D'AVRAY CHEMIN PRÈS DE L'ETANG (*Œ. Nº 2176.*)
Appartenant à M. Verdier

208 — LES PETITS DENICHEURS
(*Œ. Nº 2305.*)

209 — LE BEFFROI DE DOUAI
(*Œ. Nº 2004.*)
Appartenant à M. A. Robaut

EXPOSITION RÉTROSPECTIVE

DE TABLEAUX & DESSINS DE MAITRES MODERNES

(Galeries Durand-Ruel, 1878)

Reproduction partielle du Catalogue (Œuvres de Corot),
avec références à notre catalogue de l'Œuvre de Corot

49 — DIANE A SA TOILETTE
(*Œ. Nº 2178.*)
Appartenant à M. Rappe

50 — LES PETITS BAIGNEURS
(*Œ. Nº 1724.*)
Appartenant à M. Beugniet

51 — UN SACRIFICE, FETE ANTIQUE (SALON DE 1866)
(*Œ. Nº 1637.*)
Appartenant à M. Fanien

52 — LE JOUEUR DE FLUTE
(*Œ. Nº 1069.*)
Appartenant à M. Tabourier

53 — VILLE-D'AVRAY (SALON DE 1869)
(*Œ. Nº 1643.*)
Appartenant à M. Edwards

54 — UN PACAGE
(*Œ. Nº 1699.*)
Appartenant à M. Edwards

55 — CHAUMIÈRES AUX ENVIRONS D'ETRETAT (Œ Nº 2057)
Appartenant à M. Edwards

56 — CHAUMIÈRES A PIERREFIGUES
(Œ Nº 2074)
Appartenant à M. Edwards

57 — FEMME ASSISE DEVANT UN CHEVALET, UN LIVRE EN MAINS
(Œ Nº 1561)
Appartenant à M. Edwards

58 — LA CUEILLETTE A ESSOYES (AUBE) (Œ Nº 1437)
Appartenant à M. Edwards

59 — EURYDICE
(Œ Nº 2001)
Appartenant à M. Edwards

60 — UNE JUIVE D'ALGER
(Œ Nº 2144)
Appartenant à M. Edwards

61 — UN FAUBOURG DE LISELLES, PRES SAINT-OMER (Œ Nº 1725)
Appartenant à M. Edwards

62 — PATURAGE BORDÉ DE SAULES
(Œ Nº 1118)
Appartenant à M. Edwards

63 — REPOS DE LA PETITE BAIGNEUSE (Œ Nº 1568)
Appartenant à M. Edwards

64 — A VILLE-D'AVRAY LE BATEAU DE L'ETANG (Œ Nº 1503)
Appartenant à M. H. Hecht

65 — SOUVENIR DE CUINCY, PRÈS DOUAI (Œ Nº 1594)
Appartenant à M. H. Hecht

66 — A MERY-SUR-SEINE
(Œ Nº 1439)
Appartenant à M. H. Hecht

67 — A AISERAY (COTE-D'OR)
(Œ Nº 845)
Appartenant à M. H. Hecht

68 — UN PARC A MORTAIN (BRETAGNE) (Œ Nº 866)
Appartenant à M. H. Hecht

69 — A PALLUEL (PAS-DE-CALAIS) EFFET DU MATIN (Œ Nº 1822)
Appartenant à M. H. Hecht

70 — CAVALIER SUR LA LISIERE D'UN BOIS (Œ Nº 1619)
Appartenant à M. H. Hecht

71 — LE SOIR AU LAC D'ALBANO
(Œ Nº 1116)
Appartenant à M. H. Hecht

72 — FRAICHES COLLINES, REPOS DU BOUVIER (Œ Nº 1774)
Appartenant à M. H. Hecht

73 — CRÉPUSCULE AUX MARAIS PONTINS (Œ Nº 1115)
Appartenant à M. H. Hecht

74 — DERRIERE LA FERME ENVIRONS D'ETRETAT (Œ Nº 2059)
Appartenant à M. Gibert

75 — AU BORD DE L'ETANG, VILLE-D'AVRAY (Œ Nº 1477)
Appartenant à M. Gibert

76 — LE SOIR DANSE DES NYMPHES (SALON DE 1874)
(Œ Nº 2191)
Appartenant à M. Surville

77 — LE VIEUX PONT DE MANTES
(Œ Nº 811)
Appartenant à M. Surville

78 — SOUVENIR DE FRASCATI EFFET DU SOIR (Œ Nº 1682)
Appartenant à M. Surville

79 — LA TOILETTE
(Œ Nº 1514)
Appartenant à M. Surville

80 — UN PASSEUR A L'ILE SAINT-OUEN (Œ Nº 1704)
Appartenant à M. [illegible]

81 — LA CHARRETTE
(Œ Nº 2422)
Appartenant à M. le Dr Cambay

82 — FALAISES D'YPORT VERS FECAMP EFFET DU MATIN
(Œ Nº 2053)
Appartenant à M. le Dr Cambay

83 — RAMASSEUSES D'HERBE RIVIERE PRES BEAUVAIS
(Œ Nº 1443)
Appartenant à M. le Dr Cambay

84 — VUE DE CORBEIL DE GRAND MATIN (Œ. N° 2109)
Appartenant à M. le Dr Cambay

85 — LA SEINE PRÈS CORBEIL (Œ. N° 2159)
Appartenant à M. le Dr Cambay

86 — BACCHANTE A LA PANTHÈRE (Œ. N° 1270)
Appartenant à M. Daubigny

87 — SOUVENIR DE VILLE-D'AVRAY (Œ. N° 2069)
Appartenant à M. Daubigny

88 — LES GROS CHÊNES, FEMMES A LA FONTAINE (Œ. N° 2415)
Appartenant à M. Daubigny

89 — LA METAIRIE (Œ. N° 1694)
Appartenant à M. J. Dollfus

90 — LA PETITE CHARRETTE DANS LES DUNES (Œ. N° 1117)
Appartenant à M. J. Dollfus

91 — VUE PRISE AUPRÈS DU LAC DE GENÈVE (Œ. N° 508)
Appartenant à M. J. Dollfus

92 — LES GRÈS DE LA FORÊT DE FONTAINEBLEAU (Œ. N° 501)
Appartenant à M. E. Ducasse

93 — EGLISE DU TRÉPORT (Œ. N° 1333)
Appartenant à M. E. Ducasse

94 — LA FEMME PEINTRE A SON CHEVALET (Œ. N° 1559 bis)
Appartenant à M. E. Ducasse

95 — LE PORT DE LA ROCHELLE (SALON DE 1852) (Œ. N° 669)
Appartenant à M. Robaut

96 — MOULIN DE SAINT-NICOLAS, PRÈS ARRAS (Œ. N° 2154)
Appartenant à M. Robaut

97 — LES SAULES A MARISSEL, PRÈS BEAUVAIS (Œ. N° 1006)
Appartenant à M. Robaut

98 — VUE DU VILLAGE DE SIN, PRÈS DOUAI (Œ. N° 2109)
Appartenant à M. Robaut

99 — LES JARDINS DE LA VILLA D'ESTE A TIVOLI, PRÈS ROME (Œ. N° 457)
Appartenant à M. Robaut

100 — ENTRÉE DU CHATEAU DE WAGNONVILLE, PRÈS DOUAI (Œ. N° 2007)
Appartenant à M. Robaut

101 — JEUNE FILLE LISANT (Œ. N° 1554)
Appartenant à M. Robaut

102 — ADAM ET EVE CHASSÉS DU PARADIS (Œ. N° 2311)
Appartenant à M. Robaut

103 — BOUQUET DE PIVOINES (Œ. N° 2152)
Appartenant à M. Robaut

104 — LES FONDS D'IGNY (Œ. N° 530)
Appartenant à M. Roblot

105 — BAIGNEUSES DU TYROL (Œ. N° 1653)
Appartenant à M. Rouart

106 — CLAIRIÈRE (Œ. N° 1290)
Appartenant à M. Verdier

107 — PETIT MOULIN, PRÈS CHATEAU-THIERRY (Œ. N° 1289)
Appartenant à M. Verdier

108 — BORD DE RIVIÈRE ET ÉCLUSE, LA FERTÉ-SOUS-JOUARRE (Œ. N° 1984)
Appartenant à M. Verdier

109 — CHAUMIÈRE A GOURNAY (NORMANDIE) (Œ. N° 1413)
Appartenant à M. Verdier

110 — UN VILLAGE DE NORMANDIE AU SOLEIL COUCHANT (Œ. N° 1824)
Appartenant à M. Verdier

111 — DEUX SŒURS AU BORD DE LA MER (Œ. N° 773)
Appartenant à M. Verdier

112 — DERNIERS RAYONS LE BERGER (Œ. N° 1064)
Appartenant à M. Wilson

113 — BACCHANTE AU REPOS
(Œ. N° 1277)
Appartenant à M. Bascle

114 — LE PETIT ÉTANG DE VILLE-D'AVRAY (Œ. N° 913)
Appartenant à M. Bascle

115 — MODELE AU REPOS
(Œ. N° 393)
Appartenant à M. Bascle

116 — LA RENCONTRE AUPRES DU BOIS (Œ. N° 1344)
Appartenant à M. Bascle

117 — LE MOULIN DU PONT DE MANTES (Œ. N° 1526)
Appartenant à M. Bascle

118 — COLLINES PRES SAINT-LO
(Œ. N° 341)
Appartenant à M. Latouche

119 — ASPECT GENERAL DE ROUEN
(Œ. N° 993)
Appartenant à M. Latouche

120 — SOUVENIR D'UN PRÉ A BRUNOY
(Œ. N° 2117)
Appartenant à M. Latouche

121 — FONTAINE JACOB A ALISE-SAINTE-REINE, PRÈS DIJON
(Œ. N° 847)
Appartenant à M. Gredelue

122 — MAISONS PRES LES SABLES DE TROUVILLE (Œ. N° 239)
Appartenant à M. Gredelue

123 — A ARLEUX DU NORD
(Œ. N° 2019)
Appartenant à M. le D. Goujon

124 — UN FAUBOURG D'ARRAS
(Œ. N° 964)
Appartenant à M. Reignard

125 — L'ETANG DE VILLE-D'AVRAY, EFFET DU MATIN (Œ. N° 911)
Appartenant à M. Baudry

126 — ITALIENNE ALLANT PUISER DE L'EAU (Œ. N° 1433)
Appartenant à M. Dalloz

127 — TOUR DE CRECY, PRÈS ESBLY
(Œ. N° 2193 bis)
Appartenant à M. Gellinard

128 — LE SOIR, SOUVENIR D'ITALIE
(Œ. N° 372)
Appartenant à M. Vernon

129 — FAUSSE PORTE DU SAUMON A ARRAS (Œ. N° 2009)
Appartenant à M. Tremyn

130 — PAYSAGE
Aquarelle (Œ. N° 2997)
Appartenant à M. Robaut

131 — ETUDE DE FEUILLE
Dessin à la plume (Œ. N° 271)
Appartenant à M. Robaut

132 — FORÊT DE COMPIEGNE
Dessin plume et crayon (Œ. N° 2719)
Appartenant à M. Robaut

133 — UN BRETON
Dessin plume et lavis (Œ. N° 2813)
Appartenant à M. Robaut

134 — PAYSAGE COMPOSE
Fusain (Œ. N° 2894)
Appartenant à M. Robaut

135 — JEUNE FILLE, COSTUME FANTAISIE
Dessin mine de plomb (Œ. N° 2652)
Appartenant à M. Robaut

136 — PAYSAGE COMPOSÉ
Fusain rehaussé (Œ. N° 2988)
Appartenant à M. Tesse

Tableaux non catalogués

FORÊT DE FONTAINEBLEAU (SALON DE 1846) (Œ. N° 502)
Appartenant à M. Robaut

VILLAGE EN PLAINE, AU CRÉPUSCULE
(Œ. N° 2399)
Appartenant à M. Julius Kann

LE MOULIN SOMBRE A GISORS
(Œ. N° 2158)
Appartenant à M. Julius Kann

EXPOSITION DE L'UNION CENTRALE DES ARTS DÉCORATIFS (1882)

DEUX ÉCRANS A MAIN PEINTS PAR COROT

(Œ Nos 1799 et 1800)

Appartenant à Mme la Comtesse de [illegible]

Ire EXPOSITION DE CENT CHEFS-D'ŒUVRE DES COLLECTIONS PARISIENNES

(Galerie Georges Petit, Juin et Juillet 1883)

Extrait du Catalogue

(avec références à notre catalogue de l'Œuvre de Corot)

1 — NYMPHES ET FAUNES
(Œ No 2002)
Appartenant à M. Detoer

2 — LES SAULES
(Œ No 961)
Appartenant à M. Defoer

3 — LE PONT DE MANTES
(Œ No 1516)
Appartenant à M. Defoer

4 — LA FEMME AU TIGRE
(Œ No 1276)
Appartenant à M. Clapisson

5 — LA SAULAIE
(Œ No 963)
Appartenant à M. de St-Albin

6 — LE RUISSEAU
(Œ No 1443)
Appartenant à M. de St-Albin

7 — LE LAC DE GARDE
(Œ No 1667)
Appartenant à M. Albert Wolff

8 — LE MATIN *(Œ No 1669)*
Appartenant à M. Lutz

9 — BIBLIS *(Œ No 2197)*

10 — PÊCHEUR, LE MATIN
(Œ No 1125)
Appartenant à M. Roulillon

11 — L'ÉTANG DE VILLE-D'AVRAY
(Œ No 1471)
Appartenant à M. Georges Dutfoy

12 — LA ROCHELLE *(Œ No 670)*
Appartenant à M. Ernest May

13 — LA FEMME DU PÊCHEUR
(Œ No 773)
Appartenant à M. Ernest May

La liste ci-dessus est extraite du petit catalogue publié au cours de l'exposition. L'ouvrage relatif à cette exposition, paru plus tard et contenant, avec un texte d'Albert Wolff, des eaux-fortes d'après les tableaux exposés, énumère les œuvres dans un ordre différent et en comprend une de moins : *Biblis* (no 9).

EXPOSITION DE DESSINS DE L'ECOLE MODERNE A L'ÉCOLE DES BEAUX-ARTS

(Février 1884)

Extrait du Catalogue

(avec références à notre catalogue de l'Œuvre de Corot)

96 — CASTEL SAINT-ELIA PRÈS ROME
Plume 0,27×0,40 (*Œ N° 2581*)
Appartenant à M. Rouart

97 — ETUDE EN ITALIE.
Plume 0,31×0,30 (*Œ N° 2584*)
Appartenant à M. Rouart

98 — UN BRETON
Plume et lavis 0,30×0,26 (*Œ N° 2813*)
Appartenant à M. Alfred Robaut

99 — ETUDE D'ARBRES
Plume 0,22×0,29 (*Œ N° 2511*)
Appartenant à M. Alfred Robaut

100 — PORTRAIT DE JEUNE FILLE
Mine de plomb 0,19×0,14 (*Œ N° 2652*)
Appartenant à M. Alfred Robaut

101 — MORNEX.
Mine de plomb et plume 0,23×0,30
(*Œ N° 2737*)
Appartenant à M. Alfred Robaut

102 — CIVITA-CASTELLANA
Plume 0,30×0,42 (*Œ N° 2623*)
Appartenant à M. Alfred Robaut

103 — LE SOIR (COMPOSITION)
Fusain 0,42×0,27 (*Œ N° 2941*)
Appartenant à M. Boussaton

104 — PAYSAGE (COMPOSITION)
Fusain 0,27 1/2×0,33 1/2 (*Œ N° 2894*)
Appartenant à M. Alfred Robaut.

EXPOSITION D'UNE COLLECTION PARTICULIÈRE (Mme de C...) AU PROFIT DE LA SOCIÉTÉ PHILANTHROPIQUE

(Galerie Georges Petit, Octobre-Décembre 1884)

Extrait du Catalogue

(avec références à notre catalogue de l'Œuvre de Corot)

1 — SOLITUDE
0,95×1,30 (*Œ N° 1638*)

2 — LE LAC, EFFET DU MATIN
0,41×0,60 (*Œ N° 1476*)

EXPOSITION DE TABLEAUX ET OBJETS D'ART AU PROFIT DE L'ŒUVRE DES ORPHELINS D'ALSACE-LORRAINE

(Salle des Etats du Louvre, Juin 1885)

Extrait du Catalogue

(avec références à notre catalogue de l'Œuvre de Corot)

67 — PAYSAGE, PÊCHEURS AU FILET 0,51×0,61 (*Œ. N° 2234*)
Appartenant à M. Dollfus

68 — VUE DE SUISSE A MORNEX PRÈS GENÈVE 0,40×0,61 (*Œ. N° 508*)
Appartenant à M. Dollfus

69 — SAULE ET PÊCHEUR
0,38×0,46 (*Œ. N° 1126*)
Appartenant à M. Dollfus

70 — PAYSAGE, BARQUE
0,49×0,37 (*Œ. N° 1930*)
Appartenant à M. Dollfus

71 — FEMMES A LA FONTAINE, PAYSAGE 0,15×0,48 (*Œ. N° 476*)
Appartenant à M. Dollfus

72 — LE MONTE PINCIO A ROME, VUE PRISE AUX JARDINS DE L'ACADÉMIE DE FRANCE
0,45×0,74 (*Œ. N° 83*)
Appartenant à M. Dollfus

73 — PAYSAGE, CHAR DE FOIN ATTELÉ DE DEUX CHEVAUX
0,50×0,66 (*Œ. N° 1117*)
Appartenant à M. Dollfus

74 — LA MÉTAIRIE, PAYSAGE
0,35×0,81 (*Œ. N° 1694*)
Appartenant à M. Dollfus

75 — CAMPAGNE DE ROME, PAYSAGE
0,35×0,46 (*Œ. N° 158*)
Appartenant à M. Dollfus

76 — PAYSAGE, SITE DU MIDI
0,65×0,81 (*Œ. N° 2229*)
Appartenant à M. Bel ino

77 — PETITE MARINE, VUE PRISE AU HAVRE 0,25×0,40 (*Œ. N° 238*)
Appartenant à M. Dollfus

78 — PORTRAIT DE FEMME
0,71×0,54 (*Œ. N° 1507*)
Appartenant à M. Dollfus

EXPOSITION D'UNE COLLECTION PARTICULIÈRE (Georges LUTZ)

(Galerie Georges Petit, Novembre 1885.)

Extrait du Catalogue

(avec références à notre catalogue de l'Œuvre de Corot)

15 — LE LAC DE GARDE
(*Œ. N° 1667*)

17 — LE PETIT PONT
(*Œ. N° 1407*)

18 — LA JEUNE FILLE
(*Œ. N° 1553*)

19 — LE MATIN
(*Œ. N° 1669*)

EXPOSITION DE MAITRES DU SIÈCLE

(Rue Bayard 3, Avril-Mai 1886)

Cette exposition comprit 30 œuvres de Corot, dont 27 figurèrent à la vente Saulnier à l'issue de cette exposition

EXPOSITION

DE TABLEAUX MODERNES FRANÇAIS & ETRANGERS

(Galerie Georges Petit, Septembre-Octobre 1887)

Extrait du Catalogue

148 — PATURAGE
152 — FONTAINE EN BRETAGNE
160 — PETIT PÊCHEUR ROUGE
161 — SAULAIE
163 — LA MAISON CABASSUD
164 — LE SENTIER
203 — L'ALLÉE
204 — LE VERGER
237 — LE MOULIN

Les N°s 148 (*Œ. N° 653*), 152 (*Œ. N° 685*), 160 (*Œ. N° 19[illegible]4*), 161 (*Œ. N° 1614*) et 163 (*Œ. N° 917*) ont seuls été exposés, contrairement à la rédaction du catalogue

EXPOSITION DES GRAVURES DU SIÈCLE

(Galerie Georges Petit, Octobre 1887)

137 — SIX EAUX-FORTES DE COROT
Appartenant à M. Giacomelli

EXPOSITION CENTENNALE DE L'ART FRANÇAIS (1889)

Extrait du Catalogue
(avec références à notre catalogue de l'Œuvre de Corot)

PEINTURE

148 — ETUDE DE CHÊNES A FONTAINEBLEAU (1830) *(Œ. N° 278)*
Appartenant à M. Français

149 — LA FEMME A LA PERLE
(Œ. N° 1507)
Appartenant à M. Dollfus

150 — JOUEUSE DE MANDOLINE
(Œ. N° 1060)
Appartenant à M. Bernheim jeune

151 — PAYSAGE : LE BAC
(Œ. N° 1705)
Appartenant à M. Otlet

152 — PAYSAGE ; GARDEUSE DE VACHES *(Œ. N° 1198)*
Appartenant à M. Otlet

153 — RONDE DE NYMPHES
(Œ. N° 2191)
Appartenant à M. Barbedienne

154 — PAYSAGE. — VUE DE MANTES
(Œ. N° 1522)
Appartenant à M. Warnier

155 — VUE DU PORT DE LA ROCHELLE (SALON DE 1852) *(Œ. N° 669)*
Appartenant à M. Alfred Robaut

156 — VUE DU PONT ET DU CHATEAU SAINT-ANGE (ROME) *(Œ. N° 70)*
Appartenant à M. Tillot

157 — INTÉRIEUR DE CUISINE A MANTES. — ETUDE *(Œ. N° 826)*
Appartenant à M. Cheramy

158 — TERRASSE DU PALAIS DORIA A GÊNES. — ETUDE *(Œ. N° 300)*
Appartenant à M. Cheramy

158 *bis* — FEMME A LA SERPE
(Œ. N° 380)
Appartenant à M. Chéramy

159 — JEUNE FILLE EN PROMENADE
(Œ. N° 1553)
Appartenant à M. Lutz

160 — ILE SAN BARTOLOMEO
(Œ. N° 75)
Appartenant à M. H. Rouart

161 — PASTORALE (SALON DE 1873)
(Œ. N° 2107)
Appartenant à M. Forbes-White

162 — CHEMIN AVEC UN CAVALIER
(Œ. N° 2156)
Appartenant à M. Barbedienne

163 — L'ATELIER *(Œ. N° 1558)*
Appartenant à M. Bernheim

164 — LE CHARIOT *(Œ. N° 1101)*
Appartenant à M. Tavernier

165 — CHEMIN MONTANT
(Œ. N° 888)
Appartenant à M. Otlet

166 — GENZANO, PRÈS DU LAC DE NEMI (DATÉ 1843) *(Œ. N° 457 bis)*
Appartenant à M. Cheramy

167 — LE CONCERT (SALON DE 1857)
(Œ. N° 461)
Appartenant à M. Jules Dupré

168 — PAYSAGE AVEC FIGURES
(Œ. N° 2229)
Appartenant à M. Bellino

169 — LA SABLIÈRE (ROUTE DE)
(Œ. N° 261)
Appartenant à M. Jules Ferry

170 — PLAGE D'YPORT
(Œ N° 2052)
Appartenant à M. le comte Doria

171 — VILLE ET LAC DE COME
(Œ N° 308)
Appartenant à M. le comte Doria

172 — EURYDICE BLESSÉE
(Œ N° 1999)
Appartenant à M. le comte Doria

173 — LA FORÊT DE FONTAINEBLEAU (SALON DE 1833) (Œ N° 255)
Appartenant à M. Binant

174 — LE BAIN DE DIANE (SALON DE 1855) (Œ N° 1065)
Appartenant au Musée de Bordeaux

175 — FEMME ASSISE
(Œ N° 2145)
Appartenant à M. Rouart

176 — LE PASSAGE DU GUÉ (SALON DE 1868) (Œ N° 1642)
Appartenant à M. Vever

177 — L'ÉTANG (Œ N° 1718)
Appartenant à M. Van den Eynde

178 — LA TOILETTE (SALON DE 1859)
(Œ N° 1108)
Appartenant à M. V. Desfossés

179 — PAYSAGE (Œ N° 722)
Appartenant à Mme Charras

180 — LE LAC (ITALIE) (Œ N° 2305)
Appartenant à M. Warner

181 — LE LAC DE GARDE (COMPOSITION) (Œ N° 1667)
Appartenant à M. Lutz

182 — PAYSAGE D'ARTOIS
(Œ N° 2011)
Appartenant à M. Tabourier

183 — LE MATIN (SALON DE 1865 — EXPOSITION UNIVERSELLE 1867)
(Œ N° 1639)
Appartenant à M. Crabbe

184 — LE SOIR (Œ N° 1111)
Appartenant à M. Crabbe

185 — DANSE DE NYMPHES (RÉDUCTION VARIANTE DU TABLEAU DU LOUVRE) (Œ N° 1629)
Appartenant à M. Otlet

186 — NYMPHES ET FAUNES (RÉDUCTION D'UN TABLEAU EXPOSÉ EN 1870) (Œ N° 2198)
Appartenant à M. Otlet

187 — LES BAIGNEUSES (Œ N° 2178)
Appartenant à M. Otlet

188 — VUE DU COLISÉE (Œ N° 54)
Appartenant à M. le comte Doria

189 — VUE DE NAPLES (Œ N° 185)
Appartenant à M. H. Rouart

190 — BIBLIS (SALON DE 1875)
(Œ N° 2197)
Appartenant à M. Otlet

191 — FEMME EN ROUGE, JOUANT DE LA GUITARE (Œ N° 1366)
Appartenant à M. V. Desfossés

DESSINS

115 — ÉTUDE D'ARBRES
Fusain (Œ N° 2984)
Appartenant à M. Alfred Robaut

116 — ÉTUDE D'ARBRES
Fusain (Œ N° 2914)
Appartenant à M. Alfred Robaut

117 — ÉTUDE D'ARBRES
Fusain (Œ N° 2894)
Appartenant à M. Alfred Robaut

118 — PORTRAIT DE JEUNE FILLE
Dessin (Œ N° 2652)
Appartenant à M. Alfred Robaut

119 — ÉTUDE DE FEUILLAGE
Dessin (Œ N° 2511)
Appartenant à M. Alfred Robaut

120 — ÉTUDE DE FEMME
Dessin (Œ N° 2721)
Appartenant à M. Alfred Robaut

121 — ÉTUDE D'ARBRES ET DE ROCHERS, CIVITA-CASTELLANA, SEPTEMBRE 1827
Dessin à la plume (Œ N° 2623)
Appartenant à M. Alfred Robaut

122 — FIGURE NUE
Dessin (Œ N° 2867)
Appartenant à M. H. Rouart

GRAVURES & LITHOGRAPHIES

101 — SOUVENIR DE TOSCANE
(Œ Nº 3123)
BATEAU SOUS LES SAULES
(Œ Nº 3124)
ÉTANG DE VILLE-D'AVRAY
(Œ Nº 3125)
UN LAC DANS LE TYROL
(Œ Nº 3126)
SOUVENIR D'ITALIE (Œ Nº 3127)
ENVIRONS DE ROME (Œ Nº 3128)
PAYSAGE D'ITALIE (Œ Nº 3129)
DANS LES DUNES (Œ Nº 3131)
(Eaux-fortes originales)
Appartenant à M. Alfred Robaut

102 — SOUVENIR DE TOSCANE
(Œ Nº 3123)
(Eau-forte originale pour la Gazette des Beaux-Arts)

103 — SIX AUTOGRAPHIES (Œ Nºs 3141, 3142, 3148, 3150 à 3152)
Appartenant à M. Alfred Robaut

2me EXPOSITION DE CENT CHEFS-D'ŒUVRE DES ÉCOLES FRANÇAISE & ÉTRANGÈRES
(Galerie Georges Petit, Juin 1892)

Extrait du Catalogue

(avec références à notre catalogue de l'Œuvre de Corot)

51 — VACHES DANS UN ÉTANG
(Œ Nº 1621)
Appartenant à M. Brun

52 — LE PASSEUR (Œ Nº 2105)
Appartenant à M. Ed. Martell

53 — DANSE DE NYMPHES
(Œ Nº 1628)
Appartenant à M. Mathieu

54 — LE LAC (Œ Nº 1363)
Appartenant à M. Gillou

55 — L'ÉCLUSE (Œ Nº 1331)
Appartenant à M. Boucheron

56 — LA CHARRETTE (Œ Nº 2008)
Appartenant à M. Warnier

57 — LE COUP DE VENT (Œ Nº 1906)
Appartenant à M. Warnier

58 — LE SENTIER (Œ Nº 1963)
Appartenant à M. Soubies

59 — LE LAC (Œ Nº 1664)
Appartenant à M. Frédéric Beer

60 — L'ÉTANG DE VILLE-D'AVRAY
(Œ Nº 1470)
Appartenant à M. Lagarde

61 — LA FEMME À LA CHÈVRE
(Œ Nº 1684)
Appartenant à M. Georges Rodrigues

62 — UN PÊCHEUR (Œ Nº 1947)
Appartenant à M. H. Vever

63 — SOUS BOIS
Appartenant à M. Goldschmidt
Ce tableau, bien que catalogué, n'a pas figuré à l'exposition.

64 — VACHES AU PÂTURAGE, VILLE-D'AVRAY (Œ Nº 915)
Appartenant à M. P. David

65 — CHÂTEAU-THIERRY (Œ Nº 1287)
Appartenant à M. Michel-Lévy

66 — LA CHEVRIÈRE (Œ Nº 1883)
Appartenant à M. Humphrey Roberts

Trois tableaux non catalogués ont figuré également à cette exposition :

FORÊT DE FONTAINEBLEAU (Œ Nº 257)
VELLÉDA (Œ Nº 1506)
LA LISEUSE (Œ Nº 1375)

Dix de ces œuvres ont été reproduites dans l'ouvrage publié ultérieurement sur cette exposition. Ce livre contient également la reproduction d'un tableau qui n'a pas figuré à l'exposition :

VUE DU PONT DE MANTES (Œ Nº 1517)

EXPOSITION D'ŒUVRES DE COROT
A L'OCCASION DE SON CENTENAIRE
(Palais Galliéra, Mai-Juin 1895)

Reproduction intégrale du Catalogue (1)
(avec références à notre catalogue de l'Œuvre de Corot)

MUSÉE DE DOUAI

1 — PAYSAGE SITE D'ITALIE (1848) (*Œ. N° 609*)

MUSÉE DE DUNKERQUE

2 — PAYSAGE (*Œ. N° 1927*)

MUSÉE DE LANGRES

3 — JÉSUS-CHRIST AU JARDIN DES OLIVIERS (SALON DE 1849) (*Œ. N° 610*)

MUSÉE DE LA ROCHELLE

4 — ENVIRONS DE GENÈVE (LEGS ADMYRAULT) (*Œ. N° 717*)

5 — PAYSAGE (LE PREMIER PAS) (*Œ. N° 1356*)

MUSÉE DU MANS

6 — VUE PRISE A VILLE-D'AVRAY (1867) (*Œ. N° 1920*)

MUSÉE DE MARSEILLE

7 — VUE DE RIVA (TYROL ITALIEN) (*Œ. N° 359*)

MUSÉE DE NANTES

8 — SOLEIL COUCHANT APRÈS LA PLUIE (*Œ. N° 1801*)

9 — DÉMOCRITE ET LES ABDÉRITAINS (SALON DE 1841) (*Œ. N° 376*)

MUSÉE DE REIMS

10 — AUTOUR DU LAC (*Œ. N° 1680*)

11 — LE LAC D'ALBANO (*Œ. N° 1679*)

MUSÉE DE ROUEN

12 — LES ÉTANGS DE VILLE-D'AVRAY (*Œ. N° 1641*)

13 — VUE DE VILLE-D'AVRAY (*Œ. N° 2062*)

MUSÉE DE SAINT-LÔ

14 — HOMÈRE ET LES BERGERS (SALON DE 1845) (*Œ. N° 464*)

COLLECTION DE MM. BAYER, PARIS

15 — EFFET DU SOIR DANS LA CAMPAGNE ROMAINE (*Œ. N° 2289*)

16 — L'ÉTANG (*Œ. N° 2235*)

COLLECTION DE M. BELLINO, PARIS

17 — LES CARRIÈRES (*Œ. N° 947*)

COLLECTION DE M. BINANT, PARIS

18 — VUE PRISE DANS LA FORÊT DE FONTAINEBLEAU (*Œ. N° 255*)

COLLECTION DE M. JACQUES BLANCHE, PARIS

19 — VUE DE L'HOPITAL DE BEAUVAIS (1833) (2) (*Œ. N° 245*)

COLLECTION DE M. P. DE BORDTRIEUX, PARIS

20 — CHAUMIÈRE AU BORD DE LA MER (*Œ. N° 1823*)

COLLECTION DE MM. BOUSSOD ET VALADON, PARIS

21 — LES CONTREBANDIERS (*Œ. N° 2307*)

22 — COUR DE FERME (*Œ. N° 1402*)

---

(1) Ce catalogue porte comme titre *Exposition organisée au profit du monument du centenaire de Corot*. Le monument en question n'a pas été érigé.

(2) Titre erroné.

COLLECTION DE M BRUNEAU

23 — MAISON DE COROT A VILLE-D'AVRAY (Œ Nº 1505)

COLLECTION DE Mme Ve CARDON, BRUXELLES

24 — FORÊT DE SAINT-GERMAIN (1) (Œ Nº 2046)

COLLECTION DE M P CHAVANE, DIJON

25 — BEAUNE-LA-ROLANDE (Œ Nº 757)

26 — MATIN
(*Voir, page 293, le croquis de M Robaut*)

COLLECTION DE M CHERAMY, PARIS

27 — LE CHEVALIER (Œ Nº 1310)

28 — LA " PETITE PIE " (PORTRAIT DE Mlle W) (Œ Nº 1389)

29 — GENES (Œ Nº 300)

30 — VENISE (Œ Nº 318)

31 — GENZANO (Œ Nº 437 bis)

32 — MENDIANTS (Œ Nº 1040)

33 — SAINT-SEBASTIEN (Œ Nº 1055)

COLLECTION GUSTAVE CLAUDON, PARIS

34 — NYMPHES AU BAIN (Œ Nº 1113)

35 — SITE DE NORMANDIE
(*Voir, page 293 le croquis de M Robaut*)

36 — GELÉE BLANCHE A AUVERS
(*Voir, page 293, le croquis de M Robaut*)

37 — FERME AU BORD D'UN ETANG
(*Voir, page 294 le croquis de M Robaut*)

38 — SAULES PRES D'UN RUISSEAU
(*Voir, page 294, le croquis de M Robaut*)

39 — CANAL EN HOLLANDE
(*Voir page 293, le croquis de M Robaut*)

40 — PÊCHEUR AU SOLEIL COUCHANT (*Non identifié*)

COLLECTION DE M ARCHIBALD COATS, ESQ
WOODSIDE-PAISLEY (ÉCOSSE)

41 — LE SOIR (*Non identifié*)

42 — UNE DANSE DE NYMPHES (Œ Nº 2200)

43 — LE SOIR, RONDE DE NYMPHES (Œ Nº 2191)

44 — IDYLLE, RONDE D'ENFANTS (Œ Nº 1062)

COLLECTION DE M W A COATS,
SKELMORLIE (ECOSSE)

45 — LE LAC
(*Voir, page 293 le croquis de M Robaut*)

COLLECTION DE M JULES COMTE, PARIS

46 — LA MOUSSIERE (EFFET DU MATIN) (Œ Nº 1229)

COLLECTION DE M FERNAND COROT, PARIS

47 — LA FEMME A LA FLEUR (Œ Nº 1421)

48 — FERME A BRUNOY (Œ Nº 2111)

49 — ALLEE A BRUNOY (Œ Nº 2112)

50 — PAYSAGE (Œ Nº 837)

51 — COPIE, D'APRES COROT, DE SON PORTRAIT OFFERT PAR LUI AU MUSEE DES OFFICES DE FLORENCE

En vitrine Epreuve de la medaille offerte a Corot le 29 decembre 1874
Huit carnets de notes de Corot

COLLECTION DE M EUG CUVELIER,
THOMERY (S -ET-M)

52 — PAYSAGE AVEC BAIGNEUSES (Œ Nº 1181)

53 — MADELEINE (Œ Nº 1036)

COLLECTION DE M PAUL DAVID, REIMS

54 CHEMIN BORDE DE SAULES (Œ Nº 1116)

55 — ROUTE SOUS BOIS
(*Voir, page 294, le croquis de M Robaut*)

56 — PRAIRIE A VILLE-D'AVRAY (Œ Nº 913)

COLLECTION DE M ÉMILE DEKENS, BRUXELLES

57 — FEMME AU TIGRE (Œ Nº 1276)

58 — FEMME A L'AMOUR (Œ Nº 1998)

59 — PORTRAIT DE JEUNE FILLE (Œ Nº 2135)

---

(1) Titre erroné

COLLECTION DE M. DELON, PARIS

60 — LE MATIN (Œ. N° 1729)

COLLECTION DE M. VICTOR DESFOSSÉS, PARIS

61 — LA TOILETTE (1864) (1) (Œ. N° 1108)

62 — SAINT-SÉBASTIEN (Œ. N° 2316)

63 — LE PÊCHEUR (Œ. N° 1572)

64 — L'ATELIER DE COROT (Œ. N° 1559)

65 — LA CIGALE (Œ. N° 1566)

COLLECTION DE M. DEUTSCH, PARIS

66 — VUE DE ROUEN (Œ. N° 2032)

67 — PETITES PAYSANNES (Œ. N° 1022)

68 — UNE ALLÉE (*Non identifiée*)

COLLECTION DE M. DONATIS, PARIS

69 — LE SOIR (Œ. N° 1806)

70 — LA BRUME DU MATIN (Œ. N° 1207)

71 — HAMEAU DANS LE VOISINAGE DE LA MER (Œ. N° 1128)

72 — ALLÉE OMBREUSE, A VILLE-D'AVRAY (Œ. N° 1982)

73 — CHEMIN MONTANT (*Non identifié*)

74 — CHAMP DE BLÉ (*Voir, page 294, le croquis de M. Robaut*)

75 — UN ARBRE AU BORD DE L'EAU (*Non identifié*)

76 — PAYSAGE PRINTANIER (*Voir, page 294, le croquis de M. Robaut*)

77 — PAYSAGE OMBREUX (*Voir, page 293, le croquis de M. Robaut*)

COLLECTION DU MARQUIS FRESSINET DE BELLANGER, PARIS

78 — LE LAC (Œ. N° 1621)

79 — NYMPHES CHEVAUCHANT SUR DES PANTHÈRES (Œ. N° 2201)

*80 — FEMME EN FORÊT RAMASSANT DU BOIS (Œ. N° 2170)

COLLECTION DE M. F. GOUJON, SÉNATEUR, PARIS

81 — L'ÉCLUSE (Œ. N° 1984)

82 — LE GENDARME (Œ. N° 2019)

83 — LE MOULIN (*Voir, page 294, le croquis de M. Robaut*)

COLLECTION DE M. LE Dr GRATIOT, PARIS

84 — PAYSAGE (*Non identifié*)

85 — COUBRON (*Voir, page 293, le croquis de M. Robaut*)

COLLECTION DE Mme Vve ALFRED GRUNEBAUM, PARIS

86 — LES SAULES (*Voir, page 294, le croquis de M. Robaut*)

87 — FIGURE DEBOUT (Œ. N° 1592)

88 — EFFET DE LUNE (*Voir, page 294, le croquis de M. Robaut*)

COLLECTION DE M. GUESNON, PARIS

89 — PENSEROSA, JEUNE FILLE A LA FONTAINE (Œ. N° 1341)

COLLECTION DE M. G. HOCHE, PARIS

90 — SOUVENIR DE LA VILLA BORGHESE (Œ. N° 1102)

COLLECTION DE M. A. KAPFERER, PARIS

91 — LA LISEUSE (Œ. N° 1578)

COLLECTION DE M. LAGARDE, PARIS

92 — ÉTANG DE VILLE-D'AVRAY (Œ. N° 1470)

COLLECTION DE M. LECLERCQ, PARIS

93 — PAYSAGE COMPOSÉ ET BAIGNEUSES (ÉTUDE POUR UN TABLEAU VENTE DE L'ATELIER COROT) (*Non identifié*)

COLLECTION G. LEMAISTRE, PARIS

94 — PORTRAIT DE COROT PAR LUI-MÊME (Œ. N° 41)

(1) Cette date est erronée, le tableau a figuré au Salon de 1859.

COLLECTION DE M. [illegible] ROY, PARIS

95 — LE RUISSEAU (Œ. N° 2161)

96 — L'ÉTANG (NON SIGNÉ, OFFERT PAR COROT À SON AMI TH. SCRIBE) (Œ. N° 1909)

COLLECTION DE M. GEORGES LUTZ, PARIS

97 — LE LAC DE GARDE (Œ. N° 1667)

98 — PETIT PONT (Œ. N° 1407)

99 — LE MATIN (Œ. N° 1669)

100 — MONTMARTRE (Non identifié)

101 — SAULAIE, ENVIRONS D'ARRAS (Œ. N° 2040)

102 — FLESSINGUE (1) (Œ. N° 1295)

103 — LE LABOUREUR (Œ. N° 1529)

104 — LA BAIGNADE (Œ. N° 1821)

COLLECTION DE M. EUG. LYON DE THUIN, BRUXELLES

105 — PAYSAGE, PAYSAN À CHEVAL DANS LA CAMPAGNE (Œ. N° 242[illegible])

COLLECTION DE M. LOUIS MANTE, MARSEILLE

106 — LE PONT DE MANTES (Œ. N° 2275)

107 — CAMPAGNE ROMAINE (Œ. N° 1124)

COLLECTION DE M. A. MAXWELL, ESQ., GLASGOW

108 — LE MATIN, PRÈS DE LA MER (Non identifié)

COLLECTION DE M. LÉON MICHEL-LÉVY, PARIS

109 — LA MUSE (Œ. N° 1588)

110 — VILLE-D'AVRAY (Œ. N° 815)

111 — JEUNE FILLE À LA FONTAINE (Œ. N° 1574)

COLLECTION DE M. CH. MEISSONIER, POISSY

112 — VACHES DANS UNE PRAIRIE (Œ. N° 554)

COLLECTION DE M. LÉON DE MOT, BRUXELLES

113 — VUE D'ARLEUX, PRÈS DE DOUAI (Œ. N° 2027 bis)

114 — VUE DE DECHY PRÈS DE DOUAI (Œ. N° 2014 bis)

COLLECTION DE M. NORBERG, PARIS

115 — MATINÉE (Voir page 294 le croquis de M. Robaut)

COLLECTION DE TH. REVILLON, PARIS

116 — LE PONT DE NARNI (SALON DE 1827) (Œ. N° 199)

COLLECTION DE M. CH. ROBERTS, LONDRES

117 — L'OURAGAN (Œ. N° 2332)

COLLECTION DE Mme RODRIGUES-HENRIQUEZ, PARIS

118 — DANTE ET VIRGILE (RÉDUCTION DU GRAND TABLEAU) (Œ. N° 2315)

119 — CAMPAGNE DE ROME (Œ. N° 2207)

120 — FEMME À LA CHÈVRE (Œ. N° 1684)

121 — LE PARC DES LIONS (Œ. N° 2127)

122 — PALETTE DE COROT (Œ. N° 2458)

COLLECTION DE M. SOUBIES, PARIS

123 — LE SENTIER (Œ. N° 1963)

COLLECTION DE M. STUMPF, PARIS

124 — FIN DE JOURNÉE (Voir page 293, le croquis de M. Robaut)

COLLECTION DE M. MARCEL THÉVENIN, PARIS

125 — LA RUE DES SAULES, À MONTMARTRE (Voir page 294 le croquis de M. Robaut)

COLLECTION DE M. VASNIER, REIMS

126 — L'ÉTANG DE VILLE-D'AVRAY (Œ. N° 1497)

127 — VILLENEUVE-LEZ-AVIGNON (Voir page 294 le croquis de M. Robaut)

128 — SOUVENIR D'ITALIE (Œ. N° 2409)

COLLECTION DE M. HENRI VEVER, PARIS

129 — CASCADE DE TERNI (Œ. N° 152)

(1) Titre erroné : c'est *Flesselles* qu'il faut lire.

130. — EURYDICE BLESSÉE. (*Œ. N° 1999.*)
131. — ÉTANG DE VILLE-D'AVRAY. (*Œ. N° 1475.*)
132. — LE CHEMIN MONTANT. (*Œ. N° 888.*)
133. — L'ABREUVOIR. (*Œ. N° 1142.*)
134. — EFFET DU MATIN (FEMME.) (*Œ. N° 1802.*)
135. — ROUTE ENSOLEILLÉE. (*Œ. N° 1393.*)
136. — EFFET DU MATIN (VACHES). (*Œ. N° 1253.*)
137. — EFFET DU SOIR. (*Œ. N° 1759.*)
138. — LA JEUNE MÈRE. (*Œ. N° 1382.*)
139. — NYMPHE AU BORD DE LA MER. (*Œ. N° 1376.*)

COLLECTION DE M. WARNIER, REIMS.

140. — PAYSAGE D'ITALIE. (*Œ. N° 2305.*)
141. — VUE DE MANTES. (*Œ. N° 1522.*)
142. — COUP DE VENT. (*Œ. N° 1906.*)
143. — SAULES ET RIVIÈRE. (*Œ. N° 1988.*)

EXPOSITION D'ŒUVRES DE COROT A L'OCCASION DE SON CENTENAIRE AU PALAIS GALLIÉRA, 1895

(Suite)

Croquis marginaux de M. Alfred Robaut, sur son catalogue.

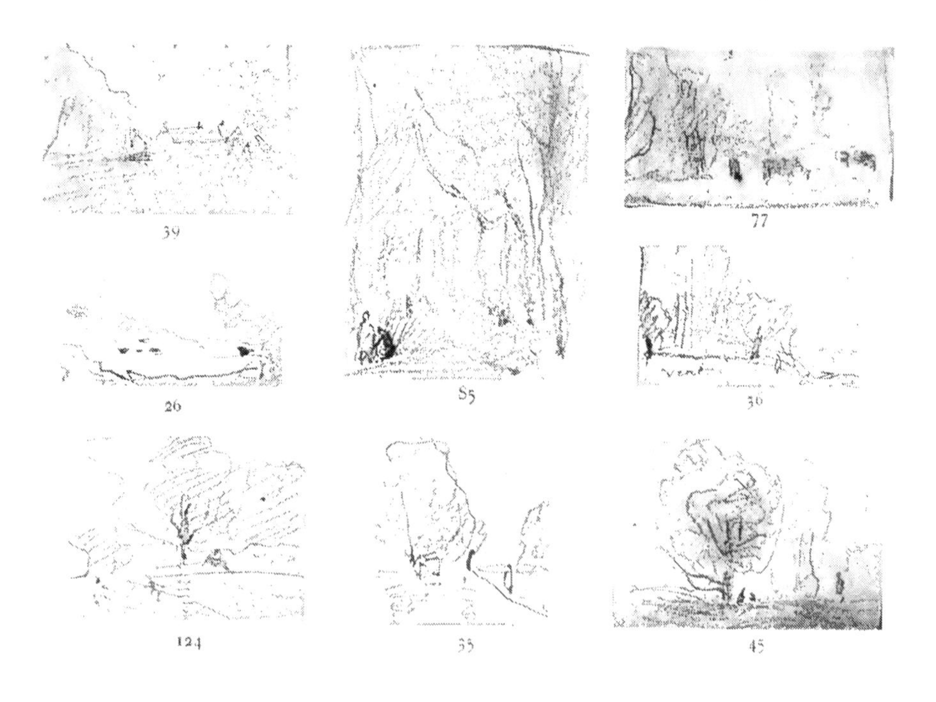

39 — 85 — 77 — 26 — 36 — 124 — 55 — 45

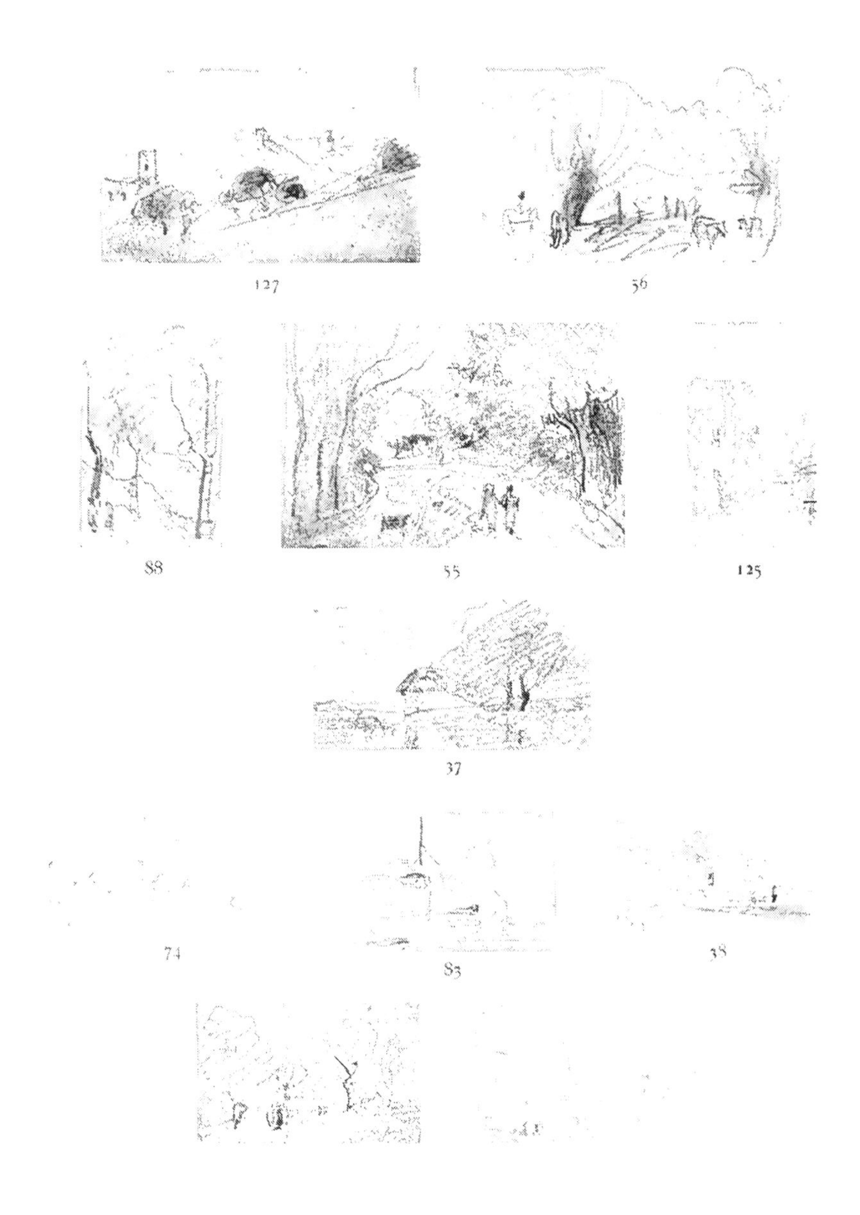

127 56

88 55 125

37

74 83 38

EXPOSITION CENTENNALE DE L'ART FRANÇAIS

(1900)

Extrait du Catalogue

(avec références à notre catalogue de l'Œuvre de Corot)

PEINTURE

115 — VUE DE PIERREFONDS
(*Œ. N° 474*)
Appartenant au Musée de Quimper

116 — HOMÈRE ET LES BERGERS
(*Œ. N° 464*)
Appartenant au Musée de Saint-Lô

117 — LE VERGER (*Œ. N° 441*)
Appartenant au Musée de Semur

118 — L'ATELIER (*Œ. N° 1560*)
Appartenant à Mme Esnault-Pelterie

119 — FEMME ORIENTALE (*Œ. N° 1573*)
Appartenant à M. Bessonneau

120 — CRÉPUSCULE AU BORD DE L'EAU
(*Œ. N° 1124*)
Appartenant à M. L. Maire

121 — PORTRAIT DE FEMME (*Œ. N° 1563*)
Appartenant à M. Boy

122 — VUE PRISE A VOLTERRA
(*Œ. N° 303*)
Appartenant à M. Moreau-Nélaton

123 — UN MOINE (*Œ. N° 375*)
Appartenant à M. Moreau-Nélaton

124 — LA CATHÉDRALE DE CHARTRES
(*Œ. N° 221*)
Appartenant à M. Moreau-Nélaton

125 — FIGURE DE JEUNE MODÈLE (1)
Appartenant à M. Henri Rouart

126 — TIVOLI VU DE LA VILLA D'ESTE
(*Œ. N° 457*)
Appartenant à M. Henri Rouart

127 — FONTAINE DE LA VILLA MÉDICIS
(*Œ. N° 79 bis*)
Appartenant à M. Henri Rouart

128 — FEMME EN BLEU (*Œ. N° 2180*)
Appartenant à M. Henri Rouart

129 — AGAR DANS LE DÉSERT, GRAND PAYSAGE (*Œ. N° 362*)
Appartenant à M. Gallimard

130 — GRAND PAYSAGE D'ITALIE, PAYSANNE REVENANT DE LA VILLE
(*Œ. N° 1693*)
Appartenant à M. Gallimard

131 — FEMME NUE ÉTENDUE DANS UN PAYSAGE (*Œ. N° 379*)
Appartenant à M. Gallimard

132 — PORT DE DUNKERQUE
(*Œ. N° 2119*)
Appartenant à M. Ernest May

133 — ENVIRONS DE MANTES
(*Œ. N° 1523*)
Appartenant à M. Albert Cahen

134 — LE MANOIR DE BEAUNE-LA-ROLANDE (*Œ. N° 779*)
Appartenant à M. Sarlin

135 — VUE DE VENISE (*Œ. N° 313*)
Appartenant à M. Sarlin

136 — PAYSAGE D'ARTOIS (2)
(*Œ. N° 1021 bis*)
Appartenant à M. Revillon

137 — LE CHEVRIER (*Œ. N° 2202*)
Appartenant à M. Revillon

---

(1) Des doutes ont été émis sur l'authenticité de cette œuvre à l'occasion de cette exposition.
(2) Titre erroné : lire *La Ferté-Milon*.

138 — JARDINS DE L'ACADÉMIE DE FRANCE A ROME (Œ N° 83)
Appartenant à M Dollfus

DESSINS

827 — JEUNE FILLE COIFFÉE D'UN BÉRET Mine de plomb (Œ N° 2679)
Appartenant au Musée de Lille

828 — SOLITUDE Fusain (Œ N° 2893)
Appartenant au Musée de Lille

829 — PAYSAGE Fusain (Œ N° 2935)
Appartenant au Musée de Lille

830 — LE LONG DE LA VILLA MÉDICIS, OCTOBRE 1827 Plume (Œ N° 2583)
Appartenant à M H Rouart

831 — FIGURE NUE Mine de plomb (Œ N° 2867)
Appartenant à M H Rouart

832 — CASTEL SAINT-ELIA 1827 Plume (Œ N° 2581)
Appartenant à M H Rouart

833 — PAYSAGE (Œ N° 2843)
Appartenant à M Georges Viau

834 — PAYSAGE Fusain (Œ N° 2985)
Appartenant à M Beurdeley

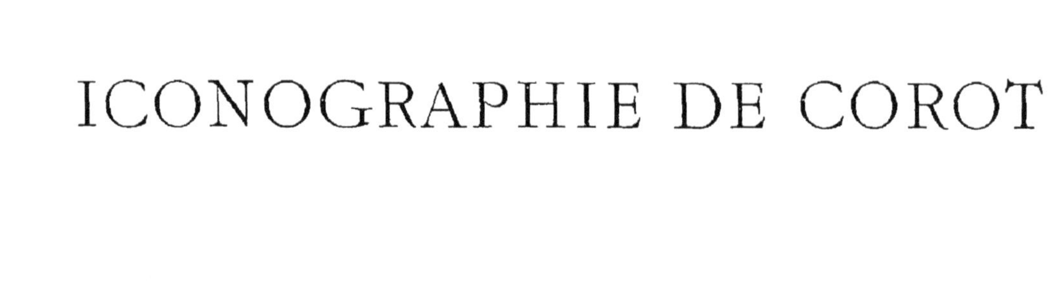

ICONOGRAPHIE DE COROT

ICONOGRAPHIE DE COROT

I

1825 — PEINTURE PAR COROT D'APRÈS LUI-MÊME

0,32×0,23

Collection Moreau-Nélaton

Voir Œuvre, N° 41

II

1827 — AQUARELLE CHARGE PAR JULES BOILLY

C'est le croquis d'une charge que l'artiste avait peinte sur le mur de l'hôtel de la Sibylle, à Tivoli

Reproduit tome I, page 40

III

Vers 1830 — CROQUIS A LA MINE DE PLOMB PAR COROT D'APRÈS LUI-MÊME

Il est assis auprès d'une jeune fille qui joue du piano. Il est coiffé d'un béret et regarde de face

Ce croquis fait partie d'un carnet (*N° [illegible]122*) offert par Corot à l'architecte Quantinet (Collection Rouart)

Reproduit ci-contre

IV

1830 — CROQUIS A LA MINE DE PLOMB PAR JULES BOILLY (tiré d'un album)

On lit en bas « Corot à Fontainebleau, 1830 »

Calque par M. Alfred Robaut

Reproduit ci-contre d'après ce calque

V

Vers 1830-40 — CROQUIS A LA MINE DE PLOMB PAR ALEX. COLIN

Corot est en train de faire la sieste en plein air

Vente Colin, février 18[illegible]6

Calque par M. Alfred Robaut

Non reproduit

VI

Vers 1835 — PEINTURE PAR COROT D'APRÈS LUI-MÊME

0,32 1/2×0,25

Musée des Offices, Florence

Voir Œuvre, N° 370

VII

Vers 1840 — GRAVURE SUR BOIS D'APRÈS UN CROQUIS PAR FRANÇAIS FAIT A BOUGIVAL VERS 1840

Corot est de face, nu-tête, le col entouré d'une large cravate

Cette gravure a paru dans les « Beaux-Arts » (Curmer, éditeur)

Non reproduit

VIII

Vers 1840-45 — CROQUIS A LA MINE DE PLOMB PAR COROT D'APRÈS LUI-MÊME

0,073×0[illegible]052

Il est vu de face. C'est une indication sommaire prise sur un feuillet d'album

Calque par M. Alfred Robaut

Non reproduit

IX

1841 — MÉDAILLON PAR ANTOINE ETEX

Diamètre 0,26. Signé et daté

Reproduit sur le titre du tome II

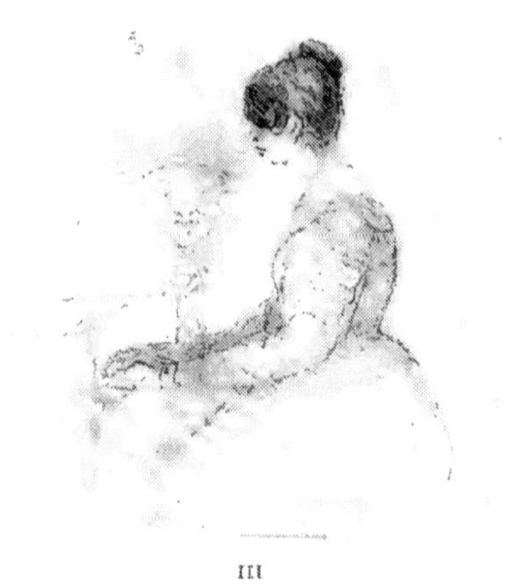

III

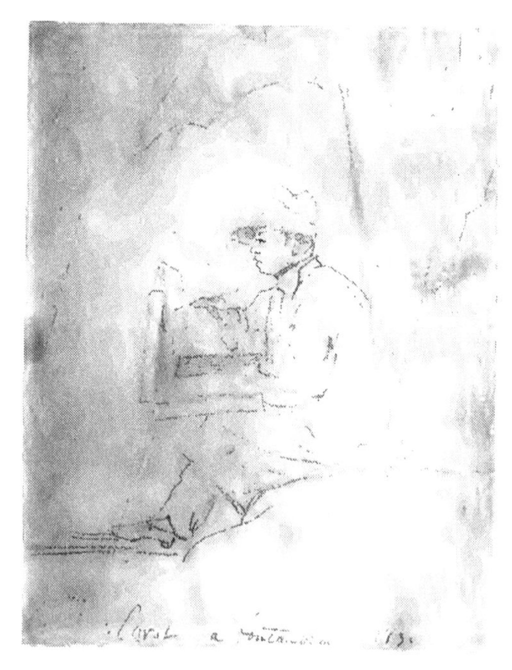

IV

IX *bis*

1827 — DESSIN PAR BARBOT, A CIVITA CASTELLANA

Corot, vu de dos, dessiné d'après nature à côte d'un de ses compagnons, Fleury ou Wahast

Ce croquis appartient à M G Le Chatellier, petit-fils de Barbot Il a été photographié par lui

Reproduit ci-contre d'après son cliché

X

Vers 1840-50 — DESSIN PAR JULES ETEX

Corot est à son chevalet, dans son atelier, avec, à côte de lui, l'auteur du dessin, son ami Jules Etex

Appartient à M Albert Dubuisson

Reproduit ci-contre

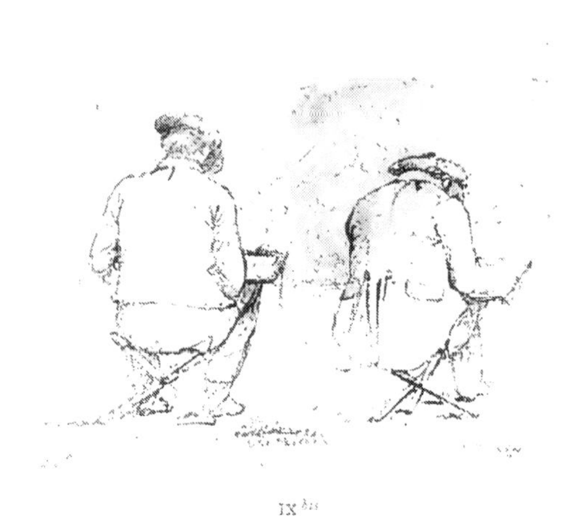

IX bis

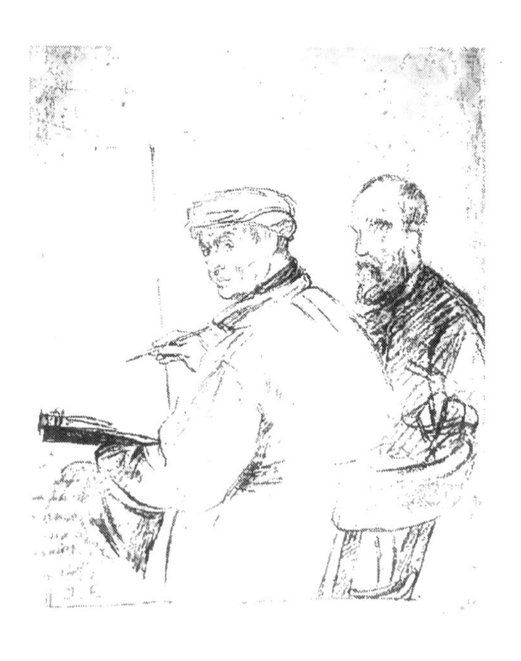

X *bis*

Vers 1852. — PHOTOGRAPHIE FAITE A ARRAS, PAR A. CUVELIER.

Reproduit tome I, page 135.

XI

Vers 1852. — PHOTOGRAPHIE FAITE A ARRAS, PAR GRANDGUILLAUME.

Reproduit tome I, page 126.

XII

Vers 1852. — PHOTOGRAPHIE FAITE A ARRAS, DANS L'ATELIER DE DUTILLEUX, PAR CUVELIER OU GRANDGUILLAUME.

Reproduit ci-contre.

XIII

1852. — PHOTOGRAPHIE FAITE A ARRAS, PAR GRANDGUILLAUME.

Cliché signé : G. 1852.
Reproduit ci-contre.

XIV

1852. — PHOTOGRAPHIE FAITE A ARRAS, PAR GRANDGUILLAUME.

Cliché signé : L. G. 1852.
Reproduit tome I, page 150.

XV

1852. — PHOTOGRAPHIE FAITE A ARRAS, PAR A. CUVELIER.

0.16 1/2×0.20.

Cliché signé : A. C., 1852.
Reproduit ci-contre.

XVI

26 Avril 1852. — DESSIN A LA MINE DE PLOMB, PAR M. ALFRED ROBAUT.

Corot est en train de peindre, en compagnie de Dutilleux, sur les remparts d'Arras.

Reproduit tome I, page 136.

XVII

1852. — CROQUIS ANONYME A LA MINE DE PLOMB, DESSINÉ SUR UN DES ALBUMS DE COROT.

Corot est assis, travaillant d'après nature, à Arras, un chien auprès de lui.

Calque par M. Alfred Robaut.
Non reproduit.

XVIII

1852. — PHOTOGRAPHIE FAITE A ARRAS, PAR A. CUVELIER.

Cliché in-4°, signé : A. C., 1852.
Reproduit ci-contre.

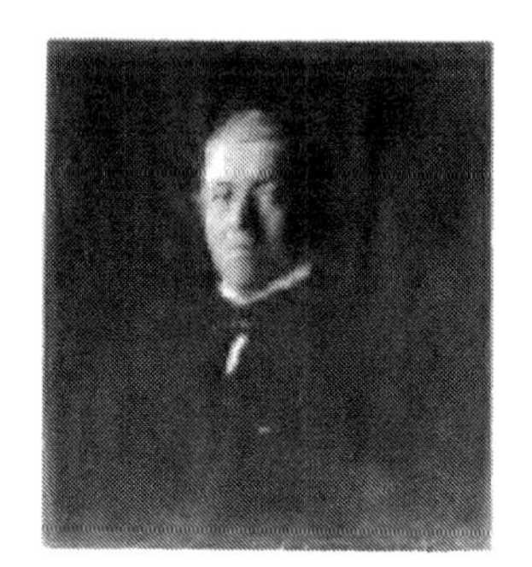

XII

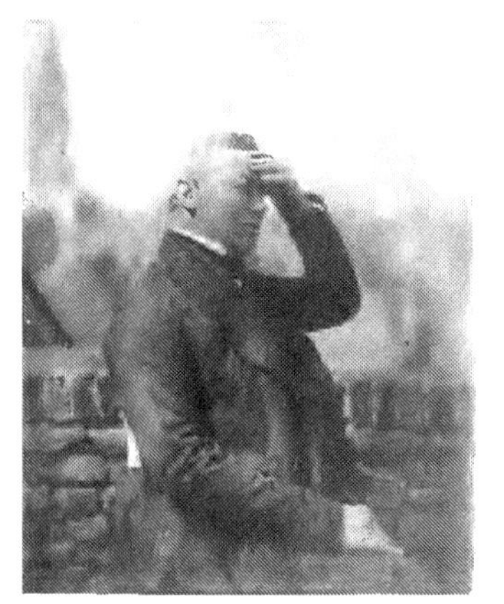

XVIII

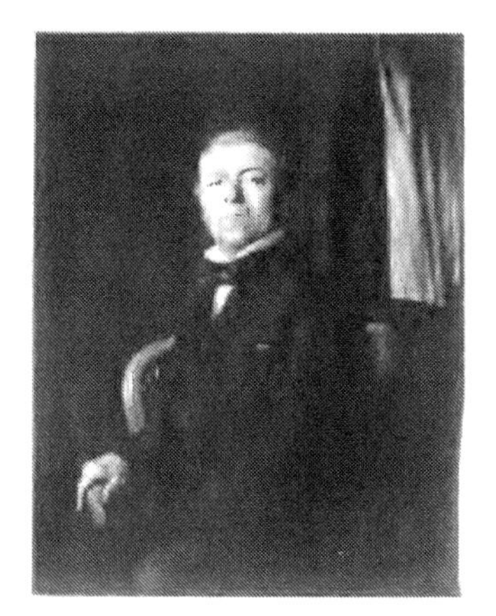

XV

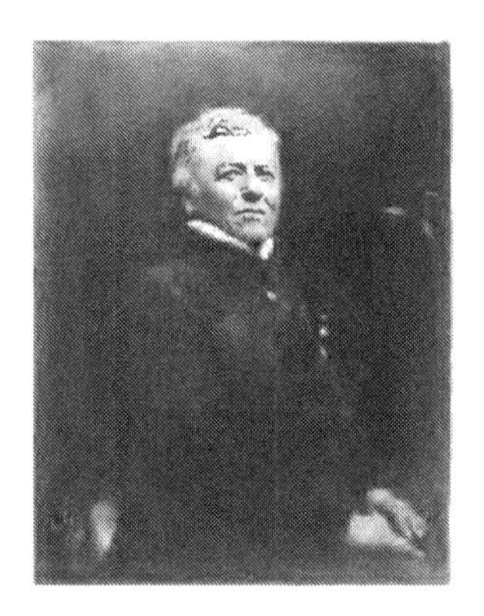

XVIII *bis*

1852. — CARICATURE PAR NADAR (Journal pour rire, 8 mai 1852).

Corot est représenté à côté de son élève Lavieille, en train de peindre à l'abri de son parasol de campagne. Le maître est coiffé d'un chapeau haut-de-forme et habillé d'une redingote. Il donne un conseil à son disciple.

On lit sous le dessin : « Corot un des noms les plus justement vénérés de l'école moderne. Quand même l'admiration que nous professons pour ce talent si élevé ne nous interdirait pas ici toute tentative de plaisanterie, nous serions encore rappelé au respect par la dignité de ce caractère et l'estime fervente qu'il inspire à toute la jeune génération. »

Reproduit ci-dessous.

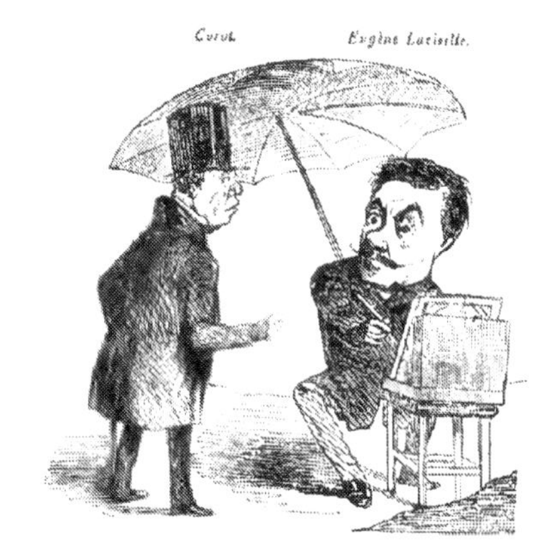

XIX

1853. — PHOTOGRAPHIE PAR VICTOR LAISNÉ.

0,20×0,16

Publié dans l'« Histoire des Artistes vivants », de Théophile Silvestre.

Reproduit ci-contre.

XX

1853. — GRAVURE SUR BOIS D'APRÈS LA PHOTOGRAPHIE DE LAISNÉ.

0,15×0,12 1/2

Publié dans une autre édition des « Artistes vivants » de Théophile Silvestre. En bas de la gravure, on lit : « Arm. Guilleminot del, Trichon sc. »

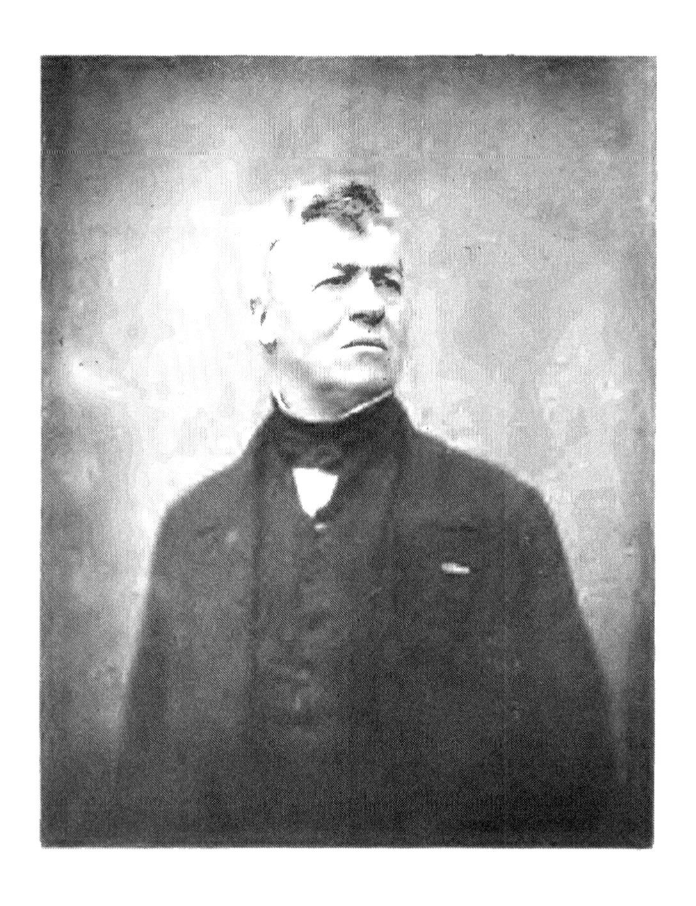

XXI

Vers 1853 — PHOTOGRAPHIE FAITE A ARRAS, DANS L'ATELIER DE DUTILLEUX, PAR A CUVELIER

Reproduit ci-contre

XXII

Vers 1853 — PHOTOGRAPHIE PAR GRANDGUILLAUME

0,16×0 12 1/2

Non reproduit

XXIII

Vers 1853 — PHOTOGRAPHIE PAR GRANDGUILLAUME

0 15×0,11 1/2

Reproduit ci-contre

XXIV

1853 — PHOTOGRAPHIE PAR GRANDGUILLAUME

0,15 1/2×0,11 1/2

Reproduit tome I, page 1,5

XXV

1853 — PHOTOGRAPHIE PAR GRANDGUILLAUME

0 17×0 13 1/2

Reproduit ci-contr

XXVI

1853 — MEDAILLON PAR EMILE DUHOUSSET

0 40×0 3, ovale

Non reproduit

XXVII

10 mai 1854 — CROQUIS A LA MINE DE PLOMB, PAR E BRANDON

Corot est en train de travailler d'après nature, a Ville-d'Avray Debout en face de son chevalet, il est vêtu d'une blouse et coiffé d'une casquette

Don de Brandon à M Poirier Appartient à M Personnaz

Photographie par M Personnaz

Non reproduit

XXVIII

26 mai 1854 — CROQUIS A LA MINE DE PLOMB PAR EUGENE DUCASSE

Corot est en train de travailler d'après nature Comme dans le croquis de Brandon il a sur la tête une casquette et sur le dos une blouse, il peint debout

Calque par M Alfred Robaut

Non reproduit

XXIX

Vers 1855 — AQUARELLE PAR JULES EIEX

0 33×0 24

Corot, en costume de nuit, regarde la lune C'était à Mantes chez son ami Robert A propos de ce dessin humoristique, il fit, dit-on, ce jeu de mots approprié au caractère de l'œuvre « Quand l'un se lève, l'autre se couche »

Reproduit tome I, page 149

XXX

Vers 1855 — DESSIN PAR J BONAVENTURE LAURENS

0 27×0,21 1/2

Corot est coiffé d'un bonnet de coton rayé et fume la pipe

A la demande de l'auteur, il a apposé sa signature au bas de son dessin

Calque par M Alfred Robaut

Reproduit d'après ce calque tome I, page 1,8

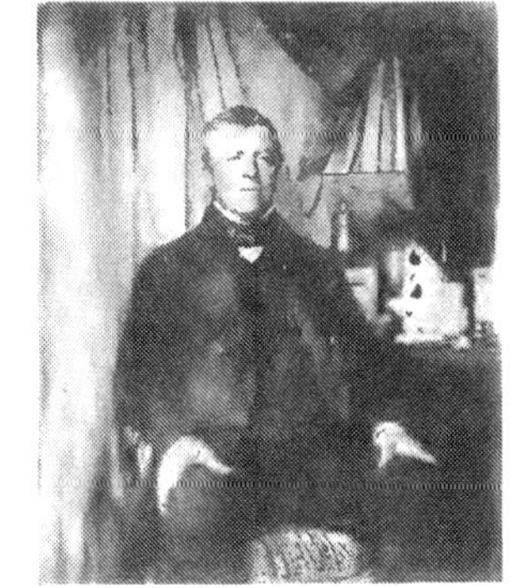

XXI

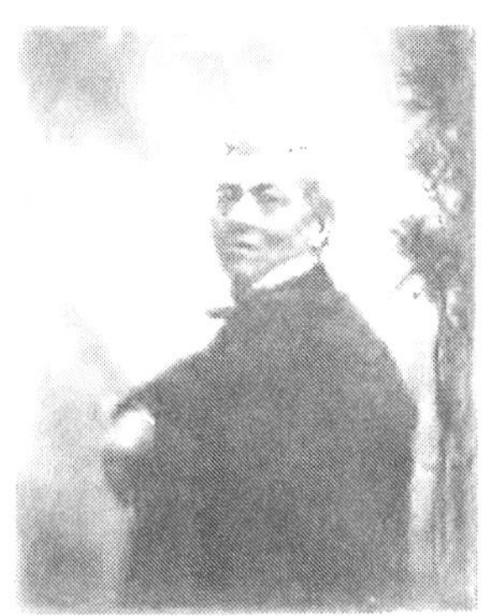

XXV

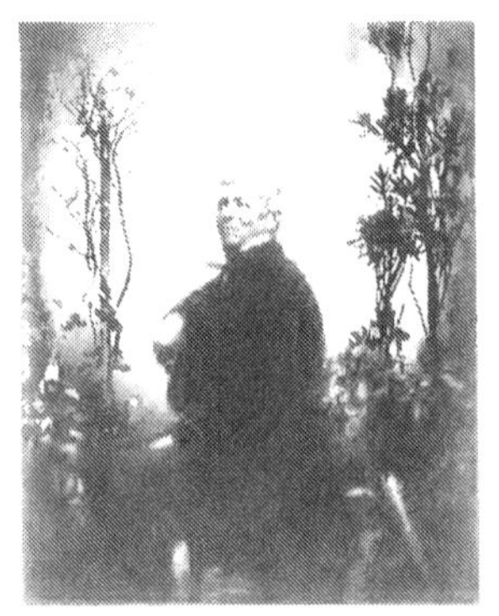

XXIII

XXXI

Vers 1855 — PEINTURE FAITE A ARRAS, PAR CONSTANT DUTILLEUX

Toile de 6 environ

Corot est vu presque de face, en buste, legerement tourne a droite

Photographie par Ch Desavary

Non reproduit

XXXII

Vers 1855 — DESSIN A LA MINE DE PLOMB, FAIT A ARRAS PAR M ALFRED ROBAUT

Ce croquis execute en meme temps que le portrait precedent, est sensiblement pareil a celui-ci

Non reproduit

XXXIII

Vers 1855 — PHOTOGRAPHIE ANONYME

0 13 1/2×0,09

Corot est assis en face de son chevalet, dans la campagne, en Suisse, aux environs de Gruyeres

Reproduit tome I, page 151

XXXIV

Avril 1857 — DESSIN REHAUSSE D'AQUARELLE PAR M ALFRED ROBAUT

Corot travaille dans l atelier de Dutilleux, a Arras Il est assis dans un fauteuil, vu de dos, en face d un chevalet sur lequel est placee une petite toile Il est en blouse son chapeau par terre a cote de lui Sa boite est a sa portee, sur un fauteuil voisin Dans le fond, on aperçoit des toiles accrochees au mur et des objets de toute espece garnissant la cloison

Photographie par Ch Desavary

Non reproduit

XXXV

1859 — PHOTOGRAPHIE FAITE A ARRAS, PAR L GRANDGUILLAUME

0, 7 1/2×0 13

Cliche signe L G 1859

Reproduit ci-contre

XXXVI

Vers 1855-60 — PHOTOGRAPHIE FAITE A ARRAS, PAR CUVELIER

0,19 1/2×0,15

Reproduit ci-contre

XXXVII

Vers 1862 — PHOTOGRAPHIE FAITE A ARRAS, PAR CUVELIER

0,19×0 13

Reproduit tome I, page 213

XXXVIII

Vers 1862 — PHOTOGRAPHIE FAITE A ARRAS, PAR CUVELIER

0,14 1/2×0,11 1/2

Reproduit ci-contre

XXXIX

Vers 1860-61 — PEINTURE PAR LEON BELLY

Toile de 20

Corot est de face legerement tourne a gauche, vu a mi-corps, la tete inclinee sur l epaule droite

Appartient a M Fernand Corot (qui l a achete a la vente Lemaistre, 1901)

Photographie par Sauvanaud

Non reproduit

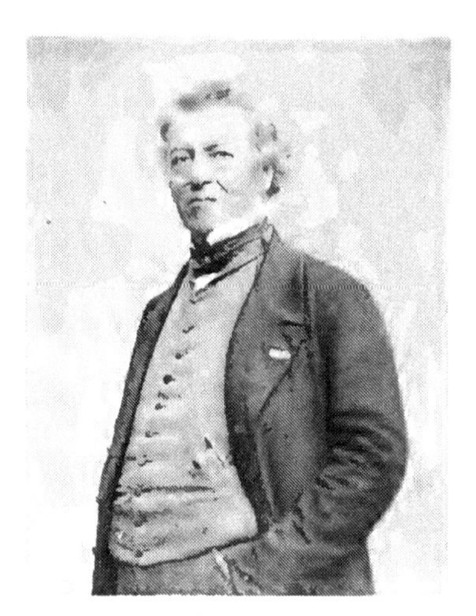

XXXVIII

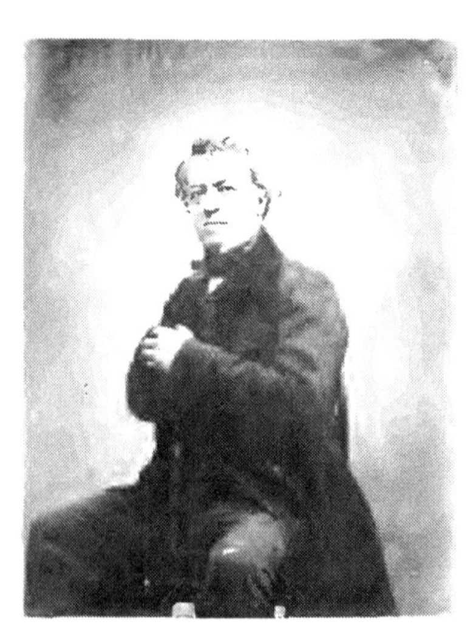

XXXVI

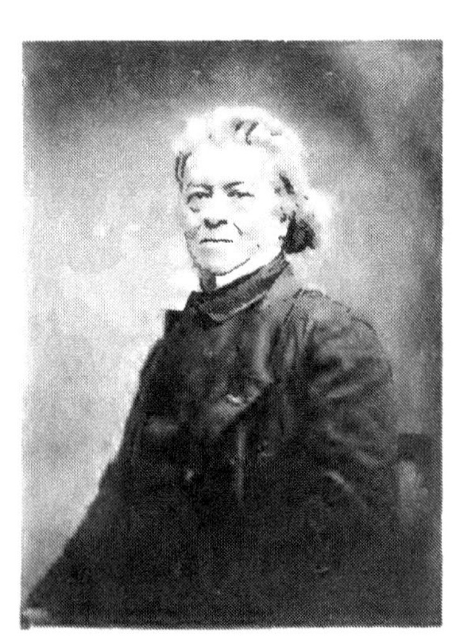

XXXV

XL

Juin 1860 — PEINTURE PAR DAUBIGNY

0,20 1/2×0,31 Signé en bas, à droite

Corot travaille d'après nature à Auvers

Collection Forbes (1904)

Calque par M. Alfred Robaut, chez Daubigny, quelques années avant sa mort

Reproduit ci-contre d'après ce calque

XLI

Vers 1860-65 — DESSIN PAR CH. DESAVARY

Corot travaille dans la campagne d'Arras en compagnie de Constant Dutilleux

Reproduit ci-contre

XLII

11 août 1864 — CROQUIS A LA MINE DE PLOMB PAR E. DUMAX

0,08×0,05 Daté

Corot travaille, d'après nature, à Marcoussis

Il est assis, vu de dos, en face de sa toile. Il est en blouse et coiffé d'un grand chapeau de paille

Appartient à M. P. Bobin

Photographié par Sauvanaud

Non reproduit

XLIII

Vers 1865 — PHOTOGRAPHIE PAR M. FAROCHON

0,07 1/2×0,09

Groupe pris pendant un séjour de Corot à La Hannière, près Vimoutiers (Orne)

Reproduit tome I, page 226

Corot figure dans quatre autres groupes faits par M. Farochon pendant la même villégiature

XLIV

Vers 1865-68 — DESSIN PAR BRIZARD

0,17 1/2×0,21 1/2

Corot peint d'après nature à Ville-d'Avray

Un jeu de lignes bizarre de ce croquis suggéra au maître une plaisanterie. Il feignit de prendre le trait qui marquait le sommet de la palette pour une toile d'araignée tendue entre le bout de la pipe et le manche du pinceau, et il dit : « Voyez donc si je suis si attentif à mon travail ! Je suis si appliqué à mon affaire que les petites araignées abusent de mon immobilité et filent leur toile au bout de ma pipe »

Photographié par Alophe à dimension égale

Reproduit ci-contre d'après cette photographie

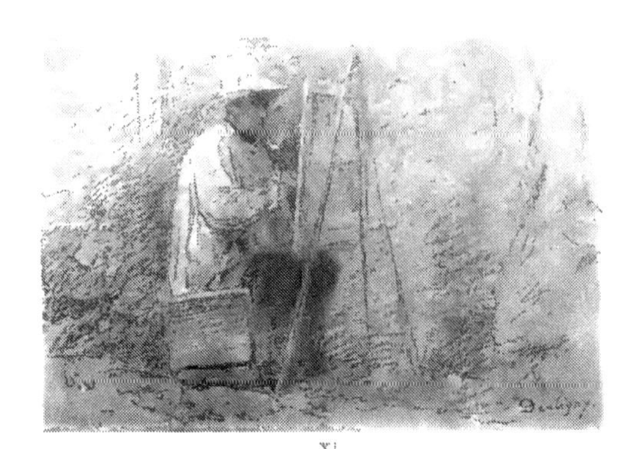

XI.

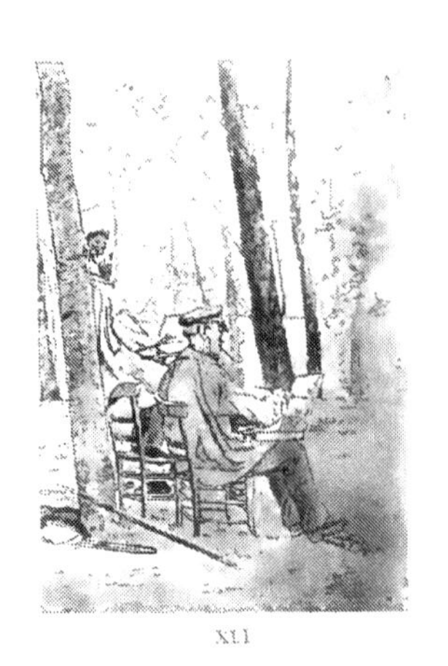

XII.

XLV

Vers 1860 — PHOTOGRAPHIE FAITE A ARRAS, PAR GRANDGUILLAUME

0,26 1/2×0 19

Reproduit ci-contre

XLVI

Vers 1860-61 — PHOTOGRAPHIE PAR NADAR

0,23 1/2×0,18 1/2

Reproduit ci-contre

XLVII

Vers 1860-61 — PHOTOGRAPHIE PAR NADAR

0,22 1/2×0 16 1/2

C'est à peu près la même pose que la photographie précédente, mais la figure est ici un peu plus de profil

Ce cliché a été reproduit en gravure sur bois dans le « Century Magazine », 1889

Non reproduit

XLVIII

Vers 1860-65 — GRAVURE PAR DIEN D'APRÈS LA PHOTOGRAPHIE PRÉCÉDENTE

0,27×0,18 1/2

Non reproduit

XLIX

Vers 1860-61 — PHOTOGRAPHIE PAR NADAR

0,08 1/2×0 05 1/2

Corot assis, le corps de face, la tête à gauche, la main droite appuyée sur une canne Le bras gauche repose sur le dossier de la chaise basse qui lui sert de siège Il est vu jusqu'aux genoux

Non reproduit

L

Vers 1860-61 — PHOTOGRAPHIE PAR NADAR

0 08 1/2×0 05 1/2

Même pose à peu près que la photographie précédente Ici, la tête est un peu plus de face

Non reproduit

LI

Vers 1860 61 — PHOTOGRAPHIE PAR NADAR

0,08 1/2×0,05 1/2

Même pose à peu près que les deux photographies précédentes Ici, la tête est tout à fait de face

Non reproduit

LII

1861 — EAU-FORTE PAR BRACQUEMOND

0,12 1/2×0,11 1/2

Paru dans la « Gazette des Beaux-Arts » du 1er novembre 1861

Cette eau-forte paraît être la reproduction de la photographie de Nadar (XLVI) inversée

Non reproduit

LIII

Vers 1862-65 — PHOTOGRAPHIE PAR LEGE ET BERGERON

0,26 1/2×0,20

Reproduit ci-contre

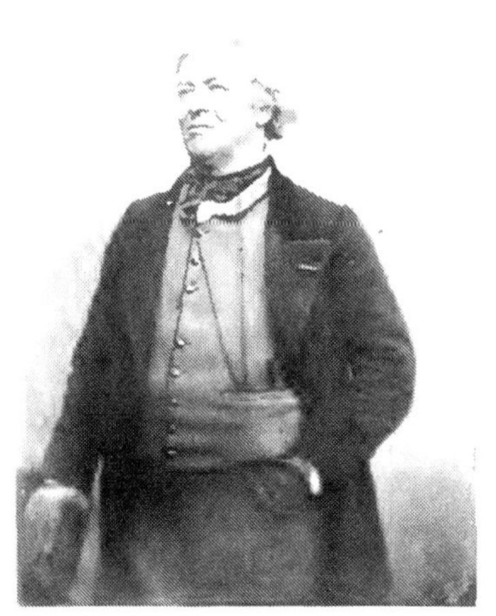

XLV

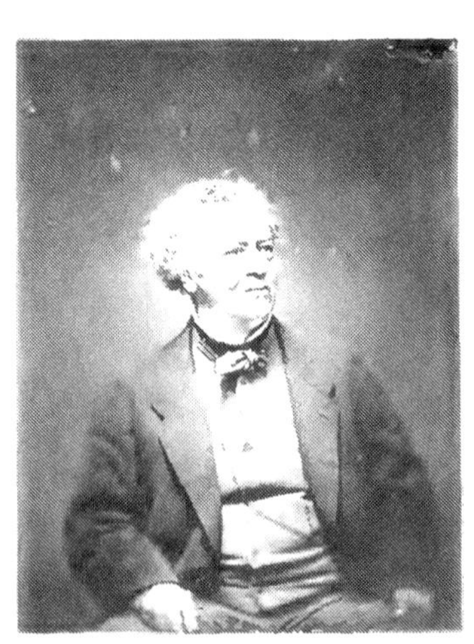

LIII

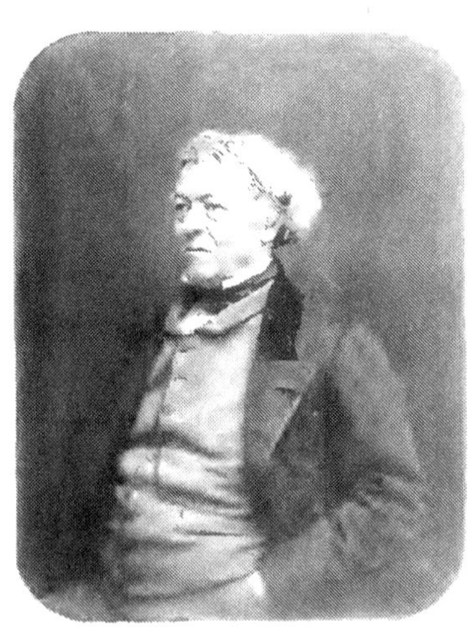

XLVI

LIV

Vers 1862 — PHOTOGRAPHIE PAR LEGE ET BERGERON

Format carte de visite

Reproduit ci contre

LV

Vers 1862 — PHOTOGRAPHIE PAR CARJAT

Format carte de visite

Reproduit ci-contre

LVI

Vers 1863 — PHOTOGRAPHIE PAR RETOUT-MALLARD

0,32×0,22

Reproduit ci-contre

LVII

1864 — PHOTOGRAPHIE PAR A TROUILLET

0,25×0,19 Signé et daté

Reproduit ci contre

LVIII

Vers 1864 — PHOTOGRAPHIE PAR A TROUILLET

Format carte de visite

Corot est assis, vu jusqu'au-dessus du genou, de trois-quarts à gauche, le bras droit reposant sur une table, la main gauche embrassant le genou ; il est habillé d'une jaquette à col de velours, comme dans la photographie LVII

Non reproduit

LIX

1864-65 — PHOTOGRAPHIE PAR CARJAT

0,25×0,18 1/2 Ovale

Reproduit ci contre

LX

Vers 1864-65 — PHOTOGRAPHIE PAR PIERRE PETIT

Format carte de visite

Reproduit ci contre

LXI

Vers 1865-66 — PHOTOGRAPHIE PAR PIERRE PETIT

Format carte de visite

Reproduit ci-contre

LXII

Vers 1865 — PHOTOGRAPHIE PAR CARJAT

Format carte de visite

Ce cliché a fait partie du « Panthéon parisien album des célébrités contemporaines » Il y était accompagné d'une courte notice par Louis Depret

Reproduit ci-contre

LXIII

1er décembre 1865 — PHOTOGRAPHIE PAR PIERSON

Format carte de visite

Ce cliché est devenu la propriété de la Maison Braun

Reproduit ci-contre

LXIV

1er décembre 1865 — PHOTOGRAPHIE PAR PIERSON

Format carte de visite

Corot est assis, vu jusqu'aux genoux Le corps vu de face penché à droite, la tête tournée de trois-quarts à droite, la main droite appuyée sur le bras du fauteuil

Cliché devenu la propriété de la Maison Braun et reproduit, agrandi en tête du volume dénommé « Album classique de Corot » (Braun, édit 1895)

Non reproduit

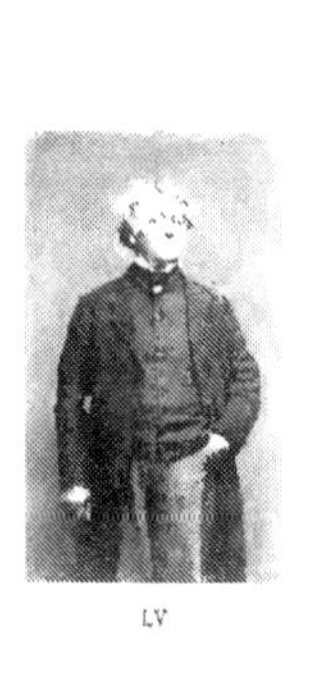

LV

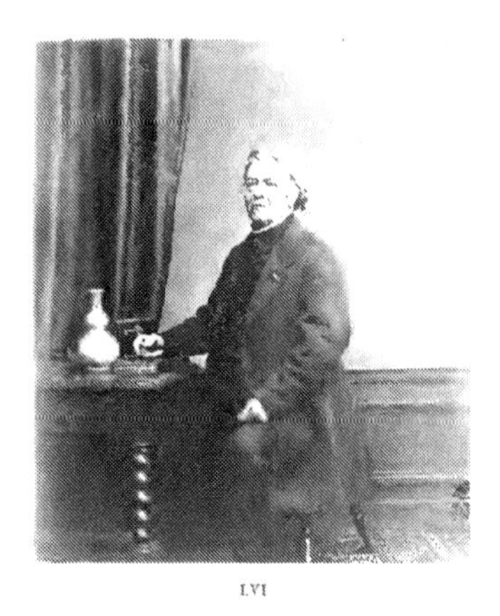

LVI

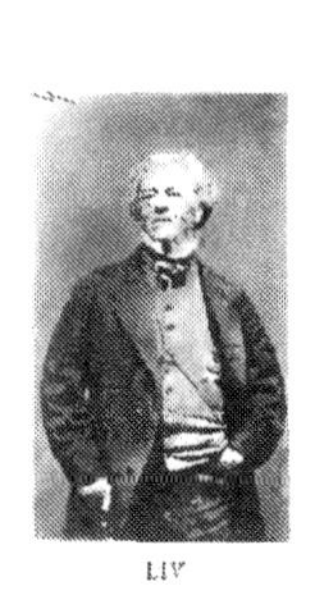

LIV

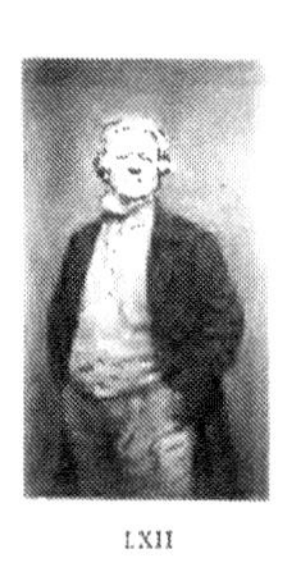

LXII

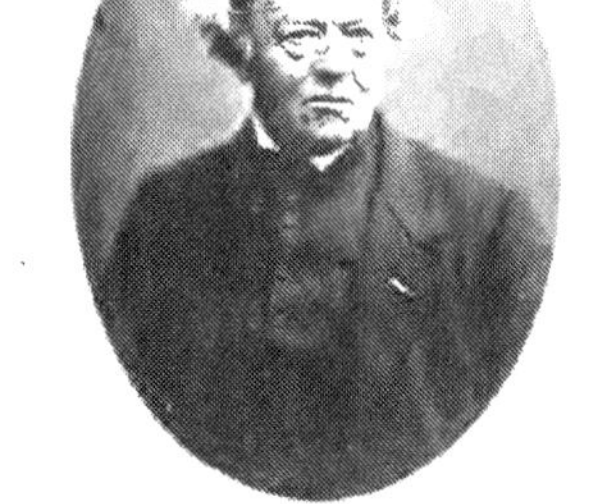

LIX

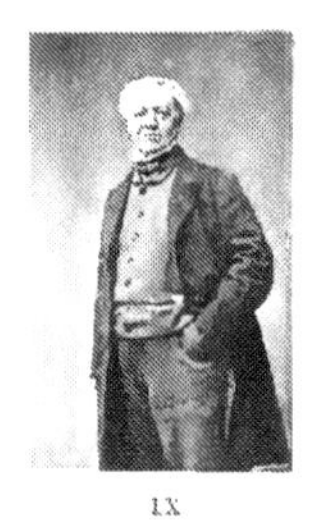

LX

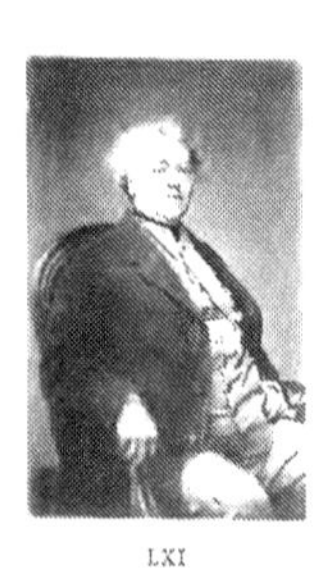

LXI

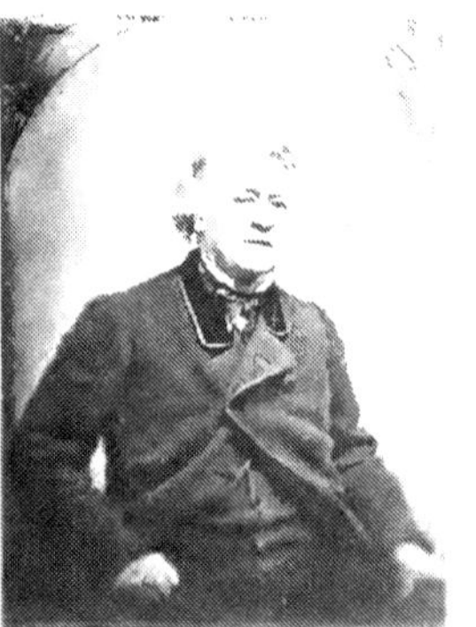

[illegible]

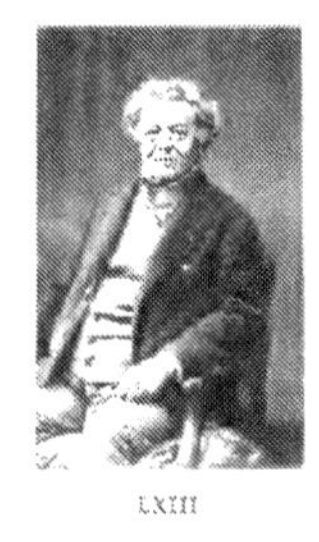

LXIII

LXV

Vers 1863-64 — EAU-FORTE PAR ALEX MASSON, D'APRÈS UNE PHOTOGRAPHIE DE CARJAT

0,11×0,08 1/2

Corot est de face et en buste

Non reproduit

LXVI

1864-65 — PHOTOGRAPHIE PAR CARJAT

0,25×0,19 Ovale

Reproduit ci-contre

LXVII

1864-65 — PHOTOGRAPHIE PAR CARJAT

0,23×0,19 Ovale

Reproduit ci-contre

LXVIII

Vers 1864-65 — PHOTOGRAPHIE PAR CH. DESAVARY

Format carte de visite

Corot est vu de face, le bas du corps dissimulé par une balustrade artificielle Il tient sa pipe dans la main gauche Ce cliché a été pris à Arras

Non reproduit

LXIX

Vers 1864-65 — PHOTOGRAPHIE PAR CH. DESAVARY

0,08 1/2×0,05

Corot est en pied de face, sa pipe dans la main gauche Il porte une redingote Ce cliché, comme le précédent, a été fait à Arras

Non reproduit

LXX

1865 — PHOTOGRAPHIE PAR ANTONY-THOURET FILS

0,26 1/2×0,21

Reproduit ci-contre

LXXI

1865 — PHOTOGRAPHIE PAR ANTONY-THOURET FILS

0,09×0,05 1/2

Reproduit ci-contre

LXXII

Vers 1865 — PHOTOGRAPHIE PAR A. TROUILLET

Format carte de visite

Corot est assis, de face, la main gauche dans la poche du pantalon, le bras droit pendant Redingote noire, gilet et pantalon gris

Non reproduit

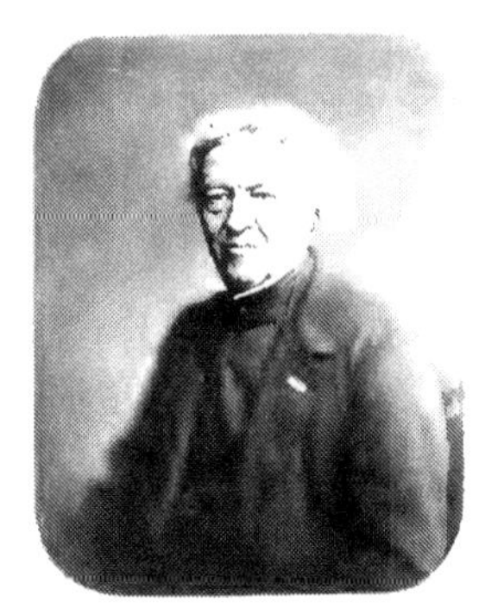

LXX

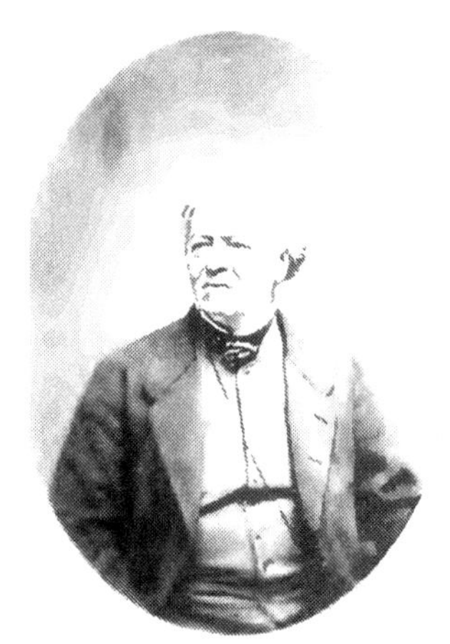

LXVI

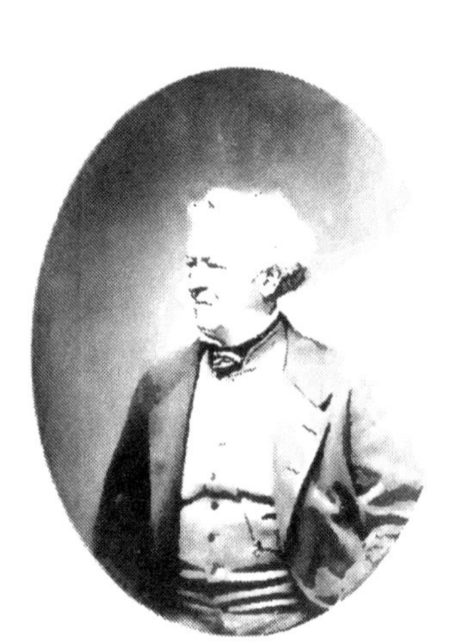

LXVII

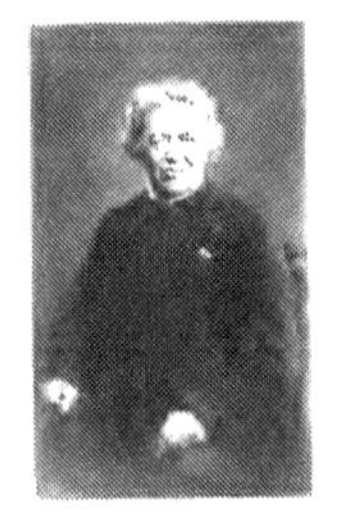

LXXI

LXXIII

Vers 1865-66 — PHOTOGRAPHIE ANONYME

0,14 1/2×0,11

Reproduit sur le titre du tome III

LXXIV

Vers 1865-66 — PHOTOGRAPHIE ANONYME

0,21 1/2×0,16 1/2

Corot est assis dans un jardin auprès d'une table avec son chapeau et son parapluie à côté de lui.

Reproduit tome I, page 223

LXXV

Vers 1865-66 — PHOTOGRAPHIE PAR PIERRE PETIT

0,13×0,11 1/2

Reproduit ci-contre

LXXVI

1866 — PEINTURE PAR ALEX. BOUCHÉ

Toile de 25. Signé en bas, à gauche : A. B., 1866.

Corot est en buste, la tête de trois-quarts à gauche ; redingote à col de velours, gilet gris.

Appartient à Mme Lemarinier.

Non reproduit

LXXVII

Vers 1866 — PHOTOGRAPHIE PAR CARJAT

Format carte de visite. Ovale.

Reproduit ci-contre

LXXVIII

Vers 1867 — PHOTOGRAPHIE PAR LAVAUD

0,26×0,21 1/2

Reproduit tome I, page 235

Ce cliché a été reproduit par Lemercier et Cie (0,08 1/2×0,06 1/2) en tête du catalogue de l'Exposition des œuvres de Corot à l'École des Beaux-Arts en 1875.

Il a été fait aussi, d'après cette même photographie, une eau-forte (médaillon rond, diam. 0,12), par Cournaud (Cadart, éditeur, 1872).

LXXIX

Vers 1870 — PHOTOGRAPHIE PAR DALLEMAGNE

Format carte de visite.

Reproduit ci-contre

LXXX

6 novembre 1870 — PHOTOGRAPHIE PAR ÉTIENNE CARJAT

0,22×0,16 1/2

Reproduit tome I, page 4

LXXXI

Juin 1871 — PHOTOGRAPHIE PAR CHARLES DESAVARY

0,25×0,15

Reproduit ci-contre

LXXXII

Septembre 1871 — PHOTOGRAPHIE PAR REUTLINGER

Format carte de visite.

Reproduit ci-contre

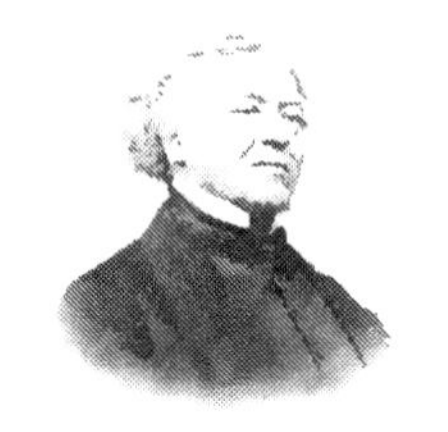

LXXV

LXXXII

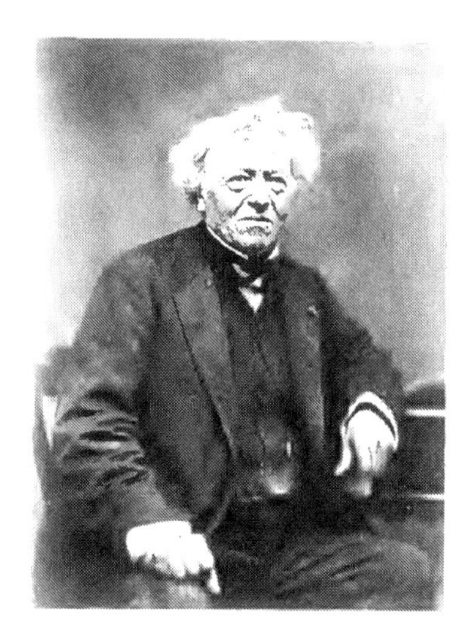

LXXXI

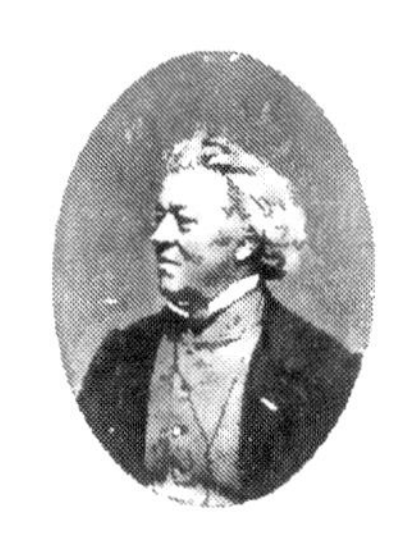

LXXVII

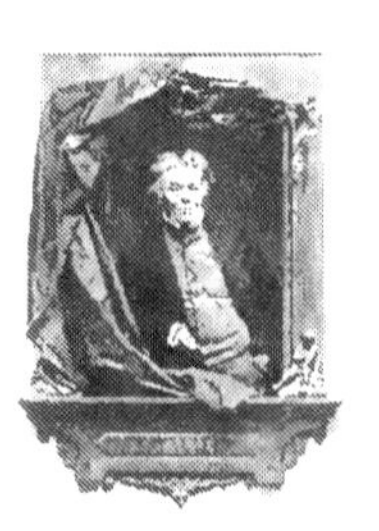

LXXIX

LXXXIII

1871 ou 1872 — PHOTOGRAPHIE PAR CHARLES DESAVARY

Format carte de visite

Reproduit ci contre

LXXXIV

1871 ou 1872 — PHOTOGRAPHIE PAR CHARLES DESAVARY

Format carte de visite

Même pose que la précédente expression différente

Non reproduit

LXXXV

Vers 1871 — PHOTOGRAPHIE PAR CHARLES DESAVARY

0,14 1/2 × 0,10 1/2

Reproduit ci contre

LXXXVI

1871 — PHOTOGRAPHIE PAR CHARLES DESAVARY

Format carte de visite

Reproduit ci-contre

LXXXVII

1872 — PHOTOGRAPHIE PAR CHARLES DESAVARY

Carte album

Reproduit ci contre

Ce cliché a été réduit au format carte de visite

LXXXVIII

Vers 1873 — PHOTOGRAPHIE PAR A LEROY

Carte album

Reproduit ci contre

LXXXIX

Avril 1873 — PHOTOGRAPHIE PAR LECADRE

Stéréoscope

Reproduit ci-contre

XC

Avril 1873 — PHOTOGRAPHIE PAR LECADRE

Stéréoscope

Reproduit ci-contre

XCI

12 Avril 1873 — PHOTOGRAPHIE PAR F MULNIER

Carte album

Reproduit ci-contre

XCII

2 Avril 1873 — PHOTOGRAPHIE PAR F MULNIER

Carte album

Buste, de trois-quarts la tête de face

Ce cliché a été reproduit dans « The Illustrated American », janvier 1891

Non reproduit

XCIII

1873 ou 1874 — PHOTOGRAPHIE PAR ANATOLE POUGNET

Carte album

Certaines épreuves de ce cliché portent la signature Bacard

Reproduit ci-contre

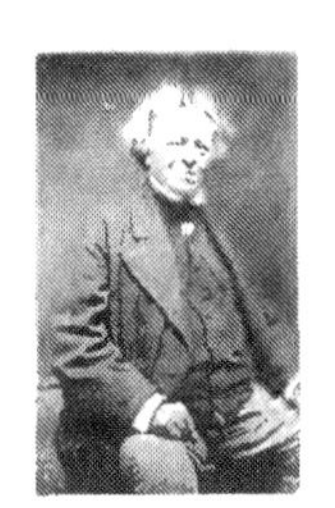

LXXXIII

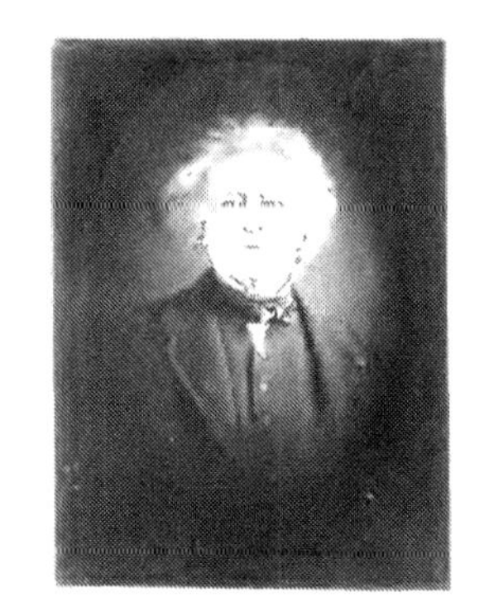

LXXXVIII

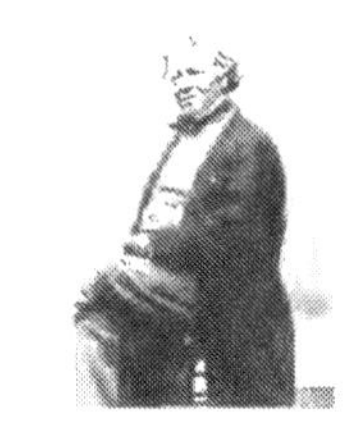

LXXXVI

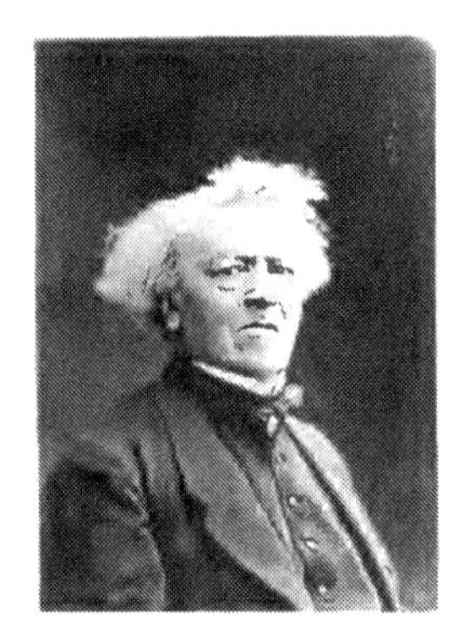

XCIII

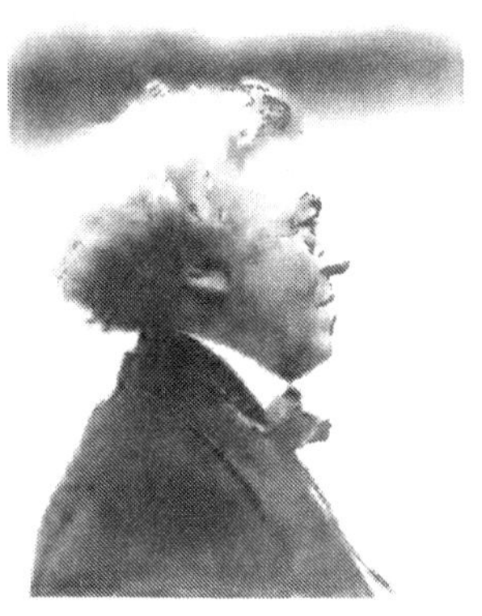

LXXXV

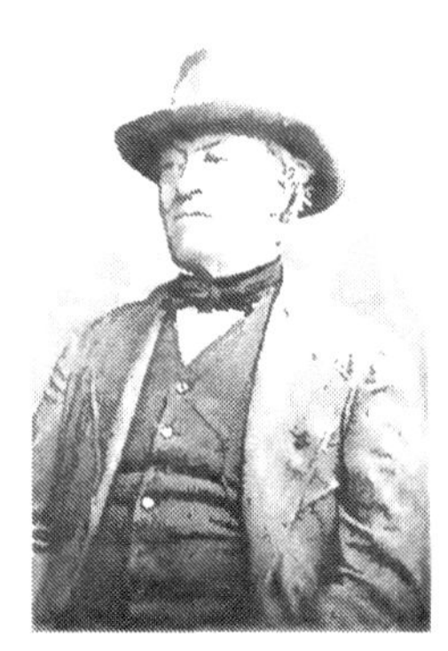

LXXXVII

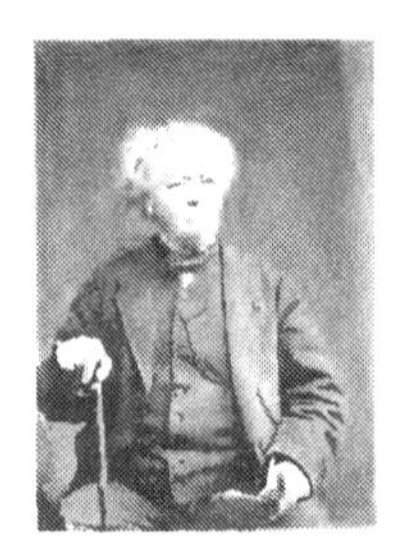

XC

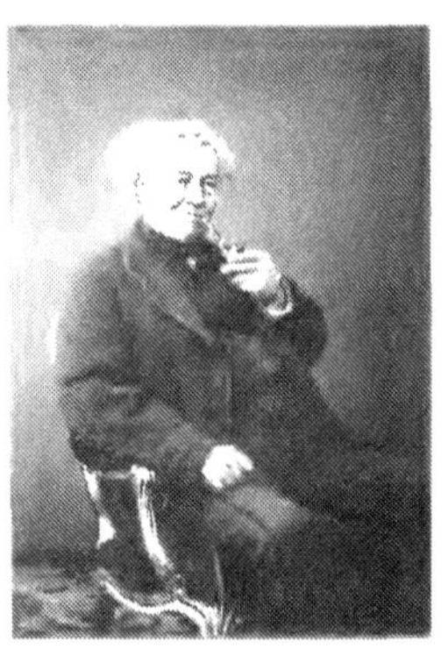

XCI

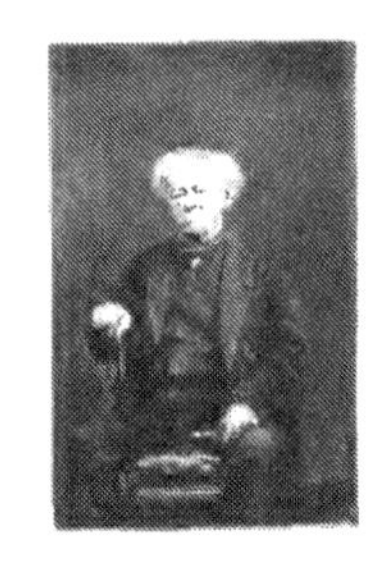

LXXXIX

XCIV

Juin 1871 — PHOTOGRAPHIE FAITE A ARRAS, PAR CHARLES DESAVARY

Format carte de visite

C'est la même pose que le LXXXI, sauf que la main droite repose ouverte sur le genou et que la main gauche tient la pipe

Non reproduit

XCV

26 mai 1871 — DESSIN REHAUSSÉ PAR M ALFRED ROBAUT

0,33×0,25

Corot au travail dans le jardin de M Robaut, à Douai

Reproduit tome I, page 253

XCVI

Mai 1871 — CROQUIS A LA MINE DE PLOMB, FAIT A DOUAI, PAR M ALFRED ROBAUT

Profil de Corot, coiffé d'un bonnet de coton

Ce croquis fut pris pendant que le maître était en train de travailler

Non reproduit

XCVII

1871 — PEINTURE PAR CH DESAVARY

0,32×0,24 Daté avril 1871

Corot dans l'ancien atelier de Dutilleux, à Arras

Reproduit tome I, page 256

XCVIII

Avril 1871 — PEINTURE PAR CH DESAVARY

Toile de 12 ou 15

Corot dans l'ancien atelier de Dutilleux, à Arras

Reproduit tome I, page 255

XCIX

Mai 1871 — DESSIN PAR M ALFRED ROBAUT

In-4°

Corot à Planque près Douai

Reproduit tome I, page 252

C

1871 — PHOTOGRAPHIE PAR CHARLES DESAVARY

Carte album

Corot au travail à Saint-Nicolas-lez-Arras

Reproduit tome I, page 261

CI

1871 — PHOTOGRAPHIE PAR CHARLES DESAVARY

Carte album

Corot au travail à Saint-Nicolas-lez-Arras

Il occupe la même place que dans le cliché précédent, mais le mouvement est différent Le corps, de profil à droite, est légèrement penché en avant La main droite tient un pinceau La tête se détourne vers le spectateur

Non reproduit

CII

18 juillet 1872 (2 h 30 de l'après-midi) — DESSIN PAR M ALFRED ROBAUT

Corot fait la sieste à Canteleu, près Rouen

Reproduit tome I, page 267

CIII

Vers 1872 — DESSIN PAR AIMÉ MILLET

Médaillon, diamètre environ 0,05

Tête tournée de profil à gauche

Ce dessin fait partie d'une suite de douze médaillons réunis sous le titre « Les Amis du vendredi » et comprenant les portraits de Barye, G Planche, C Corot, I Matout, Alph Leroy, Paul de Musset, Cabanel, L Courtepée, H Hanoteau, Jeboul s, Henri Dumesnil et A Cantaloube

C'étaient les habitués d'une réunion hebdomadaire qui avait son siège dans un café de la rue de Fleurus

Le médaillon de Corot a été gravé par Alphonse Leroy pour illustrer l'ouvrage intitulé « Corot souvenirs intimes » par Henri Dumesnil (Paris, Rapilly, 1875)

Non reproduit

CIV

1872 ou 1873 — PHOTOGRAPHIE PAR ORSAGUE-CHASTANIER

Carte album

Corot est assis de profil dans son atelier, devant son chevalet, la tête coiffée d'un bonnet Il est vêtu d'un veston gris Autour de lui plusieurs tableaux sur des chevalets

Non reproduit

Il existe aussi une réduction de ce cliché (carte de visite)

CV

Avril 1873 — PHOTOGRAPHIE PAR F MULNIER

Carte de visite

Buste, de trois-quarts, la tête de face

Non reproduit

CVI

Avril 1873 — PHOTOGRAPHIE PAR F MULNIER

Carte de visite

Buste, de face, la tête tournée à droite

Non reproduit

CVII

1873 — PHOTOGRAPHIE PAR CHARLES DESAVARY

Carte album

Buste, de trois-quarts à droite, la tête en arrière Cliché flou

Non reproduit

CVIII

31 mai 1873 (5 h 1/2 du matin) — CROQUIS PAR M ALFRED ROBAUT

Corot dormant (à Brunoy, chez M Dubuisson)

La tête, coiffée d'un bonnet de coton repose sur l'oreiller La main gauche, le poing fermé, est étendue en avant et, si l'on s'en rapporte à la note écrite en marge du dessin, le dormeur *ronfle* M Alfred Robaut exécuta ce croquis, d'après son illustre ami quelques instant avant de l'éveiller suivant son ordre, en vue de l'exécution du panneau décoratif dont il est question au numéro suivant

Non reproduit

CIX

31 mai 1873 (6 h 1/2 du matin) — DESSIN PAR M ALFRED ROBAUT

Corot composant un paysage sur un panneau du salon de M Dubuisson, à Brunoy

Il est debout sur une table on le voit de dos, la palette à la main, le bras droit levé, en train de peindre un trumeau touchant presque au plafond L'échafaudage improvisé pour cette besogne était bien sommaire et incommode mais la chose fut terminée en moins d'une heure

Non reproduit

CX et CXI

Juillet 1873 — DEUX CROQUIS A LA MINE DE PLOMB PAR EUG FOREST

0,08×0,11 chacun

Corot fait la sieste dans l'atelier de Dumax à Marcoussis

Reproduits tome I, pages 290 et 291

CXII

Juillet 1873 — PHOTOGRAPHIE PAR CHARLES DESAVARY

Carte album

Corot au travail dans la propriété de M Bellon, à Saint-Nicolas-lez-Arras

Reproduit tome I, page 306

CXIII

Juillet 1873 — PHOTOGRAPHIE PAR CHARLES DESAVARY

Carte album

Corot au travail dans la propriété de M Bellon, à Saint-Nicolas-lez-Arras

Cliché fait en même temps que le précédent et analogue à celui-ci La pose est un peu différente

Non reproduit

CXIV

Juillet 1873 — PHOTOGRAPHIE PAR CHARLES DESAVARY

Carte album

Corot au travail dans la propriété de M Bellon, à Saint-Nicolas-lez-Arras

Cliché fait en même temps que les deux précédents et analogue à ceux-ci La pose est un peu différente

Non reproduit

CXV

Juillet 1873 — PHOTOGRAPHIE PAR CHARLES DESAVARY

Carte album

Corot au travail dans la propriété de M. Belon, à Saint-Nicolas lez-Arras.

Cliché fait en même temps que les trois précédents et analogue à ceux-ci. La pose est un peu différente (Corot est tourné en sens inverse).

Non reproduit

CXVI

1874 — PHOTOGRAPHIE FAITE A ARRAS PAR CHARLES DESAVARY

0,20 1/2×0,15 1/2

Reproduit tome I, page 313

CXVII

1874 — PEINTURE PAR BENÉDICT MASSON

0,32 1/2×0,24

Corot au travail dans son atelier.

Il est de profil à gauche, assis sur une chaise, palette et pinceaux en mains. La jambe droite est appuyée sur la traverse de son chevalet. Il est en blouse, coiffé d'un bonnet, des pantoufles aux pieds.

Calqué par M. Alfred Robaut.

Non reproduit

CXVIII

19 mai 1874 — DESSIN A LA MINE DE PLOMB PAR P. FAUGIER

0,10×0,16

Corot au travail, à Ville-d'Avray.

Reproduit tome I, page 305

CXIX

8 août 1874 — PEINTURE PAR E. DUMAX

0,22×0,33

Corot travaille d'après nature, à Marcoussis, en vue de la tour de Montlhéry.

Appartient à M. P. Bobin.

Reproduit tome I, page 307

CXX

Vers 1874 — PEINTURE PAR E. DUMAX

0,20×0,20 environ

Corot travaillant d'après nature, à Marcoussis.

Il est assis à son chevalet, vu de dos, en blouse et coiffé d'un chapeau de paille.

Appartient à M. P. Bobin.

Non reproduit

CXXI

Septembre 1874 — PEINTURE PAR EUG. DECAN

Toile de 4 environ

Corot travaillant d'après nature, à Crécy-en-Brie.

Il est vu de dos, assis sur son pliant, en blouse, nu-tête. Sa boîte est par terre à côté de lui. On lit en haut de cette peinture : « Corot, fait d'après nature à Crécy, septembre 1874. »

Vente posthume Eugène Decan, 10 mai 1874.

Non reproduit

CXXII

1874 — PEINTURE PAR EUGÈNE DECAN

0,31×0,40

Corot travaillant d'après nature, à Crécy-en-Brie.

Il est assis de profil à gauche, en face de sa toile placée sur le chevalet de campagne. Une autre toile est posée au pied de ce chevalet. Il est en blouse, un chapeau de paille sur la tête et la pipe entre les dents.

Vente posthume Eugène Decan, 10 mai 1894.

Non reproduit

Une autre peinture par Eugène Decan, analogue à celle-ci, appartient au Musée d'Orléans.

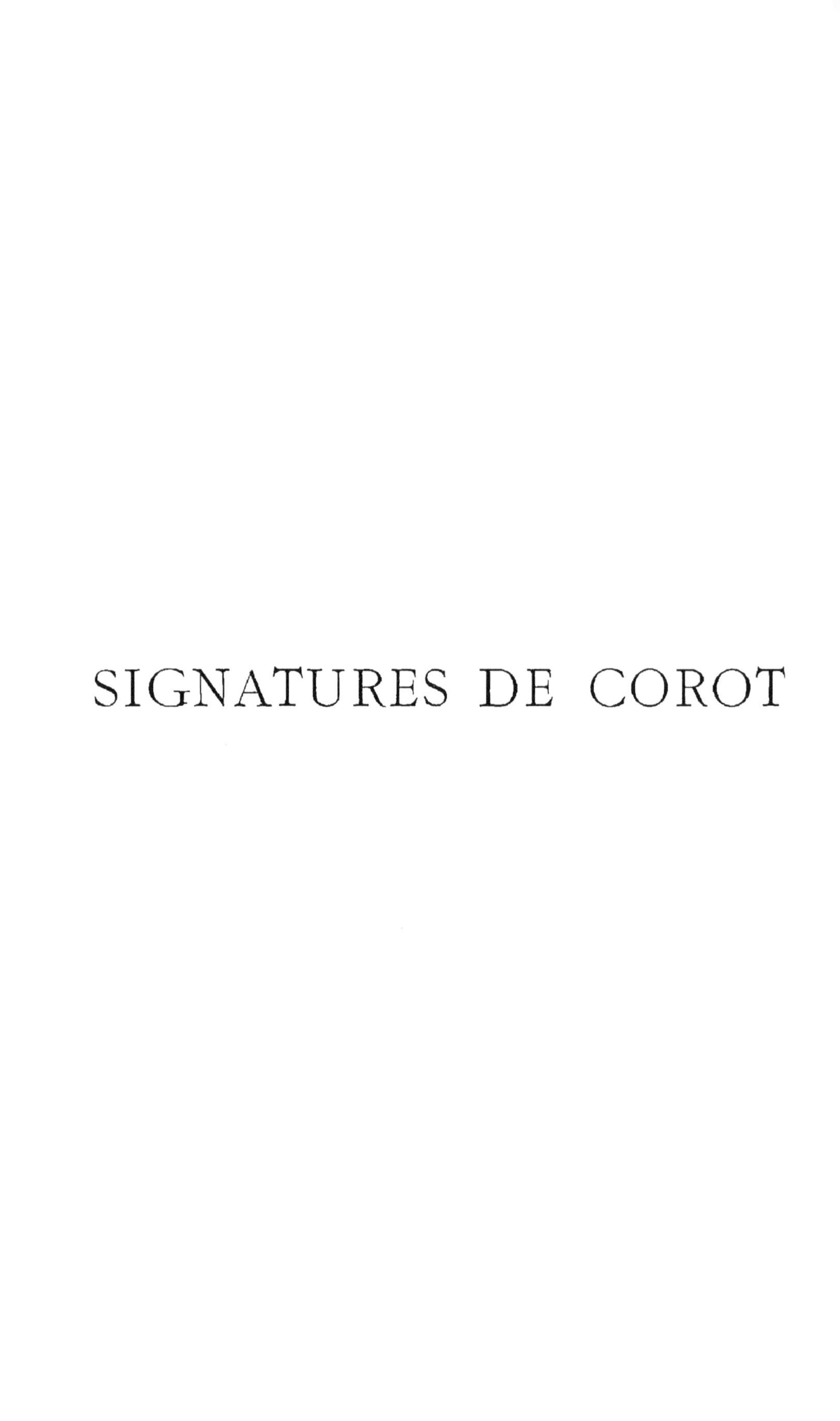

SIGNATURES DE COROT

SIGNATURES DE COROT

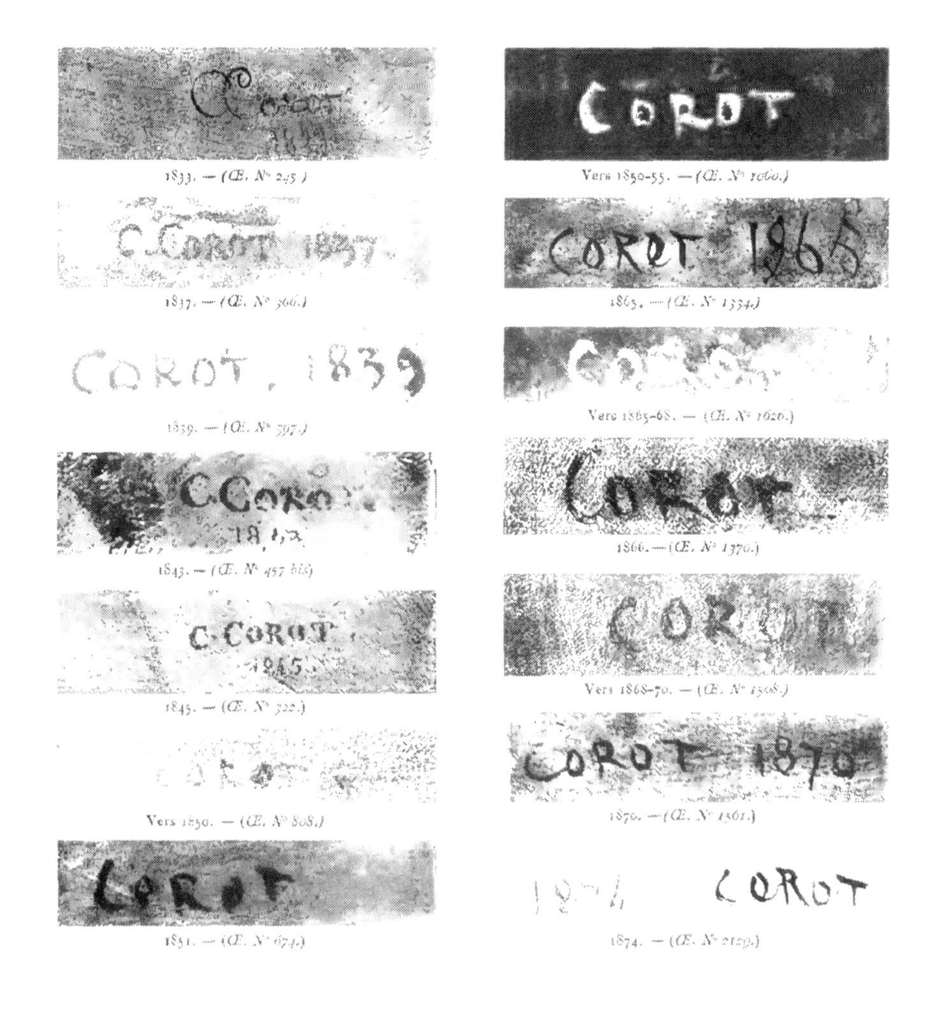

1833. — (Œ. N° 245.)

1837. — (Œ. N° 366.)

1839. — (Œ. N° 397.)

1843. — (Œ. N° 457 bis)

1845. — (Œ. N° 722.)

Vers 1850. — (Œ. N° 808.)

1851. — (Œ. N° 674.)

Vers 1850-55. — (Œ. N° 1060.)

1865. — (Œ. N° 1334.)

Vers 1865-68. — (Œ. N° 1626.)

1866. — (Œ. N° 1370.)

Vers 1868-70. — (Œ. N° 1508.)

1870. — (Œ. N° 1561.)

1874. — (Œ. N° 2129.)

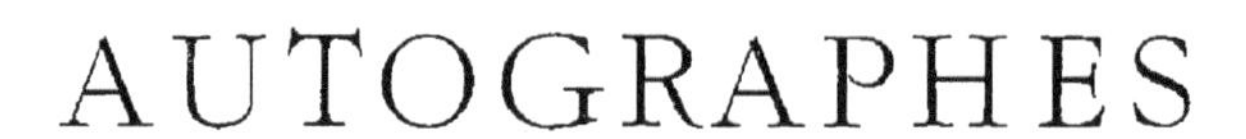
AUTOGRAPHES

CATALOGUE
DES AUTOGRAPHES DE COROT

Les autographes de Corot comprennent

1° *Quelques notes relevées dans ses carnets*,

2° *Ses lettres*

Nous avons analysé précédemment tous ses *carnets* (page 87) Il nous reste a analyser ses *lettres* Celles-ci, généralement brèves, ont trait surtout aux incidents journaliers de sa vie personnelle Il n'en a été conservé qu'un tres petit nombre La plupart ont été utilisées dans notre tome I

On en trouvera ci-apres le détail dans l'ordre chronologique En général, les dates sont fournies par le correspondant lui-meme D'autres par le timbre de la poste nous avons indiqué celles-ci entre parentheses Quelques lettres dont la date n'a pu être fixée exactement sont rejetées a la fin

1825

1 — L a s, a Abel Osmond de Rome, 2 décembre 1825

Copie communiquée par le possesseur, M Floris Osmond Publiée en partie par nous, T I, p 30

1826

2 — L a s, a Abel Osmond, de Rome, mars 1826

Copie communiquée par le possesseur, M Floris Osmond Publiée en partie par nous T I, p 31 et 33

3 — L a s, a Abel Osmond, de Rome, mai 1826

Copie communiquee par le possesseur M Floris Osmond Publiee en partie par nous, T I, p 36

4 — L a s a Abel Osmond, de Papigno, 8 août 1826

Copie communiquee par le possesseur, M Floris Osmond Publiée en partie par nous, T I, p 38

5 — L a s, a Abel Osmond de Rome, 29 octobre 1826

Copie communiquee par le possesseur, M Floris Osmond Publiee en partie par nous, T I, p 38

1827

6 — L a s, a Abel Osmond, de Rome, 10 mars 1827

Copie communiquee par le possesseur, M Floris Osmond Publiee en partie par nous, T I, p 40

7 — L a s, a Abel Osmond, de Rome, 23 août 1827

Copie communiquee par le possesseur M Floris Osmond Publiee en partie par nous T I p 40

1828

8 — L a s, a Abel Osmond, de Rome, 2 février 1828

Copie communiquee par le possesseur, M Floris Osmond Publiee en partie par nous, T I p 42

9 — L a s, a Théodore Duverney, rue Neuve des Petits-Champs, au coin de celle Sainte-Anne, Paris, de Rome, 27 mars 1828

Publiee dans l'*Amateur d'Autographes*, janvier 1882 — Vente Cottenet (mars 1882) n° 40 — Publiee en partie par nous, T I, p 46 et 47

« *Vous avez donc trouvé que j'ai fait des progres cela doit m'encourager Aussi, je vais bien m'appliquer a chercher encore dans ma dernière campagne Il y a certaines parties de la peinture, comme je voudrais les traiter, qui me paraissent inattaquables C'est au point que je n'osé pas aborder les tableaux que j'avais ébauchés au commencement de l'hiver Le temps a été continuellement beau et je préférais sortir Je ne pouvais tenir a l'atelier J'ai fait le projet de quitter l'Italie au mois de septembre prochain, de revenir a Paris et là, après vous avoir embrassés tous, m'en occuper sérieusement* »

1835

10 — L a s, a Bachelier, de Paris, 22 août 1835

Copiee par M Alfred Robaut, chez Charavay — Vente Emile Cottenet (mars 1882) n° 41 — Publiee par nous T I, p 75

1840

11 — L a s, a M Robert, poste restante, a Rome, de Paris, 5 avril 1840

Communiquee par M Maurice Robert, fils du destinataire — Publiee en partie par nous, T I, p 97 et 98

1844

12 — L a s, a M le comte de Rambuteau, pair de France, préfet du departement de la Seine, de Paris, 17 janvier 1844

Collection Gadala — Publiee par nous, T I, p 112

1845

13 — L a s, a H Sennegon, chez M Bellaguet, instituteur, rue de la Pépiniere 47, Paris, de Ville-d Avray 16 juin 1845

Publiee par M Maurice Tourneux dans l'*Intermediaire des Chercheurs et des Curieux*, t XXII (1889) p 479 — Publiée par nous, T I, p 108

1847

14 — L a s, à Dutilleux, artiste-peintre, rue Saint-Jean-en-l'Estree, 35, a Arras (Pas-de-Calais), de Ville-d'Avray, 20 mai 1847

Collection Alfred Robaut (1) — Publiée integralement par M Alfred Robaut dans *Corot* (Galerie contemporaine Baschet, editeur, n° 28), et par nous T I, p 116

15 — L a s, au même, de Ville-d'Avray, 17 juin 1847

Collection Alfred Robaut

« *Je vous accuse reception du billet de 200 francs*
« *Je vous remercie bien Heureux si je puis vous avoir en-*
« *voye quelque chose a votre idee ! Vous avez très bien fait*
« *de garder l'etude vous auriez du ne pas vous gener et en*
« *faire une copie si cela vous eût convenu Si mon pere*
« *n etait point malade, je serais alle vous saluer et faire*
« *connaissance avec vous Enfin, j'espere que je trouverai*
« *un temps qui me permettra ce plaisir* »

16 — L a s, a J-B Laurens, rue et hôtel Jacob, 44 Paris, de Ville-d'Avray, 17 septembre 1847

Communiquee a M Alfred Robaut par la famille du destinataire

Corot est heureux d apprendre l arrivee a Paris de M Laurens, qui lui a promis de venir visiter son atelier

« *Ce sera un grand plaisir que je vous verrai*
« *et que je pourrai vous montrer mes etudes de cette annee*
« *Je serai rentre, je pense, vers le commencement d octobre*
« *J'ai encore quelque chose a terminer et mon pauvre pere*
« *est bien malade en ce moment, ce qui me retient aupres*
« *de lui* »

17 — L a s au même, de Ville-d'Avray, le 15 octobre 1847

Communiquee a M Alfred Robaut par la famille du destinataire

« *J aurai le plaisir de vous voir le 29 au matin a*
« *mon atelier, devant revenir definitivement le 28* »

18 — L a s, au même, de Ville-d'Avray, 20 octobre 1847

Communiquee a M Alfred Robaut par la famille du destinataire

Corot regrette que la maladie de son pere et la brieveté du séjour de M Laurens l empechent de le voir a Paris

« *Vous pourrez comme vous voudrez, monter a*
« *mon atelier, vous demanderez la clef au concierge* »

1849

19 — L a s, a Dutilleux, a Arras, de Paris, 14 janvier 1849

Collection Alf Robaut Publiee par nous, T I p 120 (La lettre y est datee du 24 janvier, par suite d une erreur) Elle a ete publiee anterieurement par M Alfred Robaut dans *Corot* (Galerie contemporaine, n° 28)

20 — L a s, au même, de Paris, 22 mars 1849

Collection Alfred Robaut — Publiee par M Alfred Robaut dans *Corot* (Galerie contemporaine n° 28) et par nous, T I, p 122

1850

21 — L a s, a Dupont, de Paris, 27 janvier 1850

Collection Gadala

« *J'ai bien regrette de ne pas m être trouve a la*
« *maison quand tu es venu La bonne maman m'avait*
« *donne des commissions qui m'ont empêché d'être rentre*
« *a 3 h, qui est mon heure habituelle* »

22 — L a s à Frédéric Mercey, de Ville-d'Avray, 29 juillet 1850

Collection Moreau Nélaton — Publiee par nous T I, p 124

---

(1) Cette collection est actuellement entre nos mains elle est destinee a entrer ulterieurement dans un depot public C est celle qui renferme le plus grand nombre d autographes de Corot

23 — L a s à Clerambault, place de l'Ecole de Medecine, 15 Paris, de Paris, 29 novembre (1850 ?)
Collection Moreau Nélaton
« J'aperçois un samedi libre J'ai le desir d'aller manger la soupe avec vous »

24 — L a s a un fonctionnaire des Beaux-Arts, de Ville-d'Avray, datee ce 26 (1850)
Catalogue Charavay janvier-février 1896 N° 54 Copiee par M Robaut chez Charavay Publiee par nous T I, p 125

25 — L a s, a Armand (Leleux ?)
Vente Duvauceile, de Senlis — Publiée dans l'*Estampe* du lundi 29 octobre 1883, et par nous T I, p 143 e 144

1851

26 — L a s, a Mme Cabarrus, de Paris, 1er mars (1851)
Catalogue Charavay d'octobre 1889, n° 159 Copiee par M Robaut
Corot annonce la mort de sa mere et s excuse de n avoir pu repondre a l invitation de Mme Cabarrus
« Ma bonne mere nous a ete enlevee en trois jours »

26 *bis* — L a s, à un destinataire inconnu, du 13 mars 1851
Collection Moreau-Nelaton
« Je vous aurais envoye un billet de faire part si j'avais su votre adresse je l ai bien regrette Je metais bien prép re au malheur qui m a frappe mais cependant j en a senti affreusement les coups — Je retourne des aujourd hui à l atelier, le travail me fera beaucoup de bien j espère »

27 — L a s, a Dutilleux, a Arras, de Paris, 3 mai 1851
Collection Alfred Robaut
« Je ne manquerai pas, crois-le bien, d'aller vous visiter Ce ne sera qu au commencement de juin Je vais faire un petit voyage d ici la »

27 *bis* — L a s, au même, de Paris, 2 juin 1851
Collection Alf Robaut Publiee par nous, T I, p 137

28 — L a s, au meme, de La Rochelle, 29 juillet 1851
Publiee en partie par nous, T I, p 128 et 130

29 — L a s, au même, de Paris, 23 novembre 1851
Collection Alf Robaut Publiee en partie par nous, T I, p 132

1852

30 — L a s, a un des freres Etex, (8 mars 1852)
Collection P -L Mangeant
Corot conseille au destinataire de ne pas exposer son tableau, « le public ne le trouverait pas assez fait »

31 — L a s, a Dutilleux, de Paris, ce 3 avril 1852
Collection Alfred Robaut
« J'ai bien tarde a vous remercier et vous complimenter ainsi que Mme Dutilleux de son heureuse delivrance J'ai le projet d aller tous saluer vers le 19 ou 20 avril » Post-scriptum « Le Salon est ouvert, je n'y suis pas encore alle »

32 — L a s au même, dimanche (18 avril 1852)
Offerte par M Alfred Robaut a M Lucien Brégeault en 1894 Publiee par nous, T I p 134

33 — L a s, au même, de Paris, 23 mai (1852)
Collection Alf Robaut Publiee par nous T I, p 137

34 — L a s, au même, de Paris 29 octobre 1852
Collection Alf Robaut Citee par nous, T I, p 140
« Votre aimable lettre m a ete apportee par les deux aimables voisines Ces dames sont venues dimanche dernier manger la soupe et ont eu une partie de la jolie famille Lorsque le Saint Sebastien sera debrouille et quand je serai plus tranquille, j'irai dire a ces dames que j'irai vous voir cet hiver J ai travaille beaucoup cet ete J ai fait quelques etudes qui plaisent, mais je ne crois pas chefs-d œuvre Ces dames m ont parle du désir de Mme Cuvelier, je vais en faire un autre a l'eglogue il est probable qu'il lui plaira autant que le premier »

35 — L a s, au même, de Paris, 25 novembre 1852
Collection Alf Robaut Publiée en partie par nous, T I, p 140 et 141

36 — L a s, au même de Paris, 10 decembre 1852
Collection Alfred Robaut Publiee en partie par nous, T I, p 144
« J ai reçu votre bonne lettre qui m apprend que les petits sujets ont seduit M Legentil J en suis bien content, cela veut dire que j ai penetre dans son esprit J ai consulte pour le Saint-Sebastien On veut que je le conserve, il faut risquer le paquet »

1853

37 — L a s, au même de Paris, jeudi (13 janvier 1853)
Collection Alfred Robaut
« J'ai appris, avec grande peine, la maladie de Mme Dutilleux Je travaille comme un ogre »

38 — L a s, au meme, de Paris, vendredi (28 janvier 1853)
Collection Alfred Robaut
« Ayez la bonté de m écrire un mot sur la santé de Mme Dutilleux et me dire quand je pourrai aller vous voir »

39 — L a s, au même, de Paris, 4 février 1853

Collection Alfred Robaut Citée en partie par nous, T I, p 140

« Mon Saint-Sébastien approche de sa fin Espérons qu'il fera bien ses affaires J'ai l'intention de porter chez moi (à Arras) deux petits morceaux La Madeleine m'a dit qu'elle ne pourrait pas être en état de voyager Je regrette bien qu'il lui manque tant de choses pour se mettre en route il manque bien des choses à sa toilette

« J'ai entrepris un nouveau tableau de trois pieds de haut, soleil couchant Les visiteurs paraissent généralement contents En voilà donc deux pour l'exposition »

40 — L a s, à Clerambault, Place de l'École-de-Médecine, 17, Paris, de (Paris), le lundi (14 février 1853)

Collection Moreau-Nélaton

« J pars aujourd'hui même pour un petit voyage de quatre jours je reviens vendredi et je serai à mon atelier samedi, tout disposé à recevoir ce jeune officier dont tu me parles Dis lui 1 3 heures pour l'aquarelle et p petite J irai vous voir et vous prouver que je ne les abandonne pas »

41 — L a s, à Dutilleux, à Arras, de Paris, 19 février (1853)

Collection Alfred Robaut Publiée en partie par nous, T I, p 147

« Je suis arrivé en très bonne santé Seulement j'ai oublié les cahiers et les andouilles » Prière de les envoyer

42 — L a s, au même, de (Paris), 27 février 1853

Collection Alfred Robaut

Corot a reçu les comestibles qu'il demandait dans la lettre précédente et il en demande de nouveaux

« Je vous ferai une autre commande c'est pour ma sœur »

43 — L a s, au même, de (Paris, 27 février 1853)

Collection Alfred Robaut

« Je ne comprends rien à cela Adèle m'a dit qu'on n'avait pas encore tenu recevoir et la lettre a été mise à la poste par moi en arrivant »

44 — L a s, à un des frères Etex, de Paris, 27 février (1853?)

Collection P E Mangeant

Corot n'a pu aller voir l'exposition d'Etex Il espère pouvoir y aller le lendemain

45 — L a s, à Dutilleux, à Arras, de Paris, 10 mars 1853

Collection Alfred Robaut

Corot remercie du dernier envoi qui lui a été fait

« Vous voudrez bien débiter mon compte de ces deux expéditions et nous réglerons tout cela en temps et lieu comme d'usage »

46 — L a s, à Mlle Clerc de Landresse, de Rosny, 16 avril 1853

Cette lettre très intéressante a été publiée en entier par M Paul Bonnefon dans le *Bulletin de l'Art Ancien et Moderne*, 3e année, nº 117 (7 décembre 1901), p 276 Nous n'en avons eu connaissance qu'après l'achèvement de notre tome I

« Mademoiselle, j'ai passé quelques jours chez Mme Osmond et, en causant avec elle d'une certaine traduction de Théocrite que j'ai égarée je lui indiquais le besoin de me la remplacer Elle m'a dit que M de Landresse aurait la bonté de m'en faire acheter une Celle que j'avais était de M G I, elle avait en regard le grec et en bas du latin Excusez-moi, Mademoiselle, de la liberté Ah! Dieu, j'ai eu bien de la peine à trouver le moment de vous écrire ce petit mot Nous avons tant fait de parties de billard avec Lerdu id et autres compagnons charmants j'ai tant travaillé aux deux premières stations de la Croix que j'ai entreprise pour l'Église de Rosny, que je ne pouvais distraire un moment Je quitte le domaine de Mme Osmond pour commencer mes excursions Je commence par Ablon où je vais faire un séjour avec M De là je vais me transporter à Arras pour assister à un mariage et, après la noce je circulerai dans le département pour y faire plusieurs tableaux qui j'ai en vue C'est un pays qui passe pour être peu commode aux peintres et je pense que j'y ferai des choses intéressantes, si le Seigneur veut soutenir mon pinceau Je pense aussi que ce n'est pas tant le site, mais l'interprétation qui fait l'ouvrage J'ai quitté Arras me voilà à Paris je vais me précipiter dans les bras de ma sœur, à Ville-d'Avray, où je passerai une quinzaine toujours en travaillant, car je vous dirai que je n'arrête pas Puis, je m'embarque pour la Normandie et la Bretagne vers le mois d'août, pour être de retour à la fin de septembre J'ai l'intention d'aller revoir Mme Osmond pour recontinuer mon chemin de Croix Je me suis engagé à faire les quatorze tableaux en trois ans J'oubliais de vous dire que j'ai fermement travaillé cet hiver J'ai envoyé à l'exposition trois tableaux Le principal est un Saint Sébastien assisté par des saintes femmes On a paru content cet hiver Nous verrons bien si le public sera favorable »

47 — L a s, à Dutilleux, à Arras, de (Paris), 22 avril 1853

Collection Alfred Robaut Cité par nous, T I, p 146,

Corot assistera le 16 mai au mariage des enfants de Dutilleux

« Je me propose de m'embarquer avec armes et bagages le 15 à midi Voudrez-vous demander à M Cuvelier si je dois lui envoyer le tableau sans cadre Je vais me lancer dans les bois le 1er mai »

48 — L a s, au même, d'Ablon, 13 mai

Collection Alfred Robaut

Corot part pour Arras le dimanche à midi et emporte le tableau de M Cuvelier

49 — L a s, à Dutilleux, de Ville-d'Avray, samedi 25 (mai 1853)

Collection Alfred Robaut Publiée par nous T I, p 147

50 — L a s, à Dutilleux, de Saint-Valery-sur-Somme, le 11 juin (1853)

Collection Alf Robaut Publiée par nous, T I, p 150

51 — L a s, à Dutilleux, de Saint-Omer, 13 juin 1853

Collection Alf Robaut Publiee par nous T I, p 150 et 15

52 — L a s, à Dutilleux, d Alençon, 29 août

Collection Alf Robaut Publiee par nous T I, p 151

53 — L a s, à Dutilleux chez M Sacaut, a Marlotte, par Fontainebleau (S -et-M), de Bourberouge (Manche) 20 septembre 1853

Collection Alfred Robaut

« J a reçu votre douce lettre au milieu des bois Je « ne vais pas tarder à retourner à Paris De là j irai voir « ma sœur et je dois me trouver avec quelques camarades « du 8 au 12 à Fontainebleau, hotel de la Sirène »

54 — L a s, a Dutilleux, a Arras, de Paris, 28 octobre 1853

Collection Alf Robaut Publiee par nous, T I, p 152

55 — L a s, a Dutilleux, de Paris, 2 décembre 1853

Collection Alfred Robaut

Corot remercie de l'envoi de deux litres de genièvre et encourage le peintre dans ses travaux

56 — L a s, a Clerambault place de l'Ecole-de-Médecine, 17, Paris, de Paris, jeudi 15 décembre 1853

Collection Moreau-Nelaton

Corot est retenu le dimanche suivant « *par des personnes de Mantes qui arrivent à Paris* », et ne peut aller au concert

1854

57 — L a s, a Dutilleux, Arras de Paris, 6 janvier 1854

Collection Alfred Robaut

Souhaits de bonne année Corot ira à Arras le jeudi 12

« J apporterai deux ou trois petites choses pour travailler Je rapporterai les travaux sur verre Nous « verrons si nous avons eté heureux »

58 — L a s, au même, de Paris, 23 janvier (1854)

Collection Alfred Robaut

« Je vous prie de m'expédier 3 épreuves de « l'eau-forte legère avec l'homme à cheval que j aime tant « et 2 de Douai — M B andon a vu et est tres satisfait du resultat Les pains d epice ont eté trouvés de « premiere qualité »

59 — L a s, à Clerambault, place de l'Ecole-de-Medecine, 17, de Paris, 1er février 1854

Collection Moreau-Nelaton

Corot se propose « pour diner » à ses amis pour le vendredi suivant

60 — L a s, a Dutilleux, a Arras de Presles, 28 juin 1854

Collection Alf Robaut Publiee par nous, T I, p 154

61 — L a s, au même, de Ville-d'Avray, 6 août (1854)

Collection Alfred Robaut

« Je me propose d'aller vous voir le 18 août pour « nous diriger vers le Nord »

62 — L a s, au même, de Ville-d'Avray, le 17 août (1854)

Collection Alfred Robaut

« Je pars le 18 août, demain pour me jeter dans « vos bras »

63 — L a s, au même, de Rotterdam, (13 septembre 1854 *date ajoutee par Dutilleux*)

Collection Alfred Robaut

« Je vous annonce mon depart de Rotterdam le 14 Je serai à Douai le 16 ou le 17 »

64 — L a s, au même, de Paris, 1er novembre 1854

Collection Alfred Robaut

« Adèle m a dit que ces dames partaient le mardi « au lieu du lundi Je suis allé au chemin de fer au depart « de midi moins un quart Je n'ai trouvé personne »

65 — L a s, au meme, de Paris, jeudi (14 decembre 1854)

Collection Alfred Robaut

Il est question des etudes que Corot a faites en Hollande (Voir T I, p 156)

« Avec le temps elles finissent par être aimees On « les trouve bien en general L on est assez content des « tableaux visibles Les deux sournois, ça sera pour la « mort de janvier »

1855

66 — L a s, au même, de Paris, 4 janvier (1855)

Collection Alf Robaut Publiee par nous, T I p 158

67 — L a s au même, de Paris, 25 janvier 1855

Collection Alfred Robaut

« Il se repand un bruit dans la capitale de l'Em- « pire français c est que vous êtes nommé membre de « l Academie d Arras, recevez en mes compliments Ce qui « voudrait dire qu on se recommande à vous et que l'on « ressent des sentiments plus vrais » En post-scriptum *« Les deux tableaux que j ai decouverts dernierement sont « appreciés les visiteurs Espérons que ce sera bon Vous « les verrez à l Exposition »*

68 — L. a. s., à Dutilleux, de Paris, 5 mars 1855.

Collection Alfred Robaut. Publiée par M. Alfred Robaut dans *Corot* (Galerie contemporaine, nouvelle série, n° 29, en note) et par nous, T. I, page 163.

69 — L. a. s., à Alfred Robaut (datée par le destinataire de mars 1855).

Collection Alfred Robaut.

« Je compte bien aller vous voir à mon prochain « voyage à Arras. Vous pouvez dire à M. le docteur que « je me propose bien de travailler à mon tableau à mon « voyage de Douai. »

70 — L. a. s., à Dutilleux, à Arras, de Paris, 31 mars 1855.

Collection Alf. Robaut. Publiée par nous, T. I, p. 164.

71 — L. a. s., à Clérambault, rue Monsieur-le-Prince (au coin de celle Racine), Paris, de (Paris, 5 avril 1855).

Collection Moreau-Nélaton.

Corot invite ses amis le mardi 17 « pour manger une soupe sans cérémonie » et voir leur nouvelle « organisation ».

72 — L. a. s., à Mme Daller-Bovy, à La Boissière, près Genève, de Ville-d'Avray, 6 septembre (1855).

Communiquée à M. Alfred Robaut par M. Daniel Baud-Bovy.

« J'ai trouvé ma petite nièce encore bien malade. « Je suis allé m'informer si François était parti. Vous « n'allez pas tarder à le [illegible] de vous. Je vous « prierai de faire mille compliments à toutes ces dames « qui sont certainement de la Boissière. Voudriez-vous dire « à Baron que j'ai vu ses deux tableaux à l'exposition, ils « m'ont paru d'une excellente couleur et jolis d'arrange- « ment. »

73 — L. a. s., à Dutilleux, à Arras, de Paris, 31 octobre 1875.

Collection Alfred Robaut. Publiée par M. Alfred Robaut dans *Corot* (Galerie contemporaine, n° 29) et par nous, T. I, p. 165 et 164.

74 — L. a. s., à Richomme, de Ville-d'Avray, « ce samedi » (1855 ou 1856).

Collection Moreau-Nélaton.

Billet relatif à l'outillage nécessaire pour les peintures murales de l'église de Ville-d'Avray.

« Vous seriez bien aimable de passer quand vous « aurez un moment chez M. Colcombo lui demander s'il « pourrait faire arriver une échelle de peintre confortable « à Ville-d'Avray. C'est une idée qui m'est venue pour « remplacer l'échafaudage. M. le curé applaudit. »

75 — L. a. s., à Édouard Brandon, via di Porta Pinciana, n° 21, villa di Malta, Roma, de Paris (vers 1855-56).

Collection Alfred Robaut.

Recommandation pour Lyonnet, qui est le porteur de cette lettre.

« Le jeune homme vous dira ce que sont les tableaux. « Je remettrai chez vous le montant de vos déboursés pour « les costumes. »

1856

76 — L. a. s., au même, de Paris, 10 janvier 1856.

Collection Alfred Robaut.

Publiée en partie par nous, T. I, p. 165.

« Pour M. Lyonnet, je regrette bien que vous ayez « trouvé un sauvage de la sorte. Je n'ai pas encore vu « M. Duval. Je l'attends avec le costume de franciscain. « Je travaille comme un petit coquin. »

77 — L. a. s., à Dutilleux, Arras, de (Paris, 4 avril 1856).

Lettre sortie de la collection Alfred Robaut, où il en reste un calque.

Corot part le lundi 7 pour se jeter « dans les bras de toute la famille ».

78 — L. a. s., au même, de (Paris, 5 avril 1856).

Collection Alfred Robaut.

« Un joli acheteur se présente, je ne pourrai partir « que le mardi. »

79 — L. a. s., au même, de Rosny, 23 avril (1856).

Collection Alfred Robaut.

« J'ai montré les trois études, on les aime bien. « M. Bourges, le marchand qui se charge de les exposer, « m'a dit qu'il serait mieux de les signer; voulez-vous « m'autoriser à le faire et me dire le prix minimum que « vous désirerez pour s'il se présente quelque amoureux. »

79 *bis* — L. a. s., à Émile-Frédéric Hébert, de Ville-d'Avray, 31 mai 1856.

Communiquée par le fils du destinataire.

Corot propose à M. Hébert la date du 11 juin pour la visite qu'il doit faire chez lui à Essomes; le 14 juin, il ira à Luzancy.

79 *ter* — L. a. s., au même, de Paris, 8 juin 1856.

Communiquée par le fils du destinataire.

Corot annonce son arrivée à Essomes pour le 11, par le train de 9 heures du matin.

80 — L. a. s., avec croquis, à E. Brandon, artiste-peintre, via dia porta Pinciana, n° 3, d'all signor Luigi Licolani, via di mare, Rome, de Paris, 27 juin 1856.

Collection Alf. Robaut. Publiée en partie par nous, T. I, p. 166.

81 — L. a. s., à Dutilleux, Arras, de Neuchâtel (Normandie), lundi (14) juillet 1856.

Collection Alfred Robaut.

Corot rentre à Paris et de là se rendra à Arras.

« J'irai voir M. Bourges pour lui demander des « nouvelles des études. Il paraît jusqu'à présent qu'on les « a goûtées, particulièrement les saules en hauteur. »

82 — L a s, a Mr Dutilleux, de Nanteuil-les-Meaux, mercredi 10 septembre 1856

Collection Alfred Robaut

Invitations à venir voir Mme Sennegon, à Ville-d'Avray, pour le dimanche 28

83 — L a s, à Dutilleux Arras, de Paris, 9 novembre (1856)

Collection Alfred Robaut

« ... je n'ai pas porté les deux dernières études chez « M Bourges parce qu'un Monsieur me les a prises à « l'atelier J'ai dit 20 francs pour l'une et 30 francs pour « l'autre »

1857

84 — L a s au même, de Paris, 2 janvier 1857

Collection Alfred Robaut

Souhaits de meilleure santé pour Mme Dutilleux et de bonheur pour tous

85 — L a s, à l'un des Etex, de Paris, 15 janvier 1857

Collection P -F Mangeant

Corot ne peut accepter une invitation pour le samedi suivant

86 — L a s, à Edouard Brandon à Rome, de Paris, 17 janvier 1857

Collection Alfred Robaut Publiée en partie par nous, T I, p 168 et 179

« Il n'y a ... qu'une chose à faire dans de pareilles « circonstances Fort de sa conscience, c'est d'aller devant « soi comme une locomotive Rien ne peut l'arrêter ... La « bonne foi et l'honnêteté ne seront jamais abattues par les « intrigues Il faut être plus fort que tout ça ... C'est faire « trop d'honneur aux fabricants de saletés pareilles de « s'en occuper plus longtemps, lançons-les dans les té- « nebres »

87 — L a s a Dutilleux, Arras, de Paris, 17 janvier (1857)

Collection Alfred Robaut

« ... Je vous enverrai au plus tôt possible un petit « effet du matin (ma spécialité) ... »

88 — L a s, a Clerambault, de Paris, 21 janvier 1857

Collection Moreau-Nelaton

« ... Il est rare que je suis bien arrivé par les petits « amis, je me propose toujours d'aller vous voir et tou- « jours retenu par les visites chez les peintres et le travail « a l'atelier »

Il ira diner chez ses amis le mardi 27 janvier, ou, sinon, le 2 février

89 — L a s, a Dutilleux, Arras, de Paris, 6 mars 1857

Collection Alfred Robaut

« ... Je vous annonce l'arrivée du scélérat pour le « vendredi 20 courant ... Lavieille m'a fait part d'une in- « vitation de M Leducq pour diner avec lui le 22, dimanche »

90 — L a s, au même, de Paris, 10 mars 1857

Collection Alfred Robaut

Le diner chez M Leducq aura lieu le jeudi 26, au lieu du dimanche

91 — L a s, a E Brandon, Rome, de Paris, 31 mars 1857

Collection Alfred Robaut Publiée en partie par nous T I, p 180 et 168 Fac-simile des cinq croquis qui accompagnent cette lettre T I, p 169

92 — L a s, à Badin, de Ville-d'Avray, 15 juin 1857

Publiée par M G Varenne dans *La Liberté*, 15 septembre 1903, et par nous, T I, p 172

93 — L a s, a Dutilleux, Arras, de Ville-d'Avray 17 juin (1857)

Collection Alfred Robaut Publiée en partie par nous, T I, p 171

« ... Je suis allé hier à l'Exposition Je n'ai pu voir « encore vos tableaux Vous devez le savoir déjà, ils sont « reçus tous quatre »

94 — L a s, a M de Chennevieres, au Palais de l'Exposition, Champs-Elysees, Paris, de Ville-d'Avray 22 juin 1857

Collection B Fillon, n° 1918 du catalogue

« Je vous serais bien obligé de faire pencher mes « tableaux au Salon On les trouve généralement trop « droits »

95 — L a s, a Dutilleux Arras, de Boulogne-sur-Mer, 2 septembre 1857

Collection Alf Robaut Publiée par nous T I, p 175

1858

96 — L a s, au même, de Paris, 4 janvier

Lettre accompagnée de trois croquis *Dante et Virgile*, *Cache-Cache*, *La Solitude* cédée par M Alfred Robaut à M Charavay, a fait partie de la collection A Bovet, vendue avec cette collection le 24 juin 1885, reproduite dans le catalogue Bovet

Texte reproduit en fac-simile par M Alfred Robaut dans *Corot* (Galerie contemporaine, n° 29) Les croquis sont reproduits par nous, T I, p 179

« ... J'ai reçu votre bonne lettre qui me fait compli- « ments pour ma récompense Généreuse Je vous remercie « bien! ... Colin m'a remis les verres J'en ai déjà fait un « Je vais tâcher de faire des chefs-d'œuvre dessus Je vous « trace, de l'autre côté, les trois projets de tableaux que je « vais entreprendre »

97 — L a s, a Dutilleux, Arras, du 2 mars 1858

Collection Alfred Robaut

« Ma petite-nièce est mariée ... Ce qui est plaisant, « c'est que son mari s'appelle Corot comme vous Je vous « écrirai pour vous dire le jour de mon arrivée, vers le 20 « ou 22 courant »

98 — L a s, au même de (Paris, 19 mars 1858)

Collection Alf Robaut Publiee par nous, T I, p 187

99 — L a s, au meme, de Paris, 20 août 1858

Collection Alfred Robaut

Corot arrivera a Arras le 6 ou le 7 pour une ceremonie de famille pour laquelle il aura « un joli costume noir »

« *Ne vous gênez pas je pourrais tres bien, comme*
« *un grand garçon, aller chez Collignon ou autres* »

100 — L a s, au même de Magny-les-Hameaux pres Chevreuse, 4 septembre 1858

Collection Alfred Robaut

Corot rappelle qu il partira le 7 courant

« *Vous devez être en ce moment bien occupes ! Si*
« *je pouvais (arriver) assez a tems pour vous être utile a*
« *quelque chose* »

101 — L a s, a Brandon, sans date, ni suscription, un peu anterieure a la suivante, et accompagnée de 4 croquis avec les mentions « *Le Dante et Virgile*, 7 pieds 1/2, *Toilette de baigneuse*, 5 pieds 1/2 *Soir*, 4 pieds, *Repas champêtre*, 5 pieds »

Collection Moreau-Nelaton

« *Je profite du depart de M votre frere*
« *qui va vous retrouver Je n ai pas encore vu le Mon-*
« *sieur au costume de Franciscain ! Esperons Je travaille*
« *ferme J entreprends en ce moment quatre paysages assez*
« *importants Esperons que le Seigneur fera descendre*
« *de tems en tems son bon ange a côte de moi* »

102 — L a s, non signee, a E Brandon, de Paris, 27 novembre 1858

Collection Alfred Robaut Publiee en partie par nous T I p 90 et 198 Fac-simile des quatre croquis qui accompagnent cette lettre T I p 192 et 193

1859

103 — L a s a Dutilleux, a Arras, de Paris, 4 janvier 1859

Souhaits de nouvel an

Collection Alfred Robaut Citee par nous, T I, p 189

« *Il faut encore tenter la fortune ! Il faut esperer*
« *qu ils ne vous replaceront pas si mal qu a la derniere*
« *(exposition) Je travaille comme un diable* »

104 — L a s, a Dutilleux, de (Paris, 10 mars 1859)

Collection Alfred Robaut

Corot demande si le projet de voyage dans la Foret Noire n est pas pour « l annee prochaine »

105 — L a s, au même, de Paris, 14 mars 1859

Collection Alfred Robaut

Corot ne peut partir pour Arras que le 2 avril

« *J ai ete retarde pour l Exposition Enfin, j envoie*
« *mes affaires le 18* »

106 — L a s, au même, de (Paris, 26 mars 1859)

Collection Alfred Robaut

Corot ira a Arras le 2 avril

« *Je prendrai le convoi de 11 ou midi, comme d ha-*
« *bitude* »

107 — L a s, au même, de Paris, 1er avril (1859)

Collection Alfred Robaut

Corot part le lendemain pour Arras

108 — L a s, a Auguin, de Montlhery, 20 août 1859

Copiee par M Alfred Robaut entre les mains du destinataire Publiee par M Alfred Robaut dans *Corot* (Galerie contemporaine, n° 29 en note) Publiee par nous, T I p 198

109 — L a s, à Mme H Darier, à Genève de Paris, 6 novembre 1859

Communiquee a M Alfred Robaut par M Daniel Baud-Bovy

Rentre de la Boissiere, pres Geneve, Corot demande des nouvelles de ses hotes

« *Si vous pouviez dire a Menn qu il serait bien*
« *aimable de redemander a Mlle Tintine les etudes, ainsi*
« *qu a Berthoud, de Lausanne, qui en a une, et a Scheffer* »

110 — L a s a Dutilleux, a Arras, de Paris, 10 novembre (1859)

Collection Alfred Robaut Publiee en partie par nous T I, p 198

« *J ai vu Decamps a Fontainebleau, qui m a parle*
« *d une etude qu il m a dit être fort bonne, nous la verrons*
« *a mon passage* »

111 — L a s au même de Paris, 22 novembre 1859

Collection Alfred Robaut

Corot ira le jeudi 1er decembre a Arras

112 — L a s, a Mme Dutilleux, Arras, (1859, *date fournie par M Robaut*)

Collection Alfred Robaut

Corot rappelle une visite a Ville-d'Avray, promise pour le jeudi 7

1860

113 — L a s, a Dutilleux, Arras, de Paris, 6 janvier 1860

Collection Alfred Robaut

Souhaits de nouvel an

« *J ai fait voir les deux tableaux que votre cousin*
« *a remis à la maison Le petit de Dunkerque est trouve*
« *bien, l autre est plus critiqué, on le trouve obscur et*
« *l execution molle Je serais bien content de voir l epreuve*
« *de M Grandguillaume il parait que c est bien venu* »

En post-scriptum « *Je vais samedi voir M Eugene*
« *Delacroix* »

114 — L. a. s., au même, de Paris, 24 avril 1860
Collection Alfred Robaut
Corot annonce son arrivée pour le 25 courant

115 — L. a. s., au même, de (Paris, 3 mai 1860)
Collection Alfred Robaut
Corot demande des renseignements pour son envoi à l'exposition d'Amiens et, les ayant reçus avant de clore la lettre, il ajoute
« *Ma notice c'est Souvenir de Fontainebleau* — *500 francs* »

116 — Extrait d'une lettre à Auguin, datée de 1860, copié par M. Alfred Robaut entre les mains du destinataire
« *Je travaille comme un gros scélérat* »

1861

117 — L. a. s., à Dutilleux, rue de l'Ouest, n° 42, Paris, de (Paris, 25 janvier 1861)
Collection Alfred Robaut
Corot fera tout son possible pour répondre à la politesse de M. Perelli
« *J'dîne rue de Fleurus de la j'avais une séance de Rou[?] je ne sais pas si je pourrai faire les trois* »

118 — L. a. s., au même, de (Paris, 3 février 1861)
Collection Alfred Robaut
« *Pour cause d'intérieur, ce sera mardi à la maison et chez vous dimanche* »

119 — L. a. s., au même, de (Paris, 5 février 1861)
Collection Alfred Robaut
« *Ces dames doivent être arrivées. Je serais bien heureux de savoir si samedi ou dimanche elles étaient libres pour venir dîner. Ayez la bonté de m'écrire un mot pour écrire à Alger* »

120 — L. a. s., au même, de (Paris, 11 février 1861)
Collection Alfred Robaut
« *Il est bien entendu que vos deux jeunes garçons viennent avec vous, pour le mardi-gras, ils doivent faire des frites* »

121 — L. a. s., à Clérambault, « rue Monsieur-le-Prince, n° 29, au coin de la rue Racine, Paris », de (Paris, 18 février 1861)
Collection Moreau-Nélaton
« *J'ai le plaisir de t'annoncer que je viendrai dîner avec vous jeudi prochain, 6 heures moins 4 minutes, si cela vous va* »

122 — L. a. s., à Dutilleux, « rue de l'Ouest, n° 42, Paris », de (Paris, 20 février 1861)
Collection Alfred Robaut
Rendez-vous pour le vendredi, à 1 heure 3/4 « au boulevard » ou à 1 heure 1/2 à l'atelier

123 — L. a. s., à Dutilleux, « rue Saint-Aubert, à Arras », de Ville-d'Avray, 29 juin (1861)
Collection Alfred Robaut
La maladie de son beau-frère empêche Corot d'aller à Arras
« *Je vous dirai que, pour l'exposition j'ai entendu unanimement dire que votre étude Fontainebleau était bonne, courage* » En post-scriptum « *Dites-bien à Mme Cam[?] que je ne l'oublie et qu'elle recevra le petit paysage un de ces moments* »

124 — L. a. s., au même, de Ville-d'Avray, 22 juillet 1861
Collection Alf. Robaut. Publiée par nous, T. I, p. 206

125 — L. a. s., à Dutilleux, « Hôtel de la Fontaine d'Alby, près le Débarcadère, Fontainebleau », de Ville-d'Avray, 12 septembre (1861)
Collection Alfred Robaut
« *J'irai avec plaisir vous retrouver à Fontainebleau. Nous pourrons ensemble chercher les secrets de cette nature enchanteresse de la Kabylie* »

126 — L. a. s., à Dutilleux, « rue de l'Ouest, n° 42, Paris », de Paris, 1er novembre (1861)
Collection Alfred Robaut
Invitation à dîner. Citée par nous, T. I, p. 206

127 — L. a. s., au même, de (Paris, 15 décembre 1861)
Collection Alfred Robaut
« *Vous pouvez vous présenter à ce Huet les mercredi et jeudi de la semaine prochaine, vous serez bien accueillis chez M. Plestow, rue des Martyrs, 57, depuis 10 heures à 4 heures* »

128 — L. a. s., au même, de (Paris, 16 décembre 1861)
Collection Alfred Robaut
Répétition de la lettre précédente, destinée à éviter une erreur possible
« *Pendant que j'écrivais, Adèle n'arrêtait pas de me parler et, comme je pourrais avoir fait des erreurs dans les adresses, je répète* »

1862

129 — L. a. s., à Dutilleux, « rue de Rennes, n° 15, Paris », de Ville-d'Avray, 7 juin (1862)
Collection Alfred Robaut
« *Je me rendrai avec joie à Paris, lundi prochain 9 courant à 6 heures moins 4 minutes, pour dîner en compagnie de la gentille famille* »

130 — L. a. s., au même, de Luzancy, 24 juin 1862
Collection Alf. Robaut. Publiée par nous, T. I, p. 211

131. — L. a. s., au même, de Ville-d'Avray, jeudi (3 juillet 1862).
Collection Alfred Robaut.
Corot donne l'adresse du Dr Pons, boulevard Morland, 6. M. et Mme Sennegon sont toujours très faibles.

132. — L. a. s., au même, à Arras, de Ville-d'Avray, 26 juillet (1862).
Collection Alfred Robaut.
Retenu près de M. Sennegon, qui n'est pas mieux, Corot ne peut partir pour Arras.

133. — L. a. s., à Dutilleux, « rue de Rennes, n° 15, Paris », de (Paris, 2 décembre 1862).
Collection Alfred Robaut.
Rendez-vous pour « dimanche en huit, 6 heures moins 4 ».
« Vous serez bien aimable de faire savoir à « Mme Clémence, le modèle dont je n'ai pas l'adresse, de « venir à 9 heures au lieu de 10, samedi prochain. »

133 *bis*. — L. a. s., à Martinet, du 21 juin 1862.
Collection Moreau-Nélaton.
« *Je vous fais remettre pour les cinq pour cent pour « la vente d'une figure de femme italienne, la somme de « 30 fr. pour la cote de 600 fr. Je vous ferai passer sous « peu les cent francs de la souscription.* »

1863

134. — L. a. s., à Dutilleux, « rue de Rennes, 15, Paris », de Paris, 16 avril (1863).
Collection Alfred Robaut.
Corot invite Dutilleux à venir avec ses enfants dîner le samedi 25 ou le lundi 27, après quoi, il « s'envole ».

135. — L. a. s., au même, même date.
Collection Alfred Robaut.
Regrets sur le malheur qui arrive à Dutilleux.

136. — L. a. s., à un destinataire inconnu, d'Epernon, 6 juin 1863.
Catalogue Charavay, février 1890, n° 125.
Rendez-vous à l'atelier le mercredi suivant, de 8 à 10 heures du matin, pour recevoir les « instructions » du destinataire « concernant les eaux-fortes ».

137. — L. a. s., à Mme H. Darier, « à Saint-Jean, Genève », du 25 juillet 1863.
Communiquée à M. Alfred Robaut par M. Daniel Baud-Bovy. Citée par nous, T. I, page 219.
Corot part pour Dardagny, Chatelaine et Saint-Jean. Il craint de ne pouvoir aller à Gruyères.
« *Je vous serrai toujours à Saint-Jean.* »

138. — L. a. s., à Martinet, du 24 octobre 1863.
Collection Moreau-Nélaton.
« *Le tableau en question est de 2 000 fr.* »

139. — L. a. s., à une personne demandant des renseignements pour un ami qui préparait une étude sur les artistes en Berry. De Paris, 15 novembre 1863.
Communiquée par Madame H. Dumesnil.
Corot regrette de ne pouvoir indiquer d'études faites par lui dans le Berry, où il n'a que fort peu travaillé.

140. — L. a. s., à une destinataire inconnue, du jeudi 31 décembre 1863.
Cette lettre était appliquée, en 1891, au verso du tableau *N° 1013* quand M. Robaut en prit le croquis chez son propriétaire M. Petrel.
« *Chère Madame, je vous envoie mon petit souvenir, « que j'accompagne des souhaits que je fais pour votre « bonheur à vous trois.* »

141. — L. a. s., à Dutilleux « rue de Rennes, 15, Paris », (vers 1863-1864).
Collection Alfred Robaut.
« *Mon cher ami, demain, je serai à l'atelier jusqu'à « 2 h. et le mercredi aussi. Ainsi, je vous attends avec joie.* »

1864

142. — L. a. s., au même, de (Paris, 1er mars 1864).
Collection Alfred Robaut.
Invitation à dîner pour le dimanche de Pâques, 27 mars.

143. — L. a. s., au même, de (Paris, 6 mars).
Donnée par M. Alfred Robaut, en 1892, à M. Durand-Ruel.
Rendez-vous pour le samedi ou le jeudi, au gré de Dutilleux.

144. — L. a. s., à E. Brandon, de Gouvieux, 9 mai 1864.
Collection Alfred Robaut.
Rendez-vous pour dîner avec Brandon et Monier le jeudi 12 courant.

145. — L. a. s., à M. Alfred Robaut, de « chez M. Remy, à Luzancy, près la Ferté-sous-Jouarre », 13 juin 1864.
Collection Alfred Robaut.
Corot souscrit pour les fac-simile des dessins de E. Delacroix, il sera prêt le 1er juillet à partir pour Arras.
« *J'enverrai le tableau à Arras ou à Douai. Dites-« moi, j'aurais à y retravailler.* »

146. — L. a. s., au même, de (Paris, vers juin 1864, *date fournie par M. Alfred Robaut*).
Collection Alfred Robaut.
« *Je ne pourrai pas vous envoyer le tableau comme « je l'espérais. Il y a encore trop à faire. Le Papa a vu « il m'engage à le travailler ferme.* »

147 — L a s, a Dutilleux, « rue de Rennes, 15, Paris », de (Paris, 22 juillet 1864)
Collection Alfred Robaut
« *Vous ser ez bien aimable de me faire savoir par un mot chez Mme Chamo illet, à Sèvres, si Paul a trouvé, dans les derniers feuilletons de la Presse sur le Salon, un mot pour vous, parce que je vais où à Ville-d'Avray le Monsieur qui m'a promis de parler M P de Saint-Victor* »

1865

148 — L a s, au même, de (Paris, 5 février 1865)
Collection Alfred Robaut
Il ne peut se rendre à l'invitation de Dutilleux, mais l'invite au contraire à dîner chez lui en famille le dimanche 19 à 6 heures moins 1/4

149 — L a s, a Forest, « à Marcoussis, près Montlhéry », de Paris, 29 avril (1865)
Collection Tourneux
« *J'ai été bien malheureux, il n'y a pas eu moyen d'obtenir les voix Ce bon Dumax aussi a été malheureux pour son grand tableau de Constantine Il a eu son petit accepté* »

150 — L a s, au marquis de Chennevières, de Paris, 17 juin 1865
Publiée par son destinataire dans *Souvenirs d'un Directeur des Beaux Arts*, Ire partie, pages 42 et 43
Corot demande que la Direction des Beaux-Arts fasse quelque acquisition au peintre Ten turier, blessé « dans un accident »
« *Vous seriez bien bon par un mot de ministère parce que je vais voir ce malheureux jeune homme Je voudrais lui apporter du baume* »

151 — L a s, a Dutilleux, « rue de Rennes, 15, Paris », de Fontainebleau 29 juin 1865
Collection Alfred Robaut
Corot part pour Arras le 8 juillet et, le 9, il repartira pour Douai

152 — L a s, au même, de Fontainebleau, mardi (4 juillet 1865)
Collection Alfred Robaut
Publiée par nous, t I, p 224

153 — L a s, a Dumax, « a Marcoussis, par Montlhéry » de Fontainebleau, 6 août (1865)
Communiquée par M Prosper Lobin
Citée par nous, T I, p 225

154 — L a s, à F Brandon, « rue Notre-Dame de Lorette, 44, Paris », de (Paris, 17 septembre 1865)
Collection Alfred Robaut
« *Je reçois à l'instant une lettre de M Viut..., architecte Les tableaux seront encore à l'atelier jusqu'au 22, aussi, vous pourrez (attendre) jusque là Je pense que Mlle L jeune est dégagée, déjà plusieurs fois j'ai fait quelque chose, encore ce matin, cependant il ne faudrait pas abuser* »
En post-scriptum, Corot demande l'adresse de Monnier à Marlotte, pour pouvoir le prévenir de sa prochaine arrivée

155 — L a s, a Dutilleux, a Arras, de Paris, 5 octobre (1865)
Collection Alfred Robaut
Corot félicite Dutilleux de son rétablissement et espère le voir à Marlotte où il part le 15 octobre

156 — L a s, à Dutilleux « rue de Rennes 15, Paris », du 14 octobre 1865
Collection Alfred Robaut
« *Le convoi part à midi, il faut donc être à 11 h 1/2 au débarcadère* »
Dutilleux frappé de congestion en chemin de fer n'a pas reçu cette lettre (Voir T I, p 226)

157 — L a s, a Martinet, du mercredi (? 1865, *date donnée par M Alfred Robaut*)
Collection Alfred Robaut
« *Je vous envoie un monsieur S'il se présente un amateur ce sera 1,000 fr* »

1866

158 — L a s, a Gauthier, a Semur, du 6 mars 1866
Communiquée par M Fernand Coro
« *Je vous remercie bien de votre miel tant trouvé excellent Il me semble, en en mangeant, avoir du soleil ça ne fait pas de mal à un paysage* »
« *J'espère trouver quelque moment pour vous visiter cette saison à Semur et y exercer mon pinceau* »

159 — L a s, à F Herbert, a Beauvais, de Mantes, 8 mai 1866
Publiée par G Vaienne dans *La Liberté*, 16 septembre 1904, et par nous, T I, p 231

160 — L a s, a La Rochenoire, « boulevard Rochechouart, n° 3, a Paris », de Ville-d'Avray, (mai 1866 ?)
Collection Moreau-Nélaton
Corot regrette de ne pouvoir dîner avec La Rochenoire que le 2 juin

161 — L a s, au même, de Noisy-le-Grand, 23 juin 1866
Publiée ou résumée dans le catalogue de la librairie Mathias et Cie, mars 1900, n° 758 Citée par nous, T I, p 234
Corot complimente La Rochenoire pour l'acquisition que lui a faite M de Nieuwerkerke
« *Le prix c'est toujours, ainsi nous serons une autre fois, du courage, travaillons ferme, des études fraîches, qui fassent retourner le monde* »
Il est retenu à la chambre par un rhumatisme, qui l'empêche d'aller chanter avec les petits oiseaux dans les bois et dans les champs

162 — L. a. s., à La Rochenoire, « à Bléville, près le Hâvre », de Paris, 9 septembre 1866.

Collection Moreau-Nélaton. Citée par nous, t. I, p. 234.

Corot part le lendemain faire quelques études à Noisy-le-Grand.

163 — L. a. s., à Mlle Clérambault, de Paris, ce 16 octobre 1866.

Collection Moreau-Nélaton.

« Mademoiselle et amie,

« Je vous verrai avec plaisir demain mercredi « seulement, avant 3 heures je serai obligé de sortir.

« Je vous remercie mille fois de votre douce lettre... »

1867

164 — L. a. s., à La Rochenoire, de (Paris, 9 février 1867).

Collection Moreau-Nélaton.

Invitation à dîner pour le samedi 16, avec Mme La Rochenoire, sa fille, Ducasse, Audry, sa femme, et Mme Chamouillet.

165 — L. a. s., au même, de (Paris, 7 avril 1867).

Collection Moreau-Nélaton.

« C'est demain samedi que doit venir le modèle en « question... »

166 — L. a. s., au même, de (Paris, 10 avril 1867).

Collection Moreau-Nélaton.

« Avez-vous mis la lettre de Mme Corot à la poste ? « Voilà tout... »

167 — L. a. s., au même, de (Ville-d'Avray, mardi 4 juin 1867).

Collection Moreau-Nélaton. Citée par nous, t. I, p. 235.

« Grande expression de joie pour l'acquisition du « jeune taureau ! ! ! ! ! ! ! ! ! ! Pour le Marseille (sic), je « regrette bien ; il est trop tard. Votre ami a un peu trop « tardé... »

168 — L. a. s., au même, à Bléville, près Le Hâvre, de Coubron, par Livry (Seine-et-Oise), 30 juin (1867).

Collection Moreau-Nélaton. Publiée en partie par nous, T. I, p. 235 et 239.

« J'ai vendu mon Marseille (sic) à un M. Laurent-« Richard, tailleur, 4000. Je suis content ; si en haut lieu « on est si mal pour eux, je ferai descendre la Toilette, « nous verrons bien... »

169 — L. a. s., à Cadart, « rue de Richelieu, au coin de celle Ménars, Paris », de Coubron, par Livry, 15 juillet (1867).

Collection Moreau-Nélaton.

Invitation à venir à la ... le 30 courant à 8 heures.

170 — L. a. s., à H. Dumesnil, de Coubron par Livry, (15 juillet 1867).

Communiquée par la veuve du destinataire.

Publiée par nous, T. I, p. 241.

171 — L. a. s., à Alfred Robaut, à Douai, de Marcoussis, près Montlhéry, 18 août 1867.

Collection Alfred Robaut.

Publiée par M. Alfred Robaut dans *Corot* (Galerie contemporaine, nouvelle série, n° 29) et par nous, T. I, p. 240.

172 — L. a. s., à La Rochenoire, de (Paris, 28 novembre 1867 ?).

Collection Moreau-Nélaton.

« Devant être absent de l'atelier samedi, si vous « voulez venir demain vendredi, vous me direz quelque « chose de la figure de nymphe qui me raccommode. »

173 — L. a. s., à E. Dumax, à Marcoussis, près Montlhéry, de Coubron, par Livry, 30 juin (1867).

Communiquée par M. Prosper Bobin. Publiée par nous, T. I, p. 239.

174 — L. a. s., à E. Brandon, de décembre 1867 ou janvier 1868 (*date ajoutée par Brandon*).

Collection Alfred Robaut.

« Mes bras seront tout grands ouverts pour vous « recevoir demain mercredi, du matin jusqu'à 2 heures. »

175 — L. a. s., à Badin, de Ville-d'Avray, 30 juillet (1867 ou 1868).

Publiée par M. G. Varenne (*La Liberté*, 10 septembre 1903) Citée par nous, T. I, p. 272.

« J'ai bien du regret de ne pouvoir aller à « Beauvais. Je suis tellement fatigué qu'il m'est recom-« mandé de prendre grand repos et me soigner, et fuir les « réunions où je m'abandonne trop à la joie... »

1868

176 — L. a. s., à Mme Gratiot, de Paris, 31 mai 1868.

Communiquée par la famille de la destinataire.

Corot annonce son arrivée à Coubron pour le mardi 2 juin.

177 — L. a. s., à E. Dumax, de Ville-d'Avray, 2 août (1868).

Communiquée par M. Prosper Bobin.

« Je suis forcé, par ordonnance du médecin, de « renoncer au plaisir d'aller vous voir cette année. Il faut « que je reste tranquille et le plus sédentaire. Du reste, « avec du calme ça va. Je vais dans le bois, je travaille tout « doucement. J'espère que je pourrai me donner le plaisir « de voyager l'année prochaine et que je me rattraperai... »

178 — L. a. s. au même, de Ville-d'Avray, 14 août 1868.

Communiquée par M. Prosper Bobin. Publiée en partie par nous, T. I, p. 242.

179 — L. a. s., à G. Tempelaere, du 12 octobre 1868.

Communiquée par le destinataire.

Rendez-vous pour le mardi suivant.

180 — L. a. s., à La Rochenoire, du (17 novembre).

Collection Moreau-Nélaton.

Corot ne sera à l'atelier le lendemain qu'à 11 heures.

181 — L. a. s., à Alfred Robaut, « rue Belin (*sic*), Douai », de Paris, 9 décembre 1868.

Collection Alfred Robaut.

« *Je suis bien heureux d'apprendre que vous êtes propriétaire du port de La Rochelle. Je vous verrai avec plaisir à votre passage à Paris. Nous reverrons ensemble cette jolie personne en bleu.* »

182 — L. a. s., à Diaz, de Coubron, mercredi (1868, *au crayon, d'une main étrangère*).

Collection Moreau-Nélaton.

« *Mon cher Diaz,*

« *Je vous serais bien obligé d'accueillir M. Baron, mon ami, qui doit vous présenter un tableau qu'on lui a confié pour le faire signer.* »

1869

183 — L. a. s., à un amateur de province, du mercredi 9 mars 1869.

Copiée par M. Alfred Robaut, elle a figuré dans une vente d'autographes faite à l'Hôtel Drouot le jeudi 26 février 1888, sous le n° 59.

« *Monsieur, je suis flatté de votre désir. Je vous dirai par cette occasion que lorsque vous passerez à Paris, je serai content de voir une personne qui m'est si sympathique.* »

184 — L. a. s., à J. de La Rochenoire, de (Paris, 16 mars 1869).

Collection Moreau-Nélaton.

« *Voudriez-vous venir dîner demain mercredi pour l'arrivée de la sœur de lait.* »

185 — L. a. s., à de La Rochenoire, de (Paris, 17 mai 1869).

Collection Moreau-Nélaton.

Rendez-vous, pour le lendemain samedi, à l'atelier jusqu'à 2 h. 1/2.

186 — L. a. s., à Mme Gratiot, de Ville-d'Avray, 7 juin 1869.

Communiquée par la famille de la destinataire.

Corot annonce son arrivée à Coubron pour le jeudi 10 courant.

187 — L. a. s., à Alfred Robaut, de Paris, 7 juillet 1869.

Collection Alfred Robaut.

Corot regrette de ne pouvoir aller à Douai et envoie « la petite figure et le petit échantillon de paysage ».

188 — L. a. s., au même, de Paris, 10 juillet 1869.

Collection Alfred Robaut.

Publiée par nous, T. I, p. 242.

189 — L. a. s., à Émile Corot, de Paris, 13 septembre (1869).

Communiquée par M. Fernand Corot.

Il y est question d'un billet de 1 000 francs réservé à la sœur du destinataire, dont la fille Clémence était souffrante et devait se rendre aux eaux de Luxeuil.

« *Vous présenterez la chose comme devant faire tout ce qu'il faut pour la santé des enfants.* »

190 — L. a. s., à de La Rochenoire, « boulevard Rochechouart, 135, Paris », de (Paris, 25 octobre).

Collection Moreau-Nélaton.

Corot annonce sa visite pour le 30, à 10 h. 1/2.

190 *bis* — L. a. s., à M. Altès, de Paris, 22 novembre 1869.

Vente Hôtel Drouot, vendredi 24 mars 1905, n° 54.

Corot demande qu'on lui réserve une place au Conservatoire.

1870

191 — L. a. s., à de La Rochenoire, de Paris, le 20 mars 1870.

Collection Moreau-Nélaton. Citée par nous, T. I, p. 248.

« *Devant aller mardi, je ne pourrai me rendre chez Daubigny le mardi en question. Je pense à Isabey à la place de Manet.* »

191 *bis* — L. a. s. au rédacteur du journal « La Charge ».

Reproduite en fac-similé dans le n° du 25 juin 1870.

Corot autorise à reproduire son portrait.

192 — L. a. s., à Ed. Brandon, « rue d'Amsterdam, 71, à Paris », de Paris, 18 avril 1870.

Collection Alfred Robaut.

Rendez-vous pour le dimanche suivant, sur les deux heures.

193 — L. a. s., à E. Dumax, de Ville-d'Avray, ce 28 juillet (1870).

Communiquée par M. Prosper Bobin.

Corot est obligé de renoncer à aller voir Dumax et le regrette vivement. Il renonce également à une course qu'il devait faire à Arras.

194. — L. a. s., à Alfred Robaut, de Ville-d'Avray, 28 juillet (1870).

Collection Alf. Robaut. Citée par nous, T. I, p. 242.

La santé de Corot l'empêche d'aller à Douai.

« ... Ce temps de chaleur m'a mis à bas. Il m'est « bien recommandé le repos et je me fais soigner à Ville-« d'Avray ... »

195. — L. a. s., à J. de La Rochenoire, « à Sainte-Adresse, Station des Omnibus, près Le Hâvre », de Ville-d'Avray, 23 août (1870).

Collection Moreau-Nélaton. Publiée par nous, T. I, p. 249.

196. — L. a. s., à Alfred Robaut, de Ville-d'Avray, ce 25 août.

Collection Alfred Robaut.

La gravité des circonstances empêche Corot de quitter sa famille. « ... S'c'est favorable, je pourrai aller « vous voir et vous embrasser pour laisser épanouir notre « joie. Espoir. »

1871

197. — L. a. non signée, à de Beauchesne, de Paris, 5 février 1871.

Collection Benjamin Fillon (1877) et Collection Bovet (1885). Publiée par nous, T. I, p. 17.

198. — L. a. s., à Alfred Robaut, rue Bellin, (sic) n° 45, Douai, d'Arras, 13 avril 1871.

Collection Alfred Robaut.

Corot annonce son arrivée à Douai pour le lendemain vendredi. « Nous ferons ensemble quelques chefs-d'œuvre. »

199. — L. a. s., à J. de La Rochenoire, « 20, Grafton street, Fitzroy square à Londres », de Paris, 14 février 1871.

Collection Moreau-Nélaton. Publiée par nous, T. I, p. 250 et 251.

200. — L. a. s., à Paul Dutilleux, « rue de Bellain, 45, Douai (Nord) », d'Arras, mardi (16) mai 71.

Collection Alfred Robaut.

Corot a reçu de la part de M. Flahaut une invitation à laquelle il ne peut se soustraire.

« Avez-vous parlé à Alfred (Robaut) de l'idée de « louer quelque chose du côté de Rampoux, entre Douai et « Arras ? Les enfants d'Arras pourraient venir nous voir. « Tout cela sont des pour moi aux affaires de Paris. »

201. — L. a. s., à Alfred Robaut, « rue Bellain, 45, Douai (Nord) », d'Arras, 2 juin 1871.

Collection Alfred Robaut.

Corot offre à Mme Elisa (Robaut) un tableau de fleurs.

202. — L. a. s., à J. de La Rochenoire, « Grafton street, n° 19, Fitzroy square, Londres », d'Arleux (Nord), 24 juin 1871.

Collection Moreau-Nélaton. Publiée en partie par nous, T. I, p. 258.

« Vous terminez votre séjour par des portraits. « L'important, c'est qu'ils soient bons. Pour le prix soyons « modeste, nous en serons à augmenter plus tard. Je vais « bientôt retourner à Paris pour retrouver ma sœur, qui « revient de Marseille ... »

203. — L. a. s., à Mme Gratiot, d'Arleux (Nord), 30 juin (1871).

Communiquée par la famille de Mme Gratiot.

« Je vous remercie bien de votre bon souvenir pour « la Saint-Jean. Cette année est bien différente. Plus de « nos bonnes réunions. J'ai l'intention de revenir pour la « rentrée de Mme Sénégon, vers le 20 juillet, nous nous « reverrons, j'espère, à Ville-d'Avray ... »

204. — L. a. s., à Mme veuve Dutilleux, à Arleux du Nord (Nord), de Ville-d'Avray, 3 août 1871.

Collection Alfred Robaut. Publiée par M. Alfred Robaut dans *Corot* (Galerie contemporaine, nouvelle série, n° 29, en note) et par nous, T. I, p. 254.

1872

205. — Extrait d'une l. a. s., à H. Dumesnil, de Paris, 17 avril 1872.

Communiquée par Mme Dumesnil.

« ... Je regrette bien de ne pouvoir, partant jeudi pour « un petit voyage à Beauvais ... »

206. — L. a. s., à J. de La Rochenoire, « boulevard Rochechouart, n° 25, Paris », de (Paris, 18 avril 1872).

Collection Moreau-Nélaton.

« ... Le tableau est à vous, seulement, j'aurais à y « travailler ... »

207. — L. a. s., à Bonnissant, du (21 mai 1872).

Appliquée au verso d'un tableau ayant appartenu au destinataire et vendu à l'Hôtel Drouot le 25 novembre 1897.

Copie sur l'original par M. Alfred Robaut.

« ... Votre tableau est à votre disposition à « l'atelier ... »

208. — L. a. s., à Alfred Robaut, du 18 juin 1872.

Collection Alfred Robaut.

Introduction auprès du concierge pour entrer à l'atelier rue Paradis Poissonnière.

209. — L. a. s., au même, du 9 août 1872.

Collection Alf. Robaut. Publiée par nous, T. I, p. 10.

Instructions pour le concierge de son atelier.

210 — L a s, a Alfred Robaut, « rue Lafayette, n° 113, Paris », de (Paris, 20 août 1872)

Collection Alfred Robaut

« Je tâcherai d'être chez vous aujourd'hui mardi « de 3 à 4 »

211 — L a s, a J de La Rochenoire, « a Sainte-Adresse-Havre », de Paris, 29 août (1872)

Collection Moreau-Nelaton Publiee par nous, T I, p 270

« Je pars pour travailler a Argenteuil chez un « ami Je vais bien Je travaille comme si j'avais 70 ans »

212 — L a s, a J de La Rochenoire, « boulevard Rochechouart n° 25, Paris » de Paris, 1er novembre 1872

Collection Moreau-Nelaton

Corot fait une petite absence de 15 jours

« Je serai a l'atelier le 20 a midi et je vous em- « brasserai »

213 — L a s a M Alfred Robaut de (Paris, 26 novembre 1872)

Collection Alfred Robaut

Invitation a diner pour le dimanche suivant La lettre debute par « Mon cher la Joie »

214 — L a s, a Mme Gratiot, de Paris, 5 decembre 1872

Communiquee par la famille de la destinataire

« Je suis dans le coup de feu Sitot que cette « fureur sera calmee j'irai pendant quelques jours passer « avec vous des moments doux et tranquilles »

1873

215 — Extrait d'une lettre a Auguin, du 15 janvier (1873)

Copie par M Alfred Robaut, entre les mains du destinataire

« Je n'ai absolument rien de disponible pour « l'exposition (de Bordeaux) Je n'aurais qu'un arc en Agir « dans le desert, ce n'est pas le chique (sic) d'aujour- « d'hui »

216 — L a s, a J de La Rochenoire de (Paris, 19 janvier 1873)

Collection Moreau-Nelaton

Rendez-vous pour le vendredi 24 a une heure

217 — L a s, au même de (Paris, 23 janvier 1873)

Collection Moreau-Nelaton

Même rendez vous, pour deux heures

218 — L a s, a Mme Gratiot, de Paris, ce 16 fevrier 1873

Communiquee par la famille de la destinataire

Corot donne des nouvelles de sa sœur dont l'etat s'ameliore de jour en jour

219 — L a s, a de La Rochenoire, de (Ville-d'Avray, 18 mai 1873)

Collection Moreau-Nelaton

Rendez-vous pour le dimanche suivant

« Je vous serrerai dans mes bras avec plaisir »

220 — L a s, a Alfred Robaut de Ville-d'Avray, 21 mai (1873)

Collection Alfred Robaut

Corot demande l'heure du depart pour Brunoy

« Je serai a l'ordre »

221 — L a s, au même, de (Coubron) 12 juin 1873

Collection Alfred Robaut

Corot part le 4 pour Arras et le 5 pour Douai

« Vous pouvez prendre le Dupre, l'affaire est faite »

222 — L a s, a Emile Corot, de Coubron, 24 juin 1873

Communiquee par M Fernand Corot

Corot est tellement pris par ses travaux qu'il ne pourra aller voir son neveu qu'en septembre

223 — L a s a Mme Gratiot de Douai, 14 juillet (1873 ?)

Communiquee par la famille de Mme Gratiot

« Me voici dans le Nord Je travaille, mais ne « vous oublie pas »

224 — L a s a la meme, d'Arras, 15 juillet 1873

Communiquee par la famille de Mme Gratiot

Remerciements a la destinataire pour ses bons soins

« Ma sante est bonne »

225 — L a s, a Dumax, « a Marcoussis, par Montlhery », de Paris, 7 juillet (1873)

Communiquee par M Prosper Bobin

Corot donne rendez-vous pour le 1er aout et demande quel train il doit prendre

226 — L a s, au même, (probablement du 30 juillet 1873)

Communiquee par M Prosper Bobin

« Cher scelerat, je prendrai donc le train matinal « de 7 h 15, Orleans Pegu'er est-il prevenu ? »

227 — L a s, (octobre 1873)

Collection Alfred Robaut

Introduction aupres du jardinier de Ville-d'Avray, remise a M Robaut en vue d'une visite faite par celui-ci, le 26 octobre 1873

228 — L a s, a E Brandon, de (Paris, decembre 1873 (*datee par Brandon*)

Collection Alfred Robaut

Invitation a diner pour dimanche a 6 heures moins 3 « avec la famille et M Huteau, le capitaine »

228 *bis* — Signature apposée sur une lettre collective au Ministre des Beaux-Arts, à la veille du Salon de 1873

Collection Moreau-Nélaton

Dans cette lettre il est demandé « qu'on veuille bien étendre le droit de vote pour l'élection des membres du jury à tous les artistes ayant exposé les années précédentes »

1874

229 — L. a. s., à M. F. Robaut (père), à Douai, de Coubron, 1er janvier 1874

Collection Alfred Robaut

« *J'ai été bien sensible aux sentiments que vous* « *m'exprimez au sujet du tableau de Sin... J'espère que* « *votre joie ne s'arrêtera pas à la vue du tableau installé* « *Il a été approuvé à Paris, j'ose penser qu'à Douai, ce sera* « *de même* »

230 — L. a. s., à Mme Gratiot, de Paris, 25 janvier 1874

Communiquée par la famille de Mme Gratiot

Partant pour « la noce de Bourgogne » le 9 février, Corot ira à Coubron du 2 au 8

231 — L. a. s., à la même, du 26 février 1874

Communiquée par la famille de Mme Gratiot

Corot annonce sa visite pour le 4 mars

« *Je me jetterai dans vos bras vers 11 heures* »

232 — L. a. s., à la même, de l'Isle-Adam, 8 avril 1874

Communiquée par la famille de Mme Gratiot

« *Je suis à vos pieds le 10 courant... Je serai* « *accompagné d'un ami qui a... commencé l'atelier avec* « *Joseph, il profite de la voiture* »

233 — L. a. s., à Busson, de Ville-d'Avray, 17 mai (1874)

Communiquée par Mme H. Dumesnil

« *Mon cher Busson, Mon... un de mes amis a un* « *tableau à l'exposition trop haut placé. Il est délicat et* « *tout est perdu. Le titre est* « Les exploits d'un macaque, « n° 1306 » *J'emploierai pour lui d'être placé sur le* « *cimaise* »

233 *bis* — L. a. s., à Stock, de Ville-d'Avray le 23 mai (1874)

Reproduite en fac-similé dans la « *Revue du Salon* », par Stock

« *D'après votre désir, je vous fais parvenir mon* « *autographe* »

234 — L. a. s., au Juge de paix chargé de la constitution du conseil de famille de M. Fernand Corot, contresignée par Henry Sennegon, de Ville-d'Avray, 24 mai 1874

Communiquée par M. Fernand Corot

Composition du conseil de famille de M. Fernand Corot

235 — L. a. s., ... de mai 1874

Collection Alf. Robaut. Publiée par nous, T. I, p. 12

Introduction auprès des possesseurs de ses œuvres, remise par Corot à M. Alfred Robaut

236 — L. a. s., à Brame, de Coubron, 1er juin 1874

Communiquée par M. Hector Brame

Autorisation de retirer un tableau acheté par Brame chez Henry, rue de la Michaudière

237 — L. a. s., à H. Dumesnil, de Coubron, 3 juin 1874

Publiée par le destinataire dans son ouvrage *Corot, souvenirs intimes*, 1875, in-8°, p. 96

« *Mon cher Dumesnil, combien j'ai été sensible à* « *votre amical souvenir. Vous direz à tous les camarades* « *et amis signataires combien leurs sympathies flatteuses* « *m'ont été chères, et à Busson tout particulièrement, qui* « *m'a été fidèle jusqu'à la fin de l'opération*

« *Merci, merci, cher Monsieur et ami, de vos atten-* « *tions charmantes*

« *Tout à vous*

« *Corot* »

238 — L. a. s., à E. Brandon, de Coubron, par Livry, 15 juin 1874

Collection Alfred Robaut

« *Pour Robaut, vous êtes propriétaire et maître de* « *vos tableaux... ne faites là-dedans que ce qui vous* « *conviendra... comme il en a une bonne collection, ça ne* « *peut pas lui faire défaut* »

239 — L. a. s., à Mme Gratiot, de Luzancy, 13 août 1874

Communiquée par la famille de la destinataire

Lettre relative aux travaux faits à Coubron

« *Tout sera bien si la grille est bonne* »

240 — L. a. s., à Eugène Decan « peintre, à Villers-sur-Mer, par Trouville », de Paris, 14 août 1874

Communiquée par Mme H. Dumesnil

Corot demande l'heure à laquelle ils devront, le 24 courant, partir pour Crécy

241 — L. a. s., à Mme Gratiot, de Paris, 25 septembre 1874

Communiquée par la famille de Mme Gratiot

Corot arrivera le lundi 28 et sera accompagné de l'architecte Oudinot, « qui verra l'œuvre »

« *On me commande d'aller au plus vite à Coubron* « *pour me reposer de toutes mes courses* »

242 — L. a. s., à la même, de Ville-d'Avray, 13 octobre 1874

Communiquée par la famille de la destinataire

« *Je suis arrivé à Ville-d'Avray avec M. Ledesco...* « *J'ai retrouvé ma sœur, elle est bien faible, mais je l'ai* « *retrouvée. J'étais bien heureux, n'espérant pas la revoir* »

243 — L. a. s., à M. Alfred Robaut, rue Lafayette 113, Paris; de Coubron, 23 octobre 1874.

Collection Alfred Robaut.

« La photographie m'a paru bonne. Seulement, « je n'en ai pas besoin de plus de 24 pour la famille. Car « ce n'est qu'une chose intime. Rien d'écrit derrière, tout « simple.

« Le Saint-Sébastien va son train. Il est signé. »

244 — L. a. s., à J. de Larochenoire, rue Rochechouart, 57, Paris; de Coubron, par Livry, 23 octobre (1874).

Collection Moreau-Nélaton.

« Je vous remercie bien de votre bon souvenir; je « suis ici en retraite pour me reposer, j'en ai grand besoin; « je ne retournerai à l'atelier que le mercredi après le 15 no- « vembre. »

245 — L. a. s., à Mme Gratiot, de Paris, 1er décembre 1874.

Communiquée par la famille de la destinataire.

Citée par nous, T. I, p. 318.

246 — L. a. s., au Dr Gratiot, de Paris, 7 décembre 1874.

Communiquée par la famille Gratiot.

« Mon cher Docteur, Ce sera pour le mercredi « 10 h. 1/2. M. Cambay s'est fait adjoindre M. le Profes- « seur Sée. Ainsi au mercredi 10 h. 1/2, rue du faubourg « Poissonnière. »

247 — L. a. s., à Mme Gratiot, de Paris, 30 décembre 1874.

Communiquée par la famille de Mme Gratiot.

« La seconde fournée des enfants pour le jour de l'an, « qui sera le dimanche 10, me fait reculer le retour à « Coubron au lundi 11. — Espérons que le temps d'ici là « sera plus doux et permettra de faire des promenades au « bûcheron. »

1875

248 — L. a. s., à Auguin, du 6 janvier 1875.

Publiée par M. Alfred Robaut, dans Corot (galerie contemporaine, n° 29, en note) et par nous, T. I, p. 318.

249 — L. a. s., à Mme Gratiot, de Paris, 9 janvier 1875.

Communiquée par la famille de la destinataire.

Publiée par nous, T. I, p. 318.

250 — L. a. s., à la même, de Paris, 26 janvier 1875.

Communiquée par la famille de la destinataire.

Publiée par nous, T. I, p. 320.

251 — L. a. s., à Emile Corot, de Coubron, mardi (janvier 1875).

Communiquée par M. Fernand Corot.

« Je vous envoie la lettre de M. Bibinet... Vous « prendrez connaissance de la situation. »

LETTRES DE DATE INCERTAINE

252 — L. a. s., à Mme Cabarrus, de Bourberouge, près Mortain, 1er juillet (vers 1850-1855).

Collection Moreau-Nélaton.

Corot réclame un petit chien qui lui a été promis pour Mme Léon Fleury, de Versailles.

« ... Je suis à courir de vallons en vallons pour « chercher et faire des études. Je travaille ferme, je vise « un chef-d'œuvre, rien que cela. »

252 *bis* — L. a. s., à Emile-Frédéric Hébert, de Ville-d'Avray, 3 juillet (vers 1854).

Communiquée par le fils du destinataire.

Corot, sur le point de faire un voyage dans le Midi, prie M. Hébert de remettre « chez M. Chamouillet, miroitier, rue de Cléry, 22 » le prix du tableau qui lui a été livré. (Il s'agit de l'*Eglise de Lissomes*. (L. [illegible] N° 1021).)

253 — L. a. s., à Bellel, datée « ce mardi » (vers 1850-1860).

Lettre ayant appartenu à M. Mathey et copiée entre ses mains.

« Je voulais aujourd'hui vous porter le petit sou- « venir. Je n'ai pas trouvé le moment. Ce sera pour mardi « prochain. Il ne finit pas de sécher. »

254 — L. a. s., à Antoine Etex (vers 1850-1860).

Collection P.-F. Marguant.

Corot arrive de Fontainebleau et il lui a été impossible d'assister la veille au concert.

254 *bis* — L. a. s., à Martinet, de Paris, 30 novembre (vers 1860-65).

Collection Moreau-Nélaton.

« Je souscris au dîner du jeudi 3 décembre. »

254 *ter* — L. a. s., à Martinet, sans date (vers 1860-65).

Collection Moreau-Nélaton.

« Je souscris avec plaisir au dîner du samedi 3. »

255 — L. a. s., à J. de La Rochenoire, boulevard Rochechouart, n° 3 ancien, (Paris, 3 mai) (vers 1860-1870).

Collection Moreau-Nélaton.

Rendez-vous pour le lendemain.

256 — L. a. s., à E. Brandon (vers 1860-1870).

Collection Alfred Robaut.

« Je profite du joli messager pour vous souhaiter « tout ce que vous désirez et je suis tellement [illegible] dans « ce moment que je suis forcé de remettre à plus tard votre « jolie réunion. »

257 — L. a. s., à Mme Dumax (vers 1860-1870).

Communiquée par M. Prosper Bobin.

« Je recevrai Dumax avec plaisir mercredi et je pro- « fiterai de l'occasion pour lui faire mon offrande. »

258 — L. a. s., à Dumax, à Marcoussis, près Montlhéry, de Noisy-le-Grand (Seine-et-Oise) (vers 1866).

Communiquée par M. Prosper Bobin.

Publiée par nous, T. I, p. 235.

259 — L. a. s., à Brame (vers 1865-1874).

Communiquée M. Hector Brame.

« *Une dame m'a demandé votre tableau, lui ayant dit que vous etiez le possesseur, elle ira peut-être vous voir. Le prix est pour vous de 7 000. Agissez en conséquence.* »

260 — L. a. s., à Audry (vers 1865-1874).

Reproduite en fac simile par Jean Rousseau dans *Camille Corot*, Paris, 1884, in-4°, p. 34, et par M. Roger-Miles dans *Corot*, Paris, 1891, in-8°, p. 79.

Invitation à dîner pour le lendemain vendredi avec la sœur de lait de Corot, qui vient d'arriver.

261 — L. a. s., à Mme Gratiot, de Paris, jeudi (vers 1868-1874).

Communiquée par la famille de la destinataire.

Lettre relative à un voyage de Corot à Coubron, et aux travaux qu'il y fait exécuter.

262 — L. a. s., à Mme Gratiot, de Versailles, 26 mai (vers 1868-1874).

Communiquée par la famille de la destinataire.

« *J'ai le plaisir de vous annoncer que le 2 juin je prendrai le chemin de fer de 9 h. pour Gagny pour aller vous trouver et faire des petits chefs-d'œuvre sous vos yeux et enveloppé de vos bois, soins.* »

« *J'espère que nous pourrons reprendre nos jolies parties de loto.* »

263 — L. a. s., à Mme Gratiot, de Paris, 1er mai (vers 1868-1874).

Communiquée par la famille de la destinataire.

Corot part pour Ville-d'Avray et ira à Coubron le 1er juin, en passant par Montfermeil.

264 — L. a. s., à Brame (vers 1874).

« *Je désirerais bien que nous terminions nos comptes.* »

265 — L. a. s., à Charles Jacque.

Publiée dans le journal *Paris* du 6 juillet 1881, sous le titre *Au Palais. — Le Poulailler d'un Artiste*.

« *Mon cher et cher collègue,*

« *Vous seriez bien bon de faire parvenir à Madame Chevrouillet, ma nièce, 92, rue de Clichy, une douzaine d'œufs de poules nègres.* »

266 — L. a. s., à Molinos, de Paris, le 1er juillet.

Ventes du 20 mai 1890 (n° 36) et du 8 décembre 1891 (n° 47).

Corot a connu l'adresse du destinataire par Ferdinand (?) et il ira lui rendre visite un dimanche.

APPENDICE

267 — L. a. s., à M. Binant (novembre 1856).

Archives de la maison Binant.

Publiée par nous, T. IV, p. 174 en note.

268 — L. a. s., à M. Binant, d'Aizerey, 19 mai 1858.

Archives de la maison Binant.

Publiée par nous, T. IV, p. 174 en note.

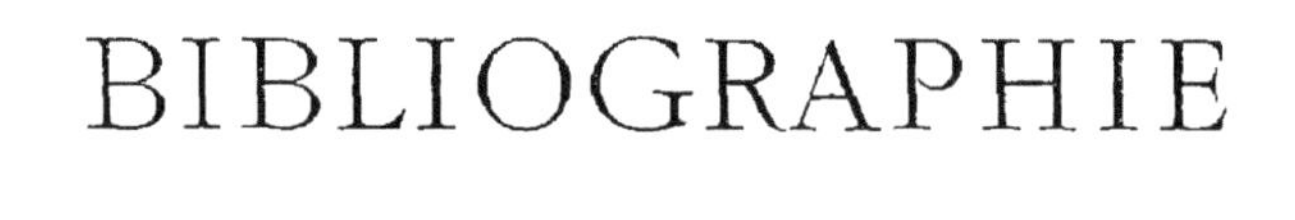

BIBLIOGRAPHIE

BIBLIOGRAPHIE

DES PUBLICATIONS RELATIVES A COROT

ET A SON ŒUVRE (1)

I

1827 — 1875

SALONS ET EXPOSITIONS

1827

SALON

CRAPELET — Examen du Salon — Paris, Rozet, in-8°, 2 partie, p 5

« Le peintre s'est trompé sans doute en datant son pay-
« sage de Rome, nous croyons qu il a ete fait a Sevres, et il
« pourrait figurer, comme ceux de M Malbranche, parmi
« les produits de la manufacture »

DELECLUZE — *Journal des Debats* 4 avril

« Une *Vue prise de Narni* e une *Campagne de Rome*
« par M Corot rappellent bien ce melange de grace et de
« severite dont la terre d Italie offre tant d exemples »

Explication des ouvrages exposés au Musee Royal des Arts Paris, 1827, in-18, p 50

Simple indication de nom et de titre

Journal des Artistes, 2 mars 1828 — Exposition de 1827 (15e article) p 138 et 139

« M Corot a un bon ton de couleur, des effets pi-
« quants, de la fraicheur et de la transparence Nous l invi-
« tons a mieux soigner le dessin et la variete de ses
« arbres »

Cite par nous, T I, p 46

Visite au Musee du Louvre, ou Guide de l'amateur a l'Exposition de 1827-1828, par une Societe de gens de lettres et d'artistes — Paris, 1828, in-18, p 103

« Il n est pas possible que l auteur ait peint d apres
« nature , rien d arrete dans sa composition, des tons
« haches, des teintes qui tombent dans le violet Il nous
« semble qu on aurait pu mieux choisir pour nous donner
« une idee de la campagne de Rome M Corot est cepen-
« dant un peintre de merite »

Aucune mention dans JAL (A) — Esquisses, croquis, pochades sur le Salon de 1827

1831

SALON

DELÉCLUZE — *Journal des Debats*, 14 mai

« M Corot aime et cherche dans la nature les sites, les
« aspects qui peuvent produire une impression vive forte et
« durable sur l ame des spectateurs Cet artiste, qui colore
« le paysage avec finesse et originalite s etudie aussi a faire
« des maladresses Sans que leurs compositions se res-
« semblent , il y a une analogie entre celles de MM Aligny,
« Corot et Edouard Bertin, qui donne a cette confraternite
« de talent toutes les apparences d une fondation d ecole de
« paysagistes »

(1) Cette bibliographie, commencee par M Alfred Robaut avec le concours de M A Dubuisson, a ete completee par d'importants emprunts à la riche bibliotheque artistique de notre ami M Maurice Tourneux et grace a la collaboration speciale de M Paul Cornu

JAL (Auguste) — Salon de 1831 Ebauches critiques Paris in-8°, p 153

« Messieurs Aligny, Corot et Edouard Bertin emploient « de beaux tons, ils ont de belles lignes dans leurs paysages, « mais, autant par l'uniformité de leur couleur que par celle « de leur touche, ils font de la peinture plate et sans « ressort »

LENORMANT (Ch) — Artistes contemporains Salons de 1831 et de 1833 Paris in-8°, t I p 83

« Un sentiment profond de la lumiere, de l'originalite « dans l'ajustement des lignes des terrains modeles avec « fermete decelent dans cet artiste une organisation heu- « reuse soutenue par des etudes perseverantes ce qu'on « voudrait seulement, c'est que M Corot, en achevant de « debrouiller son talent apprit un peu a sacrifier aux graces, « comme on disait en l'an VIII L'aspect de ses paysages « est d'une tristesse qui contraste avec la nature toute calme « et lumineuse des sites représentes la couleur des terrains « est aussi d'un gris moitie rouge moitie ardoise dont « l'uniformite est fatigante »

L P (LOUIS PRISSE) — *Le National*, 4 juillet

« MM Corot et Ed Bertin ont aussi la meme pro- « pension a cette manie d'originalite qui gâte tant de vrais « talents C'est une maladie de l'esprit qui passe bientot « dans l'œil et dans la main »

SCHŒLCHER (Victor) — *L'Artiste*, 1re serie, t II p 2

« De nombreux paysages attestent la fecondite de cet « artiste mais, ce qui vaut mieux ils sont tous empreints « d'un grand merite L'imagination de M Corot a quelque « chose de grave mais on aimerait qu'il lui demandât une « nature moins nue moins seche, moins monotone et qu'il « cherchât sur la palette de plus riantes couleurs »

Aucune mention dans le *Constitutionnel* ni dans PLANCHE (Gustave) Salon in-8, reimprime dans Etude sur l'Ecole française T I, Paris 1855, in-18

1833

SALON

Le *Constitutionnel*, 9 avril

« MM Aligny et Corot sont tres bons aussi, larges, « simples, en plein soleil, un peu lourds d'execution mais « puissants et forts »

DELÉCLUZE (E J) — *Journal des Debats*, 1er mai

« Il y a encore un jeune paysagiste plein de bonnes « qualites qui poursuit la naive et avec trop d'acharnement « C'est M Corrot (*sic*), outre cela, ses compositions se « ressemblent trop et manquent trop souvent d'interet « C'est toujours un ciel plein de fond et de transparence il « est vrai, mais trop habituellement oppose a des terrains « dans le demi-ton Les ouvrages de M Corrot quand je « les vois de loin me font toujours penser a ceux de « Wynantz, mais ils en different en ce que ceux du maitre « sont etudies dans tous leurs details avec une minutie « quelquefois excessive tandis que les tableaux de M Co- « rot ne sont bien souvent que des *pochades* »

JAL (Auguste) — Les causeries du Louvre Paris, Gosselin, in-8° p 355

« Les devants, grandement ecrits sont d'un peintre de « style, les eaux sont belles et transparentes, le chemin « que va prendre la charrette qui sort de l'eau parfait de « contour de perspective et de profondeur, les arbres res- « semblent plus a la nature que ceux de M Aligny Voilà « les qualites voici les defauts M Corot est gris comme « M Aligny, mais moins puissant et moins lumineux, il « est lourd dans les fonds, les feuilles des arbres et tous les « details des plantes son ciel manque d'air ce n'est pas « un espace c'est un corps opaque Chez M Aligny au « contraire le ciel est parfaitement vrai de ton d'aspect « et meme de legerete »

JANIN (Jules) — *L'Artiste*, 1re série t V, p 74

Les compositions de Corot sont citees parmi « ce qu'il y a de meilleur en fait de paysage »

Journal des Artistes, VIIe annee, 7 avril, vol I, t XIII, p 248

« M Corot a expose une fort belle et importante *Vue de* « *la Forêt de Fontainebleau* Le grand paysage est savam- « ment execute les arbres y sont faits franchement les « terrains sont d'un ton tres fin et tres vrai Il faut vive- « ment applaudir aux progres remarquables de cet artiste »

Ch L (Charles LENORMANT) — *Le Temps*, 2 avril, reimprime dans les Artistes contemporains Paris, Mesnier 1833, 2 vol in-8° t II, p 103

« M Corot cette annee incline au familier Son horizon « est bas et sans recherche de lumiere ses figures sentent « l'etude des Flamands Le dessin de ses arbres est plus « vrai et plus varie que chez son modele ordinaire, ses « eaux sont transparentes comme dans un Ruysdaël On « retrouve le peintre de style dans l'etude large des terrains, « dans la belle et severe disposition des premiers plans Le « chemin montant a gauche du spectateur produit la plus « agreable illusion Si M Corot empruntait moins ses fonds « et cherchait a se debarrasser d'un ton gris qu'il partage « avec M Ed Bertin, il me semble qu'il arriverait bien « pres du but Tel qu'il est, le tableau de M Corot me « semble le paysage le plus complet de l'exposition de « cette annee »

Cité dans notre T I, p 58

N (NISARD ?) — *Le National*, 28 avril

« M Corot dont les paysages ont de la vie, dont le « dessin est naturel quoique un peu lourd, les tons assez « vrais quoique grisatres »

Aucune mention dans JAVIRON (G) et GALBACCIO, Le Salon de 1833 Paris, in-8°

Salon de G PLANCHE reimprime dans Etudes sur l'Ecole française, *Revue des Deux-Mondes*

F et F CHATELAIN, Prometheides Revue du Salon de 1833, in-8°

Le Protestant 1er avril (art de Athanase COQUEREL)

1834

SALON

DELÉCLUZE (E.-J.) — *Journal des Debats*, 4 mai

« Les ouvrages de MM. Cabat et Corot manifestent « evidemment le desir qu'ont ces jeunes artistes de representer la nature sous un aspect qu'ils preferent. Mais à travers les efforts qu'ils font pour arriver à la vérité, on « retrouve trop souvent l'emploi de pratiques empruntees « à l'Ecole hollandaise. »

L. P. (LOUIS PEISSE) — *Le National*, 23 avril

« Cette annee, il n'a pas ete heureux. A force de vouloir « etre neuf il est pres de tomber, s'il ne se ravise, dans un « maniérisme d'autant plus fâcheux qu'il n'a aucun de ces « faux brillants qui sont la ressource de tant d'artistes « routiniers. »

VERGNAUD (A.-D.) — Examen du Salon de 1834. Paris, Delaunay et Roret, in-8°

« Les defauts (poncif, couleurs convention, manque de « perspective) rachetes par M. Bertin par les qualites que « venons de citer (noblesse de la composition, pureté de « dessin) sont outres avec une deplorable exagération dans « les paysages de MM. Aligny, Bodinier, Boisselier, Corot « Forvetu. »

Aucune mention dans ALVIMAR (General d'), Salon de 1834. Paris, in-8°.

D. Alexandre (DECAMPS ?) *Le Musée*, Revue du Salon. Paris, in-4°.

LAVIRON (Gabriel). Le Salon de 1834. Paris, in-8°.

SAZERAC (Hilaire L.). Lettres sur le Salon de 1834. Paris, in-8°.

W. *Le libre Examen*, IVe annee, nos 10 et 12 (6 et 12 mars).

1835

SALON

L'Artiste, 1re série, t. IX, p. 90

« M. Corot a trouve aussi bien que M. Delacroix à ne « pas ressembler a ses predecesseurs. Cet ange dans ce vaste « paysage, cet espoir lointain qui ne voit pas la mere « desolée, ce grand paysage, voila à mon sens une grande « et noble idée, admirablement executee. »

Voir encore notre T. I, p. 74.

Le Charivari, 29 mai — Notice accompagnant une lithographie d'*Agar dans le Desert*, par Nanteuil.

« Le beau tableau de M. Corot, *Agar dans le desert*, « attirait seulement au dernier Salon le petit nombre de « connaisseurs qui ne suivent pas, comme les moutons de « Panurge, la foule se ruant devant les grandes et les petites « miniatures. Notre croquis est seulement un souvenir, une « mention que nous devions à un des ouvrages les plus « estimables de cette Exposition. »

DECAMPS (Alexandre) — *Revue Republicaine*, t. V, p. 82 et 84

« Le sentiment d'une nature aride et desolee, l'etendue « du desert y sont compris avec un rare succes et concou« rent heureusement à l'expression de detresse dans laquelle « l'artiste a voulu peindre la malheureuse Agar implorant « le ciel comme la derniere esperance laissee à son deses« poir. »

Journal des Artistes — 9e annee, t. XVII, 1er vol. (26 avril), p. 266

Les paysages de Corot sont cites parmi « les paysages « vieux style. »

LENORMANT (Charles) — *Revue des Deux-Mondes*, 4e serie, t. II, p. 167. De l'Ecole Française, en 1835. Salon annuel. Reimprime dans Beaux-Arts et Voyages precedés d'une notice par M. Guizot. 2 vol. 1861, in-8°, t. I, pp. 84, 113-115.

« J'ai ete le premier à reconnaître la maniere large « grave et abstractive de MM. Aligny, Edouard Bertin et « Corot. »

« M. Corot aussi, sous quelques rapports, ne parle la « langue du paysage qu'en begayant ! sa touche est tou« jours lourde et mate, la souplesse, l'humidite, le charme « de la nature lui sont comme etrangers. » (Vif éloge neanmoins d'*Agar*.)

Voir encore notre T. I, p. 74.

SCHŒLCHER (Victor) — *Revue de Paris*, t. XVII, p. 166

« Ce paysage est à mes yeux le plus beau, parce que c'est « celui qui satisfait le mieux mon esprit, et donne le plus « d'aliment à ma pensee. Que le hasard ou la volonte de « M. Corot, dont nous ne connaissions encore rien de dis« tingue, l'eut amene à faire ce qu'il a fait, toujours est-il « qu'il deviendra un des grands noms de l'Ecole Française, « s'il persiste dans cette route où il faut etre aussi fort « penseur qu'habile peintre. »

VERGNAUD (A.-D.) — Petit pamphlet sur quelques tableaux du Salon de 1835 et sur beaucoup de journalistes qui en ont rendu compte. Paris, in-8.

Les critiques ont prouvé à qui n'a pas vu que la peinture de Corot est admirable. Vergnaud, qui a tout vu, est d'un avis entierement opposé.

L. V. (LOUIS VIARDOT) — *Le National*, 5 avril

« On dirait qu'il a eu quelque embarras à couvrir sa « toile. Que les touffes d'arbustes soient dispersees, passe ; « nous ne sommes pas dans le Bois de Boulogne, mais « les blocs de rochers devraient etre mieux groupes et « mieux assortis. L'ange qui vient, aux cris de la mere, « sauver en Israel toute la race arabe, vole tres loin et tres « haut ! il descend du ciel. »

Corot est encore cite par

A. (?), *Le Constitutionnel*, 16 mai

BOISSARD (Fernand) — *Journal de l'Institut historique*, t II, p 147-141

Aucune mention dans

SAZERAC (H L) Lettre sur le Salon de 1835 Paris, 1835 in-8° (non terminé)

La Revue des Deux-Mondes 1er avril (article de G PLANCHE)

Le Journal des Débats (article de E-J DELÉCLUZE)

1836

SALON

L'Artiste, 1re série, t XI, p 136

« Peut-être pourrait-on comparer le style qu'il affectionne « et tant soit peu guindé au style raide et maniéré de cette « faction de nos peintres d'histoire qui suit la bannière de « l'auteur du Saint-Symphorien Il semble, sinon dédaigner « la couleur, du moins avoir peu senti le charme qu'elle « répand, dans sa variété, sur la nature

« Quel que soit le pays qu'il représente, il n'emploie « qu'un certain nombre de tons, toujours les mêmes, ternes « et pâles Sa touche pourrait être un peu plus vive et plus « animée En regard de ces critiques il faut dire que sa « pensée a de l'élévation, et que ses paysages respirent une « sorte de poésie un peu sérieuse à la vérité, et dénuée « d'ornements »

BARBIER (Alexandre) — Salon de 1836 suite d'articles publiés dans le *Journal de Paris* Paris, in-8° p 90

« J'oubliais encore une *Campagne de Rome* bien lourde, « bien grise bien opaque, de M Corot »

DELÉCLUZE (E-J) — *Journal des Débats*

Répétition, à peu de chose près, de ce qui a été dit en 1834, les éloges en moins

MUSSET (Alfred de) — *Revue des Deux-Mondes* 4e série, t VI p 186

« Je regrette de n'avoir pas gardé une place distincte aux « paysagistes, car je trouve tant de noms sur ma plume que « je suis sûr d'en oublier Doivent être cités honorablement « MM Corot, dont la *Campagne de Rome* a de grands « admirateurs »

TARDIEU (Alexandre) — *La Nouvelle Minerve*, t IV, p 444

« La *Campagne de Rome en hiver*, par M Corot, « a un caractère, un effet d'ensemble qui intéresse, et d'ail « leurs la touche en est remarquable et ferme »

Aucune mention dans le Salon de G PLANCHE (*Chronique de Paris*) réimprimé dans ses Études sur l'École française

1837

SALON

BATISSIER (Louis) — *L'Artiste* 1re série, t XIII, p 146

« Le pays sauvage au milieu duquel Saint-Jérome s'aban- « donne à ses mystiques contemplations n'offre rien de « bien saisissant Ces rochers tristes et dénudés, ces terres « lointaines, ces arbres rares et tordus, sont d'un effet assez « pauvre, cependant on reconnaît dans ce tableau, une vé- « ritabl puissance de dessin, il est fâcheux qu'il soit privé « de tout sentiment de couleur Nous aimons mieux de « M Corot sa Vue prise dans l'île d'Ischia L'aspect en a « plus de charme et l'exécution en est meilleure, mais là, « comme toujours, la peinture de M Corot manque de « ressort Le dessin n'a rien d'animé, la couleur rien de « chaud, l'air ne joue pas dans le feuillage de ses arbres et « la lumière ne se répand pas largement »

Cité dans notre t I, p 82

BARBIER (A) — *Revue des Deux-Mondes*, 4e série, t X p 165 (15 avril)

Corot « homme distinct, a le sentiment de certains « coins de la nature romaine qu'il reproduit avec une « naïveté brutale Ses tons sont justes et bien posés, mais « ils sont généralement gris et peu flatteurs »

DECAMPS (Alexandre) — *Le National*, 30 avril

« M Coraux (*sic*), dans un tableau de Saint-Jérome et les « deux paysages qu'il a pris au milieu des admirables sites « de l'Italie méridionale a heureusement choisi les lignes « qui composent ses tableaux, la couleur en est simple et « brillante, mais des empâtements présentent peut-être çà « et là, un peu de lourdeur »

DELÉCLUZE (E-J) — *Journal des Débats*, 3 et 18 mars

18 mars « Il nous a fallu le secours du livret pour « être certain que nous étions en état devant une production « dont on nous avait parlé si avantageusement (le « *Saint-Jérome*) Les éloges inconsidérés attirent nécessai- « rement des critiques sévères et dans cette occasion nous « serions en droit de nous venger du petit désappointement « que nous avons éprouvé Mais malgré son Saint-Jérome, « M Corot n'en est pas moins à nos yeux un homme de « mérite, un artiste consciencieux qui fait mille efforts pour « trouver des sujets des formes et des apparences qui « cadrent avec sa pensée, et ce travail même quand il « n'est pas couronné de succès, nous le respectons »

GAUTIER (Théophile) — *La Presse*, 8 mars

« Le premier tableau remarquable qui se présente (à « partir du fond de la galerie) est le *Saint-Jérome* de Corot, « l'auteur d'*Agar dans le désert*, c'est différemment beau « et c'est aussi beau En avançant vers le Salon carré, « vous parvenez à un paysage de Corot un effet de soleil « couchant avec de grands bois et de belles eaux limpides, « qui ont l'air d'un second ciel »

Dans le même journal, le 20 mars, Th Gautier étudie l'œuvre des paysagistes J Bertin, Aligny et Corot

« Voyez Corot, est-ce qu'on ne se casserait pas la tête « contre ses tons de pierre Il a le don de la peinture

« opaque, chose rare en France, où presque tous les tableaux sont *lanternes* et semblent éclairés par derrière.

« Corot tâche à concilier l'imitation de la nature avec les grandes lignes. »

Dans le numéro du 21 mars, il étudie spécialement les tableaux exposés par Corot et vante les solides qualités du *Saint-Jérôme dans le Désert* ainsi que le charme du *Paysage au Soleil couchant* et de la *Vue prise à Ischia*.

Journal des Artistes, XIe annee, t. 21, 1er vol. (5 mars et 23 avril), p. 149. Corot est cité p. 261.

« ... *Vue prise dans l'Île d'Ischia* ... exécutée d'une manière large et sévère. »

PLANCHE (Gustave). — Salon de 1837, dans Études sur l'École française (1831-1852), t. II, Paris, in-12°, p. 98.

« Le *Saint-Jérôme* de M. Corot présente un mélange malheureux de vérité, de mollesse et d'indécision. Nulle grandeur dans les lignes, mais de la naïveté dans la couleur, de la gaucherie dans le dessin et un effet manqué. »

VIARDOT (Louis). — *Le Siècle*, 17 avril.

« *Saint-Jérôme* ..., œuvre fort distinguée et fort remarquable, qui prouve dans son auteur un travail consciencieux et patient pour arriver à l'expression de sa pensée. »

YY (?). — *Le Constitutionnel*, 28 avril.

« Le ton général est bon, mais l'effet manque de concentration ; tous les objets attirent trop également le regard. Ici la facture, comme dans les autres ouvrages de l'auteur, est large et puissante, mais (qu'on me pardonne le mot) on y voit un peu le pouce. Elle a quelque chose de l'ébauche d'un sculpteur. On dirait qu'après avoir tout bien construit, après avoir établi l'harmonie de tous et mené chaque portion presque jusqu'à la fin, le peintre a dédaigné d'achever, ou bien qu'il n'a pas cet amour de l'art nécessaire pour compléter son œuvre. Je hasarde ces observations parce que je suis convaincu que les paysages de M. Corot seraient irréprochables s'il se prescrivait seulement plus d'étude et de patience. »

1838

SALON

L'Artiste, 8e série, t. XV, p. 54 et 135.

« N'oublions-nous pas par exemple, M. Corot ? Aussi la faute en est un peu à M. Corot lui-même. Ses paysages, qui sont toujours d'un beau sentiment de composition, sont plus que jamais, cette année, d'une exécution froide et terne, absolument dépourvus d'éclat et de ressort. »

DELÉCLUZE (E.-J.). — *Journal des Débats*, 27 avril.

« En observant les ouvrages que M. Corot a exposés depuis cinq ou six ans, il est impossible de ne pas reconnaître que cet artiste a un sentiment profond et vrai de la nature. Il est évident qu'il l'épie et l'étudie avec amour et qu'il la rend même avec une certaine vérité. Toutefois, çà et là, on surprend une affectation de simplicité et de naturel qui altère le bien qui s'y trouve. M. Corot se laisse agiter trop souvent par les apparitions de la grande ombre de Poussin. »

Journal des Artistes, XIIe année, t. 23, 1er vol. (27 avril), p. 234.

Le nom de Corot est cité parmi ceux des paysagistes distingués.

MERCEY (Frédéric). — *Revue des Deux-Mondes*, 4e série, t. XIII, p. 401.

« ... Nous n'aimons guère cette mythologie réfugiée dans le paysage et se cachant à l'ombre des bosquets ; cependant le *Silène* de M. Corot nous a paru posséder au plus haut degré cette naïveté que son auteur cherche si opiniâtrement et dont il est l'un des plus constants apôtres. »

PLANCHE (G.). — Salon paru d'abord dans la *Chronique de Paris, Revue du XIXe Siècle*, tome VI et réimprimé dans Études sur l'École française (1851-1852). Peinture et sculpture. Paris, 1855, 2 vol. in-18, tome II, p. 141-142.

« ... C'est à peine si quelques hommes sérieux lui tiennent compte de ses courageuses entreprises et se plaisent à étudier ses œuvres. Cependant il serait fâcheux que M. Corot se laissât rebuter par l'indifférence de la foule, car il y a dans ses compositions, indécises et incomplètes, une élévation de style que le paysage réel rend de jour en jour plus précieuse. Tandis que des caravanes de peintres se partagent la France et copient, à qui mieux mieux, un bouquet de bois, un buisson, une haie, un ruisseau, et comptent les cailloux qui bordent un fossé, il est bon que des hommes persévérants, tels que M. Corot, dédaignent la réalité vulgaire et se proposent l'invention dans le paysage. Accompli ou inaccompli, ce dessein a le droit d'être encouragé. Nous ignorons s'il sera donné à M. Corot d'atteindre le but qu'il entrevoit ; nous ignorons s'il réussira, dans un avenir prochain, à traduire clairement sa pensée, mais nous souhaitons que la foule lui tienne compte des efforts qu'il a faits jusqu'ici afin qu'il persévère dans la route qu'il a choisie, car les paysages de M. Corot sont une utile protestation contre la réalité mesquine qui menace d'envahir notre école. Il s'occupe de l'idéal, et son ambition mérite d'être applaudie. »

THORÉ (Théophile). — *La Revue de Paris*, nouv. sér., t. 53, p. 57 et 58 (6 mai).

« ... M. Corot, qui est d'un caractère calme et ascétique, voit la nature comme cela (sèche et sans vie luxuriante). Il y a d'ailleurs des qualités singulières dans les ouvrages de M. Corot : de la sévérité, de la tournure, quelquefois de l'élégance et de la finesse, un ton faible, mais toujours juste et harmonieux. » (Suit l'étude des toiles exposées.)

« Malgré la science et la conscience, M. Corot a peu de succès au Salon. »

Aucune mention dans :

Le *Siècle* (article d'Alphonse ROYER).

Le *Journal de l'Institut historique* (article du chevalier Alexandre LENOIR).

Le *Constitutionnel* (articles anonymes).

1839

SALON

BARBIER (Alex.). — Salon de 1839, par l'auteur d'un compte-rendu du Salon de 1836. Paris, in-12, p. 139.

« On dit que M. Corot dessine à merveille ; je le crois,

« bien qu'à cet égard sa couleur me masque une bonne
« partie de son talent, mais du reste apprenez que tout
« ce que possède M. Decamps, des qualités d'un grand
« peintre, manque à M. Corot. »

BLANC (Charles). — *Revue du Progrès*, 1er mai, p. 475-476.

DELÉCLUZE (E.-J.). — *Journal des Débats*, 21 mars.

« Depuis quelques années un peintre de talent, M. Corot
« a poussé cette résolution (de sacrifier les détails à l'en-
« semble) jusqu'à la faire prendre pour de la négligence. »

DRÉOLLE (J.-A.). — *Journal de l'Institut historique*, p. 149.

Simple mention de nom.

FLANDRIN (Hippolyte). — Lettres et pensées, publiées par le Vte Henri Delaborde. Paris, 1865, in-8°, p. 298.

Compte rendu du Salon de 1839, dans une lettre du 11 mars à Eugène Roger. Flandrin y cite Corot, sans plus.

GAUTIER (Théophile). — *La Presse*, 27 avril.

Compte rendu en vers, cité dans notre t. I, p. 87.

JANIN (J.). — *L'Artiste*, 2e série, t. II, p. 269.

« M. Corot, ce grand artiste, a rapporté de l'Italie un
« beau paysage. Talent sévère, plein de conscience, qui ne
« sera jamais populaire, il mérite toute notre estime, tous
« nos éloges. »

Journal des Artistes, XIIIe année, t. XXV, 1er volume, 24 mars, p. 186.

« A côté on voit un paysage poussinesque représentant
« un *Site d'Italie* par M. Corot ; la composition en est
« sévère, les lignes belles et grandes, l'effet en est majes-
« tueux ; il ne lui manque peut-être qu'un peu de finesse ;
« le *Soir* est encore un charmant paysage. M. Corot pos-
« sède un talent sévère et comprend très bien le style dit
« historique. »

T. (THORÉ). — *Le Constitutionnel*, 8 mai.

« M. Corot est un homme austère et méditatif, qui com-
« prend ainsi la nature. Il n'a pas besoin de se faire la
« leçon pour cela. Il produit tout naturellement de la pein-
« ture calme, triste, pleine de pensée et d'élévation. Il a exposé
« deux petits paysages. Le *Soir* est un chef-d'œuvre pour le
« caractère du dessin et la douce harmonie de la lumière. »

Aucune mention dans

Le *Siècle* (article d'Alphonse ROYER).

La *Revue des Deux-Mondes* (article de Prosper MÉRIMÉE).

EXPOSITION DE NANTES

THORÉ (Th.). — *L'Artiste*, 2e série, t. III, p. 152.

1840

SALON

BLANC (Charles). — *Revue du Progrès*, 1er mai, p. 358.

« M. Corot ne procède que de lui-même. Je ne gage pas
« que dans le domaine de la peinture personne ait compris
« l'idylle de cette manière. Il y a un raffinement inexpri-
« mable de volupté dans l'aspect de cette nature attiédie où
« la réalité se confond merveilleusement avec l'idéal. »

DELÉCLUZE. — *Journal des Débats*, 19 mars.

« Le joli tableau de M. Corot, le *Soleil couchant*, si vrai
« de disposition, composé avec tant de grâce et d'élégance,
« vous reporte agréablement devant ces beaux ciels d'un
« soir qui finit purement. Pourquoi faut-il que le charme
« de cet ouvrage soit altéré par la distraction pénible que
« donne un coloris sale et terreux, une facture grossière et
« souvent maladroite ? »

DRÉOLLE (J.-A.). — *Journal de l'Institut historique*, p. 210.

« Le *Soleil couchant* de M. Corot nous a rappelé les
« belles pages de Claude Lorrain et de Vernet. Certes,
« on ne nous accusera pas d'engouement pour cette pro-
« duction qui a excité l'admiration générale. »

GAUTIER (Théophile). — *La Presse*, 27 mars.

« Les devants de M. Corot ne sont pas toujours assez
« nettement accusés et il y a un peu d'indécision dans sa
« touche, mais il se fait pardonner ces imperfections par
« un sentiment très pur de l'antique, un amour sincère de
« la nature et une naïveté parfaite d'exécution. »

JANIN (J.). — *L'Artiste*, 2e série, t. V, p. 169 et t. VI, p. 254.

Rapprochement des tableaux de Corot et des idylles de Théocrite ; aucune étude des tableaux exposés.

Voir notre t. I, p. 85.

Journal des Artistes, XIVe année, t. XXVII, 1er vol. (26 avril), p. 258.

« Parmi, non pas les petits poissons, mais les petits
« peintres devenus grands artistes, nous citerons M. Corot,
« auteur de trois bons paysages distingués, traités de main
« de maître. »

PLANCHE (Gustave). — *Revue des Deux-Mondes*, 4e série, t. XXII (1er avril 1840).

Critique du *Soleil couchant*. « Jamais M. Corot n'a
« réussi à exprimer si bien sa pensée ; malheureusement,
« l'exécution des diverses parties de ce tableau est loin de
« répondre à la composition. Les arbres, dont les masses
« sont bonnes, ne peuvent être vus de près, tant il y a de
« mollesse et de gaucherie dans le tronc, les branches et le
« feuillage ; la figure du pâtre, admirablement placée, est
« d'un dessin très insuffisant. Toutefois, ce paysage est d'un
« aspect délicieux et cause le même plaisir que la lecture
« d'une belle idylle antique. »

ROYER (Alphonse). — *Le Siècle*, 28 mars.

« Le groupe des parodistes de Poussin, des rêveurs du
« paysage mystique présente cette année, pour ses chefs
« MM. Corot et Cabat. Dans les trois toiles du premier de

« ces artistes c'est le même parti-pris d'insurrection préméditée contre tout principe de couleur et de dessin. Les ciels sont verts, les visages bu nains terre de sienne, les arbres affectent la forme de plumets. Le n° 308 intitulé *Soleil couchant*, est une espèce d'esquisse première qu'on croirait brossée, par suite d'un défi, avec les restes d'une palette. En acceptant ce incroyable morceau le jury des Beaux-Arts s'est montré bien sévère pour son auteur. »

St L (F) — *Le National*, 19 mars

« A côté de Cabat au-dessus de lui selon beaucoup de connaisseurs s'élève et se soutient Corot avec la rare qualité d'avoir un style, une couleur, une disposition, qui sont à lui et non à d'autres. »

Aucune mention dans le *Constitutionnel*, ni dans les *Guêpes* (avril Salon p. 58 à 68) d'Alphonse Karr

1841

SALON

L'Artiste — 2e série, t VII, p 301

« Il restera toujours dans cette œuvre d'un artiste enthousiaste de sa nature, bien que sceptique et irrésolu par modestie, un sentiment de poésie indéfinissable qui suffirait seul à racheter de bien plus graves imperfections. Le site est silencieux et discret, éclairé d'une douce et paisible lumière, sans prétentions ou rées sans oppositions désordonnées. Il en est d'une vérité frappante, les rochers sont peints avec solidité; il n'est pas jusqu'aux ... qui ne témoignent d'un ... très réel quant à l'adresse de main et au savoir faire. Le ton seul est resté un peu gris et c'est à peine si l'on y songe, tant il y a d'harmonie sous cette uniformité légèrement systématique. »

Bourgeois (Un) — *Le Siècle*, 11 avril

« *Démocrite*, belle page pleine de vérité, de calme et de mélancolie. L'aspect de ce tableau n'éblouit pas d'abord, *n'attire point les regards, mais plus on l'examine*, plus on reconnaît quel sentiment profond l'a inspiré. J'en parle avec d'autant plus de plaisir que l'année dernière moi bourgeois ignare, sans être renseigné par aucun critique sans être guidé par aucun article de journal, je me suis arrêté pendant de longues heures devant une magnifique page du même auteur. Je sus par cœur autrefois les *Églogues* de Virgile; aucune ne m'a touché plus profondément, aucune ne m'a paru mieux sentie, d'un style plus simple et plus élevé. Le paysage de cette année (*Démocrite*) est inférieur peut-être, la touche est plus molle mais dans cet état d'imperfection relative c'est encore un des plus remarquables de l'Exposition. »

Delécluze — *Journal des Débats*, 18 mai

« Bien que les ouvrages de M. Corot soient exécutés, non pas avec négligence, mais avec une indifférence trop marquée de détails, ils ont toujours un aspect qui frappe et attache, il règne ordinairement dans le tout ensemble un sentiment du plein air, de l'odeur des bois, du vrai paysage en un mot qui charme l'imagination, bien que les yeux ne soient pas toujours complètement satisfaits. C'est ce que l'on trouve dans le *Démocrite* et les *Environs de Vitus* qu'a peints M. Corot. »

Gautier (Théophile) — *Revue de Paris*, nouv. sér., t 28, p 264-265

« *Démocrite et les Abdéritains* ne sont qu'un prétexte à un de ces sites déserts et sauvages qu'affectionne M. Corot et dont il excelle à rendre l'âpreté, la tristesse et la désolation aride. Dans le tableau de M. Corot, le poudroiement lumineux et blanchâtre des terrains calcinés par le soleil de plomb des pays chauds, la verdure terne et glauque des oliviers, l'azur immobile et ... de la mer sont rendus avec une rare exactitude; nous regrettons seulement que la touche si large et si ferme de M. Corot n'ait pas un peu plus de précision dans les premiers plans. »

Peisse (Louis) — *Revue des Deux-Mondes*, 4e série, t 26 (1er avril)

Corot est cité parmi les membres de la nouvelle école de paysage dont fut partie Aligny, qui encourt le reproche d'être froid à force d'être pur et insignifiant à force d'être simple. Ce reproche, Corot le mérite encore plus spécialement.

Pelletan (Eugène) — *La Presse*, 5 mai

« Comme tous les grands artistes, M. Corot ne cherche pas seulement, la forme, la ligne, l'anatomie en quelque sorte de la nature, mais bien la vie du paysage, les attitudes des arbres, la variété de l'animation du feuillage, les fumées qui remplissent les clairières à certaines heures du soir, la diversité et la valeur de tons des uns par rapport aux autres. Sans faire du paysage une sorte d'architecture ou la symétrie domine où la main de l'homme efface la main de Dieu, il a su garder l'équilibre entre l'idéal qui est l'âme du peintre et la réalité, qui est la nature.

« Cependant ... timidité de la main, je devrais dire la bonhomie d'exécution a contribué au mérite de Corot.

« M. Corot, forcé d'aller trouver la nature toutes les fois qu'il veut peindre, n'obtenant rien d'elle qu'il ne lui ait ... à force de soumission et de patience, a fini par lui faire avouer silencieuse amante, toutes les secrètes beautés qu'elle renferme. »

Robert (H.) — *Le National*, 6 avril

« Ce paysage est d'une sévérité et en même temps d'une réalité parfaite; les rochers y sont bien des rochers, les terrains des terrains, et les arbres des arbres; il manque seulement un peu d'attrait, défaut ordinaire chez M. Corot. »

Mention de nom par Montlaur (E. de) *Revue du Progrès* (1er mai 1841), p. 279

Aucune mention dans

La Sylphide (article de L. Berger)

Le *Nouveau Correspondant* (article de E. de Joinville)

Le *Constitutionnel* (article signé R.)

Woinez (Charles), Promenade au musée

1842

SALON

L'Artiste IIIe série, t I, p 271

« Malgré le désavantage d'une couleur sans charme et d'une exécution maladroite, cet artiste s'est placé par la

« sûreté de son goût et la distinction de son intelligence
« au premier rang parmi les paysagistes contemporains
« Parfois l'inspiration est si puissante, qu'elle contraint la
« main à lui obéir et obtient d'elle une exécution satisfai-
« sante d'autres fois aussi, la main oppose une résistance
« invincible, et force est bien alors au pauvre artiste d'expo
« ser une peinture incomplète à ses propres yeux De là
« vient que ses ouvrages se succèdent si différents les uns
« des autres bons médiocres et irréprochables tour à tour
« et un peu au hasard »

BOURGEOIS (Un) — *Le Siècle*, 5 mai

« M Corot et les peintres en général s'appliquent souvent
« à deviner l'effet de la nature par une sorte de fiction
« d'artiste M Corot est du reste un homme habile qui
« possède la science du dessin et qui a fait de grands pro-
« grès dans l'entente de la lumière et de la couleur Mais
« M Corot n'est pas toujours heureux »

(Suit néanmoins un éloge de ses toiles)

DELÉCLUZE (E -J) — *Journal des Débats*, 28 et 29 mars

« Il y a dans le *Site d'Italie* et l'*Effet du Matin* de
« M Corot ce charme qui s'attache à tous ses ouvrages On
« y sent le plein air, la campagne et son *Verger au Soleil*
« *levant* serait un ouvrage complet à mon sens si l'artiste
« ne poussait pas le mépris et la négligence du faire jusqu'à
« l'excès »

GAUTIER (Théophile) — *Le Cabinet de l'Amateur et de l'Antiquaire*, t I, p 126

Quelques lignes élogieuses « charme » « artiste cons
« ciencieux et naïf », etc

GUENOT-LECOINTE (G) — *La Sylphide*, 2ᵉ série t V, p 283

Simple mention de nom « Les effets et sites de
« M Corot »

HUARD — *Journal des Artistes*, XVIᵉ année, t 32 vol I (10 avril), p 234

« Jusqu'ici nous avions toujours été admirateurs du beau
« talent de M Corot, nous avions applaudi à ses succès,
« mais depuis deux ans nous remarquons avec peine que
« cet artiste, égaré par la louange, s'est laissé entraîner dans
« une fausse route, il n'étudie plus, mais il fait à peu près,
« il ne prend plus la peine de copier la nature, il ébauche et
« touche légèrement, les deux paysages qu'il a exposés
« cette année sont de véritables décorations, indignes du
« talent de M Corot »

PEISSE (Louis) — *Revue des Deux-Mondes*, 4ᵉ série t 30 (15 avril)

« M Corot aurait beaucoup à apprendre pour corriger
« les imperfections de ses ouvrages, et il n'est pas probable
« qu'il y réussisse si toutefois même il y songe Il a le
« sentiment délicat et naïf de la nature, une imagination
« poétique mais avec ces rares qualités on doit craindre
« qu'il ne reste en chemin Il lui manque beaucoup de ce
« qui fait les trois quarts de la valeur des œuvres d'art
« l'exécution
« Ces deux charmants paysages de M Corot sont obscu-
« rément cachés l'un dans la galerie de bois l'autre
« (*Le Verger*) dans cette portion redoutée de la galerie que
« les artistes appellent les Catacombes ! »

ROBERT (H) — *Le National*, 8 mai

« M Corot n'a ni cette adresse ni cette patience, son
« pinceau est lourd ses contours ne sont pas nets ses
« teintes sont plutôt juxtaposées que fondues À la distance
« voulue ces défauts s'évanouissent il est vrai, dans l'har-
« monie de l'ensemble, mais, en approchant de trop près,
« on est tout surpris de voir un assemblage confus de taches
« de diverses nuances Ce sont là de graves imperfections
« que ma sympathie pour le talent de M Corot ne m'auto-
« rise pas à voiler
« Mais je reviens avec plus d'intérêt encore, et comme
« involontairement devant la *Pastorale* de M Corot, dans
« cette triste galerie des catacombes où l'a reléguée le tact
« délicat des directeurs du Musée »

STERN (Daniel) — *La Presse*, 6 avril

« M Corot, d'année en année se néglige davantage
« Personne autant que lui ne possédait le charme Mais
« aujourd'hui nous ne trouvons plus dans ses toiles, tant
« l'exécution en est abandonnée que de vagues réminis-
« cences de son talent d'autrefois »

TÉNINT (Wilhelm) — Album du Salon de 1842 Collection des principaux ouvrages exposés au Louvre Paris, in-4°, p 16

« Brascassat et Corot sont de ces artistes simples
« doucement émus devant la nature heureux de ses plus
« humbles beautés Nous ferons remarquer seulement à
« M Corot que jamais dans ses tableaux le soleil ne se dé-
« gage vraiment de ce brouillard de la matinée, qu'on ne
« sait jamais avec lui à quelle heure du jour on peut être,
« et qu'ainsi, à son *Site d'Italie*, il aurait pu ajouter, entre
« parenthèses, comme il l'a fait pour son *Verger* (Effet du
« matin), à moins qu'il n'eût préféré mettre (Effet du soir)
« Encore eût-il fallu plus de vigueur dans ce soleil et plus
« d'ardeur dans ce ciel »

Aucune mention dans *les Guêpes*, d'Alphonse KARR (Avril Salon, p 17-55), ni dans le *Constitutionnel*

1843

SALON

L'Artiste 3ᵉ série, t III, p 178

Protestation contre l'iniquité du jury « M Corot,
« de qui on reçoit deux petites pochades assez maladroite-
« ment faites tandis que l'on refuse son admirable tableau
« de l'*Incendie de Sodome*, la plus vaste et la plus étudiée
« qu'il eût encore envoyée au Salon »

Les Beaux-Arts, illustration des Arts et de la Littérature (revue fondée et dirigée par Curmer), t I, p 25

Protestation contre les refus du jury, Corot entre autres

BOURGEOIS (Un) — *Le Siècle*, 9 mai

« Cet artiste a vu assurément des cygnes, mais il
« ignore les canards les sabots de nos paysans lui sont
« complètement étrangers Il aime à suspendre aux bran-
« ches d'un bel arbre des enfants nus Voilà un petit
« drame qui se passe dans cet endroit silencieux, sous cette

« voute si verte, du plus beau vert de M Corot *Le Soir* « offre un riant tableau sur lequel nos yeux se reposent avec « plaisir »

A — *Le Constitutionnel*, 16 mai

« M Corot, dont les compositions vous seduisent, en « quelque sorte malgré vous et la prevention qu'elles vous « inspirent d abord par je ne sais quel air de negligence « propre, triomphez de cette premiere repugnance et peu « à peu vous trouverez, dans M Corot, un grand charme « de naiveté et de souplesse »

HERMANN — *Journal des Enfants*, p 311

HOUSSAYE (Arsene) — *Revue de Paris*, 4ᵉ serie, t XVI (2 avril 1843), p 34-35

« M Corot, digne rival de Cabat n est pas du tout « catholique en peinture C'est un pantheiste qui aime le « sourire du ciel et des fleurs Il n aime pas les details « comme les poetes modernes, ce qui le charme surtout, « c'est la grandeur A d autres la patience, a d autres la bro- « derie et la mosaique a d autres la nature pour la nature, « ce qu'il recherche, c est le style et l'effet il est bien re- « grettable de ne pouvoir etudier le tableau capital de « M Corot representant l *Incendie de Sodome* »

KARR (Alphonse) — *Les Guêpes*, Paris, Martinon (avril 1843) in-12, p 28

« M Corot, un de nos meilleurs paysagistes — et dont la « reputation est faite depuis longtemps, — s est vu refuser « un *Incendie de Sodome* — tableau plein d effet et de « poesie — qu il avait travaille toute une annee

« Un des membres du jury disait — *Corot, Corot* « — je ne connais pas — Ah ! oui, pardon, *Corot* j y suis, « — celui qui fait *si gris* — vous dites que nous l'avons « refuse, — c est possible — mais pourquoi faire un incen- « die quand on fait *si gris* »

PEISSE (Louis) — *Revue des Deux-Mondes*, 15ᵉ annee, 4ᵉ serie

« Le jury n avait pas voulu nous laisser voir le grand « paysage historique de M Corot (*La Destruction de Sodome*) il faut lui savoir gre d avoir accepte ses *Jeunes* « *filles au bain* Ces jeunes filles, au nombre de trois, ne « sont pas precisement belles, elles n'ont que cette grace « naive de sentiment et de mouvement qui est un des se- « crets du talent de l artiste et dont le charme attractif fait « oublier les negligences du dessin et la maladresse de « l'execution »

PELLETAN (Eugene) — *La Sylphide*, 4ᵉ serie, t VII, p 365

« C est mieux que la touche, c'est la vie, c est l im- « pression du paysage qui est là dedans Dieu soit loué de « ce que Corot, notre grand Corot, n a pas ete un habile « executant, il aurait subordonne la nature a l'art tandis « qu'il s est toujours presente a elle plein de soumission et « d un pieux tremblement pour la rendre et non pour la « travestir »

STERN (Daniel) — *La Presse*, 3 avril

« C est un chagrin reel pour nous de ne pouvoir louer « les paysages que fait aujourd hui M Corot, a l égal de ses « premieres productions »

Simple mention de nom dans DELECLUZE (F -J) *Journal des Debats*, 15 mars

1844

SALON

L'Artiste, 3ᵉ serie t V, p 258

« Malgre ses maladresses de dessin (maladresses char- « mantes et naives), M Corot est un des premiers paysa- « gistes de la nouvelle ecole Celui-là comprend la nature, « mais surtout la nature poetique M Corot est un pan- « theiste qui aime le sourire du ciel et des fleurs Ce qui « charme surtout dans M Corot, c est la grandeur Ce qu il « recherche c est le style, c est le charme, c est le caractere « Les enthousiastes auront beau s extasier, je ne compren- « drai jamais son *Incendie de Sodome* Il est vrai que l *In-* « *cendie de Sodome* ne doit pas ressembler a un autre « incendie »

Les Beaux-Arts, illustration des Arts et de la Litterature (Ed Curmer), t III, p 2

« Voyez la *Destruction de Sodome* par M Corot Quelle « poesie dans le recit biblique ! quel prosaïsme dans le « tableau !

« M Corot n a pas ete plus heureux dans l execution « que dans la pensee primitive Ses tons sont sales, ses « figures balafrées de coups de pinceau ses arbres d un « vert noirâtre, ses terrains lourdement empâtes »

DU MOLAY-BACON (E) — *Le Correspondant*, t VI, p 321-322

« Nous ne reprocherons pas a M Corot ses tons uni- « formes, ses jours qui ne sont que des crepuscules, ses « figures qui sont plutot brossees que peintes ! car il nous « enleve dans de si hautes regions que tous les details per- « dent leur importance »

GAUTIER (Theophile) — *La Presse* 30 mars

Cite par nous, t I, p 106

HOUSSAYE (Arsene) — *Revue du Salon de 1844* Paris, in-4ᵉ (en 30 livraisons), p 47-48

L'article est accompagne d une gravure empruntee a l *Artiste*, representant un « *Paysage a ec figures* »

L Illustration, 16 mars

Journal des Artistes, t I, de la serie in-4ᵉ (21 avril), p 30

LAVERDANT (Désiré) — *La Democratie pacifique*, 16 mai

« Il y a des gens qui ne comprennent pas le genie de « M Corot Plaignons leur malheur Nous avons, pour « cette nature d elite, une profonde admiration, une sympa- « thie respectueuse Si M Corot avait un peu de cette « habilete, du faire de M Marilhat son nom serait cite « entre les plus grands dans l histoire de l art Jamais « artiste ne s est trouve doue d un sentiment plus delicat, « plus pur des beautes champetres La *Campagne de* « *Rome* est un tableau plein de qualites, mais d un carac- « tere moins poetique Quant a l *Incendie de Sodome* ou « le sentiment de la desolation est exprime avec une rare « puissance, on reproche avec raison à M Corot de ne pas « avoir donne a Sodome incendiee le caractere grandiose « et somptueux que nous supposons a cette cite »

M*** — *La Chronique* revue universelle 3ᵉ année t V (*Diderot au Salon de 1844*) p 104-105

Eloge très vif du *Paysage à figures*, moins enthousiaste de l'*Incendie de Sodome* critique de l'exécution parfois maladroite

PEISSE (Louis) — *Revue des Deux-Mondes* 14ᵉ année, nouv série, t 6 (15 avril), p 305

Simple mention de nom

THORÉ (T) — *Le Constitutionnel*, 4 avril Réimprimé dans Le Salon de 1844 Paris, in-12, p 30, et dans Salons de T Thoré Paris in-12, 1868, p 34-35

« Les compositions de Corot rappellent involontairement les idylles antiques son talent modeste et solitaire le porte à une rêverie touchante qui se reflète dans sa peinture Il n'a jamais péché par l'ambition d'un éclat pompeux, ses figures ne font pas grand bruit dans ses paysages tranquilles L'aspect est toujours extrêmement juste d'ensemble Une lumière douce, des demi-teintes bien ménagées enveloppent toute sa composition »

Simple mention de nom dans DELÉCLUZE (E -J) — *Journal des Débats* 15 mars

Aucune mention dans les *Guêpes* d'Alphonse KARR (Salon, nᵒ d'avril, p 33 à 62)

1845

SALON

L'Artiste 4ᵉ série, t III p 181

« M Corot dans *Homère et les Bergers* n'a pas eu tout le sentiment qui nous charmait chez lui mais dans *Daphnis et Chloé*, nous le retrouvons tout entier »

BAUDELAIRE-DUFAYS (Ch) — Salon de 1845, Paris, in-18, p 53-55, réimprimé dans Curiosités Esthétiques, t II des Œuvres Complètes, Paris, 1884 in-8ᵒ, p 53-55

« A propos de cette prétendue gaucherie de M Corot il nous semble qu'il y a ici un petit préjugé à relever — Tous les demi-savants après avoir consciencieusement admiré un tableau de Corot et lui avoir loyalement payé leur tribut d'éloges, trouvent que cela pèche par l'exécution, et s'accordent en ceci que définitivement M Corot ne sait pas peindre — Braves gens ! qui ignorent d'abord qu'une œuvre de génie — ou si l'on veut — une œuvre d'âme — où tout est bien vu, bien observé bien compris, bien imaginé — est toujours très bien exécutée, quand elle l'est suffisamment — ensuite qu'il y a une grande différence entre un morceau fait et un morceau fini, qu'en général ce qui est bien fait n'est pas fini et qu'une chose très finie peut n'être pas faite du tout que la valeur d'une touche spirituelle importante et bien lancée est énorme etc etc, d'où il suit que M Corot peint comme les grands maîtres

« Ce qui prouve encore la puissance de M Corot ne fût-ce que dans le métier c'est qu'il sait être coloriste avec une gamme de tons peu variée — et qu'il est toujours harmoniste même avec des tons assez crus et assez vifs »

BLANC (Charles) — *La Réforme* 17 mai (7 article)

Compliments sur la liberté de composition du paysagiste d'histoire

DELÉCLUZE — *Journal des Débats* 12 et 13 mai

« Le laisser aller et le prosaïsme introduits aujourd'hui dans les scènes héroïques sont tout à fait choquants La plus grave critique que l'on puisse faire du tableau de M Corot est de demander où est Homère ? Otez sa lyre et substituez tout autre instrument vulgaire qu'il vous plaira et le chantre d'Achille disparaîtra, car rien dans son attitude ni dans ses formes ne le caractérise L'artiste a-t-il été plus heureux dans le choix de son site et dans le développement des lignes qui résultent de l'ensemble des terrains de la végétation qui les couvre ? Non, assurément, en sorte qu'il ne faut chercher dans le paysage de M Corot que ce qu'il a voulu y peindre un lieu champêtre dont la simplicité et le calme invitent l'âme et le corps au repos »

GAUTIER (Théophile) — *La Presse*, 17 avril

Eloges de la « naïveté presque enfantine » du peintre, mitigés de critiques sur l'incertitude de l'exécution, la mauvaise anatomie et la petitesse des figures

LAVERDANT — De la mission de l'art et du rôle des artistes Paris 1845 grand in-8ᵒ, 2ᵉ partie, Salon de 1845 p 40-41

Eloge de Corot mêlé du regret qu'il « laisse ses ouvrages à l'état d'ébauche »

MENCIAUX (Alfred de) — *Le Siècle*, 1ᵉʳ avril et 20 mai

« M Corot (*sic*) continue de faire des bergerades grecques Il sait bien composer et arranger ses sujets ses intentions ne manquent ni de poésie ni de charme, mais il ne suffit pas de penser, il faut exécuter et notre sensible plâtrage dont il couvre son dessin sous prétexte de couleur gâte en lui toutes les qualités dont ses compositions font preuve »

Moniteur des Arts Album des Expositions du Louvre, t I, Paris 1845, in-4ᵒ, Salon de 1845 (9ᵉ article), p 121, 122 et 123

« Dans le paysage de M Corot (*Homère et les Bergers*), nous voyons à droite un effet de soleil sur la ville et les méandres d'un chemin oblique dont l'harmonie est incontestable Dans les derniers plans, à gauche, si c'est la campagne qu'on a voulu peindre elle est trop bleue, si c'est un ciel il est au-dessous du niveau géométral du point de vue Quel que soit le talent d'un artiste, rien ne lui permet de faire une optique impossible La lumière circule abondamment partout à la vérité mais elle semble passée à l'eau Quant à la verdure de M Corot nous ne la comprenons pas »

THORÉ — *Le Constitutionnel* Réimprimé dans Le Salon de 1845 Paris, in-12, p 148 et dans Salons, de Th Thoré Paris, 1868, in-12 p 187

« Corot a fait aussi ses *Idylles* accoutumées, une *Daphnis et Chloé* et deux autres paysages C'est une peinture naïve et harmonieuse dans une gamme très douce L'ordonnance des arbres a souvent beaucoup de grâce et une douce lumière baigne les fonds »

THORÉ — *L'Artiste*, 4e série, t III, p 165

Les œuvres de Corot sont citées parmi les « œuvres « sérieuses ou seulement aimables »

1846

SALON

BAUDELAIRE-DUFAYS (Charles) — Salon de 1846 Paris, in-12 p 106-107 Réimprimé dans Curiosités Esthétiques, (t II des Œuvres Complètes), p 177

« M Corot est plutot un harmoniste qu'un coloriste, et « ses compositions toujours denuees de pédanterie, ont un « aspect seduisant par la simplicite meme de la couleur

« Presque toutes ses œuvres ont le don particulier de « l'unite, qui est un des besoins de la memoire »

CHAMPFLEURY — Œuvres posthumes Salons (1846-1851) Paris, 1894, petit in-12 Salon de 1848, p 71 a 74

« Le jury a refusé deux toiles, dont une ravissante, « du grand paysagiste En revanche il a accepte la plus « faible, celle-ci qui est au Louvre est encore une œuvre « remarquable, mais elle sort de la maniere de M Corot « C est plutot une *etude* serieuse, d un dessin severe et « etudie, qu un tableau Si M Corot n avait eu tout le temps « la critique et les artistes éminents pour lui, il aurait pu « rester dans l'oubli Il n'a *jamais* vendu de tableaux, ni « au ministere, ni a la ville, ni aux musees de province, ni « aux marchands Il est constamment par monts et par « vaux, par voies et par chemins, tandis que beaucoup de « paysagistes, ses confreres, vont faire des etudes d apres « nature au ministere et chez les deputes »

DELAUNAY (A -H) — Catalogue complet du Salon de 1846, annote Paris, 1846 , in-12, p 29

« Il y a des gens qui appellent cela de la peinture Ils « sont bien bons »

GAUTIER (Theophile) — *La Presse* 4 avril

« Ce bon Corot, à qui le jury a eu la stupidite barbare de « refuser trois toiles sur quatre s est contente d un tour de « promenade dans la foret de Fontainebleau On y retrouve « la simplicité harmonieuse, le charme modeste et la naive « gaucherie qui constituent son individualite »

GOSSO (Isidore S de) (Bertrand-Isidore SALLES) — Diogene au Salon, 1 'année Paris, 1846 , in-18, p 96

« Avec quelle fierté se redresse et se travaille l'homme « qui dit je suis chef d ecole J aurais bien voulu voir les « premiers hommages rendus a l homme que son merite ou « le mauvais gout de son époque fait décorer de ce nom « Combien son pinceau doit voltiger légerement sur sa « toile ! Il n a plus besoin de peindre, il fait une touche par- « ci une par là et on admire, il n a plus besoin de savoir « dessiner, pour lui tout est excuse Tel est M Corot, le « celebre paysagiste , il peint tout avec la terre qui tombe « de ses bottes quand on les lui nettoie , voila pour la terre, « les rochers les eaux, le ciel les troncs d arbres, les chairs, « enfin tous les tons clairs il emploie pourtant du vert « pour ses arbres, mais du vert dur, bouteille, qui est tou- « jours le meme, quelles que soient les lumieres et les om- « bres Quant au faire, il se ressent des excentricites du co- « loris Ce sont des arbres de tôle de Suede ou de carton- « pâte decoupes sur un fond quelconque, tout est mort, « raide, rien ne joue n ondoie, ne reflete, ne repousse, ne « s éloigne , c'est toujours la même chose, quel que soit le « plan »

HAUSSARD (Prosper) — *Le National*, 28 avril

« Art sincere et interessant La *Vue de Fontainebleau* « est tranquille et harmonieuse, naive et simple »

HOUSSAYE (Arsène) — *L'Artiste* 4e serie, t VI p 41 et 71

« Il a certes un tres grand sentiment de la nature , « mais, quand il veut la traduire sur sa toile les procédes « systematiques qu il emploie la gaucherie de son faire tra- « hissent son effort et font sa traduction infidele »

LENORMANT (Charles) — *Le Correspondant*, t XIV (avril-juin), p 384 et 388

Simples mentions de nom

MENCIAUX (Alfred de) — *Le Siecle*, 25 mars

« M Corot a expose son paysage de tous les ans , on y « retrouve toujours les même qualites et les memes de- « fauts »

PLANCHE (Gustave) — *Revue des Deux-Mondes*, 16e annee , nouvelle série, t XIV (15 avril) Réimprime dans Études sur l'École française (1831-1851), t II Paris, 1855, in-18, p 213

« Son pinceau n a pas rendu fidelement toute sa pensee , « mais il est evident que l auteur n a pas consulté les tra- « ditions de l'ecole, et qu il a reproduit librement ce qu'il « avait librement choisi C est un mérite dont il faut lui « tenir compte »

THORÉ (T) — *Le Constitutionnel*, reimprime dans le Salon de 1846 Paris, in-12, p 147, et dans Salons de T Thore Paris, 1868, in-12 p 320

« Le temperament est bon, l humeur poetique, le cœur « honnete, l esprit distingué , mais la peau est trop pâle »

EXPOSITION AU FOYER DE L'ODÉON

THORÉ (T) *Le Constitutionnel*, 3 janvier et 25 novembre 1846

1847

SALON

CLÉMENT DE RIS (L) — *L'Artiste*, 4e serie , t IX, p 105

Corot est défendu contre les reproches de maladresse et vante pour l harmonie et la justesse des effets qu il sait rendre

DELACROIX (Journal de Eugène) — Paris (Plon), 1893, in-8°, t I p 289 Note du 14 mars 1847

Passage très élogieux pour Corot, cité par Rous, t I, p 114

DELAUNAY (A -H) — Catalogue complet du Salon de 1847 Paris, p 37

« Admirable pour les uns détestable pour les autres « Peinture excentrique s'il en fut jamais, mais toujours « dominée par un sentiment exquis »

DELÉCLUZE — *Journal des Débats*, 16 mai

« L incorrigible M Corot nous a fait des petits paysages « qu il ne faut pas regarder de près mais qui sont d une « couleur ravissante »

GAUTIER (Théophile) — *La Presse*, réimprimé dans Salon de 1847 Paris, in-16, p 176

« Grand paysagiste maladroit d une touche « lourde, « épaisse incertaine en apparence »

HAUSSARD (Prosper) — *Le National* 16 mars et 8 avril

Composition pleine et harmonieuse, l exécution pourrait être plus savante et plus sûre

MANTZ (Paul) — Salon de 1847 Paris, in-12 p 98-99

L œuvre de Corot est séduisante, vraie et humaine, de couleur un peu terne

MENCIAUX (Alfred de) — *Le Siècle*, 13 mai 1847

« M Corot (*sic*) semble chercher des paysages que le « Créateur a oublié d inventer M Corrot, s il savait manier « un pinceau et appliquer de la couleur sur la toile serait « peut-être le plus grand de nos paysagistes Malgré la « maladresse et la lourdeur de sa touche M Corrot a « tellement le sentiment de la poésie et l intelligence de « l art qu il arrive à des résultats étonnants Vue de près « sa toile intitulée *Paysage* est un fouillis de tons gris et « plâtreux vue à quelques pas, c est une peinture pleine de « vérité M Corrot est plus littérateur que peintre »

PLANCHE (Gustave) — *Revue des Deux-Mondes*, 17ᵉ année, nouvelle série t XVIII, p 365-366

Éloges mêlés de critiques pour l exécution « incomplète »

THORÉ (Th) — *Le Constitutionnel*, 17 mars et 17 avril Réimprimé dans Salon de 1847 Paris, in-12, p 95 et dans Salons de T Thoré Paris, in-12, 1868, p 470-472

« Il me semble que la peinture un peu mystique de « M Corot agit sur le spectateur à peu près comme la « musique sur le dilettante, par un moyen indirect et inex- « plicable « Mais » Corot est comme un homme sen- « sible et éloquent dont la parole reste bien au-dessous de « son impression »

TRIANON (Henry) — *Le Correspondant*, t XVIII (avril-juin)

« Il est fâcheux que M Corot laisse flotter ses contours « dans une indécision trop systématique Mais quel pro- « fond sentiment de ce qu il y a de plus intime dans les « beautés naturelles ! »

VAINES (Maurice de) — *Revue Nouvelle*, 15 avril 1847

« Mais où est le dessin, où est la couleur, où est la vie, « la nature, où est quelque chose, enfin ?
« Cette masse noire et déchiquetée serait-elle un arbre ? « Cette plaque grise veut-elle dire de l eau ? Et doit-on « deviner un ciel dans cette obscurité boueuse lamée de « traînées violâtres ? M Corot ne sait pas ou ne veut pas « voir et peindre il ne sait que penser, et, pour peindre la « nature inanimée, ce n est pas assez »

1848

SALON

CLÉMENT DE RIS (Comte L) — *L'Artiste*, 5ᵉ série, t I p 86

Article très élogieux où sont vantées surtout l'originalité et la finesse du talent de Corot

DELÉCLUZE — *Journal des Débats*, 16 avril

« On retrouvera dans les productions de M Corot ce par- « fum de plein-air qu il trouve le moyen de fixer sur la « toile »

GAUTIER (Théophile) — *La Presse*, 9 mai

« Précieuse bonhomie fraîcheur argentée, candeur « d églogue »

HAUSSARD (Prosper) — *Le National*, 2 avril

« Il y a autre chose ici que la manière et le parti-pris « habituel de l artiste, c est la peinture même du site vu « dans sa dégradation de lumière, pris naïvement tel que « le dessin et le coloré l instant choisi du jour »

LAGENEVAIS (F de) (Frédéric Mercey) — *Revue des Deux-Mondes*, 18ᵉ année, nouvelle série, t XXII (15 avril), p 297

Corot est cité parmi les paysagistes qui « ne se servent de la nature que comme d'un motif à certaines variations poétiques d un style sévère ou giacieux, mais toujours élevé »

LEBON DE CHEVROLLET (Félix) — *Revue des auteurs unis* (15 mai), p 146 et 147

Peinture d un sentiment exquis, où l air est malheureusement « trop rare » et doit « la perspective est trop touffue », la couleur un peu fade, ce ne sont que des « ombres »

Aucune mention par Paul DE SAINT-VICTOR, dans *La Semaine*

TROISIÈME EXPOSITION DE L'ASSOCIATION DES ARTISTES

L'Artiste 4ᵉ série, t XI, p 195

1849

SALON

L'Artiste, 5ᵉ série, t. III (1849), p. 117 et 131.

Corot est le vrai peintre religieux. Devant lui Rembrandt lui-même serait « tout ému ».

CHAMPFLEURY. — Salon de 1849. Œuvres posthumes. Paris, 1894, petit in-12, p. 158 à 162.

« Le nom de Corot est populaire aujourd'hui, chose « d'autant plus bizarre que Corot est le *seul grand* paysa- « giste français.

« Sa peinture ne fait pas *pstt, pstt* au public, elle ne joue « pas de la grosse caisse pour l'oreille du bourgeois. Et ce- « pendant le nom de Corot est populaire aujourd'hui.

« ... J'ai dit que la peinture de Corot était *modeste* pour « bien faire comprendre ce qui la sépare de la peinture « *criyante*. Flers, Marilhat, Troyon, Rousseau et Jules « Dupré ont un grand talent, leurs tableaux sont voyants. « Corot resplendissait au milieu de ces travaux dangereux, « il ne resplendissait pas comme le soleil, il était pur comme « quand le jour paraît dans la campagne.

« Sans tapage, sans fracas, un paysage de Corot peut être « accroché dans une chambre et regardé *toujours*. Combien « de tableaux aujourd'hui peuvent être regardés un mois de « suite sans ennuyer le propriétaire ? »

DELÉCLUZE. — *Journal des Débats*, 4 juillet.

« Le *Christ au Jardin des Oliviers* est une belle et bonne « composition qui fait honneur à M. Corrot (*sic*). Il s'y « trouve mieux qu'un bon coloris, le peintre a bien saisi la « couleur du sujet et cette masse d'arbres ... inspire une « tristesse profonde, mais majestueuse et sainte. A ce ta- « bleau, M. Corrot a joint de jolies études en Toscane, en « France et à Rome. »

GALIMARD (Auguste). — Examen du Salon de 1849. Paris, 1850, in-18 (réimpression d'articles parus dans *La Patrie* sous le pseudonyme JUDEX), p. 118-120.

« Le talent de M. Corot est un interprète incomplet de « son génie. »

GAUTIER (Théophile). — *La Presse*, 11 août.

Très élogieux.

LAGENEVAIS (F. de). — *La Revue des Deux-Mondes*, 15 août 1849.

Compte rendu très long et très sympathique. « Corot a « ajouté au charme habituel de sa peinture plus de perfec- « tion dans la forme. »

PEISSE (Louis). — *Le Constitutionnel*, 31 juillet.

« Le *Christ au Jardin des Oliviers* est ... le morceau ca- « pital de l'exposition, une œuvre de maître qui peut garder « son rang à côté des belles choses du genre. Depuis les « anciens on n'avait rien vu de pareil dans le paysage de « *style*, ... et les admirateurs de M. Corot, qui ne sont « pourtant pas modestes à son endroit, n'attendaient peut- « être pas autant de lui. On ne soupçonnait pas que ce « doux sentiment d'élégie ou d'idylle, cette grâce ingénue « et ce souffle poétique qui, en dépit d'une négligence d'exé- « cution voisine de la maladresse, donnent à ses peintures « un attrait indéfinissable pourraient faire place à cette « hauteur de pensée, à cette puissance d'expression. Les « quatre autres tableaux de M. Corot sont exécutés dans ce « mode tendre et presque timide qui a tant de grâce et de « charme. »

TRIANON (Henry). — *Le Correspondant*, t. 24 (avril-septembre), p. 470.

« M. Corot ne s'est vraiment montré digne de lui-même « que dans une *Étude du Colisée à Rome*. Encore cette « étude remonte-t-elle à une époque assez reculée. »

1850-1851

SALON

BANVILLE (Théodore de). — *Le Pouvoir*, 10 janvier 1851.

Simple mention du nom.

BELLEMARE (de) (Gabriel de FERRY). — *L'Ordre*, 23 avril 1851.

Admirable paysagiste, s'il avait « la moitié seulement de « l'habileté du pinceau de M. Cabat ».

CALONNE (Alphonse de). — *L'Opinion publique*, 10 avril 1851.

« Les paysages de Corot sont les plus beaux paysages du « Salon. »

CHENNEVIÈRES (Ph. de). — Lettres sur l'Art Français en 1850. Paris, 1851, in-12 (articles publiés dans le *Journal d'Argentan*), p. 75.

« Le plus grand paysagiste de notre temps, selon moi, « c'est Corot, et le plus beau paysage de 1850 était sa « *Danse de Nymphes*. En vérité, ce bonhomme, par « l'ampleur et la tranquillité du talent, par l'insouciance « du procédé stérile, par le charme intime et la suavité du « sentiment, est à nos autres faiseurs de paysages ce que « Poussin est à Allegrain, ce que Claude est à Lantara. »

CLÉMENT DE RIS (L.). — *L'Artiste*, 5ᵉ série, t. VI, 1851, p. 17.

Très élogieux.

DANGER (Alfred). — *Le Pays*, 13 mars 1851.

« Corot sacrifie trop à la fantaisie, et se répète sans « cesse. »

DELÉCLUZE (E.-J.). — *Journal des Débats*, 25 février 1851, réimprimé dans : Exposition des Artistes vivants. Paris, 1851, in-8°, p. 134.

On désirerait que Corot « fît une bonne fois un paysage « où la nature serait exactement rendue, afin de démontrer « qu'il exécute non pas comme il peut, mais comme il « veut ».

DESPLACES (Aug.). — *L'Union*, 21 février 1851.

Corot est un paysagiste « qui a ses maladresses, mais qui « triomphe par le charme ».

DU PAYS — *L'Illustration*, t XVIII (21 mars) p 179

« M Corot ne semble peindre que de souvenir la nature « qu'il aurait bien vue autrefois On prend facilement son « parti de l insuffisance du pinceau en sent qu'il a donne « tout ce qu'il pouvait donner qu il lui est impossible d al- « ler au-delà D ailleurs, ses ebauches ressemblent assez a des « tableaux

GAUTIER (Theophile) — *La Presse*, 24 avril 1851

Tres sympathique

GEOFFROY (Louis de) — *La Revue des Deux-Mondes*, (1er mars 1851)

Sentiment poetique, sincerite, noblesse elegance — mais des imperfections techniques

HAUSSARD (Prosper) — *Le National*, 7 janvier et 19 mars 1851

Tres élogieux, Corot merite « la palme » pour le paysage

LA FIZELIERE (Albert de) — *Journal des Faits*, 20 fevrier et 7 mars, reimprime dans Salon de 1850-1851 Paris 1851, in-8°, p 74-75

« Les tableaux de Corot sont les plus importants et les « plus remarquables du genre a ce Salon »

LECLERC (A) — *La République* 6 avril 1851

« Corot a tout ce qui seduit le regard il a surtout l'unite « d action et de composition et ces qualites sont poussees « assez loin pour vous faire oublier que la couleur fait com- « pletement defaut »

MANTZ (Paul) — *L'Evenement*, 26 mars 1851

« Artiste du premier ordre dans la gamme restreinte qu il « s est choisie doux musicien qui ne connait que deux ou « trois notes, mais qui les dit si bien que tous les enchante- « ments lui resteront toujours fideles »

« Est-ce la verite vraie ? non, dans la realite vivante « les arbres sont plus verts, les troncs d arbres sont plus « vigoureux » etc

MONTAIGLON (Anatole de) — *Le Théâtre*

« Elogieux en somme, quoiqu il reproche au peintre sa « touche maladroite, sa couleur grise ou étouffée, sa mono- « tonie »

PEISSE (Louis) — *Le Constitutionnel*, 31 decembre 1850 et 29 janvier 1851

« C'est la poesie de la nature que je demande a Corot « et non sa description Eh bien ! c est precisement de cette « poesie que M Corot a le don »

PETROZ (P) — *Le Vote Universel*, 28 février 1851

« Seul peut-etre de notre temps il a pu atteindre le « style sans tomber dans l emphase et dans la maniere en « conservant toute son originalite »

PILLET (Fabien) — *Le Moniteur Universel*, 17 janvier 1851

Elogieux, recommande au visiteur de se placer a distance convenable

ROCHERY (Paul) — *La Politique Nouvelle*, 3e article

« On dira un jour *un Corot*, car cet artiste a su tirer de « cet instrument sublime aux accords infinis qu on nomme « la nature de suaves melodies d un caractere nouveau et « vraiment inconnu avant lui »

SABATIER-UNGHER (F) — *La Démocratie Pacifique*, 12 janvier réimprimé dans Salon de 1851 Paris (librairie phalanstérienne) 1851, in-8°, p 16

« Charmant faiseur d idylles, il est l idealisme, comme « Rousseau est la verite, Troyon le realisme »

TRIANON (Henry) — *Le Correspondant*, t XXVIII (avril-septembre 1851), p 37

Simple mention de nom

VIGNON (Claude) (Mme Noemie Constant) — Salon de 1850-1851 Paris, 1851, in-12 de 6 2/3 f, p 147

Elogieux

1852

SALON

CLEMENT DE RIS — *L'Artiste*, 5e s t VIII, p 101

Tres sympathique

DELECLUZE — *Journal des Debats*, 20 mai

« Ce sont des ebauches d un ton tres fin, dans les- « quelles on ne peut distinguer aucun detail C'est un mode « d execution tout personnel, qui convient sans doute a « l artiste qui l emploie avec tant de perseverance, mais que « les jeunes artistes feront bien de ne pas adopter »

GRUN (Alphonse) — Salon de 1852 Paris, in-12 (5 1/2 f), p 93

Il faut regarder de pres les tableaux de Corot « pour que le charme disparaisse »

LACRETELLE (Henri de) — *La Lumiere*, Journal-Revue de la photographie, 10 avril

PLANCHE (Gustave) — *Revue des Deux-Mondes*, nouvelle serie, 22e annee, t XIV, (15 mai), p 685 reimprime dans Etudes sur l Ecole francaise (1831-1852), t II, Paris, in-18, 1855, p 316

Il est question de la « grandeur et la poesie » des deux paysages de Corot mais le peintre est accuse de negligences d execution dans les terrains ou le feuillage *l'Interieur d'une forêt*, de Français est superieur comme execution mais n a pas le meme sentiment poetique

VIGNON (Claude) (Mme Noemie Constant) — Salon de 1852 Paris in-12 (4 1/3 f) 1851, p 152

Salon moins heureux que les precedents Corot abuse un peu des tons noirs

1853

SALON

BOYELDIEU D'AUVIGNY — Guide aux Menus-Plaisirs *Salon de 1853* Paris in-18, p 81

Sympathique

CLÉMENT DE RIS (L) — *L'Artiste*, 5e série, t X, p 145

Très sympathique

DELABORDE (Henri) — *Revue des Deux-Mondes*, 23e année nouv pér, 2e série, t II, (15 juin), p 1151

Corot est fâché de n'avoir pas renoncé à poursuivre l'idéal et de résister contre les « envahissements de l'art matérialiste »

DELÉCLUZE — *Journal des Débats*, 25 juin

« Comme devant tous les tableaux de cet artiste il ne « faut pas s'appliquer aux détails de celui-ci *Le Saint-« Sébastien*, mais il y règne une fraîcheur de ton qui « charmera ceux qui aiment et qui ont observé la nature »

KARR (Alphonse) — *Nouvelles Guêpes*, t III (1853), p 19

Anecdote citée par nous, t I p 141

LA MADELÈNE (Henry de) — Le Salon de 1853 Paris 1853, in-8°, p 60

Très sympathique

NADAR JURY AU SALON DE 1853 Album comique de 60 à 80 dessins coloriés Compte-rendu d'environ 800 tableaux, sculptures, etc Texte et dessins par Nadar Paris (J Dry aîné), in-12 oblong

« Nos 287, 288, 289 Saluez ! voici M Corot ! — C'est « toujours et éternellement le maître parce qu'il est le « créateur — *il Creatore !* J'aime peut-être moins son « exposition cette année que d'ordinaire (mais mon avis « importe peu en cette affaire), et je préfère la *Matinée* au « *Saint Sébastien*, et même au *Coucher du Soleil*, un peu « sombres tous deux »

PEISSE (L) — *Le Constitutionnel*, 26 juillet

« En dépit d'une certaine insuffisance ou nonchalance de « travail qui laisse les détails à l'état de simple indication, « il triomphe par la décision du caractère général, qui est « toujours énergiquement accusé et par la force pénétrante « de l'exposition M Corot est le plus expressif de nos « paysagistes On voit que M Corot prend aisément des « tons divers Il n'est pas moins inventif dans ses composi-« tions et s'il répète un motif, c'est toujours avec des « variantes qui en modifient l'expression et lui donnent un « accent nouveau La manière quoique très originale, est « si simple, si sincère, si exempte de ces rubriques du « métier qu'on appelle des ficelles, qu'elle a tenté peu « d'imitateurs »

TILLOT (Charles) — *Le Siècle*, 25 mai 1853

Le nom de Corot est cité parmi les grands succès de ce Salon

Aucune mention dans HENRIET (Frédéric) Coup d'œil sur le Salon de 1853 Paris, in-8° (tirage à part du *Journal des Théâtres*)

1855

EXPOSITION UNIVERSELLE

ABOUT (Edmond) — Voyage à travers l'Exposition des Beaux-Arts Paris, in-16 (1855), p 217

« Aucun artiste n'a plus de style et ne fait mieux passer « ses idées dans le paysage Il transforme tout ce qu'il « touche, il s'approprie tout ce qu'il peint il ne copie « jamais, et, lors même qu'il travaille d'après nature, il « invente »

BERNARD (Frédéric) (Théodore PELLOQUET) — *Journal pour Tous*, 25 août

DELACROIX (Journal de Eugène) — Édit Flat et Piot Paris 1893-95, in-8°, t III, p 115 (7 novembre 1855)

Cité par nous t I, p 161

DELÉCLUZE — *Journal des Débats*, 16 décembre réimprimé dans Les Beaux-Arts dans les Deux-Mondes en 1855 (Exposition Universelle) Paris in-12 1856

« L'intention de ces tableaux est charmante, mais, en « peinture comme en morale il ne suffit pas d'avoir une « bonne pensée, une bonne intention, il faut les réaliser, « et, malgré toute notre bonne volonté nous ne pouvons « prendre les tableaux de M Corot que pour de gracieuses « esquisses »

DU CAMP (Maxime) — *Revue de Paris*, 1er août Réimprimé dans Les Beaux-Arts à l'Exposition Universelle de 1855 Paris, 1855, in-8° p 257

« Les paysages de M Corot ne sont peut-être pas ce « ceux qu'on voit, mais ils sont certainement ceux que « l'on rêve

« Les arbres sont dessinés sans contours et peints sans « couleur comment cela s'est-il fait ? Il l'ignore lui-même « Il se dit un beau jour « Je vais peindre un soleil cou-« chant » Il prend ses brosses et sa palette, il esquisse « des arbres, des eaux des personnages, sans trop y « songer il ne songe qu'au soleil couchant Le tableau « exposé vous ne remarquez ni les personnages ni les « eaux, ni les arbres vous vous écriez dès la première vue « Ah le beau soleil couchant ! »

GAUTIER (Théophile) — Les Beaux-Arts en Europe 1re série Paris, 1856 p 129 (Réimpression d'articles parus dans le *Moniteur*)

GEBAUER (Ernest) — Les Beaux-Arts à l'Exposition Universelle de 1855 Paris, in-18, p 119

« Les paysages de Corot ont de la poésie et de la grâce, « mais ils manquent de vérité et de précision »

LA ROCHENOIRE (Jean de) — Exposition Universelle des Beaux-Arts. Le Salon de 1855 apprécié à sa juste valeur. Paris, 2 vol. in-8°, t. II, p. 66.

« M. Corot, avec un dessin pénible, une maladresse inouïe de faire, une couleur mal appliquée et une persévérance opiniâtre, négligeant enfin et comme à plaisir (car il peut quand il veut mieux que pas un) les moyens serviles d'une imitation naturelle, parvient, par des voies qui lui sont propres, à inonder notre âme de poésie. »

LOUDUN (Eugène) (Alphonse BALLEYDIER) — Exposition Universelle de 1855. Paris, 1855, in-8°, (tirage à part de l'*Union*), p. 158.

Parallèle entre les peintres classiques et les peintres romantiques. Corot exprime non des scènes, mais des impressions. »

PERRIER (Charles) — *L'Artiste*, 5e série, t. XV, p. 141. Réimprimé dans les Études sur les Beaux-Arts en France et à l'Étranger, du même.

« Ce que Corot poursuit, ce n'est pas la forme palpable, c'est l'idée. C'est un poète qui s'adresse à d'autres poètes. Comme peintre, il ne procède de personne et ne rappelle que Claude Lorrain, quelquefois. »

PLANCHE (Gustave) — *La Revue des Deux-Mondes*, nouv. pér., 2e série, 25e année, t. XI, p. 1157-58.

« M. Corot vaut mieux que sa réputation. (S'il) est excellent dans le domaine de l'invention, ses admirateurs les plus pervers sont obligés de confesser qu'il exécute avec une certaine gaucherie ce qu'il a si parfaitement conçu. Sa main n'obéit pas à sa fantaisie. Avec une imagination moins riche et une main plus habile, il rallierait sans peine un plus grand nombre de suffrages. »

VIGNON (Claude) (Mme Noémie CONSTANT) — Exposition Universelle de 1855. Beaux-Arts. Paris, 1855, in-18 (7 1/2 f.), p. 253.

Développement sur ce thème que Corot est « poète plus que peintre. »

1857

SALON

ABOUT (Edmond) — Nos Artistes au Salon de 1857. Paris, 1858, in-12, p. 120.

« M. Corot, parti de la couleur, est arrivé doucement, en cheminant sous bois, jusqu'à la lisière du dessin. Je ne dis pas qu'il soit de force à peindre un portrait, il ne serait pas capable de modeler l'*Œdipe* de M. Ingres ou la *Médée* de M. Delacroix. Si on le plaçait avec M. Desgoffe devant un chêne ou un olivier, je crois en conscience qu'il ferait l'arbre moins ressemblant, et qu'il n'aurait que l'accessoire. Mais il dessine admirablement une masse verte; il sait nouer un groupe d'Amours et le faire entrer dans le paysage; ses petites figures de femmes sont souvent excellentes, pourvu qu'on les laisse où elles sont. »

BERTALL — *Journal amusant*, 19 septembre.

Charge de l'*Incendie de Sodome*, avec cette légende :
« *Sodome au jus de réglisse*, par M. Corot. — La Bible assure que Sodome fut dévorée par l'incendie. M. Corot prétend que la punition ne fut pas si terrible, et que cette ville coupable fut simplement passée au jus de réglisse. La croyance de M. Corot est respectable et nous paraît émaner d'un brave homme. »

CASTAGNARY — *Le Présent*, revue européenne. Réimprimé sous le titre Philosophie du Salon de 1857. Paris, 1858, in-18, augmenté d'une préface, et dans Salons. Paris, 1892, in-12, t. I, p. 25.

« C'est vague, c'est indécis; le sentiment des individualités naturelles de l'arbre, de la plante, du rocher, ne s'y fait guère jour; mais la pénétration vive des choses générales, des herbes mouillées, des ombres fraîches, des lumières pures, y est fortement accusée et suffit à la simplicité des motifs. »

DELÉCLUZE (E.-J.) — *Journal des Débats*, 20 août.

« Ses peintures ne nous donnent que des sensations imparfaites, passagères comme celles que ferait naître et évanouir tout aussitôt la harpe éolienne. Quoi qu'il en soit cependant de l'exécution vague des tableaux de M. Corot, cet artiste doit être rangé au nombre des véritables paysagistes, par cela seul que l'être humain anime toutes ses compositions champêtres. »

DU CAMP (Maxime) — Le Salon de 1857. Paris, in-12, p. 115.

Simple mention sympathique.

DU PAYS (A. J.) — *L'Illustration*, t. XXX, (26 septembre), p. 202.

« L'exécution est nulle, le coloris n'existe pas, mais il y a le sentiment et cela suffit à l'artiste pour vous donner un instant l'impression de ces jolis rêves et vous inspirer le regret qu'ils se soient envolés. »

FOURNEL (Victor) — *Le Correspondant*, nouvelle série, t. V (mai-août), p. 745.

L'auteur proclame sa prédilection pour les paysages de Corot, tout en lui reprochant son peu de naïveté et de réalité.

GAUTIER (Théophile) — *L'Artiste*, nouvelle série, t. II, p. 114.

Très sympathique.

NADAR, JURY AU SALON DE 1857 — Paris, in-12 oblong.

Dans la préface, l'auteur parle de la rue Laffitte : « Dévotieusement et instinctivement, j'accomplis ma petite station à chacun des reposoirs de Cachardy, de Beugniet, de Détimmont, de Cornut, de Waille... je vois des Delacroix, je vois des Troyon, je vois des Corot. »

PERRIER (Charles) — L'Art français au Salon de 1857. — Paris, in-12, p. 133.

Longue dissertation sur la peinture de Corot, vague, mais très expressive.

PLANCHE (Gustave) — *Revue des Deux-Mondes*, seconde série, 27 année, t X, p 398-399

« Corot a de l ingeniosité de la grandeur, de la fraicheur « Mais il exprime toujours ce qu il a conçu avec la meme « gaucherie la meme maladresse Il sait tres bien ce qu il « veut, et ce qu il veut est presque toujours digne de « louange L'heure venue de traduire sa volonte, sa main « hesite Terrains, troncs et feuillages, tout demeure a « l etat d ébauche dans les compositions de M Corot Or « les ebauches ne peuvent seduire que les gens du metier « M Corot n a pas le droit de se plaindre il poss de l es- « time et la sympathie des hommes du metier il n est pas « populaire et ne devait pas l etre »

TARDIEU (Alexandre) — *Le Constitutionnel*, 21 août 1857

Simple mention de nom

1858

EXPOSITION DE DIJON

SCHALLER (Auguste) — Les Beaux-Arts a l'Exposition de Dijon Dijon, 1858, in-8°, p 65

1859

SALON

ASTRUC (Zacharie) — Les quatorze stations du Salon — Août 1859 Preface de George Sand Paris, 1859, grand in-18, p 19 (*Macbeth*) et 175 (*Dante et Virgile, Tyrol italien Paysage avec figures Idylle*)

Dissertations longues et verbeuses, elogieuses d un bout à l'autre

AUBERT (Maurice) — Souvenirs du Salon de 1859 Paris, 1859, in-16, p 25

Le meilleur des sept tableaux de Corot est le *Souvenir du Limousin* Resume des jugements de la critique sur le maitre

BAUDELAIRE (Charles) — *Revue française* Salon, reimprimé dans Curiosites esthétiques (Œuvres completes, t II) Paris (Calmann-Lévy), 1884 in-8°, p 329-331

Il y a chez Corot « une infaillible rigueur d harmonie » et un « profond sentiment de la construction » Sa couleur n apparait trop douce et sa lumiere crepusculaire que « par contraste avec les peintures criardes qui l entourent »

BELLOY (A de) — *L'Artiste* Nouvelle serie, t VII p 19

BERTALL — *Gazette de Paris*, 1859

Caricature de *Dante et Virgile* avec cette legende « Les « deux poetes, deguises en parapluies, — pour conserver « un severe incognito, — visitent un paysage de Corot « peuple d animaux en feutre et peint avec du jus de « reglisse et de la suie combinés Ou leur avait dit que le « paysage representait l'enfer, ils assurent que cela ne vaut « pas le diable »

CASTAGNARY — *L'Audience*, reimprime dans Salons, t I, p 87-89

Cite par nous T I, p 192

CHESNEAU (Ernest) — Libre etude sur l Art contemporain Salon de 1859 Paris, grand in-8°, (tirage a part de la *Revue des races latines*), p 163

« D une inhabilete de main devenue proverbiale Corot « ne possede pas le don de la couleur Mais il transmet « avec naiveté et force l impression toujours poétique qu il « reçoit de la nature »

DELECLUZE (E -J) — *Journal des Debats*, 20 août

Simple mention de nom

DU CAMP (Maxime) — Le Salon de 1859 Paris in-18, p 151

« La peinture de Corot « tourne dans un cercle qui ne se « renouvelle pas » Ses qualités essentielles sont la douceur « et la reverie Le meilleur tableau de son exposition est le « *Souvenir du Limousin* »

DUMAS (Alexandre) — *L'Indépendance belge* Reimprimé dans L'Art et les Contemporains au Salon de 1859 Paris, in-18, p 142-143

« Corot est un poete a la maniere d Andre Chenier et de « Theocrite, seulement il ecrit avec un pinceau C est « toujours au reste la meme idylle qu il refait, mais c'est « une idylle pleine de sentiment Maintenant, comme pein- « ture, c est maladroit, c est malpropre, c'est saupoudre de « farine mais malgre tout cela, l'artiste y met tellement « tout son cœur toute son ame toute son esperance, que « cela fait plaisir a voir »

DUMESNIL (Henri) — Le Salon de 1859 Paris, in-18, p 12-16

Longue etude tres sympathique

DU PAYS (A -J) — *L'Illustration*, t XXII, p 52 et t XXIII, p 143

« M Corot est un poete qui s amuse a peindre C est le « plus naif et le plus frais de nos paysagistes et cependant « sa couleur est grise, cendree noiratre Ses toiles sont « sales son faire est des plus negliges Il n a point fait « ecole parce qu il a en lui quelque chose qui ne se com- « munique pas le sentiment Mais son influence n en a « pas moins éte considérable sur les paysagistes modernes » Eloge de *Idylle* et d'*Paysage a ec figures* mais severe critique des autres toiles « Ce sont des portraits tout « a fait indignes d une exposition, e par suite un encou- « ragement au laisser-aller complaisant que l on n'est que « trop disposé a apporter aujourd hui dans l execution de « petits ouvrages de peinture »

DUPLESSIS (Georges) — *Revue des Beaux-Arts*, t X p 176-177

« La plus grande puissance et la meilleure organisation « des paysagistes »

DUVIVIER (J-H) — Indiscrétion Salon de 1859 Paris, 1859, in-8° p 14-15

FOURNEL (Victor) — *Le Correspondant* nouvelle série, t II (mai-août), p 268

De parti pris, Corot encadre de paysages ses scenes preh stoi ques il eut di plutôt prendre a l ancienne ecole « la variéte dans les lignes et l'invention dans les plans » Monotonie et lourdeur

JOURDAN (Louis) — *Le Siecle*, 22 avril Reimprime dans Les Peintres Français Salon de 1859 Paris, 1859, in-18

LÉPINOIS (E de B de) — L Art dans la Rue et l'Art au Salon Paris, 1859, in-18, p 194

Cite par nous, t I p 193

MANTZ (Paul) — *Gazette des Beaux-Arts*, 1re partie, t II, p 295

« M Corot est un poete un musicien un charmeur « C est peu de chose au sentiment des virtuoses de la ou- « che mais pour nous c est la nature elle-meme Nul n a « recu autant que M Corot le don de l impression morale »

SAINT VICTOR (Paul de) — *L'Artiste* nouvelle serie 1er semestre, 1861, p 32 Les paysagistes contemporains

« Jusqu ici nous n avions que de la sympathie pour le « talent de M Corot, il nous force a l admiration »(Long ue « étude é og euse de *Dante et Virgile* et de *Macbeth*)

STEVENS (Mathilde) — Impressions d une femme au Salon de 1859 Paris, in-12 p 43

Aucune mention dans *La Revue des Deux-Mondes* (Seconde serie, 29e année, t XXI, article de HENRI DELABORDE)

EXPOSITION
DE TABLEAUX MODERNES AU PROFIT DE LA CAISSE DE SECOURS DES ARTISTES

GAUTIER (Theophile) — *Gazette des Beaux-Arts*, 1e per, t V, p 296

EXPOSITION DE MARSEILLE

LAGRANGE (Léon) — *Gazette des Beaux-Arts*, 1re per, t IV p 185

1860

EXPOSITION DE BESANÇON

TEINTURIER (A) — *Gazette des Beaux-Arts*, 1re per, t VIII, p 112

1861

SALON

BURGER (W) (THORÉ) — *Le Temps*, 6 juillet 1861 Reimprime dans Salon de 1861 p 145, et dans Salons de W Burger Paris, 1870, in-12 p 145

Cite par nous, t I, p 203

CALLIAS (Hector de) — *L Artiste* Nouvelle serie, 1er semestre, p 246

« La lyre de Corot n a qu une corde, mais il la fait vibrer « harmonieusement »

CANTALOUBE (A) — Lettre sur les Expositions et le Salon de 1861 Paris, 1861, in-12, p 204

« S il est imparfait dans les de ails de l execution, l en- « semble est presque irréprochable »

CASTAGNARY — Les Artistes au XIX siecle, Salon de 1861, 1re série 1re livraison *Corot* (p 1 a 4) Paris, 1861, in-folio

Cite par nous t I p 203

DELABORDE (Henri) — *Revue des Deux-Mondes*, seconde per, 31e annee, t XXXIII, p 895

« Le charme de l effet supplee a l indigence des lignes »

DELECLUZE (E-J) — *Journal des Debats*, 22 juin

« Si l on reconnait que M Corot donne a ses compo- « sitions, figures et paysages, l aspect la couleur, le charme « des jours de printemps, on convient aussi que sa lyre n a « qu une corde, que son pinceau ne reproduit qu un ton « Que M Corot se passe, pour sa propre satisfaction, des « fantaisies telles que son *Orphee* il est dans son droit « mais comment ne s est-il pas trouve un de ses amis assez « courageux pour l empecher d exposer cet ouvrage? »

DU CAMP (Maxime) — Salon de 1861 Paris, in-12 p 161

Cité par nous, t I p 203

GALLETTI — Salon de 1861 Album caricatural Paris Librairie Nouvelle, in-8° oblong

Caricature de l *Orphee* cette avec legende « Orphee a « beau l entrainer Il en sera pour ses vocalises Eurydice ne « peut pas se decider a sortir d un si beau paysage »

GAUTIER (Théophile) — Abécédaire du Salon de 1861 Paris, in-12, p 112

Cite par nous, t I, p 203

LA FIZELIÈRE (Albert de) — A-Z ou le Salon en miniature Paris, 1861, in-8°, p 19-20

LAGRANGE (Léon) — *Gazette des Beaux-Arts* 1re per, t X, p 202, et t XI, p 135, 137 et 144

Poésie, mais note connue sans mérite nouveau, prétention et exagération d'une manière hésitée et tremblante

MERSON (Olivier) — La Peinture en France Exposition de 1861 Paris in-12, p 327

Cite par nous t I, p 203

PELLOQUET (Théodore) — *Le Monde Illustré*, t VIII, p 407

THORÉ (Théophile) — Salon de 1861 paru dans l'*Indépendance Belge* (4e article) et réimprimé dans Salons de W Burger, p 51-52

« Corot ne possède qu'une seule gamme très bornée et « en mineur, dirait un musicien Il ne connaît guère qu'une « seule heure le matin, qu'une seule couleur, le gris pâle »

VIGNON (A) — *Le Correspondant* Nouvelle série, t 17 (mai-août 1861) p 150

« Corot est le seul paysagiste qui puisse faire supporter le « paysage historique Il possède le charme, contrairement « à Courbet »

1862

EXPOSITION DU CERCLE DE L'UNION ARTISTIQUE

R-V — *Gazette des Beaux-Arts* 1re per, t XIII, p 95-96

EXPOSITION DE LIMOGES

HERVÉ (Edouard) — Compte-rendu des œuvres de peinture et de sculpture exposées à la Société des Amis des Arts du Limousin Limoges, mai, 1862 p 75

EXPOSITION UNIVERSELLE DE LONDRES

LASTEYRIE (Ferdinand de) — La Peinture à l'Exposition Universelle Étude sur l'Art Contemporain Paris, 1863, in-12 p 161 (Articles parus d'abord dans *Le Siècle*)

MANTZ (Paul) — *Gazette des Beaux-Arts* 1re pér t XIII, p 368

BURGER (W) (TH THORÉ) — *Le Temps* (2e article), réimprimé dans Salons de W Burger Paris, 1870, in-12, t I p 325

Simple mention

1863

SALON

CALLIAS (Hector de) — *L'Artiste* Nouv ser 1er sem, 1863, p 213

CASTAGNARY — Salon de 1863, paru dans *Le Nord*, de Bruxelles, réimprimé dans Salons, t I Paris, 1892, in-12, p 142 et 145

Cite par nous, t I, p 215

CHESNEAU (Ernest) — *Le Constitutionnel*, 3 mai et 16 juin Réimprimé dans l'Art et les Artistes modernes en France et en Angleterre Paris 1863, in-12, p 200

« Corot a supprimé le soleil A la convention classique il a substitué une autre convention qui n'est qu'une image des rêves de l'artiste »

DU PAYS (A-J) — *L'Illustration*, t XLII, (11 juillet), p 26

« M Corot conserve dans un âge avancé la fraîcheur des « jeunes impressions ainsi qu'un sentiment poétique qui « malgré l'absence de coloration le parti-pris conventionnel « et l'à-peu-près de l'ébauche se manifestent dans son *Soleil* « *levant* »

GIRARD DE RIALLE (Dmitri STEPHANOWITCH) — L'Art Contemporain, 1re série A travers le Salon de 1863 Paris, 1863, in-12, p 104

LOCKROY (Edouard) — *Courrier artistique*, 20 juin (Lettres d'un éclectique)

« J'arrive à un maître M Corot C'est en s'inclinant « qu'on le nomme et l'éloge semble pour lui superflu Ses « trois inimitables paysages renferment toutes ses qualités, « il faut les regarder longtemps, se taire et admirer »

MANTZ (Paul) — *Gazette des Beaux-Arts*, t XV, p 37-38

Talent plus mûr Corot voit l'effet avant tout, il se contente d'indiquer les formes générales

MERSON (Olivier) — *L'Opinion nationale*, 11 juillet

« Une brosse large, détaillée à l'occasion, toujours d'a- « plomb, — quelquefois dure, — une couleur puissante, — « lourde souvent, — de la distinction, un dessin châtié, « voilà les auxiliaires dont l'intelligence et la volonté de l'ar- « tiste savaient s'entourer Mais M Corot a changé tout « cela Aujourd'hui il fait résonner une autre corde Le « dessin est moins précis — il faut même avouer qu'il ne « saurait guère estomper davantage, la touche a moins « d'affirmation, la couleur a perdu son caractère robuste et

« viril et cependant, la dernière expression de ce talent : « un charme vague et indéfini qui vous attire et vous attache. On respire à pleins poumons sous ses arbres sans « contours saisissables, on circule autour des chênes, des « ormes, des bouleaux, un air pur abonde de tous côtés, « l'herbe est humide, son arome nous réjouit, c'est la fraî- « cheur du matin ou l'heure chaude du jour, ou bien la « tiède langueur du soir.

« Les trois tableaux exposés cette année par M. Corot « font naître les plus douces sensations. On ne peut pas « dire sans doute que cela soit vrai dans l'acception servile « du mot, mais on y reconnait pourtant les signes d'une « forte éducation artistique et la nature y tient un langage « d'une grâce exquise. »

SAULT (C. de). — *Le Temps*, 8 juillet ; réimprimé dans Essais de Critique d'Art. Salon de 1863. Paris, in-12, p. 159.

STEVENS (Arthur). — Le Salon de 1863. Paris, 1866, in-12, p. 27.

Cité par nous, t. I, p. 215-218.

THORÉ (Théophile). — Salon de 1863. *L'Indépendance Belge* (4ᵉ article). Réimprimé dans Salons de W. Bürger. Paris, 1870, in-12, t. I, p. 402-403.

Cité par nous, t. I, p. 215.

VIGNON (Claude). — *Le Correspondant*, nouv. sér., t. XXIII (mai-août 1863).

« Corot ? un poète exquis. »

VIOLLET LE DUC (Adolphe). — *Journal des Débats*, 30 avril et 9 juin.

Éloge des rares qualités de conscience de Corot. « M. Corot possède à lui seul un certain ton gris argentin « qui séduit à un point qu'on ne lui demande pas autre « chose. La monochromie n'est jamais triste et a toujours « un accent animé. J'en donnerai pour exemple la *Petite* « *Maison de Ville-d'Avray vue à travers les bouleaux*. »

Aucune mention dans la *Revue des Deux-Mondes* (seconde pér., 23ᵉ année (1863), t. XLV, article de Maxime DU CAMP).

EXPOSITION DE L'UNION ARTISTIQUE

BURTY (Philippe). — *Gazette des Beaux-Arts*, 1ʳᵉ pér., t. XIV, p. 479.

EXPOSITION DU BOULEVARD DES ITALIENS

MANTZ (Paul). — *Gazette des Beaux-Arts*, 1ʳᵉ pér., t. XIV, p. 382.

1864

SALON

A. M. — *L'Illustration*, 25 juin, t. XLIII, p. 409.

Souvenir de Morte-Fontaine. « La peinture proprement « rien n'a rien à voir dans cette ravissante aspiration (*sic*). »

AUVRAY (Louis). — Salon de 1864. Paris, in-8ᵒ, p. 19.

CASTAGNARY. — *Le Courrier du Dimanche*, réimprimé dans Salons, t. I, p. 207.

Puissance et unité d'impression extraordinaires du *Coup de Vent*.

CHESNEAU (Ernest). — *Le Constitutionnel*, 21 juin.

CLÉMENT (Charles). — *Journal des Débats*, 12 juin.

« M. Corot est l'un des artistes les plus vrais, les plus émi- « nents, les plus sympathiques de notre temps. Monotone, « malhabile (est-ce par nature ou par intention ?) il n'a ni « le dessin sévère des grands paysagistes français, ni la cou- « leur forte et brillante de quelques uns de ses confrères. « Il n'est soucieux que d'une chose, rendre naïvement l'im- « pression de la nature et c'est sans doute pour la montrer « de toute sa force plutôt que par impossibilité de faire au- « trement qu'il réduit le métier à sa forme la plus élémen- « taire et qu'il ne met sur la toile que juste assez de peinture « pour dire ce qu'il sent. »

DAX (Pierre). — *L'Artiste*, nouvelle série, 2ᵉ semestre 1864, p. 24.

DU CAMP (Maxime). — *La Revue des Deux-Mondes*, 2ᵉ pér., 34ᵉ année, t. LI, p. 690-691.

« Un sentiment délicat lui tient lieu de science et, « quoique ses tableaux soient d'un art souvent civilisé à « l'excès, j'y trouve une naïveté qui me séduit et m'arrête. « M. Corot a une qualité remarquable, qui échappe à la plu- « part des artistes de notre temps, il sait créer. Son point de « départ est toujours dans la nature, mais lorsqu'il en arrive « à l'interprétation, il ne copie plus, il se rappelle et atteint « immédiatement à une altitude supérieure et tout à fait « épurée. »

DU PAYS (A.-J.). — *L'Illustration*, 16 juillet, t. XLIV, p. 39.

GILL. — Le Salon pour rire, Paris, 1864, Gustave Richard, in-8ᵒ.

Caricature du *Souvenir de Mortefontaine* avec cette légende : « Toujours la même chose, un chef-d'œuvre. Que « voulez-vous ? Corot ne sait faire que ça. »

LAGRANGE (Léon). — *Gazette des Beaux-Arts*, 1ʳᵉ pér., t. XVI, p. 504 ; t. XVII, p. 10.

MERSON (Olivier). — *L'Opinion nationale*, 19 juillet.

« Le *Souvenir de Mortefontaine*, impression idyllique empreinte d'une grâce exquise, mais où l'exécution se trouve réduite à bien peu de chose. »

MOUY (De). — *Revue française*, p. 238 et 239.

« *Le Souvenir de Mortefontaine* est peut-être le chef-d'œuvre de l'exposition. »

SAINT-VICTOR (Paul de). — *La Presse*, 26 juin.

« M. Corot est toujours le plus imparfait des praticiens et le plus exquis des poètes bucoliques. Quelle magie dans sa ravissante ignorance! »

SAULT (De). — *Le Temps*, 29 juin.

Simple mention de nom.

THORÉ (Th.). — *L'Indépendance belge* (4ᵉ article). Réimprimé dans Salons de W. Bürger. Paris, 1870, in-12, t. II, p. 75-76.

« A peine si c'est peint, mais l'impression y est, et de l'artiste elle se communique au spectateur. »

SOCIÉTÉ D'ARTISTES RÉUNIS

HENRY-VARY. — *Le Monde des Arts*, novembre 1864.

EXPOSITION DU CERCLE DE LA RUE CHOISEUL

BURTY (Philippe). — *Gazette des Beaux-Arts*, 1ʳᵉ pér., t. XVI, p. 371.

SOCIÉTÉ DES AMIS DES ARTS DE BORDEAUX

BURTY (Philippe). — *Gazette des Beaux-Arts*, 1ʳᵉ pér., t. XVI, p. 453.

EXPOSITION DE LIMOGES

GUILLEMOT (A.). — Promenade au Salon des Beaux-Arts de Limoges, Mai 1864, p. 68.

LOUVRIER DE LAJOLAIS. — *Gazette des Beaux-Arts*, 1ʳᵉ pér., t. XVII, p. 179-180.

EXPOSITION DE TOULOUSE

BUISSON (Jules). — *Union artistique de Toulouse*. Salon de 1864 (25 juin 1864).

Étude très étendue et très élogieuse sur Corot et en particulier sur l'*Étoile du Matin*.

EXPOSITION DES BEAUX-ARTS A ANVERS

GUIFFREY (J.-J.). — *Gazette des Beaux-Arts*, 1ʳᵉ pér., t. XVII, p. 368.

1865

SALON

L'Autographe au Salon de 1865, 2ᵉ livraison, 7 mai.

Dessin de Corot, d'après le *Souvenir du lac de Nemi*.

CHAM. — Le Salon de 1865. Paris, in-4°.

Caricature du *Souvenir du lac de Nemi*, avec cette légende : « Source merveilleuse découverte par Corot pour l'embellissement de la chevelure. Voir le tableau ci-dessus servant de prospectus. »

CHESNEAU (Ernest). — *Le Constitutionnel*, 2 mai et 27 juin.

CLÉMENT (Charles). — *Journal des Débats*, 23 avril.

DERIÈGE (Félix). — *Le Siècle*, 10 mai.

« M. Corot est un peintre éminemment original et dont l'individualité n'appartient à aucune école. Il a jusqu'à un certain point les traditions du paysage historique, mais en se rapprochant de la nature. »

DU PAYS (A.-J.). — *L'Illustration*, t. XLVI, p. 91.

« Si vous examinez à un point de vue critique cet ouvrage qui vous a charmé par la simplicité de sa composition et son unité d'aspect, rien de précis dans les contours, rien d'étudié dans le détail du modelé intérieur. Les valeurs même (*sic*) ne sont pas observées. Quant à l'exécution, elle est du laisser-aller le plus imperturbable. C'est une franche ébauche. »

GALLET (Louis). — Le Salon de 1865. Paris, in-12, p. 10.

JAHYER (Félix). — Étude sur les Beaux-Arts. Salon de 1865. Paris, in-12, p. 180.

Critique très acerbe du maître qui « est poète, c'est vrai, mais tout de convention. » Bien d'autres avant lui sont dignes de la médaille d'honneur. « C'est un paysagiste distingué. Ce n'est pas un grand maître et la postérité sera moins généreuse envers lui que ses amis. »

LAGRANGE (L.). — *Le Correspondant*.

Simple mention de nom.

LESCURE (De). — *Revue contemporaine* (mai-juin), t. XLV, p. 553.

Corot est un très grand paysagiste, mais monotone et qui n'atteint pas au comble de l'art où Claude Lorrain est parvenu.

MANTZ (Paul) — *Gazette des Beaux-Arts*, 1re per t XIX, p 16

« Corot touche directement au grand art, c est pour ce a sans doute qu il n a pu obtenir la medaille d honneur » Eloge de sa peinture

MERSON (Olivier) — *L'opinion nationale* 15 et 24 mai

« Prenez garde dit-on ce sont des œuvres de poete ! « Mais encore faudrait-il que la forme y fut Avec la meilleure volonte du monde, il est impossible d accepter cette execution comme definitive et la, sous la lachete d une vague ebauche, je vois tout au plus le germe de tableaux qui eussent pu être charmants si le travail en avait ete poursuivi et qui, dans l etat, semblent autant de gageures entreprises contre la vérite et le bons sens
« Une ebauche ! Voyez la belle affaire ! Combien de mauvais peintres en fabriquent de superbes ? Il faudrait donc que M Corot consentit a achever ce qu'il a commence, a peindre ce qu il a ebauche ? Mais est il en mesure de satisfaire une pareille exigence ? Puisque d aucuns l assurent expressement, je veux bien le croire, cependant franchement, il n'y parait guere Que veut-il avant tout ? Imprimer sur ses œuvres sa personnalite et comme il craint toujours de n etre compris qu a demi, il donne a cette personnalite la plus grande extension possible lui sacrifiant d un seul coup l'exemple des maitres et les elements de richesse et de variété que la nature renouvelle sans cesse, dont elle se montre si etonnamment prodigue »
« Toute reflexion faite, le grand merite de l artiste res de principalement dans une maniere de dessiner et de colorier qui se vaporise en lignes incertaines qui se dissout en tons indetermines Or, cela, sans etre precisement du dessin et de la couleur encore moins de la peinture, a pourtant une teinte de mystere qui exerce une sorte de charme
« Sur la question de savoir si les tableaux de Corot etaient dignes effectivement de la premiere recompense, pour tous les hommes de bonne foi le doute n est pas permis leur triomphe eut ete un scandale
« Ce n est pas sans regret que je viens affliger un artiste estimable Cependant la situation exigeait un langage non deguise Plaise a Dieu que M Corot prefere la franchise a la flatterie »

MONTIFAUD (Marc de) — *L'Artiste*, nouvelle serie 1r semestre 1865, p 218

MOUY (Ch de) — *Revue française*, p 202

PRIVAT (Gonzague) — Place aux Jeunes ! Causeries critiques sur le Salon de 1865, in-12, p 32

SAULT (de) — *Le Temps*, 9 mai

THORÉ (T) — *Independance Belge* (4e article), Reimprimé dans Salons de W Burger Paris, 1870, in-12, t II p 223

« Coro n a presque jamais fait qu'un seul et meme paysage, mais il est bon »

Aucune mention dans la *Revue des Deux-Mondes* 2 pér 35e annee, t LVII, article de Maxime Du Camp

EXPOSITION DU CERCLE DE L UNION DES ARTS

LAGRANGE (Leon) — *Gazette des Beaux-Arts*, 1er fevrier, t XVIII, p 295

EXPOSITION DE BORDEAUX

BURTY (Philippe) — *Gazette des Beaux-Arts*, 1er février, t XVIII p 473

EXPOSITION DE TOULOUSE

BUISSON (J) — *Revue de Toulouse*, 1r mai, p 21

Journal Illustre de l'Exposition Toulousaine (3 août 1865)

1866

SALON

BLANC (Charles) — *Gazette des Beaux-Arts*, 1re per, t 21, p 38-40

La poesie compense les erreurs du peintre et les rend pardonnables

BEAURIN (Charles) — *L'Artiste*, 2e semestre, 1866 p 148

Lettre a Arsene Houssaye L auteur defend Corot contre le reproche de monotonie qui lui est adressé

CASTAGNARY — *La Liberte* (5 et 13 mai), reimprimé dans Salons, t I, p 224, 225 et 234

CLEMENT (Charles) — *Journal des Debats*, 19 juin

Ses tableaux « ne sont ni meilleurs, ni moins bons que ceux que le peintre nous donne depuis bien des annees »

DERIEGE (Felix) — *Le Siecle*, 10 juin

« Je ne dis pas qu il n y ait de la fraicheur de la poesie et un certain charme dans ces deux toiles de M Corot, mais je pretends que ce n'est pas réellement du paysage, que c est du decor, et la fantaisie sans regle et sans limite, que rien n y est serieusement etudie, ni les terrains ni les eaux, ni les arbres, ni les personnages, qu a force de repeter ces noires silhouettes, M Corot en fait des poncifs Or ce n etait pas la peine de devenir un des chefs de la nouvelle ecole pour substituer d autres poncifs a ceux de l Academie »

DIGUET (Ch) — *Le Monde des Arts*, 15 avril, p 33-34

« Rien ou un sujet choisi par le peintre ou presage une toile sinon magistrale du moins d une grande valeur, — l indecis etait la qualite dominante de ce chef d ecole si fantasque, si scabreux dans l imitation »

Du Camp (Maxime) — *Revue des Deux-Mondes*, 2e per , t LXIII p 718

« Deux agreables paysages de M Corot, avec des ciels nacres dont il a seul le secret »

Du Pays — (A -J) — *L'Illustration*, 14 juillet, t XLVIII, p 30

Lagrange (L) *Le Correspondant*, nouvelle serie, t 32, p 211

« M Corot laisse ses reveries, si legeres jadis, prendre un embonpoint inquiétant »

Merson (Olivier) — *Opinion nationale*, 2 juillet

« Voyez M Corot En bonne sincerite, quel homme connaisseur et independant pouvait supposer que cet artiste serait un candidat serieux aux récompenses superieures ? Eh bien ! il n en est pas moins vrai que l an passe il s en est fallu d une seule voix qu il n obtint la premiere couronne Dieu sait ce que le public eut dit si la mystification eut ete poussee jusqu au bout e cette annee avec ses ebauches de tableaux, ses caricatures de paysages, s il n a pas ete aussi pres du but, encore a-t-il obtenu un bon nombre de suffrages

« Je voudrais bien savoir decidement ce qu'on trouve de si admirable dans la peinture de M Corot Car enfin j'y vois surtout le recommencement perpetuel du meme motif, de la meme impression, de la meme ritournelle Il y a au si la-dedans dit-on, beaucoup de poesie C est juste, et voila vingt ans que le poete execute le meme fredon sur le meme flageolet Quant a la recherche du mieux, quant a la moindre lutte avec la realite, bien malin qui en rencontrera t quelque part Or dans cette obstination tetue a ne rien inventer, dans cette façon commode et facile de substituer sa manie a la verite, le jeu des touches a l observation de la nature, le lazzi a l impression franche et loyale l aplomb et l adresse a l étude, je suis navré de le dire mais on est bien force d y reconnaitre les signes de l impuissance et de l incapacite et nullement ceux de la force et du talent

« C est egal *le Soir* ou *la Solitude* a trouve amateur à 18 000 francs Bornons-nous à admirer le taux extraordinaire auquel les peintres arrivent parfois a se priser, ceux-là meme qui passent pour superlativement simples et naïfs e ple ns d une enfantine candeur »

Montifaud (Marc de) — *L'Artiste*, 2e semestre 1866 p 176

« Les œuvres de M Corot manquent generalement de cette variété dans les motifs et dans le taire qui sont cependant la preuve d une fecondité qu on se plait a reconnaitre dans la nature »

Saint-Victor (Paul de) — *La Presse*, 10 juin

« M Corot joue a ravir de la petite flute idyllique mais sa flute n a que trois trous et il devient tres diffic le de distinguer ses melodies l une de l autre Je ne puis n e faire a ces arbres bourbeux a peine ebauches »

Thore (T) — *L Independance Belge* (4e article) Reimprime dans Salons de W Burger Paris, 1870, in-12, t II, p 319

« Toujours le même tendre et nebuleux »

Villemer (marquis de) — *Le Figaro*, 13 mai

« Interpretation elegiaque qui, a proprement parler, ne s appelle pas couleur, mais plutot harmonie »

Zola (Emile) — Mon Salon Paris, 1866, in-12, 20 mai Adieux d un critique d'art, p 67

« Si M Corot consentait a tuer, une fois pour toutes, les nymphes dont il peuple ses bois et a les remplacer par des paysannes, je l'aimerais outre mesure

« Je sais qu a ces feuillages legers, a cette aurore humide et souriante, il faut des creatures diaphanes, des reves habilles de vapeurs Aussi suis-je tenté parfois de demander au maitre une nature plus humaine, plus vigoureuse Cette année, il a exposé des etudes peintes sans doute a l atelier Je prefere mille fois une pochade, une esquisse faite par lui en pleins champs, face a face avec la realite puissante »

EXPOSITION DES AMIS DES ARTS DE BORDEAUX

Burty (Philippe) — *Gazette des Beaux-Arts* 1 per t XX, p 564

1867

SALON ET EXPOSITION UNIVERSELLE

Album Autographique (L') — *L Art a Paris en 1867* Paris Le Chevalier, 1867 in-folio obl

Reproduction d un dessin de Corot

L'Artiste, 1er semestre 1867 p 256

Clement (Charles) — *Journal des Debats*, 5 juin

Du Camp (Maxime) — *Revue des Deux-Mondes*, 2 per 37 annee, t LXX, p 144

Corot est cite parmi les paysagistes qui font ecole et qui ont heureusement substitue la nature réelle a la nature de convention

L Illustration, 12 octobre, t L, p 233

Exposition universelle de 1867 Reproduction de la *Toilette* (bois deja publie par le meme journal)

Lagrange (L) — *Le Correspondant*, nouvelle serie t XXXV, p 1021

MANTZ (Paul) — *Gazette des Beaux-Arts* 1° per t XXII, p 539 *(Vue de Marissel)*, t XXIII p 336 *(Macbeth)*

MERSON (Olivier) — *L'Exposition universelle illustrée* (Redacteur en chef F R Ducuing) Paris petit in-folio — Livraison du 11 juillet (20ᵉ livr) p 306 Beaux-Arts — M Corot

« Le dessin est moins precis, on peut meme dire qu il « va chaque jour s estompant davantage la couleur a perdu « son caractere robuste et viril et la touche n'a plus de « vigoureuses affirmations Cependant cette façon de des« siner et de colorer qui se vaporise en lignes incertaines « qui se dissout en tons indetermines vous attire et vous « attache produisant comme les sensations que font naitre « les poesies elles memes de la nature »

SAINT-VICTOR (Paul de) — *La Presse*, 26 juin

« M Corot a expose cette annee un bijou rustique « *La Vue de Marissel* Cela est naif et charmant »

THORE (T) — *L'Exposition universelle de 1867* Reimprimé dans Salons de W Burger Paris 1870, in-12, t II, p 357-358

« Corot semble s arreter fatalement dans les limbes « d une execution incomplete Il a un certain charme qui « resulte de son impression presque mysterieuse Il n a pas « varie non plus depuis ses commencements et il a presque « toujours fait et refait le meme tableau Où a-t-il pris son « *Lac de Nemi* ? Dans le voisinage d Auteuil ou de Meu« don ? »

1868

SALON

ABOUT (Edmond) — *Revue des Deux-Mondes* seconde per, 38ᵉ année, t LXXV, p 740

« M Corot un maitre incomplet mais un maitre »

BELLOY (A de) — *Le Correspondant* nouvelle série, t XXXVIII, p 907

« M Corot maintenant, ne travaille plus que pour lui« meme Ses tableaux ne sont plus que de simples notes a « son usage que lui seul peut dechiffrer et qu il n envoie aux « expositions que par habitude Bientot on y verra de lui « des toiles ou pour toute peinture figureront des indica« tions griffonnees a la craie ou a la sanguine ici un arbre, « ici un rocher ici deux nymphes etc »

CASTAGNARY — *Le Siecle*, reimprimé dans le Bilan de l annee 1867, par MM Castagnary Paschal Grousset A Ranc et Francisque Sarcey Paris, 1869, in-12 et dans Salons, t I p 275-276

Tres elogieux

CHAUMELIN (Marius) — *La Presse*, 12 juillet

Elogieux « Mais on tremble que le soleil ne vienne pom« per ces vapeurs legéres et faire disparaitre du meme « coup les arbres, les jones, les vaches et la bergere »

CHESNEAU (Ernest) — *Le Constitutionnel* 21 juin 1868 Réimprimé dans Les Nations rivales dans l'Art Paris 1868, p 279

« Au moins, si M Corot s ecarte obstinement de la « realite et lui substitue ainsi une certaine maniere conven« tionnelle, cette maniere lui appartient en propre Le « malheur, c est qu il fait ecole c est qu'une foule de petits « peintres s imaginent qu il suffit de faire pis de ne pre« ciser aucune silhouette, de laisser flotter toutes les lignes « pour atteindre la poetique emotion du paysage de « M Corot »

GRANGEDOR (J) — *Gazette des Beaux-Arts*, 1ʳᵉ per t XXV, p 30

LAFENESTRE (G) — L'Art vivant La peinture et la sculpture aux Salons de 1868 a 1877 t I Paris, 1881 in-8°, p 44-45

« Ce qui m emerveille, c est que la cinquantieme fois « l artiste soit si puissant, si penetrant, si varié dans son « apparente monotonie qu il me force, bon gré, mal gre, « a l admirer encore, a l admirer toujours ! »

MANTZ (Paul) — *L'Illustration*, 13 juin, t. LI, p 381

« L inspiration de M Corot est inepuisable comme la « source toujours rajeunie ou elle s abreuve Et quelle « science chez le peintre qui a toutes les maladresses « parcequ il a toutes les candeurs ! »

MONTIFAUD (Marc de) — *L'Artiste*, 2ᵉ sem, p 49

« En repoussant le realisme Corot atteint la profon« deur et la verite par le style En peignant la nature, il y « met quelque chose de l homme la reverie, la tristesse, « la joie »

ROCHEFORT (Henri) — *Le Figaro*, 15 mai

« Son *Matin a Ville-d Avray* est bien pres d etre un « chef d œuvre Jamais la verite et la poésie n ont éte aussi « puissamment exprimees Le peintre d *Un Matin*, a « comme tous les chercheurs, des inegalites momentanees « Mais rappelez vous cette parole que la posterite confir« mera certainement Rien n est beau comme un beau « Corot »

THORE (T) — *L'Independance belge* (3ᵉ article) Réimprime dans Salons de W Burger Paris, 1870, in 12, t II, p 491-492

« Corot n a jamais fait qu un seul et même paysage « Celui-ci *Un matin a Ville-d Avray*, est une des meil« leures epreuves de son atelier de reproduction »

1869

SALON

About (Edmond) — *Revue des Deux-Mondes* 2 per , 39 année, t LXXXI , p 754 et 756

« Nous sommes empoisonnés de prétendus poetes a « l'huile qui tous, ou presque tous, ignorent l orthographe « des arts plastiques Lorsqu ils se rachetent par un merite « transcendant, comme M Corot ou M Daubigny on les « admire en regrettant qu ils ne soient pas complets « M Corot est toujours le plus aimable, le plus délicat, le « plus vaporeux des coloristes »

Bertall — *Journal amusant*, 5 juin 1869

Caricature du *Souvenir de Ville-d Avray* (N° 550 du catalogue), avec cette legende « La jeune charbonniere prise « dans une toile d araignee »

Blanc (Charles) — *Le Temps*, 4 juin

« Voyez Corot sa toile est a peine frottee , sa palette n a « guere qu un petit nombre de couleurs et peu de matiere « colorante il est monotone hesitant vague Mais avec « ses legers mélanges de jaune de vert, de gris, d argent, il « évoque parfois des campagnes enchantées que le faune « antique pourrait traverser a la poursuite des dryades Sa « monotonie est imposante et pleine de style son hesita- « tion est celle d une ame emue , sa vaguesse est char- « mante »

Burty (Ph) — *Le Rappel*, 13 juin

Eloge du *Souvenir de Ville-d Avray* « chef-d œuvre de « science dissimulee de goût artiste, de poesie pure et « suave »

Castagnary — *Le Siècle*, 18 juin réimprimé dans Salons (1857-1879) Paris, 1892, in-12 , t I, p 25-26

« Comme d'habitude, rien n est fait rien n est rendu, « ni le terrain, ni les arbres, ni aucun objet L'indecision « est le procede de cet homme Mais reculez-vous, mettez « entre le tableau et vous l espace necessaire , chaque chose « prend immediatement sa forme, se range a son plan, pro- « duit son effet ! »

Chaumelin (Marius) — *La Presse*, 26 juin

Eloge du *Souvenir de Ville-d'Avray* , « une des variations « les plus delicieuses qu il ait executées sur le theme d où « il ne sort pas »

Clement (Charles) — *Journal des Debats*, 16 juin

Simple mention

Duparc (A) — *Le Correspondant*, nouvelle serie, t XLII, p 780

Dupty — Les Peintres en 1869, in-12, p 26-30

« Lorsque Corot reproduit le spectacle qu il voit dans « toute sa verite et qu'en meme temps il parvient a fixer sur « la toile la sensation exacte qu il a ressentie, il nous donne « une de ces œuvres parfaites, comme il en a beaucoup « peintes Mais le sentiment poetique qui existe en lui a « l aspect de la nature devient quelquefois si intense que « pour mieux le transmettre il fausse et denature le specta- « cle vu et l objet represente, cessant d etre vrai perd par « cela meme la puissance qu on voulait lui donner, de com- « muniquer une emotion »

Gautier (Theophile) — *L Illustration*, t LIII , 5 juin, p 364

« Bien qu assez incorrecte de dessin, la *Liseuse* plait « par sa naïvete de sentiment et sa sincerite de couleur rus- « tique *c est bonhomme* »

Lafenestre (Georges) — L'Art vivant La peinture et la sculpture aux Salons de 1868 a 1877, t I Paris, 1881, in-8°, p 117-119

Roy (Elie) — *L'Artiste*, 3 sem, p 364

Wolff (Albert) — *Le Figaro*, 25 mai

Quelques lignes sur le tableau expose, un peu « lâché »

1870

SALON

Auvray (Louis) — *Revue Artistique et Littéraire*, t XVIII (11° annee) Salon de 1870, p 120

Burty (Ph) — *Le Rappel* 20 mai

« Il semble qu en recompense de l amour sans defaillance « qu'il lui a voue, M Corot ait recu de la nature un don « mysterieux de rajeunissement L age ne peut rien sur la « vigueur de ce vert et riant vieillard Le travail semble « aiguiser sa verve Chaque Salon nous apporte des toiles « aussi fraiches que les feuilles qui rompent leur bour- « geon » — Etude etendue et elogieuse de *Ville-d'Avray*

Castagnary — *Le Siecle*, 9 et 20 mai, reimprime dans Salons, t I p 398 et 415

« Corot parvenu a l age de soixante-quinze ans, « se maintient dans toute la grâce et toute la fraicheur de « son talent idyllique Meme son *Paysage avec figures*, « quoique appartenant a l ordre purement imaginaire a un « aspect de force inaccoutumee »

Chaumelin (Marius) — *La Presse*, 27 juin

Eloge du paysage « Mais il y a aussi des satyres et des « nymphes et ces intrus mythologiques, penil lement ebau- « ches, nous gatent tout le tableau »

Clement (Charles) — *Journal des Debats*, 11 juin

Simple mention de nom

Duparc (A) — *Le Correspondant* 10 juin

Simple mention de nom

HERION (Jeanne). — *Le Temps*, 22 mai.

« M. Corot se nuit un peu à lui-même. Le dernier de ses « petits poèmes est presque toujours noyé pour ainsi dire « dans les trop nombreux souvenirs qu'il réveille en nous. « le culte de son original te commence à tenir beaucoup de « place. Dans ces petites naïvetés de grosses malices appa- « raissent et il y a une prodigieuse habileté dans cette mala- « dresse le poète. »

LAFENESTRE (Georges). — L'Art vivant. La peinture et la sculpture aux Salons de 1868 à 1877. Paris, 1881, in-8°, p. 158-159.

MÉNARD (René). — *L'Opinion nationale*, 16 juin.

SOMM (Henry). — *La Charge*. Le Salon de cette année.

Charge de la *Danse des Nymphes* (n° 648 du catalogue avec cette légende : « L'origine du cancan. »)

WOLFF (Albert). — *Le Figaro*, 16 mai.

« ... Corot ne peut nous donner que cette interprétation « poétique de la nature où il excelle, les impressions fugi- « tives qu'il met dans *son* tableau, car c'est toujours le « même. »

Aucune mention dans la *Revue des Deux-Mondes* (2e pér., 11e année, t. XCVII, article de Henri DELABORDE.)

1871

EXPOSITION DE LA LOTERIE NATIONALE

Gazette de Paris, 29 novembre.

REYMOND (William). — Coup d'œil sur l'exposition de la Loterie Nationale.

1872

SALON

BONNIOT (A.). — *La Presse*, 4 juillet.

CASTAGNARY. — Salons, t. I, p. 27.

Simple mention.

CHERBULIEZ (Victor). — *Le Temps*, 16 juin.

« Je ne vous parlerai pas des tableaux exposés par les « maîtres paysagistes, ... Corot, ... Qu'ai-je à vous apprendre « sur eux ? »

DUPARC (A.). — *Le Correspondant*, 10 juin.

« ... L'esquisse rapidement peinte, l'à peu près, l'effet, le « mépris pour la composition, pour le dessin... » sont de mauvais exemples donnés par les maîtres tels que Dupré, Daubigny, Corot.

G. L. (Georges LAFENESTRE). — *L'Événement illustré*, 1er juin.

LAFENESTRE (Georges). — *L'Illustration*, 11 mai, t. LIX, p. 295, et l'Art vivant. Paris, 1881, in-8°, p. 293-294.

« ... Le premier de nos paysagistes pour la délicatesse de « l'impression, pour la noblesse de la composition, pour le « charme de l'expression... »

PELLETAN (Camille). — *Le Rappel*, 11 mai et 26 juin.

« Citons à la hâte un Corot magnifique, une grande forêt, « vigoureuse et verte. »

« Corot ... est le dernier de ceux qui n'étaient « pas seulement d'excellents paysagistes, mais qui étaient « en même temps de grands peintres. On le voit au premier « coup d'œil dans ses deux tableaux de cette année et sur- « tout dans cet admirable chef-d'œuvre qu'il intitule *Sou- « venir de Ville-d'Avray*. » Suit la description du tableau.

SELDEN (Camille). — *Revue Politique et Littéraire*, 2e série, 1re année, n° 48, 25 mai, p. 1140.

« Est-ce vrai, est-ce faux ? Je n'en sais rien ; une chose « certaine, c'est que les arbres, sous cet aspect, rappellent « vaguement celui d'une purée de pois. »

STOP. — *Journal amusant*, 25 mai.

Caricature avec cette légende : « N° 389. *Souvenir de « Ville-d'Avray (Seine-et-Oise)*. (Je suis bien *Oise* de savoir « où est la *Seine* !) Paysage fantastique. Bah ! quand on a « signé les mille et un bijoux qui composent l'écrin artis- « tique de Corot, on peut bien se passer une petite dé- « bauche. »

1873

SALON

ARAGO (Étienne). — *Le Danube*. Salon français de peinture et de sculpture. Quatrième et dernier article.

Souvenirs personnels et insistance pour que la médaille d'honneur soit décernée « à cet infatigable, à ce vaillant « qui, pendant tant d'années, fut un lutteur, on peut dire « héroïque. »

BONNIN (A.). — *La Presse*, 7 juin.

BURTY (Philippe). — *République Française*, 25 mai.

CASTAGNARY. — *Le Siècle*, 10, 17 et 31 mai. Réimpression dans Salons, t. II, p. 50, 59 et 73.

Éloge du talent de Corot. Il conviendrait qu'on couronnât avec lui un demi-siècle de travail et d'honneur et la génération qui a renouvelé le paysage.

CHAM — Le Salon pour rire Paris, 1873, in-4°

Caricature du *Souvenir de Ville-d'Avray* avec cette legende « Sapristi, Madame mettez-vous derriere l'arbre on vous voit comme ça »

DUMONT (Ed) — *Petit Journal* 28 mai

DUPRAC (A) — *Le Correspondant*, 25 mai

Simple mention de nom

LAFENESTRE (Georges) — L'Art vivant La peinture et la sculpture aux Salons de 1868 a 1877, t I Paris, 1881, in-8°, p 308

MANTZ (Paul) — *Le Temps*, 15 juin

« Un seul reste jeune M Corot Il a peut-etre ses negligences aussi et ses redites, mais il garde le charme eternel et il faut etre méchant comme un dictionnaire pour assurer contre outes les vraisemblances qu il est ne avant la fin du XVIII° siecle »

MENDES (Judith) — *Le Rappel*, 19 juin

« Corot ne rend que les impressions, les emotions les reveries causees par les forets, les bois ou les plaines »

L'Illustration, 5 juillet

MONTIFAUD (Marc de) — *L'Artiste*, t II, p 284

SELDEN (Camille) — *Revue Politique et Litteraire*, 2' série, 2 annee, n° 48, 31 mai, p 1160

« Aime-t-on veritablement la nature lorsqu on n y voit comme chez Corot qu un motif a elegie et d idylle? »

SILVESTRE (Theophile) — *Le Pays*

« Les deux toiles *La Pastorale* et *Le Passeur* sont des ébauches exposees comme tableaux Ah! si un debutant les eut presentees, le jury d admission n eut pas manque de les mettre a la porte Certes Corot met du cœur dans son art, mais un cœur de celibataire qui n a jamais souffert Accoutume a s en tenir a l'epiderme, au veloute de la nature, il ne nous va qu a fleur de cœur au lieu de nous poi dre Ses matinees vaporeuses caressant la sensation pure, mais ne font pas vibrer la passion »

Long recit d une visite faite par l auteur en compagnie de Corot a l exposition universelle de 1867

Cité par nous, t I, p 235

WOLFF (Albert) — *Le Figaro*

1874

SALON

BLANC (Charles) — Etat des Beaux-Arts en France a la veille du Salon de 1874, dans *Le Temps*, 7 avril

BURTY (Philippe) — *Republique française* 21 mai

CARDON (Emile) — *La Presse* 21 mai

Tres elogieux

CARJAT — *Le Patriote Français*, 9 mai

CASTAGNARY — *Le Siècle*, 5 mai reimprime dans Salons, t II, p 101-102

« Aujourd hui voyez le *Souvenir d Arleux-du-Nord* quel eclat! quelle vivacite! Et le *Clair de Lune?* Avez vous rencontre souvent des tonalités plus profondes, des limpidites d air, de ciel et d eaux plus frissonnantes? »

DOLENT (Jean) — Petit manuel d'art a l usage des ignorants Paris, 1874 in-12 Note sur le Salon de 1874, p 205-241 Corot, p 234 et 240

« Ah Corot, ce Corot oui le pere Corot c est un maitre, un paysage de Corot c est ça qui est dans l air!

« Ah! Corot est beau, je ne dis pas le Corot de grandes machines mais Corot, le Corot des petits cadres »

DUPARC (A) — *Le Correspondant*, t VC, p 1095

Simple mention de nom

MANTZ (Paul) — *Le Temps*, 19 juin

MONTIFAUD (Marc de) — *L Artiste* juillet

PATUROT (Nestor) — Le Salon de 1874 Paris, bureaux du *National* in-12, p 173

Longue etude, tout a fait hostile « En resume ce que je trouve d admirable chez M Corot, c est le talent qu il a eu et qu il a d avoir eleve son art a la hauteur d une grande industrie et d une tres habile exploitation »

PRIVAT (Gonzague) — *L Evenement*, 20 mai

PROUVAIRE (Jean) — *Le Rappel*, 1er mai

Tres elogieux

ROUSSEAU (Jean) — *Le Figaro*, 31 mai

Corot « seul est de l art de la lumiere et non du brun, du rouge, du vert Lui seul ne peut pas la palette et le procédé » Il est « le maitre le plus original de la peinture contemporaine »

SAINT-VICTOR (Paul de) — *La Liberte*, 13 juin

SILVESTRE (Theophile) — *Le Pays*, 8 mai

STOCK — *Revue du Salon* (Réunion de caricatures et d autographes dediee a Manet), 1874, une feuille

Caricature de l *Effet de lune* (n° 460 du catalogue) avec cette legende « Effet de nuit par Corot, ou le bon fromage a la pie » — Un autographe de Corot est publie en facsimile a cote

À PROPOS DE LA MÉDAILLE D'HONNEUR REFUSÉE À COROT

(BURTY) — *République Française*, 23 juin — *The Academy*, 5 décembre

CARDON (Émile) — *La Presse*, 4, 5 et 11 juin

COMTE (M.-F.) — *L'Illustration*, t. LXVIII, 13 juin, p. 382

1875

SALON POSTHUME

Alliance (L') des Arts et des Lettres — 1er avril

BIGOT (Charles) — *Revue politique et littéraire*, 2e série, 4e année, n° 45, 8 mai, p. 1067

« On se laisse aller tout entier à la poésie sereine qui s'en dégage, à la contemplation de ces lointains qui s'estompent de cette nature heureuse et riante, à ce calme du soir, à ces ciels fins et légers où l'œil plonge par delà la toile »

CARDON (Émile) — *La Presse*, 7 et 8 mai

CASTAGNARY — Salons (1857-1879), Paris, 1892, in-12, t. II, p. 141

« Il n'y a rien de nouveau dans les *Bûcherons* et dans les *Plaisirs du soir*. Mais ces toiles de l'artiste sont dignes des plus belles parmi leurs aînées »

DUPARC (A.) — *Le Correspondant*, t. IC, p. 876

Simple mention de nom

FIZELIÈRE (A. de la) — Memento du Salon de peinture, de gravure et de sculpture, en 1875, Paris, in-16, p. 32

LA FLÈCHERYE — *Le Monde*, p. 94

Rapprochement de Corot et de Van Goyen, étude détaillée de *Biblis*, des *Plaisirs du soir* et des *Bûcherons*

MANTZ (Paul) — *Le Temps*, 20 juin

Paroles de regret, élogieuses et émues

MONTIFAUD (Marc de) — *L'Artiste*, mai

PELLETAN (Camille) — *Le Rappel*, 3 mai

« C'est une étrange impression de rencontrer les deux tableaux de Corot. Ils ne sont assurément pas de ses plus beaux. Mais comme on y sent un vrai maître, sincère jusqu'à la naïveté ! »

PESQUIDOUX (Dubosc de) — *L'Artiste*, novembre

La Presse, 25 février

Note sur le tableau *La Baigneuse*, destinée au Salon

ROUSSEAU (Jean) — *Le Figaro*, 9 mai

II

1827 — 1875

GÉNÉRALITÉS ET DIVERS

DESBAROLLES (Ad.) — *L'Ami des Arts*, 1re année 1843, Notes sur la vie d'Artiste, tirées d'un portefeuille perdu, p. 202-204.

Portrait élogieux et tendrement sympathique d'un artiste qui n'est autre que Corot.
Cité par nous, t. I, p. 102.

DELACROIX (Eugène). — Journal publié par P. Flat et R. Piot, Paris, 1895, in-8°, t. I, p. 289 (14 mars 1847), p. 299 (25 avril 1847), t. II, p. 394 (22 juillet 1854), t. III, p. 115 (7 novembre 1855).

ASSELINEAU (Charles). — *L'Artiste*, octobre 1851. Intérieur d'atelier.

Les Peintres vivants. Album de gravures d'après des tableaux contemporains. Paris, *l'Artiste*, 1852, in-folio, 2e série, n° 76. Corot.

Notice sur la *Vue prise en Toscane*, exposée au Salon de 1844 et reproduite dans l'album.

NADAR. — Lanterne magique des auteurs, journalistes, peintres, musiciens. *Le Journal pour rire*, 8 mai 1852.

Caricature de Corot accompagnée de quelques mots très élogieux. Cité par nous, t. I, p. 137.

LA FIZELIÈRE (Albert de). — *L'Illustration*, 1853, t. 22, p. 425. Les auberges illustrées.

L'auteur cite Corot parmi les artistes qui décorèrent une auberge de Barbizon et donne la reproduction d'un paysage qu'il a peint.

SILVESTRE (Théophile). — Histoire des artistes vivants, français et étrangers. Paris (Blanchard), 1re édition, 1853, in-folio, p. 15, 8 photographies (interrompu).

2e édition, Paris, 1853, in-4°, 16 p. Gravures sur bois.

3e édition, Paris, 1855, grand in-8°.

Corot, p. 85 à 104 de la 3e édition. — Étude critique sous forme d'interview, où le caractère, la personnalité et le talent de Corot sont analysés avec beaucoup de pénétration et dans un style très coloré. Consulté par *tous* les biographes postérieurs.
Il existe une réédition in-12 sous le titre : *Les Artistes contemporains*.

HENRIET (Frédéric). — *L'Artiste*, 5e série, t. XIII, 1854, p. 115. Le Musée des rues.

Cité par nous, T. I, p. 144.

COLIN (Gustave). — *Revue française*, 1er mai 1856. A Corot (poésie).

PELLOQUET (Théodore). — Dictionnaire de poche des artistes contemporains. Paris, 1858, in-18, p. 51-54.

BURTY (Philippe). — *Gazette des Beaux-Arts*, 1859. Portraits de Nadar à l'exposition de la Société de photographie.

« Corot sourit à quelqu'un qui lui demande pourquoi *il ne finit pas* ses paysages. »

Le Magasin Pittoresque, t XXVII (1859), p 209-210

Notice sur *Dante et Virgile*

MANTZ (Paul) — *Gazette des Beaux-Arts*, t XI (1er novembre 1861), p 416-432 Artistes contemporains Corot

Étude critique élogieuse, accompagnée d'un portrait et de quelques reproductions de tableaux

CALLIAS (Hector de) — *L'Artiste*, nouvelle série, 1er sem 1864 Les Paysagistes, p 197 Corot

FROND (Victor) — Panthéon des Illustrations françaises au XIXe siècle Paris 1865, in-folio

Cité par nous, T I, p 199 — Notice sommaire accompagnée d'un portrait et de la reproduction d'un autographe et d'un tableau

BEAURIN (Charles) — *L'Artiste*, nouvelle série, 2e sem, 1860 p 148 Lettre à Arsène Houssaye

LAGRANGE (Léon) — *Gazette des Beaux-Arts*, 1re pér, t XX, (1866), p 291 La galerie de la Présidence

L'auteur se plaint qu'on n'y voit pas un seul Corot

HENRIET (Frédéric) — Le paysagiste aux champs Paris, 1866, in-8°

Anecdotes sur Corot accompagnées d'une eau-forte originale

Portfolio (Londres), 1870, p 60 Camille Corot

BURTY — Notice accompagnant 12 lithographies, publiées à la Librairie Artistique, Paris, 1870

VILLERS (Léon de) (Ed DELALAIN) — Tablettes d'un mobile Paris, 1871

P 95 Récit des libéralités de Corot pendant la guerre

WOLFF (Albert) — *Le Figaro* 22 mai 1872 Le père Corot

L'Événement 1 octobre 1872

Entrefilet sur le voyage de Corot dans le Midi

POTHEY (Alexandre) — *Le Gaulois*, 2 mars 1874 Le Dîner des Peintres

Article relatif aux réunions du café de Fleurus, où se rencontraient en un dîner mensuel Corot, Français, Asselineau, Paul de Musset, Matout, Chenavard, H Dumesnil, etc

Le Temps 7 mars 1874

Entrefilet au sujet de la maison de Daumier

PERRUCHOT (M) — *L'Illustration*, t LXIII (21 mars 1874) p 189 La collection Dutilleux

Reproduction du *Souvenir de Corbon* et de *La Liseuse*

Un Monsieur de l'Orchestre — *Le Figaro*, 3 avril 1874 Un faux Corot

PRÉVEL (Jules) — *Le Figaro*, 4 avril 1874 Un faux Corot

BICKNELL (A-H) — *Old and New* (Boston), 1874 p 637

III

MORT DE COROT

ARTICLES NÉCROLOGIQUES ET ANECDOTIQUES

COMPTES-RENDUS DES OBSÈQUES

ARTICLES NÉCROLOGIQUES ET ANECDOTIQUES

20 février. — AUDEBRAND (Philibert). Courrier de Paris dans *L'Illustration*, t. LXV, p. 123.

23 février. — *L'Événement*.

24 février. — *L'Événement*, *La France*, *Le Temps*.

25 février. — *L'Événement* (article de Georges DUVAL), *Le Gaulois* (article signé UN DOMINO), *Paris-Journal* (article de F. CHESNEAU), *Le Soleil*, *Le Soir*.

26 février. — *L'Événement* (article signé LE SPHINX).

27 février. — *L'Illustration*, t. LXV, p. 137 (portrait de Corot d'après la photographie de Carjat), p. 139 (article de Philibert AUDEBRAND), *Le Monde Illustré* (article d'Alfred ROBAUT, accompagné de dessins), *Le Soir*, *L'Univers Illustré*.

5 mars. — *Le Voleur*.

COMPTES-RENDUS DES OBSÈQUES

DUCLOS (H.), de l'Ariège. — Voyage à travers les malentendus. Paris, 1877, 2 vol. in-8°, t. II, p. 216-303 (chap. 24 et 25).

Explication par l'abbé Duclos de l'incident que déterminèrent les paroles prononcées par lui en chaire, au cours de la cérémonie religieuse. Le chapitre 24 contient le récit de ses relations avec Corot et le détail de l'incident, le chapitre 25, des citations nombreuses empruntées aux journaux contemporains.

26 février. — *Le Constitutionnel*, *Le Journal des Débats* (article de VIOLLET LE DUC), *Le Figaro*, *La France*, *La Gazette des Tribunaux*, *Le Journal de Paris*, *La Liberté*, *Le National* (article de E. de LA BÉDOLLIÈRE), *Le Siècle*, *Le Temps*.

27 février. — *The Academy*, *The Athenæum*, *Le Courrier de France*, *Le XIXe Siècle*, *L'Événement*, *Le Gaulois* (article d'Hippolyte NAZET), *La Liberté*, *L'Opinion Nationale* (article de Camille GUINON), *Paris-Journal*, *La Patrie* (article de J. de GASTYNE), *Le Pays* (article de Raymond CAVALIER), *Le Petit Journal*, *La Presse*, *Le Rappel* (article signé GR. L.), *La République Française*, *Le Soir*, *Le Temps*.

28 février. — *Le Constitutionnel*, *L'Événement* (article signé LE SPHINX), *Le Journal de Paris*.

3 mars. — *La Patrie* (article de Ad. RACOT).

7 mars. — *L'Union* (article de DUBOSC DE PASQUIDOUX).

IV

1875 — 1905

EXPOSITIONS PUBLIQUES

1875

EXPOSITION DE L'ŒUVRE DE COROT A L'ECOLE DES BEAUX-ARTS

BURTY (Philippe) — Exposition de l'œuvre de Corot à l'Ecole Nationale des Beaux-Arts. Paris, 1875, in-8° 72 pages.

Notice biographique avec liste des ouvrages exposés aux différents Salons, accompagnée d'une photographie de Corot.
Cette notice a été publiée en tête du Catalogue des œuvres exposées à l'Ecole des Beaux-Arts.

DALIPHARD (Ed.) — *L'Art*, 30 mai et 13 juin.

Le Temps, 30 mai. Exposition Corot.

Article d'information suivi d'une liste des tableaux exposés.

1878

EXPOSITION UNIVERSELLE ET EXPOSITION DE MAITRES MODERNES

(Galerie DURAND-RUEL)

BURTY (Ph.) — *République française*, 13 et 15 mai.

CARDON (Emile) — *Le Soleil*, juillet. L'Ecole française en 1878.

CLARETIE (Jules) — *L'Evenement*, 1er septembre. Les lauréats de l'Exposition.

LECOMTE (Ernest) — *Le Voltaire*, 20 juillet.

Le Monde Illustré, 12 octobre — Exposition rétrospective des œuvres des maîtres modernes.

PRIVAT (Gonzague) — *L'Evenement*, 15 juillet. Les maîtres contemporains. Exposition rétrospective.

1883

EXPOSITION DE CENT CHEFS-D'ŒUVRE

(Galerie Georges PETIT)

WOLFF (Albert) — Cent chefs-d'œuvre. G. Petit, éditeur. Paris, 1884, in-folio.

Publication de luxe accompagnée de nombreuses eaux-fortes. Le texte a paru également dans un supplément du *Figaro* en 1883.

BAIGNIERES (A.) — *Gazette des Beaux-Arts*, 1re pér., t. XXVIII, p. 120.

CHARLES (J.) — *Journal des Arts*, 20 juillet.

Le Figaro, 14 juin. Courrier de Paris.

FOURCAUD — *Le Gaulois*, 25 juin.

GEFFROY (Gustave) — *La Justice*, 28 juin.

EXPOSITION DE DESSINS DU SIÈCLE A L'ÉCOLE DES BEAUX-ARTS

ROGER-BALLU — Les dessins du siècle Paris (Baschet), 1883, in-folio
Reproduction de dessins de Corot

1889

EXPOSITION CENTENNALE

ALEXANDRE (Arsène) — *Le Paris*, 31 mai L'Art à l'Exposition

CALONNE (Alphonse de) — *Le Soleil*, 19 juin La peinture du siècle

CHENNEVIÈRES (Ph de) — *La Gazette des Beaux-Arts*, t II (3 février) p 259 Exposition rétrospective des dessins

DAYOT (Armand) — *Le Journal Officiel* 26 août 1889 Partie non officielle, p 4164-4165

DAYOT (Armand) — Un siècle d'art Notes sur la peinture française à l'Exposition centennale des Beaux-Arts suivi d'un catalogue complet des œuvres exposées Paris 1890, in-8° p 86, 89, 100
En pru ite en grande partie à l'article précédent suivi d'un catalogue des œuvres exposées

CONSTANT (Benjamin) *Le Rappel* 9 septembre Réimprimé dans le Guide de l'Amateur des Œuvres d'Art, octobre 1889

LAFENESTRE (Georges) — Conférences de l'Exposition universelle internationale de 1889 La peinture française 15 juillet 1889 Paris, Imp Nat 1890, in-8°, p 14-45

MANTZ (Paul) — *La Gazette des Beaux-Arts*, t II (2 février) p 350 La peinture française

MEA (Sabine) — *Journal des Arts* Exposition centennale de peinture

MICHEL (André) — *Journal des Débats*, 20 octobre Les Beaux-Arts à l'Exposition universelle

REUSSLAER (G van) — *The century illustrated monthly magazine*, juin p 255 Corot

STEVENSON (R -A -M) — *The Art Journal* (Londres) juillet p 208

1889-90

EXPOSITION DE CENT CHEFS-D'ŒUVRE DE MAITRES FRANÇAIS A NEW-YORK AU PROFIT DU MONUMENT BARYE

The Sun (New-York) 19 novembre 1889 The Barye Exhibition The hundred masterpieces of the great french school
Long article où sont décrits et reproduits en vignettes tous les tableaux exposés Ceux de Corot sont au nombre de onze

1892

EXPOSITION DE CENT CHEFS-D'ŒUVRE

(Galerie Georges PETIT)

FOURCAUD — *Le Gaulois*, 7 juin Beaux-Arts salle Georges Petit

GEORGET (Alexandre) — *L'Écho de Paris*, 9 juin Exposition de 100 chefs-d'œuvre

Le Journal des Débats — 9 juin Les 100 chefs-d'œuvre

MILLET (J -F) — *Le Matin* 10 juin

SERIAL (Raoul) — *Revue Encyclopédique Larousse* t II, p 1109

Le Siècle, 7 juin Beaux-Arts

YRIARTE (Charles) — *Le Figaro*, 9 juin Exposition de 100 chefs-d'œuvre

1895

EXPOSITION DU CENTENAIRE DE COROT

(MUSÉE GALLIERA)

Album classique des chefs-d'œuvre de Corot, comprenant quarante reproductions d'après les toiles les plus célèbres du maître précédées d'un essai critique par L Roger-Milès Édition du monument Paris (Braun), 1895, in-8°

L'Art Français 1er juin Les Expositions Corot

Chronique des Arts, 1er juin, p 201 Propos du jour l'exposition Corot

Critique contre l'exposition, « incomplete et (qui) sent l'improvisation » On n'y aperçoit pas l'évolution du génie de Corot

CLARETIE (Jules) — *Les Annales Politiques et Littéraires*, 2 juin Etudes et croquis Corot

DENOINVILLE (Georges) — *Le Journal des Artistes* 2 juin

L'Eclair, 25 mai Le centenaire de Corot

Eclectic Magazine (New-York), p 625

FLAT (Paul) — *Revue Bleue*, 25 juin

FOURCAUD — *Le Gaulois*, 24 mai Camille Corot

FRANCE (Anatole) — *L'Entr'acte*, 64e annee, n° 162 (12 juin) Courrier de la semaine

Causerie sur l'exposition Corot faite au musee Galliera, extraite de *L'Univers Illustre*

FRÈRES (Adolphe) — *Gil Blas*, 25 mai

GEFFROY (Gustave) — *Le Journal*, 24 mai, L'Art du siecle Corot

H R — *Le Moniteur des Arts* 31 mai Un peu moins d'encens l'exposition Corot

MASQUE DE FER (Le) — *Le Figaro*, 25 mars Echos

MICHEL (Andre) — *Le Journal des Debats*, 24 mai L'Exposition Corot

Le Monde Illustré 1er juin

Le Pays, 26 mai Echos et nouvelles

La Presse 24 mai Au Palais Galliera (Entrefilet)

STEVENSON (R -A -M) — *New Review* (Londres), p 408

STIEGLER (Gaston) — *L'Echo de Paris*, 25 mai Le centenaire de Corot

THIEBAULT-SISSON — *Le Temps*, 25 mai Le centenaire de Corot

1900

EXPOSITION CENTENNALE

ALEXANDRE (Arsène) — *Le Figaro*, 1er mai Les Beaux-Arts a l'exposition

ALLARD (Eugene) et VAUXCELLES (Louis) — *Le Figaro*, 2 novembre Les conquêtes du siècle (5 article)

CALONNE (Alphonse de) — *Le Soleil*, 14 août L'art à l'exposition

FONTAINAS (A) — *Mercure de France*, t VII (1900), 144-145

GROSJEAN-MAUPIN — *Revue encyclopédique Larousse*, t X (1900), p 1040

Journal des Arts, 6 octobre

LAFENESTRE (Georges) — *La Revue des Deux-Mondes* 59e année, t VC, 1er octobre, p 543-544

La Justice, 6 mai

MICHEL (Andre) — *La Gazette des Beaux-Arts*, 3e per t XXIV p 304-306 L'exposition nationale La peinture française

MICHEL (Andre) — *Le Journal des Debats*, 21 aout et 4 septembre L'Art a l'Exposition universelle

NESTOR — *L'Echo de Paris*, 5 avril L'Exposition, 3 mai l'Art français

QUANTIN (A) — L'Exposition du siècle Paris (Monde moderne), 1900, in-4°, p 35

RAIS (Jules) — *Le Siècle*, 11 octobre L'exposition centennale (6e article)

ROGER MARX — Exposition centennale de l'art français 1800-1900 Paris, Lévy, 1900, p 23

STIEGLER (Gaston) — *L'Echo de Paris*, 1er mai Au grand Palais

V

1875-1905

MUSÉES, COLLECTIONS ET VENTES

Catalogue de la vente de G. Noël. Hôtel Drouot, 1er mai 1875.

Note sur un essai de peinture sur faïence fait par Corot.

BRUYAS (A.). — La Galerie Bruyas, par A. Bruyas, avec le concours des écrivains et des artistes contemporains; introduction par Th. Silvestre. Paris, 1876.

Lettre de Corot à Silvestre; études de T. Thoré sur l'*Effet du soir* (salon de 1847), de A. B. (A. Bruyas) sur l'*Effet de crépuscule* (1853), de Th. S. (Th. Silvestre) sur le *Souvenir de Ville-d'Avray* (1870); réimpression de la « Journée du paysagiste », suivie d'une lettre de Th. Silvestre à C. Corot; extrait inédit d'un agenda de Delacroix sur Corot; longue étude générale sur Corot intitulée « Notice », par Th. Silvestre.

BURTY (Ph.). — Notice sur deux tableaux de Corot exposés chez M. Binant, avril-mai 1876.

Journal des Arts, 28 juillet 1882.

Lettre sur un dessin de Corot du musée de Lille.

MICHEL (André). — *Gazette des Beaux-Arts*, 2e per., t. XXX, (1884), p. 502. A propos d'une collection particulière (collection de Me Cassin).

DURAND-GRÉVILLE (E.). — *Gazette des Beaux-Arts*, 2e per., t. XXXIII, (1886), p. 52. La vente Morgan.

DURAND-GRÉVILLE (E.). — *Gazette des Beaux-Arts*, 2e pér., t. XXXVI (1887), p. 67, 69, 252. La peinture aux Etats-Unis. Galeries privées.

Galerie Fell, à Philadelphie; galerie Lakanan; galerie Hemenwann, à New-York; galerie Jefferson-Coolidge, à New York; galerie Sears, à Boston; galerie Vanderbilt, etc.

LOSTALOT (Alfred de). — *Gazette des Beaux-Arts*, 2e per., t. XXXVII (1888), p. 423. La collection de tableaux de M. Goldschmidt.

Collection of W. T. Walters, 5 mt Vernon Place Baltimore. — Baltimore, 1889, pet. in-8° carré, p. 11-14; tirage à part, 8 p.

Lettre de M. Alfred Robaut sur le *Saint Sebastien*, en anglais.

ROBAUT (Alfred). — *Le Guide de l'Amateur des Œuvres d'Art*, octobre 1890.

Lettre sur l'*Amour désarmé* acheté par M. Chauchard. C'est le tableau qui a figuré au Salon de 1857 sous le titre *Une nymphe jouant avec un amour*.

The Illustrated American, 1er juin 1891. The Seney paintings.

ALEXANDRE (Arsène). — *L'Eclair*, 17 mai 1892. Ces chers collectionneurs.

A propos de la collection Dumas.

ROGER-MILES. — *Le Figaro*, 17 mai 1892. La collection Bellino.

ALEXANDRE (Arsène). — *Le Figaro*, 21 avril 1900. Le nouveau Musée de Nantes.

VI

1875-1905

GÉNÉRALITÉS ET DIVERS

MARX (Adrien) — *Le Figaro* 24 fevrier 1875 Corot

Souvenirs personnels et anecdotes

CHESNEAU (Ernest) — *Paris-Journal*, 24 février 1875 Corot Reimprime dans *L'Artiste* mars 1875 et dans Peintres et Sculpteurs romantiques Paris, 1880

BLAVET (Emile) — *Le Gaulois*, 25 fevrier 1875 Bulletin Parisien Le pere Corot

Anecdotes

CARDON (Emile) — *La Presse*, 26 et 28 février 3, 11 et 16 mars 1875 Beaux-Arts, Corot

TIMBAL (Charles) — *Le Francais*, 27 fevrier 1875 Corot

LUC (Edouard) — *L'Evenement* 2 mars 1875 L'œuvre de Corot

H[OURIE (Paul)] — *La Revue Illustree* 6 mars 1875 Corot et ses œuvres (Illustrations)

[ROBAUT (Alfred)] — *L'Illustration*, t LXV p 168, (6 mars 1875)

Notice accompagnant une illustration qui represente Corot peignant d'apres nature (phot Desavary-Dutilleux)

BLANC (Charles) — *Le Temps*, 9 mars 1875 Etudes Corot

BERGERAT (Emile) — *Le Journal officiel*, 10 mars 1875 Revue artistique Camille Corot

ROUSSEAU (Jean) — *L'Art*, 14 et 21 mars 1875 Camille Corot — Reimpression avec appendice par M Alfred ROBAUT Paris librairie de l'*Art*, 1884

MONTROSIER (Eugene) — Le *Musee des Deux Mondes* 15 mars 1875 Les derniers deuils de l'art Millet et Corot (Illustrations)

Le Bulletin Français 16 mars 1875 Corot juge par son cure

MONTIFAUD (Marc de) — *Les Beaux-Arts* mars 1875 Corot (Illustration)

DARCOURS (Charles) — *Le Journal illustre*, 7 mars 1875 Corot (Portrait et dessin représentant les funerailles)

COLIN (Gustave) — *L'Evénement*, 23 mars 1875 C Corot

Cite par nous t I, p 231-232

BUISSON (J) — *Gazette des Beaux-Arts*, 1er avril 1875 A propos de Corot

BIGOT (Charles) — *Revue Bleue*, 2e série, 5e année, 3 juillet 1875, p 12-19 Beaux-Arts Corot Réimprimé dans Peintres français contemporains Paris, 1888, in-8°, p 41-75

CARR (J-C) — *Contemporary Review* (London), 1875, p 157 Corot and Millet

DUMESNIL (Henri) — Corot, souvenirs intimes, avec portrait Paris, Rapilly, 1875, in-8°

Ouvrage de fonds consulté par tous les biographes postérieurs Ecrit par un témoin de la vie de Corot qui a noté, au jour le jour, de son vivant les conversations de son illustre ami Tous les biographes de Corot lui ont fait des emprunts Nous l'avons nous-même consulté avec fruit et cité plus d'une fois dans notre tome I

MÉNARD (R) — *Portfolio* (Londres), 1875, p 146 C Corot

MONTIFAUD (Marc de) — *Les Beaux-Arts*, musée des chefs-d'œuvre contemporains, p 27-29 Corot

MOOR (J-P) — *Overland Monthly*, 1875, p 468 Life of Corot

PETROZ (Pierre) — L'Art et la Critique en France depuis 1822 Paris, 1875, in-16, p 208-209 Corot

Le Magasin Pittoresque, février 1877 Corot

CROY (Cte de) — Croquis biographiques Paris, 1877, p 77 à 87 Corot

STOTHERT (James) — French and spanish painters with illustrations on steel from famous pictures London, 1877, in-4°, p 208-213 Corot

CLARETIE (Jules) — *L'Événement* 1er septembre 1878

PORALLT (Alfred ROBAUT) — *Le Monde Illustré*, 22e année, 16 novembre 1878 Révélation d'un fait historique important

Fantaisie humoristique, au sujet de la *Vue de Sin-le-Noble*, mise dans la bouche d'un paysan douaisien

DIERX (Léon) — *Le Temps*, 28 août 1879 Corot (Poésie)

HERVILLY (Ernest d') — *La Vie Moderne*, 17 avril 1880 Le soir d'un beau jour (Poésie)

BIEZ (Jacques de) — *La France*, 25 mai 1880 Chronique

ARTICLES PARUS
A PROPOS DE L'INAUGURATION
DU MONUMENT DE VILLE-D'AVRAY
Mai 1880

17 mai — *La France*

25 mai — *Le Figaro La France* (chronique de Jacques de BIEZ)

26 mai — *Le Figaro La France Le Soleil*

27 mai — *La Presse* (article signé E C) *Le Siècle*

28 mai — *Le Figaro* (article de M CHINCHOLLE, à Ville-d'Avray) *La France La Liberté* (publient la poésie de Fr COPPÉE A travers champs) *Le Mot d'Ordre Le Temps*

29 mai — *Le XIXe Siècle* (article de Philibert BREBAN, chronique de Henry FOUQUIER) *L'Événement* (article de Firmin JAVEL) *La France* (article de Jacques de BIEZ Deux poètes) *Le Gaulois* (art de LA FARE) *Gil Blas* (art de Paul GINISTY) *L'Illustration Le Petit Journal La Presse Le Rappel* (art d'Edmond BAZIRE Corot à Ville-d'Avray) *La République Française Le Télégraphe* (art de MARCELLO) *Le Temps* La Fête de Corot

30 mai — *Le Parlement* (chronique de Paul BOURGET)

5 juin — *La Vie Moderne* (art de Jean LAFON, dessins de SCOTT et de PIGOT)

6 juin — *Le Monde Illustré* (article signé A B)

18 juin 1881 — *Le Monde Illustré* (reproduction du tableau de GIRON *Mlle Baretta au monument de Corot*)

Voir également l'article de A TOURNIER dans la *Revue des Musées*, octobre 1889, n° 89 consacré à Corot et celui de Jules CLARETIE Etudes et croquis Corot (souvenirs personnels) dans les *Annales Politiques et Littéraires* du 2 juin 1895

Le Temps, 27 mai 1880 — Corot peint par lui-même Corot et Jules Dupré

BOUSSATON — *Journal des Arts*, 4 juin 1880 A propos de Corot

CHESNEAU — Peintres et statuaires romantiques Paris, 1880, in-8°, p 281-299 Corot

Le Clairon, 3 juin 1881 L'anniversaire de Corot

Vachon (Marius) — *La France*, 3 juin 1881 L'anniversaire de Corot

Issard (Auguste) — Bon papa Corot Paris, Lemerre, 1881

Montrosier (E) — Les chefs-d'œuvre d'art du Luxembourg Paris 1881 in-4° p 161-162 Art contemporain Corot, par M Alfred Robaut Portrait de Corot et reproduction de *Une matinée* et d'un croquis

Timbal (Charles) — Notes sur l'art et les artistes Paris, 1881, in-8° p 350 Corot

Jouin (H) — *Journal de Rome*, 19 février 1882

La Paix, 17 août 1882 Corot

Robaut (Alfred) — *L'Art*, 15 octobre 1882 Les peintures décoratives de Corot

Claretie (Jules) — Peintres et sculpteurs contemporains Paris, 1882, gr in-8°, t I p 97-120 Anecdotes personnelles sur Corot (Illustrations)

Leroux (Armand) — *Bibliothèque universelle et Revue Suisse* (Lausanne), 87e annee, 3e per t XV (septembre 1882) p 470-495 Corot a Montreux Une excursion d'artistes

Analysé par nous, t I, p 95

Montrosier (Eugene) — Les artistes modernes Paris, 1882 3e vol in-4°, 3e partie, p 105-111 Corot (Illustrations)

Robaut (Alfred) — Corot Galerie contemporaine (Baschet editeur) Nouv ser, n° 27 1882 grand in-4° La premiere edition est de tres peu anterieure Il parut une 3e édition augmentee, en 1889 (Gravures d'apres des dessins de Corot, photographies)

Etude biographique tres approfondie consultee avec fruit par tous les biographes posterieurs et qui a servi de base a notre « Histoire de Corot et de ses œuvres »

Robaut (Alfred) — *L'Art*, 18 fevrier 1883 La *Bacchante* de Corot

About (Edmond) — *Le XIXe Siècle*, 30 decembre 1883 Contrebande les cigares et les Corot

Cite par nous t I p 333

Fourvel (Victor) — Les Artistes français contemporains Tours, 1884, gr in-8° p 127-138 Corot (Illustrations et portrait)

Le Temps, 3 novembre 1884 Corot en Amerique

Graves (A) — A dictionary of artists who have exhibited works in the principal exhibitions of oil paintings from 1760 to 1880 London, 1884 in-4°

Rousseau (Jean) — Camille Corot suivi d'un appendice par Alfred Robaut avec le portrait de Corot et 34 gravures sur bois et dessins reproduisant les œuvres du maitre Paris librairie de l'*Art*, 1884, in-4

Reimpression des articles de l'*Art*, des 14 et 21 mars 1875 Etude biographique et critique assez superficiell

L'appendice de M Robaut, tres documente a pour sujet l'œuvre decoratif de Corot c'est la reproduction d'un article paru dans l'*Art*, le 15 octobre 1882

Gigoux (Jean) — Causeries sur les Artistes de mon temps Paris, 1885, in-12, p 55, 60, 73, 93, 279, 287 Corot Recit de deux anecdotes inedites

Seine-et-Oise illustré, 28 fevrier 1886 Corot

Arène (Paul) — *L'Evénement*, 11 mai 1886 Papa Corot

Garnier (H) — Le *Guide de l'Amateur d'œuvres d'art*, août 1886

« Ce maitre a deux manieres bien distinctes La premiere dont ses paysages d'Italie ont perpetue le souvenir « est le plus souvent seche et maigre La laisser aux archeo- « logues et aux collectionneurs lui preferer les frais et « vaporeux paysages dans la seconde maniere »

Henriet (Frederic) — *Bulletin de la Société archeologique de Chateau-Thierry* (1887) Le vieux chemin de Mery, Corot Publie a nouveau dans les Campagnes d'un paysagiste Paris (Laurens) 1891, gr in-8°, p 148

Cite par nous, t I, p 189 et 210

Jouin (Henry) — Maîtres contemporains Paris, 1887, in-8°, p 83-98 Corot

Jouin (Henry) — Musee de portraits d'artistes peintres, sculpteurs, architectes, etc, nes en France ou y ayant vécu Paris, 1888, in-8° (tire a 200 exemplaires) P 36 Corot

Denison Champlin (John), Charles (J-R), Perkins (C) Cyclopedia of painters and paintings New-York-London 1888, in-4°

T I v° *Corot* — Notice avec portrait, nomenclature des œuvres et des recompenses par ordre chronologique

THOMSON (D.-C.). — *The magazine of art* (London), avril 1888, p. 181 « The Barbizon school. Corot », et, à part, sous ce dernier titre. London, Chapman and Hall, 1888, in-4.

Revue des Musées, n° 49, octobre 1889. Numéro spécial consacré à Corot. Il contient ce qui suit :

APÈNE (Paul). — La maison de Corot à Ville-d'Avray. Anecdotes.

JAVEL (Firmin). — Six tableaux inédits de Corot. (Les six paysages peints dans le kiosque de la maison de Ville-d'Avray. L'auteur soutient contre l'opinion de M. Robaut, que ce sont de véritables chefs-d'œuvre.)

La journée d'un paysagiste, lettre écrite par A. Stevens, et par lui attribuée à Corot ; publiée pour la première fois en 1863 et citée par nous, t. I, p. 215.

FREMINE (Ch.). — Printemps sans feuilles. (Poésie.)

TOURNIER (A.). — Inauguration du monument de Corot (28 mai 1880).
Ce numéro contient de nombreuses reproductions.

CLEMENT (Clara Erskine) and HUTTON (Laurence). — Artists of the nineteenth century and their works, a hand-book containing two thousand and fifty biographical sketches. Boston-New-York, 1889, in-8°, p. 158-162. Corot.

Courte biographie, longues citations des critiques de S. G. W. Benjamin, Jarves, René Ménard.

STRANAHON. — A history of french painting. London, 1889, in-8°.

P. 234-240. Corot et aussi p. 186, 479.

CONSTANT (Benjamin). — *Le Temps*, 8 janvier 1890. L'art à New-York.

BRETON (Jules). — La vie d'un artiste. Art et nature. Paris, 1890, in-12, p. 337-379.

MOLLETT (John-W.). — The painters of Barbizon. London, 1890, in-8°.

T. II, p. 1-117. Corot, p. 1-25, étude sur la vie de l'artiste ; p. 25-103, étude sur son œuvre ; p. 103-111, appendices : 1° Bibliographie ; 2° Principaux tableaux de Corot ; 3° Peintures murales ; 4° Peintures exposées au Salon ; 5° Eaux-fortes, lithographies, autographes de Corot ; 6° Gravures d'après ses œuvres.

Portrait et illustrations nombreuses d'après l'œuvre du maître.

THURWANGER. — *New England Magazine* (new series). Boston, 1890, p. 692. C. Corot.

LOSTALOT (Albert de). — Les chefs-d'œuvre de l'Art au XIXe siècle. Paris, 1891, 3 volumes in-folio. I. II, p. 32-46. Corot. (Gravures et deux planches hors-textes.)

MICHEL (André). — L'Art français, publication officielle de la Commission des Beaux-Arts sous la direction de M. Antonin Proust. Paris, 1891, in-4°, p. 99-100.

ROGER-MILES. — Corot. « Les Artistes célèbres ». Librairie de l'*Art*, 1891, in-4°.

Étude accompagnée de reproductions de tableaux.

WYZEWA (Teodor de) et PERRAT (X.). — Les grands peintres de l'Allemagne et de la France (période contemporaine). Paris, 1891, in-4°, p. 102-126. Corot.

Étude accompagnée de reproductions de tableaux.

BLUM (Ernest). — *Le Rappel*, 19 mai 1892. La saison des commissaires-priseurs.

L'Écho de Paris, 1er juin 1892. Pèlerinage à Ville-d'Avray.

BARALD (Abbé A.). — Artistes, littérateurs et savants au XIXe siècle. Lille, 1892, in-4°, p. 27-32.

Portrait. Lettre du confesseur de Corot, publiée déjà dans l'*Univers*.

GUÉDY (Th.). — Dictionnaire universel des peintres, 2e édit. Paris, 1892, in-8°, p. 98. Corot.

Indication du prix de vente de quelques tableaux.

LEYMARIE (Camille). — *L'Art*, 1er février 1893. Corot à Mont-de-Marsan.

L'Art Français, 28 octobre 1893. Est-ce un Corot ?

DUMAX (V.). — *Annales de l'archiconfrérie du T. S. Cœur de Marie*, octobre 1893.

Récits sur la charité de Corot.

ALEXANDRE (Arsène). — Histoire populaire de la peinture. T. I. École française. Paris, 1893, in-4°, p. 406, 412-414.

BEAULIEU (C. de). — Peintres célèbres au XIXe siècle. Paris, 1894, in-8. T. II, p. 5-83.

DUMAX (V.) et FERRAND (P.). — Souvenir de N.-D.-des-Victoires et du grand peintre Corot. Paris, 1894.

Tirage à part de l'article des *Annales de l'archiconfrérie*, etc., accompagné d'un dessin de M. A. Robaut, représentant l'atelier de Corot.

GEFFROY (Gustave) — *Le Journal*, 1er mars 1895 L'art d'aujourd'hui

ROBAUT (Alfred) — *L'Art français*, 16 mars 1895 Corot

Notes et souvenirs à propos du *Beffroi de Douai*, dont la reproduction en phototypie accompagne l'article Dans le même numéro est reproduit un dessin de Corot

L'Eclair, supplément littéraire illustré du 27 mai 1895, consacré à Corot Il comprend

MONTORGUEIL (Georges) Chronique de la semaine (A propos de Corot)

J-B — Le livre de demain (Annonce de l'étude de ROGER-MILÈS, avec extrait du chap IV)

JIBE (A) — L'esprit d'autrefois (A propos de la vente tardive des tableaux de Corot)

HUGUES (Clovis) — La journée de Corot (poésie)

J B — Corot raconté par M Guillemet

BATIFFU (A Jacques) — Le ratelier de pipes (histoire vraie)

ROBAUT (Alfred) — *Le Journal des Arts* 29 mai 1895 Un Corot égaré

Article relatif à *La Fuite en Egypte* (1840), donnée par Corot à l'église de Rosny qui avait été retirée de l'église

MASQUE DE FER (Le) — *Le Figaro*, 11 juin 1895 Echos

Deux anecdotes sur Corot

MANGEANT (P F) — *Le Journal des Artistes*, 24 novembre 1895 A la mémoire de Corot

ROGER-MILÈS — Introduction à l'album classique des chefs-d'œuvre de Corot Paris, Braun, Clément et Cie 1895 in-8°

Une partie du chapitre IV avait été publiée dans l'*Eclair*, supplément illustré du 27 mai 1895

PONTANNE — *Le Petit Parisien*, 29 juillet 1896 Corot

ALEXANDRE (Arsène) — *Le Monde Moderne* août 1896 Essai sur Corot (à propos de son centenaire)

Un portrait de Corot et plusieurs reproductions d'œuvres du maître accompagnent cette étude

JAMES (Ralph) — Painters and their works, a dictionnary of great artists London, 1896, in-8°, p 224-225 Corot

Notice avec renseignements sur les prix que quelques-uns des tableaux de Corot ont atteints en Angleterre

MICHEL (André) — Notes sur l'art moderne (peinture) Paris, 1896, in-12 p 1-34 L'œuvre de Corot et le paysage moderne, p 241-249 (passim) A travers les Salons

ROBINSON (Theodore) — Modern french masters a series of biographical and critical reviews by american artists (edited by John C Van Dyke) London, 1896, in-4°, p 102-116 Corot

Etude accompagnée d'illustrations

GUILLEMIN (Victor) — Bulletin de l'Académie des lettres, sciences et arts de Besançon (1897) Corot et l'école moderne du paysage

Le Petit Temps, 4 décembre 1898

Quelques anecdotes sur Corot (empruntées au *Moniteur des Arts*)

NATANSON (Thadée) — *La Revue Blanche*, 15 mai 1899 Corot et les impressionnistes

BRETON (Jules) — L'art et les artistes Nos peintres du siècle Paris, 1899, in-12 p 49-55 Corot

LAFENESTRE (Georges) — Les idées, les faits, les œuvres Artistes et amateurs Paris, 1900 in-8°, p 254-256 310-316, 330-336

JOUIN (Henri) — Nouvelles archives de l'art français, 3e sér, t XVI (1900) Lettres inédites d'artistes français au XIXe siècle, p 163 Lettre de Corot à Mlle Clerc de Landresse, (voir autographe n° 46)

GENSEL (Walther) — Zeitschrift fur Bildende Kunst t XIII octobre 1901 Französische Meister in der Mesdag'schen Sammlung im Haag, p 217-218 Corot

Deux reproductions de tableaux accompagnent cet article

HENRIET (Frédéric) — *Journal des Arts* 24 novembre 1900 Autour d'une photographie Publié également dans le *Bulletin de la Société historique et archéologique de Château-Thierry* (1900), p 100-108

Souvenirs intimes à propos de la *Vue de Château-Thierry*, par Corot Cité par nous, t I, p 219

LAFENESTRE (G) — *La Gazette des Beaux-Arts* t XXVII (1902) p 292-293 La collection Thomy-Thiery (2e art)

SMITH (C S) — Barbizon days New-York A Wessels Company, 1902, in-12, p 83 Corot

Geffroy (Gustave) — *Studio* n° d'hiver, 1902-1903 p ci-cxxii, et 1-14 Jean-Baptiste-Camille Corot

Notice biographique suivie d'une etude critique ou sont en partie reproduits les articles du même auteur parus dans le *Journal* (1er mars et 24 mai 1905) Illustrations nombreuses

Moreau-Nélaton (Etienne) — *Gazette des Beaux-Arts*, 1er juin 1903 La vue de Sin-le-Noble

Article a propos du tableau de la collection Thomy-Thierry dont une gravure accompagne cette notice emprunte aux notes de M Alfred Robaut

Varenne (G) — *La Liberte* 15 et 16 septembre 1903 Corot sur les bords du Therain

Tirage à part en une plaquette in-12 Beauvais 1904

Varenne (G) — *Revue Idealiste*, 15 juillet 1904 Autour d'une eglise de campagne

Article relatif à l'eglise de Marissel, près Beauvais, peinte par Corot

Hédiard (Germain) — *La Gazette des Beaux-Arts*, 1er novembre 1903 Les procedes sur verre

Revue encyclopedique Larousse 15 novembre 1904, p 637 Corot en Limousin

Reproduction du medaillon de Couteilhas inaugure a Saint-Junien, le 9 octobre 1904

Heilbut (Emil) — *Kunst und Kunstler* (Berlin), Jahrgang III, Heft III decembre 1904, p 93-109 Figurenbilder von Corot

Article accompagne de plusieurs reproductions de figures par Corot

Michel (Emile) — *L'Art*, 3e serie, 25e annee t V (t LXIV de la coll) Nos 783, 784 et 785, janvier, fevrier et mars 1905

ACTES DE FAMILLE

ET

TESTAMENTS DE COROT

ACTES DE FAMILLE (1)

ET

TESTAMENTS DE COROT

I

CONTRAT DE MARIAGE DE LOUIS-JACQUES COROT ET DE MARIE-FRANÇOISE OBERSON

Louis-Jacques Corot, citoyen de Paris, y demeurant rue de Grenelle 115, section de la Fontaine de Grenelle, âgé de 22 ans, est fils de Claude Corot, perruquier à Paris, et de Jeanne-Françoise Guyot tous deux décédés. Sa mère a epousé en troisièmes noces M. Pierre Amene, perruquier.

Marie-Françoise Oberson, âgée de 24 ans, est fille de Claude-Antoine Oberson, marchand de vin au Grand Commun à Versailles, et de Marie-Julie Scerre, tous deux decédés.

Passé devant Mᵉ Trutat, (2) le 5 mai 1793, le contrat est fait en presence de Jean-Abraham Auvity, docteur en médecine, et Marie Paulle, son epouse, demeurant rue du Bacq, section de la Fontaine de Grenelle. — de Charles-Jacques Hennebert citoyen, demeurant à Paris, rue et section susdites, — de Charles-Theodore Guenoux, horloger, demeurant rue de Grenelle, section id. — tous amis des futurs epoux.

Le futur apporte 1 500 livres en habits, linge, mobilier et deniers comptants provenant de ses gains et epargnes, plus 600 livres representées par le fonds de perruquier du sieur Pierre Amene que celui-ci lui abandonne (3).

La future apporte 10 000 livres, representées par des proprietes qu'elle possede en Suisse, canton de Fribourg, plus des créances dues par divers à Versailles.

(1) Les pièces analysées ou transcrites ici nous ont été fournies, à l'exception des testaments, par M. G. Le Chatelier, qui en avait fait la recherche en vue de la détermination de la maison natale de Corot. Ses efforts n'ont malheureusement pas encore abouti. Mais ils ont eu pour résultat de mettre au jour des pièces qui précisent mieux que nous n'avions réussi à le faire les origines familiales de Corot et la condition de ses proches. Nous regrettons de n'en avoir eu connaissance qu'après la publication de notre tome I, où elles auraient été utilisées avec profit.

(2) Étude de Cocteau.

(3) En 1792, Amene, perruquier rue de Grenelle, payait un loyer de 130 livres.

II

ACTE DE NAISSANCE DE ANNETTE-OCTAVIE COROT

(Rétablissement demandé par M Harly Perraud, notaire rue des Saints-Pères n° 15 (1), le 12 mai 1875)

Section de la Fontaine de Grenelle

L'an second de la République une et indivisible, du samedi 17 août 1793 Naissance de Annette-Octavie, née le jour d hier a 9 heures du soir, rue de Grenelle n° 115, fille de Louis-Jacques Corot, perruquier, natif de Paris, paroisse Saint-Etienne-du-Mont, et de Marie-Françoise Oberson, native de Versailles, mariés a Paris, en 1792, paroisse Saint-Thomas-d'Aquin

1er temoin Pierre Holleville, âge de 28 ans, marchand mercier, domicilie a Paris, rue du Bacq n° 127 Signé Holleville fils

2e temoin Louise-Maria, femme de Cirille Dupuis âgée de 52 ans, garde-malade, domiciliée à Paris, rue du Bacq n° 153, laquelle a declaré ne savoir signer

Sur la réquisition a nous faite dans les 24 heures par Louis-Jacques Corot pere de la dite Annette-Octavie, lequel nous a fait la representation Signé Louis-Jacques Corot

Constaté suivant la loi du 20 decembre 1792 par nous, Claude Louis Bonenfan, commissaire de police de la susdite section Bonenfan

III

CONTRAT DE MARIAGE DE LAURENT-DENIS SENNEGON ET DE ANNETTE-OCTAVIE COROT

Le contrat est passé devant M Ozanne, (2) le 21 mars 1813

Louis-Jacques Corot, negociant, et M F Oberson, son epouse parents de la future, sont domiciliés rue du Bacq n° 1 Les parents du futur (M et Me Sennegon, de Rouen) sont indiqués comme demeurant presentement dans un hôtel de la rue de Grenelle

La dot d A -O Corot se compose en partie du fonds de commerce de ses parents, dont ils lui cedent la jouissance a partir du 1er août 1816 M Sennegon est autorisé a joindre a l'etablissement de ses beaux-parents un commerce de soieries, dont les benefices lui seront propres Le fonds de commerce Corot est evalué 15 000 francs

Parmi les temoins sont Camille Corot et sa seconde sœur, l'un et l autre domiciliés chez leurs parents, rue du Bacq, n° 1, — M Hennebert, etc

IV

BAIL CONSENTI AUX ÉPOUX COROT ET A LEUR FILLE

Ce bail est consenti par-devant M Desprez, notaire a Paris (3), le 17 mai 1820, par M Jaideguive de Bescheville, proprietaire d une maison sise rue du Bacq n° 1 pour une durée de 9 années à commencer le 1er avril 1822, 1° a M Louis-Jacques Corot, négociant, et a dame Marie-Françoise Oberson, son epouse, demeurant ensemble rue Neuve-

(1) Etude Morel d Arleux

(2) Etude Agnellet

(3) Etude Morel d'Arleux

des-Petits-Champs, n° 39 (1) et 2° à M. Denis-Laurent Sennegon, négociant, et à Annette-Octavie Corot, son épouse, demeurant rue du Bacq n° 1. Moyennant le prix de 12 500 francs, on leur loue la totalité de la maison située rue du Bacq et formant l'angle de la rue du Bacq et du quai (2). M. et Mme Corot affectent à la sûreté des paiements une maison sise rue des Moulins n° 23 (3).

V

BAIL CONSENTI A LAURENT-DENIS SENNEGON ET ANNETTE-OCTAVIE COROT, SON EPOUSE

Ce bail est consenti par-devant Me Desprez, notaire à Paris, le 1er septembre 1827, par M. Camet de la Bonnardière (héritier de M. Lardeguive de Bescheville, son aïeul maternel) pour une durée de 9 années à commencer le 1er avril 1831, à M. Laurent-Denis Sennegon et dame Annette-Octavie Corot, son épouse, demeurant rue du Bacq n° 1. Moyennant le prix de 13 000 francs, on leur loue la totalité de la maison rue du Bacq 1, dont ils jouissaient déjà par le bail du 17 mai 1820. M. et Mme Sennegon affectent à la sûreté des paiements une maison sise rue Neuve-du-Luxembourg n° 8.

VI

INVENTAIRE APRÈS DÉCÈS DE LOUIS-JACQUES COROT

Louis-Jacques Corot, est décédé le 28 novembre 1847, à Paris, rue Neuve-des-Petits-Champs n° 39, au 2e étage.

Dans cet inventaire, Mme Corot déclare : 1° qu'elle ne connaît pas les propriétés en Suisse apportées par elle au moment de son mariage, qu'elles n'ont pas été vendues par elle et qu'elle n'en a touché aucun revenu ; 2° que le fonds de boutique de perruquier, devenu sans valeur, a été abandonné purement et simplement pendant le cours de son mariage ; 3° que son mari et elle ont acquis :

En 1809, devant Me Guenoux, une maison sise rue Neuve-des-Petits-Champs n° 39 ;

En 1812, devant Me Ozanne, une maison sise rue des Moulins n° 23 ;

En 1817, une propriété à Ville-d'Avray.

VII

1er TESTAMENT DE COROT

Ceci est mon testament.

Je lègue à Ferdinand Osmond une rente viagère de trois cents francs, qui lui seront payés de six mois en six mois à partir du jour de mon décès, payés par mes héritiers solidairement entre eux.

Je donne et lègue en toute propriété à Adèle Pillon, ma domestique, une somme de deux mille francs, laquelle somme lui sera payée par mes héritiers, et solidairement entre eux, dans les six mois qui suivront le jour de mon décès.

(1) Comme on le verra plus loin, M. et Mme Corot avaient acheté cette maison en 1809.

(2) Antérieurement à ce bail, M. Lardeguive de Bescheville avait loué (9 mai 1810) la totalité de l'immeuble à un locataire nommé J.-B. Charbonneau, qui devait avoir rétrocédé partie de son bail à M. et Mme Corot.

(3) Cet immeuble, épargné par les incendies de 187[illegible], a été exproprié pour cause d'alignement en 1880 et reconstruit par le propriétaire.

Tous les legs par moi ainsi faits seront affranchis de tous droits ou contributions quelconques, lesquelles charges seront supportées par ma succession.

Écrit en entier de ma main, à Paris, le vingt-deux mai mille (*sic*) huit cent soixante-deux.

Jean-Baptiste-Camille Corot.

VIII

2ᵉ TESTAMENT DE COROT

Remise (*sic*) à Mᵉ Haily Perraud, notaire.

Mes volontés.

Mon vase en porcelaine à Mme Chamouillet-Sennegon.

A Adèle, ma domestique 6000 fr. argent ou 6 fr. (*sic*) de rente, à son gré.

A Delanoue, le jardinier de Ville-d'Avray, 3000 fr. ou 300 fr. de rente, à son gré.

(*A*) Monsieur Coutte, concierge fg. Poissonnière, 3000 fr. ou 3 fr. (*sic*) de rente, — 4 couverts.

(*A*) Mr Clément, concierge rue Paradis Poissonnière, 2000 ou 200 fr. de rente, à son gré, et 2 couverts d'argent.

à Madame Vve Chamouillet et ses enfants, argent 2500 fr., (*à*) Mme Marion et sa fille 250 (*sic, probablement 2500*),

Le jardinier de Mme Chamouillet, 1000,

Clémence, bonne de Mme Chamouillet, 2000,

Alexandre, domestique de Mme Chamouillet, 2000.

à Lemarinier et ses enfants, 1250 argent.

La soupière (1) sera tirée entre tous.

Adèle, 6 couverts d'argent, linge de table et de ménage à son gré.

Mes habits et du linge à Mr Coutte.

De même aussi à Mr Clément.

Fait à Paris, le 16 février 1875.

C. Corot (2).

(1) Il s'agit ici d'une soupière en argent achetée par Corot quelque temps avant sa mort à un jeune orfèvre qu'il connaissait, pour encourager ses débuts dans le commerce. Elle paraissait sur sa table dans toutes les réunions de famille ou d'amis.

(2) Cette page, écrite *in extremis*, est tracée d'une main défaillante, dont le tremblement est sensible à chaque mot. Nous eussions désiré en donner un *fac-similé*, mais le notaire qui en est détenteur, Mᵉ Morel d'Arleux, n'y a pas consenti.

TABLE DES MATIÈRES

CATALOGUE DES DESSINS ET ESTAMPES ORIGINALES

EXPOSITIONS ET VENTES DE COROT

ADDITIONS ET CORRECTIONS

Page 72 — N° 2934 Ligne 6 Au lieu de *Rouart*, lire *Robaut*

Page 80 — Au lieu de *N° 3001 b* lire *N° 3001 ter*

Page 106 – N° 3131 Ligne 6 Au lieu de *Lesoire*, lire *Lessore*

Page 118 — N° 3140 Ligne 2 Au lieu de *Signé en bas, à droite*, lire *Signé en bas, à gauche*

Page 275 — N° 102 Au lieu de *M Goldschmidt*, lire *Mlle Goldschmidt*

Page 277 — N° 218 Au lieu de *Alexandre Damas*, lire *Alexandre Dumas*

Page 348 — N° 268 Au lieu de *Aizerey* lire *Aiserey*

ADDITIONS & CORRECTIONS

AU

CATALOGUE DES PEINTURES

A

Vers 1830-35 — Mlle ALEXINA LEDOUX

0,25 × 0,27 Non signe

Mlle Ledoux, modiste chez Mme Sennegon sœur de Corot, qui succeda a sa mere dans son commerce de modes, etait reputee pour sa beaute Plusieurs artistes ont reproduit ses traits Corot ne fut peut-etre pas tout a fait insensible a son charme On dit qu il fut question un instant d un mariage entre le peintre et son joli modele Celle-ci demeura comme lui, celibataire Vers 1840 Mme Sennegon ayant quitté les modes elle s'etablit a son compte, rue des Petits-Champs, avec sa sœur Mme Chambaud Puis, elle se retira a Poitiers, ou elle mourut vers 1860

Son portrait appartenait a son neveu, M Chambaud, qui l a cedé a M Moreau-Nelaton

Photographie Yvon

B

1854 — ABEL CHAMBAUD

0,32 × 0,24 Signé en bas, à droite

Ce portrait etait date 1854 La date est en partie effacee

Ce jeune collegien, portant la tunique de Rollin, était le neveu de Mlle Ledoux, dont il est question ci-dessus Il fut peint dans l atelier de la rue Paradis-Poissonniere

Ce portrait appartenait au modele M Chambaud, qui l a cede a M Moreau-Nelaton

Photographie Yvon

C

Vers 1855 — LE REPOS DES CHEVAUX

0,60 × 1,00 Signe en bas, a droite rouge

Ce tableau est pareil, pour le sujet au *No 1202*, compris au tome II Ce dernier n en est qu une replique posterieure

Collection Cuvelier Legue au Musee du Louvre

Photographie Yvon

D

Vers 1855 — LES BAIGNEUSES

0,80 × 0,94 Signe en bas a gauche

Ce tableau, deja catalogue tome II sous le *No 1181*, a ete l objet d une erreur en ce qui concerne sa reproduction l original a ete confondu avec une replique posterieure comprenant un plus grand nombre de figures

C est le tableau ci contre qui, ayant fait partie jusqu'a ce jour de la collection Cuvelier figura en 1875 a l exposition de l Ecole des Beaux Arts, en 1895 a celle du Musée Galliera et, finalement vient d entrer au Musee du Louvre en vertu d une liberalite testamentaire de Mme Cuvelier

Nous croyons que cette œuvre a figure a un Salon ou a l Exposition Universelle de 1855 Elle porte en effet au verso du chassis sur une petite etiquette la mention « Ex [illegible] », dont sont marquees les toiles exemptes du jury Sur le chassis on lit encore tracee a la pointe (de la main meme de Corot, a ce qu il semble) la date 1855

Photographie Yvon

E

Vers 1860 — BORDS DE RIVIERE

Toile de 6 environ Signe en bas, au milieu

Appartient a MM Arnold et Tripp, en 1905

Photographie Y[illegible]

F

1872 — SAINT-NICOLAS PRES ARRAS — LE VIVIER

0,28 × 0,38 Signé en bas, a gauche

Collection Bellon

Photographie Bellon

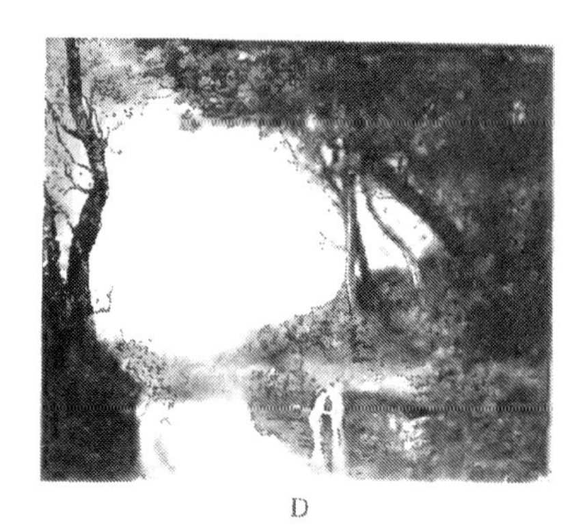

D

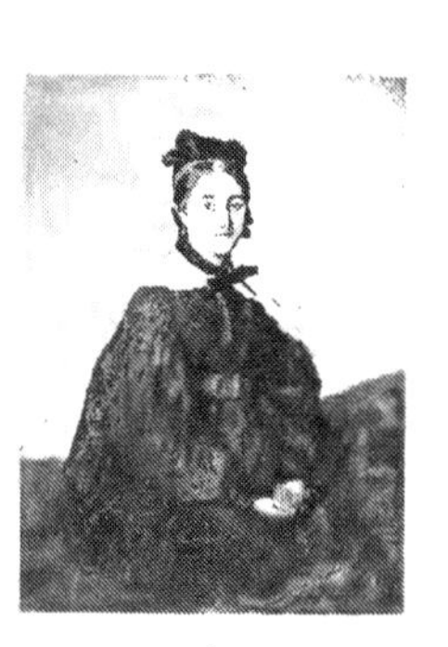
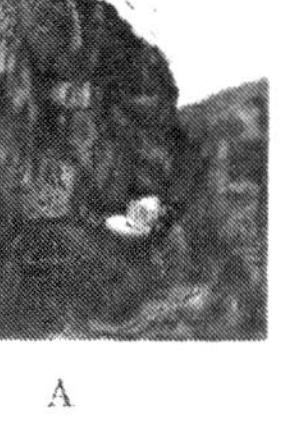

A

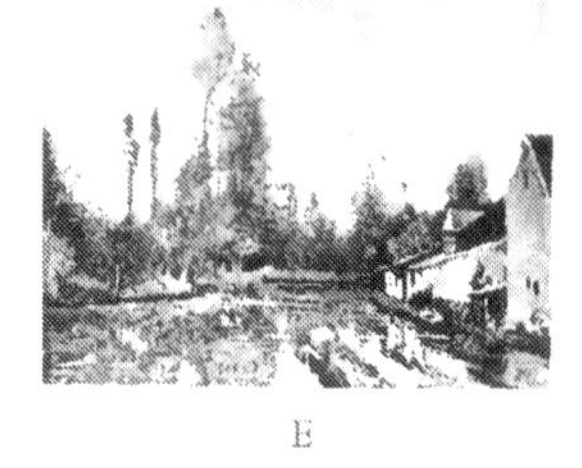

E

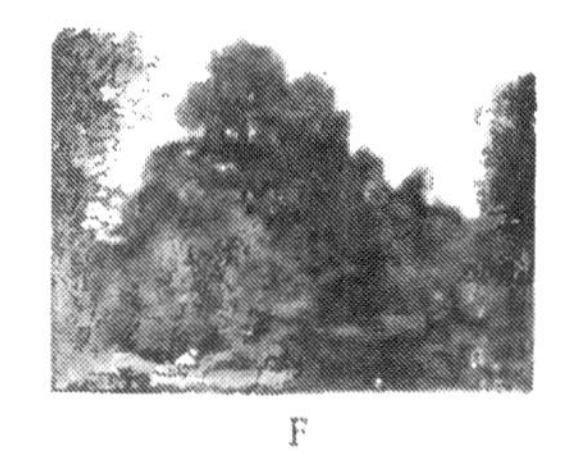

F

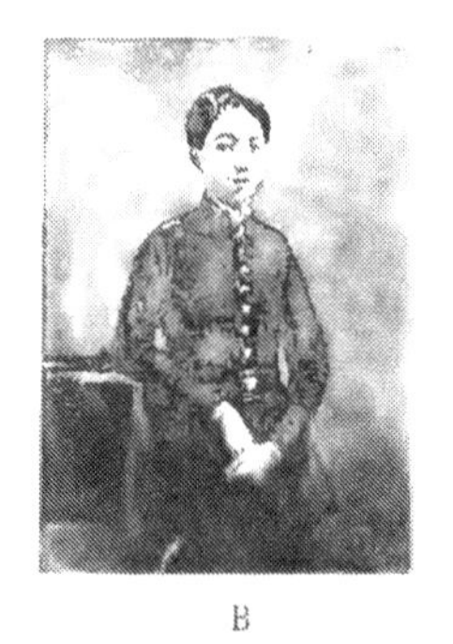

B

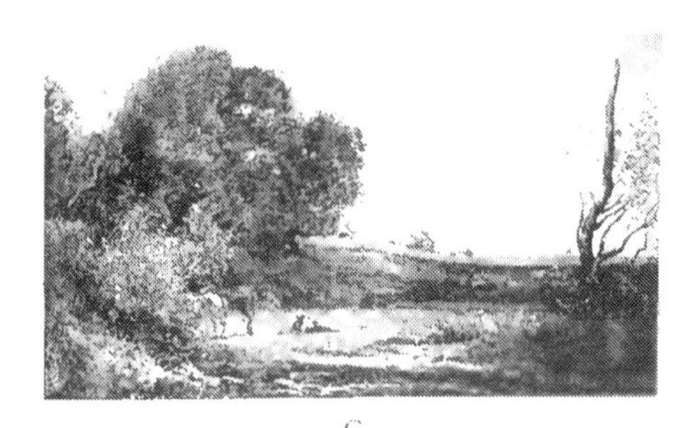

C

TYPOGRAPHIE DE FRAZIER-SOYE
(ALEXANDRE BRANDE PROTE DE LA COMPOSITION,
L. LOCHE PROTE DES MACHINES ET G. ROUILLARD METTEUR EN PAGES

HÉLIOTYPIES DE FORTIER ET MAROTTE
(LÉON LECLER PROTE)
D'APRÈS
PHOTOGRAPHIES D'ALBERT YVON

PAPIERS DE PERRIGOT-MASURE

IMPRIMÉ AVEC LA COLLABORATION
D'ANDRÉ MARTY

L'ŒUVRE

DE

COROT

IV

L'ŒUVRE

DE

COROT

TABLES

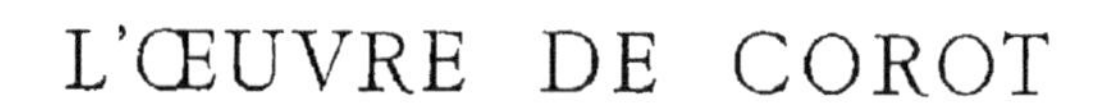

L'ŒUVRE DE COROT

JUSTIFICATION DU TIRAGE

QUATRE CENTS EXEMPLAIRES NUMÉROTÉS

5 exemplaires sur Japon ancien (N°s 1 à 5)
25 » Japon Shizuoka (N°s 6 à 30)
370 » vélin à la cuve (N°s 31 à 400)

N° 240

L'ŒUVRE

DE

COROT

par

ALFRED ROBAUT

Catalogue raisonné et illustré

précédé de

L'HISTOIRE DE COROT ET DE SES ŒUVRES

par

ÉTIENNE MOREAU-NÉLATON

ornée de dessins et croquis originaux du maître

TABLES

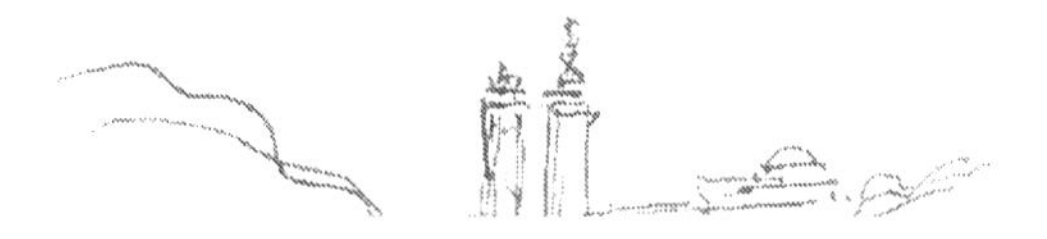

TABLE

ANALYTIQUE ET GÉNÉRALE

Pour la facilité des recherches, nous avons divisé la *Table générale* de l'ouvrage en deux repertoires

Le premier comprend les *sujets de toutes les œuvres de Corot citées*

Le deuxième comprend *les noms de personnes de lieux et d'objets divers cités, indépendamment des sujets d'œuvres*

RÉPERTOIRE ALPHABÉTIQUE

DES

SUJETS DES ŒUVRES DE COROT

CITÉES DANS L'OUVRAGE

A

B

E

F

H

I

N

O

P

S

T

W

Y

Z

RÉPERTOIRE ALPHABETIQUE

DES NOMS

DE PERSONNES, DE LIEUX & D'OBJETS DIVERS

CITÉS DANS L'OUVRAGE

INDÉPENDAMMENT DES SUJETS D'ŒUVRES

COMPRIS DANS LA TABLE PRECEDENTE

Le signe × designe les personnes qui possedent ou ont possede des œuvres de Corot, ainsi que les lieux (musees, eglises expositions etc) dans lesquels elles figurent ou ont figure

Le signe + designe les personnes qui les ont reproduites par le dessin, la gravure, la lithographie ou la photographie ainsi que les livres revues journaux où ces reproductions ont ete publiees

Le signe ☆ designe les personnes qui ont ecrit sur Corot ainsi que les livres, revues, journaux ou ces ecrits ont paru

A

B

G

H

I

J

M

N

Q

R

U

V

W

Y

Z

APPENDICE AU RÉPERTOIRE DES SUJETS D'ŒUVRES DE COROT

APPENDICE AU RÉPERTOIRE DES NOMS DE PERSONNES, DE LIEUX ET D'OBJETS DIVERS

TYPOGRAPHIE DE FRAZIER-SOYE

(ALEXANDRE BRANLE, PROTE DE LA COMPOSITION,

E. LOCHE, PROTE DES MACHINES, ET G. ROUILLARD, METTEUR EN PAGES

— —

HÉLIOTYPIES DE FORTIER ET MAROTTE

(LÉON LECLER, PROTE)

D'APRÈS

PHOTOGRAPHIES D'ALBERT YVON

—

PAPIERS DE PERRIGOT-MASURE

IMPRIMÉ AVEC LA COLLABORATION

D'ANDRÉ MARTY

Lightning Source UK Ltd.
Milton Keynes UK
UKHW020620090123
415042UK00008B/1298

9 781017 218831